*Böcke, Theodor; Eichholz, Paul; Spatz, Willy*

# Die Kunstdenkmäler des Kreis Westhavelland

*Böcke, Theodor; Eichholz, Paul; Spatz, Willy*

**Die Kunstdenkmäler des Kreis Westhavelland**

*Inktank publishing, 2018*

*www.inktank-publishing.com*

*ISBN/EAN: 9783747752418*

*All rights reserved*

*This is a reprint of a historical out of copyright text that has been re-manufactured for better reading and printing by our unique software. Inktank publishing retains all rights of this specific copy which is marked with an invisible watermark.*

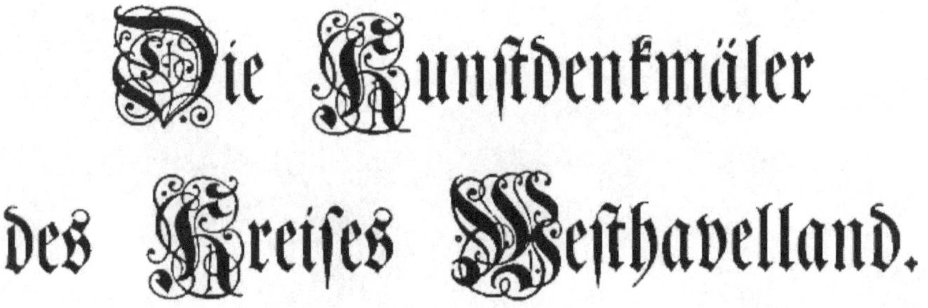


* * *

Unter der Schriftleitung
des
Provinzialkonservators Theodor Goecke
bearbeitet von
Architekt Paul Eichholz und Professor Dr. Willy Spatz.

* * *

Mit 2 Karten, 38 Tafeln, 272 Abbildungen im Text.

Berlin.
Im Kommissionsverlage der Vossischen Buchhandlung.
1913.

# Vorwort.

Auf die beiden Städte Brandenburg a. H. und Frankfurt a. O. folgen nun wieder zwei Landkreise: Westhavelland und Weststernberg, ersterer allerdings gekürzt um den Dom Brandenburg a. H., der in so engem geschichtlichen Zusammenhange mit der Stadt Brandenburg steht, daß er im Verzeichnisse der Kunstdenkmäler dieser angegliedert werden mußte.

Verfasser der kunstgeschichtlichen Übersicht und des eigentlichen Denkmälerverzeichnisses nebst der baugeschichtlichen Untersuchung war wieder Architekt Paul Eichholz, Verfasser der geschichtlichen Einleitung sowohl für den ganzen Teil als auch im einzelnen für jeden Ort wieder Professor Dr. Spatz, der im Vereine mit Herrn Eichholz auch die Urkunden und die Literatur bearbeitet hat. Da Professor Dr. Solger erst im Laufe des Jahres von Peking heimkehrt, ist die geographisch-geologische Übersicht für den Band Osthavelland, der alsbald folgen soll, zurückgestellt worden, was um so mehr angängig erschien, als das ganze Havelland einen einheitlichen Charakter hat.

Eingehend berücksichtigt sind diesmal die Ausstattungsgegenstände der Herrschaftssitze eingesessener Familien, weshalb sich eine wiederholte Bereisung des Kreises notwendig machte.

Den Behörden, Körperschaften und Familien, die den Bearbeitern wie der Schriftleitung bereitwillige Hilfe geleistet haben, sei auch an dieser Stelle wärmster Dank gesagt. Herr Landrat v. Bredow war jeder Zeit zur Auskunft und Mitarbeit bereit; Herrn v. d. Hagen-Schmiedeberg u. a. m. verdankt insbesondere Dr. Spatz wertvolle Mitteilungen. Namentliche Erwähnung verdient außerdem die eifrige Unterstützung des Herrn Walter Specht in Rathenow. Druck, Broschur und Einband sind vertragsmäßig von der Vossischen Buchhandlung zu Berlin besorgt worden, die Abbildungen und Lichtdrucktafeln von der Firma Meisenbach, Riffarth & Co. in Berlin-Schöneberg, die photographischen Aufnahmen von dem Photographen Zeisig in Perleberg und die Zeichnungen von Architekt Paul Eichholz selbst.

Möge mit diesem neuen Teile die Teilnahme an dem umfangreichen Werke immer mehr erstarken!

Goecke

Berlin, im Februar 1913. Provinzialkonservator.

# Inhaltsübersicht.

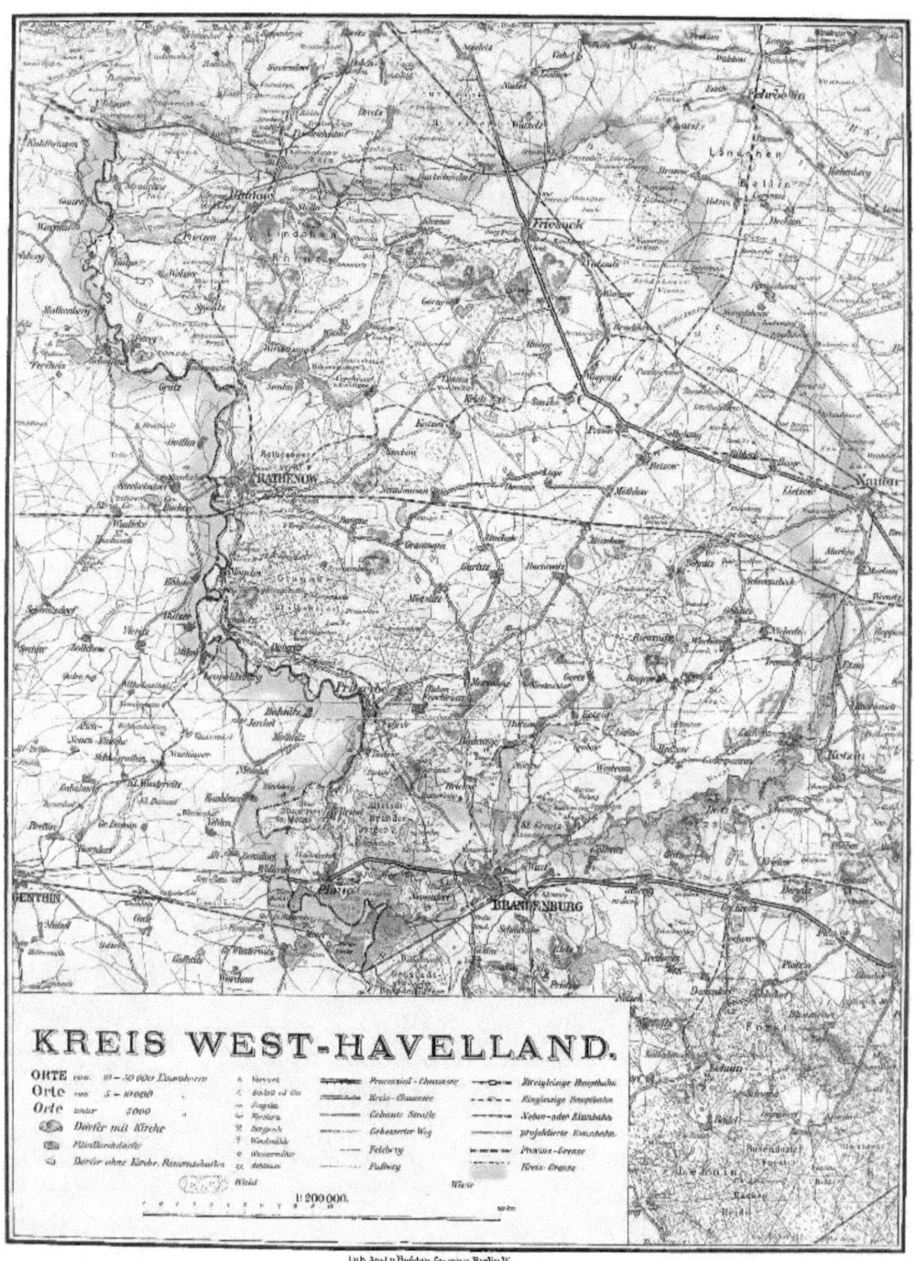


Lith. Anst. v. Bogdan Gisevius, Berlin W

# Geschichtliche Einleitung.

## Quellen.

Vorbemerkung. Über die Zeit vor 928 liegen keinerlei literarische Quellen vor. Auf das 10. Jahrhundert werfen einige wenige Urkunden und Chronikstellen ein spärliches Licht. Von 983 an klafft geschichtlich eine Lücke. Erst um die Mitte des 12. Jahrhunderts beginnen die Quellen reichlicher zu fließen, und zwar sind es für die Zeit von etwa 1150 bis zum Beginn des 14. Jahrhunderts Urkunden und chronistische Aufzeichnungen, für das 14., 15. und 16. Jahrhundert Urkunden, Kopialbücher und, besonders über die Zeit des ersten Hohenzollern, Chroniken. Etwa von der Zeit der Reformation an ermöglichen die immer mehr anschwellenden Aktenmassen eine breitere Fundierung der geschichtlichen Darstellung.

## Archivalien.

### Geh. Staatsarchiv zu Berlin.

Urkunden in großer Zahl (betr. Rathenow, Pritzerbe u. s. f.) vornehmlich aus dem 13. bis 16. Jahrh., zumeist auf Pergament, vereinzelt mit Siegeln.

Landbuch Kaiser Karls IV. (Rep. 78).

Schoßkataster von 1624 (Prov. Brandenburg, Rep. 16).

Kopialbücher
- der Advokatien Rathenow, Nauen (Rep. 78a. 3): Mitte des 14. Jahrhunderts,
- der Kurmark (Rep. 78); z. B. Rep. 78. 85, fol. 58: Lehnsregister von 1565, Verzeichnis der Prälaten und Ritterschaft.

Aktenvolumina (z. T. auch mit Urkunden und Urkundenabschriften) aus dem 16. bis 18. Jahrh., betr.
1) die Städte Rathenow, Plaue u. a. (Rep. 21), vgl. auch Rep. 78. III. (z. B. Rathenower Kietze und ihre Schulzengerichte),
2) den Kreis und die Ritterschaft im allgemeinen, z. B. Rep. 21. 66 (Übersicht über den gesamten ritterschaftlichen Besitz um 1778),
3) die adligen Familien, im besonderen v. Bardeleben, v. Bredow, v. Brösicke u. a. m. (Rep. 22).

Akten des Generaldirektoriums, Kurmark, aus dem 18. Jahrhundert.

Beckmanns Nachlaß aus dem Anfang und der Mitte des 18. Jahrh., mit ausgefüllten Fragebogen, Berichten von Magistraten, Predigern u. dgl. m., in Rep. 92. V. Topographica, C. Mittelmark Nr 4.

### Kgl. Konsistorium zu Berlin.

Matrikeln aus dem 17. und 18. Jahrh. (z. B. Matrikel von 1630, mit baugeschichtlichem Material!).

### Regierungsarchiv zu Potsdam.

Akten über Städtische Befestigungen, kirchliche Bauten im 18. und 19. Jahrhundert.

### Städtisches Archiv zu Brandenburg.

Urkunden vom 13. bis 15. Jahrhundert.

Im Kreise selbst:
Domarchiv zu Brandenburg.

Urkunden aus dem 10., 12., 13. bis 17. Jahrh. und Kopialbücher, besonders die Besitzungen des Bischofs und Kapitels betreffend vgl. Kunstdenkmäler, „Stadt und Dom Brandenburg", S. V f.

Im übrigen sind die Archivalien in den Städten und Dörfern des Kreises von geringer Bedeutung Größere Aktenbestände, die z. T. schon bis zum 16. Jahrh. zurückreichen, hat Rathenow sowie die Domäne Berge. Urkunden aus älterer Zeit (bis 15. Jahrh.) besitzen die v. Bredow (Wagenitz!), v. Knoblauch in Pessin, die Grafen v. Königsmarck zu Plaue (Urbar des Predigers Lösecke) und die v. d. Hagen zu Hohennauen und Stölln. Die Kirchenbücher reichen vielfach bis zum 17. Jahrh. zurück, enthalten Geschichtliches z. B. in Wachow oder Päwesin.

## Literatur.

Die Urkunden sind zum großen Teil in Riedels Codex Diplomaticus Brandenburgensis abgedruckt. Der 7. Band (Berlin 1817) ist zum größeren Teil dem Westhavelland gewidmet und gliedert sich in einzelne Abschnitte (die v. d. Hagen und Rhinow, v. Bredow, Rathenow u. s. f.), in welchen den im großen und ganzen korrekt abgedruckten Urkunden wertvolle geschichtliche Einleitungen, die sich über den Rahmen des durch die Urkunden Gebotenen hinaus bis ins 18. Jahrh. erstrecken, vorangeschickt sind. Außerdem kommen auch die andern Bände des Codex, besonders der 8. und 9. (Bistum und Stadt Brandenburg) in Betracht, sowie auch die Bände der sog. 2. und 3. Abteilung (zitiert B und C).

Für die sonstige Literatur sei auf die Angaben in „Brandenburg, Stadt und Dom", Seite VI–VIII, besonders hinsichtlich Brandenburgs (Bistum, Kapitel und Stadtgeschichte) sowie der Werke von Curschmann (Diözese Brandenburg) und Krabbo (Regesten der Markgrafen) hingewiesen. Insonderheit für Westhavelland kommen von allgemeineren Werken in Betracht:

Borgstede, Beschreibung der Kurmark (1788), S. 134 (Kanäle durch die Luche).

Büschings Erdbeschreibung (1791) VIII, 340 f., v. Eickstedt, Beiträge zu einem neueren Landbuch (1840).

Fidicin, Territorien der Mark, 3. Bd., 1. Teil, Westhavelland (Berlin 1860), enthaltend eine allgemeine Einleitung (S. I–XL) und geschichtliche Daten über die alphabetisch geordneten Ortschaften (S. 1–72).

Für die Familiengeschichten sind, abgesehen vom „Gothaer" (z. B. Uradliges Taschenbuch 1910, S. 293: die v. d. Hagen), von Wert die Abhandlungen von Thomas Philipp v. d. Hagen zu Hohennauen über die v. d. Hagen und v. Stechow (Berlin 1764), ferner die Stammtafeln der v. Bardeleben, von Carl v. Bardeleben, und besonders die vom Grafen Bredow verfaßte Geschichte der Familie v. Bredow (3 Teile, Halle 1885).

Unter den Fontaneschen Schriften sei besonders „5 Schlösser" (Berlin 1888) genannt; daß der Dichter in den letzten Jahren seines Lebens sich eifrig mit Vorarbeiten zur Geschichte derer v. Bredow beschäftigte, bleibe nicht unerwähnt, umsomehr, als seine umfangreichen, eigenhändig geschriebenen und mir gütigst von der Familie überlassenen Kollektaneen sich erhalten haben.

In jüngster Zeit erschienen „Hie gut Brandenburg alleweg" sowie Kalender von Westhavelland (hgg. von W. Specht) mit geschichtlichen und kulturgeschichtlichen Beiträgen, u. a. von W. Specht (z. B. auf Grund von Akten) und von W. Kotzde, dem Verfasser von „Der Tag von Rathenow".

Alte Karten liegen vor:

im Geheimen Staatsarchiv (Kartenabteilung VI, 13): Karte des Havelländischen Kreises von Oesfeld (1784).

## Umrisse und allgemeine Bodenbeschaffenheit.

Der 23½ Quadratmeilen oder 1292¼ ha große Kreis hat ungefähr die Form eines Trapezes, das auf einer durch die Linie Plaue bis Strodehne gebildeten westlichen Basis, die der in vielen Windungen sich südnördlich hinziehenden Havel entspricht, ruht. Die Südseite folgt gleichfalls der natürlichen Linie der Havel, während die gegenüberliegende Nordseite ungefähr von der Rhinniederung begrenzt ist. Im Süden, Norden und Westen sind die landschaftlichen Scheidungen uralt. Die Havelgrenzlinie war bereits im 12. Jahrhundert fest ausgeprägt; nicht ganz so beständig war die Rhinluchlinie — gehörte doch Rhinow südlich des Luchs zeitweilig zur Grafschaft Lindow-Ruppin; die Ostlinie dagegen entstand erst durch einen aus Verwaltungsrücksichten bedingten künstlichen, das Havelland in zwei Hälften spaltenden Schnitt.

Die fünf Städte des Kreises liegen durchweg an der Peripherie, und zwar drei, Plaue, Pritzerbe, Rathenow, nach dem Kreise Jerichow II hin, Rhinow und Friesack nach der Westprignitz und der Landschaft Ruppin zu. Ein vorgeschobener Posten gegen die im Süden angrenzende Landschaft Zauche war die Neustadt Brandenburg, die ebenso wie die Altstadt bis 1881 dem Kreise zugehörte.

Es gibt wenige Kreise in der Mark, denen machtvolle geologische Vorgänge einen derart deutlichen Stempel aufgedrückt haben, wie dem Westhavelland. Als am Ende der Eiszeit das Eis sich nordwärts zurückzog, sammelten sich die abströmenden Schmelzwasser in der Mulde, die jetzt das Havelländische Luch einnimmt, um dann durch das untere Elbtal dem Meere zuzueilen. Ein Blick auf die geologische Karte zeigt, wie eigenartige Geländeverhältnisse geschaffen wurden. Fast wie aus einem Ozean von Luchen und Mooren ragten, einem Archipel vergleichbar, kleine und größere Inseln, Ländchen genannt, hervor, die vielfach scharf gezeichnete Höhenrücken (Gollenberg bei Rhinow, Hohe Rott bei Stechow) aufweisen. Einstmals bestanden zumeist nur in trockener Jahreszeit Verbindungsmöglichkeiten. Die vielen Regulierungen und Luchmeliorationen, die besonders in den Zeiten Friedrich Wilhelms I und Friedrichs des Großen und sodann auch in den letzten 1½ Jahrzehnten mit großem Nachdruck vom Staate befördert wurden, haben freilich die Urformen etwas verwischt, an Stelle von Luchen und Sümpfen traten Wiesen, daneben auch Äcker, und die Zeit, wo vornehmlich im Frühjahr manch havelländisches Fischerdörfchen auf Tage, ja Wochen von jeglichem Verkehr abgeschnitten wurde, ist endgültig vorüber.

Im allgemeinen läßt sich wohl sagen, daß die östliche Hälfte des Kreises, um Tremmen und Ketzür herum, besseren, vielfach lehmhaltigen Boden besitzt; hier liegen wohlhäbige, gut bevölkerte Orte. Im Gegensatz dazu sind die Dörfer im Westen infolge des geringeren Bodens fast durchweg ärmlicher; nur ausnahmsweise findet sich vortrefflicher Schlickboden bei Landin und Kriele, ferner auch bei Wassersuppe.

Der Waldbestand, der beim Eindringen der Deutschen sicherlich beträchtlicher als heutzutage war, hat sich in den letzten zwei Jahrhunderten nicht wesentlich verändert. Nach wie vor befinden sich die hauptsächlichsten Waldungen, zum Teil auch aus Laubholz bestehend und durch landschaftliche Reize ausgezeichnet, im Norden und Westen des Kreises. Dort liegt der fast ganz und gar den drei Bredowschen Linien Briesen, Friesack und Wagenitz gehörige Zootzen, hier die Königliche Forst Grünaue; endlich befinden sich auch noch ausgedehnte Forsten bei Groß-Behnitz. Im übrigen trifft man, nur zumeist auf

1*

den Höhen, hier und da auch Nadelholzwaldungen, die eher in Ab- als in Zunahme begriffen sind, da mehrfach die Bauernheiden abgeholzt wurden; auch die Höhenrücken bei Rhinow und Stölln waren ehedem mit Eichen bestanden.

## Übersicht über die politische Geschichte.

### Die Slawen und slawische Ortsbezeichnungen.

Bis in die Zeit der staufischen Kaiser war das Havelland im Besitz der Slawen. Der Volksstamm selbst ist längst untergegangen, doch in den Ortsnamen hat sich die Erinnerung an ihn bis auf die heutige Zeit fortgepflanzt. Von den etwa 85 Namen westhavelländischer Ortschaften, einschließlich der Städte, sind gut 4/5 slawisch: den meisten sieht man auf den ersten Blick den nicht-deutschen Ursprung an (Ferchesar, Ketzür, Marzahne, Pritzerbe, Wolsier); bei einigen hat sich im Laufe der Zeit ein Wandel vollzogen, eine Anpassung an das Deutsche, so Wassersuppe, früher Watersibbe. Von den slawischen Namen lassen bestimmte Deutungen zu: Premnitz = Fährort, Briesen von breza = Birke, Warsow = Besitzort des Wars; in „Selvelank" steckt das slawische Wort lanke = Wiese.

Demgegenüber ist die Anzahl entschieden deutscher Ortsbezeichnungen — Berge, Nennhausen, Neuendorf, Schwanebeck — gering. Bei manchen Orten ist die Abkunft zweifelhaft, so u. a. bei Rhinow und Wagenitz.

### Deutsche Kolonisation.

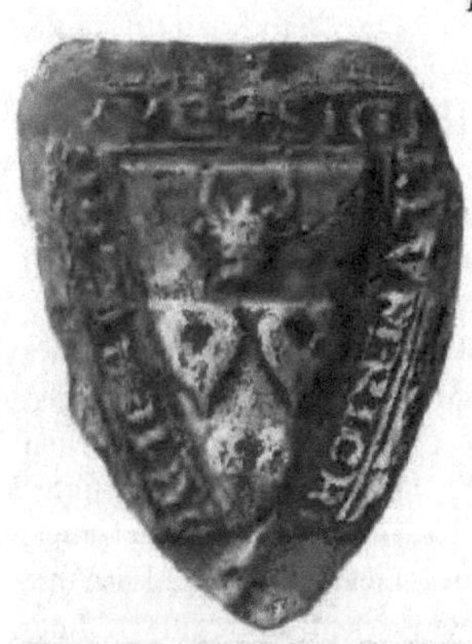

Abb. 1. Siegel Richards v. Jerichow (Umschr.: Sigillum Richa . . . . e Jerichowe) an der Urk. im Domarchiv vom 8. II. 1256.

Als zur Zeit Albrechts des Bären deutsche Einwanderer in das Havelland hineinfluteten, war der mächtigste Mann hier zu Landen Pribislaw, dessen Fürstensitz sich zu Brandenburg befand. Dadurch, daß er dem Askanier rückhaltlos zufiel und das Christentum annahm, war der politische Untergang seines Volkes besiegelt. Er starb 1150.

Die Besetzung Brandenburgs durch Albrecht den Bären und die Niederlage Jaczos 1157 waren Schläge, von denen sich die Slawen nicht zu erholen vermochten. In den nun folgenden 1 1/2 Jahrhunderten wuchsen mit überraschender Schnelligkeit alle deutschen Siedlungen empor, denen wir später im Kreise begegnen; nach 1300 entstand kaum eine neue Ortschaft, ein Beweis dafür, wie großartiges und abschließendes unter den Askaniern geleistet wurde. In der Slawenchronik des Helmold, der um 1150 Pfarrer in dem holsteinischen Orte Bosau war, wird die Germanisierung Ostdeutschlands geschildert; Holländer, Seeländer und Flandern, so erzählt er, habe

Albrecht der Bär herangezogen. Nichts steht der Annahme im Wege, daß diese Anwohner der sturmgepeitschten Nordseeküste gerade im Havelland hervorragend Gelegenheit zu Eindämmungsarbeiten, in denen sie Meister waren, fanden.

Die Slawen wurden von den eindringenden Deutschen gänzlich zu Boden geworfen, jedoch nicht ausgerottet, und wenn auch weder in der Baukunst noch in der geistigen Kultur überhaupt sich Spuren ihres Daseins erhalten haben, so ließen sich doch die Deutschen, wie man annehmen darf, mit Vorliebe wohl an den schon von Slawen dauernd bewohnten Stätten nieder, z. B. zu Pritzerbe; ja einige Dörfer wie Saaringen, Tieckow galten noch bis in spätere Zeit als Wendenorte, gleich den Kietzen bei Rathenow und Rhinow. Die große Zahl slawischer Ortsnamen weist vielleicht auf slawische Siedlungen zurück, die die Deutschen vorfanden, war ja doch das wasserreiche Havelland in früheren Zeiten, vor den zahlreichen Trockenlegungen und Regulierungen, in noch höherem Maße als heutzutage für die Fischerei, das Lieblingsgewerbe der Wenden, wie geschaffen.

Die neu erworbenen Lande wurden durch Burgen gesichert, deren Anlage die vielen Gewässer sehr erleichterten. Wenn auch keinerlei urkundliche Zeugnisse vorliegen, so ist aus dem gesamten geschichtlichen Zusammenhang ohne weiteres klar, daß bereits in der 2. Hälfte des 12. Jahrhunderts, noch unter Albrecht dem Bären, all diese Castra errichtet sein müssen, sicherlich hie und da in Anlehnung an schon vorhandene slawische Festen.

Beim Tode Albrechts des Bären 1170 war die Eroberung des gesamten Havellandes beendet. Nicht einmal der Schatten eines Widerstands zeigte sich fürderhin. Die Kriegszüge, unter denen das Havelland im 13. Jahrhundert zu leiden hatte, entstanden wegen der Feindschaft zwischen den Markgrafen von Brandenburg und ihren Nachbarfürsten, den Bischöfen von Magdeburg und Halberstadt sowie den Markgrafen von Meißen. Markgräfliche Vögte — advocati — erhielten die Aufgabe, von den Burgen aus die Ordnung in dem umliegenden Gebiet aufrecht zu erhalten. So ward beispielsweise Rathenow der Mittelpunkt einer Vogtei und Sitz eines machtvollen landesherrlichen Beamten. Auch zu Friesack und Plaue saßen, so dürfen wir annehmen, Vasallen der Askanier als Hüter der Pässe und Schirmer des Friedens. Pritzerbe mit seiner Burg und dem dazu gehörigen Bezirk (burgwardum) war dagegen bischöflich. Von Rhinow hören wir nichts näheres aus der ältesten Zeit. Die Tatsache, daß einer der Hauptbrennpunkte kirchlichen Lebens in der Mark, der Sitz des Brandenburger Bischofs sowie seines ihn an Bedeutung für das Havelland bald weit überragenden Kapitels, im Kreise lag, macht es begreiflich, daß für seine Geschichte die Entwicklung der kirchlichen Organisation von besonderer Wichtigkeit wurde. Der Bischof besaß seit 948, dem Jahre, wo das Bistum durch Otto I. begründet ward, Pritzerbe. Das Domkapitel erhielt, wie aus Urkunden von 1161, 1179 u. a. m. erhellt, seine hauptsächlichsten Gerechtsame, z. B. zu Garlitz, Niebede, Schwanebeck, Tremmen. Da die Domherren auf der Dominsel residierten, legten sie auf ihre nahegelegenen westhavelländischen Güter, die sie eifrig zu mehren suchten, noch mehr Wert als der Bischof auf seiner weit abgelegenen Burg Ziesar.

Zwei uralte, lebhaft begangene Straßen haben von der Zeit der deutschen Kolonisation an das Havelland in westöstlicher Richtung durchschnitten: die eine zog sich von Magdeburg her über Plaue, Brandenburg, Tremmen nach Nauen und Dürotz (Osthavelland) hin, die andere, die Elbe bei Tangermünde überschreitend, durchquerte Rathenow und führte dann etwa über Bamme, die Klinke und Gohlitz gleichfalls in der Richtung auf Nauen. Ungefähr in nordsüdlicher Richtung zogen sich endlich zwei kürzere, weniger wichtige Wege durch den Kreis: der eine von Brandenburg über Brielow, Hohenferchesar, Seelensdorf nach Rathenow zu, der andere verließ die oben erwähnte Rathenow-Nauener Straße ungefähr bei Garlitz und stellte über Friesack hin eine Verbindung mit Ruppin her. Wie man sieht, blieb der Nordwesten des Kreises, das Ländchen Rhinow, wie ein toter Winkel, vom großen Verkehr unberührt, abseits liegen. Noch in friderizianischer Zeit konnte man zu ihm nur auf drei Wegen, nämlich durch den Damm bei Hohennauen, den sog. neuen Damm bei Rhinow und durch den Damm bei dem — erst im 19. Jahrhundert entstandenen — Vorwerk Ohnewitz kommen, ebenso wie auch abgesehen von dem Fährort Milow manche Ortschaften an der Havel, z. B. zwischen Rathenow und Pritzerbe, ferner flußaufwärts von Klein-Kreutz (z. B. Saaringen), ein weltvergessenes Dasein führten. Schwer zu erreichen war endlich auch der Nußwinkel mit den Dörfern Ferchesar, Lochow, Neuhausen und Stechow. Bei diesem eigenartigen Zustande des Verkehrswesens erklärt es sich, daß die Vorbedingungen für eine kräftigere städtische Entwicklung, abgesehen von Brandenburg, nur bei Rathenow vorhanden waren; Plaue lag wohl auch an einer vielbegangenen Straße, aber allzusehr im Schatten der mächtigen Städte Brandenburg. Bei allen anderen Gemeinwesen ruhte das Schwergewicht auf der Burg, nicht auf dem Markt und dem Verkehr.

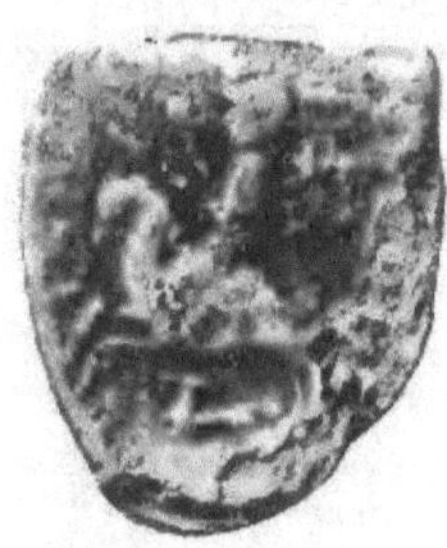

Abb. II. Siegel des Arnd de Vrysak an der Urk. im Domarchiv vom 1. I. 1386.

## Ergebnisse der Askanierzeit.

Drei Quellen sind es hauptsächlich, die uns eine Übersicht über die im 12. und 13. Jahrhundert erfolgte Besiedelung, über die Zahl der Städte, Dörfer und Burgen, sowie über die Einteilung und kirchliche Versorgung des Havellands gewähren: das von Kaiser Karl IV. herrührende Landbuch, die Schoßregister von 1450 und 1480 und bischöfliche Register und Hebungslisten aus dem Anfang des 16. Jahrhunderts.

Das Havelland (Territorium obule) wies um das Jahr 1375 zur Zeit der Abfassung des Landbuchs als befestigte Orte „Spandow, Brandenburg, Ratenow, Nauwen und Postamp" auf, welche alle dem Markgrafen gehörten. „Cotzin" und „Pritzerwe" waren Besitzungen des Bischofs von Brandenburg; in „Frysag" endlich und „Vorlant" (Fahrland) saßen markgräfliche Lehnsträger, und zwar dort Hasso v. Bredow, hier Peter Schenk. Als Städte, „Civitates", im „Territorium obule et merice" werden Alt- und Neu-Brandenburg, „Neuwen", Spandau, Rathenow und endlich, als bei weitem kleinstes Städtchen, „Postamp" aufgeführt. In den Dorfbeschreibungen werden insgesamt gegen 100 Ortschaften von Gesamthavelland behandelt, die Ländchen Friesack und Rhinow freilich nicht berücksichtigt.

Laut Schoßregister von 1450 wurde das Havelland (Districtus Habelant) in vier Gebiete eingeteilt:

1) „uff der Heyde" mit Cladow, Falkenhagen, Satzkorn u. s. f., insgesamt 17 Orten,

2) „uff den Werder", Postamp mit Bornim, Golm, insgesamt 6 Orten,

3) „umme Nouwen unde Rathenow" mit Bamme, Stechow, Knobloch, Paretz, Landin, Berge u. s. f., alles in allem 43 Ortschaften,

4) „Egenthum der Borgk Brandenburgk" mit Saaringen, Tremmen, u. a. m., insgesamt 12 Orten.

Das „Laut zcu Rinow", sowie endlich Glien mit 19 bzw. 10 Orten wurden damals noch nicht zum Havelland im engeren Sinne des Wortes gerechnet, aber doch beschrieben, dagegen fällt das Ländchen Friesack gänzlich aus.

Wenn auch die bischöflich-brandenburgischen Steuer- und Archidiakonatoregister erst aus der Zeit der Wende des 15. Jahrhunderts stammen, so bieten sie doch vielfach in weit ältere Zeit zurückweisende Namensformen, so daß man getrost den in ihnen nach den einzelnen Bezirken („Sedes") des Sprengels aufgeführten Kirchen — ecclesiae — ein viel höheres Alter zuweisen, ja, ihre Entstehung wohl als im Zeitalter der Kolonisation bereits erfolgt annehmen darf. Zur Sedes Brandenburg gehörten die Kirchen in Plawe, Brylow, Radewege, Cotzur (Ketzür), Gartzs (Gortz), Betzow (Butzow), Bergeßer (Hohenferchesar), Mertzan (Marzahne), Pritzerbe, Mathelitz (Mötzlitz), Gaßelitz (Garlitz), Muselitz (Mützlitz), Bukow, Bernewitzs, Buschow, Bentzs magna und parva (Groß u. Klein-Bähnitz), Riben (Riewend), Bagow, Mathelow (Möthlow), Possin (Pessin), Retzow, Selvelang, Ribbeke, Berge, Litzow, Tremmen, Roskow, Weseram, Parva Crutzewitz (Klein-Kreutz), Sarnuge, Wagow, Golitz, Pasyn (Päwesin), Lunow und Zachow. Zur Sedes Rathenow: Alta Nowen (Hohennauen), Rynow, Stollen, Pretzem mater, Gulpe filia, Witstock (Witzke), Watersubbe, Walßere (Wolsier), Spatzs, Frisack nebst Vietznitz und Warsow, Briesen, Borne (Görne), Kleßen, Hagen, Predigkow (Brädikow), Sentzke, Wagenitzs, Kryle, Lantyn, Kotzen, Neuhusen, Predenitz (Premnitz), Mogelyn, Doberitz, Bamme, Grenyngen, Stechow, Bergeser (Ferchesar), Lype, Dhame, Mylow. Der Sedes Nauen endlich unterstand Niebede; Strohdehne gehörte zum Havelberger Sprengel. So ergibt sich eine Gesamtsumme von nahezu 70 dörflichen Gotteshäusern; der damals geschaffene kirchliche Rahmen hat fast bis heute ausgereicht.

Nicht wenige der von deutschen Kolonisten im 12. Jahrhundert angelegten oder vorgefundenen Dörfer wurden früh wüst, so u. a. Crelinge bei Tremmen, Thure bei Zachow schon um 1234; ferner das zwischen Lünow und Päwesin gelegene Zuchedam, das noch im Landbuch von 1375 als Besitz des Brandenburger Bürgers Johann Blankenfelde erwähnt, aber schon 1409 als vor langen Zeiten wüst gewesen bezeichnet wird. Auch war Wetzelin im Ländchen Rhinow, ein Dorf, auf dessen Feldmark das sogenannte „Heiligeland" der Hohennauener Kirche lag, eine der früh wüst gewordenen Ortschaften, ingleichen Lochow, ein Wendendorf nahe am Luch. Denkt man ferner an die verlassenen Ortschaften Loiz (nahe Wachow), Lytzen (dort, wo heute noch die „Dorfstelle", 4 km südwestlich von Stechow, liegt), Bauersdorf bei Tremmen, Glewe bei Rhinow u. a. m., so möchte man, auch wenn man die vielen Fehden jener Tage in Rechnung zieht, doch meinen, es habe im 12. und 13. Jahrhundert ein wahres Gründungsfieber geherrscht, so daß ein immerhin beträchtlicher Teil des damaligen Bestandes sich als nicht lebensfähig erwies. Besonderes Interesse bietet die 1411 als wüst bezeichnete Feldmark Trepzyn nahe Stölln deshalb, weil sich hier lange Zeit von Sagen umwobene Ruinen erhielten. Zusammenfassend sei bemerkt, daß von insgesamt 30 Wüstungen die meisten schon vor 1375 entstanden waren, weshalb sie auch im Karolinischen Landbuch nicht aufgeführt werden.

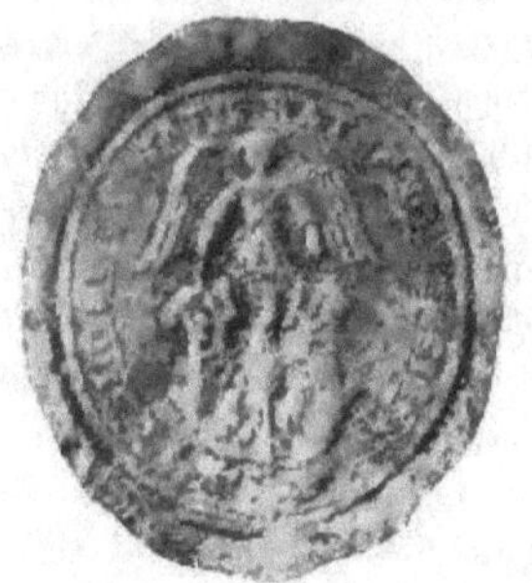

Abb. III. Siegel der Stadt Rathenow (Umschr.: Sigillum civitatis Rathenowensis).

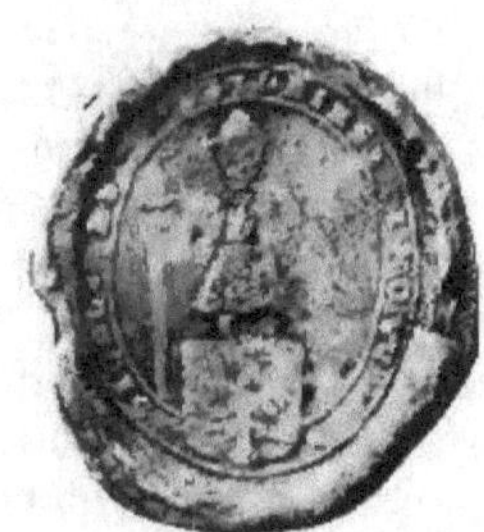

Abb. IV. „Siegel des Stätleins Rinow".

Huppsche Sammlung, Geh. Staatsarchiv.

## Wechselvolle politische Schicksale im 14. und 15. Jahrhundert.

Zu Zeiten des letzten Markgrafen aus dem Hause der Askanier, Waldemar, weilte Matthias v. Bredow, Vogt zu Rathenow, der eigentliche Begründer der Machtstellung dieses Hauses, vielfach in seiner Umgebung, und als der Askanier am 18. April 1319 zu Tangermünde den Rathenowern den Hof Rodenwalde schenkte, war er der „Einweiser".

Das Jahrhundert von 1320 bis 1420 ist von mannigfaltigen Kämpfen erfüllt, von denen das Westhavelland, ähnlich wie die Prignitz, zum Teil an der äußersten Grenze der Marken gelegen, besonders in Mitleidenschaft gezogen wurde. Dort war es vornehmlich der Mecklenburger Herzog, hier der Magdeburger Erzbischof nebst seinen Vasallen, wie z. B. den Treskow, der sich oft als händel- und landsüchtiger Nachbar erwies.

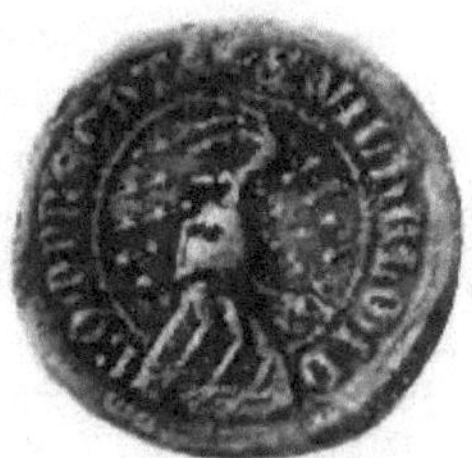

Abb. V. Siegel Wilhelms von Bomprecht (Umschr.: S Wilhelmi d Bomprechts).

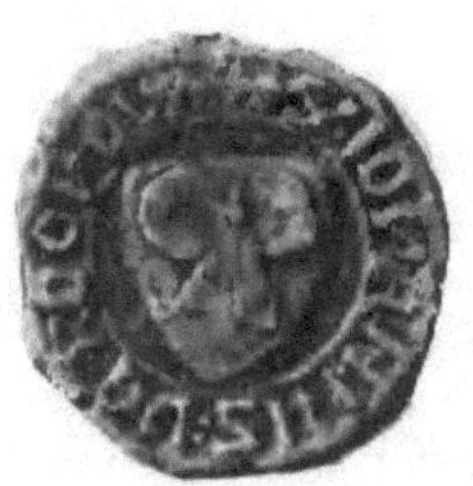

Abb. VI. Siegel Johannis v. Rochow (S. Johannis de Rochow).

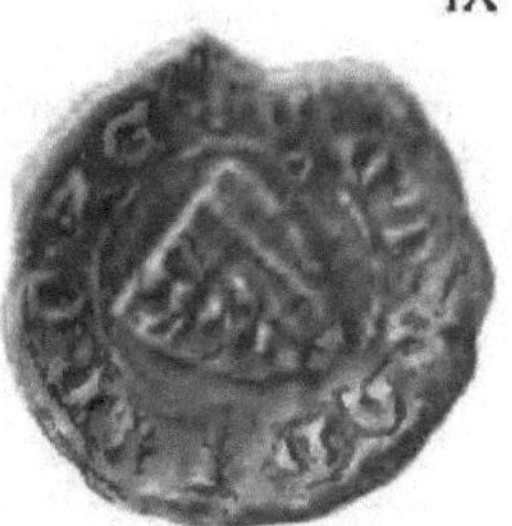

Abb. VII. Siegel Ottos Roze (S Ottoni[s] Roze).

Rathenower Urkunde vom 6. März 1351 im Geh. Staatsarchiv.

Um die Mitte des 14. Jahrhunderts schien es fast, als würde das Havelland nicht mehr in seiner Gesamtheit märkisch bleiben. Hatte doch Erzbischof Otto 1351 feierlich seine Absicht ausgesprochen, Plaue immer inne zu behalten. 1394 bemächtigte sich Erzbischof Albrecht Rathenows zur Zeit des in der Ferne weilenden, tatenscheuen Markgrafen Jobst. Vom Gesichtspunkte des Gegensatzes gegen Magdeburg aus handelten daher die Quitzows vielleicht im Interesse der Mark, als sie Plaue und Rathenow in Besitz nahmen und häufig Einfälle in die erzstiftischen Lande machten. Auch auf Burg Friesack hatten sie sich eingenistet, da erschien der Burggraf Friedrich von Nürnberg, Rechenschaft fordernd. Der wichtigste Teil des berühmten Feldzugs von 1414 spielte sich hier im Westhavelland ab. Damals schloß sich der Magdeburger Erzbischof Günther v. Schwarzburg dem Zollern an, als es galt, „die bösen Wurzeln, durch die Quitzows eingeführt", auszurotten. Wie Wetterleuchten nach dem Gewitter mutet es an, wenn wir hören, daß nach 1418 Hans von Quitzow Radewege in Brand steckte. Die Zugehörigkeit des gesamten Havellands zur Kurmark wurde von Anbruch der Hohenzollernherrschaft an nie mehr ernstlich in Frage gestellt.

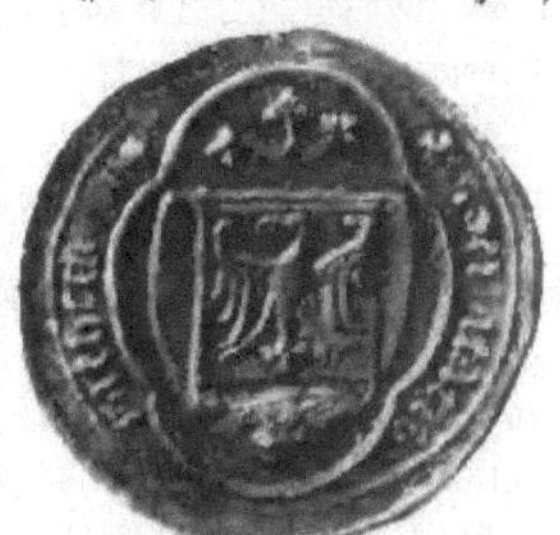

Abb. VIII. Siegel der Stadt Rathenow (S. civitatis R.) an der Urk. vom 11. IX. 1429. (Geh. Staatsarchiv.)

Der Adel wandte sich, mehr und mehr seßhaft werdend, der Landwirtschaft zu. Geschlechter wie die „Broßeke" zu „Kottczure", die „Knobeloch" zu „Possʒin" oder „dy Ribbeke" zu „Ripbeke" sitzen fortan fest im Sattel; um 1480 erscheinen auch die „Erßleven" zu Selbelanck, und schon ein Menschenalter zuvor die v. d. Hagen im Ländchen Rhinow.

## Unter Joachim I. und Joachim II.

Ein letztes Mal kam es im Jahre 1525 zu einem feindlichen Zusammenstoß zwischen Markgrafen und Vasallen. Als nämlich die v. Waldenfels auf Schloß Plaue den dortigen Zoll widerrechtlich für sich beanspruchten, machte sich Kurfürst Joachim I.

mit einer „tappferen Anzcal zue Roz und Fuhs" auf, berannte das Schloß und nahm es ein. In der Folgezeit haben dann auch die Schloßherren niemals wieder den Wasser- oder Güterzoll zu erheben gewagt, sich aber im übrigen wohnlich eingerichtet, wie aus der Aufzählung von Sälen und Sommergemach, Rüstkammer, von Junker- und Frauengemach erhellt; die in den Inventarien aufgeführten Schäfereien u. a. m. lassen auf erheblichen Wohlstand schließen.

Die Kirchenfürsten hatten damals schon längst ihrer Pflicht nicht mehr vollauf genügt, denn der Bericht der kurfürstlichen Visitatoren von 1541 lautete recht trübe: „wir sehen teglich, wie hoch nottig solche Visitation sei, do der gemeine Hauff den meherern Theil weder von Gott noch seinem Wortte oder Sacramenten wissen, das es pillich zu erbarmen, und werden die Bischeffe, dene solche Visitation und Examen gebhuren, Gott schwere Rechnung geben."

Für die Reformation waren hier wie allerwärts Einziehung der Altäre und Altarstiftungen, Aufhebung der geistlichen Genossenschaften, wie z. B. des Rathenower Kalands, Zurückforderung des vom Adel beschlagnahmten Kirchenguts, entscheidende Merkmale. Der konservative Zug tritt besonders hervor, weil das Brandenburger Domkapitel nicht wie das Lebuser aufgehoben wurde, sondern — gleich dem Havelberger — sich im Besitz seiner Güter und Gerechtsame, also auch des Patronats, behauptete. Fortan waren die Pfarrer genötigt, in ihren Pfarrorten Aufenthalt zu nehmen, und es ist wohl kein bloßer Zufall, daß die ersten Kirchenbücher erst von der zweiten Hälfte des 16. Jahrhunderts erhalten sind. Die Kenntnis der Bibel verbreitete sich besonders unter dem gebildeten Bürgerstand; auf einem stimmungsvollen Epitaph in der Rathenower Pfarrkirche steht in lateinischer Fassung der Spruch aus dem Römerbrief: „Leben wir, so leben wir dem Herrn, sterben wir, so sterben wir dem Herrn. Darum, wir leben oder sterben, so sind wir des Herrn."

## Der Dreißigjährige Krieg.

Eine gute Quelle für die Geschichte des großen Krieges sind die zahlreich erhaltenen Eingaben der „geängstigten und geplagten" Einwohner an den Kurfürsten, Georg Wilhelm. Selbst wenn man einige Übertreibungen abrechnet, wie sie in Bitt- und Klageschriften wiederzukehren pflegen, bleibt noch genug übrig; tatsächlich scheinen die Soldaten selbst Akte von Kannibalismus begangen und Kinder gebraten zu haben.

Im Jahre 1626 beginnen die Klagen. Die Ritterschaft schreibt, der Kreis wäre so ausgeplündert und ausgezehrt worden, daß „kein einiger Paursmann, ja wir theils auch selber, weder Brott noch Saathkorne mehr habenn"; „die Reutter und das Kriegsvolk des Grafen Mansfeld hätten bei ihrer Retrada mit Gewalt sich einquartieret, den Leutten das Ihrige verzehret, Kisten und Kasten ufgehauen, sie geplundert und ihnen das ihrige spolyret, etzliche Leutte erschossen und erstochen, auch Nauen in Brand gesteckt und ganz und gahr in der Aschen gelegt". Mit einer Bitte um Schutz „vor diese Landverderber" schließen die Vasallen.

Gustav Adolf schlug 1631 unter den Eichen auf den Höhen südlich von Rhinow sein Lager auf. Von mehreren Dörfern wird berichtet, daß die schwedischen Völker sie späterhin mit Feuer angezündet; so brannte die „von Grund auf gemauerte Kirche" zu Strodehne gänzlich ab, so daß die „ganz entkräfteten Einwohner" aus dem Holz einer abgebrochenen Mühle sich eine Notkirche errichten mußten, „worinnen der Gottesdienst gepflegt wurde". In andern Dörfern wütete die Pest, in Wassersuppe im Jahre 1631 so furchtbar, daß nur eine alte Frau übrig geblieben sein soll. Manche Dörfer entgingen dem Verderben nur Dank ihrer inselartigen Lage, so z. B. Witzke, wo die Rekruten der kaiserlichen, schwedischen und brandenburgischen Völker zusammengebracht wurden. Als Georg v. Bredow auf Wagenitz, etwa seit 1628 Kriegskommissarius des Havellandes, landstreichende Soldaten nach Spandau hatte schicken lassen, wo man sie hinrichtete, wurde er am 6. Februar 1636 samt seinen 22 Leuten von lüneburgischen und weimarischen Soldaten erschossen.

Immer dringendere Klagen schlugen 1636 an des Kurfürsten Ohr: „Nachdem 1636 vier Compagnien Dragonner von der Schwedischen Armee darin gelegen", so schrieb man aus Rathenow, „haben die Kaiserlichen und Sächsischen davor gelegen und den 3. September mit Gewalt eingenommen und darauf nicht allein die Bürgerhäuser geplündert, sondern auch auf dem Rahthause alle Thüren aufgehauen, in der Rahtstube alle Spünde, Laden, Kasten und Tische zerschlagen, alle Uhrkunden herum gestreut, etliche verwundete Schwedische Soldaten in die Rahtstube geworfen, große Löcher in die Kirchthüre gehauen, alle dahin geflüchtete Güter weggenommen, die Rahtspersonen und viel andere Leute nackt ausgezogen, auch sonst alles so leer gemacht, daß nicht ein Stück Brodt zu finden gewesen." An einer anderen Stelle heißt es: „Die Kaiserlichen und Kursachsen haben Häuser und Kirchen spolyret, darinnen der Todten Gräber nicht verschonet, die Dörfer guten Teils in Asche gelegt."

Im Januar 1644 kündigten Prälaten und Ritterschaft dem Kurfürsten an, sie wollten sich in „Defension" setzen „zur Abhaltungk undt Zurucktreibungk der streifenden reuberischen Parteyen", und zu diesem Zwecke baten sie, die Compagnia des Hauptmanns Strauz in Brandenburg, „welches gleichsamb der Schlußel zum Havelande ist", zu belassen, zu succuriren, auf daß Rathenow, der Cremmische Damm, Spandow und Fehre-Bellin auch bewacht würden.

Einer ungefähren Schätzung nach wurde die Hälfte der Bewohner der Städte dahingerafft: die um 1650 zusammengestellten Schoßkataster mit der Angabe der wüsten Hausstellen sind ein unwiderleglicher Beweis dafür. Mit den Dörfern stand es kaum anders. Da waren besonders einige, die an den großen Heerstraßen lagen, wie z. B. Nennhausen, furchtbar mitgenommen. Die adligen Familien, vielfach in Vermögensverfall geraten, mußten ihre Güter verpfänden oder überhaupt aufgeben: so verloren die Bredows Roskow. Neue Geschlechter, z. T. nicht-märkischer Abkunft, kommen in die Höhe, so die Rauchhaupt in Hohennauen.

Die Anfänge der landrätlichen Verwaltung gehen auf die Zeit des Dreißigjährigen Krieges zurück; damals ergab sich bei den vielen Truppendurchzügen die Notwendigkeit, Kommissare zugleich als Vertrauensmänner des Landesherrn sowie der Kreiseingesessenen zu bestellen, die die Verhandlungen mit der Soldateska übernahmen. Nach dem Westfälischen Frieden wurden sie dann, da infolge der Einrichtung eines stehenden Heeres Militärangelegenheiten stets und immerfort zu erledigen waren, aus ad hoc Bestellten zu ständigen Beamten. Eine markante Persönlichkeit unter den Kommissarien — so nannte man noch bis 1701 die späteren Landräte — war Hans Christoph v. Bredow auf Wagenitz: „Deputierte von Prelaten und Ritterschaft" baten den Kurfürsten am 26. Februar 1661, ihm das „vacante Commissariat" zu übergeben, als Ehrenreich v. Bredow gestorben war. Er war ein Mann, der durch die Stürme des Krieges nicht gebrochen, sondern geläutert war. Fontane rühmt bei ihm „den sich wieder regenden Sinn nach Ordnung und Besitz und eine echte schöne Frömmigkeit". Später stand der v. Briest an der Spitze des Havellandes, derselbe, der sich 1675 ausgezeichnet hatte, als der Kurfürst in feurigem Ansturm die Schweden, die so viele Kirchen beraubt hatten, aus Rathenow herausjagte. Zäh hat die Volksüberlieferung die Erinnerung an jene Tage, wo die Nacht der Wehrlosigkeit dem Lichte einer neuen, heimatstarken Zeit wich, bewahrt, und manche heute unsere Kirchen schmückenden Fahnen werden — wohl zu Unrecht — als erbeutete Schwedenbanner gedeutet.

## Das Werk der Wiederherstellung.

Die Einlagen im Turmknopfe zu Liepe, die genug von Kriegszeiten zu berichten wissen, melden wohl dann aber auch, wie es unter dem Großen Kurfürsten besser wird. Bezeichnend für die Anschauungen des Herrschers vom Bauernschutz ist ein Dekret, das am 29. Dezember 1669 an die v. d. Hagen erging: „Weil des gantzen Landes Wolfahrt und Aufnehmen darinnen vornehmlich beruhet, daß die wüsten Stellen wieder aufgebauet werden, ... als befehlen Seine Churfürstliche Durchlaucht den Gebrüdern v. d. Hagen ernstlich, dem Supplikanten (einem Kossäten und Fischer „aufm Kitze zu Rinau") die zu seinem wüsten Gute gehörige Wiese wieder einzuräumen."

Am Ende der Regierung des Großen Kurfürsten blutete der Kreis noch immer aus manchen Wunden: in Nennhausen waren alle Bauernhöfe nach wie vor wüst; viele „Pensionarien" saßen auf den adligen Gütern. Erst um 1800 wurde der alte Stand, wie er vor 1618 bestanden, ungefähr wieder erreicht. Ja in einer Hinsicht war man vorwärts gekommen, weit über die Linie des im 12. Jahrhundert Erstrebten hinaus, nämlich in dem Werke der Entwässerung und Melioration. Viele Kanäle und Gräben wurden 1718—1725 angelegt, vornehmlich der sog. Hauptkanal, der sich vom Bergeschen Damm bis zum Einfluß in die Havel bei Hohennauen in einer Länge von 5⅔ Meilen durch den Norden des Kreises zieht. Das unter Friedrich Wilhelm I. begonnene Werk der Entwässerungen nahm unter dem Großen Friedrich, wie die Tabellen in Borgstedes Topographie von 1788 erweisen, rüstigen Fortgang.

## Im 19. Jahrhundert.

Von den Kriegsleiden 1806—1813, den vielen von Bernadottes Truppen verübten Schandtaten berichtet das Päwesiner Kirchenbuch; damals wurde der Leutnant

v. Trachenberg, ein Rathenower Kind, wegen seiner Teilnahme am Schillschen Zuge 1809 zu Wesel erschossen. An die Spitze der Kriegsfreiwilligen 1813 stellte sich Friedrich Baron de la Motte Fouqué auf Nennhausen, und mit ihm zogen aus dem Dorfe, das insgesamt etwa 300 Einwohner zählte, 23 Mann aus, darunter seine beiden Stiefsöhne Gustav und Theodor v. Rochow. Das aus Havelländern gebildete Landwehrregiment führte der Landrat v. Bredow zum Kampf und Sieg. Eine Tafel in der Rathenower Kirche mit den Namen von 55 in den Jahren 1813 bis 1815 Gefallenen ist ein Beweis für die Größe der Opfer.

Da in der Zeit nach den Befreiungskriegen die amtlichen Obliegenheiten des Landrats, dem nunmehr auch die Aufsicht über die Städte zufiel, sich vermehrten, erwies sich eine Teilung des allzu ausgedehnten Kreises als notwendig. So teilte man 1815 die gesamte Landschaft, ähnlich wie auch die Prignitz um dieselbe Zeit, in zwei, dem Umfang nach ungefähr gleiche Teile. Der Sitz des Landratsamts für den Westen kam nach Rathenow. Die Stadt Brandenburg kam zu Westhavelland, schied aber schon 1881 aus, während dagegen „Der Dom" im Kreisverband verblieb.

Im großen und ganzen hat der Kreis in dem letzten Jahrhundert, wenn man von der Stadt Rathenow absieht, sein Gepräge wenig verändert. Landwirtschaft und Viehzucht spielten nach wie vor die Hauptrolle, in dem Maße als immer weitere und weitere Strecken für den Körner- und Rübenbau erschlossen wurden; die Fischerei ist in den Hintergrund getreten. Pritzerbe, Plaue und Friesack blieben, was sie waren, stille, verkehrsarme Ackerbürgerstädtchen. Fast könnte man Westhavelland in dieser Hinsicht etwa auf gleiche Stufe mit Ostprignitz setzen, wenn nicht die Entwicklung von Rathenow dem Bilde eine andere Färbung gäbe. Das springend anwachsende Steigen der Einwohnerzahl dieser Stadt bewirkte, daß sie trotz ihrer Lage an der Peripherie sich zum unbestrittenen Vor- und Hauptort in Westhavelland entwickelte und dem Kreise zu einem beträchtlichen Anwachsen seiner Einwohnerzahl verhalf; auch Rhinow scheint in neue Bahnen einlenken zu wollen.

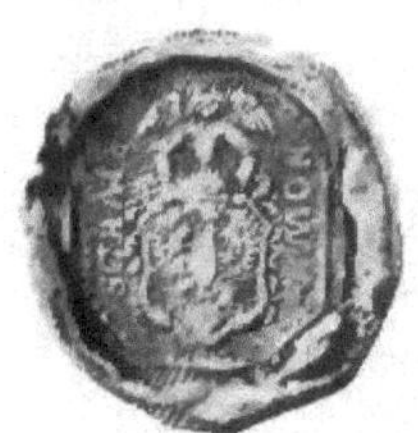

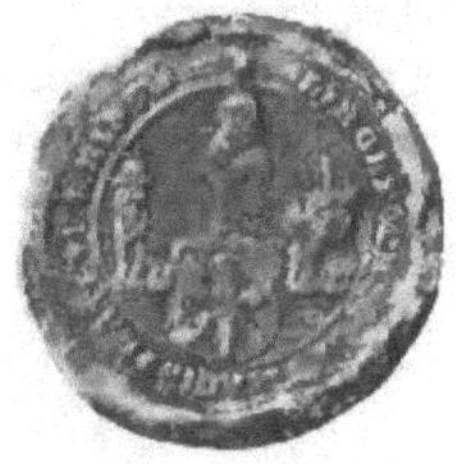

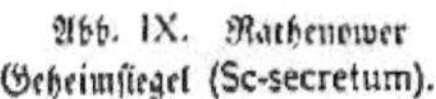

Abb. IX. Rathenower Geheimsiegel (Sc-secretum).

Abb. X. Siegel des Magistrats Rhinow.

Huppsche Sammlung im Geh. Staatsarchiv.

## Übersicht über die Besitzverhältnisse.

Im allgemeinen sei vorausgeschickt, daß in den Besitzverhältnissen von alten Zeiten an Ost- sich scharf von Westhavelland abhob. Hier war der landesherrliche Besitz nie von größerer Bedeutung, dort dagegen ist vom 15. Jahrhundert an ein andauerndes Anwachsen des Domaniums festzustellen, und zwar vornehmlich um Potsdam herum; hier kein einziges kurfürstliches oder königliches Schloß, dort eine Fülle! Im Westen endlich waren der Bischof und besonders das Brandenburger Domkapitel reich begütert, während sich der geistliche Einfluß im Osten nur wenig bemerkbar macht.

### Landesherrlicher Besitz.

Unmittelbares markgräfliches Eigentum an Grund und Boden oder sonstigen Gerechtsamen war im Mittelalter wenig vorhanden; während z. B. bei Dörfern des Barnim im Schoßregister von 1450 oft genug vom Schreiber vermerkt wird: „ist myns Hern", findet sich ein solcher Zusatz bei westhavelländischen Dörfern nicht. Erst infolge der Einziehung der Lehniner Klostergüter Gohlitz und Wachow nach 1541, ferner des Ankaufs von Berge und Lietzow um 1700 bildete sich ein Domanium, das dann aber im Verlaufe des 19. Jahrhunderts wieder so zusammenschrumpfte, daß heute, abgesehen von dem Forstbezirk Grünaue mit 2610 ha, sich nur noch ein größeres Domänenstück von 1139 ha zu Berge und ein kleineres von 445 ha zu Lietzow befindet. Königliches Patronat ist hier sowie auch noch immer in Gohlitz und Wachow, ferner in Pritzerbe, Fohrde, Mögelin und Weseram.

### Stiftsbesitz.

Der geistliche Besitz kann sich im Kreise der ältesten Tradition rühmen, denn schon 948 erscheint Pritzerbe als ein Teil der Ausstattung des neubegründeten Bistums Brandenburg. Besonders das Domkapitel, dann aber auch der Bischof machten, wie sich vom Jahre 1161 an urkundlich nachweisen läßt, eine Erwerbung nach der anderen, und so liest man in Registern aus der Zeit der Söhne des ersten Zollern bei Orten wie Bamme oder „Groten Weßeram": „ist des Bischoff Eigenthum". Lang ist die Reihe der Dörfer, die dem Propst und Kapitel unterstanden. Bei Barnewitz, Buckow, Garlitz, Gräningen, Marzahne, Tremmen, Zachow u. a. m. heißt es: „hort der Borg" oder „hort der Brobstey". Auch über die Reformation hinaus wußte sich das Kapitel seinen Besitz bis in die neueste Zeit hinein zu erhalten: aus Lünow, Mötzow und verschiedenen anderen Gütern, Vorwerken und Waldungen, die zusammen einen Flächeninhalt von rund 3400 ha haben, beziehen die Mitglieder des Domkapitels ihre Einkünfte. Das Patronat über etwa 16 Kirchen weist auf den ehedem noch weit ausgedehnteren Besitz zurück.

### Städtischer Besitz.

Nur Rathenow verstand es, im 13. und 14. Jahrhundert beträchtlichen Landbesitz an sich zu bringen; mit einem Flächeninhalt von nahezu 4/5 Quadratmeilen

— also etwa ebensoviel wie Perleberg oder Lenzen — überragt die Stadt bei weitem die übrigen städtischen Gemeinwesen des Kreises, deren Gemarkung nicht viel größer als die manches Dorfes wie Garlitz oder Barnewitz ist. Die Städte Brandenburg besaßen ehedem verschiedene Ortschaften im Kreise; heute hat Brandenburg aber nur noch Patronat in Brielow, Neuendorf, Päwesin und Radewege.

## Großgrundbesitz.

Abb. XI. Stempel Johannes v. Bardeleben (Umschr.: Sigillum Johannis de Bardeleve) im Kaiser-Friedrich-Museum zu Berlin.

Wenn auch im Westhavelland im Vergleich zu anderen Kreisen wie z. B. Teltow oder Weststernberg sich noch verhältnismäßig viel alt-ritterschaftlicher Besitz bis ins 20. Jahrhundert hinein behauptet hat, so ist doch immerhin eine beträchtliche Anzahl von uradligen Familien, die noch in friderizianischer Zeit reich begütert waren, heute aus dem Kreise verschwunden, z. B. die Bardeleben (ehedem zu Selbelang u. a. a. O.), die Bröſicke (Ketzür), die Hake (Berge), Lochow (Nennhausen), Retzow (Kotzen, Retzow), Schlieben (Bagow), die Grafen Itzenplitz (Groß- und Klein-Behnitz). Sogar ganz ausgestorben sind die einst zu Nennhausen begüterten v. Briest.

Unter den Geschlechtern des Uradels, deren Besitz sich in das 15. oder gar 14. Jahrhundert zurückverfolgen läßt, stehen in erster Linie als einstmalige Herren über ganze „Ländchen" die Bredow mit dem Hauptsitz zu Friesack und die etwas später im Nordwesten des Kreises auftretenden v. d. Hagen, als deren Stammsitz wohl „die Hage" nahe Friesack

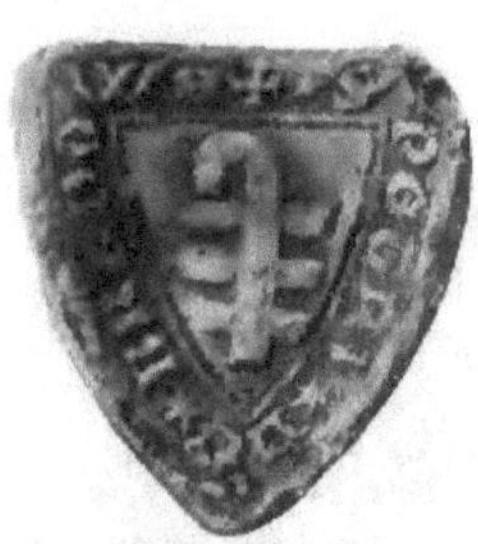

Abb. XII. Siegel Peters v. Bredow (S. Petri de Bredowe) Urk. betr. Belehnung mit „Hus tu Vrysac, Stat und Lant" vom 5. XII. 1335. Geheimes Staatsarchiv.

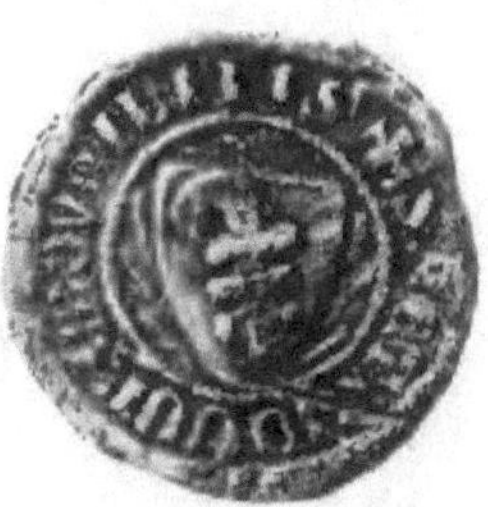

Abb. XIII. Siegel des Ritters Peter v. Bredow (S. Petri de Bredov militis) Urk. vom 6. III. 1351. Geheimes Staatsarchiv.

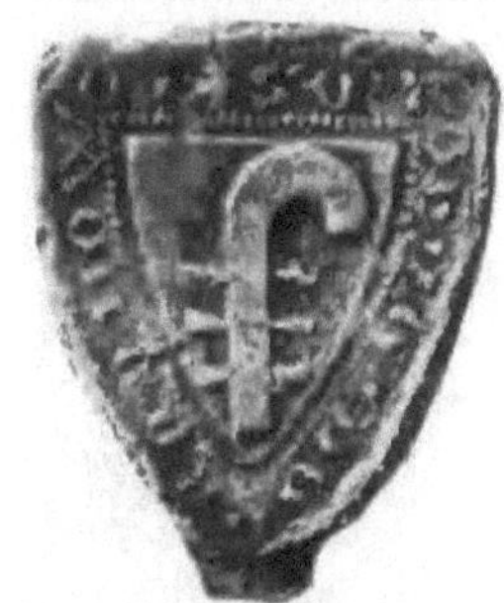

Abb. XIV. Siegel des Matthias v. Bredow (S. Mathias de Bredow) Urk. vom 6. III. 1351. Geheimes Staatsarchiv.

anzusprechen ist und die im Wappen bereits an einer Urkunde von 1380 im Zerbster Archiv das Wagenspriet führten.

Im einzelnen sei bemerkt:

Die Bredow haben mit ihren vielen Linien insgesamt etwa 13 Rittergüter, deren Umfang im Durchschnitt mittelgroß ist, bei Briesen ungefähr 2267 ha umfaßt; Familienstiftung ist Liepe.

Die v. d. Hagen, denen einstmals fast das gesamte Land Rhinow gehörte, sind heute noch in Wolsier, Rhinow und Wassersuppe, besonders aber in Hohennauen und Stölln begütert.

Die Stechows haben alten Besitz in Stechow und Kotzen.

Den nur in einer Linie vertretenen Ribbecks gehören die Güter in Bagow und Ribbeck (schon 1375!), den v. Erxleben Selbelang sowie der größte Teil von Retzow, den beiden Linien der v. Knoblauch Buschow und Ferchesar sowie Pessin.

Mit je einem Gute sind angesessen die v. Katte zu Roskow, Graf v. Königsmarck zu Plane, Kleist v. Bornstedt zu Hohennauen, v. Kleist-Retzow zu Möthlow und die neugeadelten v. Borsig zu Groß-Behnitz samt mehreren Vorwerken, endlich seit 1911 Graf Westerholt zu Nennhausen.

Unter den bürgerlichen großgrundbesitzenden Familien seien als besonders eng mit der Scholle verknüpft die Hornemann zu Gutenpaaren und Kersten zu Ketzür genannt.

## Bäuerlicher Besitz.

Durch lebhaftes Standesbewußtsein zeichneten sich schon im 18. Jahrhundert die wohlhabenden Bauernfamilien im Südosten des Kreises, in Gohlitz, Päwesin, Tremmen, Wachow und Zachow aus: die durch Familienchroniken wachgehaltene Tradition reicht hier mehrfach bis zum Anfang des 18. Jahrhunderts zurück.

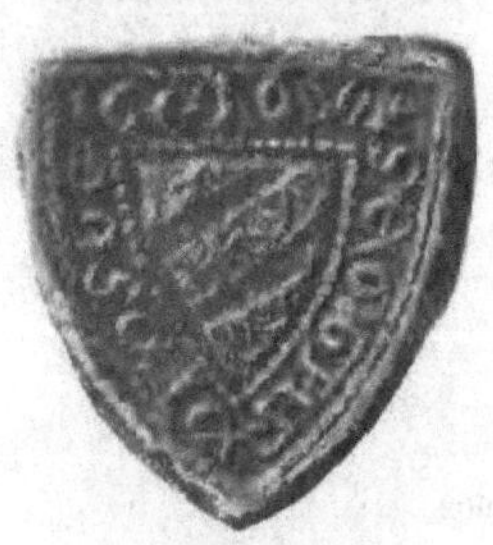

Abb. XV. Siegel Eckards v. Stechow (S. Eggardi d Stegehow) Urk. vom 12 III. 1375 im Geh. Staatsarchiv.

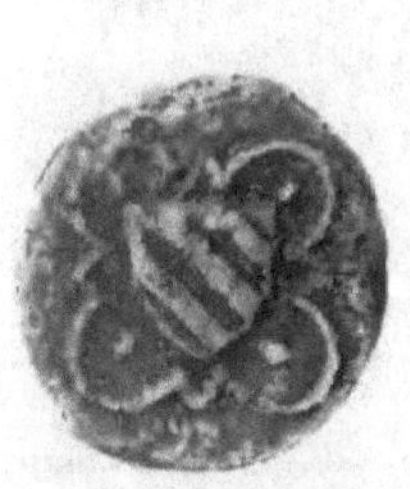

Abb. XVI. Siegel Eckards v. Stechow an der Urk. vom 1. I. 1386 im Domarchiv.

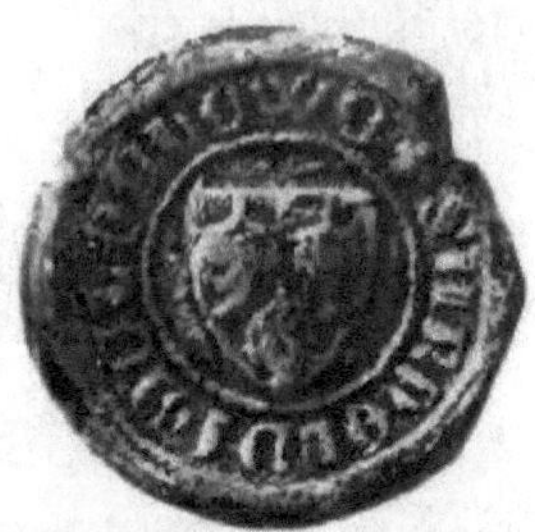

Abb. XVII. Siegel Arnolds v. Lochow (S. Arnoldi de Lochowe) Urk. vom. 6. III. 1351 im Geh. Staatsarchiv.

## Statistik und Verkehrsverhältnisse.

Vornehmlich seien genannt: Bratring, Beschreibung der Mark (1805) und Berghaus, Landbuch der Mark (1851), ferner Boeckh, Ortschaftsstatistik des Regierungsbezirks Potsdam (Berlin 1861).

„Gemeindelexikon des Preußischen Staats" (Berlin, 1895 seq.).

Umfangreiches statistisches Material wurde endlich von dem Königl. Landratsamt zu Rathenow gütigst zur Verfügung gestellt.

Um das Jahr 1800 zählte der damals noch ungeteilte havelländische Kreis einschließlich von 11000 Mann Militär etwa rund 93000 Einwohner, gegen das Jahr 1750 eine Vermehrung von über 50 Prozent.

Um 1860 zählte der Kreis Westhavelland, abgesehen von der Stadt Brandenburg, 42726 Einwohner; davon entfiel auf die Städte ein gutes Drittel. Im Handelsgewerbe waren etwa 400, als Schiffer 5 bis 600 tätig; nahezu etwa 1500 betrieben selbständig die Landwirtschaft als Hauptgewerbe. Als Handarbeiter wirkten in der Landwirtschaft nahezu 3000, in anderen Gewerben 4300. Das Gesinde betrug in den landwirtschaftlichen Betrieben etwas über 1300, in anderen Gewerben nahezu 1000.

Über die letzten Jahrzehnte unterrichtet folgende Tabelle:

| Gemeindearten | Zahl der Gemeinden | Einwohnerzahl 1871 | 1900 | 1910 | Flächeninhalt (1910) ha | Bewohner auf 1 qkm (1910) | Bevölkerungs-Zu- (+) und Abnahme (—) v. 1871 b. 1910 in % |
|---|---|---|---|---|---|---|---|
| Städte | 5 | | | | | | |
| und zwar | | | | | | | |
| Rathenow | 1 | 8 507 | 21 016 | 21 891 | 1 200,1 | 593 | + 192,6 |
| Friesack, Plaue, Pritzerbe, Rhinow | 4 | 7 851 | 8 378 | 7 571 | 6 859,1 | 110 | — 3,6 |
| Landgemeinden | 75 | 24 522 | 27 062 | 26 546 | 59 264,6 | 45 | + 8,3 |
| Gutsbezirke | 57 | 7 292 | 7 151 | 7 124 | 50 875,9 | 14 | — 2,3 |
| zusammen | 137 | 48 172 | 63 610 | 66 132 | 121 199,7 | 54,6 | + 37,3 |

Die Zunahme der Bevölkerung beruht fast allein auf dem Anwachsen der Stadt Rathenow. Die übrigen Städte des Kreises und auch ein großer Teil der ländlichen Gemeinden zeigen eine Abnahme.

Der Berufszählung von 1907 zufolge waren folgende Berufsgattungen vertreten:

| | Hauptberuf | | Nebenberuf | |
|---|---|---|---|---|
| | männlich | weiblich | männlich | weiblich |
| Landwirtschaft . . . . . . . | 7215 | 5976 | 4184 | 3789 |
| Industrie . . . . . . . . | 11824 | 1258 | 422 | 193 |
| Handel und Verkehr . . . | 2342 | 483 | 618 | 400 |
| Häusliche Dienste u. s. f. . . | 146 | 249 | 12 | 12 |
| Öffentliche Dienste, freie Berufe | 1405 | 150 | 146 | 10 |
| Ohne Beruf . . . . . . | 1645 | 1561 | — | — |

Von der Grundfläche entfallen etwa 182000 Morgen auf Acker, 116000 auf Wiesen, 66000 auf Weiden und Unland, 99000 auf Holzungen und nahezu 3000 Morgen auf Gärten.

Gerade weil der Kreis so viele Luche und moorige Wiesen aufweist, war die Schaffung moderner Verkehrseinrichtungen besonders schwierig, aber auch besonders bedeutungsvoll. Bis in die vierziger Jahre des 19. Jahrhunderts hinein durchschnitten lediglich die dem Durchgangsverkehr dienenden Bahnlinien Berlin-Hamburg und Berlin-Magdeburg die Peripherie des Kreises — nur eine Stadt hatte somit Bahnanschluß, nämlich Brandenburg —; die gleiche Richtung verfolgten die beiden Staatschausseen. Gewaltige Veränderungen vollzogen sich in der Folgezeit. Ende der vierziger Jahre wurde die erste Kreischaussee von Brandenburg über Marzahne nach Rathenow erbaut. Erst nach 1870/1 folgten weitere Bauten: Marzahne-Paulinenaue als erste den Kreis in nordsüdlicher Richtung durchziehende Linie, bald darauf, fast in paralleler Richtung, Rathenow-Rhinow nach Wusterhausen und besonders die Bahnlinie von Berlin-Nauen über Rathenow nach Stendal. Von da an ging es in so schnellem Tempo weiter, daß heute besonders im Südosten ein wahres Spinnengewebe von Straßen sich über den Kreis ausgebreitet hat; verhältnismäßig reich an Verkehrseinrichtungen ist selbst jetzt der Nordwesten.

Alle Städte haben heute Bahnanschluß, z. T. dank den Kleinbahnen, z. B. Rathenow-Senzke-Paulinenaue (gebaut bis 1901). An der Brandenburgischen Städtebahn, die den Kreis in Pritzerbe, Rathenow und Rhinow berührt, sind der Kreis und viele Gemeinden als Aktionäre beteiligt.

Im übrigen sei auf die Statistischen Angaben in Kunstdenkmäler „Stadt und Dom Brandenburg", S. 21, betr. den „Dom Brandenburg", der zum Westhavelland gehört, hingewiesen.

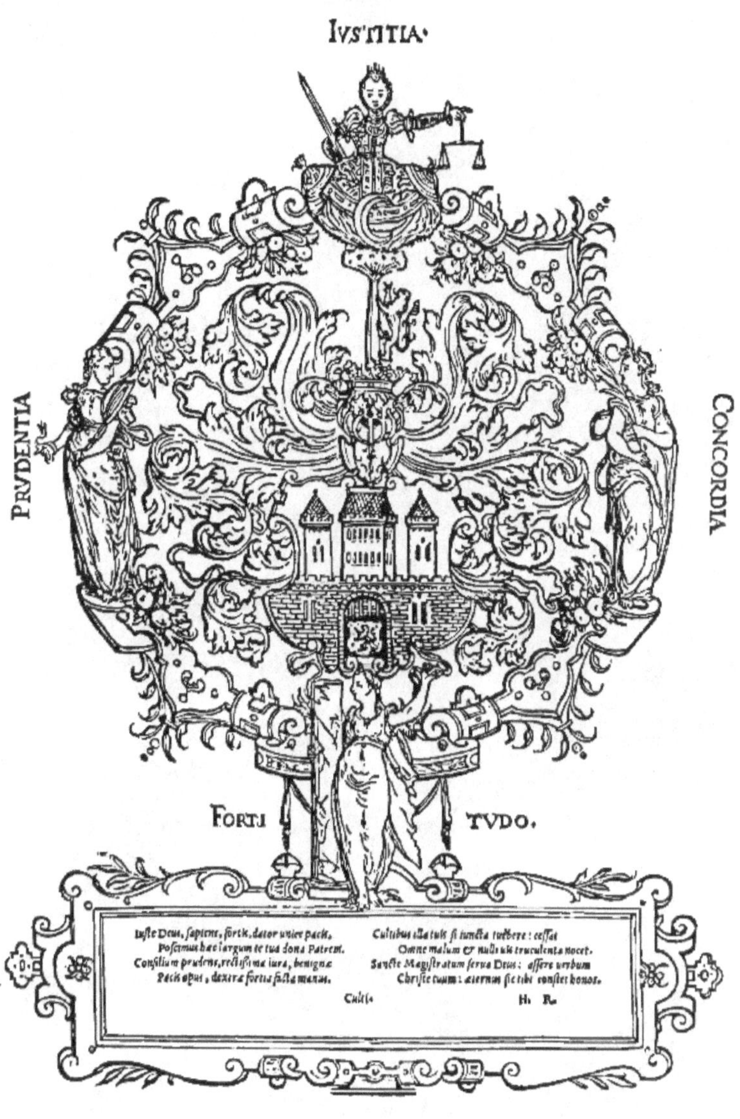


Abb. XVIII. Holzschnitt aus der „Genealogie" von Henninges (1584).
(Vgl. S. 59.)

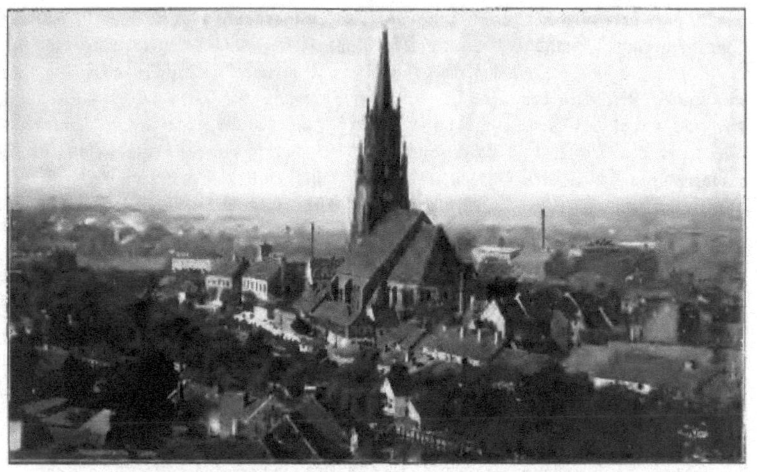

Abb. XIX. Rathenow. Ansicht der Altstadt von Südosten.

# Kunstgeschichtliche Übersicht.

Die Abgrenzungen des Kreises Westhavelland sind, wie die fast aller anderen, rein politischer Art. In kunstgeschichtlicher Beziehung bildet das in diesem Bande besprochene Gebiet weder eine Wesenseinheit noch ein abgeschlossenes Ganzes. Einleitung.

Das Gesamtbild der Kunsterscheinungen zeigt hier nicht einmal in dem Grade einen geschlossenen Charakter wie in der benachbarten Prignitz. Gewisse Gegensätze zwischen dieser und dem Westhavellande sind nicht zu verkennen. Die Prignitzer Kunst hat einen altertümlichen, ehrwürdigen Grundzug. Die Kultur war dort nur wenig älter, aber die Kunst war beständiger geblieben. Die breite Masse der Schöpfungen wurde getragen von der tiefwurzelnden, kraftvollen Seele des Volkes. Sie war es, die mit festem Griff aus ureignem Geiste das breite Bauernhaus mit dem gewaltigen Dach und die massive Dorfkirche aus Felsgestein schuf oder doch treu bewahrte.

Die Mächte, welche im Westhavellande vornehmlich Einfluß gewannen, waren für die Frühzeit die Kirche, im besonderen das Brandenburger Domkapitel, für die spätere Zeit der Landadel sowie der Landesherr und die Landeshauptstadt, die ihre Fortschritte und Geschmacksänderungen gern auf einen weiteren Umkreis übertrugen und besonders den Landkirchenbau auf amtlichem Wege in Fürsorge nahmen.

Von den Städten des Kreises kommt fast ausschließlich Rathenow in Betracht. Die Pfarrkirchen der übrigen sind ohne größere kunstgeschichtliche Bedeutung; Burgen und Klöster vermissen wir (abgesehen vom Dom Brandenburg) ganz. Tief zu beklagen sind der geringe Bestand und die stark verblaßte Erscheinung der alten Bauernhäuser.

Dennoch ist der Eindruck im ganzen kein armseliger. Manches wertvolle Werk aus guter Zeit hat den Ansturm aller zerstörenden Gewalten überdauert. Das kirchliche Leben des Mittelalters unter der Führung des Brandenburger Domkapitels ließ unter den Dorfkirchen einige ansehnliche Bauwerke erstehen; als Ersatz für die verloren gegangenen alten Burgen und festen Schlösser finden wir eine Reihe Herrenhäuser vor, und über das Absterben des bodenständigen Bauernhauses muß uns die Entfaltung des städtischen Wohnhausbaues im 18. Jahrhundert trösten.

Auch im Kunstgewerblichen und unter den Werken der bildenden Künste finden sich prächtige Stücke. Ebenso fehlt es nicht an Einzelzügen der künstlerischen Entwicklung, die zu eingehender Betrachtung einladen und an ihrem Teil zur Gesamterscheinung der märkischen Kunst beitragen.

## Baukunst.

Baustoffe. Der Westhavelländische Kreis war wegen seiner ausgedehnten Brüche der Bodenkultur und ihren Segnungen wenig günstig. Doch bildeten seine zahlreichen Tonlager ein durchaus förderliches Element für die Anfänge der Baukunst und damit der künstlerischen Kultur des Landes. Zumal das bis zum heutigen Tage hochgeschätzte Tonmaterial der Gegend um Rathenow und Brandenburg, die lange Zeit das größte zusammenhängende Gebiet der Ziegelherstellung bildete, ist sicher schon früh als höchst brauchbar zur Anfertigung von künstlichen Steinen erkannt worden. Noch unzweifelhafter als in anderen Teilen der Mark Brandenburg beruht daher hier die Art der ältesten monumentalen Kunstbetätigung auf der Nutzbarkeit dieser heimischen Tonlager.

Von Anfang an erhalten die auf lange Dauer berechneten Steinbauwerke dadurch ihr eigenes Gepräge, und das geschah gewiß schon früher, als die erst um 1200 ansetzbaren ältesten Kirchen des Westhavellandes erweisen können. Besonders die Bauten des Brandenburger Domkapitels scheinen anzudeuten, daß dieses samt seinem Einflußgebiete früher zur Anwendung des Backsteinbaus überging als das Havelberger Gebiet. Der Backstein blieb dann im Westhavellande zu allen Zeiten der bevorzugte Baustoff. Aber auch seine Verwendungsart hat ihre Geschichte.

Das gefugte Backsteinwerk hält hier wie anderwärts nur bis zum 16. Jahrhundert an, dann setzt der Putzbau ein, zunächst nur spärlich wegen der auch hier nur schwachen Bautätigkeit der Renaissancezeit. Dagegen finden wir gegenüber dem vorherrschend mittelalterlichen Charakter der Architektur Brandenburgs und der Prignitz im Westhavellande zum ersten Male in Stadt und Land einen bedeutenden Bestand von Barockwerken. In technischer Beziehung ist dies gleichbedeutend mit Putzbauten, an denen nur ausnahmsweise und recht sparsam einmal etwas Sandstein zur Verwendung kommt.

Eine Neubelebung des putzfreien Backsteinbaus, wenn auch keineswegs im Geiste des Mittelalters, beabsichtigte Schinkel bereits im dritten Jahrzehnt des 19. Jahrhunderts bei seinem Entwurf für den Rathenower Kirchturm. Seitdem wechseln die Baustoffe ebenso wie die Stilarten in mannigfachem Gemisch.

Dagegen ist der Feldsteinbau, der sonst in der Frühzeit rings im Lande durchaus vorherrschte, hier nur schwach vertreten. Heute ist die noch romanisch angelegte Kirche von Spaatz der einzige wohlerhaltene Vertreter dieser altehrwürdigen Bauweise, und nur wenige andere Kirchen, wie die zu Gräningen und Liepe, lassen noch den einstigen Bestand einer reinen Feldsteinkirche der Frühzeit erkennen.

## Kirchliche Bauten.

### Romanische Kirchen.

Dem besonderen Zwecke nach sind die Kirchen, da Klöster und Stiftskirchen außerhalb Brandenburgs im Kreise gänzlich fehlen, sämtlich städtische Pfarrkirchen und Dorfkirchen. Romanische Pfarrkirchen.

Die Kolonisation der Mark begann schon am Schluß des romanischen Zeitalters. Alte Städte, wie Lenzen, Havelberg, Brandenburg, besaßen sicher einst romanische Pfarrkirchen. Ein flüchtiger Blick über die Kirchen der Provinz überzeugt uns indessen, daß sich darunter keine einzige romanische erhalten hat. Alle damals vorsichtig bemessenen Anlagen folgten der blühenden Entwicklung ihrer Städte und wurden früher oder später stückweise, und schließlich fast ganz erneuert. Unfehlbar wurden davon stets die Ostteile betroffen, und kaum jemals läßt sich aus den geringen Resten die ursprüngliche Gesamtanlage mit einiger Zuverlässigkeit ermitteln.

Ausnahmsweise günstig steht es damit im Westhavellande. Der Bestand an romanischen Kirchen ist zwar auch hier äußerst gering, doch vertritt er in seltener Weise die je nach der Größe der Orte verschiedenen Typen, welche damals in Gebrauch waren.

Der Umstand, daß man bei der Erweiterung der Kirchen meist einen Teil für die Abhaltung des Gottesdienstes beibehielt, führte in Rathenow zur Erhaltung der beiden Seitenapsiden und der Stirnmauern des Querschiffs, so daß sich unter Benutzung der noch bekannten Turmmaße mit ziemlicher Sicherheit der in Abb. 110 gegebene Urgrundriß herstellen läßt. Danach war die Kirche eine Kreuzanlage mit einem für die Pfarrkirche bezeichnenden sehr kurzen Schiff sowie drei Apsiden an Altarhaus und Kreuzarmen. An diesen saßen die Apsiden im Mittel, nicht in der Achse der Seitenschiffe. Die Ostteile waren daher nach einer Grundform gestaltet, die man als das Ergebnis einer mehrhundertjährigen Entwicklung ansehen kann. Die Hauptzüge ihrer niedersächsischen Eigenart lassen sich bis zur Stiftskirche in Gernrode zurückverfolgen, bei der freilich die gesetzmäßige Gliederung nach Quadraten noch mangelt. Die gleiche Unvollkommenheit haftet auch der Quedlinburger Stiftskirche und der Frankenberger Kirche zu Goslar an. Die Dome zu Braunschweig, Soest, Minden und Goslar, die Neuwerker Kirche dieser Stadt und die Klosterkirche zu Hecklingen in Niedersachsen bilden dann die weitere Entwicklungsstufe zu der Kirche, deren unmittelbare vorbildliche Einwirkung für Rathenow nahe liegt: der Mutterkirche der sächsischen Prämonstratenser, Liebfrauen zu Magdeburg.

Der Turm der Rathenower Kirche weicht in der Grundrißform sowohl von den breiten Turmhäusern des Havelberger Landes als auch von der aus einem Mittelhause zwischen zwei Rundtürmen bestehenden Gruppe der Magdeburger Liebfrauenkirche ab. Überhaupt will er sich dem Schiff der Kirche nicht recht organisch anschließen, so daß in bezug auf seine Gleichzeitigkeit mit der kreuzförmigen Basilika einige Bedenken entstehen. Sollte seine Grundrißform etwa auf Überbleibsel einer noch älteren Dorfkirche zurückzuführen sein?

Eine Kreuzanlage aus sehr früher Zeit war vielleicht auch die Kirche zu Pritzerbe in ihrer Urform.

Einen für kleinere Stadtkirchen häufig angewendeten Grundrißtypus liefert, im Gegensatz zu der reicheren Entfaltung des Rathenower Planes, die äußerst eingeschränkte Anlage der Pfarrkirche von Plaue. Querschiff und Altarnischen fallen hier fort, und es bleiben nur der schlichte, gerade geschlossene Chor und das einfach rechteckige Schiff übrig.

Romanische Dorfkirchen.

Als den bezeichnendsten Vertreter der Dorfkirchenanlage romanischer Zeit darf man die Kirche zu Spaatz ansehen, wiewohl ihre Architekturformen nicht mehr romanisch sind. Das fast quadratische Langhaus, der kurze eingezogene Chor und die halbkreisförmige Apsis sind seine wesentlichen Bestandteile. Sie ergeben einerseits eine kräftige Betonung der Westfront durch den sie bekrönenden Turm, andrerseits ein vorzügliches Ausklingen der schön abgestuften Gruppe nach Osten.

Die Vermutung, daß im Westhavellande neben diesem weit verbreiteten Urtypus damals vereinzelt vielleicht auch eine zentrale Gestaltung der Dorfkirche vorkam, wird weiter unten, bei Besprechung der Übergangszeit, zu begründen sein. Für eine weitere Anlageform würde uns vielleicht die Kirche von Hohennauen ein Beispiel geben, bestände sie noch in alter Form. Ihr Turm läßt darauf keinen Rückschluß zu.

Die Deckenbildung der romanischen Kirchen unseres Gebietes war von einfachster Art. Überwölbt waren nur die Apsiden und etwa das Altarhaus der Rathenower Basilika, im übrigen herrschte allgemein die Überdeckung mit Balken.

Formgebung.

Der bescheidene Formenkreis, in welchem sich die romanische Kunst im Westhavellande hält, ist von der gleichen Schlichtheit beherrscht, die auch die Brandenburger Bauten kennzeichnet. Eindrucksvoll werden sie durch die ernste Erscheinung der Backsteinflächen sowie durch die Verhältnisse und die Gruppierung der Massen. Das einzige, was an ein architektonisches Gerüst erinnern kann, sind die flachen Lisenen; doch sollte ihr Vorsprung hauptsächlich die Friese aufnehmen, mit denen man das Gesims schmückte: einfache und verschlungene Rundbogenfriese, denen sich in Plaue der Rauten- und Dreieckfries zugesellen. So einfache Motive genügen fast durchweg zur ansprechenden Gliederung der Flächen, die in strenger Gesetzmäßigkeit von den Öffnungen unterbrochen werden.

Allgemein herrscht bei diesen der Rundbogen, der mit flachliegenden oder, wie beim Portal in Plaue, mit hochgestellten Läufern umrahmt wird. Die Kanten der Öffnungen sind meist nur rechtwinklig abgestuft, selten mit Rundstäben versehen. Das eigenartige Profil am Hohennauener Portale steht in weitem Umkreise ganz vereinzelt da. Bei ihm treten auch ausnahmsweise einige Blenden von verschiedener Form als Flächenbelebung und Umrahmung des Portals hinzu.

## Gotische Kirchen.

Mit der kleinen Kirche von Ketzür in ihrer ursprünglichen Gestalt befinden wir uns bereits ganz in der Übergangszeit, stehen aber gleichzeitig vor einer in der Mark ganz einzigartigen Erscheinung. Wie in aller Welt, fragt man, kam es in dem abseits gelegenen kleinen Dorfe, wo es sich weder um eine besondere Taufkirche noch um eine Totenkapelle für den Friedhof handeln konnte, zu der sonst nirgends im Lande auftretenden Grundform einer kleinen Polygonkirche mit angehängtem Chorquadrat nebst Apsis? Die Annahme von Beziehungen zu den kleinen Zentralkirchen Frankens oder den nordischen Rundkirchen erscheint unzulässig. Auch der reich entwickelte Grundriß der mecklenburgischen Kirche zu Ludorf (siehe Schlie, Kunstdenkmäler Mecklenburgs V, S. 512—519) darf mit unserm kleinen, knappen Bau kaum verglichen werden. Eher wäre an die kleinen Zentralkirchen Böhmens zu denken, mit dessen Prämonstratensern das Brandenburger Domkapitel in Beziehungen gestanden haben dürfte, oder an die Polygonkirchen der Templer, von denen wir merkwürdigerweise in der dem Mutterkloster Prémontré benachbarten Stadt Laon ein Beispiel finden, das in den wesentlichen Zügen, dem polygonalen Hauptraum mit Turm im Westen und Chorquadrat nebst Apsis im Osten, unserer Ketzürer Dorfkirche völlig gleicht. Übergangszeit.

Bedenkt man, daß der in Böhmen erst im weiteren Verlauf der Entwicklung vereinzelt auftretenden Polygonform der kleinen Zentralbauten in der romanischen Zeit eine weit größere Zahl von kreisförmig angelegten Dorfkirchen vorangeht, so erscheint es nicht ausgeschlossen, daß auch im Westhavellande der Kreistypus einst einige, wenn auch seltene Vertreter gehabt habe.

Wie die eckige Grundrißgestalt des kapellenartigen Baues in Ketzür sind auch die Formen seines Aufbaus für den Übergangsstil kleiner Kirchen unserer Gegend bezeichnend. Die im Romanischen meist ziemlich breiten Ecklisenen gehen hier zu der zierlicheren und saftigeren Form des Eckrundstabes über; die Fenster recken bei denkbar geringster Breite ihre Höhe zu größerer Schlankheit; der bei ihrer geringen Weite fast unmögliche Rundbogen wird durch die Dreiecküberdeckung genügend ersetzt, die auch in den Blenden des Frieses wiederkehrt. Die schmale Tür kündigt durch ihren Spitzbogen bereits den neuen Stil an.

Die reife Gotik führt sich in unserm Kreise spät, nämlich erst um die Mitte des 14. Jahrhunderts, durch ein bedeutenderes Werk ein. Schon etwa hundert Jahre früher hatte man die Chöre der Kathedralkirchen zu Havelberg und Brandenburg für die zahlreiche, zu einer großartigen Verkörperung der kirchlichen Würde angewachsenen Hochgotik.

Pfarrkirchen. Geistlichkeit eingerichtet und mit mehrfachen Altären versehen. Erst später — immerhin erheblich früher, soweit wir wissen, als in den Brandenburger Pfarrkirchen — kam es in Rathenow zu einer ähnlichen zeitgemäßen Umgestaltung des Chores der Kirche. Seit längerer Zeit hatten die kirchlichen Gilden, wie die gerade in der Brandenburger Diözese stark vertretenen Kalandsbrüder, einen gewissen äußeren Aufschwung, eine formale Steigerung des kirchlichen Lebens vorbereiten helfen. Naturgemäß wurde eine solche von seiten des Brandenburger Domkapitels gefördert; ja es ist nicht ausgeschlossen, daß der in Rede stehende Umbau erst erfolgte, nachdem die Kirche i. J. 1354 von Ludwig dem Römer dem Domkapitel übereignet worden war. Der Raumzuwachs, welcher dabei durch den Umgang und die beiden dem Chore seitwärts angebauten Kapellen erzielt wurde, kennzeichnet zur Genüge den Zug der Zeit und die Absichten, die hier zum Ausdruck kamen.

Seitenkapellen. Die beiden Kapellenanbauten des Chores, denen wir so oft bei den spätgotisch umgebauten Pfarrkirchen der Mark begegnen, zeigen hier, im Gegensatz zu der später üblichen nüchternen Rechteckform, im Grund- und Aufriß sowie in der Höhenentfaltung des Obergeschosses noch die jugendfrische Form der Zentralanlage und bei unvollkommen entwickeltem Obergeschoß eine monumentale Dachausbildung, welche die in sich geschlossene Selbständigkeit der Anbauten noch stärker als der Grundriß betont.

Hallenform. Die dreischiffige Hallenform, deren Durchführung mit diesem Chorbau begann, blieb bis zuletzt die einzige im Kreise. Dreischiffig war allerdings auch wohl einst die innere Raumgliederung der Buckower Kirche, doch beschränkte sich die Ausführung hier auf Holzsäulen und eine größtenteils gerade Decke.

Gotische Dorfkirchen. Diese Kirche, die kunstgeschichtlich schon durch ihre fast genaue Datierung um 1310 von Wichtigkeit ist, tritt überdies noch in ganz anderer Beziehung unter den Dorfkirchen des Kreises hervor.

Zu der oben berührten Steigerung des kirchlichen Lebens gehörte vor allem das Wallfahrtswesen, das einen so bezeichnenden Zug des märkischen Mittelalters bildet und auch im Westhavellande im 14. und 15. Jahrhundert blühte. Ihm verdanken wir auch die Kirche zu Buckow. Sie hat freilich den Ostanbau eingebüßt, der den Schlüssel zum Verständnis ihrer Anlage enthielt. Doch genügen seine Reste und Spuren (Abb. 15—17), um hier die bezeichnenden Züge der Ostteile von Wilsnack und der Marienkirche auf dem Berge bei Brandenburg, wenn auch in bedeutend eingeschränkter Form, wiederzufinden. Eine zweite Wallfahrtskirche zu Briesen ist völlig verschwunden.

Die Kirche zu Tremmen, die einzige zweitürmige Anlage des Kreises, die in vieler Beziehung die Höhe des Dorfkirchenbaus im Westhavellande bezeichnet, ist bisher meist als Wallfahrtskirche betrachtet worden (vgl. Bergau S. 760). Abgesehen davon, daß die Kirche einst Eigentum des Brandenburger Domkapitels war, scheint für diese Auffassung namentlich die am Westgiebel angebrachte Außenkanzel zu sprechen. Hatte ja auch bei der Wallfahrtskirche auf dem Harlunger Berge an dessen südlichem Abhange ein „gemauerter" Predigtstuhl gestanden (siehe Kunstdenkmäler, Stadt und Dom Brandenburg, S. 136). Doch ist dabei zu bedenken, daß derartige Außenkanzeln im späteren Mittelalter allgemein stark in Aufnahme kamen und noch bis heute in größerer Zahl an Kirchen erhalten sind, die nicht zu den Wallfahrtskirchen gerechnet werden können. Überdies muß darauf hingewiesen werden, daß sich von den Einrichtungen im Innern, wie wir sie in Buckow und anderwärts beobachten konnten, in Tremmen keine Spur erhalten hat.

Neben diesen beiden eine Sonderstellung einnehmenden gotischen Dorfkirchen besitzt das Westhavelland noch mehrere tüchtige Werke, meist späterer unter sich verschiedener Art. Keine dieser Kirchen hat einen deutlich abgetrennten, eingezogenen Chor. Retzow und Kriele führen den für größere Kirchen bevorzugten Schluß nach fünf Seiten des Achtecks durch, Radewege begnügt sich bei gleicher Breite mit der einfachen Form aus drei Seiten des Sechsecks, während Gutenpaaren ursprünglich gerade geschlossen war. In mehreren Fällen ist die Anlage nicht mehr deutlich, weil von den alten Kirchen nur einige Reste, meist der Turm, auf uns gekommen sind, wie in Buschow, Marzahne, Pessin, Roskow, oder weil die Kirche, wie in Zachow, durch Umbau viel von ihrem ursprünglichen Charakter verloren hat.

Mittelalterliche Kirchtürme.

Von den mittelalterlichen Türmen ist besonders zu sprechen. Der Stellung nach sind sie alle Westtürme mit Ausnahme der ganz abweichenden Türme zu Tremmen, die wohl von Böhmen her beeinflußt waren. Freilich werden die dort zuweilen vorkommenden zweitürmigen Dorfkirchen (Nachod, Jung-Brist, Priethal) meist an anderer Stelle, nämlich beim Beginn des Chores, von den seitlichen Türmen eingeschlossen.

Im Gegensatz zur Prignitz, wo nach dem Vorgange des Havelberger Domes die Türme fast durchgehend im Grundriß eine stark gestreckte Rechteckform zeigen, die sich wie zur Deckung breit vor das Gotteshaus legt, sind im Westhavellande nur wenige der Kirche an Breite gleich, wie in Retzow, Radewege, Pessin, und nur in einem Falle, nämlich in Marzahne von jenem gestreckten Typus. Die Pfarrkirche zu Rathenow hatte zwar ein westliches Turmhaus, doch blieb es, wie oben bereits erwähnt, in der Breite erheblich gegen jenen zurück. Der Hohennauener Turm ist nur um eine Mauerstärke breiter als tief. Der Buckower Turm ist von unten auf mitten in das Westende der Kirche eingebaut und läßt zu beiden Seiten schmale, anscheinend tote, oder doch damals schlecht verwertbare Räume übrig. Die Anordnung zeigt deutlich, wieviel besser sich gerade für kleine Kirchen die im Havelbergischen allgemeine, hier aber anscheinend vermiedene Form des breiten massiven Turmhauses eignet. Bezeichnend für diese Abneigung gegen die gestreckte Rechteckform ist auch die Einziehung des Radeweger Turmes durch zwei breite Stützbögen, über denen er dann annähernd quadratisch weitergeführt ist.

Das breite Turmhaus bot zugleich den Vorteil, seinen Erdgeschoßraum durch einen weit gespannten Bogen nach dem Schiff öffnen und damit vereinigen zu können, wie dies öfters geschehen ist. Zuweilen, wie in Buckow, Gohlitz, Retzow, sind darin Kreuzgewölbe angelegt, gewöhnlich aber nicht mehr erhalten oder wohl (wie auch in der Prignitz) gar nicht ausgeführt worden.

Bei starker Vereinfachung der Kirchenanlage mußte in der frühen Zeit ein Dachreiter den Turm ersetzen. So vermutlich in Plaue.

Wehrtürme. Der mehrfach erwähnte Turm zu Hohennauen, ein starkwandiger Bau von äußerst gedrungener Gestalt, verrät sich durch die schlanken schlitzartigen Schießscharten in seinen breiten und tiefen Stichbogennischen als einen jener festen Wehrtürme, denen wir in der Mark des öfteren begegnen. Hierzulande weisen kaum jemals die Kirchen selbst, sondern stets eben nur ihre Türme Einrichtungen zur Verteidigung auf. Wir finden sie vornehmlich da, wo es galt, eine durch das Luch führende Straße, einen Brückenpaß oder das Herrenhaus des Kirchenpatrons zu überwachen und zu schützen. So erscheint auch in Hohennauen der Wehrturm an der Seeeinschnürung, wo die Straße das Wasser überkreuzt, sehr am Platze.

Lag vielleicht auch der Abseitsstellung des Turmes in Plaue die Absicht zu Grunde, die Hauptstraße des Ortes, die zugleich durchgehende Landstraße war, zu überwachen. Also auch ein Wehrturm, ein Luginsland?

Formgebung. Die Formgebung der gotischen Zeit entwickelte sich auch hier in einer nie genug zu schätzenden Gesundheit und Stetigkeit auf durchaus praktischer Grundlage aus dem besonderen baulichen Bedürfnis und der Gefügeart des Backsteinwerks. Nirgends spürt man ein voreiliges Vorausdrängen der Formwandlung, bevor die innere Notwendigkeit zu einer Neuschöpfung Anlaß gab.

Bei allem Beständigkeitssinn mußte man sich aber doch schließlich zu formalen Umwandlungen und Neuerungen entschließen. So hatte sich das Hauptmotiv der romanischen Außenarchitektur, die Lisene, überlebt, weil sie für die seit Einführung der gotischen Wölbekunst im Bauorganismus herrschenden stärkeren Kräfte ein zu schwächlicher Ausdruck war.

Strebepfeiler. Der Strebepfeiler war bei Gewölbebauten, wie dem Chorbau zu Rathenow, im 14. Jahrhundert ein unerläßliches Glied des konstruktiven Aufbaus geworden und machte nun die Lisenen und jede ähnliche Vertikalgliederung der äußeren Wandflächen entbehrlich, ja unmöglich. Wie uns die mit dem Chor von Rathenow gleichzeitige Kirche von Buckow lehrt, ersetzte man die Endlisenen selbst bei ungewölbten Kirchen durch schräg gestellte Eckstrebepfeiler. Die Neigung zu reicherer Belebung der Flächen verdrängte schließlich die Lisenen überhaupt durch die mehr und mehr bevorzugte Blendenarchitektur, die durch ihre Putzgründe einen mannigfachen Wechsel in der Färbung zuließ. Die Langseiten der Buckower Kirche zeigen uns ihre reichliche Anwendung im rhythmischen Wechsel mit den Fensternischen, in ähnlicher Weise, wie etwa in der gleichen Zeit die Brandenburger Peterskapelle und manche andere kleine Kirche des 14. Jahrhunderts. Fast zwei Jahrhunderte hindurch behauptet der Strebepfeiler seinen Platz im gotischen Aufbau. Der gewölbte Chorteil von Kriele zeigt ihn noch in früher, abgestufter Form.

Bei den kleinen Gewölbebauten des späteren 15. Jahrhunderts beginnt man ihn abzuwerfen und die Kreuzgewölbe entweder überwiegend auf starken Umfassungsmauern zu errichten, wie in Retzow, oder zwischen innere, durch Schildbögen verbundene Wandvorlagen zu spannen, wie in Radewege und Gutenpaaren. Bei dem erst zur Reformationszeit erfolgten Ausbau des basilikalen Langhauses der Rathenower Kirche zur Halle behält die Gotik noch vollständig die Herrschaft. Sie wandelt hier in bezug auf Planbildung und Konstruktion in den ausgetretenen Bahnen der Spätzeit; nur in der Ausbildung der Widerlager zeigt sie ein merkwürdiges Schwanken zwischen dem Hergebrachten, äußeren Strebepfeilern in Verbindung mit vorgekragten Schildbögen, und zwischen dem von der Spätzeit bevorzugten Hereinziehen der Pfeilermasse in den Innenraum unter äußerer Andeutung der Widerlager mittels lisenenartiger Vorlagen. Nicht ohne Bedeutung ist dabei wohl, daß man die ältere, kräftiger wirkende Ausgestaltung für die der Stadt zugekehrte Schauseite anwandte.

Flächenausbildung. Giebel.

Inzwischen hatte sich das Blendenmotiv allmählich in immer reicherer Ausstattung über die oberen Gebäudeteile, namentlich die Giebel, verbreitet. Für die Entwicklung der letzteren bietet das Westhavelland einige lehrreiche Beispiele. Der etwas roh ausgefallene, turmlose Westgiebel der Plauer Kirche aus dem Ende des 13. Jahrhunderts begnügt sich noch mit einer Anzahl ganz schlichter Spitzbogenblenden in zwei getrennten Reihen übereinander. Gegen Mitte des 14. Jahrhunderts finden wir in Buckow bereits den ausgeprägten Pfeilergiebel mit gesteigerter Betonung der Senkrechten. Sparsamkeit war hier durchaus am Platze, und sie war es wohl, die zu einer, sonst nicht wieder vorkommenden, aber bei aller Knappheit der Mittel durchaus zweckmäßigen und ansprechenden Teilung der Felder zwischen den Pfeilern mittels dünnen Stabwerks führte. Die reichste Ausbildung erfährt das Blendenmotiv am Ostgiebel zu Tremmen. Die spätgotische Richtung, welche sich bei dieser Kirche unter andern im teilweisen Aufgeben der Strebepfeiler bemerkbar macht, verwirft auch am Giebel die Pfeiler. Zwischen den Blenden erstreckt sich die ruhige Backsteinfläche von unten herauf bis in die eckigen Aufsätze am Fuß und an der Spitze, in denen noch der frühgotische Stufengiebel nachklingt. Als Schmuck der Blenden dient die Nachbildung eines zweiteiligen Fensters mit Maßwerkrosette. Alle diese Motive kehren in ganz ähnlicher Weise am Westgiebel des Kreuzgangs zu Stendal wieder, dessen Obergeschoß durch seine Verwandtschaft mit der Kapelle zu Ziesar und dem Altstädtischen Rathause in Brandenburg auf eine Entstehung etwa zwischen 1460 und 1480 schließen läßt und somit auch einen Anhalt für die Erbauungszeit der Tremmener Kirche gewährt.

Eine lebendige Gliederung unter Vermeidung von Formsteinen zeigt der Giebel zu Gortz. Um Zwischenteilungen und Maßwerk zu umgehen, werden die Blenden ganz schmal angelegt. In ihrem Schluß herrscht, wie bei den Öffnungen der Kirche, der im 15. Jahrhundert sich mehr einbürgernde Stichbogen. Die Auflösung der Giebelkante wird im Sinne der Spätzeit durch schlichte, rückwärts abgewässerte Pfeilerstümpfe bewirkt.

Friese.

Eines der sonst bevorzugten Schmuckstücke der gotischen Architektur, der Hauptgesimsfries, hat im Westhavellande keine sehr liebevolle Pflege erfahren. Schon in romanischer Zeit ging man auf seine Einschränkung und Vereinfachung aus (vgl. Rathenow Abb. 141 rechts). Den doppelten Rundbogenfries finden wir nur in Resten an der Kirche in Rathenow, den einfachen am Turm zu Hohennauen. Auch die in Plaue angewendeten, etwas nüchternen Spielarten bilden keine Bereicherung des Motivs; einem einfachen Spitzbogenfries begegnet man nirgends. Der kleine Ketzürer

Polygonbau ersetzt den Fries durch einige dürftige Blenden mit Dreieckschluß. Schon gegen die Mitte des 14. Jahrhunderts ist vom Friese nur noch ein schlichter Putzstreifen übrig geblieben. Ein solcher, zuweilen mit rotem Rankenwerk bemalt, wie in Ketzür und Tremmen, oder gar nur durch eingeritztes Maßwerk belebt, wie in Retzow, bleibt bis zu seiner Verdrängung in Gebrauch. Ein reicher plastischer Maßwerkfries findet sich nur ein einziges Mal an der Kirche zu Rathenow. Verzierte Plattenfriese fehlen gänzlich.

Andere Einzelheiten.

Auch im übrigen vermissen wir reichere, schmückende Ausstattung der Einzelheiten. Von den breit entfalteten, wohl gar mit Blattwerk in den Kehlen verzierten Gewändeprofilen der Portale oder dem zierlichen Maßwerk der Fenster, die anderwärts eine Hauptzierde der Bauten bilden, ist hier wenig zu spüren. Das gleiche gilt von Kapitellen und Schlußsteinen. Von Konsolen bleiben die im Sinne der Frühgotik gebildeten in der Andreaskapelle zu Rathenow der nicht wieder erreichte Höhepunkt. Zur Belebung der Flächen greift man in der Spätzeit des 15. Jahrhunderts gern zur Kreisblende, die uns in Rathenow und an den Dorfkirchen häufig begegnet. Ja selbst altertümliche Motive, wie die Ecklisenen, werden wieder aufgenommen, so z. B. an den Türmen zu Pessin, Buschow und Marzahne.

## Kirchen seit der Renaissance.

Die bedeutendste Pfarrkirche des Kreises, die zu Rathenow, war beim Eintritt der Reformation eben erst durch den Neubau ihres Schiffes vergrößert worden. Selbst hier lag also für die Zeit der Renaissance kein Bedarf nach einem neuen Gotteshause vor. Noch weniger war dies, trotz der durch die neue Glaubensrichtung frisch angeregten Religiosität, in den kleineren Ortschaften der Fall. So machen wir auch hier dieselbe Beobachtung wie in anderen Kreisen: daß die kirchliche Bautätigkeit ungeachtet der neuen Antriebe in Religion und Kunst ins Stocken geriet und etwa anderthalb Jahrhunderte fast gänzlich aussetzte — einfach aus dem Grunde, weil der Bedarf an Gotteshäusern bereits zu katholischer Zeit reichlich gedeckt worden war.

Nur vereinzelt kam es unter außergewöhnlichen Umständen oder aus praktisch-technischen Anlässen zu nennenswerten Bauunternehmungen.

Sechzehntes Jahrhundert.

Die alte romanische Kirche zu Plaue stand noch immer mit ihrer Holzdecke und den kleinen hochbelegenen Fenstern als ein ehrwürdiges Überbleibsel einer längst entschwundenen Zeit da. Lange genug hatte man ihrer geschont. Was man jetzt endlich um 1570 vornahm, erscheint uns wie eine lange verspätete Tat, deren Absicht, Licht und Feuersicherheit zu schaffen, anderwärts zweihundert Jahre früher verwirklicht worden war. Auch jetzt noch lagen die bei dem Vorhaben angewendeten Mittel fast ganz im Bereich der gotischen Konstruktionsweise und Formgebung. Kreuzgewölbe, Strebepfeiler und Spitzbogenfenster lassen nur an geringen Abweichungen den Beginn einer Stilwandlung merken. Die Gewände bleiben roh, unprofiliert, die inneren Pfeiler erhalten viereckigen Querschnitt, die Rippen werden wuchtiger als vordem.

Zu dieser Zeit war auch der Raum des kleinen Zentralbaus zu Ketzür zu eng geworden und hätte vor allem das von der kunstsinnigen Gutsherrschaft der v. Bröście geplante Prachtepitaph nicht fassen können. Die Vergrößerung kam noch kurz vor Schluß des 16. Jahrhunderts zur Ausführung. Von Kunstformen ist an dem Bauwerk selbst wenig zu spüren. Bezeichnend ist indessen die Hinneigung zum Holzbau, die sich in der Überdeckung der Fensteröffnungen ausspricht. Ein Zimmermann stand wohl dem Bau vor und behandelte sein persönliches Handwerk, z. B. in den verzierten Dachstuhlsäulen, mit besonderer Liebe. Der Steinbau sieht sich am Giebel der Kirche zum ersten Male vor der Schwierigkeit, mit dem alten Baustoff des Backsteins neue, freie Formen zu bilden, die damit nicht ohne weiteres herzustellen sind. Diese Notlage zwingt ihn, zu dem bildsamen Mörtel zu greifen und durch Überputzen des Ganzen dem Backsteingemäuer das ideale, leuchtende Aussehen zu geben, das die feineren Renaissanceformen erst recht zur Wirkung bringt.

Jene Vorliebe für das Zimmerhandwerk in Ketzür um 1600, die auch um dieselbe Zeit in der reichen üppigen Holzgesimsbildung zu Marzahne wiederkehrt, bildet den Vorläufer für einen allgemeinen Umschwung im Bauwesen. Wo überhaupt noch Bedarf an kirchlichen Gebäuden war, führte die Abnahme des Wohlstandes, namentlich in der Zeit des Dreißigjährigen Krieges, zur Bevorzugung des Fachwerkbaus.

Zeit nach dem Kriege.

Wie anderwärts raffte man sich auch im Westhavelland erst um 1680 aus dem langen Elend zu neuen Taten auf. Die 1681 errichtete Fachwerkkirche von Möthlow scheint den Anfang gemacht zu haben. Sie zeigt innen noch die mittelalterliche Form des zweischiffigen Saales mit Unterzug und Stützen in der Mittellinie. Auch die altertümliche Anordnung des Gestühls neben dem Altar entspricht dieser Vorstufe der Entwicklung. Die 1692 und um 1700 errichteten Kirchen von Kleßen und Brädikow besitzen die dreischiffige Anlage schon in voller Entfaltung, beide in Verbindung mit der wieder neu eingeführten Erweiterung des Kirchenraumes in den Dachstuhl hinein. Zugleich geht man auch dazu über, in die Ostteile der schmalen Seitenschiffe Emporen einzubauen. Nach der Glanzzeit des kirchlichen Fachwerkbaus um 1700, der auch Landin angehört, erlischt allmählich seine Bedeutung im Westhavellande; sein letztes Aufleuchten in neu-romantischer Zeit erblicken wir in der 1820 erbauten Kirche von Witzke.

Achtzehntes Jahrhundert.

Die Mehrzahl der Dorfkirchen ist seit dem Beginn des 18. Jahrhunderts massiv erbaut. Es sind sämtlich Putzbauten, die im übrigen ohne eine strenge Entwicklung nach bestimmten Grundsätzen in ihren Einzelformen viel Schwankendes haben. So wechselte beispielsweise, außer dem teils geraden, teils polygonalen Ostschluß, den Abmessungen und den Verhältnissen der Fenster, der Stich- und Korbbogen mit dem Rundbogen ab. Nur fällt ein besonderer Altarraum bei Neuschöpfungen stets fort, und das Bedürfnis nach größeren Lichtöffnungen wird immer allgemeiner. Als Deckenbildung überwiegt die gerade geputzte Decke, die zuweilen mittels Kehle mit der Wand verbunden und in seltenen Fällen durch einige Leistenformen oder Putten aus Stuck belebt ist. Der stets im Westen befindliche Turm wächst meist als Fachwerkbau aus dem Dache heraus. Aus der Menge der (übrigens fast sämtlich datierten) Durchschnittsleistungen treten die Kirchen von Päwesin und von Roskow als besonders wertvolle Ausnahmen hervor, jene namentlich wegen ihres höchst reizvollen massiven Turmes, diese als einzige halbzentrale Anlage von anziehender Raumwirkung und mit seitlicher Aufstellung der Orgel. Zuweilen wurde, wie in Berge und Päwesin, der Raum hinter dem Kanzelaltar durch eine Holzwand als Sakristei abgetrennt.

Neunzehntes Jahrhundert. Ein Beispiel der charakterlosen Stilvermengung aus dem ersten Drittel des 19. Jahrhunderts finden wir in der eben angeführten Fachwerkkirche zu Witzke mit ihrem hölzernen Fenstermaßwerk. Sie erinnert durch ihr mit Kassetten bemaltes hölzernes Tonnengewölbe an die Kirche zu Alt-Langsow im Kreise Lebus und die nach Schinkels Entwurf errichtete zu Annenwalde bei Templin.

Schinkel. Der Schinkelsche Einfluß auf die märkischen Bauten ist außer bei der Kirche in Wachow wenig zur Geltung gekommen. Sein 1821 entstandener Entwurf für den Turm der Rathenower Pfarrkirche blieb zum Vorteil von Kirche und Stadt unausgeführt; doch soll er als kunstgeschichtliches Belegstück hier nicht übergangen werden. Er veranschaulicht sehr deutlich die Gefahren, welche in einem Bruch mit den gesunden Überlieferungen der heimischen Kunst liegen, zumal wenn dieser Bruch in eine baukünstlerisch so arme Zeit fällt, wie es die ersten Jahrzehnte des 19. Jahrhunderts waren. Wie aus dem Entwurf selbst, so erhalten wir auch aus Schinkels Bericht dazu den Eindruck, daß die Baukunst damals an einem gefährlichen Wendepunkt angelangt war. Bezeichnend ist schon, daß es Schinkel beim Turm einer Backsteinkirche für nötig hält, lebhaft für die Verwendung des Backsteins einzutreten; dem Rathenower Stein zollt er reichliches Lob. Das wichtigste an seinem Entwurf aber ist ihm nicht etwa der Zweck und die architektonische Wirkung des Bauwerks. Diese treten vielmehr für ihn so sehr zurück, daß er darüber in seiner Erläuterung völlig schweigt. Am meisten begeistert er sich für die den Turm bekrönende Figur, an der ihm aber auch weniger die Wirkung im Gesamtbilde als ihr Sinn und ihre Bedeutung am Herzen liegen. Die hohe Verehrung für die Kunst des Bildhauers wurde der Tod für die des Architekten.

Wohl gab es damals schon Fachleute, die herausfühlten, daß man sich dem bestehenden Bauwerke besser anpassen müsse, als in dem Entwurf geschehen ist. Auf einen derartigen Hinweis seitens der Stadt erwidert Schinkel indessen unbeirrt: „Dieser sogenannte gotische Stil .... ist eigentlich ein überfein ausgebildeter älterer sogenannter byzantinischer Stil. Wenn er seinen wahren Charakter haben soll, so wird der Bau durch den Reichtum seiner Architektur höchst kostbar und ist eigentlich nicht für die Konstruktion in Backstein geeignet. In einem einfachen Charakter aber hat dieser gotische Stil etwas sehr rohes." Die Kirche, für die Schinkel zu schaffen hatte, die er aber wohl nicht kannte, hätte ihn eines Besseren belehren können. Indessen darf nicht übersehen werden, daß seine Anschauung in der Stilauffassung seiner Zeit beruht; nur finden sich vielleicht nirgends so schlagende Beweise dafür wie gerade hier.

Der später nach dem Entwurf von Baurat Rethel ausgeführte Turm muß unter Berücksichtigung der Zeitverhältnisse als ein wohlgelungenes Werk der eben wiedergeborenen Gotik angesehen werden.

## Weltliche Bauten.

Feste Schlösser.

Von den burgenartigen, festen Schlössern, die das Westhavelland einst besessen hat, ist nichts auf uns gekommen. Die bedeutendsten, zu Plaue und Friesack, gingen nach dem Ansturm Friedrichs von Hohenzollern allmählich bis auf den letzten Rest zugrunde, so daß in bezug auf ihre Anlage und Bauart kein klares Bild mehr zu gewinnen ist.

Gutshäuser.

Was von älteren Herrensitzen noch besteht, ist aus der Zeit, da der Gutsherr das Ritterwesen abgetan hatte, sich vornehmlich der Landwirtschaft widmete und in offenem Hause wohnte. Aus den erhaltenen Beispielen muß man schließen, daß er sich dabei nicht nur häufig in der Übergangszeit des 16. Jahrhunderts, sondern zuweilen noch bis gegen das Ende des 18. Jahrhunderts, wie der Bürger und Bauer, mit dem altheimischen Fachwerkbau begnügte. Noch heute sehen wir in Pessin, Nennhausen und Hohennauen die schlichten gutsherrlichen Fachwerkhäuser, die in Ehren alt geworden und z. T. noch in Gebrauch sind.

Ihre Baustoffe.

Das ohne Zweifel älteste von ihnen zu Pessin hat gleichzeitig — auch wenn wir von den Zutaten des neuzeitlichen Umbaus absehen — das schmuckeste Aussehen. So weit es alt, mutet sein Holzwerk zwar nicht im Zierrat, aber in dem Gefüge noch durchaus mittelalterlich an. Leider sind aber die oberen Teile durch den Ausbau in jüngster Zeit entstellt worden und wir dadurch um die volle Erscheinung des ältesten hölzernen Gutshauses gekommen. Den Versuch, sich von der alteingewurzelten, aber gegen Feuer schutzlosen Bauweise frei zu machen, können wir an dem aus dem 16. Jahrhundert herrührenden, neuerdings aber größtenteils abgebrochenen Gutshause zu Lünow (Abb. 81) beobachten. Es geschah in eigentümlicher Art. Ähnlich wie bei alten Osnabrücker Wohnhäusern wurde nur etwa ein Drittel des Ganzen als feuersicheres „Steinwerk" aus Backstein errichtet, unterkellert und im Erdgeschoß gewölbt. Dazu kam noch ein mit breitem Rundbogen umrahmtes mittleres Portal aus Backstein, alles Übrige blieb auch hier noch Fachwerk. Das vielleicht schon ältere Gutshaus zu Bagow (Abb. 5) und das nicht viel jüngere zu Ketzür (Abb. 64) zeigen bereits durchweg die Ausführung in Stein, jenes noch den putzfreien Backsteinbau, dieses den Putzbau, welcher fortan der herrschende blieb.

Ihre Lage.

Die Lage des Gutshauses ist je nach Bedeutung und Zeit verschieden. In älterer Zeit (16. Jahrhundert) stehen die einfacheren immer unmittelbar am rechteckigen Wirtschaftshofe. Später halten sich vornehmere Häuser mehr abseits davon. Bei vielen Anlagen des 18. Jahrhunderts breitet sich ein umfangreicher Park vor der Hinterfront des Hauses aus, der in einigen Fällen, wie in Nennhausen und Wagenitz, noch Reste von Teehäuschen oder Grottenbauten enthält.

Anordnung der Räume darin. 16. Jahrhundert.

Die Zahl und Anordnung der Räume im Gutshause machte naturgemäß, entsprechend den Kulturfortschritten und veränderten Lebensgewohnheiten, mancherlei Wandlungen durch. So reichhaltig nun die Literatur über die größeren und späteren Glanzleistungen des Schloßbaues ist, so wenig erfahren wir aus den kunstgeschichtlichen Werken über die frühen Entwicklungsformen der einfacheren Herrenhäuser, zumal deren Grundrißanlage. Um so erfreulicher ist es, daß uns das Westhavelland gerade von diesen einige recht bezeichnende Beispiele bietet, welche, in Verbindung mit einigen der Prignitz, geeignet sind, über die Bau- und Wohnweise des Gutsherrn im 16. Jahrhundert einiges Licht zu verbreiten, und uns somit ein bisher noch nicht entrolltes Stück deutscher Kulturgeschichte entziffern helfen.

Einer der anziehendsten Entwickelungsformen der Hausanlage, die den schlichten Sinn der damaligen Zeit am besten wiederspiegelt, begegnen wir im v. Knoblauchschen Gutshause zu Pessin. Alles erzählt hier von der einfachen, patriarchalischen Lebens- und Wohnart der Gutsherrschaft. Die Höhenverhältnisse sind geradezu bescheiden. Das Vorderhaus ist nicht einmal unterkellert. Man tritt daher zu ebener Erde, ja selbst ohne irgendwelchen Vorraum, unmittelbar in den durch die ganze Mitte des Hauses reichenden Flur.

Sein ungeschützter Eingang, seine Einrichtung, die zwei paar Stuben zu seinen Seiten — alles ist streng symmetrisch angeordnet, auch die beiden Kamine rechts und links im Flur. Dieser erhält dadurch den Charakter einer Diele, ja neben seiner Behaglichkeit etwas Würdevolles. Und doch hält sich diese Strenge der Anordnung frei von jeder Absichtlichkeit. Bewahrt doch auch das weit großräumiger aufgebaute niedersächsische Bauernhaus in seiner Diele die gleiche, strenge Symmetrie der Anlage. Der Bauer aber dachte gewiß nicht daran, augenfällige Würde vorzustellen. In beiden Hausarten spricht sich nur das gesunde Streben nach klarer einfach-praktischer Bauweise aus. Symmetrische Anlage haben auch die Gutshäuser von Lünow und Ketzür; davon weicht nur der Grundriß des Bagower Gutshauses von 1545 ab, bei dem ursprünglich die Diele seitwärts verschoben war (Abb. 5).

Keller. Eine Beeinträchtigung der in Hinblick auf Einfachheit und Symmetrie geradezu idealen Hausanlage nach Art von Pessin brachte in erster Linie der Keller mit sich, und zwar dadurch, daß er meist nicht gleichmäßig unter dem ganzen Hause durchgeführt wurde, sondern sich auf einen geringen Teil davon beschränkte. Das geschah wohl — abgesehen vom geringeren Bedarf — wegen sehr trüber Erfahrungen in dem häufig sumpfigen Boden und aus altüberliefertem Grauen vor umfangreichen Ausschachtungen. Auch dieser eigenartige Zug erinnert an die beschränkten Verhältnisse der Bauernhäuser, die wohl zuweilen eine halbtiefe Kellergrube in den vor die Front geschobenen „Spieker" zwängen, sonst aber des Kellers entbehren. Dem Vorderhause des alten Gutshauses zu Pessin fehlte er, wie gesagt, ganz, in Lünow beschränkte er sich auf das rechte Drittel, in Ketzür auf die hintere knappe Hälfte des Hauses, ja selbst der so stattliche Bau des Wagenitzer Schlosses krankt von alter Zeit her an dem Mangel der Unterkellerung, die sich nur unter wenige, deshalb höher gelegte Zimmer erstreckt.

In ganz ähnlicher Weise wie hier brachte es in Lünow die alleinige Unterkellerung des „Steinwerks" mit sich, daß dieses eine höhere Lage als der ebenerdige Flur erhielt. Um das Gleichgewicht wieder herzustellen, mußte man auch die linksseitigen Gemächer auf die gleiche Höhe bringen. So wurde der Flurraum, seiner größeren Tiefe entsprechend, höher, dielenartiger, ohne die gleichmäßige Durchführung der oberen Balkenlage zu behindern. Eine Ausnahme bildet der Keller zu Bagow, der das ganze Haus mit weitgespannten langen Tonnen unterwölbt. Solche bildeten im 16. Jahrhundert die fast allein übliche Form der Kellerwölbung.

Treppe und Flur.

Nächst dem Keller war vor allem die Treppenanlage für die Entwicklung des früheren Gutshauses von einschneidender Bedeutung. Die Wendelstiege, welche das ganze Mittelalter hindurch fast ausschließlich zur Anwendung kam und beim flügellosen Rechteckhause als Turm annähernd inmitten der Front ihre Stelle fand, hat diese auch beim märkischen Gutshause bis ins 17. Jahrhundert hinein behauptet. Hier fanden wir sie noch im neuen Schlosse von Freienstein und in Demerthin in der Ostprignitz im Anfang und in der zweiten Hälfte des 17. Jahrhunderts. Das 1545 errichtete, also dem Mittelalter noch nahe stehende Gutshaus zu Bagow (Abb. 5) besaß ebenfalls einen solchen Treppenvorbau, wenn auch mehr gegen das linke Ende der Front verschoben. Die erst später erfolgte Verlegung der Treppe von hier in den hinteren Dielenraum konnte auf S. 4 nachgewiesen und darf in ähnlicher Weise wohl auch für Pessin und Lünow angenommen werden. Erst gegen Ende des Jahrhunderts machte sich allerwärts das Streben nach Verbesserung der Behausung im neuzeitlichen Sinne geltend. Man gab die abgelegene Wendelstiege auf und legte die neugeschaffene geradläufige Treppe möglichst in die Mitte des Hauses, nämlich in den Hinterteil des „Flurs", dessen in alten Schloßinventaren fast immer nur in Verbindung mit einer Treppe gedacht wird. Vor wie nach der Einführung geradläufiger innerer Treppen steht der Treppenflur im Gegensatz zu den gewöhnlichen Vorplätzen, die als „Saal" oder „Gang" bezeichnet werden.

Schlafzimmer.

Wollen wir uns mit den übrigen Räumen des märkischen Gutshauses der Renaissancezeit bekannt machen, so finden wir uns am leichtesten zum ehelichen Schlafgemach. Ein besonderer Bauteil, der an mehreren dieser Gebäude wiederkehrt, leitet uns zu ihm hin. Es ist ein Erkerausbau, der sowohl in Lünow (Abb. 81 u. 87) wie in Ketzür (Abb. 64 u. 65) an der linken Giebelseite des Hauses, beidemale in quadratischer Grundform, angebaut ist. Es kann dies kein Erker im gewöhnlichen Sinne gewesen sein. Er hätte dann an der Front liegen müssen, dem Eingang zum Hofe gegenüber, wie die Burg ihren Palas an der weitschauendsten Stelle der Ringmauer hatte und der fränkische Bauer seine Stube an die Ecke des Hauses legte, von wo er Straße und Hof überblicken konnte. Der in Bagow und Ketzür nur einmal am Hause vorkommende Erker ist vielmehr nach seiner Lage und Ausstattung sowie nach der größeren Höhenlage seiner Fenster als Alkoven oder Betterker für das Ehebett anzusehen, der sich in dieser Größe und Anordnung wohl als Vervollkommnung der bäuerlichen „Butze" (vgl. Gegend von Lenzen, Westprignitz) entwickelt haben dürfte. Er ist ganz besonders dem 16. Jahrhundert eigen und war anscheinend in dieser Zeit weit verbreitet, da er sich auch auf den rheinischen „Edelhöfen", die unseren Rittergütern entsprechen, zuweilen findet.

Gewölbte Erdgeschoßräume.

Von manchem anderen Raume des Renaissance-Herrenhauses unseres Kreises ist uns heute weder die einstige Benennung geläufig noch die Verwendung ohne weiteres ganz verständlich. Dies gilt z. B. von den allein im ganzen Hause mit

III*

Sterngewölben überdeckten Erdgeschoßräumen, die in Bagow und Lünow, ebenso wie in Demerthin in der Prignitz, rechts neben der Diele liegen und sich an der Seitenfront nach der Tiefe erstrecken. Es wäre nicht leicht, sie bei ihrem alten Namen zu nennen, wenn uns nicht die Schloßinventare zustatten kämen, indem sie uns zunächst die Bezeichnung „Hofstube" bieten. Wenigstens ist das die einzige Bezeichnung darin, welche auf einen größeren Erdgeschoßraum außer der Eingangshalle anwendbar erscheint, und es bleibt danach in der Tat kaum ein Zweifel, daß jene gewölbten, stets an gleicher Stelle wiederkehrenden Räume die „Hofstube" waren. Was geschah nun alles in der „Hofstube" des märkischen Edelmanns, welche Ansprüche stellte man daran, wozu diente sie? Aus ihrer auffallend häufigen Erneuerung bzw. Vergrößerung, die sich in dem ebenso häufigen Auftreten einer „alten" neben einer „neuen Hofstube" in den Inventaren kundgibt, erhellt schon, daß dieser Raum eine starke Entwicklung und mancherlei Zweckwandlungen durchgemacht hat. Ebenso deuten sein Vorkommen in großen fürstlichen Schlössern und die Spielformen seiner Namen, wie „große Stube" und „Saalstube" auf Schwankungen in Abmessungen und Verwendung. Ohne darauf näher einzugehen, darf jedenfalls für die hier in Betracht kommenden frühen und einfachen Verhältnisse vorausgesetzt werden, daß der Ausdruck bezeichnet, was seine Wortteile sagen: die Stube des Hofes, d. h. den einzigen heizbaren Wohnraum des Gutshofes. Im Gegensatz zu dem höchstens mittels Kamin etwas anwärmbaren Flur war die Hofstube bei uns im 16. Jahrhundert wohl stets mit Ofen heizbar. Während im Sommer gewiß jener vielfach als Wohnraum benutzt wurde, trieb die kalte Jahreszeit die Familie des Gutsherrn in die für sitzende Beschäftigung genügend erwärmte Hofstube. Auch der Hausherr selbst mußte, in Ermangelung eines eigenen Zimmers, seine geschäftliche Schreibarbeit darin erledigen und dabei möglichst das Treiben auf dem Hofe beobachten können. Daher finden wir die Hofstube unserer Beispiele, soweit es die mittlere Lage des großen Flurs zuließ, an der Front belegen. Sehr bezeichnend ist in Lünow, daß, während die seitlichen Fenster hoch liegen, das Arbeitsfenster, gerade gegenüber dem Hoftor, die gewöhnliche Brüstungshöhe innehält. Diese Einrichtungen erfuhren unter behäbigeren Verhältnissen eine weitere Ausbildung. Aus dem Fensterplatz wurde ein Fensterstübchen, das sich in den Inventaren mehrmals unmittelbar bei der Hofstube als Schreibstübchen angeführt findet. In einem Inventar der ehemaligen Burg zu Kletzke in der Prignitz von 1619 wird eine „gewölbte (!) Stube" angeführt, die vordem die „Hofstube" gewesen. Danach heißt es dann: „Hierbei in der Mauer ein kleines Losament, das Schreibstübchen genannt, zu dem man an die Wand hinaufsteigen muß." Wie die merkwürdige Lage „in der Mauer" zu denken ist, das zeigt klar der in Abb. XX wieder abgedruckte und jetzt erst recht verständliche Grundriß von Schloß Demerthin in der Ostprignitz mit seiner höchst eigenartigen Ausbildung der rechten vorderen Hausecke. Auch die beiden kleinen Räume in der Giebelmauer des Bischofbaus der Plattenburg (Erdgeschoßgrundriß Abb. XXI) enthüllen uns jetzt ihren besonderen Zweck; denn auch sie liegen in der Hofstube, dem jetzigen Speisesaal, und zwar so, daß man Burgtor und Wirtschaftshof von ihnen aus überblicken kann. Die Einrichtung eines derartigen winzigen

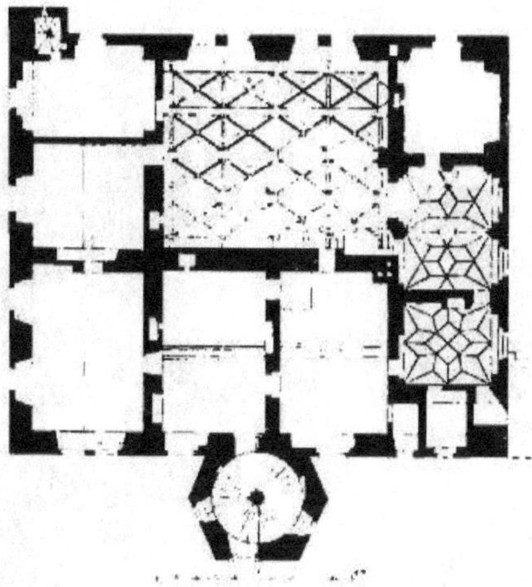

Abb. XX. Erdgeschoßgrundriß des Schlosses zu Demerthin (Ostprignitz).

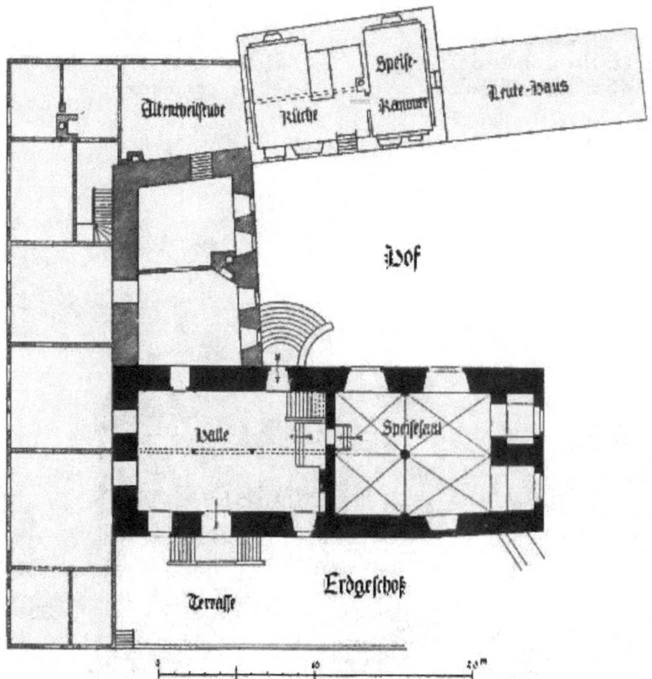


Abb. XXI. Erdgeschoßgrundriß der Plattenburg (Westprignitz).

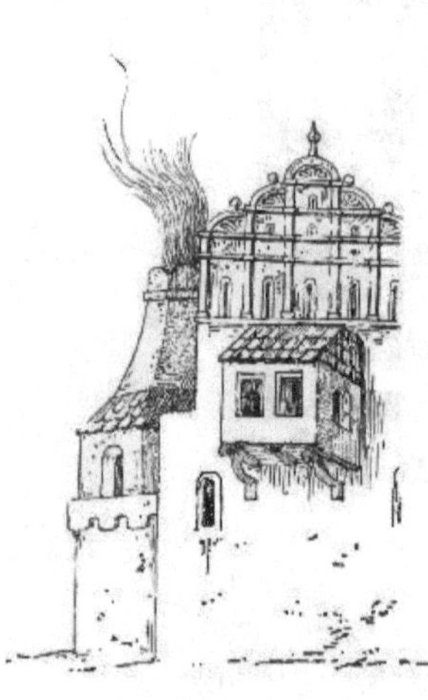

Abb. XXII.
Küche auf dem Epitaphgemälde in der Pfarrkirche zu Rathenow.

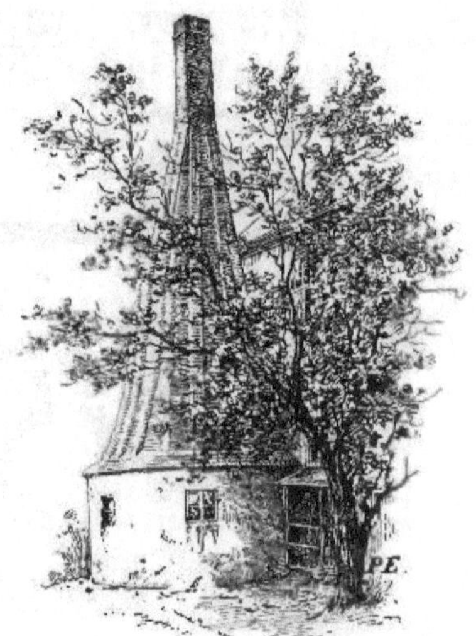


Abb. XXIII.
Küchenbau am Schlosse Schönhausen bei Stendal.

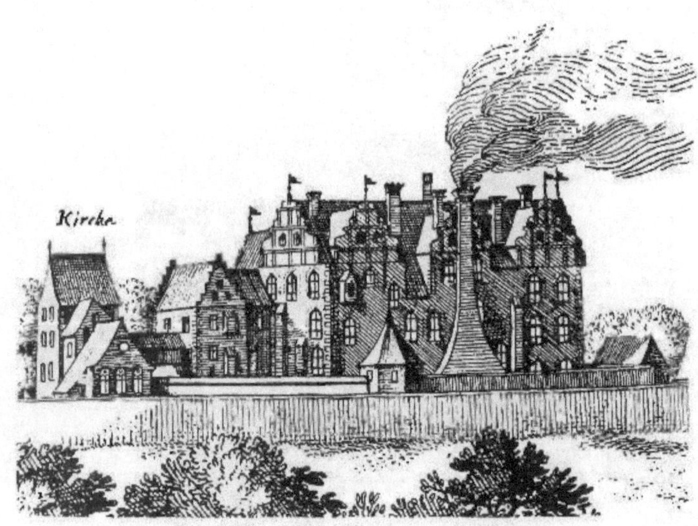


Abb. XXIV. Schloß Badingen nach Merian.

Schreibstübchens in der großen Stube erinnert lebhaft an die kleinen Glasverschläge, welche so häufig vorn in der mächtigen Diele der Kaufmannshäuser abgeteilt waren und dem Kaufherrn als Kontor oder Schreibstube dienten.

In noch höherem Grade nimmt eine Form des Küchenbaues unsere Aufmerksamkeit in Anspruch, die für viele Gutshäuser des 16. Jahrhunderts als typisch gelten kann. Schon seit dem frühen Mittelalter errichtete man bei größeren Betrieben, wie Klöstern und Schlössern zuweilen als Küchen besondere, freistehende und eigenartig gestaltete Bauwerke. Bei ihnen steigen über dem ganzen Küchenraum ein oder mehrere nach oben verjüngte hohe Rauchfänge auf, die öfters kuppelartig zusammengefaßt sind. Herrliche, großartig architektonisch ausgebildete Beispiele hierfür besitzt namentlich Frankreich. Doch findet man auch in Deutschland vereinzelt ähnliches. Ein hoher, den ganzen bedeutenden Herdraum überwölbender, allmählich zum Schornstein sich verengernder Küchenkamin ist an sich auch in der Mark nichts seltenes. Am häufigsten begegnet er uns in den älteren Schulzen- und Predigerhäusern sowie den Bauernhäusern fränkischer Anlagen. Doch auch in den Städten hatte man ihn oft. Er nimmt stets den Mittelteil des mittleren Hausdrittels ein und ist daher oben rings umbaut und nur unten beim Herde an zwei Seiten offen, das heißt seine Breitseiten sind über Manneshöhe von Bögen oder Balken unterstützt. Küche.

Einen mächtigen pyramidenförmigen Kamin dieser Art zeigt die geräumige Küche in Lünow, welche, wie die erwähnten Bauernhäuser, dreigeteilt ist (vgl. Abb. 81 u. 85). Einen weiteren Schritt zur Ausbildung eines selbständigen Küchenschlotbaus bildet die Küche des Pauliklosters in Brandenburg (vgl. Tafel 25 der Kunstdenkmäler, Stadt und Dom Brandenburg, rechts unten); doch ist bei diesem wie beim vorigen Beispiel die hohe Zuckerhutform des Kamins durch die äußere Dachform des kleinen Baus vollständig ummantelt.

Anders verhält es sich bei dem sog. Schwedenturm in Wagenitz (Abb. 237), dem Küchenbau von der ersten Anlage eines Gutshauses an dieser Stelle im Jahre 1571 durch Hartwig v. Bredow d. j. Dieser merkwürdige Bau ist zwar weit entfernt, uns eine Vorstellung von den prächtigen, einer schönen Zentralkapelle sehr ähnlichen Küchenbauten dieser Art in Frankreich zu gewähren, aber für die Mark immerhin ein seltenes Gebäude, das im Grundgedanken jenen durchaus verwandt ist, insofern hier der hohe Pyramidenbau unverhüllt emporragt und die Konstruktion selbst gleichzeitig auch die äußere Erscheinung gibt.

Eine Ummantelung durch das Dach ist nie geplant oder gar ausgeführt gewesen. Um Bedenken in dieser Richtung zu begegnen, sei hier ein Bauwerk unserer nordischen Gegenden in Abb. XXIII beigefügt, von dem ebensowenig wie von jenem bekannt ist, daß es je bedacht gewesen wäre. Es ist die kreisförmige Küche bei dem Bismarckschen Schlosse in Schönhausen (Provinz Sachsen). Ein anderer Küchenbau dieser Art (Abb. XXII), über dessen wirkliches Bestehen allerdings Zweifel zulässig sind, wird uns auf dem für die Baugeschichte Rathenows so überaus wichtigen Epitaph des Ratsschreibers Nesen in der Pfarrkirche daselbst vom Maler als Anbau des Gasthauses vorgeführt, in das der barmherzige Samariter seinen Schützling führt[1]). Er zeigt den charakteristischen hohen Aufbau, der Entstehungszeit des Bildes gemäß, mit zierlichen Renaissanceformen ausgestattet. War er auch vielleicht nie vorhanden, so erschien er doch dem Renaissancemeister als ein notwendiges und bezeichnendes Zubehör seines Gasthauses, das er an anderen in dieser unbemantelten Art kannte. Zuweilen lehnte sich ein derartiger Küchenbau an die Außenmauer des Hauses und verband sich oben mit einem der Zwerchhäuser zu einer Gruppe, wie es uns u. a. Merians Abbildung vom Schlosse Badingen bei Gransee zeigt (Abb. XXIV).

Äußere Gruppierung.

Der Treppenturm vorn, der Betterker seitwärts und der selbständige Küchenbau hinter der Diele waren also die aus dem rechteckigen Baukörper herausspringenden Anbauten. Sie konnten, im Verein mit Giebeln, Zwerchhäusern und hohen Schornsteinen dem Hause immer noch einen malerischen, fast mittelalterlichen Charakter verleihen. — Ausgekragte runde Erker, wie sie als Erinnerung an die früheren runden Schleßtürme nahe lagen und nicht nur am französischen Schloßbau der Renaissance, sondern auch an Bürgerhäusern der Mark häufig waren, finden sich an den Gutshäusern nicht. Alles, was auf frühere wehrhafte Zustände deuten konnte, war hier bereits gänzlich aufgegeben.

Vereinfachung im 17. Jahrh.

Überhaupt richtete sich das Streben mehr und mehr auf Beseitigung aller Ausbauten und möglichst zusammengehaltene bequeme Lage der Räume. Die Verlegung der Treppe in diesem Sinne wurde oben bereits geschildert. Überdrüssig der Unannehmlichkeiten, welche die Absonderung der Küche mit sich brachte, zog man auch sie ins Hausinnere, und verlegte sie meist in den nun unter dem ganzen Gebäude ausgebreiteten und erhöhten Keller. Der Betterker schließlich bot zu wenige wirkliche Vorzüge, um ihn nicht leichten Herzens als überflüssig aufgeben zu können.

Durch den Wegfall der genannten Ausbauten vereinfacht sich der Grundriß im 17. Jahrhundert wesentlich, ja er hält sich meistens streng in einer schlichten Rechteckform, in die alle baulichen Bedürfnisse des Wohnhauses eingeschlossen sind. Nur für Brauerei und Backhaus werden oft, wie in Ketzür und Wagenitz, gesonderte Bauwerke errichtet.

Herrenhäuser des 18. Jahrhunderts.

Unter der Mitwirkung fremdländischer Einflüsse im Gefolge des großen Religionskrieges kommt es dann auch bei uns zu einer ziemlich durchgreifenden Umwandlung des Herrenhauses, das sich aber bis um 1900 noch immer hier und da den bäuerlichen Verhältnissen anpassen mußte.

Ein prächtiges Beispiel des schloßartigen Herrenhauses aus dem Beginn des 18. Jahrhunderts bietet uns, auch ohne seine neueren Zutaten, der stattliche Bau zu Roskow. An ihm erkennt man sofort, daß bei der größeren Zahl der Zimmer die äußersten nicht mehr von der Diele aus zugänglich gemacht werden konnten und mindestens im Obergeschoß ein mittlerer Gang in der Längsrichtung notwendig wurde. Auf ihn mußte die Treppe münden, während sie andrerseits die Nähe des hinteren Hauseinganges nicht aufgeben durfte. Diese Bedingungen erfüllte sie immer

---

[1]) Es wäre immerhin denkbar, daß der ehemalige, an dieser Stelle belegene Jägerhof, der bis ins 18. Jahrhundert einem Gastwirte gehörte, in einer ähnlichen Gebäudegruppe bestand.

noch am besten, wenn sie ihren Platz im hinteren Teile der Diele erhielt. Erst in neuerer Zeit wurde sie infolge des allmählich stärker gewordenen Treppenverkehrs durch eine Wand abgesondert. Dadurch wurde ein dem Garten zugewendeter „Saal" geschaffen, der in der Folge eine immer bedeutendere Rolle spielte. Er war schon seit dem 18. Jahrhundert eine unentbehrliche Forderung des vornehmen Herrenhauses geworden. Mittels breit vorgelagerter Terrasse und Freitreppenanlage lud er zum unmittelbaren Genuß des von nun an mehr und mehr vergrößerten und gepflegten Schloßparkes ein.

Die verfeinerten Lebensgewohnheiten und gesteigerten Raumbedürfnisse hatten in Frankreich weiterhin zu einer Vergrößerung des Gebäudes durch zwei seitliche meist niedriger gehaltene Flügel geführt, die sich hofwärts an die Enden des Hauptbaus anschlossen. So erhielt wenigstens das stattlichere Herrenhaus wieder eine Gruppierung, die als allgemein beliebter Typus bald auch in Deutschland Eingang fand. Sie ist in Roskow durch die kurzen Flügelansätze nur unvollkommen ausgebildet. Überhaupt blieben die Überlieferungen vom Ende des 17. Jahrhunderts im Westhavelländischen Kreise noch auf lange hinaus gültig. Erst nach dem allgemeinen Niedergange der Kunst in den ersten Jahrzehnten des 19. Jahrhunderts verstieg man sich stellenweise zu neuen Versuchen, die freilich gelegentlich auf wunderliche Anlageformen hinausliefen. So bei dem angeblich nach dem eisernen Kreuz angelegten Grundriß des Gutshauses von Briesen.

Für den Übergang aus den bescheidenen Anfängen der Renaissance-Architektur im Gutshause in Ketzür, von denen überdies nur noch dürftige Reste vorhanden sind, zu dem die volle Blüte des Barock vertretenden Schloßbau zu Roskow fehlen im Westhavellande leider die Zwischenstufen. Dieser würde dadurch nur umsomehr an Bedeutung für uns gewinnen, wenn sein ursprünglicher Charakter nicht durch den neueren Umbau stark getrübt wäre. Indessen ist nach den noch als alt erkennbaren Bestandteilen der Architektur seine sächsische Herkunft nicht zweifelhaft. Die gesunden maßvollen Verhältnisse, die einfache aber edle Gliederung durch Gesimse und zarte Lisenen, vor allem aber die freie Ausbildung der Kartuschenkapitelle und das zierliche Barockornament stimmen ganz mit denen der Dresdener Bauten aus den ersten Jahrzehnten des 18. Jahrhunderts überein, als der Einfluß Pöppelmanns, des Zwingerbaumeisters, dort überwog. Der Bau scheint in der Tat von einem dortigen Architekten entworfen zu sein, dessen Name sich aber bisher nicht feststellen ließ.

Ein ähnliches Geschick, das ältere, wertvolle Denkmäler der Baukunst als solche auszulöschen droht, hat leider auch den zweiten bedeutenden Schloßbau unseres Kreises, zu Plaue, betroffen und einer falschen kunstgeschichtlichen Deutung ausgesetzt. Nicht ganz so schlimm erging es dem einfachen Herrenhause zu Landin, das wenigstens auf der Hofseite unberührt blieb. Seine im Erdgeschoß gequaderten Scheinrisalite und geradlinigen Giebeldreiecke sind neben einem Gurt- und dem Hauptgesimse die einzigen Elemente der Gliederung und dürften in ähnlicher Weise auch bereits für die Zeit seit dem großen Kriege in Gebrauch gewesen sein. Bei dem äußerst anspruchslosen Bau des v. d. Hagenschen Gutshauses zu Hohennauen fällt auch der

Giebel weg, um schließlich in der klassizistisch gestimmten Zeit um 1830 an dem v. Bredowschen Gutshause in Pessin als Schmuckmotiv über den drei mittleren Öffnungen des Erdgeschosses wieder aufzutreten.

Herrenhäuser des 19. Jahrhunderts.

Den weiteren Weg der Stilwandlungen im 19. Jahrhundert bezeichnet dann die in Putz ausgeführte englische Gotik am Schloß zu Neuhausen, die als höchst bedauerliche Beigabe mit der englischen Gartenkunst bei uns eingeschleppt wurde und leider so häufig die einstige Eigenart märkischer Herrensitze vernichtet hat.

Eine andere Strömung, die der italienischen Renaissance, welche wir anderwärts erst Jahrzehnte später, nach Sempers weittragendem Wirken, hereinbrechen sehen, führt im Westhavellande ganz vereinzelt bereits um 1850 zu einer trotz mancher Mängel achtbaren Leistung. Es ist der durchgreifende Umbau des Wagenitzer Herrenhauses zu einem ansehnlichen Schlosse.

Öffentliche Gebäude.

Für die öffentlichen Profanbauten des Kreises kommt hier allein das wenige in Betracht, was Rathenow davon noch aufweist und auch davon im wesentlichen nur das Rathaus der Altstadt. In dem bald nach der Mitte des 16. Jahrhunderts errichteten Gebäude überwiegt, wie durch das ganze Mittelalter, die Kaufhalle an Umfang weit die wenigen gewölbten Räume für Verwaltungszwecke. Eine offene Gerichtslaube, die im Erdgeschoß dieses kleineren gewölbten Teiles gelegen haben müßte, läßt sich hier nicht nachweisen. Da eine solche in Wittstock noch um 1530 errichtet wurde, darf man wohl annehmen, daß besondere offene Gerichtslauben erst etwa seit Mitte des Jahrhunderts nicht mehr angelegt wurden und man, namentlich zum Besten des „Umstandes", für die Sitzungen den Schutz aufsuchte, den ein Saal gegen die Ungunst der Witterung bot. Die formale Ausbildung des Baus wird dem fast gleichzeitigen Schiff der Kirche entsprochen haben.

Älterer Wohnhausbau.

Ergiebiger ist das Gebiet des Wohnhausbaus. Auf den Hausbau Rathenows fällt schon für die älteste Zeit der städtischen Entwicklung ein erfreuliches Licht durch den Erlaß der Markgrafen Otto und Conrad vom Jahre 1281, in dem es (nach Riedel Cod. dipl XV, S. 393 ff.) heißt: „. . . . quod nos fidelibus nostris burgensibus in Rathenow omnibus liberam facultatem et licenciam dedimus construendi et faciendi edificia in hereditatibus propriis, que Vorlouen in teutonico nominantur a domibus eorundem omnium ad plateas nostras et commoda alia que Vorsulren dicuntur." Es ist anzunehmen, daß von dieser Erlaubnis, Vorlauben und Vorsöller zu bauen, ausgiebig Gebrauch gemacht worden ist. Wagener berichtet (S. 37 Anmerkung), daß i. J. 1798 die letzten in der Steinstraße beseitigt worden seien. Leider ist uns von dem lebendigen, malerischen Bilde, welches die Straßen Rathenows durch diese Vorbauten einst darboten, nicht eine einzige Darstellung überkommen. Wie wir uns die Vorlauben zu denken haben, kann nach dem Beispiel andrer Städte, wo solche noch bestehen, kaum zweifelhaft sein. Die Wohnhäuser Rathenows bestanden im Mittelalter sicher fast ausschließlich aus Fachwerk, und so dürften seine Straßen z. B. denen v. Schwiebus (Bergau, Fig. 256) nicht unähnlich ausgesehen haben. Die Vorderseiten der einzelnen Häuser glichen somit im wesentlichen den in der Mark noch jetzt häufig anzutreffenden Gasthäusern mit überbauten Vorlauben oder Unterfahrten an der straßenwärts gelegenen Giebelseite. Der Vorsöller war also der gegen die Straße vorgeschobene giebelbekrönte Vorderteil des Hauses, der vorn auf freistehenden Säulen ruhte und so im Erdgeschoß eine Laube bildete, die mit den angereihten Nachbarlauben einen fortlaufenden gedeckten Laubengang bildete.

Fachwerkhäuser.

Eine weite Kluft von etwa fünf Jahrhunderten trennt die wenigen noch bestehenden Reste von Fachwerkhäusern von jenen Anfängen. Auch die Grundrißanordnung hat sich naturgemäß in dieser langen Flucht von wechselnden Zeiten geändert. Von jenen Lauben ist in der heutigen Bauweise keine Spur mehr zu erkennen. Die wenigen nicht ganz neuzeitlichen Erdgeschoßgrundrisse von Bürgerhäusern, welche in Abb. 169 und 170 gegeben werden konnten, zeigen als charakteristische Momente meist die Verbindung des schmalen nach der Tiefe gestreckten Flurs mit einer einfachen oder doppelten Herdanlage und die einläufige Treppe an einer seiner Längswand. Im Einzelnen sind sie mit großer Vorsicht aufzunehmen, da sich an alle mehr oder weniger der Verdacht neuzeitlicher Umgestaltung heftet. Die Eigentümlichkeit, daß sich neben der Haustür noch eine zweite Tür befindet, die zu einer meist ziemlich steilen Treppe nach dem Obergeschoß führt, gehört wohl nur den Miethäusern mit besonderen Obergeschoßwohnungen an.

Der Giebel der meist zweistöckigen z. T. winzig kleinen Häuschen (Abb. 165) ist noch vielfach der Straße zugewendet, häufig aber zur Hälfte abgewalmt. Nur ausnahmsweise kommen starke Überkragungen der Geschosse mit Reihen von Kopfbügen vor, wie bei den eben angeführten Häuschen am Seitenbeutel (Abb. 164 u. 165).

Die gebräuchlichsten Arten der Füllholzverzierungen werden seit der Renaissance den am Nosocomium und in der Judenstraße (Abb. 167) erhaltenen geähnelt haben. Außer den gewöhnlichen großen Eckstreben und den Kreuzhölzern in den Brüstungen treffen wir an dem Hause am Freien Hof (Abb. 168) im oberen Giebeldreieck das seit dem Mittelalter beliebte Rautenwerk an.

In konstruktiver Beziehung ist beachtenswert, daß sich mehrfach durch Erd- und Obergeschoß durchgehende Stiele finden. So z. B. an den Häusern Große Baustraße Nr. 13 und 23, Steinstraße Nr. 22 und Markt Nr. 15. Die Stiele an den Längsseiten nehmen mittels Zapfen die Balken auf, auch wenn das Haus mit der Traufe an der Straße steht.

In den städtischen Statuten von 1612 (im Stadtarchiv) wird den Bürgern eingeschärft, daß sie die Grundschwellen des Hauses durch einen Sockel von Mauersteinen vor dem Stocken bewahren, die Häuser, „sofern immer möglich", mit Ziegeln decken und die Giebel und Wände nicht mit Brettern oder Reisern, sondern mit „Leimen" (Lehm) oder Mauersteinen „ausflechten" lassen.

Die in Abb. 166 wiedergegebenen, dem späteren Mittelalter angehörigen Reste eines steinernen Hauses mit gewölbten Stuben stehen ganz vereinzelt da. Daß von solchen nicht mehr erhalten sind, bestätigt nur die oben ausgesprochene Aufstellung, daß die Altstadt durchaus in Fachwerk erbaut war.

Steinhäuser des 18. Jahrhunderts.

Anders verhält sich das alles in der Neustadt. Hier herrschte von Anbeginn der Steinbau mit Fassaden in Mörtelwerk. Die durch Bauwich getrennten Häuser bieten im Grundriß wenig Bemerkenswertes. Ob der Ingenieur und Hauptmann Materne, der die Anlage der Neustadt entwarf, auch die Grundrisse und Fassaden der Häuser schuf, bleibt zweifelhaft. Er war (nach U. v. Bonin, Geschichte des Ingenieur-Korps in Preußen, S. 269 ff.) ein Holländer und erst kurz vor dem Beginn der Neustadtanlage, i. J. 1732, zu Festungshaft verurteilt, aber begnadigt worden. Bald darauf kam sein Stern zu neuem Glanze; er wurde 1731 in den Adelstand erhoben und 1735 mit dem Gnadenkreuz dekoriert. Ob diese Bezeugungen von Wohlwollen mit seiner Tätigkeit in Rathenow in Zusammenhang stehen, muß dahingestellt bleiben. Sie kann jedenfalls nicht lange gewährt haben, denn schon i. J. 1737 entwich er wegen Veruntreuungen beim Schleusenbau in Wesel von dort. Er wandte sich um Begnadigung an den König, aber vergeblich. Es wurde eifrig auf ihn gefahndet, namentlich nachdem bekannt geworden war, daß er sich in einen verräterischen Schriftwechsel mit den Einwohnern Magdeburgs eingelassen hatte. Im Jahre 1738 tauchte er in Dresden auf, von wo der König seine Auslieferung verlangte. — Über den weiteren Verlauf dieser Angelegenheit ist nichts bekannt. Die Herkunft Maternes, die durch die oben mitgeteilten Ereignisse ziemlich eng begrenzte Zeit seiner Anteilnahme an der 1733—1736 erfolgten Gründung der Neustadt, sowie seine Aufgabe in Wesel, lassen vermuten, daß er auch in Rathenow vorherrschend im eigentlichen Ingenieurfach gewirkt hat und an den Entwürfen für die künstlerische Gestaltung der Häuser nicht beteiligt war, zumal diese von irgend welchen holländischen Einflüssen nichts erkennen lassen.

Die durchgehends zweistöckigen Fronten der mit dem Dachsaum abschließenden, ohne Giebel oder sonstige Aufbauten errichteten Häuser haben durchlaufende ungruppierte Flucht, die nur selten an den Ecken oder in der Mitte durch ein gequadertes flaches Scheinrisalit unterbrochen wird. Die Gliederung besteht, abgesehen vom Hauptgesims, meist nur in einigen durch die ganze Höhe reichenden Lisenen, um die sich das Gurtgesims herumkröpft. In seltenen besonderen Fällen sind diese wohl unter dem Hauptgesims mit Paaren von schlanken Konsolen besetzt. Auch die Fensterumrahmungen bestehen im allgemeinen nur aus ganz schlichten Faschen ohne Verdachungen. Die eigentlichen Schmuckstücke der freundlichen, ansprechenden Fassaden bilden die in gesunden, von Überschwänglichkeiten freien Barockformen gehaltenen Portale, welche stets die Mittelachse betonen, mit dem darüber liegenden Obergeschoßfenster (Abb. 173 und 174). Eine derartige Vereinigung dieser Motive, so einfach sie auch erscheinen, ist dennoch nicht häufig und an Geschmack und künstlerischer Wirkung z. B. den Fassaden der gleichzeitigen Bürgerhäuser von Potsdam entschieden überlegen.

Bauernhäuser. Die älteren Bauernhäuser sind im Westhavellande sehr dünn gesät. Es wären dafür etwa die Dörfer Butzow, Görne, Liezow und Radewege zu nennen. In den wenigen überhaupt in Betracht kommenden Beispielen hat der Hof meist noch die wesentlichen Züge der fränkischen Anlage: das Wohnhaus für sich mit dem Giebel an der Straße und mit der Langseite am Hofe, gegenüber die Stallungen und im Hintergrunde des Hofes die Scheune. Durch die Haustür in der Mitte der Giebelseite gelangt man in den Flur, hinter dem die Küche mit dem Rauchfang liegt. Zuweilen ist neben dem Eingang ein „Spiker“ (Speicher) gegen die Straße vorgebaut (Butzow, Görne). In einigen Fällen ist der Stall unmittelbar an das hintere Ende des Wohnhauses gerückt. Die durchweg zweistöckigen, manchmal im oberen Stock etwas vorgekragten Häuser sind oft noch mit Rohr gedeckt. Die Behandlung des Fachwerks ist äußerst schlicht: die Fache sind meist ziemlich lang, die Giebel öfters mit Brettern verschalt. Bei den Ställen kommen häufig Vorkragungen des Obergeschosses vor. Recht anziehend wirken einige (namentlich der des ehemaligen Schulzenhofes zu Weseram) durch den Laubengang im Obergeschoß.

Nur selten finden sich an den Bauernhäusern beachtenswerte Ausstattungsstücke, wie etwa die Haustür und der Treppenverschlag in Barnewitz (Abb. 8 u. 9).

Dorfanlage.

In bezug auf die Dorfanlage sei bemerkt, daß Haufendörfer im Kreise nicht gefunden wurden; doch ist die Form des Rundlings auch hier in einer Anzahl von Beispielen vertreten.

## Bildnerei.

Mittelalter.

Merkwürdig unfruchtbar war das Westhavelland während des ganzen Mittelalters im Gebiete der Steinplastik. In anderen Kreisen fehlt es wenigstens nicht an einzelnen frühen Grabsteinen; aber auch von diesen ist hier nichts anzutreffen, selbst nichts von jenen aus Backsteinmasse hergestellten, wie sie der Brandenburger Dom in größerer Zahl aufweist und die man in dem durch seine Backsteinbauten ausgezeichneten Kreise wohl ebenso erwarten könnte.

Renaissance.

Erst mit der Renaissance, seit der Mitte des 16. Jahrhunderts, tauchen hie und da einige kleinere Werke aus Sandstein auf.

Eines der anziehendsten von ihnen und zugleich ein seltenes Stück überhaupt ist das Reliefbild mit dem prächtigen Kopfe eines Herrn v. Schlieben (Abb. 6) im Gutshause zu Bagow: Ein echtes Frührenaissancewerk in der Sparsamkeit der Mittel, der keuschen Zurückhaltung, der treuen Sachlichkeit und Tüchtigkeit der Darstellung und dabei voll kernigen Ausdrucks in dem gefurchten Mannesantlitz, voll Leben in den tiefernsten Augen. Das Werk darf ohne weiteres in das Entstehungsjahr (1545) des noch ganz gotischen Hauses gesetzt werden, in welchem es neben der kleinen schüchternen Kartusche mit der Jahreszahl am Äußeren der einzige Verkünder der neuen Kunst ist.

Grabsteine.

Von den Darstellungen der Verstorbenen auf den Grabsteinen ist die früheste, die des Kanonikus von Lochow in Neuhausen von 1550, noch in flachem Relief gehalten. Bei dem, freilich ein Vierteljahrhundert späteren, Salderuschen Stein in Plaue hebt sich die Figur des Ritters bereits kräftig aus der umrahmenden Nische hervor. Damit hatte die Grabsteinkunst eines ihrer Endziele seit dem frühen Mittelalter, die volle Plastik des Figürlichen, erreicht und konnte sich, gefördert durch bedeutenden Aufwand an Mitteln, größeren Aufgaben zuwenden: steinernen Wanddenkmälern größeren Stils.

Wanddenkmäler. Schon seit dem Mittelalter waren neben den Grabsteinen freistehende Denkmäler in Tumba- oder Baldachinform in Gebrauch. Aus Mangel an Raum in den Kirchen kam es schon in gotischer Zeit zur Umwandlung solcher zu Wanddenkmälern. Diese bereits im 14. Jahrhundert in Italien entwickelte Form, welche in der italienischen Renaissance in den Gräbern von Päpsten, Prälaten, Herzögen und Heerführern ihre großartigste Ausbildung erhielt, fand seitdem auch im Norden größte Verbreitung, wenn schon in andrer Art des Aufbaues. Die künstlerische Bewältigung solcher Aufgaben war ohne eine ausgiebige Heranziehung der Architektur nicht wohl möglich, und diese mußte wiederum zur Anbringung weiteren Schmuckes, namentlich von Reliefs, führen, welche die in den hölzernen Epitaphien häufigen Gemälde ersetzten. Auch im Westhavellande gehören zu den ersten Bildnereien des 17. Jahrhunderts einige z. T. recht bedeutende Werke dieser Art.

Sie geben uns zum ersten Male Gelegenheit, durch den Vergleich der Werke untereinander und mit gleichzeitig anderwärts entstandenen gewisse Zusammenhänge und Entwicklungsstufen eines Zweiges der bildenden Kunst in unserm Kreise zu beobachten, sowie einen Ausblick auf die Herkunft der Werke und die Persönlichkeiten der Künstler zu gewinnen.

Wie einst in Italien war es auch bei uns zunächst üblich gewesen, durch das Epitaph das Andenken nur einer einzigen Person zu bewahren, und nur eine wurde demzufolge daran dargestellt. Im Laufe des 16. Jahrhunderts erhielten bald Gatte und Gattin gemeinsam ein Epitaph.

Epitaph zu Plaue. So geschah es bei dem Epitaph zu Plaue. Der Charakter des persönlichen Denkmals ist hier noch schwach ausgesprochen. Wie die Donatoren mittelalterlicher Stiftungen knien die winzigen Figürchen des Schloßherrn und seiner Gattin unter dem Kreuzigungsbilde. Der gesamte Aufbau wird im übrigen von dem Denkmalsgedanken so wenig berührt, daß er fast ohne jede Änderung in neuerer Zeit zur Altarwand erhoben werden konnte. Vielleicht war daran schon bei der Anfertigung gedacht worden, denn Altäre, die von ihren Stiftern als deren Epitaph errichtet wurden, waren gerade damals nicht selten. Die Architektur spielt darin stets die bedeutsame Rolle, welche ihr bei dem Umfang der Werke notgedrungen zufallen mußte. Am Planer Altar erscheint sie ziemlich hart und trocken. Als höchst einfaches Gerüst erheben sich die Säulen mit ihren fast schmucklosen Schäften; schlicht streifen die Gebälke darüber hin, im Oberteil ganz glatt und ohne jede Kröpfung. Vor allem mangelt es dem Bildhauer noch an Geschick und Übung, sie mit dem plastischen Schmuck innig zu einer einheitlichen Durchdringung beider Formengebiete zu verbinden. Das zeigt sofort ein vergleichender Blick auf die gerade in dieser Beziehung vollendeten späteren Werke. Geradezu unbeholfen erscheint z. B. die Art, wie der Meister seine Figuren auf die Gesimse setzt und auf die seitlichen Schnörkel klettern läßt, um wenigstens den Umriß seines Werkes möglichst locker, reich und lebendig zu gestalten.

Dem gleichen Zwecke diente auch das Ornament mit seiner etwas rückständigen Randbetonung durch flache Bandstreifen.

Eine dem gegenüber auffallend vorgeschrittene Entwickelungsstufe vertritt der mit der nüchternen Architektur darunter in merkwürdigem Widerspruch stehende Kartuschenaufsatz. Seine freie und in der Masse kräftige Form zeigt in ihrer Verdopplung aus zwei Kartuschentafeln und den Aufrollungen der hinteren über die Schaufelansätze der vorderen, bereits ein Heraustreten aus der Fläche, einen Zug ins Vollplastische, der schon für das Ende des Jahrhunderts bezeichnend ist.

Ebenso reif ist aber, wenigstens teilweise, das Figürliche, namentlich zeugen die Reliefbilder von mehr vorgeschrittenem Stile. Leider macht dieser sich auch bereits in dem etwas allzu dekorativen Schwunge und der tänzelnden theatralischen Haltung z. B. der Christusfiguren bemerkbar. Das Hauptrelief entspricht dem von Deneke[1]) (S. 29, Anmerkung) beschriebenen Typus der Kreuzigungsdarstellung, wie er um 1600 weit verbreitet war. Den stilistischen Eigentümlichkeiten nach möchte man das Epitaph für das Werk eines der in Magdeburg tätig gewesenen sächsischen Bildhauer halten.

Epitaphien zu Ketzür und Nennhausen.

Einen Höhepunkt der Denkmalsplastik im Westhavellande bezeichnen die beiden Epitaphien zu Ketzür und Nennhausen. Ihr Meister, der Anfang des 17. Jahrhunderts in Magdeburg-Sudenburg lebende Bildhauer Christoph Dehne, zeigt sich in diesen Schöpfungen als einer der bedeutendsten norddeutschen Bildhauer seiner Zeit.

In dem wesentlich verschiedenen allgemeinen Aufbau der beiden Werke sind zwei besondere Typen des Wanddenkmals vertreten, denen wir auch sonst häufig begegnen. In Nennhausen ließ die Anbringung von nur zwei Bildnisfiguren eine schmalere, mehr nach der Höhe entwickelte Komposition zu, die schwebend von Konsolen getragen werden konnte; in Ketzür waren die Vorbedingungen andere. Der unter den Einwirkungen der Reformation zunehmende Familiensinn führte gegen 1600 nach dem Vorgange der Tafelmalerei schließlich dazu, selbst bei sehr großen Familien, deren sämtliche Mitglieder nebeneinander zur Darstellung zu bringen und infolge der dadurch notwendigen größeren Breitenentfaltung des architektonischen Aufbaus zu der Form eines unmittelbar am Boden beginnenden Standgrabes. Im Vertrage für das Ketzürer Denkmal werden für den Aufbau besondere Forderungen gestellt, und namentlich wird der seitlichen Flügel neben dem von Säulenpaaren eingeschlossenen Hauptteil gedacht, die dort als „Blendflügel" bezeichnet werden.

Noch höher als die Gewandtheit in der Komposition ist die eigentliche bildkünstlerische Kraft zu schätzen, die sich namentlich in den großen Figuren unseres Meisters bekundet; nicht nur in den tragenden Gestalten von Adam und Eva in Ketzür, deren Körper der besonderen Leidenschaft des Renaissance-Bildhauers für die Darstellung des Nackten ein hochwillkommener Gegenstand waren und als dekorative Leistungen vorzüglich gelungen sind, sondern auch die Bildnisfiguren, die, soweit wir herausfühlen können, durchaus lebenswahr und jedenfalls von trefflicher Durcharbeitung

[1]) Günther Deneke, Magdeburgische Bildhauer der Hochrenaissance und des Barock. Diss. Halle, 1911.

sind. Mit großer Liebe und Feinheit, ja ohne die sonst häufige Flüchtigkeit sind namentlich die ernst dreinschauenden markigen Gestalten der Männer geschaffen.

Aber nicht das Figürliche oder der vollendete Reliefstil der Füllungsbilder ist so unverkennbar bezeichnend für die individuelle Art unseres Meisters, wie seine Behandlung des Ornamentalen und Architektonischen.

Die Plastik, welche sich jetzt sieghaft über ihre Schwesterkünste zu erheben begann, begnügte sich nicht mit der Verdrängung der Malerei durch Reliefbilder, sondern strebte bei ihrem gesteigerten Zuge ins Dekorative und Weiche auch danach, die Architektur in ihrem Sinne zu bemeistern. Am meisten greifen in Niederdeutschland die unarchitektonischen Verzerrungen der Voluten, namentlich deren lockere rankenmäßige Entfernung aus ihrem Kraftmittelpunkte, um sich. Fast allerwärts aber verlieren die Architekturformen unter der Hand des modellierenden Bildhauers ihre Sprödigkeit, werden vollsaftig und geschmeidig unter Bevorzugung weicher Wülste. Seinen Gipfel erreichte das Weiche, Formlose dann in dem um die Wende des 16. Jahrhunderts sich ausbreitenden Knorpelstile.

Von diesem, in seinen äußersten Verkörperungen geradezu ungenießbaren Stil, dessen Sinnesrichtung damals gewissermaßen in der Luft lag, bleibt Dehne an dem Ketzürer Denkmal noch einigermaßen frei, doch zeigt schon das gleich danach entstandene Lochowsche Epitaph zu Nennhausen an den Stirnseiten seiner beiden Hauptkonsolen Knorpelwucherungen von äußerster Entartung. In weichem Wellenschlage hebt und senkt sich die formlose Masse, kräuselt sich hier und da, namentlich am Rande, hoch und läßt als zusammenhaltenden Gedanken nur eine Art menschlicher Fratze erkennen. Auch an Magdeburger Epitaphien Dehnes kehren ähnliche Ausgeburten einer entgleisten Phantasie, und zwar an den gleichen Stellen, wieder. So bilden sie zwar bequeme Erkennungszeichen von Dehnes Werken, aber auch einen bedauerlichen Makel seiner im übrigen weit edleren Schöpfungen.

Christoph Dehne.

Von den äußeren Lebensumständen Dehnes ist wenig bekannt. Die von Deneke in seiner Abhandlung gesammelten Originalnachrichten über ihn reichen von 1612 bis 1626. Den Anfang macht sein Vertrag über das Denkmal des Heino v. Brösicke. Dessen Schwager und Testamentsvollstrecker, Ludwig v. Lochow auf Nennhausen, schloß ihn mit dem Künstler ab. Zu dem Lochowschen Epitaph scheint Dehne unmittelbar nach Vollendung des Brösickeschen Auftrag erhalten zu haben. In dem Vertrag ist auf Magdeburger Arbeiten Dehnes hingedeutet. Deneke weist ihm in Magdeburg noch drei große Epitaphien zu, außerdem acht Grabsteine und neun zum Aufhängen bestimmte reichere Grabplatten.

Epitaph zu Stölln.

Eine gewisse Stilverwandtschaft mit den beiden Werken Dehnes zeigt sich in dem als Altaraufsatz dienenden Epitaph zu Stölln. Die wesentlich kleineren Bildnisfiguren treten zwar in der Komposition stark zurück, sind aber, wie auch das Abendmahlrelief in der Predella, den Dehneschen Arbeiten durchaus ebenbürtig. Auch hier macht sich das Knorpelwerk bereits ziemlich breit, artet aber nirgends bis zu dem äußersten Grade aus wie an den Konsolen des Lochowschen Denkmals. Ihm verfallen neben dem eigentlichen Ornament auch die seitlichen Konsolbildungen und, wie in Dehnes

Werken, die Aufsätze über dem Gebälk an den Abstufungen des Aufbaus. Nach alledem trägt der Verfasser kein Bedenken, das hervorragende Werk ohne Namen und Meisterzeichen der Werkstatt des Dehne, das Abendmahl aber ihm selbst zuzuschreiben.

Grabsteine des 17. Jahrh.

Mit dem 17. Jahrhundert mehren sich auch die Grabsteine; die Orte aber, an denen wir die besseren finden, lernten wir bereits als die kennen, wo von Seiten der adligen Kirchenpatrone der plastischen Denkmalskunst auch sonst eine Stätte bereitet wurde. Die Grabsteine des Leonhard v. Arnim zu Plaue, die adligen Frauen- und Kindergrabsteine zu Ketzür, Nennhausen und Plaue, welche zwischen 1605 und 1610 etwa entstanden sind, gruppieren sich gewissermaßen als Begleiterscheinungen um die größeren Epitaphwerke daselbst. Sie entfernen sich zwar in der Anordnung nicht von den anderwärts herrschenden Typen, erheben sich aber näher zu der allgemeinen Höhe der Zeitkunst als dies sonst häufig bei älteren Grabsteinen der Mark der Fall ist. Neben dem Figürlichen wuchert das Heraldische und füllt selbst bei den damals stark in Aufnahme kommenden Grabsteinen kleiner Kinder alle Ecken. Die Grabschrift umzieht in alter Weise die Kanten als Umrahmung. Erst bei dem Grabstein des Christoph v. Görne von 1638 sehen wir beide Motive eingeschränkt und durch diese Vereinfachung das Bleibende um so wirksamer. In dieser Richtung fortschreitend, gelangt man bald zur grundsätzlichen Aufgabe der Darstellung der Verstorbenen selbst und räumt die ganze Mitte des Steines der Schrift ein.

Barockbildnerei.

Das Jahrhundert des großen Krieges verlief im Westhavellande ohne weitere Großtaten der Art, wie sie der Plastik an seinem Anfange gelungen waren; erst mit dem Beginn des folgenden regte sie sich wieder. Inzwischen hatte sich nicht nur der Krieg, sondern auch der Knorpelstil ausgetobt. Der Kreis des Gegenständlichen hatte sich etwas erweitert. War er im Mittelalter ganz mit den kirchlich-religiösen Darstellungen erfüllt, mischten sich in der Renaissance mit den Heiligen heidnisch-mythologische und allegorische Figuren, so dringen jetzt mehr und mehr Bezüge und Gegenstände des realen Lebens ein, die der alles aufwühlende Krieg emporgerafft hatte. Wie einseitig aber spiegelte sich das Leben während und lange nach ihm in der Bildnerei wieder! Sie feiert nur die Kriegstaten und ihre Helden. Von dem Jammer der Kriegsnot und dem langen Elend danach wendet sie sich ab, so traurige Schilderungen überläßt sie den Berichten der Kirchenbücher und etwa dem Simplizissimus des Grimmelshausen. An Denkmälern werden die Ereignisse um so mehr nur von der ruhmredigen, nicht von der allgemein menschlichen Seite behandelt.

Von dem hochtrabenden Wesen der Kriegsmänner wurde auch die Kunst ergriffen. In der Kirche zu Hohennauen haben wir in dem Epitaph des Christ. v. Rauchhaupt ein schreiendes Beispiel dieser gespreizten, schönheits- und gedankenarmen Richtung. Der fanfarenblasende Knabe, der den Ruhm des Gestorbenen in die Welt posaunt, könnte füglich auch als Abzeichen für diese Kunst gelten. Der um das gemalte Bildnis starrende Wald von Fahnen, Spießen, Schwertern, Morgensternen und Beilen kennzeichnet nicht nur die kriegerische Persönlichkeit des Toten, sondern auch die kunstarme des Verfertigers. Alles ist hohle Prahlerei; selbst an den blutigen Ernst der Waffen zu glauben, fällt angesichts der künstlich gekräuselten Allongeperrücke einigermaßen schwer.

Nicht in allen seinen Werken ist das Barock, unter dem die Bildnerei nun segelt, so hohl aufgebläht. Wie sich Adel, Ruhe und Schönheit damit verbinden lassen, hatte um dieselbe Zeit der große Schlüter in der Landeshauptstadt gezeigt. Seine für die Provinz tätigen Schüler erreichten den Meister freilich bei weitem nicht, wie es Damas bei dem Denkmal des Großen Kurfürsten in Rathenow bewiesen hat. Es verkörpert mehr die Mängel des herrschenden Stils als dessen Vorzüge. Trotzdem bleibt es das bedeutendste Werk der Steinplastik in Rathenow, wenn auch der stets unwillkürlich angestellte Vergleich mit dem Berliner Denkmal so sehr zu seinen Ungunsten ausfällt. Seine Schwächen fallen nicht alle dem Bildhauer, sondern einige neben dem Zeitgeschmack auch dem Programm zur Last. Die mächtige Wirkung eines Reiterstandbildes an sich war hier mit dem Wegfall des Streitrosses von vorn herein ausgeschlossen; außerdem aber auch der höchst bedeutsame Gegensatz zwischen der verhaltenen Kraft und majestätischen Ruhe der Hauptfigur des Fürsten und den aufgeregten Bewegungen in den vier Unterworfenen, die hier wie dort den Sockel umgeben. Auch die Verhältnisse dieses Sockels und seine Verdoppelung in Rathenow ergaben sich notwendig aus der Absicht, den Kurfürsten als einfache Standfigur darzustellen, denn nicht nur der Herrscher mußte hoch über die „Sklaven" erhoben werden, sondern auch zwischen diesen wegen der Umrisse ihrer Bewegungen ein gewisser Abstand gewahrt bleiben. Diese Gründe führten wiederum zur Teilung des architektonischen Aufbaus in das obere Postament und den unteren Sockel. Alle diese Überlegungen zugunsten des Bildhauers können aber nicht den übermäßigen Aufwand an Gesimskröpfen, Trophäen und Kartuschen rechtfertigen, deren Schwall das Postament umgibt, nicht die theatralische Haltung und Gewandung der Hauptfigur, mit all ihrem äußeren Gepränge, nicht die mit alledem hervorgerufene Unruhe auch des oberen Denkmalteiles, und schließlich am wenigsten die gemachten Gebärden der vier gefesselten Muskelmänner. Allerwärts vermißt man die ungeschminkte Wahrheit im Ausdruck und maßvolle Zurückhaltung in den angewandten Mitteln.

Das ganze Wesen der Bildnerei wurde damals von dem Streben nach dekorativer Wirkung erfüllt. Mehr als je wurde daher die figürliche Plastik zur Ausschmückung von Profangebäuden herangezogen. So finden wir sie auch im Westhavellande an Schloßbauten des 18. Jahrhunderts verwendet, z. B. in Roskow in den Standfiguren, die das Portal an der Gartenseite einschließen, und zu Wagenitz in den offenbar aus dieser Zeit stammenden drei Figuren an der Parkseite.

Auch an Grabdenkmälern erhebt sich, wenn schon recht selten, der plastische Schmuck zu figürlichen Motiven, wie auf den Friedhöfen zu Rathenow und Zachow sowie im Park von Neuhausen. Gegen Mitte des 18. Jahrhunderts bemächtigt sich dann bei der Grabsteingruppe auf der Nordseite der Rathenower Pfarrkirche ein etwas aufdringliches Rokoko der schmückenden Umrahmung, gegen welche der in vornehmer Zurückhaltung entworfene Stein von 1769 zu Treuenen äußerst wohltuend wirkt.

Grabmäler des 18. Jahrh.

Etwa hundertfünfzig Jahre nach den Dehneschen Werken treffen wir im Westhavellande eine zweite Gruppe von Grabmälern an, die von jenen durchaus verschieden, an sich aber nicht weniger bedeutend sind. Es sind die Epitaphien des Ferd.

Thilo v. Stechow und seiner Gattin zu Kotzen und die beiden v. d. Hagenschen Grabmäler zu Hohennauen. Alle vier sind von dem Typus der schwebend von Konsolen getragenen Wanddenkmäler.

Den monumentaleren Charakter tragen die beiden Kotzener Denkmäler. Ihr Stil zeigt alle Ergebnisse, welche die Fortschritte der Bildhauerkunst und der Wandel des Geschmacks inzwischen gezeitigt hatten. Schlank und voller Reiz im Umriß ist der Aufbau der Epitaphien, die jedes nur einer Person dienen. Als Gegenstücke gearbeitet, bleiben sie doch jeder pedantischen Gleichheit, wie in sich selbst der trockenen Symmetrie fern. Sparsam schaltet der Künstler mit den wenigen wohlausgewählten Motiven, die er in feiner Abwägung der Verhältnisse und Massen aufbaut. Figuren und Beiwerk stehen in engstem Bezug zur Bedeutung des Gegenstandes. Die angestrebte und auch in hohem Maß erreichte malerische Wirkung wird von edlem Schönheitsgefühl in angemessenen Schranken gehalten. Bei aller Freiheit herrscht klare Ordnung sowie zweck- und sinngemäße Gliederung. Jede Häufung und Überschwänglichkeit ist vermieden. Nichts erblickt man von Reliefs, welche von irgendwelchen Vorgängen aus dem Leben Christi, dem christlichen Heilsleben oder dem alten Testamente erzählen; jeder Anklang an christlich-religiöse Vorwürfe fehlt, ein durchaus weltlicher Zug geht durch die mittels allegorischer Figuren, Kindergruppen und allerlei Beigaben zum Ausdruck gebrachten Anschauungen und Grundgedanken. Die Gewandung und ein Kronoskopf deuten auf die beginnende Verehrung der Antike und ihrer Mythologie. Waffen, Trophäen, Girlanden, Kränze, Pergamentrollen und Draperie vervollständigen die Ausdrucksmittel. Die Heraldik hält sich äußerst vornehm zurück. Neben dem gedanklichen Inhalt tritt aber überall die dekorative Absicht unverhüllt, ja stellenweise mit störender Betonung heraus. Der scharfe Tonunterschied zweier Materialien hebt mit Kraft und Sicherheit die Hauptteile des Aufbaus und die Verwandtschaft beider Denkmäler hervor.

Über das ganze herrscht mit voller Selbstherrlichkeit die Plastik und durchdringt jede Form mit ihrem ureigensten Wesen. Der Bildhauer hat sich jetzt vor allem von der Architektur ganz losgesagt und von den Säulenordnungen vollständig frei gemacht; kaum daß ein geschweiftes Gesims noch an eine Verdachung erinnert. Nur wenige prismatische Körper, Steinplatten und kräftige Wülste bilden den einfachen Kern des Aufbaus. Aus dem überreichen Formenkreise der Renaissance haben sich nur die Muschel, die Vase und die Volute erhalten, diese indessen in einer streng architektonischen, an den Mäander erinnernden Linienführung, wenn auch ohne statische Verwendung. Wie aber ihre rechtwinkligen Ecken abgerundet sind, so rundet sich auch sonst alles zu gefälligen Massen, die wiederum nirgends in haltlose oder formlose Weichheit fallen. Die Höhepunkte seiner Kunst legt der Bildner in das Figürliche, und wir müssen seine Meisterschaft auch hier in dem gesenkten Hauptes herabschauenden Krieger, dem Bildnisrelief und den reizenden Puttengruppen anerkennen. Alles in allem: welch ein Fortschritt, welch eine Vereinfachung und Klärung des Schönen im Vergleich zu den Werken des 17. Jahrhunderts!

Wilh. Christ. Meyer.

Der Schöpfer der beiden schönen Werke war der Rektor der Berliner Akademie Wilhelm Christian Meyer. Er war 1726 zu Gotha geboren und wurde von seinem Bruder Friedrich Elias unterrichtet. Nachdem er in verschiedenen Städten Norddeutschlands gearbeitet hatte, erhielt er 1757 einen Ruf nach Düsseldorf und später nach Bonn, in welchen Städten er im Dienste des Kurfürsten Clemens August eine Anzahl schöner Werke geschaffen hat. In Berlin fertigte er zunächst (1774) acht Figurengruppen als Laternenträger für die neue Brücke über den damaligen Festungsgraben beim Opernhaus; sie kamen 1824 auf den Leipziger Platz. Ferner: eine Gruppe, Äneas mit seinem Vater auf dem Rücken; eine Gruppe auf dem Benmanuschen Hause; ein Grabmal des Professors Meckel († 1774) auf dem Neustädter Kirchhofe zu Berlin. Figuren, Adler, Embleme und Kartuschen auf der Attika der Königlichen Bibliothek; Figuren auf dem Giebel der Hedwigskirche, das Hackesche Grabmal in der Nikolaikirche in Spandau, das der Gräfin v. Borke zu Stargard und andere. Das Modell einer 10′ hohen Bildsäule der Russischen Kaiserin, die für die Stadt Moskau in Erz gegossen werden sollte, blieb durch den 1786 erfolgten Tod des Künstlers unvollendet[1]).

Von verwandter Richtung, aber bei weitem nicht so edel und maßvoll in der Komposition ist das etwas theatralisch gespreizte Denkmal Th. Philipps v. d. Hagen in der Kirche zu Hohennauen und seiner Gattin. Als bezeichnende Erscheinungen der Stilwandlung treten der pyramidenförmige Obelisk und die ovalen gemalten Bildnisse der beiden Verstorbenen auf. Die Putten sind noch von der gleichen etwas neckischen Art, die fahnenhaltende Kriegergestalt aber gar zu dekorativ in der Pose, das ganze ohne den feinen Takt der vorigen und bei tüchtiger Mache hohl. Das mit „Meyer In fecit“ gezeichnete Denkmal rührt von Friedrich Elias Meyer dem jüngeren her, vermutlich dem Neffen des Wilhelm Christian. Er arbeitete in Berlin in Gemeinschaft mit anderen Künstlern an den Reliefs aus dem Herkulessagenkreise am Brandenburger Tor, an Kindergruppen auf der ehemaligen Königsbrücke, an den Bildwerken auf den Kolonaden und an Statuen des Vordergebäudes von Schloß Monbijou. Er starb i. J. 1790, (siehe Borrmann, Kunstdenkmäler von Berlin S. 152, 318, 385 und 388).

Auch das Grabmal Cuno Friedr. v. d. Hagen in der Kirche zu Hohennauen ist nach der Bezeichnung an der Sanduhr des Kronos von einem der Meyer gefertigt. Seine Gesamtform berührt noch weniger angenehm, der figürliche Schmuck tritt stark zurück, das gemalte Bildnis etwas mehr hervor; auch Inschrift und Stammbaum gewinnen an Bedeutung. Der geschlossene Charakter wird dadurch beeinträchtigt, daß die Plastik anderen Künsten Raum gibt. Ebenso muß auch die Dekorationsmalerei dem Denkmal mit einer großen gemalten Draperie die hebende Folie geben.

[1]) Siehe: Meusel, Deutsches Künstlerlexikon. Füßli, Allgemeines Künstlerlexikon (1806) II, 1. Nagler, Künstlerlexikon IX, S. 228. Müller und Singer, Allgemeins Künstlerlexikon III, S. 192.

# Malerei.

Die verschiedenen Zweige der Malerei sind auch im Westhavellande ziemlich ungleich vertreten. Das kunstgeschichtlich Wertvollste aus älterer Zeit sind die Reste mittelalterlicher Wandmalerei in den Kirchen von Rathenow und Plaue. Leider sind an beiden Orten nur geringe Bruchstücke erkennbar, da die Malereien zum größeren Teil zerstört oder nicht aufgedeckt sind. Eine sichere Beurteilung und genauere Charakteristik ist daher wohl nicht möglich. Indessen ist kein Zweifel, daß sie beide dem 14. Jahrhundert angehören. Die strenge, statuarische Anordnung der Figuren an den Chorpfeilern zu Rathenow, die hier nicht sowohl als ein Zeichen von Altertümlichkeit als vielmehr durch die schmalen Pfeilerflächen geboten erscheint, bildet einen merkwürdigen Gegensatz zu dem chaotischen Durcheinander der gewiß nur wenige Jahrzehnte späteren Malerei an der Westwand der Plauer Kirche. Die lockere Art, wie sich hier die in Maßstab und künstlerischer Reife verschiedenen Darstellungen ohne Ordnung durch ein Rahmenwerk über das ungeteilte Feld der Wandfläche in wortreicher Schilderung ausbreiten, sowie die stellenweise weiche Herausarbeitung der Plastik sind vor Karl IV. und der Übertragung italienischer Einflüsse durch die in Avignon um die Mitte des 14. Jahrhunderts arbeitenden sienesischen Künstler und die böhmische Malerschule kaum denkbar. Die früher durch architektonische oder ornamentale Wandgliederungen auf eng umgrenzten Bildflächen beschränkte Wandmalerei will sich jetzt mit Gewalt das Feld für umfangreichere Darstellungen erobern. Unter den Gegenständen, welche eine solche dringend erforderten, war die Darstellung des jüngsten Gerichtes eine der ersten. Von der Unruhe, die der Kampf der Engel und Teufel meist in diese bringt, scheint auf das Plauer Bild ein gut Teil übergegangen zu sein. Nur, daß das Thema ein ganz anderes, der Grundgedanke weit flacher ist; denn die flatternden Engel, die hier den Raum bevölkern, ja selbst mit ihren weitausgespannten Flügeln die Friese der Längswände füllen, kämpfen nicht um gerettete Seelen, sondern tragen lediglich die Leidenswerkzeuge Christi, welche in ziemlich äußerlicher Weise mit gewissen Abzeichen einiger Vorgänge vor und nach der Kreuzigung Christi zusammengestellt sind.

Verrät dieser Inhalt der Malerei den Beginn eines Niederganges der religiösen Anschauungen, so neigt auch die Darstellung da, wo sie sich zu künstlerischer Durchführung erhebt, wie im Christuskopfe des Schweißtuches der Veronika, einer neuen Auffassung zu, nämlich einer durchaus fertigen, weichen Durchmodellierung bei starkem Wirklichkeitsgefühl und dem Ausdruck des Seelischen in Antlitz und Blick.

Die geringen Spuren von Wandmalerei in der Kirche zu Tremmen lassen immerhin vermuten, daß der ganze Kirchenraum malerisch ausgeschmückt war.

Rein dekorativer Art ist die Wandmalerei der Kirche zu Ketzür, welche durchweg eine besondere Freude am Schmuck erkennen und zugleich bedauern läßt, daß derartige Kirchenräume so selten sind. Das grau in grau gemalte Blattornament der Wandfläche über dem Verbindungsbogen der beiden Kirchenteile steht dem Aldegrever-Ornament noch näher, als man nach der Entstehungszeit um 1610 erwarten sollte. Besonders angenehm berührt die größere Sorgfalt der Ausführung, die hier wieder die frühere Zeit vor den Leistungen der späteren, an der Decke und der Patronatsloge, auszeichnet.

Das wenige, was aus späterer Zeit aus dem Gebiete der Raumausschmückung vorhanden ist, beschränkt sich auf vereinzelte dunkle Gemälde im Mittelfelde von Stuckdecken, wie z. B. in Schloß Plaue, sowie wenig künstlerische Nachbildungen von Gobelins in Schloß Wagenitz und im Herrenhause zu Landin. Dem Gegenstande nach sind sie so verschieden wie die Zeiten ihrer Entstehung: dort Krieg und Jagd, hier die Romantik und der Klassizismus in wunderlichen Beimischungen zur Landschaft.

Die Gemälde der Altäre und Epitaphien sind an andrer Stelle besprochen. Neben ihnen seien die Votivgemälde der Kirchen zu Ketzür, Klein-Kreutz, Plaue, Pritzerbe und Rathenow erwähnt. Außer ihnen sind von Tafelmalerei zu nennen eine kleine Zahl von älteren Werken in Schloß Wagenitz und Vietznitz und einige Perlen moderner Landschafts- und Tiermalerei in Groß-Behnitz, sowie eine ansehnliche Schar von Bildnissen einzelner Personen aus den Kreisen des Landadels. Die künstlerische Bedeutung dieser Werke wurde nicht immer richtig, zuweilen wenigstens zu gering eingeschätzt, wenn man schon zurzeit der Entstehung den Namen des Künstlers nicht der Aufzeichnung und Überlieferung wert hielt.

## Kunstgewerbe.

### Kirchenausstattung.

Altäre. Einer der bedeutendsten Altäre des Kreises, jedenfalls der älteste, ist der jetzt im Bodenraum des Kaiser-Friedrich-Museums aufbewahrte frühere Hauptaltar von Rathenow. Es ist ein für die frühe Entstehungszeit, um die Mitte des 11. Jahrhunderts, nicht unbedeutendes Werk, dessen archäologischer Wert durch seine völlige Unberührtheit von Wiederherstellungen wesentlich gesteigert wird. Für die künstlerische Begabung des Malers spricht nicht nur die Mannigfaltigkeit und Schönheit der Gewandmotive, sondern vor allem auch die feine Charakteristik der Köpfe und die tüchtige Darstellung der Hände. Weniger bedeutend sind die plastischen Figuren des Schreins, deren Gesichtern eine starke Familienähnlichkeit anhaftet. Leider sind die technischen und künstlerischen Merkmale nicht so scharf ausgesprochen, daß man das Werk mit voller Sicherheit einer bestimmten Schule zuweisen könnte.

Ihm zeitlich am nächsten steht der spätgotische Schnitzaltar von Klein-Kreutz, der in der Baldachinarchitektur zwar erheblich reicher gehalten ist, im Figürlichen aber weit hinter jenem zurücksteht. Noch mehr als bei dem Rathenower Altar fällt die Gleichförmigkeit der Gesichtsbildung namentlich bei den weiblichen plastischen Figuren auf, die bei stark entwickelter Stirn und hart vortretenden Backenknochen von dem sonst üblichen Oval nicht zu ihrem Vorteil abweichen. Die gewaltigen Kronen der weiblichen Heiligen stehen in unangenehmem Mißverhältnis zu den Figuren und würden auf den Geschmack des Schnitzers ein recht ungünstiges Licht werfen, wenn er dabei nicht im Bann der Mode gestanden hätte.

Von dem spätgotischen Altar in Ferchesar bei Rathenow sind nur noch sechs meist verstümmelte Figuren vorhanden. Ein vierter gotischer Altarschrein, der einst in Marzahne stand, ist in Bruchstücken im Kunstgewerbemuseum zu Berlin erhalten.

Das ganze 16. Jahrhundert liefert nichts an Altären. Erst mit Beginn des 17. Jahrhunderts begegnen wir einigen Holzaltären, die im Charakter der Spätrenaissance gehalten und in mehreren Stockwerken aufgebaut sind. Während der von Ketzür die durchgereifte Kompositionsweise der Epitaphien des 17. Jahrhunderts mit trefflichen Verhältnissen verbindet, sind an dem zu Hohennauen in etwas kleinlicher Weise vier Stockwerke aufeinandergepfropft und der Umriß sowie die Gesamtverhältnisse des Aufbaus durch übermäßige Breite geschädigt. Der Zweck war, die leere östliche Wandfläche möglichst zu verdecken. Der um 1600 entstandene Aufbau des Möthlower Altars bietet uns ein Beispiel, wie die damaligen Schreiner die Figuren der älteren Flügelaltäre zur Ausschmückung ihrer Werke benutzten. Der Steinaltäre zu Plaue und Stölln wurde bereits als Epitaphien im Abschnitt über die Bildnerei gedacht. Von den Altären der Barockzeit ist der zu Bagow das erfreulichste Beispiel, während die zu Spaatz, Senzke und Vietznitz über handwerkliche Leistungen nicht hinauskommen. Eine recht kindliche Schreinerarbeit bildet namentlich der Altaraufsatz zu Senzke, dessen bretterne Hinterwand mit ihrer ausgeschweiften Sägearbeit geradezu an Bauernstühle erinnert. Ihren Abschluß findet diese Reihe in dem nüchternen Aufbau des 1779 errichteten Altars der Rathenower Pfarrkirche mit dem beachtenswerten Gemälde von Rode, dem fruchtbaren Direktor der Berliner Akademie.

Groß ist die Zahl der Kanzelaltäre. In mehreren Fällen sind diese verbunden mit einer Abschlußwand, welche den Raum der Sakristei bis zu einer gewissen Höhe von der Kirche abtrennt. Besonders bemerkenswert ist ihr frühzeitiges Auftreten in Neuhausen (1582). Der mittlere Aufbau mit der Kanzel in Berge ist nicht nur eines der schönsten Beispiele dieser Art in unserer Gegend, sondern auch vorbildlich in der allgemeinen Anordnung. Würdig reiht sich ihm der Altar von Pessin mit seiner ähnlichen Gestaltung an. Den Fortschritt der Entwicklung der Formen kann man am besten an den datierten Werken von Buckow, Warsow, Kotzen, Rookow, Päwesin und Gräningen beobachten. In bezug auf die Architektur bleibt für die ganze Zeit des Barock ein Säulenpaar das beliebteste Motiv, dessen Schäfte, namentlich in der Spätzeit häufig gewunden oder doch meistens mit einer leichten Ranke umschlungen sind. Das oft über den Säulen gekröpfte Gebälk ist zuweilen durch eine in der Mitte unterbrochene Segmentverdachung mit darauf hockenden Putten bereichert. Von sehr verschiedener Art und Güte ist das Ornamentale in den fast nie fehlenden durchbrochenen seitlichen Schmuckstücken. Neben ziemlich rohem handwerklichen Schnitzwerk findet sich mancher schön gezeichnete Akanthus, dessen Auffassung übrigens sehr schwankend ist. So erscheinen seine Einzelheiten in Kotzen urwüchsigem, romanischem Blattwerk verwandt, während andrer z. B. in Neuendorf in unschönes Knorpelwerk fällt. Wo Figürliches hinzutritt, erhebt es sich doch kaum zu künstlerischer Feinheit. Ausgereiftes Rokoko zeigt bereits der schlanke Altaraufbau in Wolsier. Dem

Kanzelaltäre.

klassizistischen Formenkreise gehören dann die Altäre von Retzow und Damme an. In der Altarwand von Witzke mischen sich ihnen bereits romantische Formen bei.

Kanzeln. Die dem Kirchengebäude außen angefügte Freikanzel an der Westseite der Tremmener Kirche ist die einzige Kanzel des Westhavellandes aus gotischer Zeit. Um so größer wird ihre Zahl mit der höheren Bedeutung der Predigt seit der Reformation. Sie kleiden sich in die Formen der Spätrenaissance und des Barock. Mit fortschreitender Zeit kommt die Vereinigung der Kanzel mit dem Altar mehr und mehr in Gebrauch. Die freistehenden Kanzeln ruhen gewöhnlich auf einer Säule, die je nach der Stilwandlung streng toskanische Form wie in Ketzür, oder einen gewundenen Schaft im Sinne des Barock wie in Bagow zeigt. Nur bei dem einzigen größeren Werke des Kreises in Rathenow tritt zur Säule noch eine Figur als Träger hinzu. Die Kufen der Kanzeln sind während des 16. und 17. Jahrhunderts durchaus architektonisch aufgebaut und gegliedert mit Säulchen an den Ecken (Bagow, Ketzür, Wassersuppe), mehr oder weniger reicher Gesimsbildung und bogenförmigen, rechteckigen oder gekröpften Füllungen dazwischen, in denen sich geschnitzte oder gemalte Figuren befinden. Die spätere Entwicklung der Kufe können wir am besten an den Kanzelaltären verfolgen. Das Architektonische tritt allmählich zurück, die Ecksäulchen werden durch Fruchtstränge (Rathenow, Selbelang), das Schreinerwerk durch Schnitzerei ersetzt. Gegen Ende der Entwickelung nimmt die bisher noch senkrechte Umwandung eine geschwungene Korbform an, welche indessen noch immer die polygonale Grundform beibehält. Zunächst noch mit Kränzen und Akanthusblättern geschmückt, wie beispielsweise in Wachow und Liepe, wirft sie diesen Schmuck schließlich im Rokoko ab, wie wir es in Wolsier sehen. In ähnlicher Weise macht der Schalldeckel eine Entwicklung durch, indem er, anfänglich auf eine rein architektonische Ausbildung in Gebälkform ohne weiteren Aufbau beschränkt, schließlich mehr und mehr durch freie ornamentale Bekrönungen bereichert wird. Wie bei den Kanzelaltären wird auch bei ihm in der Spätzeit eine Strahlensonne als oberste Endigung beliebt. Der Kanzelwände zur Abtrennung der Sakristei wurde schon bei den Altären gedacht.

Taufen. Von Taufen ist eine von urwüchsig romanischer Form in Tremmen zu verzeichnen. Sie ist von Sandstein und hat sich wohl aus der alten Kirche in die jetzige herübergerettet. Auch die Renaissance hat uns zwei Taufen aus Sandstein hinterlassen, eine ziemlich unscheinbare, mit gemauertem Backsteinfuß in Lünow und ein prächtiges, reich verziertes Werk zu Hohennauen. Die sonst häufigen Holztaufen von polygonaler Kastenform und einer den Kanzelkufen verwandten Ausbildung sind hier nur schwach vertreten, nämlich allein in Senzke und Klessen. Von ihnen bildet die letztere das einzige Beispiel für den Versuch einer monumentalen Ausbildung mit kronenartigem Deckel und reicher Fußgestaltung. Einer kelchartig geschweiften Form begegnen wir in Ketzür und Saaringen, in Buckow schließlich einem zierlich mit gewundenem Fuß ausgebildeten Barocktischchen als Träger für das Taufbecken.

Von Taufengeln findet sich, abgesehen von nicht nennenswerten Resten, nur einer in Liepe in Gebrauch, aber mit verändertem Zwecke, nämlich als Kronleuchter.

Taufschüsseln. Schon in den letzten Zeiten des Mittelalters war die Sitte, die Täuflinge in tiefe Taufkufen einzutauchen, dem einfachen Besprengen gewichen. In den allermeisten Fällen bediente man sich hierzu getriebener Messingschüsseln, die eigentlich für weltliche Zwecke bestimmt waren. Das wohl dem 16. Jahrhundert angehörige schöne Stück der Rathenower Pfarrkirche, das wie die meisten derartigen Schüsseln u. a. mit zwei Schriftfriesen geschmückt ist, wiederholt in dem schmalen äußeren viele Male die Devise: „Ehpart, allezeit Glück!" Daraus darf man mit ziemlicher Sicherheit schließen, daß derartige Schüsseln als Hochzeitsgeschenke unter Brautleuten üblich waren. Außer den meist stark dekorativ umgestalteten Buchstabenfriesen findet sich im Grunde der Schüssel häufig noch eine figürliche Darstellung. Als solche treffen wir hier mehrmals den Sündenfall (Ferchesar, Fohrde, Landin) und die Verkündigung Mariä (Gortz, Niebede, Selbelang), vereinzelt auch einen Ritter Georg (Gutenpaaren) oder eine ornamentale gebuckelte Rosette (Klein-Behnitz) an. Aus einigen darauf verzeichneten Stiftungsjahren ergibt sich, daß solche Schüsseln noch im 18. Jahrhundert angeschafft wurden. Im Gebrauch herrschen sie selbst heute noch vor.

Kelche. Ein seltenes und schönes Werk der Goldschmiedekunst aus sehr früher Zeit begegnet uns in dem Kelch der Pfarrkirche von Rathenow. Die weite und tiefe Höhlung der Kuppa zeugt von der Zeit, wo der Kelch auch den Laien noch gereicht wurde. Das geschah in der katholischen Zeit nach dem 13. Jahrhundert nicht mehr, und den Typus dieser Zeit stellt auch die allgemeine Form des Kelches dar. Dafür sprechen das wenig überhöhte, etwas bauchige Halbkugelprofil des Bechers, die gedrückte Form des Knaufes, namentlich aber die Verhältnisse des Schaftes, der zwischen jenen beiden schon zu voller Geltung kommt, während bis zum 13. Jahrhundert Becher und Knauf meist nur durch eine dünne Perlschnur voneinander getrennt waren. Wiewohl diese Gestalt des Kelches sowie sein Schmuck in Formencharakter und Technik noch ganz romanisch anmuten, wird seine Entstehung auf Grund eines Vergleiches mit anderen Kelchen des 13. Jahrhunderts doch bis gegen dessen Ende herabgesetzt werden müssen. Der Vergleich zeigt überdies, daß die wenigen sonst noch in der Mark bekannten romanischen Kelche, in Kloster Zehdenik und in der Nikolaikirche zu Berlin, sowie der Fuß des Kelches in der Prenzlauer Marienkirche, von dem Rathenower Kelche wesentlich verschieden sind und für dessen Herkunft keinen Hinweis gewähren.

Die allgemeine Seltenheit frühgotischer Kelche trifft auch für das Westhavelland zu. Der bekannte spätgotische Typus der Kelchform mit Sechspaßfuß, flachem zapfenbesetztem Knauf und hyperbolisch profilierter Kuppa ist hingegen auch hier zahlreich vertreten (Lünow, Plaue). Ja wir finden diese Grundform des Fußes noch bis ins 17. Jahrhundert hinein mit geringen Abweichungen in der Profilierung und im Zierat des Knaufes. So kündigt sich die Renaissance am Planer Kelche durch die kleinen Löwenköpfe zwischen den Zapfen des Knaufes an. Auch der vollere Kontur der Kuppa nimmt zunächst unten an Breite zu, dann wächst auch die Höhe. Die mächtigste Kuppa besitzt der in Abb. 31 dargestellte kraftvoll gedrungene Kelch zu Hohenferchesar, ein würdiger Vertreter der Barockzeit. Zu ihm im entschiedensten Gegensatz, wiewohl zeitlich durchaus nicht fern, steht der in zierlichster Bechergestalt ausgebildete reichverzierte Spätrenaissancekelch zu Damme, und dieser Gegensatz hat seinen bedeutsamen Grund. Der Kelch, seiner ursprünglichen Bestimmung nach der Profankunst angehörig, zeigt uns, daß die Kirche, die so oft messingne Waschbecken als Taufschüsseln verwendete, zuweilen auch für die sakramentale Spendung des Weines nach dem weltlichen Pokale griff. Ein so reizvolles Stück der Goldschmiedekunst ist im weltlichen Besitz leider hierzulande äußerst selten. Während die außerordentlich lebendige Gliederung des Fußes noch dem jugendlichen Temperament des 16. Jahrhunderts entspricht, macht sich das in fast spanischer Steifheit aufsteigende Profil der Kuppa üppigem Flächenornament dienstbar. Derartige Becher, meist mit Deckel, den eine kleine Figur bekrönt, begegnen uns um die Wende des Jahrhunderts namentlich als Augsburger Arbeit. Vielleicht stammt auch der Dammer Kelch daher. Für die verschiedenartig schwankenden meist weich geschwungenen Formen der Spätzeit geben u. a. der schlichte Pessiner Kelch mit Balusterschaft und der Silberkelch von Wassersuppe bezeichnende Beispiele.

Leuchter. Unter den bronzenen Altarleuchtern sind die zu Klessen und Wachow die ältesten. Beide dreifüßig, mit Löwenklauen, jener von sehr gedrungener, schwerer Profilierung, dieser leichter und weicher im Kontur und durch zwei seitliche Lichttellerchen bereichert. Ein Leuchter in Balusterform mit reich ausgebildetem Fuß zu Wagenitz vertritt die eigentliche Renaissance. Erst gegen Ende des 17. Jahrhunderts treten die Zinnleuchter auf, einige mit vielfach eingeschnürtem wulstigem Schaft wie in Buckow, andere röhrenförmig mit hübsch verziertem Tellerrande und Kartuschen am dreifüßigen Sockel wie in Möthlow.

Kronleuchter. Messingne Kronleuchter mit kugelähnlicher unterer Endigung und mit Doppeladler oder Engel als Bekrönung liefern die Kirchen von Päwesin und Wachow. Mehrfach begegnen uns auch hier die reizvollen kleinen Rokokokronen von gediegener Ausführung im Guß und fein durchdachtem Modell, die nachweislich bis gegen die Mitte des 19. Jahrhunderts im Handel geblieben sind (Pritzerbe). Nebenher finden wir Empirekronen mit Glasbehang in den Kirchen (Möthlow), wie in den Sälen der Gutshäuser (Görne, Briesen, Landin). Eine besonders reizvolle eigenartige Empirekrone mit geschliffener Glasschale hat sich in Ketzür erhalten.

Möbel von einigem Werte sind in den Kirchen des Westhavellandes nur wenige zu finden. Von Bretterstühlen fallen besonders einige mit Seitenlehnen und einer höheren Rückenlehne auf (Päwesin, Wassersuppe), wie solche in der Prignitz nicht vorkommen. Zu beachten wäre etwa noch der einfache Schranktisch in der Sakristei von Klessen, vor allem aber die Truhe von frühgotischem Charakter in der Kirche zu Stechow mit ihrem höchst eigenartigen Gefüge, ihrem doppelt gewölbten Deckel und dem tüchtigen, z. T. zierlichen Beschlag. Sollte sie nicht etwa aus weltlichem Besitze stammen?

Glocken. Glocken als Rufer zum Gotteshause wurden auch hier mit dem Christentum eingeführt. Was aber an Glocken erhalten ist, geht kaum über das 13. Jahrhundert zurück. Die ältesten sind kleine, ganz schmucklose Glocken von schlanker Form (Buckow, Görne, Hohennauen, Radewege, Wachow, Warsow). Vereinzelt treten dann größere auf bis zu drei Fuß im Durchmesser, meist mit Linien oder gedrehten Schnüren als Halsschmuck. Diesen älteren Typus stellt u. a. die große Glocke von Neunhausen dar. Gegen Ende des 13. Jahrhunderts dürfen wir dann wohl die Entstehung der ältesten Inschriftglocken im Kreise annehmen. Die Buchstaben bestehen aus feiner Linienzeichnung. Man hatte bereits im 12. Jahrhundert gelernt, den sogenannten Mantel (die Form) vom Modell der Glocke emporzuheben, und sich dadurch die Möglichkeit geschaffen, die Schrift und ihre Verzierungen mittels eines spitzen Stiftes innen in die Form einzuritzen. Zu dieser, in der Herstellung große Schwierigkeiten bereitenden Gattung, bei der nicht nur der Meister in der Enge des Mantels arbeiten, sondern auch die Schrift im ganzen rückläufig, außerdem aber jeder Buchstabe verkehrt geschrieben werden mußte, gehören die bedeutendsten Glocken unseres Gebietes. Zwei von ihnen, zu Stechow und Wassersuppe, sind von noch ungeübter Hand mit Buchstaben beschrieben, die teils eckig, teils in Unzialform gehalten sind. Wie dabei, mehr durch Zufall denn aus Absicht flächige Druckstriche entstanden, können wir an der Inschrift in Stölln gut beobachten.

Zwei schöne Inschriften, bei denen der reine Liniencharakter bewußt innegehalten ist, tragen die Glocken von Retzow und Pessin. Bei dieser lassen die Schönheit der Linien sowie der textliche und bildliche Hinweis auf das heilige Abendmahl die künstlerische Mitwirkung eines zeichnerisch begabten Geistlichen oder Mönches vermuten. Auch die ältere Art des sonstigen Schmuckes der Glocken bestand, wie die Schrift, aus eingeritzten, im Guß erhaben hervortretenden Linien. So bei der kleinsten Glocke der Rathenower Pfarrkirche und der zu Lünow.

Die Lünower Glocke ist auch die älteste datierte des Kreises (1405) und bildet für uns überdies einen Markstein der Entwicklung, insofern sie die ältere Technik mit den neueren Schriftcharakteren, den Minuskeln, vereinigt. Umgekehrt gibt die Glocke zu Görne die alte Unzialschrift in einer neuen Technik, die nun mehr und mehr in Gebrauch kommt und derart verfährt, daß die aus Wachs gebildeten flächig gehaltenen Buchstaben auf das Hemd befestigt werden. Sie wurden hier wohl freihändig ausgeschnitten, bald aber geht man dazu über, sie mit Stanzen auszustechen. Für die beim Anheften der Wachsbuchstaben häufigen kleinen Mißgriffe und Verschiebungen geben die Inschriften auch hier reichliche Beispiele. Die gotische Minuskel hält sich in Paren bis 1578, während andrerseits die römische Majuskel in Wolsier schon 1526 auftritt. In Schrift und Zierrat tritt während des 15. Jahrhunderts die künstlerische Handarbeit der Glockengießer immer mehr zurück gegen die mechanische Herstellung mittels fertig gekaufter Formen.

Die Rundschilde mit erhabenen Darstellungen von Vorgängen aus dem Leben Christi (Gräningen), aber auch profanen wie Löwen (Stechow), Drachen (Prietzen), Wappen, Reiter, Pelikan (Stechow), Evangelistenzeichen (Vietznitz), bilden schon seit dem 14. Jahrhundert den Hauptschmuck. Außer den genannten Orten bieten unsBerge, Liepe, Päwesin, Spaatz, Wagenitz und Zachow weitere Beispiele. Selten finden sich dabei rein ornamentale Stücke oder Brakteaten (Roskow, Ferchesar, Riewend). Figürliche Darstellungen in größeren Kreisschilden am langen Felde gehen bis ins

16. Jahrhundert (Wolsier) zurück. Von Wallfahrtszeichen mit Ösen ist nur die Monstranz und eine Baldachinform an der zweiten Glocke zu Stölln bemerkt worden. Gotische Blattfriese beginnen erst im 15. Jahrhundert, kommen aber in Klessen noch 1591 vor.

Dem Inhalt nach bestehen die Inschriften vor allem aus Sprüchen. In älterer Zeit bis ins 14. Jahrhundert ist „O rex glorie, veni cum pace" (Rathenow und Pessin) auch hier der gebräuchlichste, demnächst „Ave maria gracia plena" (Wassersuppe) und „Dum trahor audite, ad sacra venite" (Görne). Schließlich fehlt auch die bekannte Zauberformel Alfa, Agla usw. (Stechow) nicht. In der Spätzeit werden die Glockeninschriften immer mitteilsamer. Den Höhepunkt erreicht ihre Gesprächigkeit wohl im 18. Jahrhundert.

Die Datierung der Glocken beginnt, wie bemerkt, mit dem 15. Jahrhundert. Es folgen aufeinander: Lünow 1405, Bagow 1419, Selbelang 1462, Gutenpaaren 1511, Wolsier 1526, Ketzür 1531, Wachow 1556, Kotzen 1567, Radewege 1587, Klessen 1594.

Gießerzeichen kommen selten vor. Auch sie sind in der älteren Zeit einfach in den Mantel geritzt, wie in Nennhausen das Kreuz auf dem Berge, das dem zu Mödlich in der Prignitz verwandt ist. Später werden sie flächig und erhaben und ähneln den Steinmetzzeichen. In Betreff der Gießer siehe das Meisterverzeichnis (S. 282).

## Wohnungsausstattung.

16. u. 17. Jahrh. Decken, Wände, Öfen.

Für die Ausstattung der Wohnräume sind wir auf die Gutshäuser beschränkt, da sich in städtischen Bürgerhäusern nichts davon erhalten hat als die wenigen Gewölbe im Hause Nr. 9 der Steinstraße zu Rathenow. Wie hier, waren Gewölbe allerdings auch in den Gutshäusern bis ins 17. Jahrhundert hinein nicht nur ein Feuerschutz, sondern zugleich der wesentlichste monumentale Schmuck der Haupträume.

Die geraden Decken wurden wohl schon im 16. Jahrhundert vielfach geputzt. Um das Jahr 1600 etwa tauchen im Gutshause von Lünow die ersten sehr einfachen Stuckdecken auf: ein geometrisches Motiv im Geiste Serlios ist in ziemlich flachem Relief über die ganze Deckenfläche ausgebreitet, die so gebildeten Felder sind durch Rosetten und Rundschilde mit Engels- und Heroenköpfen belebt. Vermutlich machte sich bei diesen ein gewisser Einfluß der weitverbreiteten Terrakotta-Modelle des Lübecker Meisters Statius van Düren geltend. Derartige in der Anfangszeit der Stuckverzierung befangene Decken scheinen noch weit ins 17. Jahrhundert hinein dem Schmuckbedürfnis in diesem Gebiete genügt zu haben. Reste der Art sind auch im Gutshause von Ketzür erhalten.

Einzigartig ist die Ausschmückung des zumeist bevorzugten Raumes, vermutlich der „Hofstube" (siehe S. XXXVI) im Gutshause zu Bagow durch das bereits besprochene, über einer Stubentür eingelassene Reliefbildnis des Gutsherrn. Daß dieser höchst anerkennenswerte Vorgang keine weitere Nachfolge gefunden hat, die Kunst des Bildners vielmehr — wo überhaupt — fast ausschließlich im Grabkultus eine Stätte fand, ist um so beklagenswerter, als hier auch sonst für die künstlerische Ausgestaltung der Gutshäuser während des 17. Jahrhunderts nichts von Bedeutung geschah.

In solchen fast jeder monumentalen Zierde baren Räumen fällt in erster Linie der Heizanlage die Aufgabe zu, das Gefühl der Wohnlichkeit zu erwecken. Soweit Schlüsse aus vorhandenen Resten möglich sind, waren damals nur der untere Flur und der obere „Saal" mit Kaminen, die Hofstube mit Ofen versehen, doch waren auch sie ohne Zweifel von denkbar einfachster Gestalt.

18. Jahrhundert. Deckenstuck.

In diese kunstfremden Zustände, die noch lange nach dem alle idealeren Regungen lähmenden Kriege anhielten, bringt erst der Siegeszug der barocken Stuckverzierung durch die nordischen Länder einen belebenden Hauch. Wir spüren ihn hier erst mit dem Beginn des 18. Jahrhunderts. Auch jetzt freilich noch selten genug. Nennenswerte Barockdecken besitzen nur die Schlösser zu Plaue, Wagenitz und Nennhausen. In Plaue findet sich nur wenig Stuck. Die Profile daran, selbst die der großen Hauptformen, sind glatt; nur einige Felder oder Zonen sind durch Muscheln und kleine Akanthusranken geschmückt, einige größere Felder der Malerei überwiesen. Die Wagenitzer Decken zeigen erheblich besseren Geschmack als die ziemlich roh in verwilderten Formen ausgeführten Kamin- und Wanddekorationen zu Nennhausen. Diese rühren von Kräften niederen Ranges her, die in ihren Motiven wenig wählerisch, um so flotter und billiger arbeiten konnten. Hier herrscht daher auch das Bandwerk vor, während in Wagenitz das Pflanzliche vielfach zu erfreulicher Wirkung kommt. Es ist neben einem etwas strauchartig wirkenden Stengelwerk mit ganz kleinen Lanzettblättchen, ein zu den Hauptzügen verwendeter sehr magerer Akanthus von distelartigem Charakter. Außerdem liebt die noch immer kriegerische Zeit auch an den Decken Waffen und allerlei Kriegszeug. Im Gegensatz zu Plaue sind hier auch die Wulstprofile, welche die großen Felder umrahmen, als Laubstränge und die schmalen Leisten als verzierte Stäbe ausgebildet. Trotz alledem sind die Stuckarbeiten des Westhavellandes sehr bescheidene Leistungen im Vergleich zu dem, was schon früher in Berlin und Frankfurt auf diesem Gebiet entstanden war.

Wandschmuck.

Eine Gliederung der Wände durch Pilaster kommt nur einmal in Nennhausen vor. In den wenigen Fällen eines besonderen Aufwandes kam hier die Malerei zu Worte; sei es in Gestalt von phantastischen exotischen Landschaften (Landin), oder als romantisch-klassizistisches Gemisch von Dorf- und Stadtansichten (Görne), oder in Nachahmung von Gobelins als bemalten Panneaus mit Schlachtenbildern und Jagdszenen (Wagenitz). Erst dem 19. Jahrhundert gehört die Ausschmückung der Wände durch grau in grau gehaltene Papiertapeten mit antiken Stadtprospekten an, wie wir sie in dem „Grauen Zimmer" zu Briesen finden.

Wie den Decken, so kam die leicht ausführbare Verzierung in Stuck auch den Kaminen zugute; besonders im Schlosse zu Nennhausen wurde davon reichlich Gebrauch gemacht. Einiges dieser Art findet sich auch in Wagenitz und Landin.

Öfen.

Mit Beginn des 18. Jahrhunderts hatte sich auch der Ofen mehr und mehr eingebürgert und nimmt nacheinander verschiedene Typen an. Zunächst herrscht für den Unterteil noch der Eisenkasten aus Gußplatten vor. Eine solche von 1577 hat sich in Wagenitz als Ofenschirm erhalten. Auch der nach 1737 entstandene Ofen von Nennhausen hat über den noch allgemein üblichen Füßen zunächst einen heraldisch verzierten Eisenkasten. Der obere, der Keramik angehörige Teil zeigt lebhaft geschwungene Form und farbige Behandlung; seine Gestalt setzte besondere große Stücke für den Aufbau voraus. Die weitaus vornehmste Erscheinung von diesem Typus gewährt der schöne Ofen im Schloß Roskow von 1727. Neben diesen freien Gestaltungen mit Endigung in Dachform oder Vase geht indessen eine einfachere ohne Eisenkasten her, die nach wie vor auf Füßen ruht. Auch hier sind Unter- und Oberteil noch durch Einziehung des letzteren unterschieden. Der verhältnismäßig frühe Ofen zu Ketzür zeigt außer den Ecksäulchen noch einen kleinen Stufenbau als oberen Abschluß. Höher gereckt und steifer erscheint diese Gestalt dann im Ahnensaale zu Wagenitz. Die Empirezeit bringt uns einige charakteristische Beispiele mit entschiedener Betonung von Unter- und Oberteil in Hohennauen und Plaue; der klassizistisch verzierte als Säulenstumpf mit Laubgehängen ausgebildete Oberteil ist von einer Vase bekrönt. Doch war dieser Lieblingsform des Empire keine lange Geltungsdauer beschieden; schon um 1825 kehrt man im Gutshause zu Briesen zu der früheren steifen Rechteckform zurück.

Möbel. So urwüchsig einfach, wie die Wände und Decken der Wohnräume müssen wir uns bis gegen das Jahr 1700 im allgemeinen auch die Möbel der Gutshäuser vorstellen. Für die wenigen kleinen Wertgegenstände bediente man sich zum Teil noch der Wandschränke, für Kleidungsstücke der Truhen. Es sei an dieser Stelle nochmals auf die in niederdeutscher Art aufgebaute Truhe von Stechow hingewiesen, die vielleicht weltlicher Herkunft ist. Truhen sind in der Tat die ältesten Möbelstücke, welche uns auch nach dem genannten Zeitpunkte und zwar ziemlich zahlreich begegnen. Sie kamen als Brautgeschenke in die Familien und hatten wohl deshalb eine aufwendigere Ausstattung erhalten, als man sonst durchschnittlich an Möbel wendete. Sie sind meist mit durchbrochen verzierten Bändern versehen und mit bäuerlichen Blumenmotiven und Wappen bemalt. Die Wände weichen fast immer nach oben ein wenig auseinander, um den inneren Raum leichter übersehbar und zum Hantieren darin bequemer zu machen. Die Deckel sind stets gewölbt und die Füße mit Rollen versehen. Die abgebildeten Beispiele geben nur einige der häufigsten Arten. Ausnahmsweise kommt gediegener Messingbeschlag vor.

Von ganz anderer Art ist der schwere, eisenbeschlagene Geldkasten mit umständlichem Deckelschloß im Altstädtischen Rathause zu Rathenow, der als Beispiel für den Stand der damaligen Schlosserkunst dienen kann.

Mit zunehmender Wohlhabenheit vermehrten sich die Vorräte und Wertsachen im Hause und damit der Bedarf an Kastenmöbeln.

Wohl annähernd um die gleiche Zeit wie jene Truhen führten sich dann auch Schränke von besserer Ausstattung ein. Die vorhandenen gehören sämtlich erst dem Barock und den nachfolgenden Stilwandlungen an. Es sind vornehmlich die großen, schweren zweitürigen Schränke mit großzügiger, wuchtiger Gliederung durch drei Pilaster und mit reich gegliedertem, gewaltigem Gesims, wie sie sich damals von den Seestädten, namentlich von Hamburg und Danzig aus, über große Teile Deutschlands verbreiteten. Einen Hauptreiz verleihen ihnen die reichen dekorativen

Schnitzereien, die hier nur das Prachtstück zu Wagenitz aufweist, sowie die Wellung des Gebälkfrieses und die breiten, vielfach gekröpften Profile der Füllungen mit vortretendem Spiegel, für deren wunderbare Licht- und Schattenwirkungen poliertes Nußbaumholz besonders günstig war und seitdem mehr in Aufnahme kam. Den Übergang zum Rokoko zeigt der sehr maßvoll gegliederte Schrank in Senzke. Wie das Louis XVI. schließlich diese Art Schränke seinem alternden Formenkreise entsprechend vereinfachte und wesentlich umwandelte, zeigt der Schrank im Gutshause zu Kotzen. Schöne farbige Einlagen von reizvollem Linienspiel und feiner Wirkung besitzt Briesen an dem auf Tafel 3 abgebildeten Schranke. In den folgenden Stilarten finden wir neben anderen Schrankformen besonders häufig die seit dem Rokoko ein neues Bedürfnis erfüllenden Schreibschränke, so einen in scharf ausgeprägtem Empire zu Stechow. Eine vollständige und dabei ansprechende Empireeinrichtung gewährt das Gutshaus zu Briesen, eine zweite Landin. Je näher der Gegenwart, desto zahlreicher werden die Beispiele, im besonderen sind Biedermeiermöbel nicht gerade selten.

Ein ganz anziehendes Beispiel von Stilmischung in der Zeit gegen Mitte des 19. Jahrhunderts bietet der prächtige Luxustisch im Gutshause zu Görne, dessen Formen zwischen Barock, Rokaille und Louis XVI. schwanken.

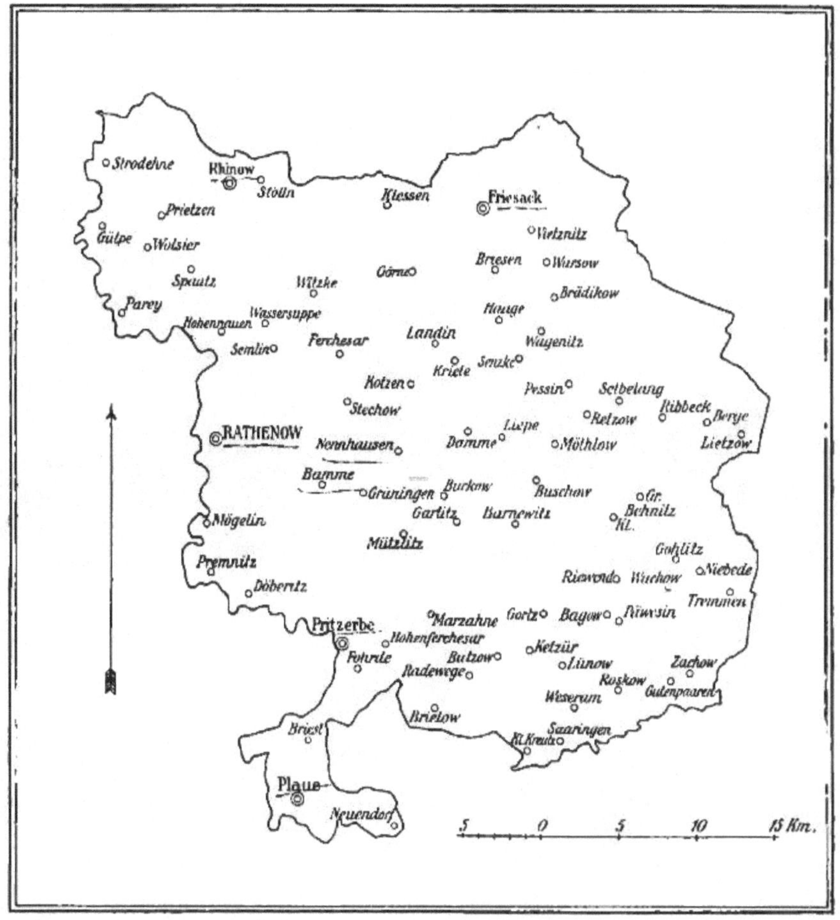


Übersichtskarte der im Verzeichnis erwähnten Orte.

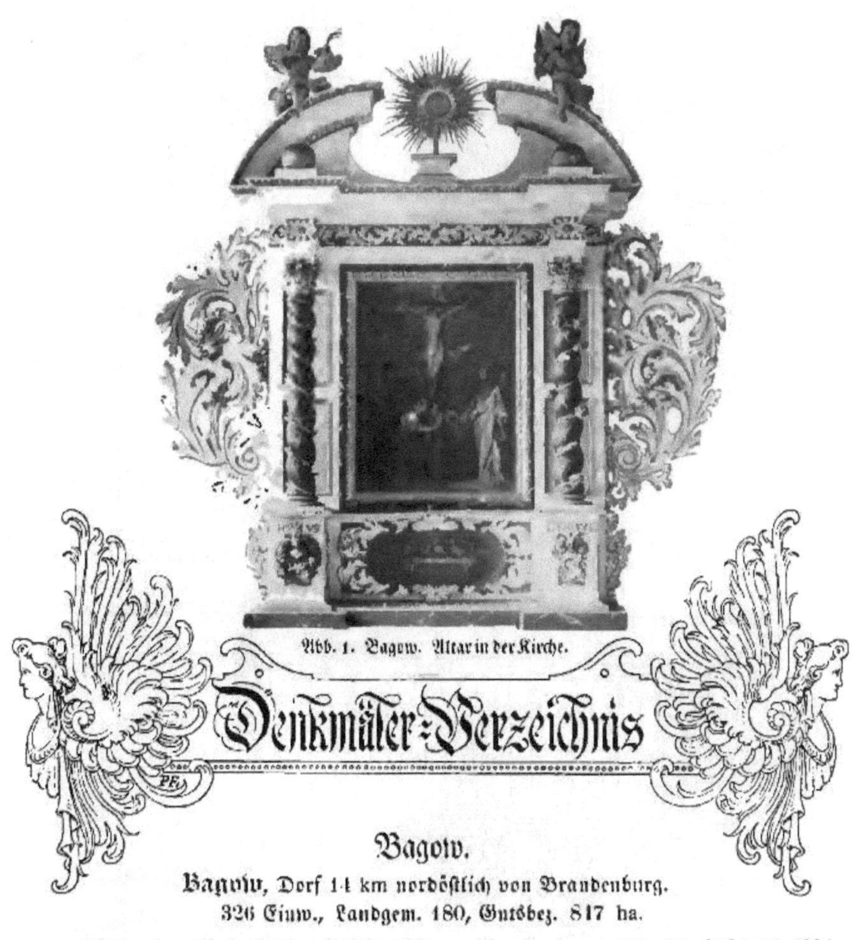

Abb. 1. Bagow. Altar in der Kirche.

# Denkmäler-Verzeichnis

## Bagow.

**Bagow**, Dorf 14 km nordöstlich von Brandenburg.
326 Einw., Landgem. 180, Gutsbez. 817 ha.

Nach einer Urkunde im Stadtarchiv zu Brandenburg vom 23. Februar 1321 schenkte Markgraf Ludwig der Neustadt Brandenburg den See bei den Dörfern „Bogow" und „Reiwant" (Riedel, Codex IX, 27). Mit „Bago" wurde 1526 durch den Kurfürsten Joachim I. Albrecht v. Schlieben belehnt, der auch laut Visitationsprotokoll von 1541 Patron, „Collator", war (Riedel, C II, 182; VII, 495). Nach dem Dreißigjährigen Kriege folgten im Besitz die Katte, Stechow, und Grävenitz; einem Verzeichnis der Lehnpferde aus der Zeit des Großen Kurfürsten zufolge dienten Chnne Heinrich v. Katte und Hanß Erdtman v. Stechow mit je einem halben Pferde (Geh. Staatsarchiv, Rep. 21. 66). Von 1772 an besitzen die v. Ribbeck das Rittergut.

Die barocke **Kirche**, die im Jahre 1907 abgebrannt ist, war ein einfacher Putzbau in Saalform, die Nordseite aus Fachwerk, die übrigen Teile massiv; Turm vor

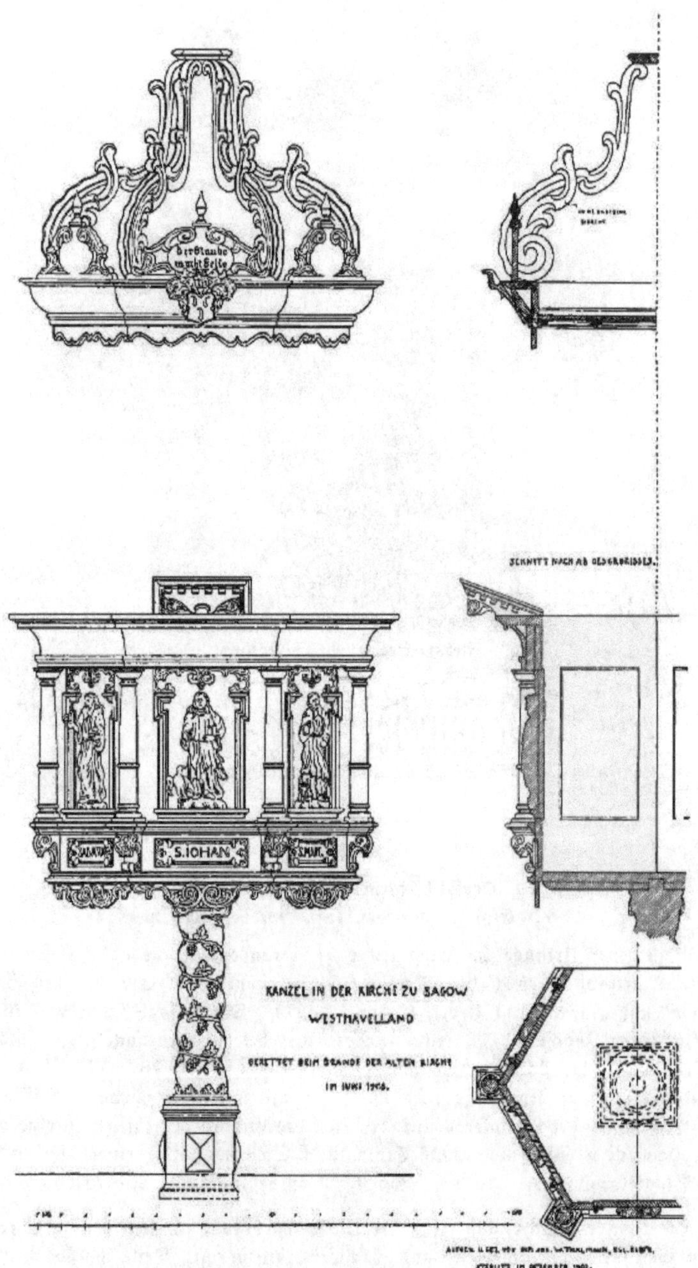


Abb. 2. Bagow. Kanzel in der Kirche.

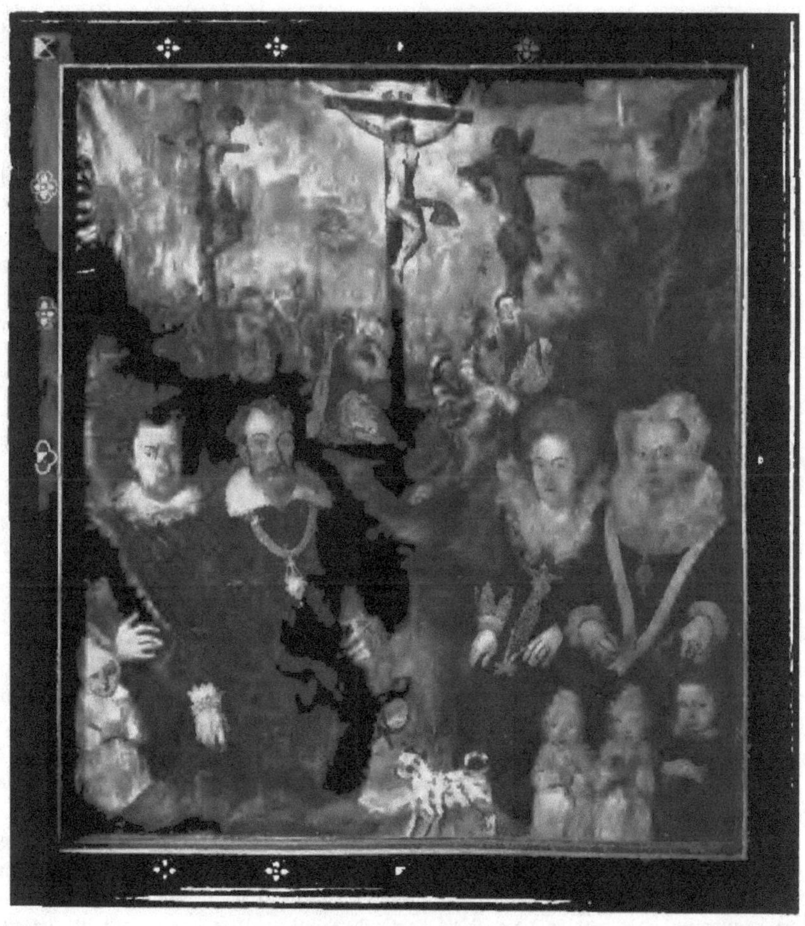

Abb. 3. Bagow. Ölgemälde in der Kirche.

dem Westgiebel. An der Südseite war ein Herrschaftschor angebaut. Decke mit sichtbaren Balken. In der Wetterfahne die Jahreszahl 1697 (92?).

Altar (Abb. 1) barock, mit guten (jetzt wiederhergestellten) Gemälden: 1) Golgatha, Hauptbild zwischen zwei gewundenen Säulen; darunter: 2) Abendmahl, klein in Querformat.

Kanzel (Abb. 2) für sich an der Nordwand, barock, mit glatten Säulchen an den Ecken, in den Füllungen Christus und drei Evangelisten in Hochrelief geschnitzt.

1*

Sie ruht auf einer gewundenen Säule mit Weinlaub. Am Schalldeckel das Wappen der v. Hacke.

Zwei einfach profilierte messingne Standleuchter.

Eine gemalte Wappentafel von 1663 an der Nordwand (1900 instandgesetzt). Darüber ein großes Gemälde (Abb. 3), Golgatha darstellend, im Vordergrunde die Familie des Donators, knieend (ob die Familie v. Lochow, steht nicht fest). 17. Jahrhundert. Der Herrschaftschor an der Südseite mit gemalten, roten, gewundenen Säulen und Goldornament auf den Füllungen.

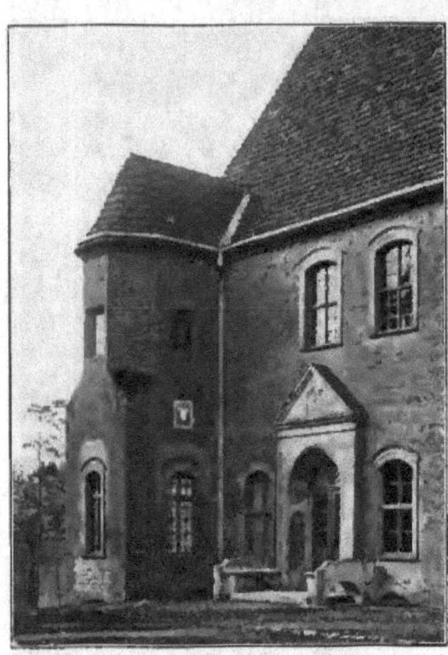

Abb. 4. Bagow. Gutshaus.

Die kleine Glocke von 0,71 m Durchmesser ist 1419 gegossen. Inschrift am Halse: „O rex glorie veni cum pace." Am langen Felde eine heraldische Lilie und mehrmals Christus am Kreuz in Rundmedaillon.

Anstelle der abgebrannten Kirche ist im Jahre 1908 ein Neubau nach einem Entwurf von Baurat Büttner errichtet worden.

Das **Gutshaus** ist ein Backsteinbau von 1515 (laut Inschrift an der Westseite des Vorbaus). Es besteht aus dem Keller, einem Erdgeschoß zu ebener Erde sowie einem Obergeschoß und wird von einem hohen steilen Satteldache zwischen zwei schlichten Giebeln überragt (Abb. 4). Der Keller (Abb. 5) enthält große, freie, mit Tonnengewölben überspannte Räume. Das Erdgeschoß hat am Westende zwei mit Sterngewölben versehene Zimmer, die durch kleine profilierte Rundbogentüren untereinander und mit der Diele verbunden sind. Diese hat in der Barockzeit, als man an die südlich gewendete Rückseite des Hauses einen langen Flügel anbaute, eine Änderung erfahren, um die Verbindung zwischen dem alten und dem neuen Teile herzustellen. Die Diele lag allem Anscheine nach ursprünglich am östlichen Teile der Front, wo sie sich im Portal und in zwei symmetrisch dazu angeordneten Fenstern öffnete. Der am Ende der Front vorspringende Anbau enthielt ohne Zweifel den mittelalterlichen Gebräuchen entsprechend die Treppe, worauf schon die halbe Achteckform im Grundriß seines Obergeschosses deutet. Er mußte daher mit der Diele in unmittelbarer Verbindung stehen und diese sich bis zum Ostgiebel erstrecken. Die Wendeltreppe im Vorbau genügte im 18. Jahrhundert nicht mehr; man legte sie deshalb damals in den durch den Seitenflügel verdunkelten Teil, der nun zur

Diele gezogen wurde, während man ihre frühere östliche Hälfte als Zimmer abtrennte und aus dem Treppenvorbau einen Erker machte. Diese Umwandlung hatte eine noch erkennbare Änderung der Höhenlage seiner Fenster zur Folge. Das Portal ist in der Weise der Frührenaissance mit seitlichen Halbrundnischen und Hockern in den

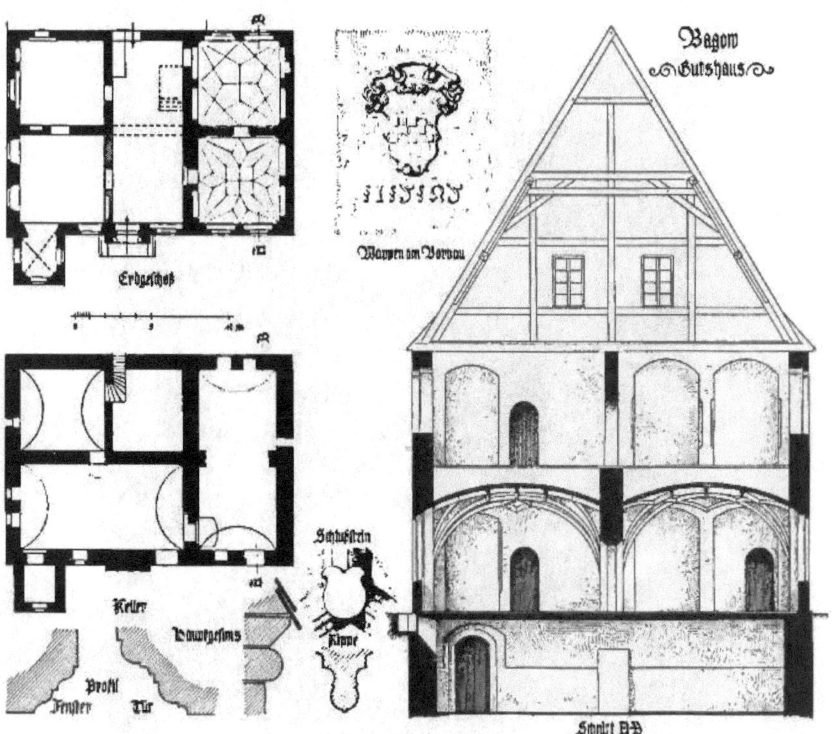


Abb. 5. Bagow. Gutshaus.

Gewänden ausgebildet und von einem schlichten Giebeldreieck überragt. Die Fenster waren wohl schon ursprünglich in Stichbögen geschlossen, doch ohne die jetzigen Umrahmungen und Verdachungsgesimse. Über der bereits erwähnten Jahreszahl an der Westseite des Vorbaus befindet sich ein kleines Wappen mit geschachtem Querbalken in Kartuschenform (Abb. 5) und über der Verbindungstür der beiden gewölbten Erdgeschoßräume das in Sandstein gearbeitete und bemalte Bildnisrelief eines Herrn v. Schlieben mit dem gleichen Wappen (Abb. 6), so daß über die Entstehungszeit und den Erbauer des Hauses kein Zweifel obwalten kann.

## Bamme.

**Bamme**, Dorf 7 km südöstlich von Rathenow. 419 Einw., Landgem. 993, Gutsbez. 159 ha.

Laut Urkunde im Domarchiv zu Brandenburg vom 8. Februar 1334 übertrugen die Kotho einem neubegründeten Altar in der Domkirche eine Getreide-

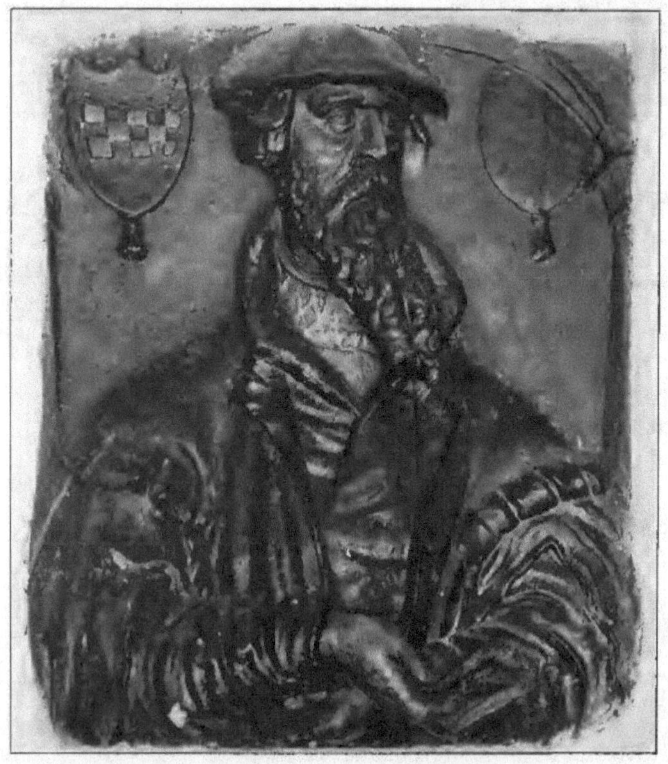

Abb. 6. Bagow. Relief eines Herrn v. Schlieben im Schloß.

hebung aus Bamme (Riedel, Codex VIII, 214). Dieser Urkunde sowie dem Landbuche Kaiser Karls IV. im Geheimen Staatsarchiv zufolge war das Dorf, von dessen 36 Hufen der Pfarrer, plebanus, vier besaß, im Besitz des Bischofs von Brandenburg (Ausg. von Fidicin, S. 109). Nach der Einziehung der Kirchengüter zurzeit der Reformation besaßen Patronat, Gerichtsbarkeit u. s. f. die zu Nennhausen wohnenden v. Lochow; ihnen folgten als markgräfliche Lehnsträger seit 1694 die v. Briest (Geh. Staatsarchiv, Rep. 78. II. B 162), die sich hier bis zu ihrem Erlöschen 1821 behaupteten (vgl. Neuhausen). Einen Ritterhof gab es hier nie; der Gutsbezirk besteht heute aus Wald.

Die **Kirche** ist ein massiver Putzbau von 1735 (v. Ledeburſche Umfrage, 1812) mit polygonalem Ostschluß. Die Fenster sind im Korbbogen geschlossen. Der quadratische Turm auf der Westwand enthält Reste des im Jahre 1588 erbauten Turmes. Er ist zweimal eingezogen und endigt in einem achteckigen spitzen Helm. Der Chor ist 1708 erbaut. An der einfach stuckierten Decke halten vier schwebende Engel in Hochrelief Spruchbänder (vgl. Pessin).

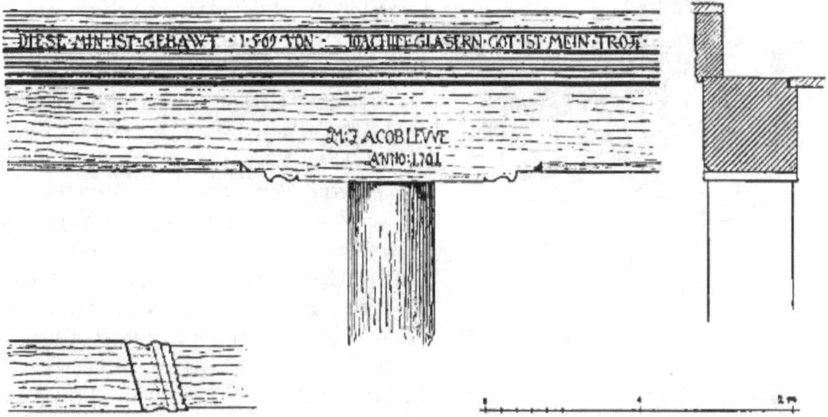


Abb. 7. Bamme. Stülpbalken, Hammer und Schwelle von 1701 in der Windmühle von 1569.

Der Kanzelaltar ist barock, in üblicher Anordnung mit gewundenen Säulen, vermutlich von 1629.

Einfacher Kelch, Silber vergoldet, 26 cm hoch, mit umfangreicher Kuppa und sechspaßförmiger Unterlagsplatte, der Fuß sonst glatt rund (Kupfer); datiert 1767, Knauf und Kuppa vielleicht aus neuerer Zeit.

Ein Kruzifixus von 50 cm Höhe.

Die große Glocke ist 1703 von Joh. Jakob Schultze in Berlin gegossen.

Nahe bei Bamme steht eine der ältesten **Windmühlen** in der Provinz. Sie ist 1569 datiert. Die Jahreszahl steht am Stülpbalken (Abb. 7).

## Barnewitz.

**Barnewitz**, Dorf 7 km nördlich von Brandenburg. 616 Einw., 1889 ha.

Den Kopiarien I und II im Brandenburger Domarchiv zufolge wurde „Bornewitz" vom Markgrafen Waldemar dem Domstift am 9. August 1315 verpfändet und

1317 geschenkt (Riedel, Codex VIII, 214 f.). Nach einer Urkunde war um 1377 Pfarrer, plebanus, der Kirche Arnold, dem 2 Hufen auf der 28 Hufen umfassenden Feldmark zustanden (Riedel VIII, 316; Landbuch Kaiser Karls IV. im Geh. Staatsarchiv, Ausg. von Fidicin, S. 112). Einer Urkunde im Geheimen Staatsarchiv zufolge schlichtete am 15. Juni 1579 Kurfürst Johann Georg Streitigkeiten zwischen verschiedenen Dörfern, darunter „Bernewitz", und dem Kapitel, das sich bis heute im Patronat behauptet hat. Laut Schoßkataster von 1624 im Staatsarchiv bestellten in Barnewitz 13 Hüfner 26 Hufen; außerdem gab es hier 13 Kossäten. Diese Zahlen blieben bis ins 19. Jahrhundert hinein unverändert (Bratring, Beschreibung der Mark, 1805, II, 105).

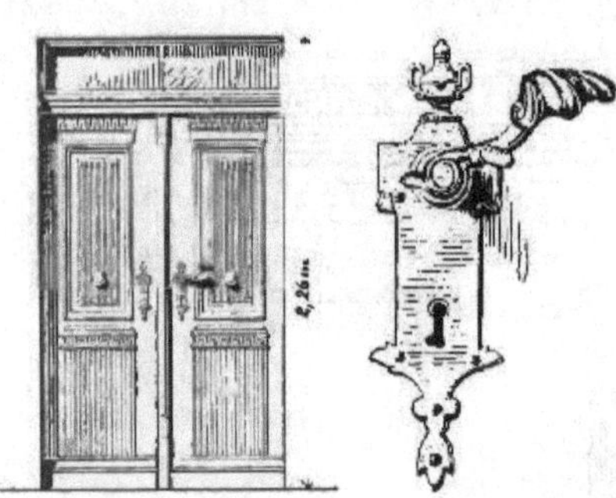

Abb. 8. Barnewitz. Tür des Hauses Nr. 8.

Die **Kirche** ist ein Putzbau des 18. Jahrhunderts in Saalform unter teilweiser Benutzung des älteren Feldsteinkerns, der durch Backsteinschichten erhöht wurde. Die Fenster sind jetzt im Korbbogen geschlossen. Das Dach ist an der Ostseite abgewalmt. Auf dem Westgiebel ein Turm aus Fachwerk mit geschweifter Haube und offener Laterne, der mit seinen östlichen Ecken auf großen toskanischen Holzsäulen ruht. In der Wetterfahne steht die Jahreszahl 1741. An der Südseite, nahe der Ecke, befindet sich eine kleine Sonnenuhr von 1599. Im Innern an der Ostwand, rechts vom Altar, befindet sich eine kleine Nische für die Abendmahlgeräte, mit altem Beschlag am Türchen. Wiederherstellungen hat die Kirche in den Jahren 1581 (Kirchenbuch) und 1837 (Ledebursche Umfrage, 1842) erfahren.

Altar mit Kanzel, Rokoko, mit zwei gewundenen Säulen und gebrochener Giebelverdachung, derb.

Ein Kelch, Silber, innen vergoldet, 26,5 cm hoch, von 1708.

Zwei Bronzeleuchter, sehr stämmig, 31,5 cm hoch, Schaft 7,5 cm dick.

Orgel, barock, 18. Jahrhundert, von Wagner in Brandenburg.

Westempore von 1794 (Inschrift an einem Balken).

Die große Glocke ist 1701 von Otto Ehlers umgegossen; die frühere war von Simon Roller (in Brandenburg-Neustadt) 1651 umgegossen.

An den älteren **Wohnhäusern** des Dorfes sind bemerkenswert die Tür des Hauses Nr. 8 (Abb. 8) sowie Kellertür und Treppenverschlag (Abb. 9) des Hauses Nr. 2.

# Groß-Behnitz.

**Groß-Behnitz**, Dorf 10 km südwestlich von Nauen. 720 Einw., Landgem. 661, Gutsbez. 1217 ha.

„Magna Bentz" erhielt im Zeitalter der deutschen Kolonisation eine der größten Gemarkungen im gesamten Havelland: von den 73 Hufen gehörten laut dem auf Befehl Kaiser Karls IV. um 1375 zusammengestellten Landbuch, von dem 3 Hand-

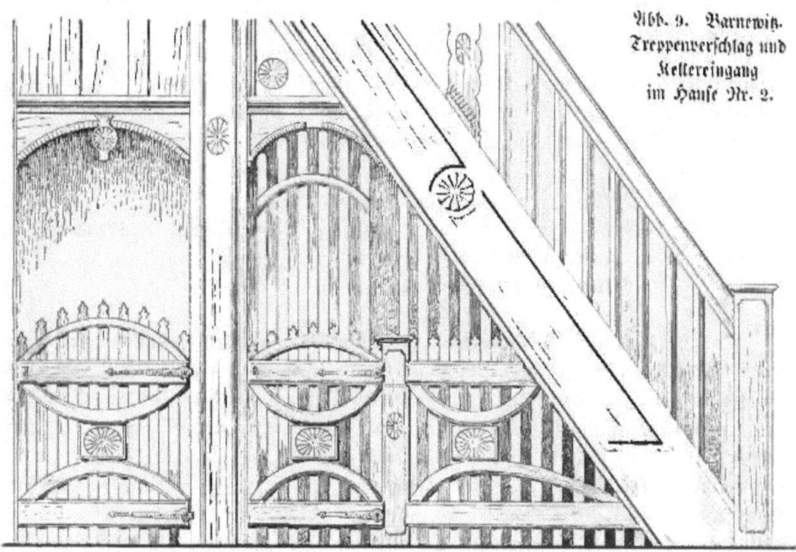

Abb. 9. Barnewitz. Treppenverschlag und Kellereingang im Hause Nr. 2.

schriften im Geh. Staatsarchiv liegen, der Kirche eine, dem Pfarrer 3 Hufen. Auf die v. Rochow, die schon damals von altersher, ab antiquo, mit Gerechtsamen wie z. B. Patronat vom Markgrafen belehnt waren (vgl. v. Rochow, Geschichte des Geschlechts v. Rochow, 1861, S. 38 und CLVI), folgten im 16. Jahrhundert die Bröside (vgl. Urkunde vom 14. Februar 1652 betr. Belehnung mit „Groß Bentz", Urkunden der Grafen v. Itzenplitz, Nr. 42, Geh. Staatsarchiv), bald darauf der Legationsrat v. Schlieben, von dem der Geheime Rat v. Rhetz „Großen Beentz" 1685 erkaufte (Geh. Staatsarchiv, Rep. 78. II. G 11). Um 1770 saß hier Friedrich v. Itzenplitz, der das Gut „arendierte", dessen Familie, 1815 in den Grafenstand erhoben, aber schon 1866 den Borsigs das Feld räumte (vgl. Berghaus, Neueres Landbuch II, 416); sie ist mit dem Staatsminister Heinrich Graf v. Itzenplitz 1883 in dieser Linie erloschen. Der in Breslau 1801 geborene August Borsig hatte 1837 in Berlin vor dem Oranienburger Tor eine Maschinenbauanstalt errichtet. Nach dem 1851 erfolgten Tode des Vaters führte der Sohn August Julius Albert (1829—1878) die Werke fort und kaufte das Rittergut, das sich durch Ankauf fiskalischen Waldes und mehrerer Bauernhöfe sehr vergrößert hat. Heute gehört der große Besitz mit den Vorwerken Quermathen und Heineberg seinen Söhnen Ernst und Conrad.

Barocke **Kirche**, Putzbau in Saalform, die Fenster im Korbbogen geschlossen. Der Turm mit breiten Ecklisenen ist 1824 umgebaut (Ledeburſche Umfrage, 1842). Helm unten geschweift, darüber mit gerader Spitze. In der Turmwetterfahne die Jahreszahl 1824, in der auf dem Giebel 1555 und 1886. Die gerade Decke einfach stuckiert.

Als Rückwand der Kanzel dient die Orgel, welche im Osten steht. Alles sehr schlicht, weiß lackiert, vermutlich von etwa 1820. Zwei Kelche, Silber vergoldet, beide glatt rund, aus der Mitte des 18. Jahrhunderts. Eine silberne Oblatenbüchse, viereckig, von 1757, in maßvollem Rokoko.

An der Nordwand ein Ölgemälde, Nachbildung nach dem bekannten Zinsgroschen von Tizian.

Zwei Bronzeleuchter, je 33 cm hoch.

Von den Grabsteinen sind die des Georg Math. Baath († 1781) und des Pastors Andreas Henckel († 1754) zu nennen.

Die kleine Glocke ist 1611 von Merten Grundt gegossen.

Das **Schloß**, ein Putzbau in italienischer Renaissance, entstand aus einem älteren Gebäude von gleichem Umfange durch einen umfassenden, vom Baumeister Gansow in den Jahren 1869/70 ausgeführten Umbau, bei dem nur der Keller und der Kern der Umfassungsmauern bis zum Hauptgesims vom alten Bestande beibehalten wurden. Die Torpfeiler an der Dorfstraße krönen zwei vom Oranienburger Tor in Berlin herstammende Trophäen (siehe die Abb. im Berliner Kalender 1912). Dahinter etwas seitwärts stehen zwei prächtige altjapanische Bronzelaternen von etwa 3 m Höhe. Im Innern des Schlosses sind von Kunstgegenständen bemerkenswert: ein Bildnis des Gründers der Borsigschen Werke, von Krüger gemalt, zwei große Seestücke von Andreas Achenbach und ein Tierstück mit Landschaft von Friedrich Voltz. Zwei Schränke aus der Biedermeierzeit.

## Klein-Behnitz.

**Klein-Behnitz**, Dorf 12 km westsüdwestlich von Nauen. 322 Einw., Landgem. 300, Gutsbez. 1418 ha.

In „Klein Bentz", Bentz parva, von dessen 31 Hufen vom 13. Jahrhundert an 3 dem Pfarrer gehörten, hatten zwei Wichart v. Rochow um 1375 dem Karolinischen Landbuch zufolge 8 Freihufen bei ihrem Hof (Geh. Staatsarchiv; Ausg. von Fidicin, S. 106). Der Kanzler des Kurfürsten Joachim II., Weinlöben, stellte 1541 fest, daß Christoph Rochow die Hufen der „sonderlichen Pfarre" um 1529 zu seinem Rittergut gelegt hatte (Riedel, Codex X, 179), so daß also „Lutken Bentz" Filial der Pfarre zu „Großen Bentz" geworden war (Riedel VII, 192). Das Dorf, von dem es im Landbuch heißt, daß die v. Rochow es von altersher, ab antiquo, vom Markgrafen zu Lehn trügen und wo auch laut Lehnbrief von 1598 die Bardeleben zu Selbelang einen Anteil hatten, kam 1691 ebenso wie „Groß-Bähnitz" an Johann Friedrich v. Rhetz (Geh. Staatsarchiv, Rep. 78. II. G 11), später an die v. Itzenplitz, seit 1866 an die Borsig. Der gutsherrliche Besitz wuchs im Laufe der Zeit sehr an, heißt es doch schon im Schoßkataster von 1621, daß 12 Hufen der Herrschaft gehörten und 3 Kossätenhöfe dem Hans v. Rochow „freygewilliget" seien!

**Kirche**, kleiner schlichter Putzbau von 1779 (Jahreszahl in der Wetterfahne), quadratisch, dreischiffig, mit vier runden Holzsäulen im Innern. Auf der Mitte des Daches ein quadratischer kurzer Turm mit stumpfer Pyramide. Rechteckige Fenster an allen vier Seiten. Die Decke mit zwei Unterzügen über den Säulen fast ganz glatt. Die Kanzelwand einfach mit zwei Pilastern.

Zwei Altarleuchter von 1625 (Neusilber?), 0,11 m hoch, Schaft flaschenförmig.

Eine Bronzetaufschüssel, 0,41 m Durchmesser, in der Mitte mit einer gebuckelten Rosette und zwei schmückenden Schriftfriesen.

Eine zinnerne sechseckige Weinkanne von 1775.

Ein verziertes kupfernes Sammelbecken, 23,5 cm Durchmesser.

Neben der Tür rechts und links die beiden Grabsteine des Joachim v. Bardeleben († 1601) und seiner Gemahlin Hippolyta v. Rohr († 1619).

Die beiden Glocken sind 1865 von Charles Collier in Berlin gegossen.

## Berge.

**Berge**, Dorf 6 km westlich von Nauen. 711 Einw., Landgem. 1105, Gutsbez. 968 ha.

Das Dorf, das von den deutschen Kolonisten mit einer großen Gemarkung von 60 Hufen, darunter eine Kirch- und vier Pfarrhufen, ausgestattet worden war, wird bereits in einer im Brandenburger Domarchiv ruhenden Urkunde vom 21. August 1292 erwähnt, laut der die Askanier Otto und Conrad die Kirche, ecclesiam, in Berge dem Prämonstratenser Kloster Hilbregerode bei Merseburg zu vollem Eigentum schenkten (Riedel, Codex VII, 305). Dem Landbuch Kaiser Karls IV. im Geheimen Staatsarchiv zufolge hatten hier um 1375 Hasse und Mathis v. Bredow Gerechtsame, späterhin die v. Hake, über die im Geheimen Staatsarchiv Akten vorliegen (Rep. 78. II. H 11: 1593, Einigung der Söhne des Wichmann Hacke). An die Stelle des Klosters trat 1462 das Brandenburger Domkapitel (Riedel VII, 371), das noch heute das Patronat besitzt. Das Rittergut erkaufte 1720 König Friedrich Wilhelm I. von den Hakes für 63000 Taler — 1593 wurde der Wert auf 32000 Taler veranschlagt — und errichtete hier ein zum Amt Nauen gehöriges Domänenvorwerk, das von großem Umfang war, da zu Beginn des 17. Jahrhunderts Wichmann Hake die Umwandlung oder „Freiwilligung" von bäuerlichen zu steuerfreien Ritterhufen durchgesetzt hatte (Schoßkataster von 1621; Prov. Brdbg., Rep. 7, Amt Nauen, XVII, Geh. Staatsarchiv).

Um die Mitte des 18. Jahrhunderts verpflanzten sich die v. Hake nach Klein-Machnow im Kreise Teltow. Die Domäne besteht noch heute.

Die **Kirche** ist ein massiver Putzbau in Saalform von 1744 (Fragebogen vom Jahre 1906) mit großen Fenstern in flachen Stichbogen und glatt geputzter Decke. Am Westende ein quadratischer, massiver, geputzter Turm (Abb. 10) mit achteckiger hölzerner Laterne, 1775/76 erbaut (Kirchenbuch).

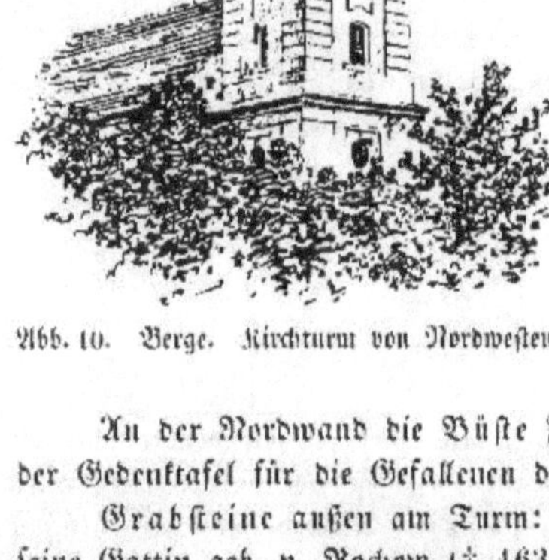

Abb. 10. Berge. Kirchturm von Nordwesten.

Schöner Altar mit Kanzel (Taf. 1), reich geschmückt mit Ornament von guter Arbeit und mit gewundenen Säulen. Unter dem seitlichen durchbrochenen Schnitzwerk stehen Petrus und Paulus. An der Kanzelbrüstung die Figuren von Moses, Johannes und Matthäus. An den Altar schließen sich rechts und links eine Holzwand mit Galerie und zwei Treppen an der Süd- und Nordwand. Durch die mit Gitterwerk durchbrochene Wand führen zwei Rundbogentüren zur Sakristei und zum Pastorenstuhl. Hinter einer der Türöffnungen der Grabstein des Amtmannes Gottlob Marquart († 1747) mit vier Engelköpfen.

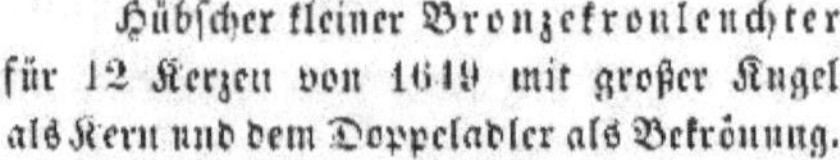

Hübscher kleiner Bronzekronleuchter für 12 Kerzen von 1649 mit großer Kugel als Kern und dem Doppeladler als Bekrönung.

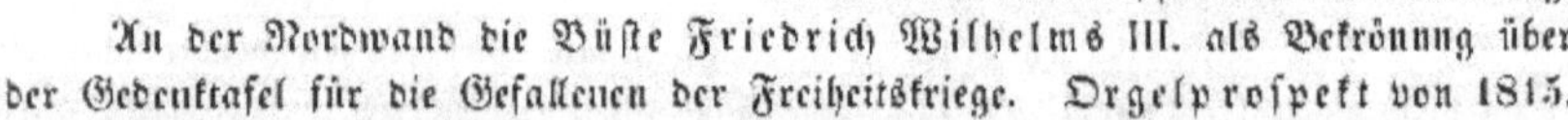

An der Nordwand die Büste Friedrich Wilhelms III. als Bekrönung über der Gedenktafel für die Gefallenen der Freiheitskriege. Orgelprospekt von 1815.

Grabsteine außen am Turm: an der Südseite für Ludowig Hacke († 1604), seine Gattin geb. v. Rochow († 1631) nebst dem Grabstein eines Kindes († 1627) über der Turmtür; an der Westseite Grabstein der Frau Sophia v. Bosen († 1621). Die Inschriften siehe im Kirchenbuche.

Eine Hostiendose mit dem Wappen der v. Hake und v. d. Gröben.

Glocken. Die große von 1,21 m Durchmesser hat am Halse Rundschilde mit Perlschnur. Sie stellen dar: 1) sechsteilige Rose mit sechs Köpfen im Sechspaß, 2) Golgatha, 3) Christus als Weltrichter auf dem Regenbogen, mit Schwert und Lilie am Haupt, 4) Verkündigung Mariä, 5) Kreuztragung, 6) Christi Geißelung, 7) profane Frauengestalt (?), 8) Geburt Christi, 9) Golgatha, 10) Kreuztragung, 11) Auferstehung, 12) Kreuzigung, 13) Verspottung, 14) Rose mit Reiter im Sechspaß, 15) Christus als Weltrichter, 16) zwei Profanfiguren (?) im Kreis, 17) eine größere Figur (Maria?), 18) unzugänglich. Die zweite Glocke von 0,99 m Durchmesser ist ganz ohne Schmuck, sogar ohne Linien am Halse, nur mit zwei Profilkanten

Tafel 1.

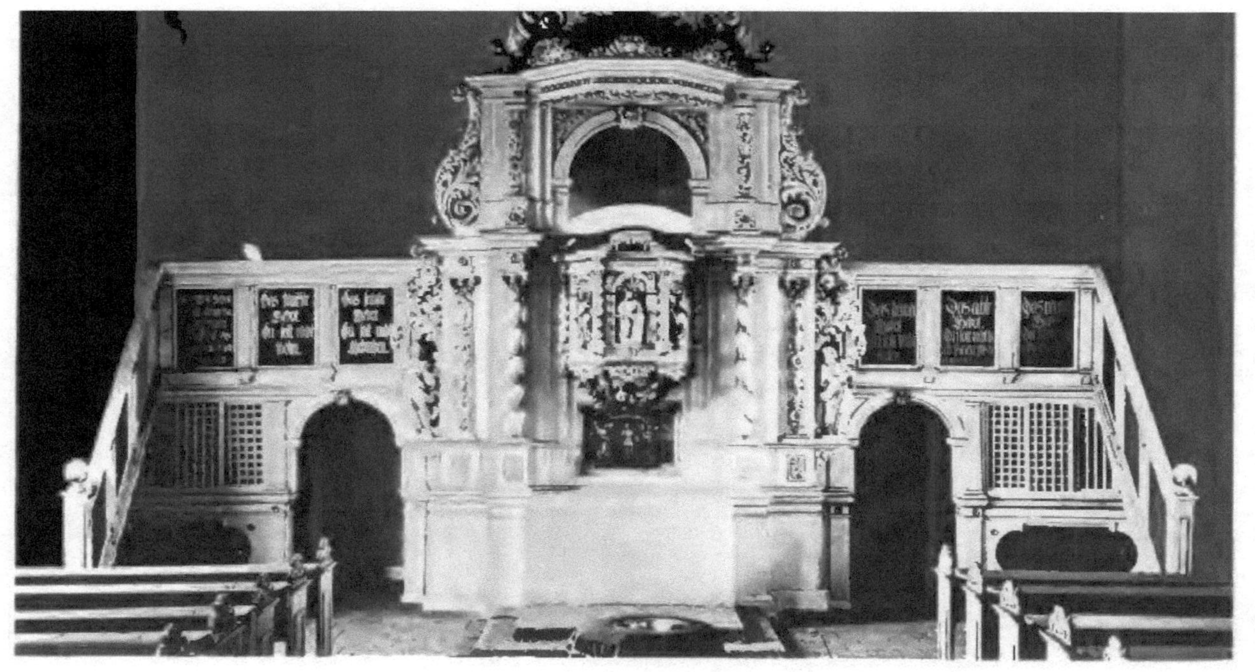

Berge. Kirche, Kanzelaltar nebst Sakristeiwand.

über dem Schlagring. Die dritte hat 0,61 m Durchmesser und am Halse in gotischen Minuskeln die Inschrift: „Ave maria gracia". Zwischen den Wörtern kleine heraldische Lilien sowie i und v.

## Brädikow.

**Brädikow**, Dorf 7 km südöstlich von Friesack. 297 Einw., 933 ha.

Laut Eintragung in das Kopialbuch II des Brandenburger Domkapitels verkaufte 1390 Hasse v. Bredow dem Propst Hentze und dem Kapitel die Heideberge bei „Bredekow" (Domarchiv; vgl. auch Urk. von 1420 im v. Knoblauchschen Herrenhaus zu Pessin); daß in „Bredikow" schon 1511 ein Filial der Pfarre „zur Hage" war, geht aus dem Visitationsprotokoll hervor (Riedel, Codex VII, 135 bzw. 68). Ein Rittersitz bestand nie in dem von jeher zum Lande Friesack gehörigen Dorf „Bredichow", dessen im Schoßkataster von 1624 (Geh. Staatsarchiv) bereits erwähnte 18 Bauern mit 33 Hufen sich hier bis ins 19. Jahrhundert hinein behaupteten.

Schlichte **Fachwerkkirche** in Saalform, die gegen Mitte des 18. Jahrhunderts erbaut und durch zwei Reihen Holzpfosten (zu je fünf Stück) in drei Schiffe geteilt ist. Der Raum ragt teilweise in das Dach hinein, so daß die Seitenschiffdecken zur Hälfte schräg werden. Die Fenster im flachen Stichbogen geschlossen. Die Kirche ist in neuerer Zeit nach Westen verlängert worden. Der Turm modern-gotisch von 1868.

Kanzel von zwei Säulenpaaren eingerahmt, mit gekröpftem Gebälk und tafelförmigem Aufsatz.

Einfache, massige Taufe von Holz, sechseckig, tischförmig, in den Füllungen des Fußes die Kardinaltugenden, klein, grün in grün gemalt.

Ein silberner Kelch mit vergoldeter Kuppa, 22 cm hoch, von 1656. Fuß und Knauf haben im allgemeinen noch gotische Formen. Auf den Stirnflächen der Zapfen stehen die Buchstaben Jesus und N. Die Kuppa ist sehr hoch und wenig geschweift, in der Form des 17. Jahrhunderts.

Eine Oblatenbüchse von 1727.

Zwei einfache bronzene Altarleuchter.

## Brielow.

**Brielow**, Dorf 5 km nördlich von Brandenburg. 693 Einw., 891 ha.

1290 schenkten die Markgrafen Otto und Conrad der Altstadt „Brandeborch" das Eigentum am Dorfe Brielow, proprietatem ville Brilow (Abdruck nach der Gundlingschen Sammlung bei Riedel, Codex IX, 4). „Her Peter Garnecoper, Perrer tu Brylow und Altariste tu Brandenburg", urkundlich erwähnt 1377, besaß auf der etwa um 1200 von den deutschen Kolonisten mit 35 Hufen ausgestatteten Gemarkung 2 Freihufen (vgl. Landbuch Kaiser Karls IV., Geh. Staatsarchiv; Riedel IX, 60). In einer Urkunde im Geheimen Staatsarchiv vom 3. August 1501 wird Gevert Grelle genannt, den der Altstädter Rat mit der niederen Gerichtsbarkeit und vier Freihufen belehnte. Noch heute besitzt die Stadt Brandenburg das Patronat; die der städtischen Kämmerei einst zustehenden Gerechtsame sind abgelöst.

Die **Kirche** ist ein modern-romanischer Backsteinbau, von 1873 laut Inschrift über der Westtür im Turm.

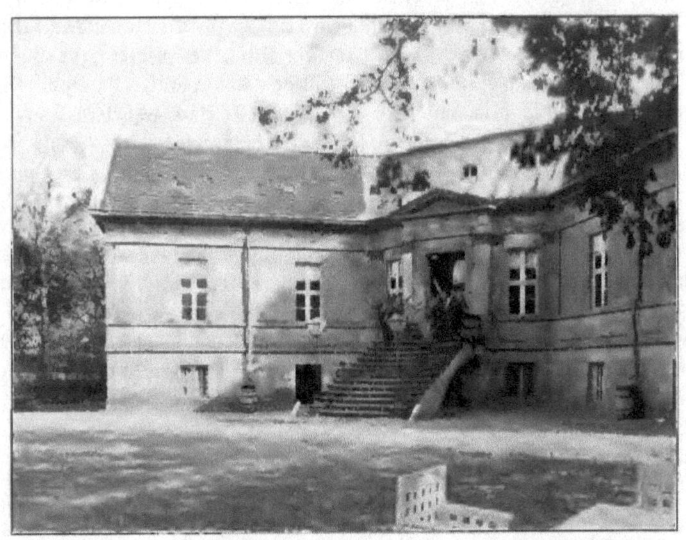

Abb. 11. Briesen. Gutshaus.

Der quadratische Turm ist ein einfach barocker Putzbau mit stumpfem Pyramidendach und Ziegeldeckung, der anscheinend unter Benutzung eines alten Stumpfes 1769 (Jahreszahl in der Wetterfahne) errichtet wurde. 1738 wurde der Kirchturm ausgebessert und eine Schlaguhr aufgesetzt (Beckmanns Nachlaß im Geh. Staatsarchiv).

Ein gotischer Kelch, Silber vergoldet, 20,5 cm hoch. Am sechsteiligen Fuß ist ein länglicher Bergkristall (?) vermutlich als Signakulum aufgelegt. Der Nodus ohne stark hervortretende Zapfen. Mitte des 16. Jahrhunderts.

Ein einfacher Kelch, Silber vergoldet, 18,5 cm hoch. Der Fuß hat schlichte Sechspaßform, auf dessen einem Lappen ein Kreuz (als Weihkreuz) eingraviert ist. Der sehr flache Nodus zeigt auf seinen Zapfen die Buchstaben JHESVS in plumpen römischen Majuskeln. Die Kuppa ist sehr bauchig.

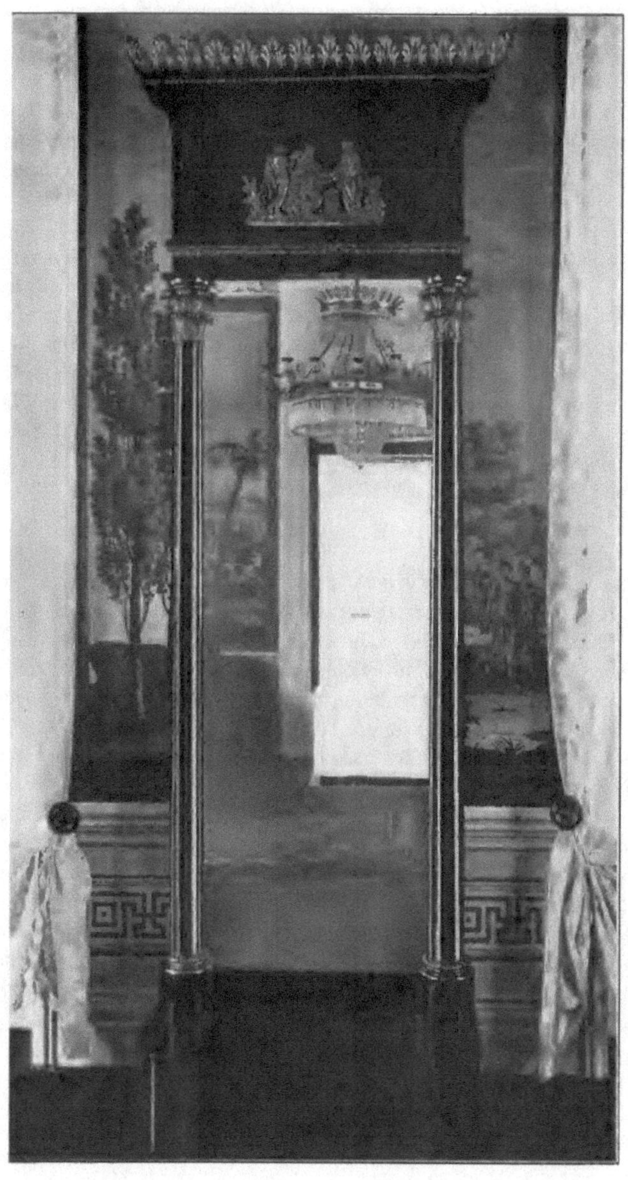

Abb. 12. Briesen. Gutshaus. Spiegel im sog. Grauen Zimmer.

## Briesen.

**Briesen**, Gut 4 km südlich von Friesack. 232 Einw., 2239 ha.

Am 3. Oktober 1337 überwies Markgraf Ludwig laut Kopialbuch im Geheimen Staatsarchiv (Rep. 78. A 1) „der Kirche des Brisen genannten Dorfes", ecclesie ville dicte Brisen, eine jährliche Hebung von 3 Wispel Roggen aus der Mühle bei Schloß Friesack (Riedel, Codex VII, 49). In der Folgezeit wurde das Dorf wüst; daher stand die zum Lehn St. Anna in der Friesacker Pfarrkirche gehörige, „fur Frysag gelegene" Kirche leer; „vor Czeitten ist ein Walfart da gewesen", heißt es im Visitationsprotokoll von 1541 (Riedel VII, 66). Die v. Bredow, denen die „wüste Kirche" gehörte, konnten auf der Gemarkung, wie aus Lehnbriefen von 1615 und 1620 hervorgeht, sich eine Schäferei anlegen (Geh. Staatsarchiv, Rep. 21. 48). Um 1800 befand sich hier nur noch ein den Bredows zu Landin gehöriges Vorwerk (Graf v. Bredow, Geschichte des Geschlechts v. Bredow I, 312 f.; Bratring, Beschreibung der Mark II, 106). Der erste Bredow, der hier seinen Sitz aufschlug, war General Friedrich Philipp Leopold Ferdinand (1787—1878), dessen Sohn Adalbert Friedrich Wilhelm die 12. Brigade am Tage von Vionville befehligte (Geschichte des Geschlechts v. Bredow I, 241, 509 f., 526, 531).

**Gutshaus.** Der eigentümliche Grundriß des 1822 bis 1824 errichteten Baues soll an die Form des Eisernen Kreuzes erinnern. Er hat bei mancherlei Mängeln wenigstens den Vorzug großer Helligkeit in allen Räumen. Die äußere Architektur des nur einstöckigen Hauses ist in anspruchsloser Weise mit einem Sockel- und Kaffgesims und einem auf kannelierten korinthischen Pilastern ruhenden Gebälk gegliedert (Abb. 11). Das Portal an der Freitreppe ist als Ädikula ausgebildet. Ein später angebautes Gewächshaus stört die Regelmäßigkeit der streng symmetrischen Anlage. Im Innern ist bemerkenswert das sog. Graue Zimmer mit einer fast noch vollständigen Empireeinrichtung (Taf. 2). Die in Leimfarbe gemalte Decke mit Blumen und Mäandermotiven ist noch in voller Frische erhalten. Zu ihrem feinen Goldton und den dunklen Mahagonimöbeln stimmen recht gut die grau in grau gedruckten Papiertapeten der Wände, die Prospekte von klassischen Architekturgruppen nebst reicher Belebung durch Figürchen darstellen. Auch der Ofen, die zwei Kronleuchter und sämtliche Möbel (Abb. 12) bewahren einheitlichen Empirestil. Aus den übrigen Zimmern ist nur ein Schrank von 1763 mit fein gestimmten farbigen Intarsien besonders hervorzuheben (Taf. 3).

## Briest.

**Briest**, Dorf 4 km nördlich von Plaue. 264 Einw., 442 ha.

Beiläufig wird das Dorf „Brist" — villa Brisiz — in den Jahren 1294 und 1326 erwähnt (Abdruck nach Seidels Sammlung und Gerckens „Fragmenten" bei

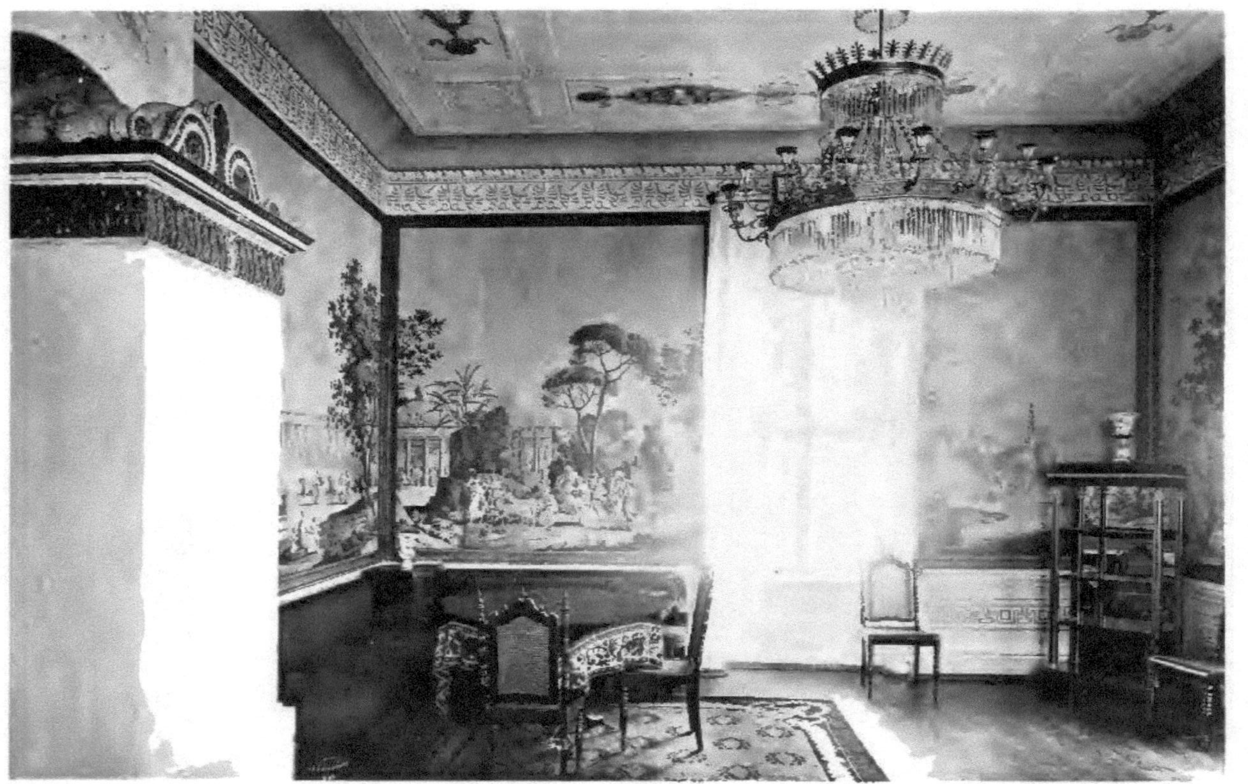

Briesen. Zimmer im v. Bredowschen Gutshause

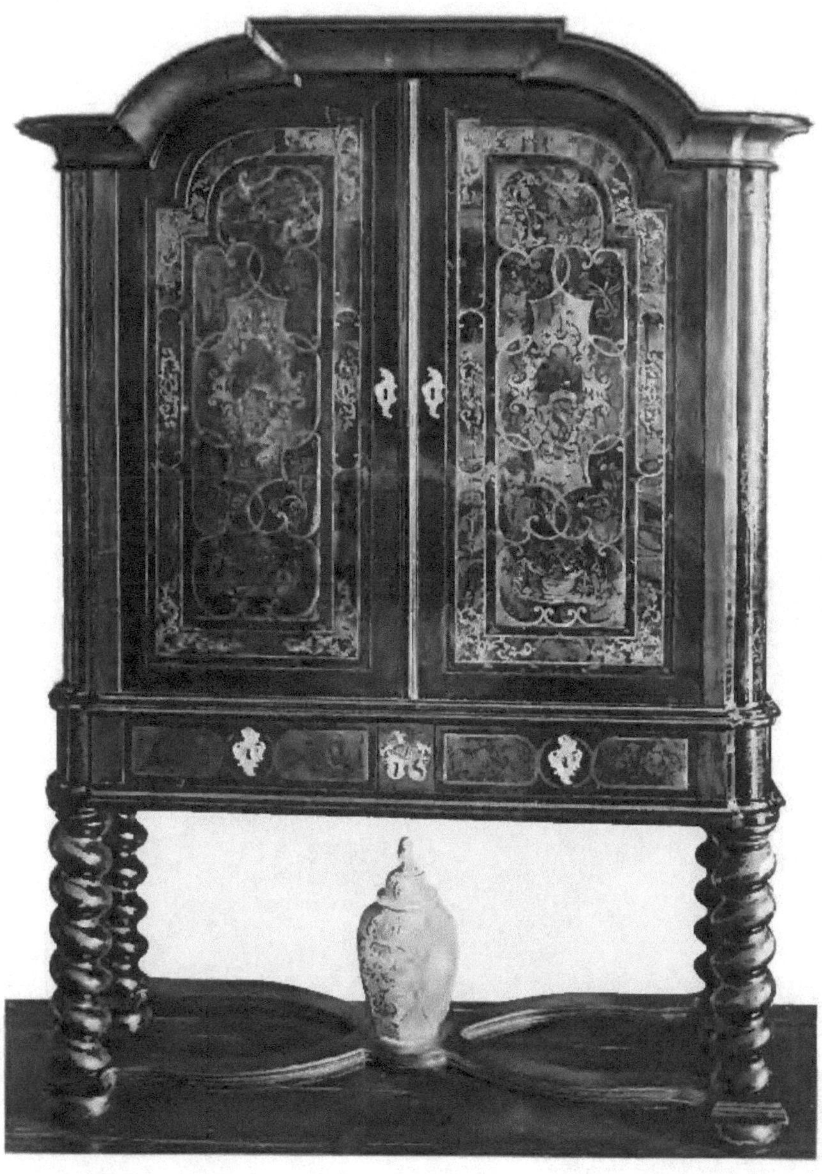

Briesen. Schrank mit Intarsien im v. Bredowschen Gutshause.

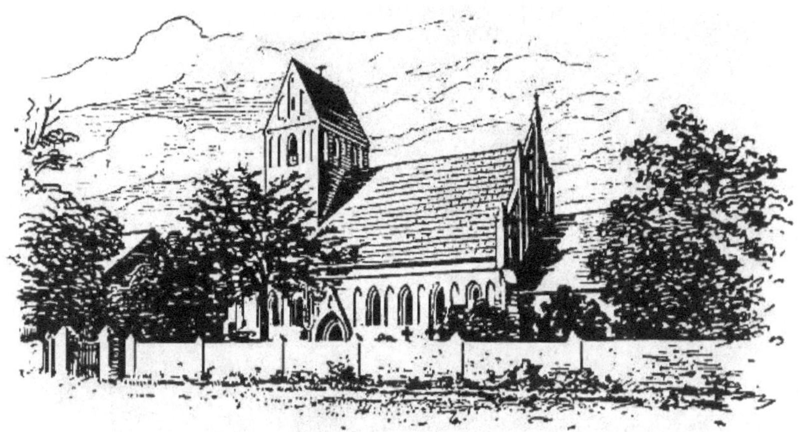

Abb. 13. Buckow. Kirche von Südosten. (Der östliche Anbau ergänzt.)

Riedel, Codex X, 220; IX, 28). Die 7 Hufner des hauptsächlich auf die Havelfischerei, piscatura in Obula, angewiesenen Dörfchens (vgl. Landbuch Kaiser Karls IV. im Geh. Staatsarchiv) bestellten laut Schoßkataster von 1624 im Geheimen Staatsarchiv 14 Hufen; zudem saßen hier 9 Kossäten. Daß der Ort zu Plaue gerechnet wurde, geht u. a. daraus hervor, daß Ritter Georg v. Waldenfels, zu Plauen gesessen, seiner Ehefrau Elisabeth „Brist" überließ (Geh. Staatsarchiv, Lehnskopiar und Akten in Rep. 78. II. G 30; vgl. Riedel, Codex X, 25). Die Kirche war laut Visitationsprotokoll von 1541 „Filial der Pfar zu Plauen" (Riedel X, 31).

Die **Backsteinkirche** in romanischen Formen ist im Jahre 1889 erbaut, ihre Ausstattung neu. Zwei Glocken, von denen die große 1678 von Martin Heintze in Berlin, die kleine 1853 von Ruhon in Berlin gegossen wurde.

## Buckow.

**Buckow,** Dorf 15 km östlich von Rathenow. 211 Einw., 728 ha.

Schon 1161 schenkte laut Urkunde im Domarchiv Bischof Wilmar von Brandenburg dem neubegründeten Domkapitel u. a. die Dörfer — villas — „Bukowe", „Garcelize" (Riedel, Codex VIII, 105). Der durch die Bürger Interbuck und die Bewohner des Dorfes zum Lobe Mariä neuerbauten Kirche wurden 5 Hufen vom Hofe des im Dorfe, in villa Bukowe, wohnenden Henning de Albea übertragen (Riedel VIII, 257). Die Feldmark umfaßte laut Schoßregister von 1450 in der Königlichen Bibliothek zu Berlin von jeher nur 14 Hufen, von denen der Pfarrer zwei freie besaß

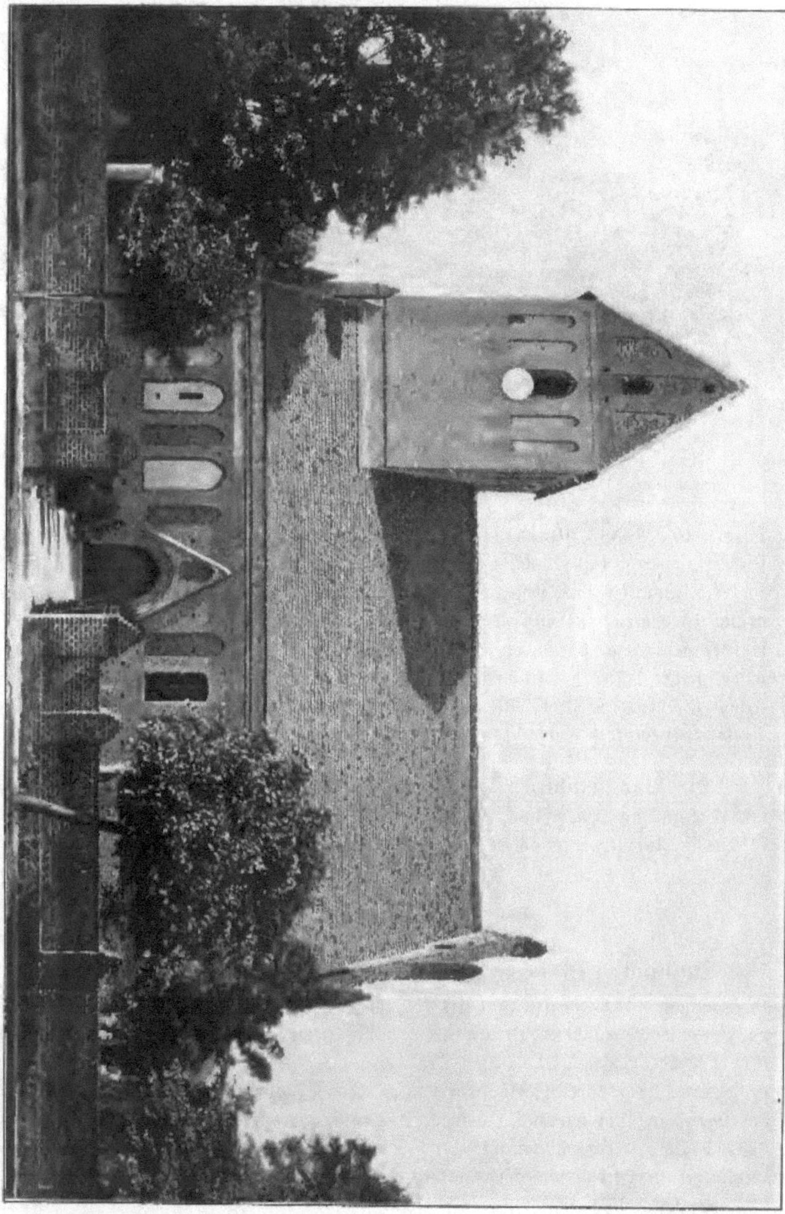

Abb. 11. Buckow. Kirche von Süden, jetziger Bestand.

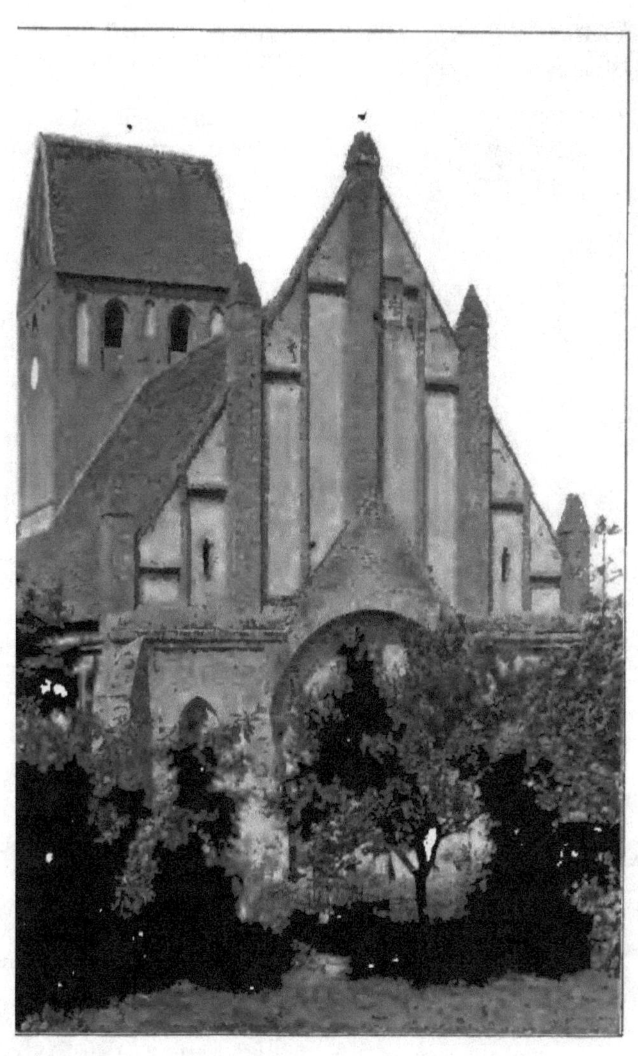

Abb. 15. Buckow. Ostgiebel des Kirchenschiffs.

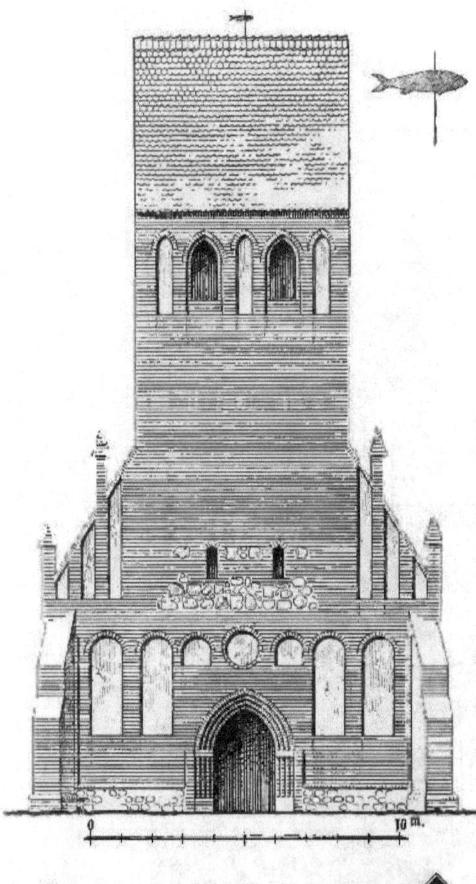

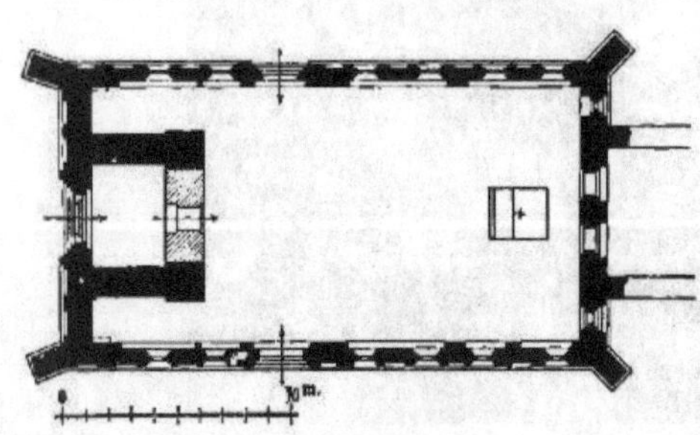

Abb. 16. Buckow.
Kirche. Grundriß und Westansicht.

(Ausg. von Fidicin, S. 328); die übrigen wurden dem Schoßkataster von 1624 zufolge von 11 Hüfnern bestellt. Erst im 19. Jahrhundert erfolgte die Ablösung der dem Domstift zustehenden Gerechtsame.

Auf den Wallfahrtsort Buckow bezieht sich höchstwahrscheinlich, was in Beckmanns Nachlaß (im Geheimen Staatsarchiv) unter „Bielow" angeführt steht. Daselbst wird eine „große" der Jungfrau Maria geweihte und eine „kleine" Kirche unterschieden, deren Altar dem Apostel Bartholomäus geweiht war. Hier wurde das „heilige Blut" verehrt, das „dicht bei der großen Schranken" der „kleinen Kirche" aufbewahrt wurde. Vermutlich war die „kleine Kirche" der Chor, die „große Kirche" das Schiff. Eine „große Leuchte" mit Wachskerze diente den Wallfahrern zur Nachtzeit als Wegweiser, ebenso denen, die den berühmten „Gesundbrunnen" auf dem Kirchhofe besuchten.

Hochgotische **Kirche** des 14. Jahrhunderts in Saalform mit Turm und ehemals einem östlichen Anbau (Abb. 13 bis 16) in Backsteinwerk. Feldstein tritt nur spärlich auf im Sockel, an der Innenseite des Turmes, in je einem horizontalen Streifen an der Westfront und am Ostgiebel. An den Ecken der Kirche stehen diagonal einseitig abgestufte Strebepfeiler. Das Sockelprofil ist ein Viertelstab in einer

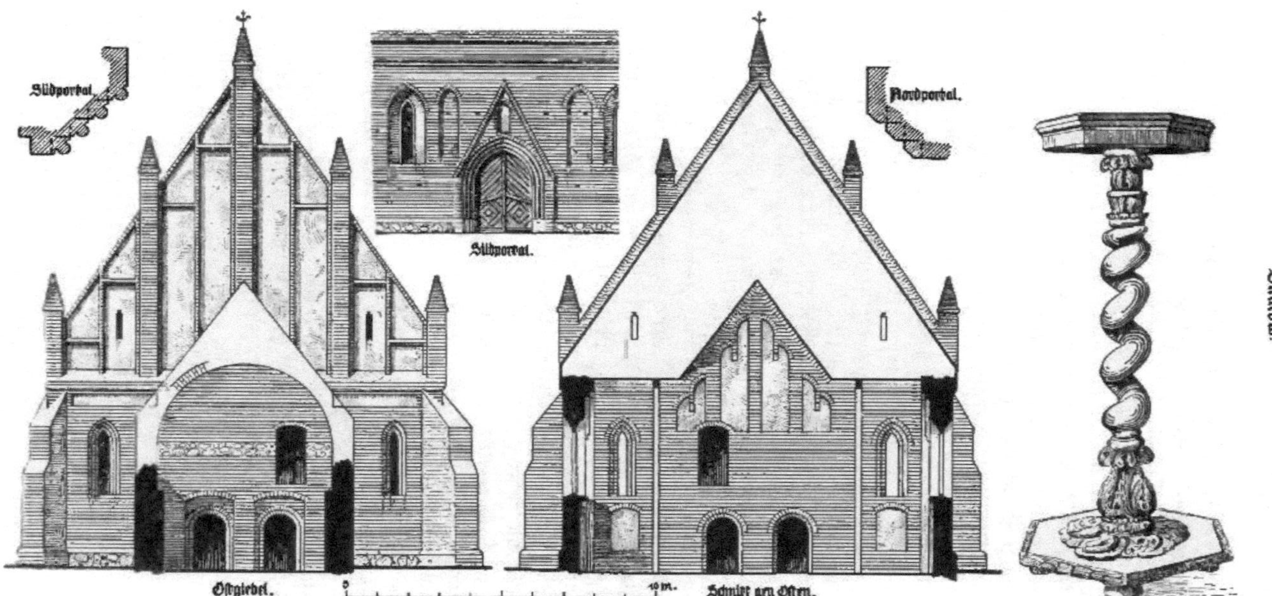


Abb. 17. Buckow. Schnitte durch den östlichen Anbau und durch das Kirchenschiff (Herstellung) nebst Südportal der Kirche. Abb. 18. Buckow. Taufe von Holz.

Hochkantschicht. Das Hauptgesims belebt ein vertiefter geputzter Friesstreifen. Das Dach ist jetzt flacher als ursprünglich. Von den Portalen zeigt das der Südseite (Abb. 17) im Profil dicke Rundstäbe in Kehlen gebettet. Über seinem Spitzbogen erhebt sich ein hoher steiler Wimperg, in dessen Giebelfeld sich eine Figurennische befindet. Das Portal der Nordseite hat an seinem mehrfach abgestuften Gewände abgefaste Kanten und in den Schichten einen Farbenwechsel von sehr hellroten und dunkel graugrünen gesinterten Steinen. Die Fenster sind schlank, schmal, spitzbogig, innen und außen mit weit geöffneten Gewändeschrägen versehen, die beiden in der Nordostecke sind vergittert. Die Rahmen waren und sind z. T. noch außen an der 9 cm starken Anschlagnase mit Krampen befestigt. Die Sohlbänke sind innen horizontal, außen schwach abgewässert. Die Flächen neben den Fenstern sind außen mit Blenden belebt. Im Innern sind die Längswände der Kirche durch eine Anordnung von Stichbogennischen in zwei Reihen übereinander gegliedert, die oben je zwei Fenster zu einer Gruppe zusammenfassen. Ganz eigenartig ist die innere Gliederung der Ostwand. Sie enthält den Schlüssel sowohl für die in Abb. 17 gegebene Herstellung der ursprünglichen Gestaltung des Kirchenraums als auch zur Erklärung des ehemaligen östlichen Anbaus. Die mittlere Blendengruppe der Ostwand (Abb. 17 rechts) wird gegenwärtig von einer geraden Balkendecke etwa in halber Höhe durchschnitten. Diese verrät sich dadurch als nicht ursprünglich und gehört wahrscheinlich samt dem Dachstuhl der Erneuerung von 1679/81 an. Jene Blendengruppe wird oben von einer Giebelform umfaßt, über welcher der Ostgiebel innen um 15 cm absetzt, und ist bisher (siehe Bergau, S. 292) für den Westgiebel der älteren Dorfkirche angesehen worden. Ein Anbau unter einem entsprechenden Satteldach bestand zwar hier, war aber allen Anzeichen nach mit der jetzigen Kirche gleichzeitig, so daß jene Blendenarchitektur nur als ein innerer Schmuck der letzteren anzusehen ist. Nötigt nun schon die beträchtliche lichte Weite von 10,60 m zur Annahme von Längsunterzügen und Stützenstellungen, so ist durch die Gliederung der Ostwand nicht nur eine Teilung der Kirche in drei Schiffe angedeutet, deren Weite überdies durch die Spuren der Wandstiele gegeben ist, sondern auch die ursprüngliche Form der Decke vorgezeichnet. Danach hatten die Seitenschiffe gerade Balkendecken in der Höhe der jetzigen; für das Mittelschiff aber würde sich im Anschluß an jenes abgesetzte Dreieck über der mittleren Blendengruppe eine satteldachförmige Zeltdecke ergeben, etwa wie der Wiederherstellungsversuch in Abb. 17 angibt. Einige Anzeichen in dem gemusterten Backsteinfußboden und an den Wänden deuten auf eine Emporenanlage an der Ostwand, die wohl zur feierlichen Darstellung des in Buckow verehrten heiligen Blutes diente und nur etwa 2 m tief war. Unter dieser führte eine jetzt vermauerte Tür in das Erdgeschoß des zweigeschossigen ehemaligen Anbaus im Osten. Es war vermutlich die Sakristei, während das Obergeschoß, das nach den Spuren bis zur Kehlbalkenlage in den Dachraum hineinreichte und mit jener Empore durch eine kleine Tür verbunden war, wahrscheinlich zur Aufbewahrung des heiligen Blutes diente. Über dem Dache des Anbaus ist der Kirchengiebel durch Pfeiler und hohe Blenden gegliedert (Abb. 17) und trägt ein kleines Kreuz von Eisen mit einem Hahn als Wetterfahne.

Der Turm nebst der Westmauer gehört einer etwas späteren Bauzeit an. Die Beweise hierfür liegen hauptsächlich in den Resten der alten Westmauer im Innern, in den westlichen Fenstern der Längsseiten, die offenbar nicht für die kleineren durch Einbauen des Turmes entstandenen Räume bestimmt sind, sowie in verschiedenen Ansatzspuren am Mauerwerk und in der etwas schiefen Stellung des Turmes, der aus dem Westgiebel herauswächst. Sein Satteldach hat noch den alten Stuhl, der noch den Unterbau des einstigen bedeutenden Dachreiters enthält. Von letzterem stammt vermutlich die Turmwetterfahne in Form eines Fisches. Die spitzbogigen Schallöffnungen sind von schmalen Blenden begleitet. Der Fuß des Turmes ist durch eine einen Fries bildende Reihe von Rundbögen abgeschlossen. Die an den Turm anschließenden Giebelstücke sind wie der Ostgiebel mit pyramidenbekrönten Pfeilern durchschossen. Das Westportal wurde bei einer durch die Inschrift „Renovatum . . ." bezeichneten Erneuerung in rohem, unfertigem Zustande belassen. Vermutlich geschah dies 1681, bei welchem Jahre das Kirchenbuch ausdrücklich anführt, daß an der „großen Thür" eine Inschrift mit Bezug auf die Wiederherstellung angebracht worden sei. Das Erdgeschoß war wie die beiden schmalen seitlichen Räume ursprünglich in hohem Spitzbogen nach der Kirche geöffnet. Im Norden und Süden zeigt es Schildbögen, doch scheint das Gewölbe nicht ausgeführt worden zu sein. — Backsteinformat 28,5 × 13,5 × 9 cm. Die Kirche wurde im Jahre 1311 als neu erbaut bezeichnet (Riedel VIII, 257).

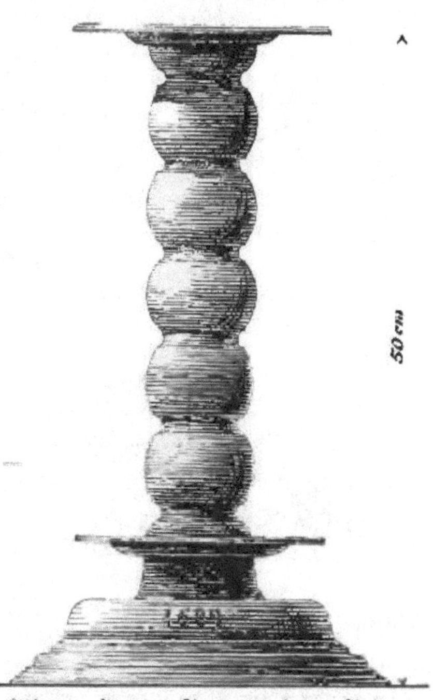

Abb. 19. Buckow. Zinnleuchter in der Kirche.

Altar mit Kanzel, barock, mit gewundenen Säulen, von 1730.

Taufe von Holz in Form eines Tischchens auf einem gewundenen Fuß (Abb. 18), 1731 von Tischler Freutschen in Ketzin laut Inschrift auf der Unterseite hergestellt.

Ein einfacher Zinnkelch.

Zwei glattprofilierte Altarleuchter aus Bronze, 50 cm hoch (Abb. 19).

Von den Glocken soll die größte nach Brandenburg in den Dom gekommen sein. Die jetzige große ist 1607 von Urban Schober gegossen. Die dritte von 58 cm Durchmesser ist ohne Inschrift und Verzierung.

## Buschow.

**Buschow**, Dorf 21 km östlich von Rathenow. 525 Einw., Landgem. 697 ha, Gutsbez. (2 Anteile) 246 + 209 ha.

In einer die Unterhaltung der Dämme betreffenden Urkunde im Brandenburger Stadtarchiv vom 9. Juni 1335 wird Buschow beiläufig erwähnt (Riedel, Codex IX, 32). Nach dem Landbuch Kaiser Karls IV. im Geheimen Staatsarchiv besaßen markgräfliche Vasallen die Mehrzahl der 18 Hufen der Gemarkung, wie z. B. Klaus und Kuno v. Wilmersdorf (Ausg. von Fidicin, S. 105). 1418 beraubten Leute des Erzbischofs von Magdeburg den „Kerchoff" und die „Kerche" (Abschrift im Staatsarchiv zu Magdeburg, Riedel, B III, 360). Laut Urkunde von 1429 im Pessiner Herrenhaus wurde Sigmund v. Knobelauch mit 16 Kossäten, Gerichtsbarkeit, Diensten u. s. f. — Gerechtsame, die er für 50 Schock Groschen erkauft hatte — durch Markgraf Johann belehnt. Die v. Knoblauch sowie die 1802 ausgestorbenen v. Wilmersdorf setzten die „Freiwilligung" von Bauernhufen durch; jene behaupteten sich hier bis heute (Schoßkataster von 1621, Geh. Staatsarchiv; vgl. Bratring, Beschreibung der Mark II, 107).

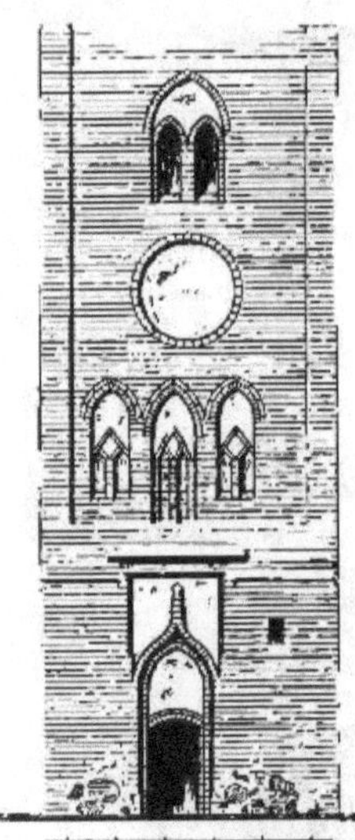

Abb. 20. Buschow. Unterteil des Kirchturmes.

Die **Kirche** ist ein romanischer Putzbau von 1861, der Oberteil des Turmes von 1891. Alt sind allein $^3/_4$ der Höhe des Turmes mit einem spätgotischen Westportal aus dem 15. Jahrhundert, Backsteinmaß 28 × 14 × 9 cm (Abb. 20). Das Portal schließt im Stichbogen, die Blende über dem hohen Bogenfeld in einem schief sitzenden Eselsrücken. An den Seitenflächen des Turmes ist Feldstein verwendet; seine Südwestecke enthält eine Wendeltreppe. Auf der Rückseite sieht man noch die Spur des alten Daches. An der Südseite sind im dritten Geschoß zwei einzelne Rauten aus gesinterten Steinen zur Flächenbelebung angebracht. 1729 wurde die Kirche ausgebessert (Beckmanns Nachlaß im Geh. Staatsarchiv).

Im **Gutshause**, unweit des Dorfes, befindet sich eine große gußeiserne Ofenplatte mit dem Relief des brandenburgischen Adlers, die aus dem Jagdhause, der späteren Posthalterei in Barnewitz, stammt, sowie eine Truhe mit hübschem Beschlag von 1777.

## Butzow.

**Butzow**, Dorf 10 km nordöstlich von Brandenburg. 358 Einw., 810 ha.

In einer abschriftlich erhaltenen Urkunde von 1208 erscheint der Pfarrer Hildwin, Hilduinus, plebanus in Buzov, als Zeuge (Kopialbuch II im Brandenburger Domarchiv; vgl.

Riedel, Codex VIII, 126). Schon um 1375 hatte laut Landbuch Kaiser Karls IV. im Geheimen Staatsarchiv Heyne Broseke in „Bussow" 8 Hufen bei seinem Lehnhof (Ausg. von Fidicin, S. 106). 1520 verkaufte Kurfürst Joachim I. dem Domkapitel Butzow mit Gerichtsbarkeit, bäuerlichen Diensten u. s. f. für 992 Gulden 30 Groschen (Riedel VIII, 185). Noch zu Beginn des 19. Jahrhunderts waren die v. Brösicke und das Domstift in Butzow begütert (Bratring, Beschreibung der Mark 1805, II, 107).

Die **Kirche**, modern-romanisch, mit Putzflächen und Backsteinkanten, ist 1879 erbaut.

Hübscher kleiner Messingkronleuchter für 6 Kerzen, Spätrenaissance. Zwei Messingstandleuchter, je 12 cm hoch, von 1716. Ein Zinnkelch von 1678. Ein Zinnleuchter.

Zwei Glocken, die große 1697 von Joh. Greten in Magdeburg gegossen.

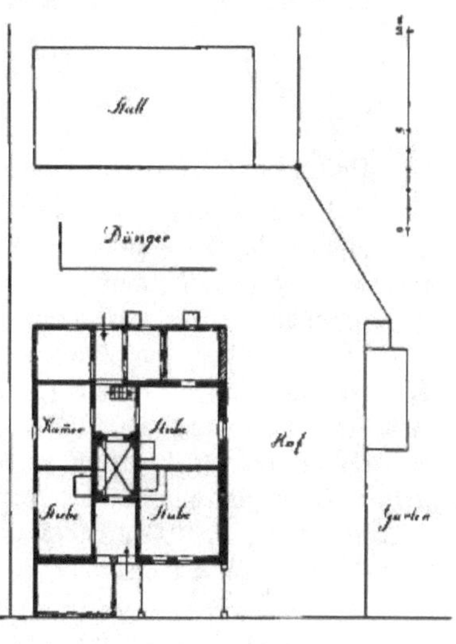

Abb. 21. Butzow. Bauernhaus.

Einige **Bauernhöfe** haben noch die fränkische Anlage. Die zweistöckigen Häuser mit Giebel an der Straße haben den Eingang in dessen Mitte. Der Garten liegt mit der Langseite am Hofe. Den Typus eines kleinen Bauernhauses bewahrt am besten noch das Haus Glamm (Abb. 21). Die Anbauten an der Front und längs der Rückseite sind spätere Hinzufügungen. Das Dach ist mit Rohr gedeckt, die Giebelspitzen zeigen die überkreuzten Pferdeköpfe.

## Damme.

**Damme**, Dorf 16 km östlich von Rathenow. 171 Einw., 763 ha.

Laut Urkunden von 1161 im Domarchiv zu Brandenburg wurde „Damba" von Rudolf v. Jerichow, a Rodolfo de Jhericho, dem Domkapitel geschenkt (Riedel, Codex VIII, 106 f.; vgl. auch VII, 47). Den Steuerregistern des Bischofs von Brandenburg von 1527 bis 1529 zufolge war die Kirche eine Filia von „Lyve" (vgl. Curschmann, Diözese Brandenburg, S. 138). Bis ins 19. Jahrhundert hinein gehörten die — heute abgelösten — gutsherrlichen Gerechtsame dem Domstift. Das Patronat steht der Gräflich v. Bredowschen Familienstiftung Liepe zu.

**Kirche** in Kreuzform, Putzbau von 1822 mit Turm auf der Westfront, letzterer in Backsteinbau, romanisch, 1902 an Stelle eines älteren Fachwerkturmes erbaut. Auch die Kreuzarme sind von 1902. Das Schiff (mit Strebepfeilern) und der Chorschluß nach 3/8 sind von 1822. Die Decke ist glatt geputzt.

Altar und Kanzel mit zwei kannelierten jonischen Säulen von 1822.

Ein 22 cm hoher Kelch, Silber vergoldet, in schlanker zierlicher Pokalform, Renaissance, gegen 1600 (Taf. 4).

Die beiden Glocken sind 1840 von G. C. Bachmann in Berlin gegossen.

## Döberitz.

**Döberitz**, Dorf 10 km südlich von Rathenow. 461 Einw., 582 ha.

Das nur 13 Hufen umfassende Fischerdörfchen „Doberitz", das um 1375 laut Karolinischem Landbuch mit allen Gerechtsamen, cum omni jure, dem Broseke gehörte, wurde zur Hälfte durch die Gebrüder Brösicke 1391 vorübergehend dem Domstift zu Brandenburg verkauft (Kopialbuch II im Domarchiv; vgl. Riedel, Codex VIII, 367). 1420 beklagte sich Friedrich I. beim Magdeburger Erzbischof darüber, daß „dy Kirche und Kirchoff" von dessen Mannen ausgeplündert war (Kopie im Staatsarchiv zu Magdeburg, Riedel B III, 348). Die Brösicke, die im Schoßregister von 1450 wieder als Lehnsbesitzer des Dorfes erscheinen (Königliche Bibliothek zu Berlin), hielten sich hier fast vier Jahrhunderte hindurch (vgl. Bratring, Beschreibung der Mark, 1805, II, 109); daneben gehörte aber bis 1713 auch den Bardeleben ein Wohnhof (Geh. Staatsarchiv, Rep. 78. II. G 11).

Die **Kirche** ist ein modern-romanischer Backsteinbau mit halbrunder Apsis etwa aus der Mitte des 19. Jahrhunderts. Der annähernd quadratische Turm mit achteckigem Spitzhelm ist etwas älter. In der Wetterfahne steht die Jahreszahl 1829.

Kelch von Silber, äußerst schlicht mit kugelförmigem Knauf und glattem, rundem Fuß, vermutlich von etwa 1830.

## Ferchesar.

**Ferchesar**, Dorf 10 km nordöstlich von Rathenow. 332 Einw., Landgem. 1116 ha, Gutsbez. (einschl. 2 Anteile Lochow) 989 ha.

1438 belehnte Markgraf Friedrich der Jüngere den Eggert v. Stechow mit den von ihm erkauften und ererbten Gütern zu „Fercheser" und Stechow (Geh. Staatsarchiv, Rep. 78. 6, fol. 8; Riedel, Codex X, 518). Das mit 32 Hufen, davon 2 Pfarrhufen, ausgestattete „Ferchesar bey Rathenow", in dem Martin v. Stechau die Umwandlung von sechs bäuerlichen in steuerfreie Ritterhufen um 1600 durchsetzte (Schoßkataster von 1624, Geh. Staatsarchiv), wird in dem Kirchenvisitationsprotokoll von 1541 „Hoen Vergeser, Filial der Pfar zu Stechow" genannt (Riedel VII, 490). Im Besitz eines Hofes mit 5 Hufen waren bereits laut Urkunde

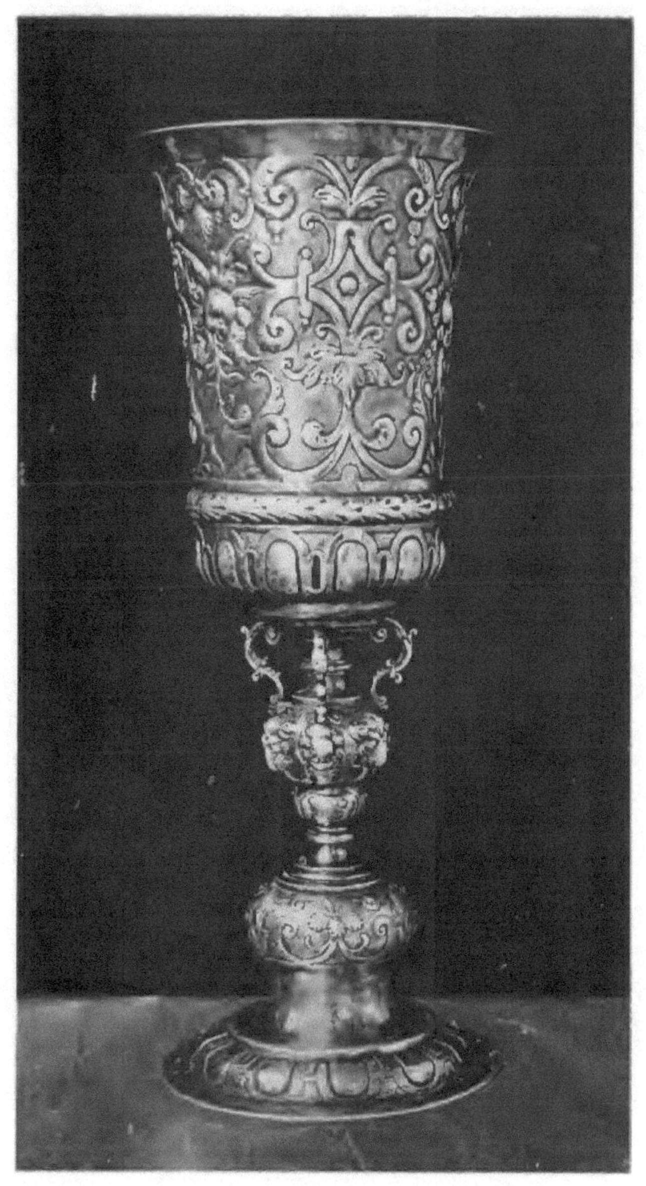

Damme. Kelch in der Kirche.

des Kurfürsten Johann von 1496 im Pessiner Herrenhaus die v. Knoblauch, die sich bis heute behauptet haben (v. Eickstedt, Beiträge zum neueren Landbuch, 1840, S. 252; Bratring, Beschreibung der Mark 1805, II, 111).

Größere, aber schlichte **Fachwerkkirche** mit einem südlichen Kreuzarm und Ostschluß in ³/₈, 1735 erbaut (Urkunde im Turmknopf — siehe Specht, „Hie guet Brandenburg allewege"). Die Decke glatt geputzt, die Fenster im Stichbogen geschlossen. Der Turm von 1838 aus Fachwerk wurde 1906 massiv erneuert. Ein Stück der Nordwand der Kirche ist massiv.

Altar und Kanzel vereinigt, mit zwei Säulen, anklingend an Empire, mit aufgemalten Eierstäben und Profilverzierungen, gegen Ende des 18. Jahrhunderts. Ähnlich behandelt ist auch die Herrschaftsempore im Obergeschoß des südlichen Anbaus. Dessen Untergeschoß dient zur Hälfte als Vorraum, die andere Hälfte öffnet sich mit zwei toskanischen Säulen nach dem Kirchenraum.

Spätgotischer Altarschrein (außer Gebrauch) mit sechs meist verstümmelten Figuren. In der Mitte Maria mit dem Kinde, rechts neben ihr St. Barbara. Außen auf den Flügeln in Tempera die Verkündigung gemalt.

Rest einer hölzernen Taufe aus einem Stück Eichenstamm im Vorraum.

Kelch, Silber, in sehr einfachen späten Formen, der Knauf und einige Profilglieder sind gerippt.

Taufschüssel, Messing getrieben, in der Mitte der Sündenfall mit schmückender Umschrift. Darum ein Fries von Sternblumen und Palmetten zwischen verschlungenen Ranken.

Zwei Glocken. Die große von 0,76 m Durchmesser frühgotisch und ohne Inschrift. Am Halse vier glatte Linien. Am langen Felde und an der Unterkante horizontale Runzeln vom schlechten Abdrehen des Hemdes, ähnlich wie in Semlin. Am langen Felde auch einige Brakteaten. Die Öhre rechteckig. Die kleine Glocke ist 1701 von Otto Ehlers in Berlin gegossen.

## Fohrde.

**Fohrde,** Dorf 2 km südöstlich von Pritzerbe. 728 Einw., 1038 ha.

Wie aus Bestätigungsurkunden des Bischofs Gernand und des Papstes Gregor IX. vom 4. Februar 1227 und 27. Februar 1231 erhellt, hatte der Ritter Daniel v. Mukede 3 Hufen mit Abgaben in „Verden" oder „Verden" dem Brandenburger Domkapitel geschenkt (Urkunden im Domarchiv; Riedel, Codex VIII, 141 und 148). Um 1375 saßen zu „Vorde", woselbst dem Pfarrer von den 12 Hufen der Gemarkung zwei zustanden, bischöfliche Lehnmannen (Landbuch, Geh. Staatsarchiv). Von der Zeit der Reformation an bis zum Beginn des 19. Jahrhunderts war dann das Domänenamt Ziesar im Besitz der gutsherrlichen Rechte über 15 Bauern und 7 Kossäten zu „Fohrde" oder „Förde" (Schoßkataster von 1621, Geh. Staatsarchiv).

Barocke **Kirche** in Putzbau von 1765 (Inschrift in der Wetterfahne). Ostschluß gerade. Turm unten breit rechteckig mit Westtür in Spitzbogenblende, also noch mittelalterlich, über dem Kirchendach im Norden und Süden abgesetzt, dann quadratisch mit geschweifter Haube. Im Norden und Süden der Kirche kleine Anbauten mit den Emporentreppen. Fenster im Rundbogen geschlossen. Decke glatt geputzt.

Altar und Kanzel einfach barock, holzfarben gestrichen.

Taufschüssel Messing getrieben, 1679 gestiftet. In der Mitte Adam und Eva. Die Schrift in römischen Majuskeln: „RAHEWISHNBI".

Eine Oblatenbüchse aus Zinn in Rokokoformen von 1759, mit dem Monogramm FR.

Zwei Zinnkannen.

Drei Messingleuchter, einfach profiliert, aber verschieden.

Von den zwei Glocken ist die große 1697 von Joh. Greten, die kleine 1740 von J. F. Thielen in Berlin gegossen.

# Friesack.

**Friesack**, Stadt. 1905: 2989 Einw., 1910: 2827 Einw., 2222 ha. Burg Friesack 198 Einw., 1652 ha.

## Quellen.

Urkunden. In Friesack selbst sind weder im Rathaus noch in der Burg ältere Archivalien erhalten. Die hauptsächlichsten, die Geschichte vom 13. bis 16. Jahrhundert betreffenden Urkunden ruhen im Domarchiv zu Brandenburg und Geheimen Staatsarchiv zu Berlin; abgedruckt in Riedels Codex VII, S. 41 ff., wo auch die Kopiarien des Staatsarchivs berücksichtigt sind (vgl. Riedel, Codex II, 458; IV, 83).

Akten. Die Volumina im Geheimen Staatsarchiv (Rep. 78. II), hauptsächlich das 16. bis 18. Jahrhundert betreffend, wurden ausgiebig verwertet in Graf Bredows „Geschichte des Geschlechts v. Bredow" (Halle, 1885 und 1890), I. Teil 9, 26 f., 39 ff., 244, 355, 386, 568 f.; III. Teil 387 f.

Chroniken. Unter den Chroniken, die sich mit den Schicksalen der Burg beschäftigen, sei an erster Stelle die von Engelbert Wusterwitz um 1430 abgefaßte Märkische Chronik genannt, nicht mehr in Urschrift vorliegend, sondern nur in Auszügen der gegen Ausgang des 16. Jahrhunderts lebenden Angelus und Hafftiz (vgl. Heidemann, Wusterwitz' Chronik, Berlin, 1878), an zweiter Stelle Peter Beckers Chronicon der Stadt Zerbst (vgl. Kindscher, Anhalt. Urk.-Sammlung 1858).

Neuere Literatur. Bratring, Beschreibung der Mark (1801/5) II, 96 f. Berghaus, Landbuch der Mark (1854/5) I, 417, 654; II, 17. Fidicin, Territorien der Mark (1860) III, S. XVI. Heidemann, Die Mark unter Jobst von Mähren (1881), S. 210 ff. v. Sommerfeld, Beiträge zur Verfassungs- und Ständegeschichte der Mark (1904), S. 149. Curschmann, Diözese Brandenburg (1906), S. 186 f. Bahrfeldt, Münzwesen der Mark bis 1415 (1889), S. 268.

## Geschichte.

In der Geschichte des Städtchens heben sich vier Zeitabschnitte deutlich voneinander ab. Zuerst das Zeitalter der deutschen Kolonisation im 12. und 13. Jahrhundert, in dem die hart am Nordrand des inselartig aus dem Luch hervorragenden Ländchens gelegene Burg unter den Herren „v. Brisak", markgräflichen Vasallen, emporwuchs. Mit dem Aussterben der Askanier und dem Emporkommen der v. Bredow beginnt ein an Schicksalswendungen reiches Jahrhundert. Nach dem Einzuge der Zollern verlor jedoch das so oft belagerte Schloß an militärischer Bedeutung und führte vier Jahrhunderte hindurch unter der Botmäßigkeit der Bredows ein ruhiges Stillleben. Infolge der Stein-Hardenbergschen Gesetzgebung wurde das „adlige Mediatstädtchen" der Fesseln der Stadtherren ledig und rückte damit hinsichtlich der inneren Verwaltung und Verfassung auf die gleiche Stufe wie Rathenow oder Nauen.

Als die deutschen Kolonisten in das Havelland vordrangen, halfen Albrecht dem Bären und seinen Nachfolgern die Niederländer, — „Hollandri, Selandri, Flandri" heißt es in Helmolds Slawenchronik — als es galt, Kanäle und Dämme zu ziehen. So zeigte es sich auch als notwendig, einen Verbindungsweg zwischen dem eigentlichen Havelland — territorium Obule — und den Ländchen Bellin und Ruppin herzustellen. Als Hüterin dieses Passes wurde Friesack erbaut; ob der Name aus Friese und dem hochdeutschen „ach", niederdeutsch „ack" = „fließendes Wasser" zusammengesetzt ist, bleibe dahingestellt.

Beiläufig wird „Brisac" bereits in einer im Brandenburger Domarchiv ruhenden Urkunde Bischofs Siegfried von 1216 als Grenzpunkt des vom Domkapitel beanspruchten Archidiakonatgebiets genannt. Schon damals wird die Burg als Lehn des Markgrafen den Angehörigen des Geschlechts v. Jerichow gehört haben, das altsächsischen, nicht wendischen Ursprungs war und urkundlich bereits 1144 erscheint. An einer Urkunde vom 8. Februar 1256 im Brandenburger Domarchiv, laut der Richard v. Friesack dem Domstift die Vogtei über Damme verschrieb, hängt ein Siegel mit der Umschrift „Richardus de Jerichow", woraus erhellt, daß die Burgherren von Friesack jenem berühmten Geschlecht angehörten. Wahrscheinlich eben derselbe Richard übte auch die Münzgerechtigkeit aus. Eine Silbermünze hat sich erhalten, die auf der Vorderseite das Seeblatt der Herren v. Friesack trägt mit der Umschrift: „[Ric]hardus de Vris". Um die Wende des 13. Jahrhunderts fiel die Burg mit den sie umgebenden Wohnstätten der Mannen — dem Kerne des künftigen Städtchens — an die Askanier zurück, und am 14. August 1318 stellte Waldemar hier eine Urkunde für das Bistum Havelberg aus.

In den unruhvollen Zeiten unter dem ersten Wittelsbacher Markgrafen vollzog sich eine entscheidende Wendung. Markgraf Ludwig, der den vier Brüdern Peter, Kopeko, Willeko und Matthyas v. Bredow ein Darlehn von 3200 Mark Silber nicht zurückzuerstatten vermochte, übergab ihnen laut Lehnbrief vom 5. Dezember 1335 im Geheimen Staatsarchiv „tu eime rechten Lene mit samender Hant" „dat

Hus und die Stat tu Brisac mit deme Lande, dat dartu horet, mit der Zuzen und mit den Dorpen, die dartu horen". Dafür ließen die Bredows ihrem Landesherrn 700 Mark von der Schuld ab, verpflichteten sich aber zugleich, gegen Rückzahlung von 2500 Mark Schloß und Stadt dem Markgrafen wieder auszuliefern. Nie kamen die Wittelsbacher in die Lage, die Summe zurückzubezahlen, und so verblieb Friesack bei den Bredows. In dem Bürgerkrieg zurzeit des falschen Waldemar widerstand 1319 die Burg den Feinden des Wittelsbacher Markgrafen, und dankbar versprach Ludwig der Römer den Bredows, bis zur Höhe von 300 Mark Silber Ersatz zu leisten für die Kosten, die sie „up erem Huse tu Brysak gedragen hebben". Um 1375 hatte Hasso v. Bredow die Burg zum Lehn, „Frysag Hasso de Bredow tenet a domino in pheudum", so heißt es im Landbuch Kaiser Karls IV. im Geheimen Staatsarchiv.

Während der furchtbaren Wirren unter Jobst v. Mähren gegen Ausgang des 14. Jahrhunderts verbündeten sich Hasso und Lippold Bredow mit den Magdeburgischen gegen den Luxemburger. Doch Friesack ward von ihren Feinden eingenommen, die Burg wurde auf Jobsts Betreiben von den märkischen Ständen dem Hasso aberkannt und an Balthasar v. Schlieben gegeben, der hier bis zum Jahre 1409 saß. Nach seinem Tode verkaufte Jobst ungescheut die Burg und ihr Zubehör für 2000 Schock böhmische Groschen an Dietrich v. Quitzow, und zwar zu erblichem Besitz. Doch dieser Akt des „großen Lügners" Jodocus hatte keine dauernden Folgen, dank dem Eingreifen des ersten Zollern. Zu Beginn des Jahres 1414 ließ er zu Zerbst, wo Dietrich noch einmal persönlich mit ihm hatte verhandeln wollen, dem Ritter melden, in Friesack sollte auf einem Gerichtstag der Quitzows Sache entschieden werden oder, wie Dietrich später schrieb, „den Rechtdach, den hy meynde, de leyde hy my vor Fryzeke, unvorwaret syne Ere, er dy synen dar vor legen" (. . . ohne Rücksicht auf seine Ehre, ehe die Seinen davorlagen). Mit gewaltigen Streitkräften erschien Friedrich im Februar vor Rathenow, das sich sofort ergab. Unverzüglich rückte er mit Balthasar, dem Fürsten der Wenden, dem Grafen Ulrich zu Lindow, Herrn Johann v. Biberstein und dem Ritter Otto Pflug sodann vor Friesack. Noch bevor die Burg gänzlich umschlossen war, rettete sich Dietrich durch eilige Flucht; die Burgmannen aber dingeten sich ab und übergaben die Burg, wie der Zerbster Bürgermeister Becker erzählt. In einem zeitgenössischen Liede wird des Burggrafen Friedrich Waffentat freudig besungen:

„Darnegest sach man wancken,
Thn Frysck by den Plancken
Vil mannigen stolten Francken,
Dy wolden Ritter werden."

„Sy schotln mit Bussen grote Steene,
Dy Ritter ripen algemeene:
Help uns Maria, Magehet reene,
Dat wy dysen Homut stuten."

Einer der treuesten Anhänger Friedrichs war damals der junge Hasso v. Bredow. Der Kurfürst belohnte seine treuen Dienste damit, daß er ihm laut Urkunde im Geheimen Staatsarchiv vom 16. Oktober 1427 mit „Frisach, Sloß und Stettichen", das ihm wahrscheinlich schon vorher als antichretisches Pfand für vorgestreckte

Summen übergeben worden war, belehnte. Von nun an blieben die Bredows, deren verschiedene Linien besondere Anteile an Friesack hatten, fest im Sattel. Vornehmlich Hartwigs Tätigkeit war bemerkenswert. Er ließ um 1558 das Schloß neu erbauen sowie einen etwa 4 km langen Damm durch das Luch nach dem Zootzen hin ziehen. Noch im Dreißigjährigen Kriege war die Burg so wehrhaft, daß die Kaiserlichen unter Gallas, um den Paß zu beherrschen, sich 1638 hier so lange festsetzten, bis die Schweden sie nach längerer Belagerung aushungerten.

Nach dem Kriege riß Hans Christoph v. Bredow den ihm gehörigen Anteil der Schloßmauer ab, um mit den Steinen eine von den Soldaten abgebrannte Wassermühle wieder aufzubauen. Matthias Christoph (1685—1731) und besonders Johann Friedrich Siegfried (1729—1796), der 1775 in den Alleinbesitz gekommen war, brachen alle altertümlichen Mauerreste ab; das jetzt noch stehende Fachwerkgebäude wurde erbaut, umgeben von „niedlichen englischen Anlagen da, wo ehedem lichtscheue Ritter und Knappen zwischen ellendicken Mauern hausten". Ein aus Brettern errichtetes Lusthaus bezeichnete fortan die Stelle des alten Schlosses.

Von dem durch Brände vielfach heimgesuchten Städtchen, das als Zeichen der Unterordnung unter der Schloßherrschaft, wie „das Siegel der Stadt Friesack" von 1619 zeigt, innerhalb eines von einem Adler gekrönten Tores den Bredowschen Steighaken im Wappen führte, berichtet Gundling in seinem Atlas von 1724: „Ein Städgen an dem Rhin, gehöret denen Herrn v. Bredow".

Infolge der Stein-Hardenbergschen Gesetzgebung trat nach 1808 eine Scheidung ein zwischen dem nunmehr selbständigen Bezirk der Stadt, die symbolisch die veränderte Rechtslage durch Entfernung des Steighakens aus dem Wappenbild zum Ausdruck brachte, und dem Gutsbezirk. Jene zählte um 1860, Boeckhs Statistik des Regierungsbezirks Potsdam zufolge, 3144 Einwohner in 295 Wohnhäusern, dieser einschließlich der Vorwerke Karolinenhof und Friesacker Zootzen 200 Einwohner.

Die weite Entfernung der Haltestelle der 1845 erbauten Berlin-Hamburger Bahn wirkte hemmend, ebenso wie der verheerende, in der Geschichte des Geschlechts v. Bredow (I, 420) ausführlich geschilderte Brand von 1841, nach dem die 1798 in den Grafenstand erhobene Gutsherrschaft sich außerhalb des Städtchens ansiedelte. So kamen die Ackerbürger mit ihrer weiten, aber sandigen und sumpfigen Gemarkung (1600 Morgen Acker und nahezu 5800 Morgen Wiesen, Weiden und Wald) wenig voran. Doch verspricht die neuerdings in Angriff genommene Melioration des Luchs nördlich der Stadt von großer Bedeutung zu werden.

## Topographie.

Friesack hat infolge der vielen großen Brände, durch die es heimgesucht worden ist und von denen namentlich der im Jahre 1702 den größten Teil der Stadt eingeäschert hat, viel von seinem früheren Aussehen und seiner ursprünglichen Anlage verloren (Abb. 22 und 23). Immerhin kann man sagen, daß die von jeher offene Stadt dicht am Rhin gelegen war und sich von ihrem Kerne, der Burg (siehe S. 31), nach Südosten ausgebreitet hat. Die Hauptstraßenzüge, nämlich die breite Markt-

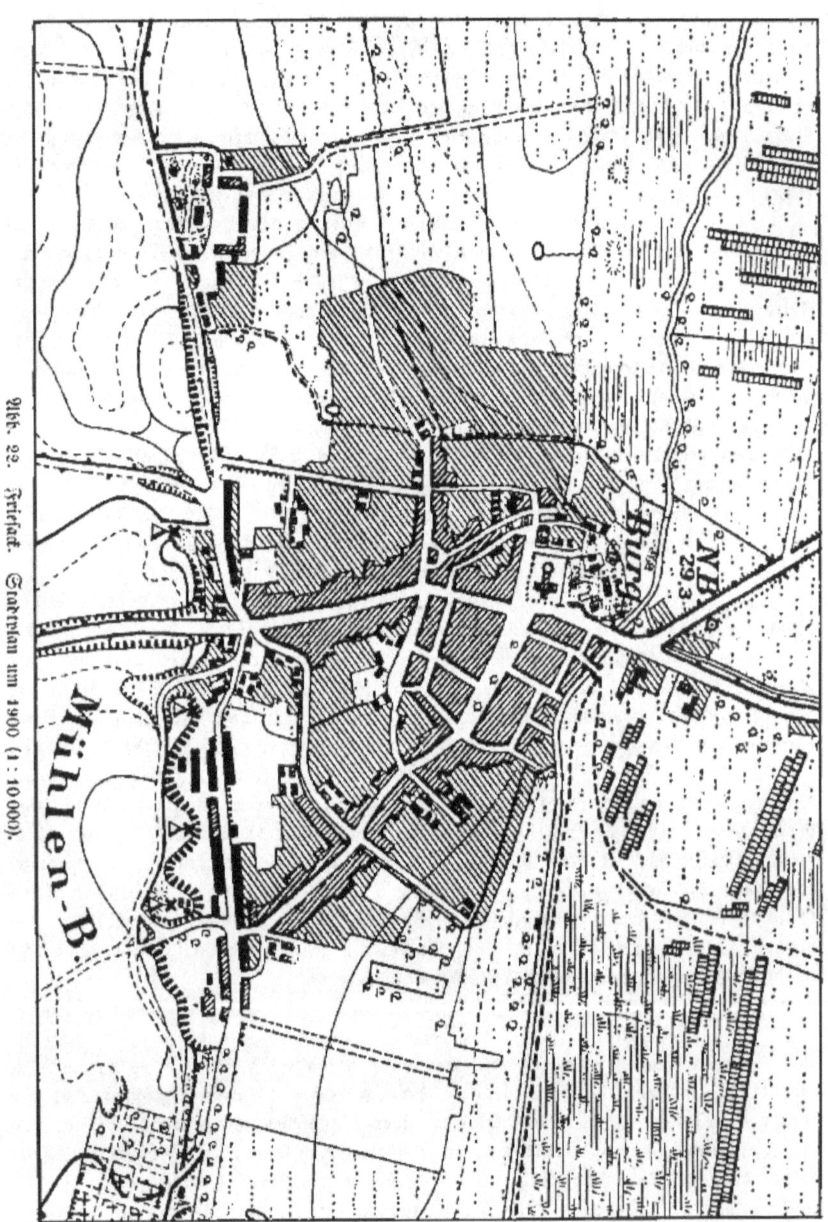


Abb. 22. Friesack. Stadtplan um 1900 (1 : 10000).

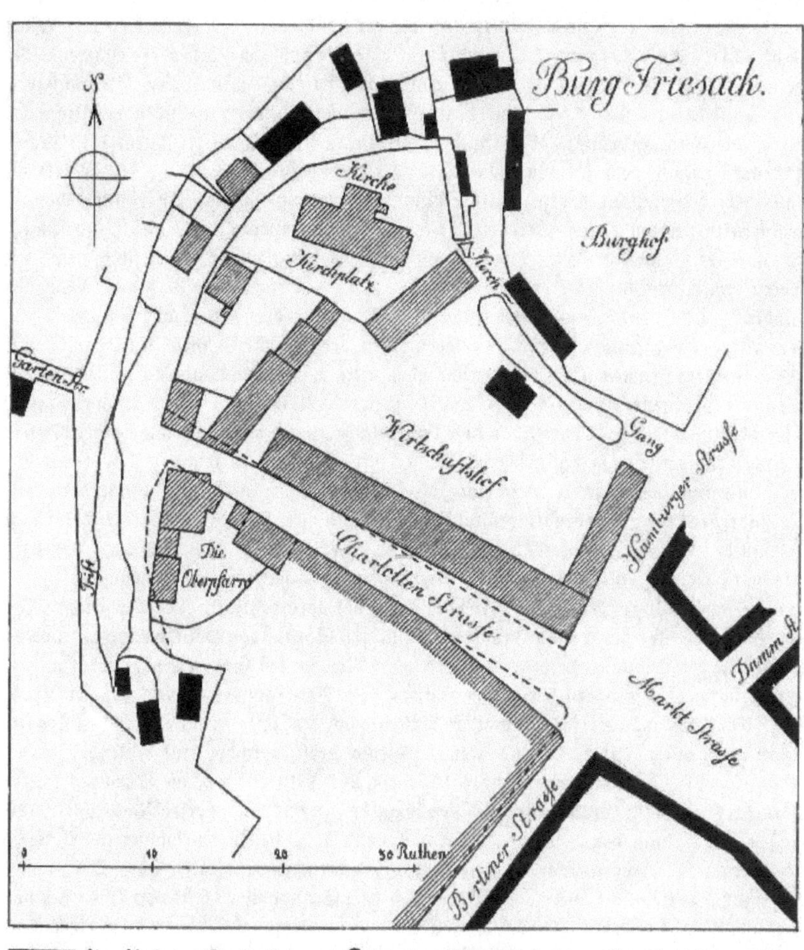


Im Jahre 1841 abgebrannte Gebäude. bei dem Brande stehen geblieben.

Abb. 23. Friesack. Plan des nordöstlichen Teiles der Stadt vor dem Brande von 1841.

straße mit westöstlicher Richtung und die nordsüdlich verlaufende Hamburger bzw. Berliner Straße, auch Lange oder Vorstadt-Straße genannt, die früher den Namen Rathenower Straße führte, kreuzen sich an der Südostecke der einstigen Burgfreiheit (Abb. 23). Außerdem gab es noch fünf kleine Gassen ohne besondere Namen. Im breiten Teile der Marktstraße stand einst das Rathaus mit seinen Fleischscharren und Brotbänken. Die Kirche mit dem Friedhof war in die äußerste nordöstliche Ecke hinter die Burg gedrängt, aber (nach Bratring II, 97) von dieser durch den Graben getrennt. Nach dem Brande von 1841 verlegte man sie nahe an den Markt auf das Gebiet der alten Burgfreiheit. Wie weit die regelmäßige Anordnung der sich rechtwinklig schneidenden Straßen noch auf den ursprünglichen Plan zurückgeht, ist aus den vorliegenden Quellen nicht mehr festzustellen. Bezeichnungen von Toren treten erst in späterer Zeit auf. Von alter Befestigung ist nichts mehr vorhanden. Doch kann man den Zug des Grabens, der die Stadt umschloß, aus den älteren Plänen noch deutlich ersehen. An der südwärts über den benachbarten Wallfahrtsort Briesen nach Nauen führenden Straße lag höchstwahrscheinlich das 1541 genannte Georgshospital mit seiner Kapelle (Riedel VII, 66) und seinem 1616 genannten Kirchhof (Riedel VII, 73). Noch auf dem Plane von 1825 finden wir an der Ostseite der Rathenower Straße ein größeres Gebiet mit „Kirchhof" bezeichnet. Zwischen dem Hospital und dem Stadttore scheint sich schon im Laufe des 18. Jahrhunderts eine Vorstadt gebildet zu haben (Vorstadtstraße). Auch nach Osten sehen wir bereits zu Beginn des 19. Jahrhunderts die Anfänge zu einer solchen. Ob hier etwa die 1455 erwähnte Heiligegeistkapelle (Riedel VII, 56) gelegen hat, bleibe dahingestellt.

Die ehemalige Burg von Friesack lag in der nordwestlichen Ecke der Stadt (Abb. 23) in dem Teile, der im Norden vom Rhin, im Süden von der Charlotten- und im Osten von der Dammstraße begrenzt wird. Im Nordwesten sprang der Friedhof mit der Kirche vor. Ein Graben, der beim Damm vom Rhin abzweigte und bei der Kirche sich wieder mit ihm vereinigte, war in Resten noch bis 1841 erhalten. Er schloß die eigentliche innere Burg ein und trennte Kirche nebst Kirchhof und Burgvorhof ab. Nach einer Beschreibung vom Jahre 1551 (Riedel VII, 46) war die Burg mit starken Mauern sowie mit Gräben und Wällen umgeben. Aus mancherlei Nachrichten über die spätere Teilung der Burg in drei Anteile und bauliche Unternehmungen auf diesen erhalten wir über die Anlage der geschichtlich bedeutsamen mittelalterlichen Burg keinen Aufschluß. Die Ansicht, welche die Burg nach dem Brande von 1620 von Osten her bot, zeigt uns vielleicht ein Bild, das sich im Gutshaus zu Görne als Hintergrund eines Porträts befindet. Bald nach dieser Zeit errichtete Lippold v. Bredow innerhalb der Schloßfreiheit ein Wohnhaus von mäßigem Umfange, das höchstwahrscheinlich der im Plane von 1811 am Nordostrande der Freiheit nächst dem Graben der inneren Burg verzeichnete Bau ist.

## Denkmäler.

Die frühere **Kirche** des Städtchens war nach Bratring II, 97 ein massiver Bau mit Holzturm. Die jetzige Kirche ist ein Putzbau von 1841 in romanischen Formen, wie man sie damals verstand. Die im Innern an beiden Langseiten durchlaufenden Emporen werden gemeinsam mit der Holzdecke von schlichten Holzpfosten getragen.

Zwei Kelche, Silber vergoldet, zeigen die Marke Berlins (kleiner Bär), der eine von ihnen ist 1725 datiert.

Die zwei größeren Glocken wurden 1844 von C. Rubon in Berlin gegossen.

Im ehemaligen Burggebiet steht jetzt noch ein großes rechteckiges Fachwerkgebäude, das den Brand von 1811 überdauerte und im Jahre 1774 errichtet ist. Diese Jahreszahl trägt noch ein Schlüssel des Hauses. Die Backsteinmaße seines Kellers sind 27 × 12 × 8 cm.

Das städtische **Museum** im Rathause enthält u. a. einige ältere Wetterfahnen (1617, 1800, 1812), das Aushängeschild eines Schmiedes von 1757, eine Anzahl Kohlenbecken, das alte Kastenschloß der Kirche, barock verziert, Backsteine von den Grundmauern der Burg, einen messingnen Wassereimer, wie er früher üblich war, sowie den Entwurf für das Standbild des Kurfürsten Friedrich I. von Brandenburg von Calandrelli. Auch befinden sich im Rathause Pläne von Teilen der Stadt aus den Jahren 1805, 1825 und 1811 (Abb. 23), nach den drei Bränden aufgenommen.

Südlich von der Stadt wurde i. J. 1894 das von Calandrelli ausgeführte bronzene **Denkmal** des Kurfürsten Friedrich I. von Brandenburg errichtet.

## Garlitz.

Garlitz, Dorf 10 km nordöstlich von Pritzerbe. 610 Einw., 2187 ha.

Laut einer Urkunde im Domarchiv zu Brandenburg mit dem wohlerhaltenen Siegel des Bischofs Wilmar von Brandenburg wurde 1161 dem neubegründeten Domkapitel durch den Bischof „Garzelize" samt dem Zehnten übereignet (Riedel, Codex VIII, 105; Verzeichnis der Kunstdenkmäler, Stadt und Dom Brandenburg, Tafel II und S. LII). Von den 40 Hufen der Gemarkung von „Garselitz" gehörten dem Pfarrer drei (Karolinisches Landbuch, Geh. Staatsarchiv). Bis ins 19. Jahrhundert hinein standen dem Kapitel die gutsherrlichen Gerechtsame in Garlitz zu (vgl. auch Kirchenvisitation von 1541, Riedel VII, 500); 20 Hufner bestellten die 40 Bauernhufen laut Schoßkataster von 1621 (Geh. Staatsarchiv). Das Patronat hat noch heute das Domkapitel.

**Kirche,** Neubau von 1826, mit Ostschluß in 3/8; Fenster groß, hoch, rechteckig, mit geradem Sturz, außen mit Faschen und Deckgesims. Decke glatt geputzt. Der quadratische Turm vor der Westfront massiv, mit spitzem, achteckigem Helm.

Kanzelwand ganz schlicht.

Kelch, Silber vergoldet, 21,5 cm hoch. Der Fuß in Sechspaßform, die Kuppa ganz wenig ausgeschweift, der Knauf noch fast gotisch, mit rautenförmigen Zapfen verziert, auf denen die Buchstaben J H E S U S stehen (17. Jahrhundert).

3*

Zwei fünfkerzige, 2 m hohe hölzerne vergoldete Standleuchter, Empire.

Altes Gemälde auf Holz von Klinzmann, das die frühere Kirche vor dem Brande von 1822 darstellt (eine Barockkirche).

Zwei Glocken, 1823 von Hackenschmidt in Berlin gegossen.

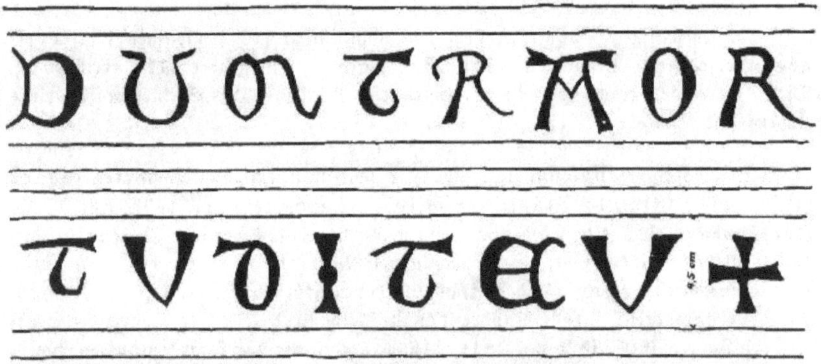

Abb. 21. Görne. Inschrift der kleinen Glocke.

## Görne.

**Görne**, Dorf 6 km südwestlich von Friesack. 371 Einw., Landgem. 1004 ha, Gutsbez. (einschließlich Dickte) 351 + 857 ha.

Das wohl schon 1335 zugleich mit dem Ländchen Friesack an die Bredows gekommene „Gorne" erscheint urkundlich 1353 sowie in dem von Riedel abgedruckten Visitationsprotokoll von 1541, dem zufolge Klessen Filial war (vgl. Rep. 47 im Geh. Staatsarchiv; Riedel, Codex VII, 51 und 69). Der Ritterhof, von dem wir erst durch einen Teilungsvertrag der Söhne des Henning v. Bredow vom 31. März 1601 erfahren, kam um 1734 für 8500 Taler an Gebhard Ludwig v. Bredow auf „Kleessen", dessen Enkel Friedrich Wilhelm Ludwig 1798 in den Grafenstand erhoben wurde (Geschichte des Geschlechts v. Bredow I, 61 f., 369, 405). In dem neuen Wappen wurde das Wappenschild des Geschlechts v. Perkentin, dem Gebhard Ludwigs Gemahlin entsprossen war, mit dem Bredowschen Steighaken verbunden. Nach dem Tode des ersten Grafen 1820 trat eine Teilung seines Besitzes ein, wobei die auf 44000 Taler geschätzten Güter Görne sowie auch Dickte — ursprünglich ein Dorf, das aber schon frühzeitig im 14. Jahrhundert wüst geworden war und im Lehnbrief von 1614 als „Gut und Schäferei" erscheint — an Friedrich Gebhardt Heinrich Ludwig kamen, dessen Nachkommen sie noch heute besitzen (Geschichte des Geschlechts v. Bredow, I, 244, 302 f., 407). In statistischen Übersichten werden 1624 in „Görden" 15 Bauernhöfe angeführt, um 1805 10 Bauern und 8 Halbbauern, daneben 2 Kossäten.

**Kirche** in Saalform von 1728 aus neuerdings (1897) überputztem Fachwerk. Der Kirchenraum ragt in den Dachstuhl hinein (wie in Klessen), an jeder Seite

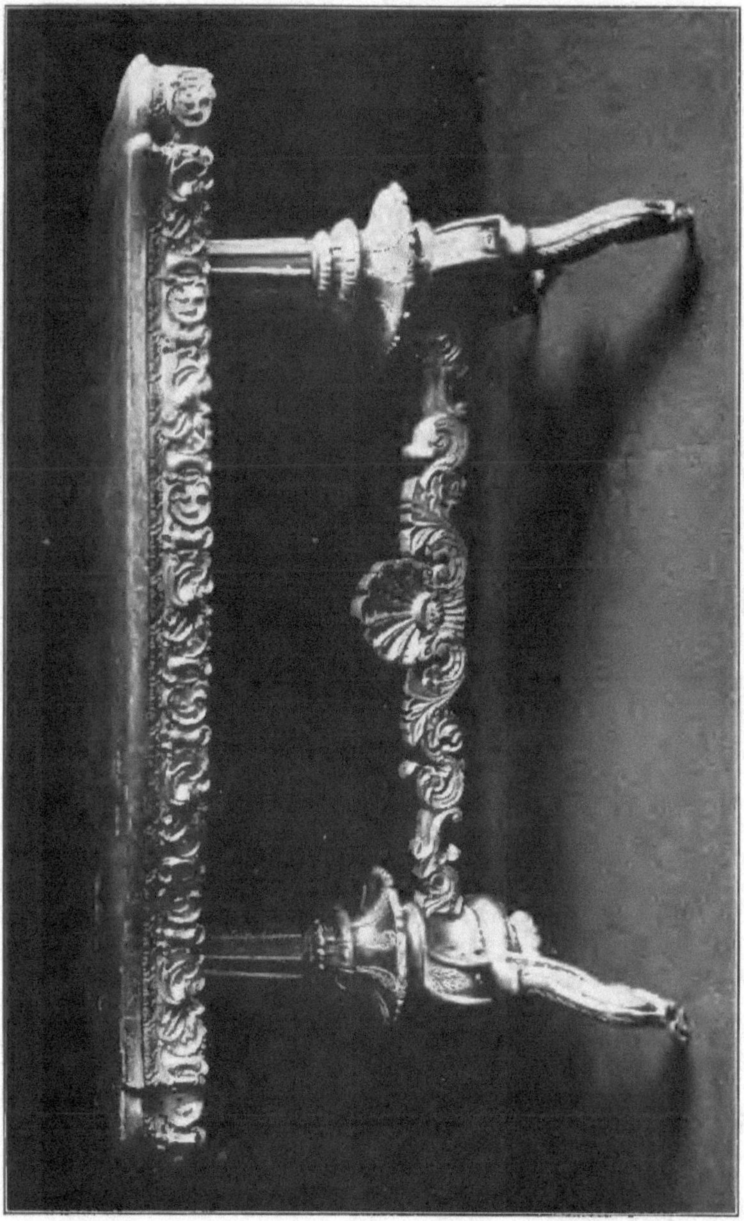

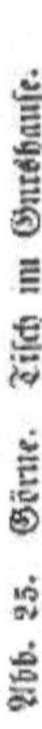

Abb. 25. Görne. Tisch im Gutshause.

zwei Holzsäulen. Die Fenster waren rechteckig und wurden erst 1897 spitzbogig gemacht mit hölzernem Maßwerk (!). Der quadratische Turm von 1740 auf dem Westgiebel, ebenfalls aus Fachwerk, war früher höher, jetzt schließt er in einem stumpfen Pyramidendach.

Altar mit Kanzel einfach Rokoko, die Architektur gut, zwei Säulen mit Kompositkapitellen.

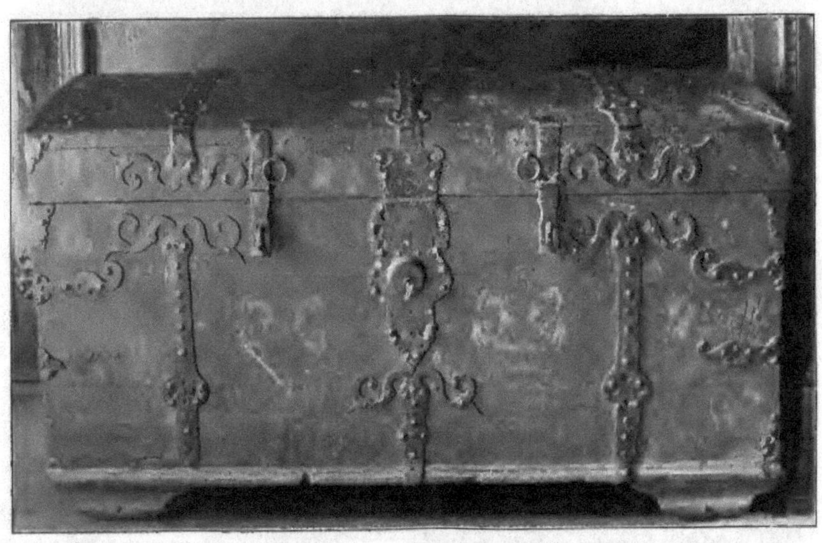

Abb. 26. Görne. Truhe im Gutshause.

Eine achteckige Holztaufe aus dem 17. Jahrhundert.

Zwei kleine dicke Bronzeleuchter, 29 cm hoch, von 1619. An einer Stuhlwange ein Prophet (?) mit Buch, in Öl gemalt.

Drei Glocken. Die große von 0,88 m Durchmesser ohne Inschrift und Ornament, nur glatte Linien am Halse.

Die zweite von 0,64 m Durchmesser in Zuckerhutform, ohne Inschrift und Ornament, nur am langen Felde ein undeutlicher Brakteat.

Die kleine Glocke hat 0,42 m Durchmesser und ist von schlanker aber nicht unschöner Form, mit Inschrift (Abb. 21) am Halse in erhaben frühgotischen Majuskeln ( „DUM TRAHOR AUDITE V"), die offenbar nicht in den Mantel geritzt, sondern in Wachsmodellen auf das Hemd geklebt sind, da sie flach und breit erscheinen. 14. Jahrhundert.

**Gutshaus.** Das einfache, 1786 errichtete Gebäude mit Mansarddach wurde Ende des 19. Jahrhunderts vollständig erneuert, der Seitenflügel neu gebaut. Im

Gartensaale sind die Wände mit sieben in Leimfarbe ausgeführten phantastischen Landschaften geschmückt, deren Gegenstände ziemlich willkürlich aus Ruinen, Palästen und Bauernhäusern zusammengesetzt sind. Über den Türen befinden sich drei allegorische Darstellungen mit weiblichen Figuren. Aus dem Mobiliar sind hervorzuheben: der in Abb. 25 wiedergegebene Tisch von 1,42 m Länge und 0,70 m Breite aus dem Ende des 18. Jahrhunderts, zwei Truhen mit schönem Beschlag in der Halle, darunter eine von 1681 (Abb. 26). Ferner ein Schrank mit eingelegten geometrischen Formen, ein Wandspiegel aus dem Anfang des 19. Jahrhunderts, ein kleiner Seitentisch mit chinesischer Lackmalerei und eine Bronzekrone für 12 Kerzen in Empire, aus drei mit Prismen behängten Reifen.

In der Halle hängen eine große Anzahl von Familienbildern, darunter das des Brandenburger Dompropstes Hans Heinrich v. Bredow (1581—1641 laut Inschrift). Einige der späteren, aus friderizianischer Zeit, sind in Pastell ausgeführt. Auf einem Bildnisse des Georg v. Bredow, der in voller Rüstung und Allongeperücke mit dem Helm in den Händen dargestellt ist, befindet sich rechts ein landschaftlicher Hintergrund, der vermutlich die Burg Friesack darstellen soll. Abgesehen von einigen Übertreibungen in der Größe der Wasserflächen und Hügel macht die Darstellung den Eindruck der Richtigkeit.

Unter den **Wohnhäusern** des Dorfes ist das von Könike (Nr. 6) anscheinend eine ältere Anlage. Neben dem Eingang in der Mitte der Front springt links der „Spieker" vor. An den Flur schließt sich hinterwärts die Küche mit Rauchfang, zu beiden Seiten liegen je eine Stube und Kammer und dahinter der Stall.

## Gohlitz.

**Gohlitz**, Dorf 10 km südwestlich von Nauen. 369 Einw., 1018 ha.

Das in einer Urkunde des Brandenburger Bischofs Siegfried von 1173 zuerst erwähnte Dorf „Goliz" kam 1211 durch Kauf vom Markgrafen Johann an das Kloster Lehnin, bei dem es bis zur Säkularisation der Klostergüter 1511 verblieb (Riedel, Codex VIII, 110 und 202). Um 1800 gehörte das große, 60 Hufen umfassende „Gohlitz" zum Domänenamt Nauen, dessen gutsherrliche Gerechtsame im 19. Jahrhundert zur Ablösung gelangten (Schoßkataster von 1624, Geh. Staatsarchiv; Bratring, Beschreibung der Mark 1805, II, 112).

Der breite mächtige Turm und der Westteil der **Kirche** (etwa 2/3) sind mittelalterlich (15. Jahrhundert). Die östliche Verlängerung ist barock (aus kleinem Format), vielleicht an Stelle eines gotischen eingezogenen Chores errichtet. Die Längswände zeigen im älteren Teil innen hohe Spitzbogennischen, in einer derselben an der Südseite noch ein (jetzt vermauertes) Spitzbogenfenster. Die Decke jetzt glatt geputzt. Der Turm von der Breite des Schiffes, mit Ecklisenen (wie in Pessin), schließt jetzt stumpf mit Walmdach; kleine Schallöffnungen, Backsteinformat 30 × 14 × 9 cm. Das hohe Erdgeschoß ist nach dem Schiff mit mächtigem Spitzbogen geöffnet. Wölbung angelegt, aber nicht ausgeführt. Ostteil der Kirche und fast alle Fenster barock (mit Rundbogen), ebenso der Dachstuhl. An der Westseite des Turmes kleine Fachwerkvorhalle.

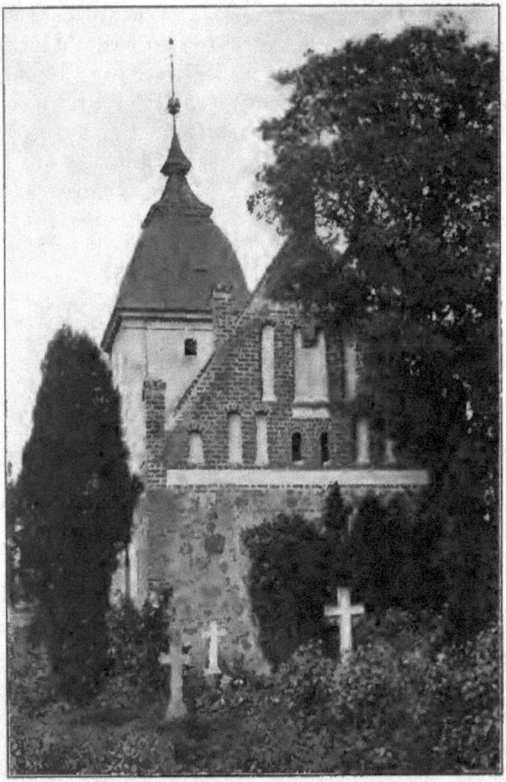

Abb. 27. Gortz. Kirche von Osten.

Die **Orgel** von 1773 steht auf der Nordempore.

Ein glatter runder **Kelch** von 1703, Silber vergoldet.

Auf dem Kirchenboden eine Anzahl dunkelbraun glasierter **Ofenkacheln**, deren jede in der Mitte mit einer barocken Kartusche verziert ist.

Zwei **Glocken**, die große 1716 von Joh. Jacob Schultze in Berlin, die kleine 1701 von Otto Ehlers gegossen.

## Gortz.

**Gortz**, Dorf 12 km nordöstlich von Brandenburg. 301 Einw., Landgem. 915, Gutsbez. 143 ha.

Am 5. September 1371 trat Tile Selchow, der zusammen mit Jan v. Buk im Dorfe „Garze" begütert war, die von mehreren Hufen zu leistenden Abgaben dem Antonius-Altar in der Gotthardtkirche der Altstadt Brandenburg ab (Urk. im Brandenburger Stadtarchiv, Riedel, Codex IX, 57). Laut Landbuch Kaiser Karls IV. im Geheimen Staatsarchiv gehörten um 1375 von den 34 Hufen der Gemarkung zwei dem Pfarrer, fünf Claus Hennecke, der hier einen Ritterhof, curiam, besaß und mit der Gerichtsbarkeit und den durch die Bauern zu leistenden Wagendiensten vom Markgrafen belehnt war (Ausg. von Fidicin, S. 101). Später waren die besonders zu Ketzür begüterten „Broßeke" laut Schoßregister von 1480 (Kgl. Bibliothek zu Berlin) ansässig, denen 1652 der Große Kurfürst die Belehnung mit „Görtz" erteilte (Geh. Staatsarchiv, Rep. 78. II, B 184 und B 179: Spezifikation des

v. Bröfickeschen Besitzes). Noch 1828 waren die v. Bröficke zusammen mit den v. d. Hagen in Gortz begütert (Bratring, Beschreibung der Mark 1805, II, 112; Matrikel von 1828 bei v. Eickstedt, Beiträge zu einem neueren Landbuch); ihnen folgten bürgerliche Besitzer. Die im Schoßkataster von 1621 angeführten 11 Bauernhöfe haben sich bis in das 19. Jahrhundert hinein gehalten.

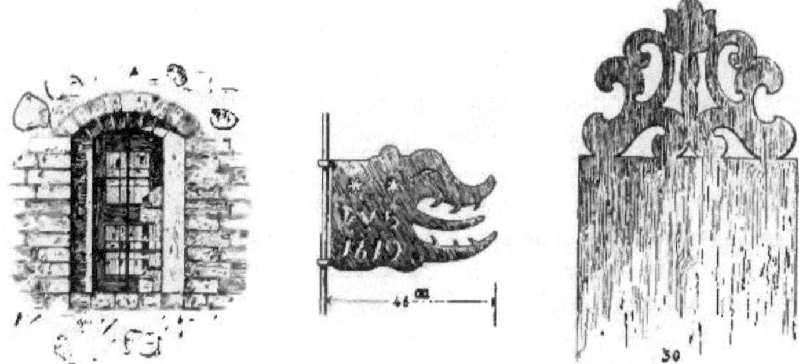

Abb. 28. Gorn. Kirche. Fenster der Südseite, Wetterfahne und Bankwange.

Gotische **Kirche** (Abb. 27) in Saalform, aus Feldstein mit Backsteinkanten. An der Südseite ist eines der alten kleinen Stichbogenfenster (Abb. 28) sowie die Spur eines zweiten erhalten. Die anderen Fenster sind groß, fade barock, in Korbbogen, scharfkantig, flach, ohne Umrahmung. Die alte Spitzbogentür an der Südseite ist vermauert, besteht aber noch als Blende; sie ist zweimal kantig abgestuft, der äußere halbsteinige Bogen mit einer Läuferreihe eingefaßt. Backsteinformat 29×13×8,5 cm. Der Ostgiebel aus Backstein (Abb. 27) mit Blenden verziert, an der Kante zerstört und mangelhaft ausgebessert. Der barocke Turm nachträglich vor den Westgiebel gebaut, nach der Jahreszahl in der Wetterfahne vermutlich von 1619 (Abb. 28). Dachstuhl aus dem 18. Jahrhundert, der westliche Teil später als der östliche, weil an Stelle eines früheren Dachreiters errichtet (Mitteilung des Pastors Kersten in Ketzür). Decke glatt geputzt. Die 1701 durch Brand beschädigte Kirche wurde 1706 mit neuem Dache versehen und 1721 ausgebaut (Beckmanns Nachlaß im Geh. Staatsarchiv und Ledeburssche Umfrage von 1842).

Altar mit Kanzel barock, seine zwei gewundenen Säulen mit Weinlaub und Ähren verziert (vielleicht nach dem Brande 1701 gestiftet).

Hölzerne Taufe, hervorragend durch Größe und Ausführung, achteckig, fast in Form einer Kanzel, bemalt. An den Ecken Säulchen auf kleinen Postamenten, die von schnörkeligen Konsolen aus Brettern getragen werden. Diese vereinigen sich zu einem Fuß, dem eine kräftige Basis fehlt (steckt vielleicht im Fußboden). In den Füllungen die Kniestücke von acht Aposteln gemalt.

Die Bankwangen mit ausgeschnittenen Bekrönungen (Abb. 28), die mittlere Tulpe darin rot, das andere grau.

Taufschüssel Messing getrieben, in der Mitte der Englische Gruß.

Zwei Messingleuchter, 32 cm hoch, glatt profiliert.

Zwei Glocken, 1718 von Christian Heintze in Berlin und 1740 von Daniel Heintze in Berlin gegossen.

## Gräningen.

**Gräningen**, Dorf 10 km südöstlich von Rathenow. 215 Einw., 1121 ha.

Dem Landbuch Kaiser Karls IV. im Geheimen Staatsarchiv zufolge zählte „Greninghen" 25 Hufen, mit denen es wohl schon im Zeitalter der deutschen Kolonisation ausgestattet worden war. Damals, um 1375, saßen hier die Gebrüder Arnt und Nicolaus v. Lochow als Lehnsträger des Brandenburger Bischofs, zu dessen Tisch das Dorf mitsamt allen Gerechtsamen gehörte (Ausg. des Landbuchs von Fidicin, S. 109). 1383 überließ Bischof Dietrich „Grennynghe" dem Domkapitel gegen andere Güter. Die im Kataster von 1621 erwähnten 8 Hufner und 7 Kossäten hielten sich bis ins 19. Jahrhundert hinein in „Gröningen", woselbst die dem Domstift gehörigen Gerechtsame zur Ablösung gelangt sind.

**Feldsteinkirche**, geputzt, aber im Kern der Mauer mittelalterlich, mit sauber behauenen Ecksteinen. Das Schiff und der eingezogene, gerade geschlossene Chor sind noch zu unterscheiden. Die Fenster sind jetzt alle rechteckig, vermutlich von dem Ausbau der Kirche in den Jahren 1731/36. An der Südseite noch eine Spitzbogentür mit mehrfach abgestuften Gewänden. An den Ecken dicke Strebepfeiler. Am Ostgiebel eine Bahrenkammer angebaut.

Der Turm von Holz, geschiefert, sitzt auf dem Westgiebel, der sich zu beiden Seiten an ihm hinaufzieht; geschieferter, spitzer, achteckiger Helm. Inschrift am Glockenstuhl: „DIESEN THURM HAT GEBAUT M. JACOB LEUWE" (in römischen Majuskeln), 1700.

Schiff und Chor haben noch die mittelalterlichen Dachstühle von gleicher Konstruktion, eichen, mit Längsverstrebung nur in der Dachebene, Fußsäulchen, Kreuzstreben und Kehlbalkenlage. 1732 wurden die Fenster geändert und der Triumphbogen abgebrochen. Im Jahre 1910 wurden der Turm mit nördlich anstoßender Bahrkammer und die Sakristei im Osten zwischen den beiden großen Strebepfeilern gebaut. Gleichzeitig bildete man die Decke als in den Dachstuhl reichende Holztonne aus.

Altar mit Kanzel von 1732, derbes Barock.

Glatte Messingtaufschüssel von 1686.

Zwei gotisch profilierte Bronzeleuchter von 35 cm Höhe.

Auf dem Kirchenboden ein schadhafter Taufengel.

Zwei Glocken, von denen die große 0,76 m Durchmesser hat. Die Öhre gerundet vierkantig, zur Hälfte glatt, halb als gewundener Strick ausgebildet. Am Halse zwischen glatten Linien Reliefs in Perlenkreisen (Abb. 29): 1) Auferstehung, 2) Krönung Mariä, 3) Verkündigung, 4) Kreuztragung Christi, 5) Geißelung, 6) Kreuzigung.

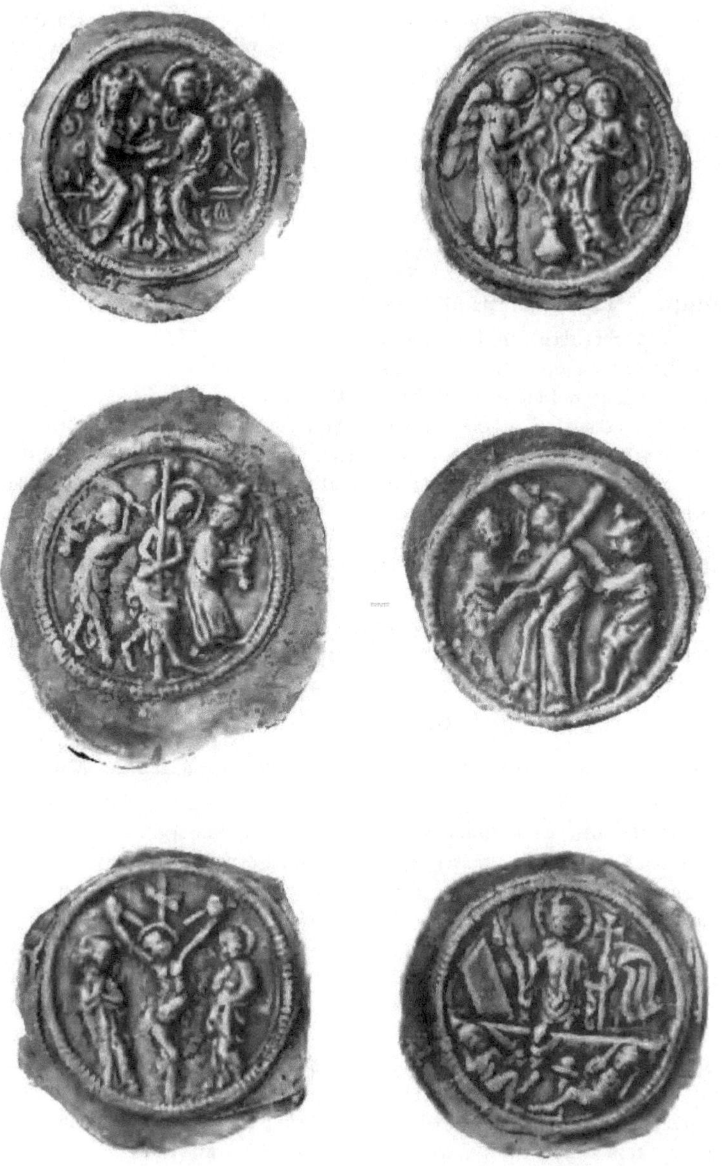

Abb. 29. Gräningen. Glockenreliefs.

Das Glockenhemd war glatt abgedreht. Die kleine Glocke von 0,70 m Durchmesser ist ohne Inschrift und Verzierung; Hemd glatt abgedreht, Öhre rundlich mit Taumotiv. Am Halse sechs glatte gezogene Linien.

Es sind noch einige alte zweistöckige **Bauernhäuser** mit Giebel an der Straße und mit fränkischer Hofanlage vorhanden. Die Strohdächer sind mit Firstklötzen befestigt, die Stirnlatten überkreuzt.

## Gülpe.

**Gülpe**, Dorf 8 km südwestlich von Rhinow. 343 Einw., 944 ha.

Das Fischerdörfchen, in dem laut Schoßkataster von 1624 im Geh. Staatsarchiv kein Bauer, dagegen 18 Fischer und 2 Kossäten wohnten, wird erst 1440 zum ersten Male erwähnt, als die v. d. Hagen zur Mollenburg mit 4 „Hoven" in „Golpe" belehnt wurden (Lehnskopiar, Geh. Staatsarchiv). Bis nach 1800 gehörten noch 2 Freihöfe denen v. d. Hagen und v. Bornstedt. Schon in Registern des Bischofs von Brandenburg von 1527—1529 wird „Gulpe" als Filia der Mater „Pretzem" (heute Prietzen) aufgeführt.

**Kirche** modern-romanischer Backsteinbau von 1885, mit ebensolchem Turm von 1865.

Zwei einfache Zinnleuchter mit ganz geradem Schaft von 1815.

Die Glocke ist 1777 von J. F. Thiele in Berlin gegossen.

## Gutenpaaren.

**Gutenpaaren**, Dorf 16 km nordöstlich von Rathenow. 383 Einw., Landgem. 384, Gutsbez. 508 ha.

In einer Urkunde von 1170 im Brandenburger Domarchiv bestätigte in Gegenwart des Markgrafen Otto ein Ungenannter, wahrscheinlich Bischof Wilmar von Brandenburg, seinem Domkapitel den Besitz des Zehnten in dem damals schon zur Pfarre in Zachow gehörigen „Parne" (Krabbo, Regesten I, 77; Riedel, Codex VIII, 108). Laut Landbuch Kaiser Karls IV. gehörte um 1375 das ganze Dorf samt einer „Olden Parne" genannten Örtlichkeit dem Propst und Kapitel. Die 1359 neuerbaute und vom Bischof Dietrich geweihte Kirche wurde von Zachow aus „kuriert" (Riedel VIII, 330). Die in einer Urkunde von 1326 „Parne bei Roskow" (prope Roskowe) genannte Ortschaft heißt im Schoßkataster von 1624 „Barnimb an der Hagel" oder „Guten Parnimb", in Bratrings Statistik der Mark (1805, II, 113) „Gutenpaaren". Von den 25 Hufen der Gemarkung hatten laut Schoßregister von 1480 die Brösicke 4 Freihufen; diese Ritterhufen, deren Zahl sich später etwa verdoppelte, gehörten bis zu Beginn des 19. Jahrhunderts Mitgliedern des märkischen Uradels, z. B. den v. Katte, späterhin den v. Eckenbrecher, heute der Familie Hornemann.

Im Jahre 1359 wurde hier eine **Kirche** geweiht (Riedel VII, 321), 1380 als „nye gestichtet" bezeichnet (Riedel VIII, 330). Die gegenwärtige stammt anscheinend aus dem Anfang des 16. Jahrhunderts.

Der Turm zum größten Teil modern-gotisch, von 1863, in der Wetterfahne die Jahreszahl 1770. Die Herrschaftsloge an der Nordseite, die Sakristei an der Südseite sowie die polygonale Apsis von 1863.

Mittelalterlich sind nur die drei Gewölbejoche des Schiffes (Abb. 30). Portal und Fenster modern. Einer der Gurtbögen zwischen dem zweiten und dritten Joch (von Westen) ist durch eine Gurtrippe von gleichem Profil wie die Diagonalrippen ersetzt. Die Schildbögen einfach kantig. Die Rippen ruhen auf schlichten Konsolen aus zwei Backsteinschichten, von denen die untere abgerundet ist. Die Schlußsteine sind rund und mit Wappenschilden verziert (Abb. 30). Dachstuhl aus der gleichen Zeit.

Die hölzerne Kanzel für sich in der Südostecke des Schiffes, weiß mit Gold, 18. Jahrhundert.

Orgelprospekt, dunkel Naturholz, mit etwas eingelegter Arbeit und vergoldeten Ornamenten. 18. Jahrhundert.

Kelch, Silber vergoldet, 1659.

Zwei Zinnleuchter, 1675.

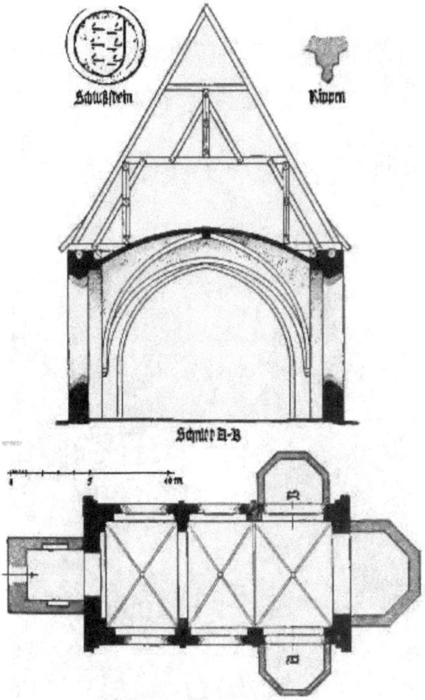

Abb. 30. Gutenpaaren. Grundriß und Schnitt der Kirche.

Taufschüssel, gestiftet 1687, Messing getrieben und versilbert. Im Mittelfeld: St. Georg kämpft mit dem Drachen, rechts die von ihm befreite Jungfrau (?), in den Lüften ein Engelchen und ein Stern, links oben ein Haus mit Turm und Altan, von dem aus ein Königspaar dem Kampfe zuschaut. Die sonst übliche schmückende Inschrift fehlt, dafür zwei Ornamentfriese.

Zwei Glocken. Die große von 0,82 m Durchmesser trägt Inschrift am Halse in gotischen Minuskeln: „O rex glorie christe veni cum pace. Anno dom[ini]. 1511." Die kleine Glocke von 0,65 m Durchmesser mit Inschrift am Halse in gotischen Minuskeln: „Anno dom[ini]. m (?) † ave Maria grat[ia] plena."

Ein in Gutenpaaren erhaltenes Sühnekreuz ist abgebildet im Kalender für das Osthavelland 1911 (vergl. auch Roland, Zeitschrift für Heimatkunde I, 141).

# Haage.

**Haage**, Dorf 7 km südlich von Friesack. 431 Einw., Landgem. 827, Gutsbez. 1217 ha.

In dem von jeher zum Ländchen Friesack gerechneten Orte, woselbst die v. Wilmersdorf und v. Otterstedt laut Eintragungen von 1412 und 1520 in die Lehnskopiare im Geh. Staatsarchiv Gerechtsame besaßen, waren die Bredows dem Visitationsprotokoll von 1541 zufolge Patrone der Kirche (Riedel, Codex VII, 67). Da nach dem Schoßkataster von 1624 von den 34 Hufen der Feldmark „zum Haage" 2 Höfe mit 4 Hufen dem Hans Segebandt v. Bredow „freygewilliget" worden waren, bildete sich ein adliges Gut, das späterhin durch Auskaufen von Bauern sowie auch Rodungen in den Wäldern sich so vergrößerte, daß hier um 1800 drei den Bredows gehörige Güter mit 11 Hufen waren (Graf v. Bredow, Geschichte des Geschlechts v. Bredow III, 341; betr. die Lochows „zur Hagen" 1641 vgl. Akten des Geh. Staatsarchivs, Rep. 78. II. L 68). Heute gehört das Fideikommißgut, woselbst sich viele die Bredows betreffende Urkunden aus dem 16. und 17. Jahrhundert befinden, dem Herrn v. Bredow-Senzke (vgl. Graf v. Bredow, a. a. O. I, 56; Anhang I, S. 13 und 19). Von den Bauern, zu Beginn des 17. Jahrhunderts 20 an der Zahl, war 1650 keiner übrig geblieben; um 1800 saßen hier wieder 11 Ganz- und 4 Halbbauern.

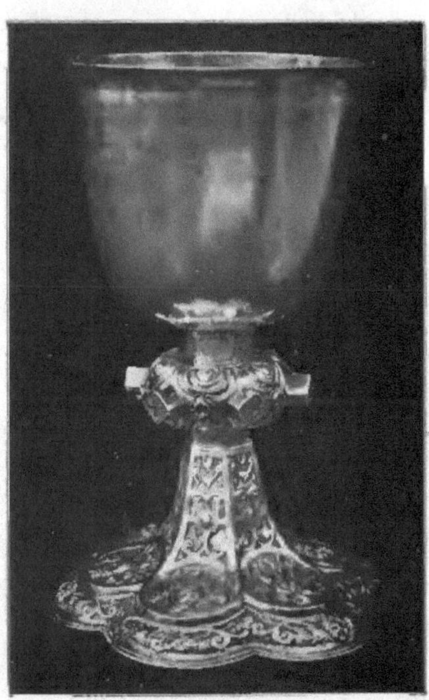

Abb. 31. Hohenferchesar. Kelch in der Kirche.

**Kirche** in Saalform von 1817, aus Fachwerk errichtet, nachdem die alte Kirche 1806 abgebrannt war. Sehr schlicht, große Fenster; im Innern ringsherum Emporen.

Kanzel von zwei jonischen Säulen eingefaßt, mit geschweifter Verdachung, nüchtern wie die ganze Kirche.

Der Turm von 1862, modern-gotischer Backsteinrohbau, steht getrennt von der Kirche.

Die beiden Glocken sind 1861 von Hackenschmidt in Berlin gegossen.

## Hohenferchesar.

**Hohenferchesar**, Dorf 10 km nordwestlich von Brandenburg. 407 Einw., 770 ha.

Die Kirche in „Verchiezere“ mit der dazugehörigen „capella Marzane“ erscheint laut Urkunde des Bischofs Balderam von Brandenburg von 1186 im Domarchiv zu Brandenburg als Besitztum des Domkapitels (Riedel, Codex VIII, 115) und gehörte zum bischöflichen Burgbezirke, „Burgwardum“, Pritzerbe. Infolge von Schenkungen befand sich um 1375, zurzeit der Abfassung des Landbuchs, das Kapitel im Besitz von ganz „Verchiesar“. Nach der Einziehung geistlicher Güter zurzeit der Reformation kam ein Teil von „Niddern Fergeser“, wie es im Landsteuerregister von 1511 heißt, an das Domänenamt Ziesar, der andere verblieb dem Domkapitel (Geh. Staatsarchiv, Rep. 21. 66; vgl. Bratring, Beschreibung der Mark II, 111). In dem Dorf, das erst neuerdings auf dem Verwaltungsweg den Namen Hohenferchesar erhielt, kamen im 19. Jahrhundert die dem Domänenamt und dem Domkapitel zustehenden Gerechtsame zur Ablösung. Im Domarchiv befindet sich unter den Copiae matriculorum von 1601—1712 ein Inventar der Kirche zu „Niedder-Vergesar“. Das Patronat besitzt noch heute das Domkapitel.

Die **Kirche** ist ein schlichter Putzbau von 1831 mit polygonalem Ostschluß. Der Turm vor der Westfront quadratisch mit spitzem Helm. Die Fenster rechteckig ohne Umrahmung, die Decke glatt geputzt.

Kelch, Silber vergoldet, 23,5 cm hoch, mit schönem, getriebenem Renaissanceschmuck am sechsteiligen Fuß und Knauf, der mit Edelsteinen und sechs Zapfen besetzt ist. Diese zeigen statt der früher üblichen Buchstaben Jhesus kleine lateinische Kreuze. Die unten bauchige Kuppa ist am oberen Rande nur ganz schwach ausgebogen, innen vergoldet. Anfang des 17. Jahrhunderts (Abb. 31).

Die silberne, vergoldete Patene ist mit einem kleinen Kruzifixus in einem Kreise geschmückt, der von zwei Wappen (v. Saldern und v. Hacke) begleitet ist.

## Hohennauen.

**Hohennauen**, Dorf 9 km südlich von Rhinow. 625 Einw., Landgem. 736 ha, Gutsbez. 1. und 4. Anteil 1739, 2. und 3. Anteil 1520 ha.

### Geschichte.

Hier an einer wichtigen Übergangsstelle über den Fluß war sicherlich schon frühzeitig eine Befestigung angelegt worden, wenn auch freilich urkundliche Nachrichten erst aus dem Ende des 11. Jahrhunderts vorliegen und unter den „Castra“

des Havellandes, die das Landbuch Kaiser Karls IV. um 1375 aufführt, Hohennauen noch nicht vertreten ist. Um die Burg herum siedelten sich Mannen an, und „Burgflecken" oder Dorf war noch um 1790, wie aus Büschings Erdbeschreibung (8. Bd., S. 380) hervorgeht, scharf von dem Kietze gesondert, dessen Vorhandensein darauf hinweist, daß beim Vordringen der Deutschen im 13. Jahrhundert schon eine slawische Siedelung bestanden hatte; bezeichnend ist, daß im Schoßkataster von 1624 im Geh. Staatsarchiv die in „Hohen Nauen" ansässigen 7 „Fischer" neben den 5 Hufnern und 16 Kossäten gesondert aufgeführt werden.

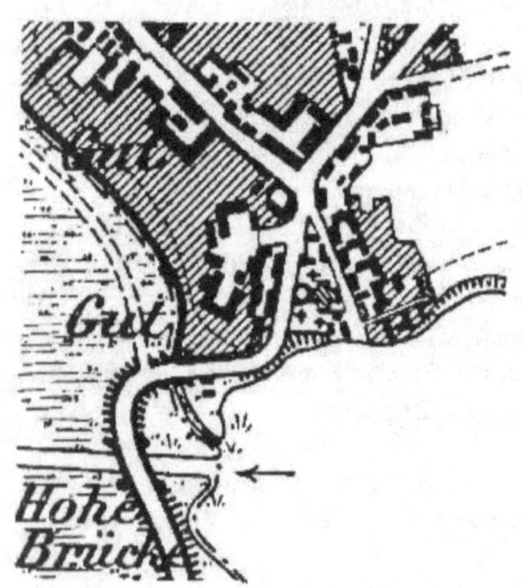

Abb. 32. Hohennauen. Dorfplan (1 : 10000).

Vom Ausgang des 14. Jahrhunderts an wird das Schloß häufig genannt. Am 1. Januar 1386 überließ, wie aus einer Urkunde im Brandenburger Domarchiv hervorgeht, Bischof Dietrich dem Eggard van Stechow und Arnd Frisak „dat Hus tu Hogenowen" sowie das Ländchen Rhinow zum Pfandbesitz (Riedel, Codex VII, 22). Zu Beginn des 15. Jahrhunderts schatzten die v. Zicker auf „Slos Hogenowe" Bürger aus Herzberg und machten Raubzüge in die Magdeburgischen Lande. 1432 verpfändeten die Hohenzollern „Slos Hoghennawen" den v. Rohr für 2192 Gulden. Erst nachdem unter dem Kurfürsten Albrecht Achilles die schon 1445 mit einem Teile des Ländchens Rhinow belehnten v. d. Hagen sich hier festsetzten, traten Zustände von Dauer ein. Von 1483 an lassen sich urkundlich die Beziehungen zwischen denen v. d. Hagen und dem Orte feststellen. Denn damals, am 13. Januar, kaufte laut Urkunde im Hohennauener Archiv Hans v. d. Hage auf Hohennauen von seinen auf der Mühlenburg sitzenden Vettern deren Anteile in Göttlin. 1494 erscheinen Achim, Otte und Kone van der Haghe in einer Urkunde im Geh. Staatsarchiv vom 21. Dezember als „wanaftich to Hogen nowen" (Urkunde, Hohennauen Nr. 1, Geh. Staatsarchiv); daneben war hier auch noch Thomas v. d. Hagen begütert (Riedel III, 105). Diese Zersplitterung in dem ritterschaftlichen Besitz hat die Jahrhunderte hindurch angedauert.

Johann Gottfried v. Rauchhaupt, der Sohn eines schwedischen Obersten aus dem Hause Hohenthurm bei Halle a. S., erkaufte 1692 von Arend Werner und Thomas Jürgen v. d. Hagen den ersten und vierten Anteil des Rittergutes. Nach seinem am 8. Dezember 1730 erfolgten Tode ging das Gut auf seinen Sohn Hans Otto über, und dann durch Vererbung auf seine Schwester und deren Schwiegersohn, Generalleutnant Hans Ehrenreich v. Bornstedt aus dem Hause Cüstrinchen in der

Neumark. Dessen Neffe Otto v. Kleist wurde dann Erbe des 1802 zum Majorat erhobenen Rittergutes; er nahm den Namen Kleist v. Bornstedt an und vereinigte die Wappen. Nach seinem Tode 1825 kam das Gut an seinen Bruder, dessen Nachkommen es noch heute besitzen.

Unter den v. d. Hagen zeichnete sich in friderizianischer Zeit der Konsistorialpräsident Thomas Philipp v. d. Hagen († 1797) als Erforscher der Geschichte seiner Familie, über die zwei 1758 und 1767 erschienene Schriften von ihm vorliegen, als Büchersammler und Begründer des reichen Schatzes an Leichenpredigten im Gutshause aus. Über die kirchlichen Verhältnisse gibt das Visitationsprotokoll von 1541 Auskunft (Riedel VII, 31). „Collatores" waren damals die v. d. Hage; es gab „bei hundert Communicanten". Die ersten protestantischen Geistlichen waren Christian Partz, Niclas Wolter und Andreas Mittag (Riedel VII, 31). Heute sind Patrone v. d. Hagen und Kleist v. Bornstedt.

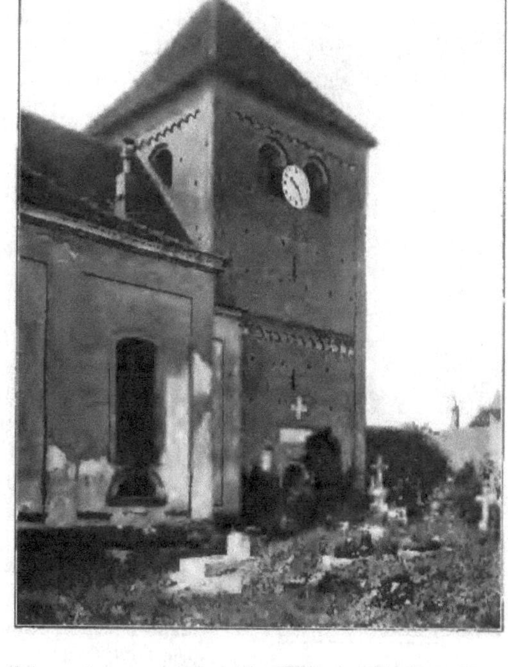

Abb. 33. Hohennauen. Westteil der Kirche von Nordosten gesehen.

## Topographie.

Hohennauen verdankt seine Entstehung vermutlich einer Burg oder einem festen Schlosse, das den Zweck hatte, den Paß zwischen der Havel und dem See zu schützen (Abb. 32). Über den Abfluß des Sees nach der Havel führte schon in alter Zeit eine Brücke (1591 als Zugbrücke erwähnt), die als Übergangspunkt vor allen Dingen vom Schlosse aus bewacht werden mußte. Die Straße zieht sich von der Brücke nordwärts und dann in scharfer Biegung über einen Graben und um das jetzige Kleist v. Bornstedtsche Gut dem Dorfe zu. An der Stelle dieses Gutes ist nach der allgemeinen Lage der Platz des einstigen festen Schlosses anzunehmen, wiewohl von dessen Mauern keine Spur mehr erhalten ist. An der Verteidigung des Dorfes nahm auch die östlich von

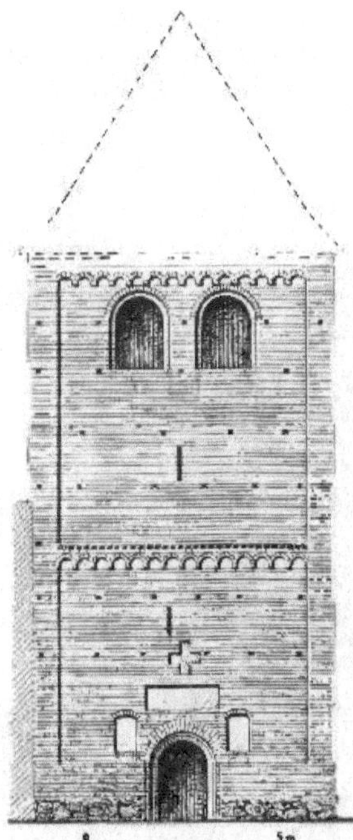
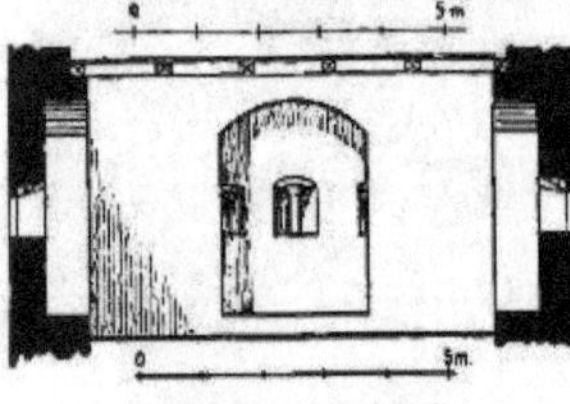
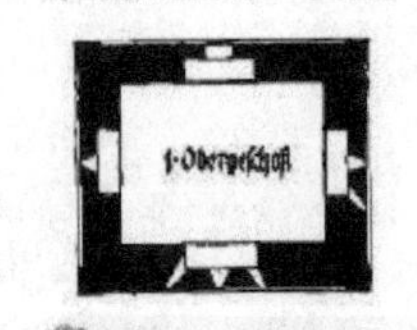

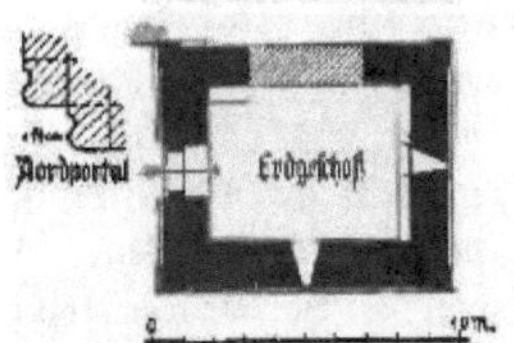


Abb. 34. Hohennauen. Ansicht, Schnitt u. Grundrisse des Kirchturms.

ihr gelegene Kirche Anteil, im besonderen der Turm, in dessen starken Mauern mit gutem Bedacht Schießscharten in südwestlicher Richtung, d. h. nach dem Paß und der Hohen Brücke hin, vorgesehen wurden. Der andere Hauptteil des einst gevierteilten Gutes, der jetzt im Besitze der v. d. Hagen ist, liegt an dem nordwestlichen Arme der im rechten Winkel gegabelten Dorfstraße. Ostwärts hinter der Kirche lag am See der um die Mitte des 18. Jahrhunderts durch Feuer zerstörte Kietz.

## Denkmäler.

**Kirche** und Turm (Abb. 33) sind aus ganz verschiedenen Zeiten. Der Turm (Abb. 34 und 35), ein romanischer Backsteinbau aus der ersten Hälfte des 13. Jahrhunderts, erhebt sich über einem Untersockel aus Feldstein und einem oberen Backsteinsockel mit Karniesprofil und Ecklisenen von 70 cm Breite und 9 cm Vorsprung in vier Stockwerken, aber nur zweigeschossiger äußerer Gliederung mittels Bogenfries und deutschem Band. Der obere Bogenfries nebst Hauptgesims scheint erneuert zu sein. Backsteinformat 27 × 13 × 8,5 cm. Die Fugen sind am Sockel glatt ausgestrichen, von da ab mit rundlichem Holz geritzt. Außen Gerüstlöcher in regelmäßigen Reihen. Im Innern des Turmes sind vielfach Feldsteine verwendet, das ganze Innere ist rauh geputzt. An der Nordseite des Turmes ein Rundbogenportal mit doppeltem, eigenartigem Kantenprofil (Abb. 34). Über den Bogensteinreihen keine Läuferumrahmung. Neben dem Portal zwei Stichbogenblenden, darüber eine Blende in Rechteck- und eine in Kreuzform. Die Lichtöffnungen dienten gleichzeitig als Schießscharten. Die Schallöffnungen breit rundbogig. Früher stand das Erdgeschoß des Turmes mit der Kirche durch eine breite Rundbogenöffnung in Verbindung. Jetzt ist darin eine Gruft der Familie Kleist v. Bornstedt unter einem westöstlich verlaufenden Tonnengewölbe. Der Eingang dazu ist von der Kirche aus. Die ursprüngliche Kirche war etwas niedriger als die jetzige, wie die alte Dachspur an der Ostseite des Turmes beweist. Die obersten Schichten

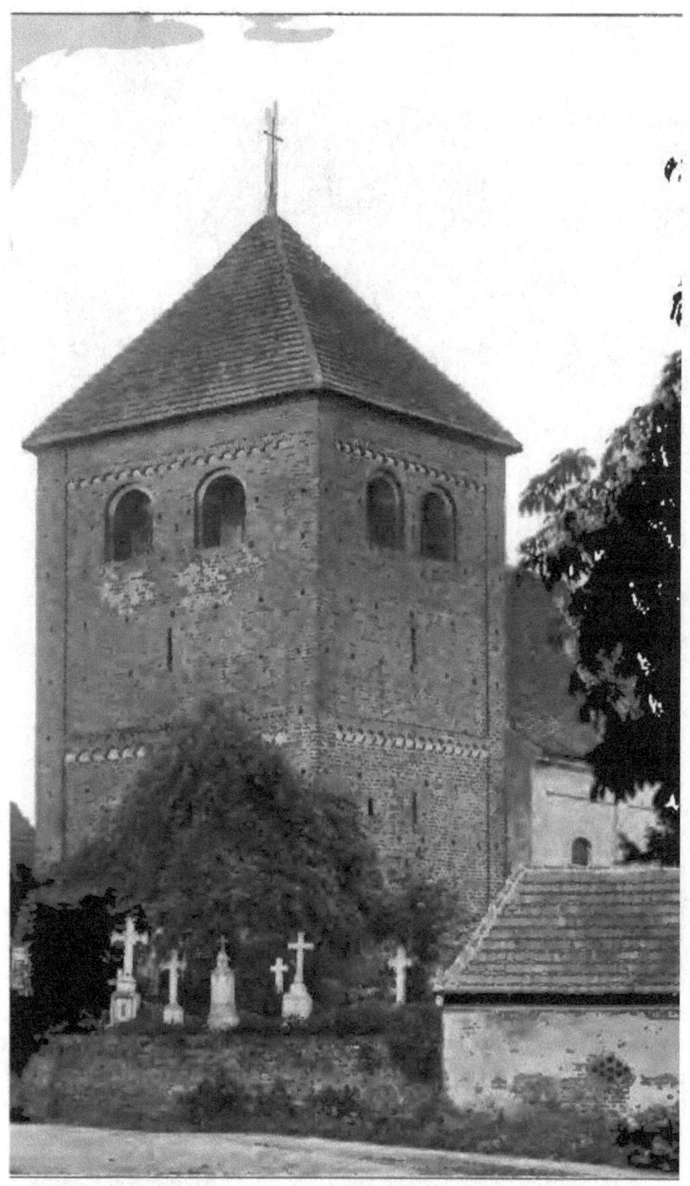

Abb. 35. Hohennauen. Kirchturm von Südwesten.

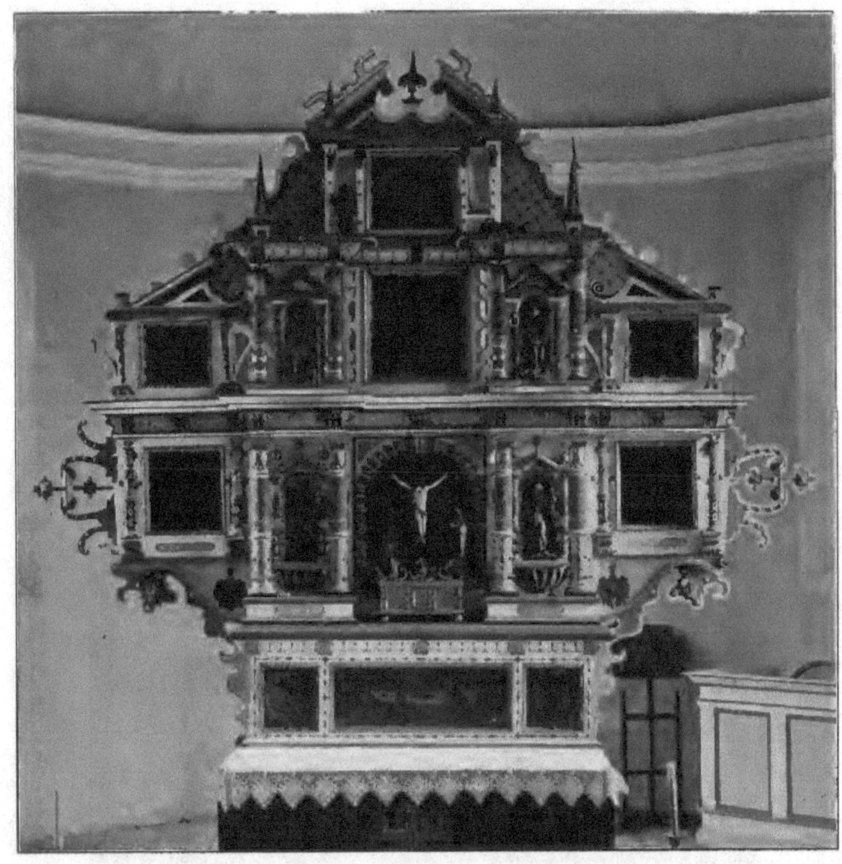

Abb. 36. Hohennauen. Kirche, Altar.

des Turmes nebst Hauptgesims und Dachstuhl entstammen vermutlich dem Ende des 16. Jahrhunderts, als die Kirche erneuert wurde.

Die jetzige Kirche ist ein Putzbau aus der Zeit von 1710 bis 1720. Das Äußere ist durch breite Lisenenstreifen zwischen den Korbbogenfenstern gegliedert, das Innere zeigt eine glatte Hohlkehle und einfach stuckierte Decke. Auf der Nordseite befindet sich ein Anbau mit den Logen und Emporen für die Familien v. d. Hagen und Kleist v. Bornstedt mit einer kleinen Vorhalle dazwischen. Er ist unten von Halbkreisfenstern durchbrochen.

Altar (Abb. 36), eigenartiges Werk in vier Stockwerken aufgebaut. Im ersten, predellenartigen: in der Mitte das hl. Abendmahl, daneben links Elias (?),

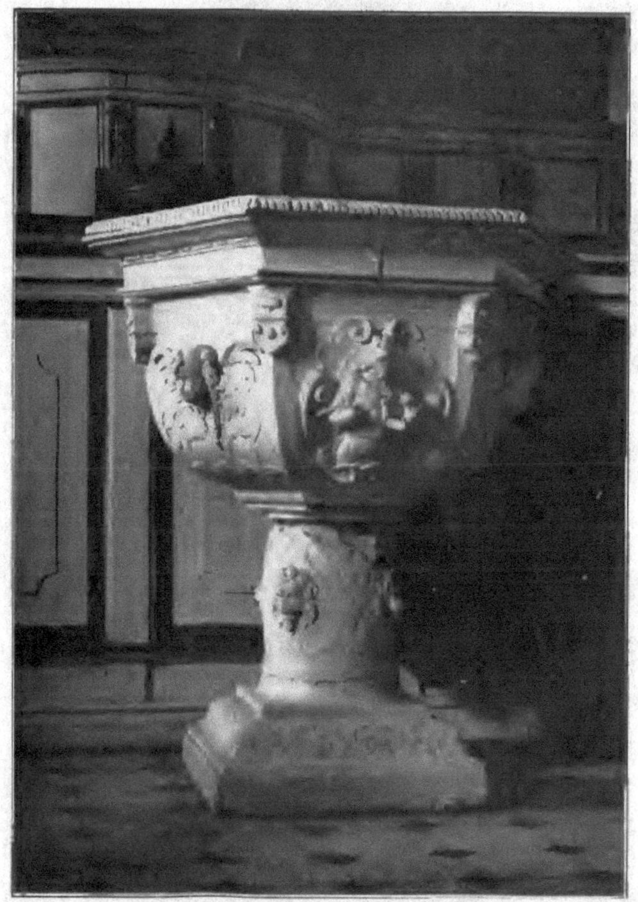

Abb. 37. Hohennauen. Taufstein in der Kirche.

rechts die Verkündigung Mariä. Im zweiten Stockwerk: in der Mitte Golgatha, vollrund in Holz geschnitzt, daneben St. Matthäus und Paulus. Davor steht die ganz vergoldete Bundeslade mit drei Seraphim. Der auch im übrigen reich gegliederte und verzierte Aufbau mit vielen Säulchen verschiedener Größe enthält eine Anzahl von Darstellungen aus dem Leben des Heilands in Ölmalerei von einem tüchtigen Meister aus dem Jahre 1608.

Kanzel nebst Treppe von 1610, in den Füllungen: Moses, David, Johannes, Jesus und einige Propheten in ganzer Figur in Nischen gemalt.

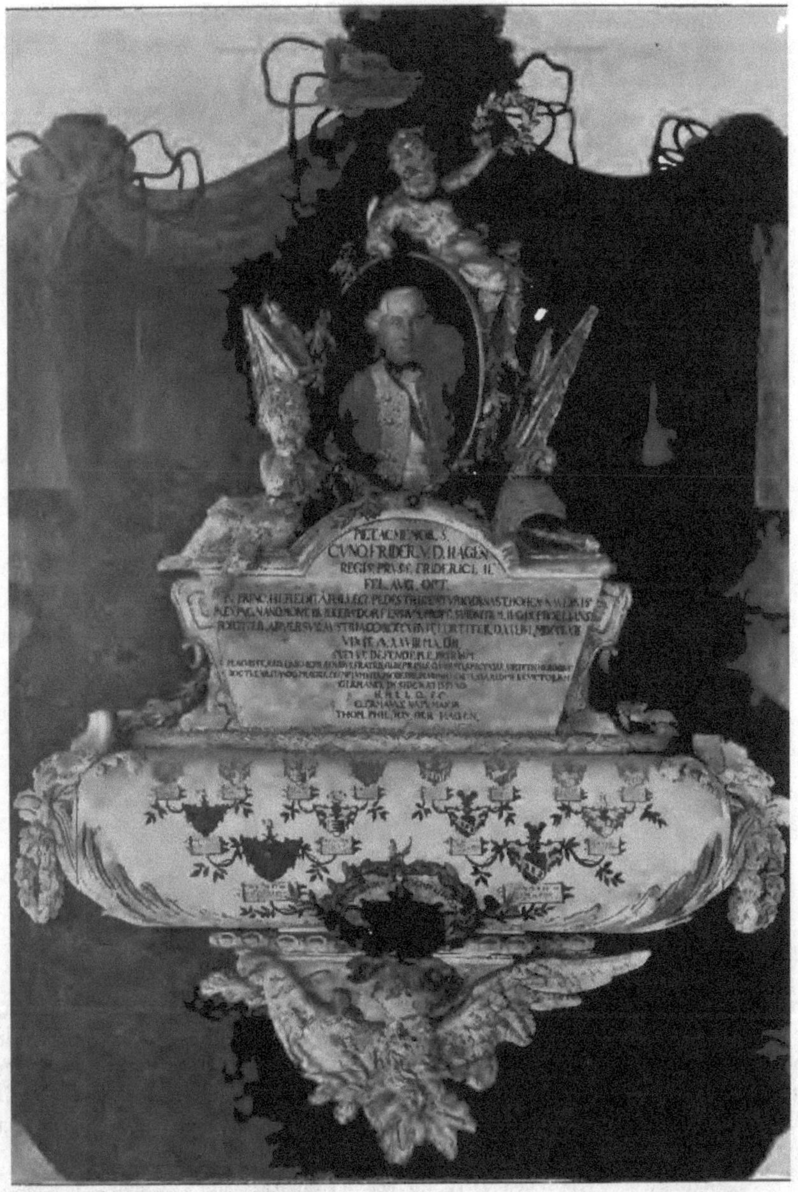


Abb. 38. Hohennauen. Grabdenkmal des Cuno Friedr. v. d. Hagen an der Südwand der Kirche.

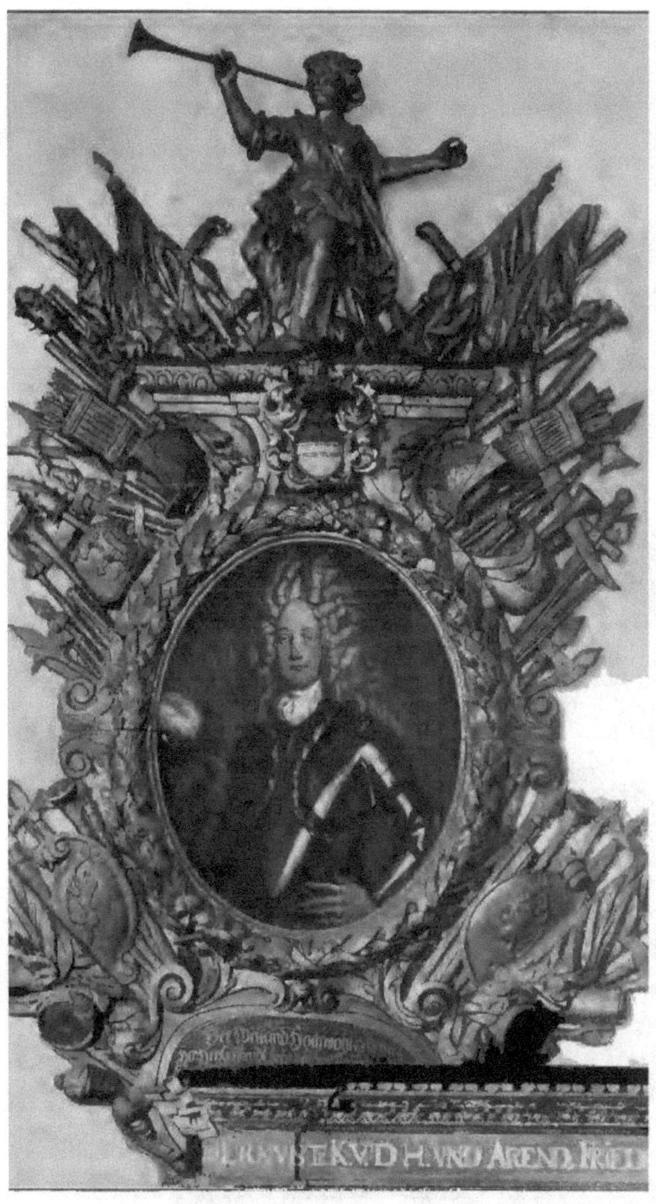

Abb. 39. Hohennauen. Epitaph des Gebhardt Christoph v. Rauchhaupt.

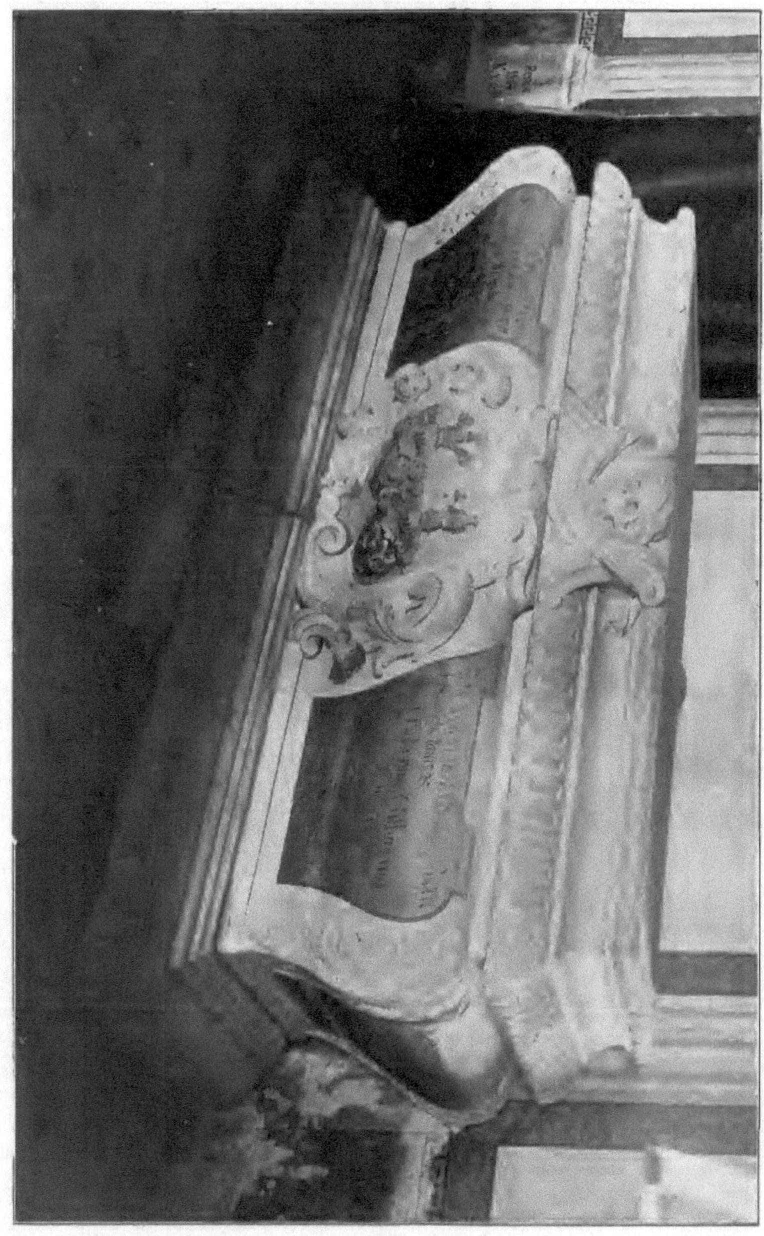

Abb. 40. Hohennauen. Prunksarg in der Kirche.

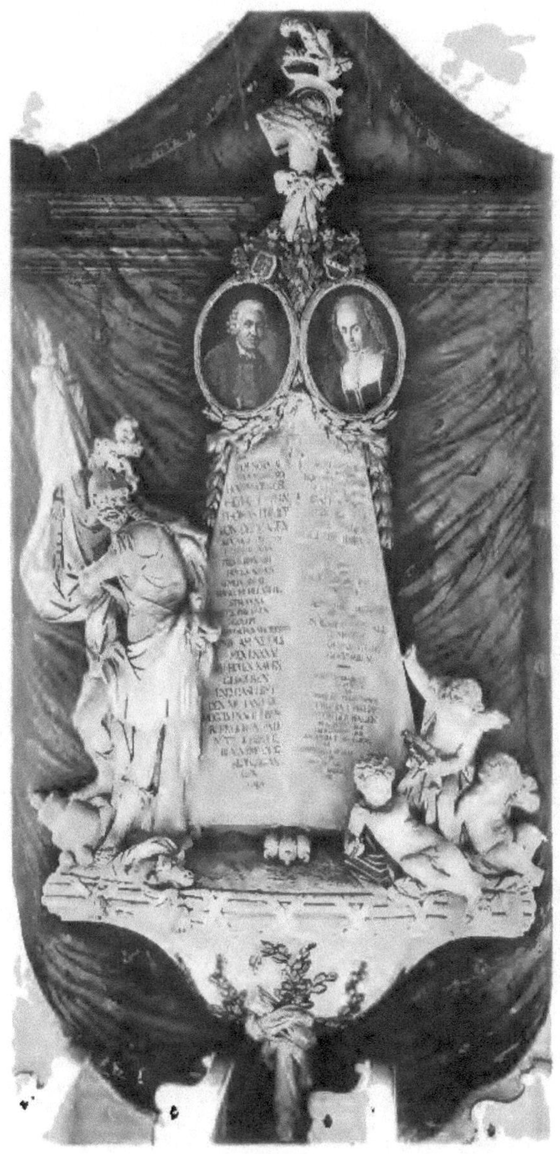

Hohennauen.
Grabdenkmal des Th. Ph. v. d. Hagen und seiner Gemahlin in der Kirche.

Orgelprospekt, ein reich geschmücktes Werk des 18. Jahrhunderts.

Schöne Taufe (Abb. 37) aus Sandstein in Spätrenaissance um 1600; sechseckig, auf rundem Fuß über quadratischer Basis, geschmückt mit Löwenköpfen, Engelköpfen, dem v. d. Hagenschen Wappen und Johannes dem Täufer in Hochrelief.

Emporenbrüstungen an der Nordwand der Kirche mit Familienwappen der v. d. Hagen und Kleist v. Bornstedt. Unter dem v. d. Hagenschen Chor ein Prunksarg aus Sandstein von 1769 (Abb. 40). Auf ihm ruht der Grabstein der Frau Katharina Hedwig geb. v. Brunn († 1759), der Gattin des Hauptmanns Thomas Philipp v. d. Hagen. An der Südwand der Kirche Grabdenkmal des Cuno Friedr. v. d. Hagen († 1762) aus Sandstein, mit einem Kronoskopf als Konsole, bekrönt von dem Bildnisgemälde des Verstorbenen (Abb. 38). An der Sanduhr unten gezeichnet: „Meyer fec.“ Ferner Grabdenkmal des Königlich Preußischen Hauptmanns Thomas Philipp v. d. Hagen († 1756) und seiner Gemahlin geb. v. Brunn († 1759) aus Sandstein (Taf. 5), an der Konsole gezeichnet: „Meyer In. fec.“ Epitaph des dänisch-norwegischen Majors Gebhardt Christoph v. Rauchhaupt († 1708), mit dem ovalen Bildnis des Verstorbenen, umgeben von seinem Wappen und vielen Trophäen und Waffen (Abb. 39). Als Bekrönung ein in die Posaune stoßender sitzender Engel. Ganz vergoldete Holzschnitzerei.

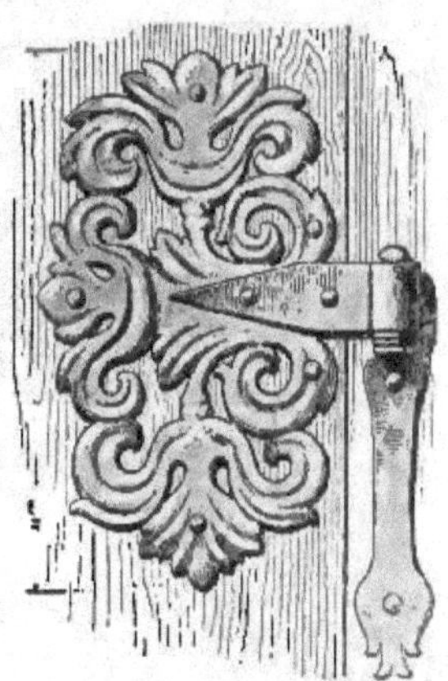
Abb. 41. Hohennauen. Kirche. Türband am Gestühl.

Verzierte Türbänder an dem Stuhl hinter der Taufe (Abb. 41).

Drei Glocken. Die große von 1,05 m Durchmesser ist 1611 von Heinr. Borstelmann in Magdeburg gegossen, mit Wappen der v. d. Hagen und einem Kruzifix mit Maria und Johannes in Relief am langen Felde. Die zweite Glocke von 0,88 m Durchmesser ist ohne Inschrift und von schlanker Form. Die dritte von Collier in Zehlendorf gegossen.

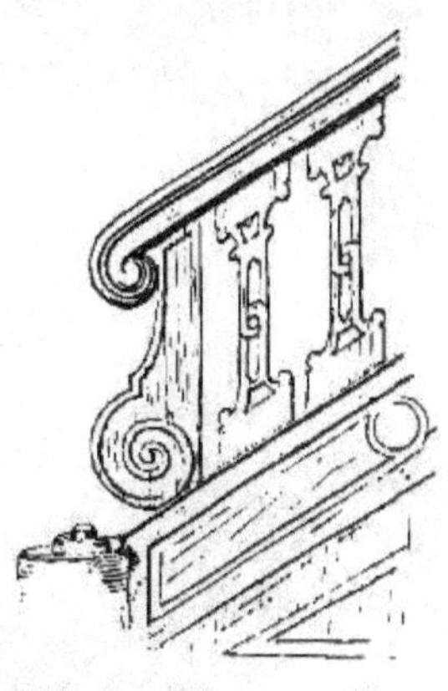
Abb. 12. Hohennauen. Treppe im Gutshause v. d. Hagen.

Das ehemalige Wohnhaus des v. d. Hagenschen **Gutes**, dessen lange Fachwerkfront von einfach gekreuzten Hölzern fast ohne jede Unterbrechung durch Streben sich im Schatten einer Reihe hochragender Kastanien längs der Straße hinzieht, war bis gegen Ende des 18. Jahrhunderts im Gebrauch.

Das im Jahre 1792 errichtete jetzige Wohnhaus (Abb. 43) ist von dem gleichen Geiste der Einfachheit beherrscht. Es ist ein bis zur Trockenheit schlichter rechteckiger

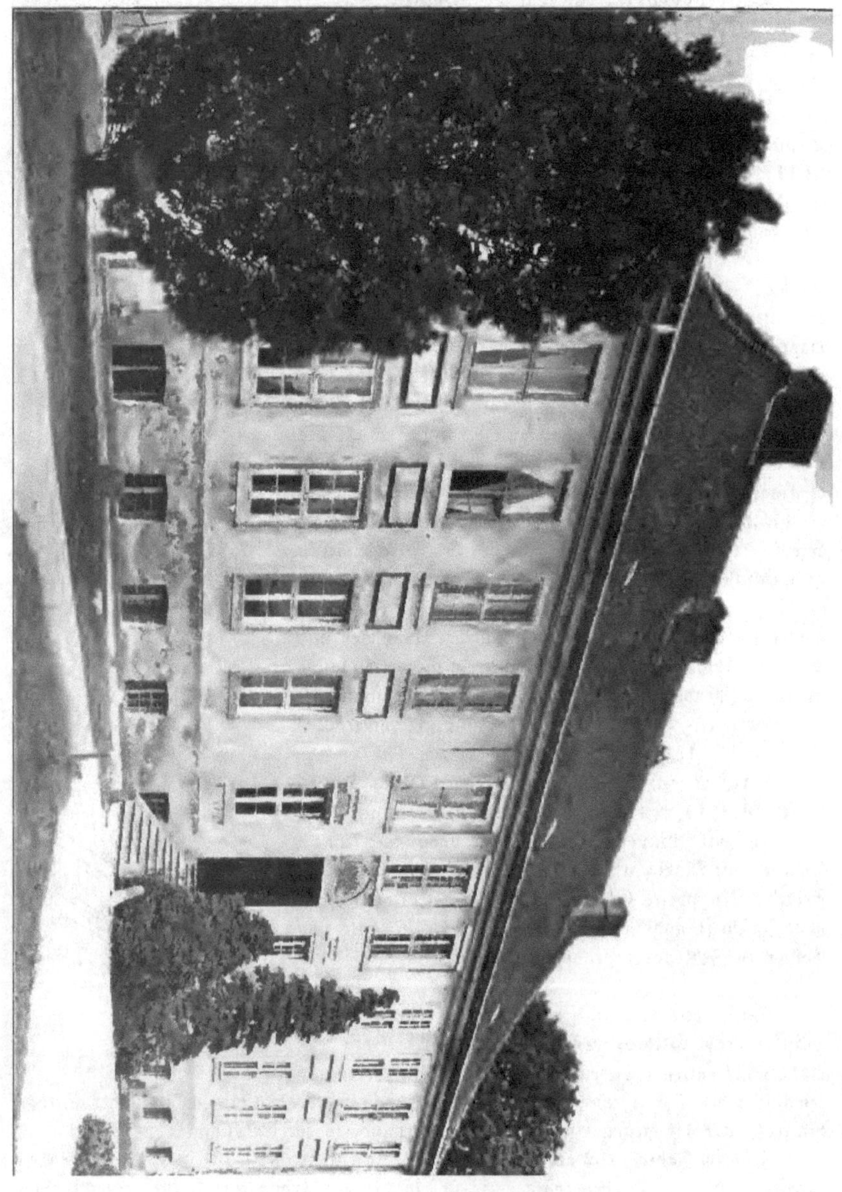

Putzbau von elf Achsen Länge, von denen die drei mittleren durch flache Lisenenstreifen zusammengefaßt sind. Alle Öffnungen sind rechteckig, auch die der Haustür, die nur durch eine ganz flache Halbkreisblende mit dem Familienwappen ausgezeichnet ist. Das Walmdach ist nicht mehr gebrochen. Die Treppe im Innern ist durch die Enge der äußerst knapp gehaltenen Diele zu starker Windung des Anfangs gezwungen. Im Geländer allein klingt noch die behäbigere Auffassung des Barock nach (Abb. 12).

An Ausstattungsgegenständen usw. im Gutshause seien erwähnt: Hübsche gemusterte Tapeten, rot auf silbergrau. Verschiedene Öfen aus der Zeit um 1810 mit griechischem Ornament, von denen die Abb. 11 einen zeigt. Barockschrank im Obergeschoß (Abb. 15). Sechs Truhen mit reichem Beschlag und farbiger Bemalung (Abb. 16). Ein Schreibtisch aus Mahagoni mit Bronzebeschlägen aus der Mitte des 18. Jahrhunderts. Empiretisch und Standuhr, einfach, um 1830. Ein Empireleuchter für sechs Kerzen. Ein silberner Humpen, innen vergoldet, von einfacher Form, ganz mit zahlreichen seltenen Medaillen geschmückt. Er trägt die Inschrift: „L. A. W. A. 1834." An Gemälden sind zu nennen: Bildnisse Friedrichs des Großen, eines davon aus den Jahren 1740—1750, das andere ein Altersbildnis. Bildnisse Friedrich Wilhelms III. und der Königin Luise. Bildnisse des Th. Ph. v. d. Hagen († 1793) und seiner Gattin, Gräfin v. Wartensleben, sowie einige andere Familienbildnisse. Erhalten ist noch eine vollständige Plattenrüstung aus dem 17. Jahrhundert (in der Diele aufgestellt). Sieben kleine Kanonenläufe, etwa 65 cm lang, Spielzeug Friedrichs des Großen. Von einer größeren Anzahl beachtenswerter Einbände in der v. d. Hagenschen Bibliothek sei als Beispiel die Genealogie von Henninges aus dem Jahre 1581 angeführt (Taf. 6).

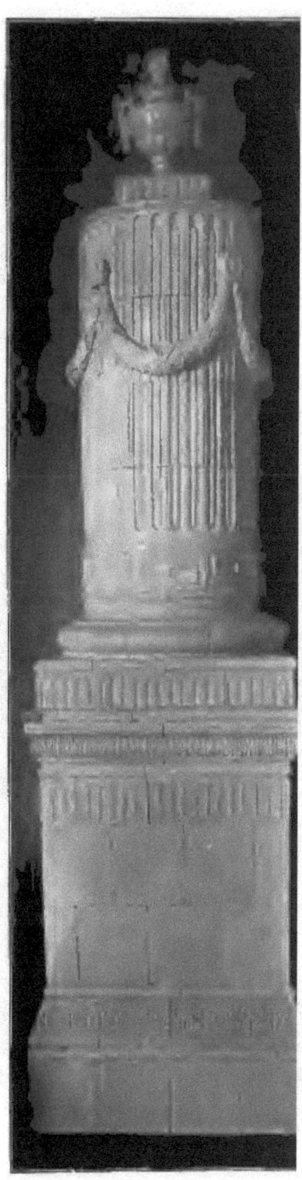

Abb. 11. Hohennauen.
Ofen im Gutshause v. d. Hagen.

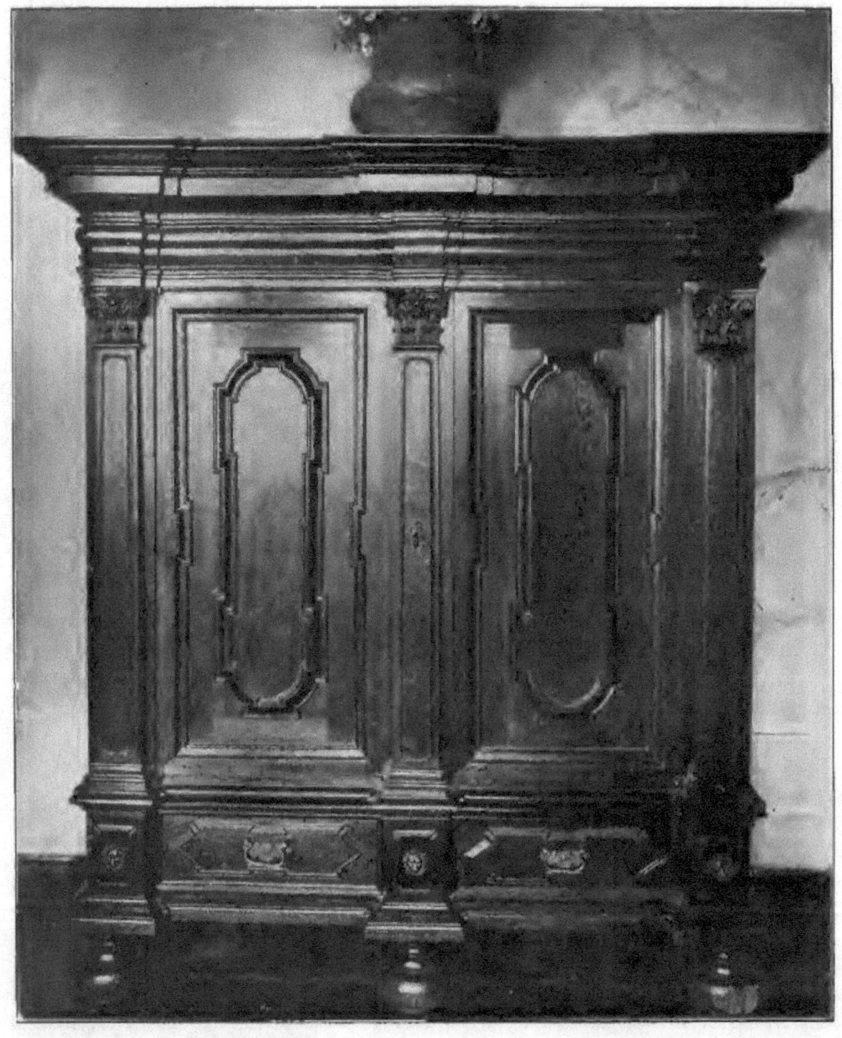

Abb. 15. Hohennauen. Schrank im Gutshause v. d. Hagen.

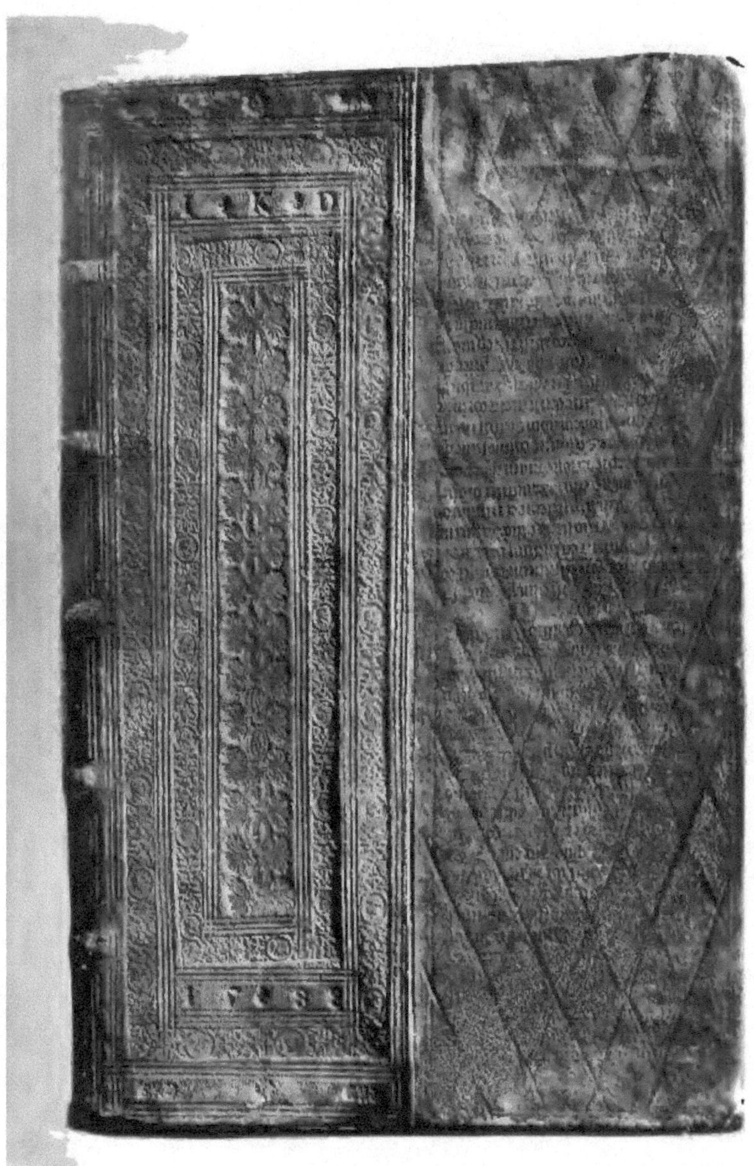

Hohennauen. Bucheinband in der v. d. Hagenschen Bibliothek im Gutshause.

Abb. 46. Hohennauen. Truhe im Gutshause v. d. Hagen.

Das im Jahre 1778 in Fachwerk errichtete **Gutshaus** der Familie Kleist v. Bornstedt besteht aus drei Flügeln in hufeisenförmiger Anordnung, die einen annähernd quadratischen Hof umschließen (Abb. 47 u. Taf. 7). An beiden Seiten der Zufahrt zum Hofe sind noch Reste eines Grabens erkennbar. Ein an der Zufahrtsstraße stehender Stall trägt die Jahreszahl 1713. Mittelalterliche Keller oder sonstige Reste einer älteren Burganlage sind im Gebiete des Schlosses nicht mehr vorhanden.

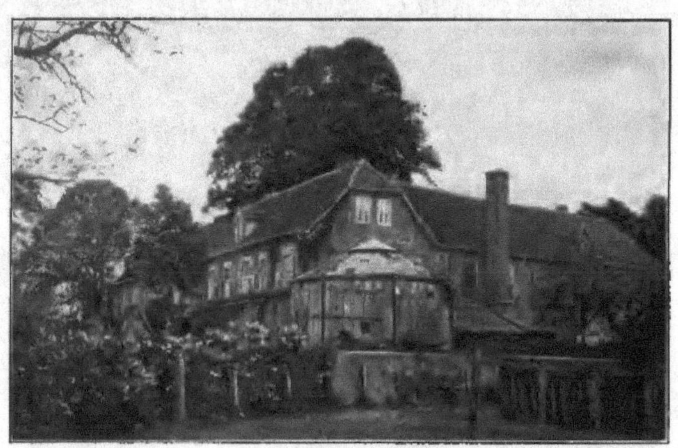

Abb. 47. Hohennauen. Gutshaus der Familie Kleist von Bornstedt.

An Ausstattungsgegenständen verdienen Beachtung: Zwei Barockschränke, einer davon mit Holzmosaik. Ein Empireschrank mit pyramidenartig verjüngtem Oberteil. Ein runder, weiß glasierter Ofen; auf jeder Kachel ist eine Kartusche mit Helm und Trophäe dargestellt. Einige Familienbilder der v. Münchhausen aus friderizianischer Zeit.

## Ketzür.

**Ketzür**, Dorf 16 km nordnordöstlich von Brandenburg. 429 Einw., Landgem. 688, Gutsbez. 577 ha (Abb. 48).

Fünf Jahrhunderte hindurch war das Schicksal des von deutschen Kolonisten angelegten Dorfes, dessen Name slawischen Ursprungs ist, aufs engste mit dem altmärkischen Vasallengeschlecht der Brösicke verbunden. Bereits 1315, 1316, 1318 und 1319 erscheint in Urkunden des Markgrafen Waldemar als Zeuge Brosekinus pincerna, „Her Broseke, die Schenke" (Riedel Codex VII, 308; IX, 14; XIII, 321; Supplem., S. 221). Die drei Mörser, die das Geschlecht im Wappen führt, waren wohl ursprünglich, dem Hofamt entsprechend, drei Becher.

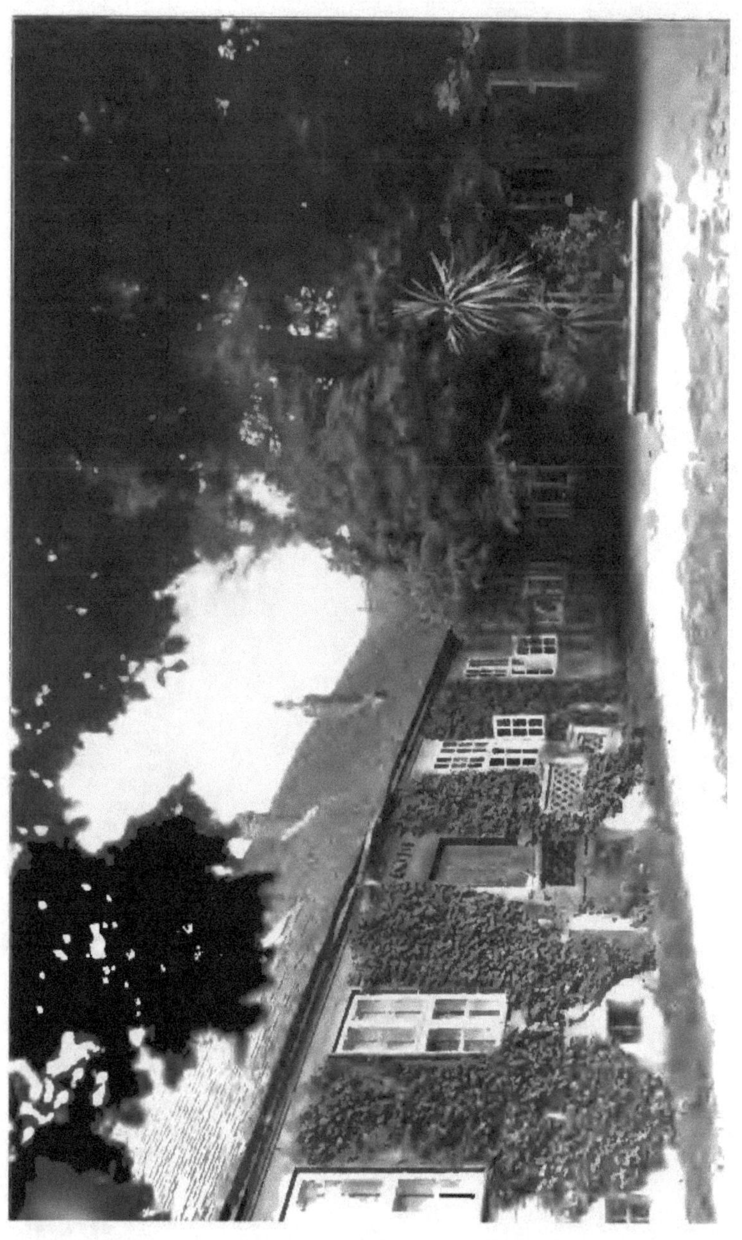

Als Kaiser Karl IV. um 1375 das Landbuch zusammenstellen ließ, besaß ein Mitglied der Familie v. Brösicke, Thile Broseken, 6 Hufen bei seinem Ritterhofe; 2 Hufen hatte der Pfarrer, die übrigen 18 hatten die Bauern. Alle Gerechtsame und bäuerlichen Abgaben in „Kotzüre" oder „Kotzure", wie es in den verschiedenen Handschriften im Geh. Staatsarchiv heißt, gehörten dem zu Vasallendiensten verpflichteten Ritter (Ausg. des Landbuchs von Fidicin, S. 106). Die auch zu Butzow, Döberitz, Gortz und Riewend begüterten v. Brösicke verstanden es in der Folgezeit, wie aus dem Schoßregister von 1450 und dem Schoßkataster von 1624 hervorgeht, ihre Freihufen mehr als zu verdoppeln. Nach 1667 mußten sie freilich einen „sub hasta" gekommenen Anteil an „Kötzschur" den v. d. Hagen überlassen (Geh. Staatsarchiv, Rep. 78. II. B 180 und B 181 mit Stammtafel des 1609 gestorbenen Heyno v. Brösicke). Der letzte Herr auf Ketzür, Gortz und Riewend war Wilhelm v. Brösicke, † 1824 (Geschichte des Geschlechts v. Rochow, 1861, S. 179). Laut Rittergutsmatrikel von 1828 gehörte der eine Anteil der Frau v. Rochow geb. v. Brösicke, der andere dem v. d. Hagen; heute ist jener Anteil im Besitz der Familie Kersten, der v. d. Hagensche wurde parzelliert und von den Bauern aufgekauft. Über die Pfarrkirche, ihre Filialen „Riben und Gartz" sowie die in ihr von Wolff Brosicke und Joachim Runsteden zu Gartz (Gortz) gestifteten Messen unterrichtet ausführlich das Visitationsprotokoll von 1541 (Riedel VII, 199).

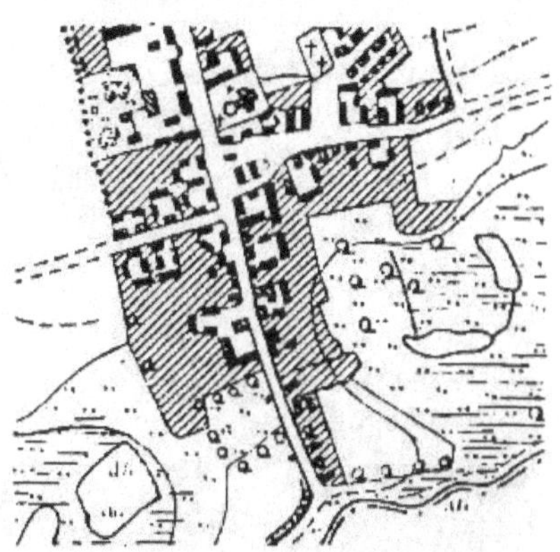

Abb. 48. Ketzür. Dorfplan (1 : 10000).

Die **Kirche** gehört, sowohl durch die Eigenart und Seltenheit ihrer ursprünglichen Anlage und ihre späteren Umwandlungsformen (Abb. 49 und 50) wie durch ihre z. T. sehr wertvollen Ausstattungsstücke, zu den anziehendsten Gotteshäusern des Kreises. Ihr ältester Kern ist ein kleiner polygonaler Backsteinbau, an den im Westen ein massiver Turm und im Osten ein ebensolcher Rechteckbau mit östlichem Giebel angebaut sind. Außerdem befinden sich auf der Südseite noch zwei kleine Fachwerkanbauten, von denen der westliche eine Emporentreppe enthält und als Bahrenkammer dient, der östliche den Aufgang zur Herrschaftsloge vermittelt.

Der polygonale Kernbau verdankt seine Entstehung anscheinend zwei verschiedenen Bauzeiten.

*Erste Bauzeit.* Der untere Teil bis zu fast 4 m Höhe über der jetzigen Erdgleiche gehört ersichtlich der Übergangszeit oder Frühgotik an. Sein Backsteinformat ist 9 × 14 × 28 cm (10 Schichten = 1,06 m). Die Ecken waren einst alle mit halbrunden Ecklisenen von einem Stein Breite besetzt (Abb. 51). An der

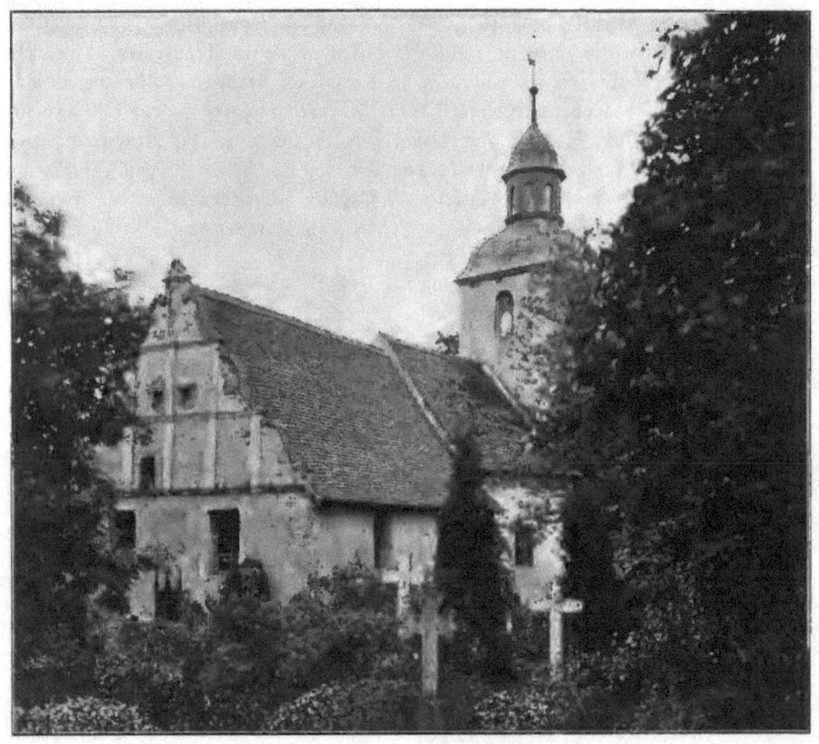

Abb. 49. Ketzür. Kirche von Nordosten.

nördlichen Polygonecke ist die Lisene abgehauen. Die Grundrißform des Polygons ist ein unregelmäßiges Siebeneck. Die östliche Polygonseite ist weitaus die längste und deutet schon dadurch darauf hin, daß hier einst ein Chor oder eine apsidiale Altarnische anschloß. Es haben sich nun zum Glück als Zumauerung der noch zu besprechenden, ursprünglichen Fenster sorgfältig gearbeitete Formsteine erhalten (Abb. 51), die bei einer Länge von 26 cm und einer Dicke von 9 cm eine schwach gehöhlte Längsseite und zwei schräge, entsprechend radial gestellte Kopfseiten aufweisen. Für solche Formsteine ist unter den vorliegenden Verhältnissen keine andere Verwendung denkbar als die für eine halbrunde Apsis. Die Höhlung dieser Steine ergibt eine Halbrundnische von etwa 2 m Durchmesser, für die es nicht nötig gewesen wäre, die Ostseite auf 5,25 m gegen 3,50 m der westlichen Seiten zu vergrößern. Es ist daher höchstwahrscheinlich, daß sich hier zunächst ein quadratischer Chor und erst an diesen die Apsis anschloß. Eine wohlberechnete Nachgrabung würde hierüber endgültigen Aufschluß geben. Die nach Westsüdwesten ge-

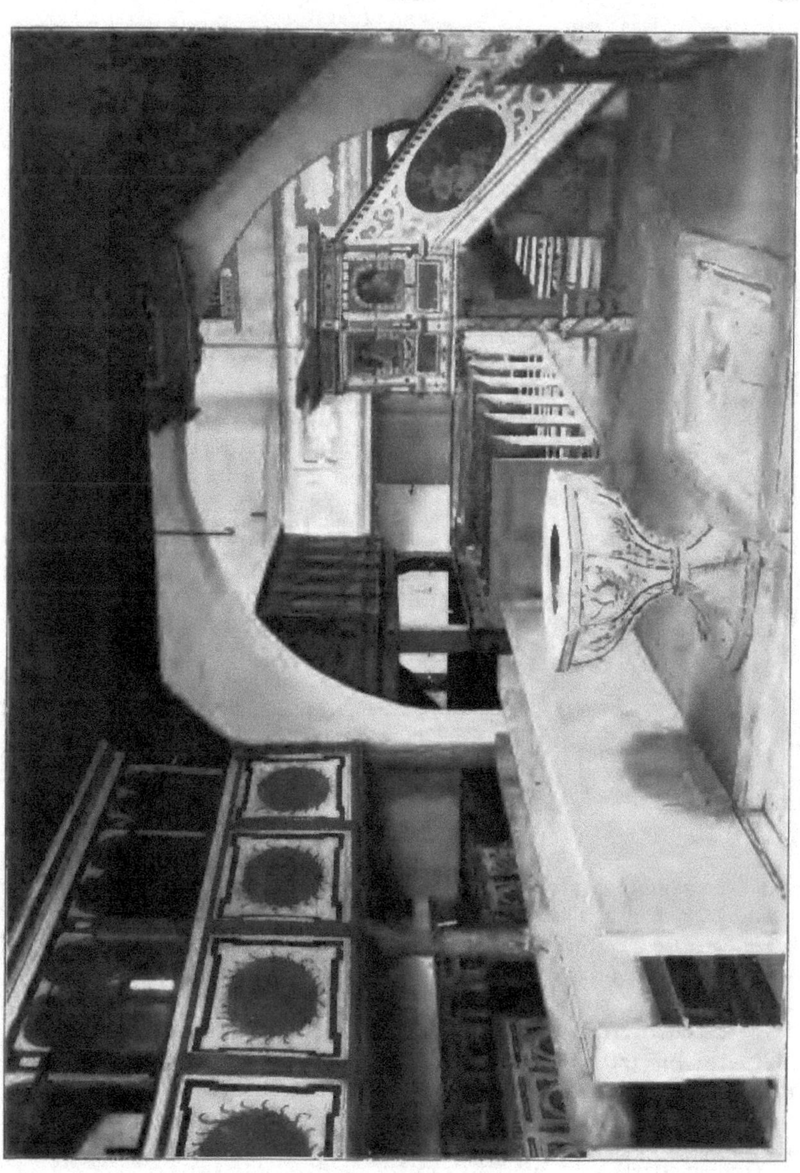

Abb. 50. Ketzür. Inneres der Kirche gegen Westen gesehen.

richtete Seite enthält eine kleine Spitzbogentür mit abgerundeten Ecken aus den gleichen Profilsteinen wie die Ecklisenen. Sie ist daher wohl aus dieser Bauzeit, obschon sie unten rechts die Spur eines teilweisen nachträglichen Einbruchs zeigt. An allen zurzeit noch freiliegenden Seiten des Polygonbaus befinden sich jedesmal in der Mitte ganz schmale hohe Schlitzfenster, die sich nach innen verbreitern und oben durch zwei in Giebelform gegeneinander gestellte Steine geschlossen sind. — Nicht unerwähnt bleibe ein schwach vortretender rechteckiger Pfeilerstumpf in der nördlichen inneren Ecke des Polygonbaus. Der Bau scheint jetzt etwa 80 cm in der Erde zu stecken und der Fußboden um ebensoviel erhöht zu sein. Über die ehemalige Decke und Dachform dieses Urbaus läßt sich nichts sicheres mehr feststellen.

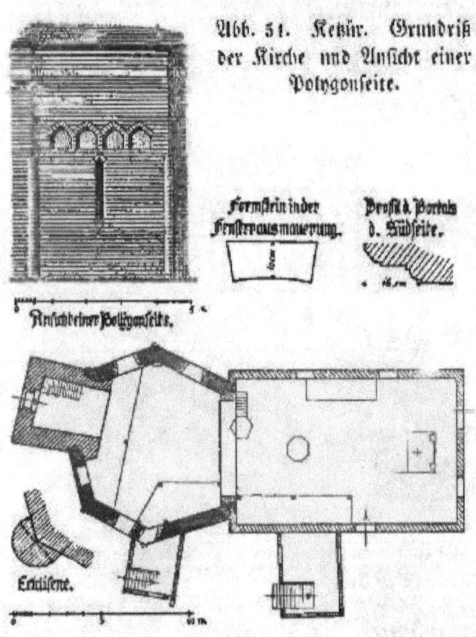

Abb. 51. Ketzür. Grundriß der Kirche und Ansicht einer Polygonseite.

Die zweite Bauzeit betrifft lediglich eine Erhöhung des Polygonbaus um rund 2,5 m. Ihr Beginn ist einmal durch das Aufhören der halbrunden Ecklisenen etwa in Höhe des Fensterschlusses, außerdem aber durch eine unmittelbar darüber angelegte friesartig wirkende Reihe von kleinen Blenden bezeichnet, die in Gruppen von je vier oder zwei an jeder Polygonseite angeordnet und in Giebelform geschlossen sind (Abb. 51). Ein Unterschied im Backsteinformat ist nicht vorhanden. Hiernach sowie nach der Form der Blenden ist der Zeitunterschied gegen die erste Bauzeit nicht bedeutend. Das damalige Hauptgesims ist zwar nicht mehr vorhanden, aber in Höhe von elf Schichten über den Blenden zieht sich ein zwei Schichten breiter Putzfries um das Bauwerk, der es vorbereitet. Der Fries war, wie aus wenigen Spuren noch erkennbar ist, mit verschiedenen Motiven in rot bemalt. Die Mauererhöhung erhielt nirgends eine Fensteröffnung. Es müssen also auch damals noch die alten Schlitzfenster als genügend erachtet worden sein.

Dritte Bauzeit. Vermutlich durch das Verlangen nach einer größeren Glocke wurde der Bau des zu ihrer Aufhängung nötigen Turmes veranlaßt. Aus einer Stelle im Visitationsprotokoll von 1541 (Riedel VII, 499) geht hervor, daß er kurz vor diesem Jahre erbaut worden ist, vielleicht im Jahre 1537, aus dem laut Inschrift die größere Glocke stammt. Bemerkenswert ist am Turm aus dieser Bauzeit nur die kleine Rundbogentür an der Westseite, die mit einer Spitzbogenblende umfaßt ist und darin Spuren einer rotgemalten Dreipaßform zeigt.

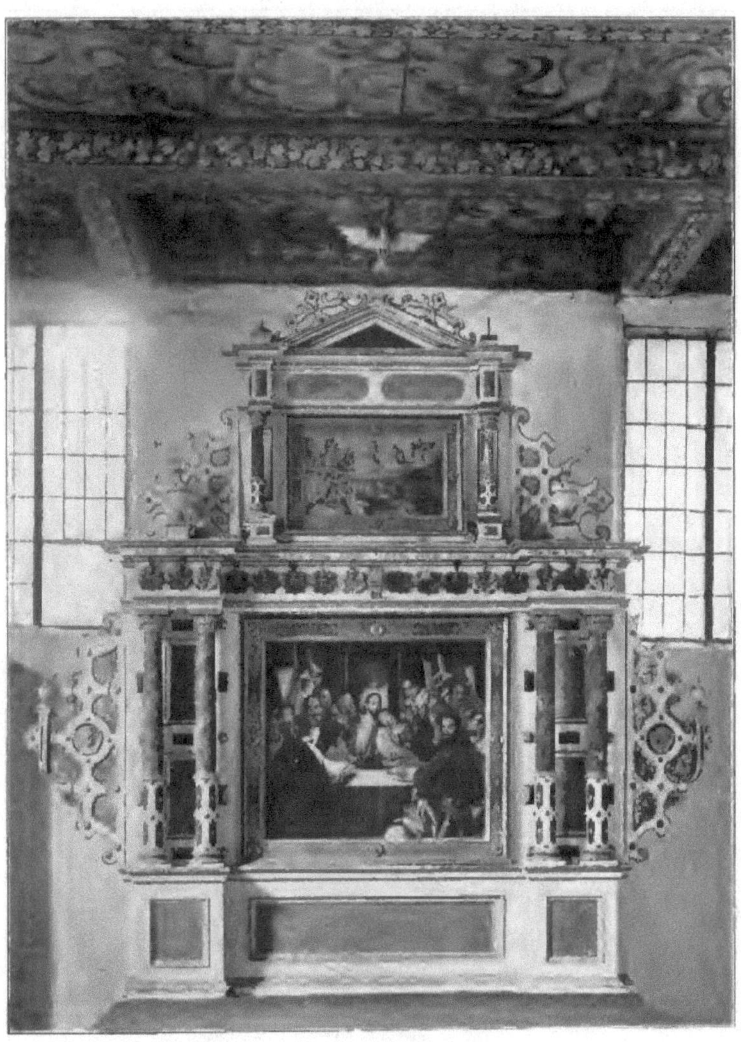

Abb. 52. Ketzür. Kirche, Altar.

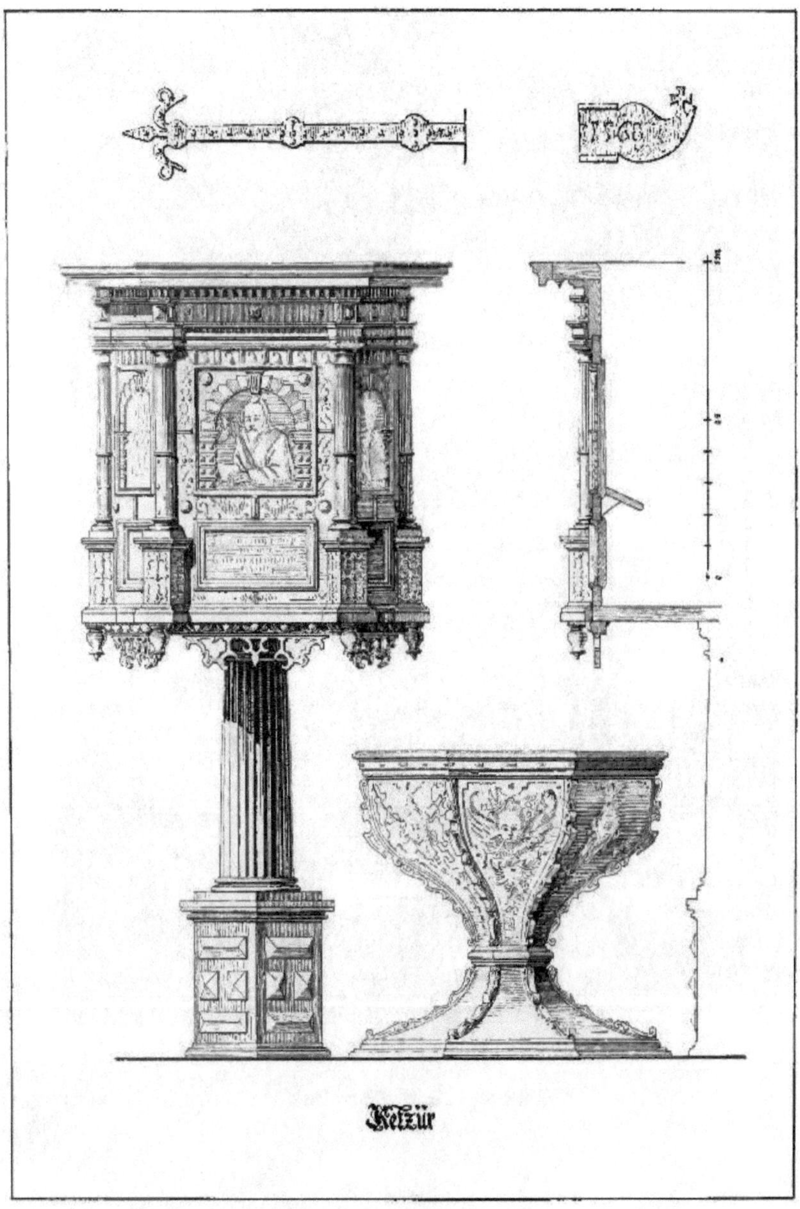


Abb. 53. Ketzür. Kanzel, Taufe, Türband und Wetterfahne der Kirche.

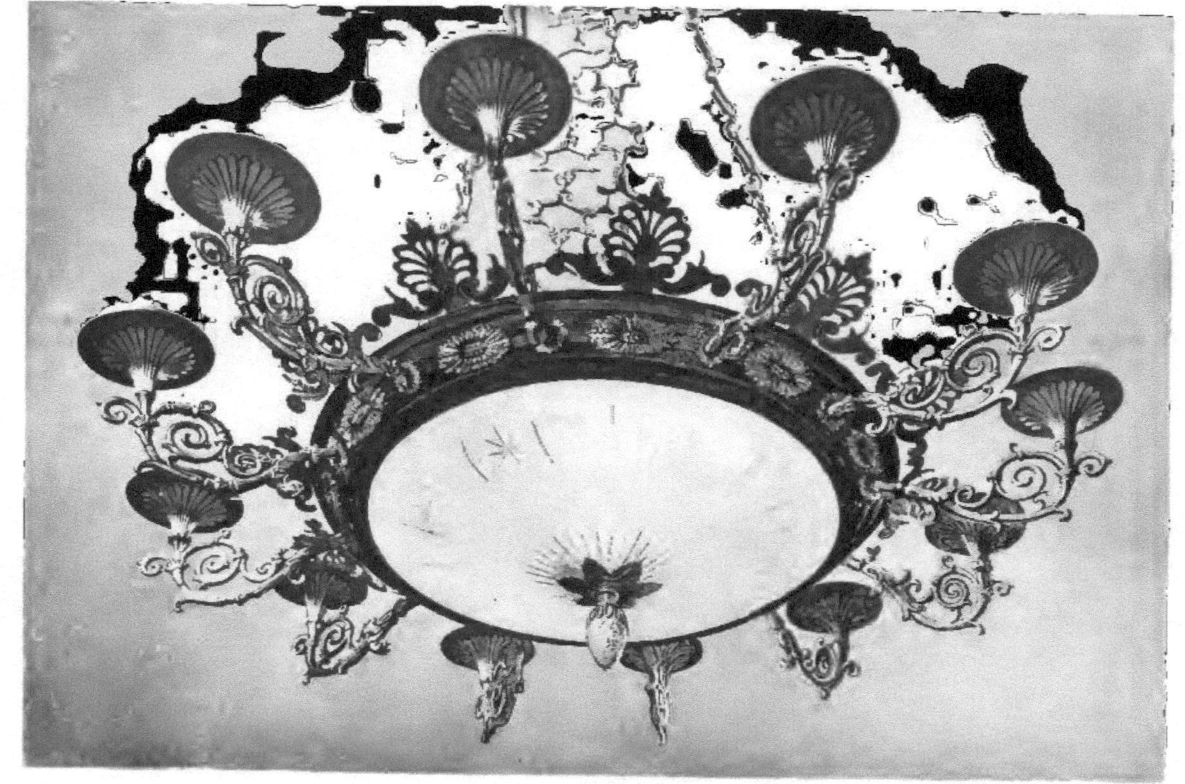

Ketzür. Empirekrone in der Kirche.

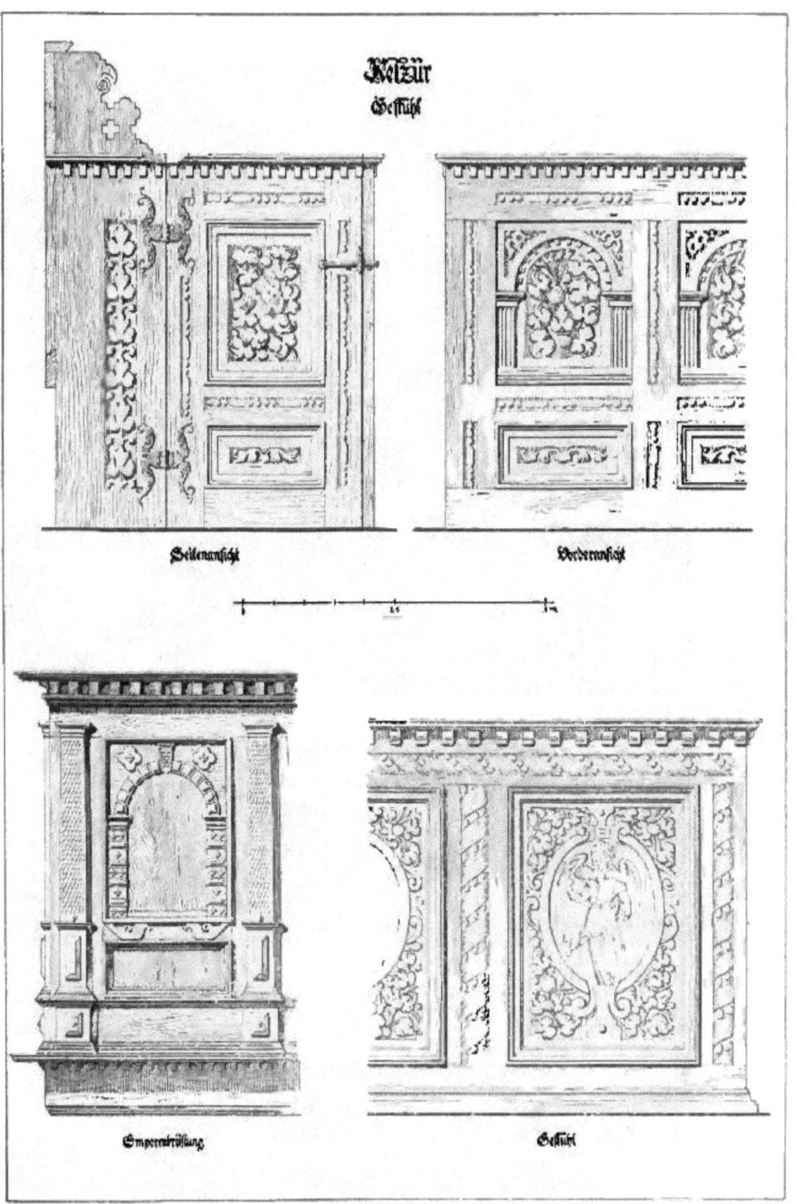


Abb. 51. Ketzür. Gestühl und Emporenbrüstung in der Kirche.

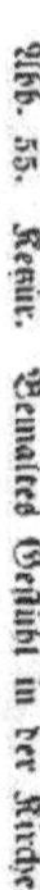

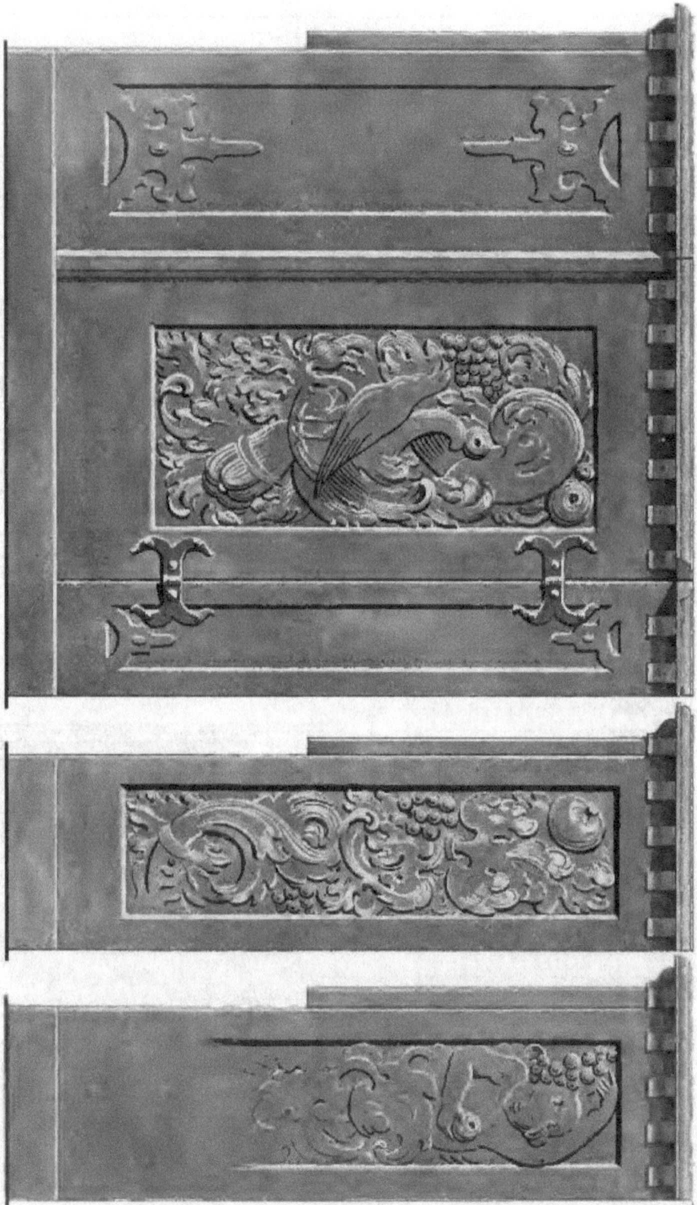

Abb. 55. Kemnitz. Bemaltes Gestühl in der Kirche.

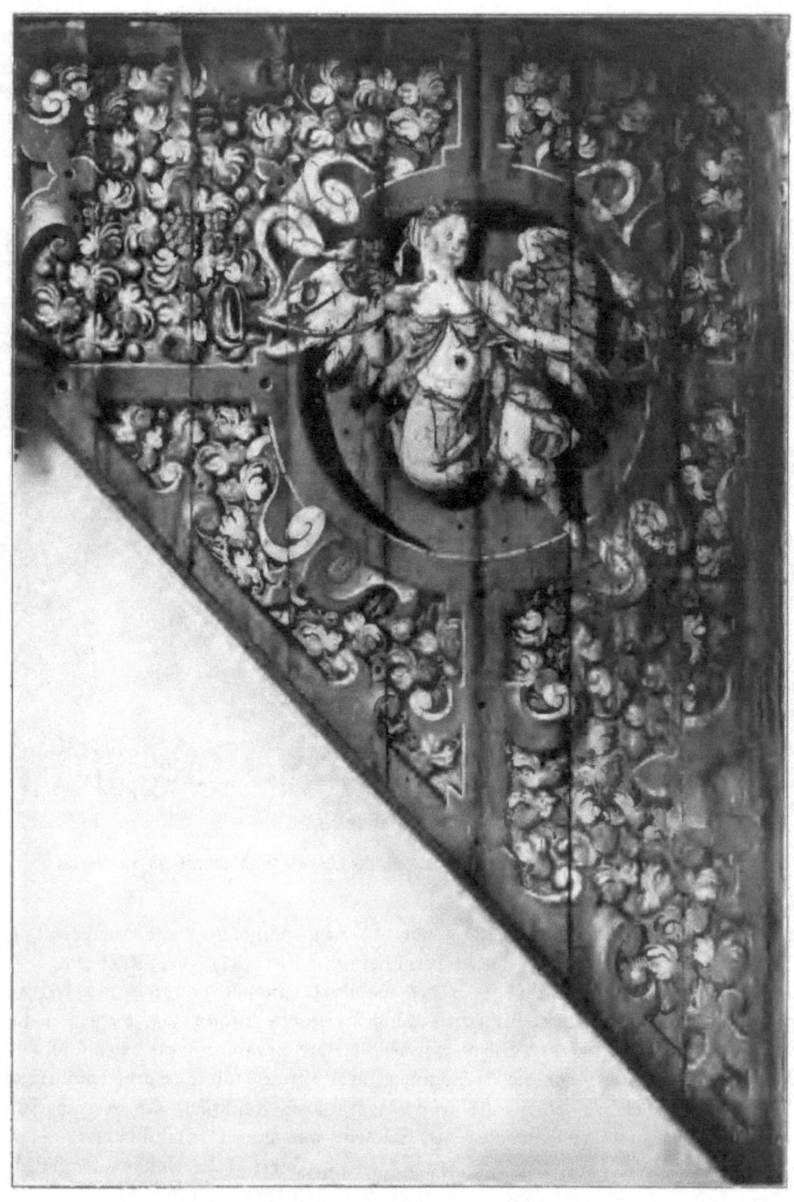

Abb. 56. Ketzür. Bemalte Verkleidung über der Kanzeltreppe in der Kirche.

Der vierten Bauzeit gehört der rechteckige östliche Teil der Kirche an, die dadurch eine erhebliche Vergrößerung erfuhr. Dem neuen Anbau mußte der ursprüngliche Chor mit seiner Apside weichen. Es ist ein schlichter Renaissancebau mit Rechteckfenstern, die durch die Mauerlatten des Dachstuhls gerade überdeckt sind. Der Stilcharakter kommt lediglich an dem durch Lisenen gegliederten Ostgiebel und seiner

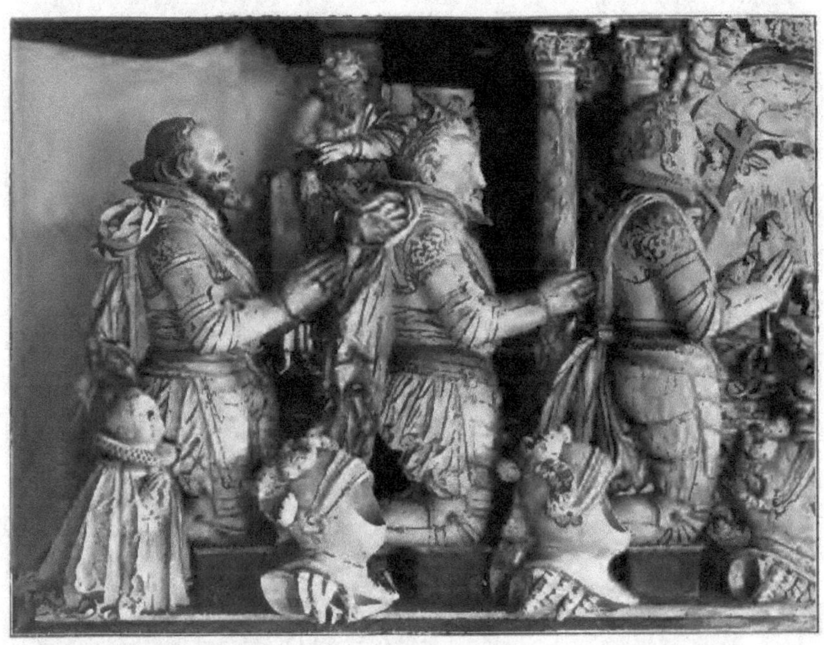

Abb. 57. Ketzür. Linker Mittelteil des v. Bröſickeſchen Grabdenkmals in der Kirche.

geschweiften Umrißlinie (Abb. 49) sowie an dem schlichten Rundbogenportal der Südseite mit seiner flachen glatten Profilierung (Abb. 51) zum Ausdruck. Der Dachstuhl gehört der Entstehungszeit des Bauwerks an und verrät in den frei aufragenden, mit Würfelknäufen verzierten Hängesäulen den frischen Zug, die neuerwachte Neigung zur Ausbildung von Schmuckformen, die der Frührenaissance eigen sind. Der Anbau, welcher noch lange die Bezeichnung „neue Kirche" führte, wurde 1599 erbaut. Was danach noch an der Kirche gebaut worden ist, beschränkt sich — abgesehen von den zwei schlichten Anbauten der Südseite aus dem 17. Jahrhundert — auf mehrere Um- und Ausbauten des Turmes. Im Jahre 1697 soll er nach einer Notiz im Kirchenbuche samt der Kirche selbst von Balthasar Sautrer, dem Baumeister des Domkapitels in Brandenburg, von Grund auf neu erbaut worden sein, was indessen dem Befunde widerspricht. Im Jahre 1757 wurde er dann nach derselben Quelle durch den Mauermeister Dallwitz in Brandenburg ganz massiv aufgeführt. Schließlich wurde im Jahre 1793 die Haube mit Laterne und Kuppel neu errichtet.

Der Altaraufbau aus Holz (Abb. 52) vom Jahre 1600 erhebt sich über einem predellenartigen Sockel in zwei Geschossen, von denen das untere Hauptgeschoß,

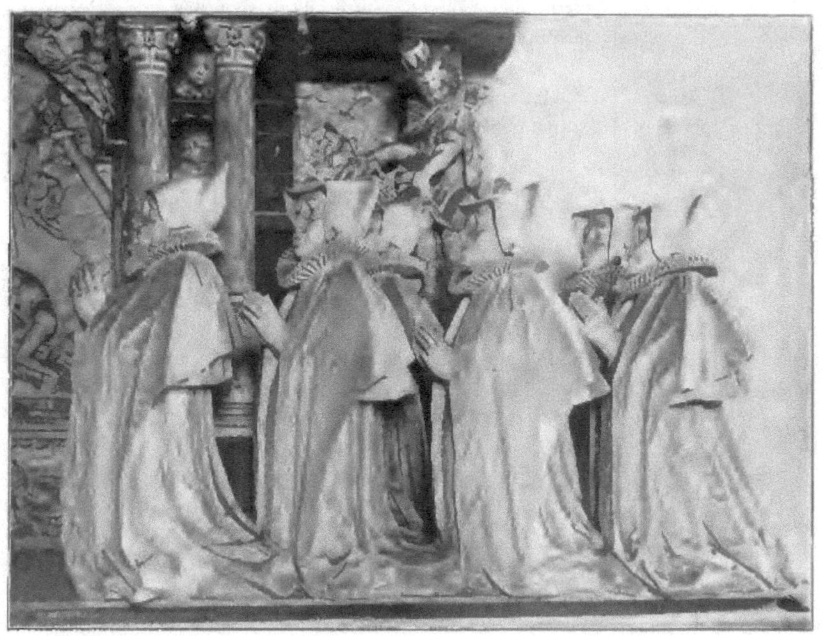

Abb. 58. Ketzür. Rechter Mittelteil des v. Bröſickeſchen Grabdenkmals in der Kirche.

mit zwei Säulenpaaren, an seinem Gebälk 16 kleine Wappen der Familie v. Bröſicke und ihrer Ahnen und im mittleren Felde das Hauptgemälde (ein Abendmahl) enthält. Das kleine Gemälde des von kleinen Säulen eingeschlossenen Obergeschosses stellt eine Himmelfahrt dar. Die seitlich am Altaraufbau angebrachten geschnitzten Verzierungen haben den bekannten Schmiedeeisencharakter der ersten Hälfte des 17. Jahrhunderts.

Die Kanzel (Abb. 50 und 53) von 1605 ist von ähnlicher Art, aber feinerer Durchbildung wie der Altar. Sie ruht auf einer gedrungenen kannelierten toskanischen Säule, und auch ihre Ecken sind mit Säulchen besetzt. Ihre fünf Brüstungsfelder zeigen in lebhaft gequaderten Bogenblenden die gemalten Brustbilder Christi und der vier Evangelisten. Die noch ursprüngliche Bemalung besteht nur in weiß und blaugrau nebst Gold und Silber. Auch der Schalldeckel ist mit Zahnschnitten und durchbrochenen Kantenornamenten lebhaft geschmückt. An den Brüstungen der Kanzeltreppe sind in ovalen Schildformen die allegorischen Figuren der Justitia und der Veritas gemalt (17. Jahrhundert).

Auch die achteckige, reizvoll in Kelchform gestaltete hölzerne Taufe von 1613 (Abb. 50 und 53) ist an ihren Kanten mit zierlich ausgeschweiftem Schnörkelwerk und außerdem durch Malereien von Engelköpfen auf weißem Grunde geschmückt.

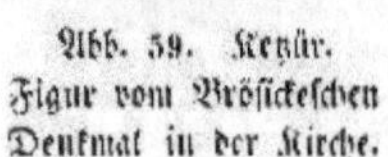

Abb. 59. Kenär. Figur vom Brösickeschen Denkmal in der Kirche.

Von den Emporen der Kirche hat nur die an der Südseite des Polygonteils eine geschnitzte Brüstung im Renaissancecharakter (Abb. 54).

Die an der Südseite des Rechteckteils befindliche Patronatsloge ist sehr einfach, nur bemalt, und entstammt einer späteren Zeit, vermutlich dem Jahre 1727.

Das reichlich bemessene Gestühl der Kirche ist ebenfalls, jedoch noch im Charakter der Frührenaissance, in schwarz mit aufhöhenden Lichtern bemalt (Abb. 55). Verwandte Malerei zeigt die Verkleidung der Zimmerkonstruktion, die den breiten Rundbogen zwischen Vorder- und Hinterkirche umschließt (Abb. 56). Sie besteht aus einer Feldereinteilung in Renaissanceformen mit dichtem Blattwerk in den Füllungen und ist im wesentlichen grau in grau gemalt. Nur der Grund von einer mittleren Füllung über dem Bogenscheitel und von zwei seitlichen kreisförmigen Füllungen mit dekorativen Engeln ist blau. Die Balken der Decke schließen sich im Charakter der Blätter und in der Technik der Malerei dieser Bogenbekleidung völlig an. Die Füllbretter sind in roher, wenn auch dekorativ wirksamer Weise mit einer wolkenartigen Musterung bemalt, die wohl der Patronatsloge gleichzeitig anzusetzen ist.

Farbig behandelt und teilweise bemalt ist auch ein architektonisch ausgebildeter Schrank in der Nordostecke der Kirche.

Ein Kelch aus vergoldetem Silber von 20,5 cm Höhe ist im allgemeinen noch von gotischer Form, nur die Kuppa unten schon bauchig, der Nodus dicker und weniger vorspringend als bei den gotischen Kelchen. Auf den Zapfen stehen in römischen Majuskeln die Buchstaben JESUS. Der sechseckige Fuß hat schon Renaissanceprofilierung. An der Kuppa befindet sich das Schulenburgsche Wappen, umgeben von einer Inschrift mit der Jahreszahl 1617. Ein kupferner Kelch von 17,8 cm Höhe ist in der Form dem vorigen ähnlich, auch der Nodus noch nach gotischer Weise eingeteilt und mit Maßwerkformen verziert, aber schon rundlich. Die Zapfen treten nur wenig hervor.

Ein kleiner Kronleuchter von 36 cm Durchmesser aus vergoldeter Bronze für 8 Kerzen, in bewegten Rokokoformen aus dem 19. Jahrhundert, ist anscheinend nach altem Modell gearbeitet.

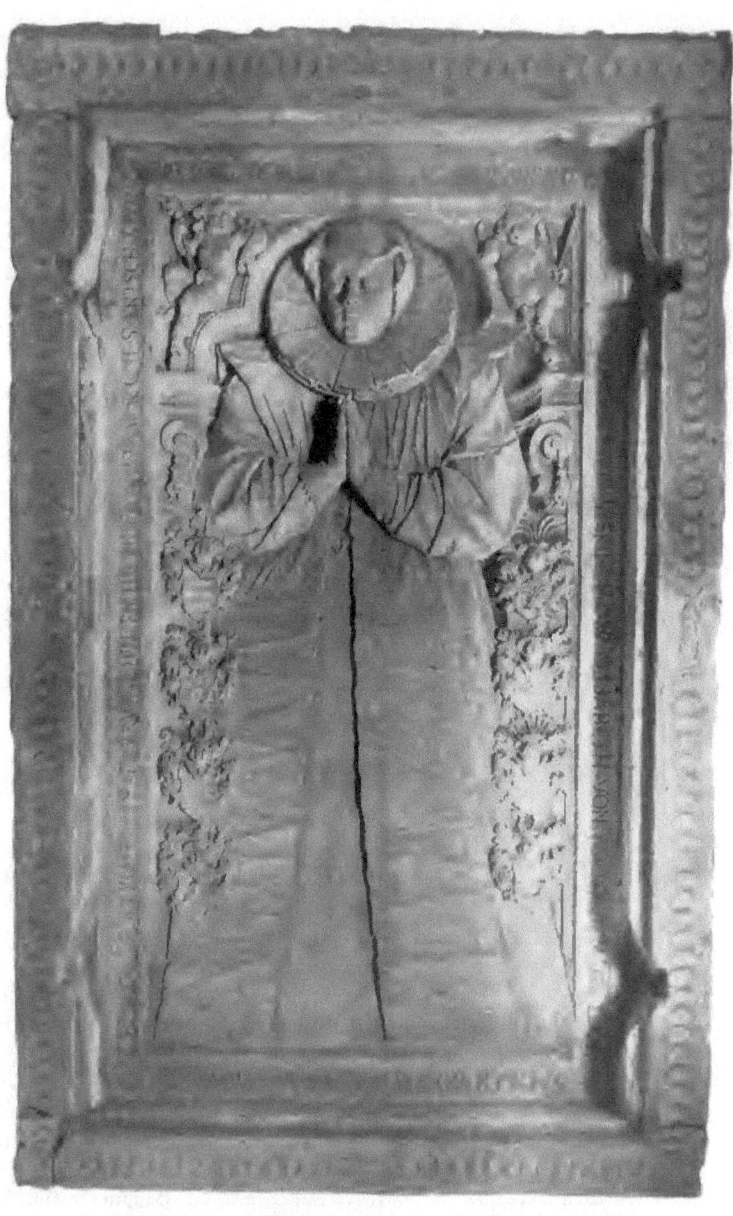

Abb. 60. Ketzür. Grabstein der Frau v. Bröficke geb. v. Krosick.

Ein Bronzekronleuchter für 12 Kerzen zeigt Empireformen (Taf. 8). Die zwölf kleinen Kerzenarme sind an einem gekehlten Reifen befestigt, der die mittlere flache geschliffene Glasschale umfaßt. Eine kleine Kruzifixfigur aus Holz, 30 cm hoch, ist stark beschädigt.

Am Ostende der Nordwand hängen drei stark nachgedunkelte Ölgemälde auf Leinwand aus dem 18. Jahrhundert, von denen das eine, ein Brustbild Christi, eingerahmt und durchlöchert ist. Die beiden anderen stellen Christi Geburt und Tod am Kreuze dar. Gegenüber, an der Südwand, zwei fast schwarze gemalte Denktafeln für Angehörige der Familie v. Brösicke.

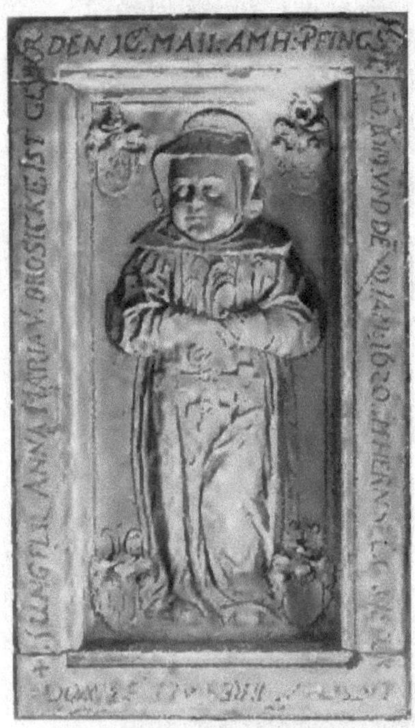

Abb. 61. Ketzür.
Grabstein eines Kindes (v. Brösicke), † 1620.

Eine einfache Kasula von 1651. Zwei gestickte Rückenkreuze von Kaseln, das eine mit Christus und Heiligenfiguren. Ein älterer grünseidener gestickter Klingelbeutel.

Inmitten der Nordwand des Rechteckbaus erhebt sich das vom Fußboden bis zur Decke reichende herrliche Denkmal des im Jahre 1609 verstorbenen Heinrich v. Brösicke und seiner Familie (Taf. 9). Das Denkmal setzt sich zusammen aus dem reichen oberen Aufbau und einem breiten tischartigen Unterbau. Die Stützen des letzteren bilden außer den schlichten seitlichen Pfeilern zwei hockende nackte Figuren, die wie der ganze Unterbau aus Sandstein bestehen. Der Apfel in der Hand der weiblichen Figur und die Schlange im Hintergrunde sollen wohl den Sündenfall andeuten. Die Mitte des Unterbaus nimmt die von reichem Schnörkelwerk eingerahmte Grabschrift ein. Im oberen Aufbau sind in der üblichen Anordnung links die männlichen, rechts die weiblichen Mitglieder der Familie v. Brösicke aus Alabaster knieend dargestellt (Abb. 57 und 58). Hinter ihnen erhebt sich in zwei Geschossen ein architektonischer Aufbau aus schwarzem Marmor und Alabaster mit gekuppelten Säulen, vielfach gekröpften Gebälken und reichstem Figurenschmuck mannigfaltiger Art. Auch die Füllungen sind mit figürlichen Reliefdarstellungen geschmückt. Sie zeigen im Hauptbilde Christus zwischen Adam und Eva als Überwinder von Tod und Sünde. Über dieser

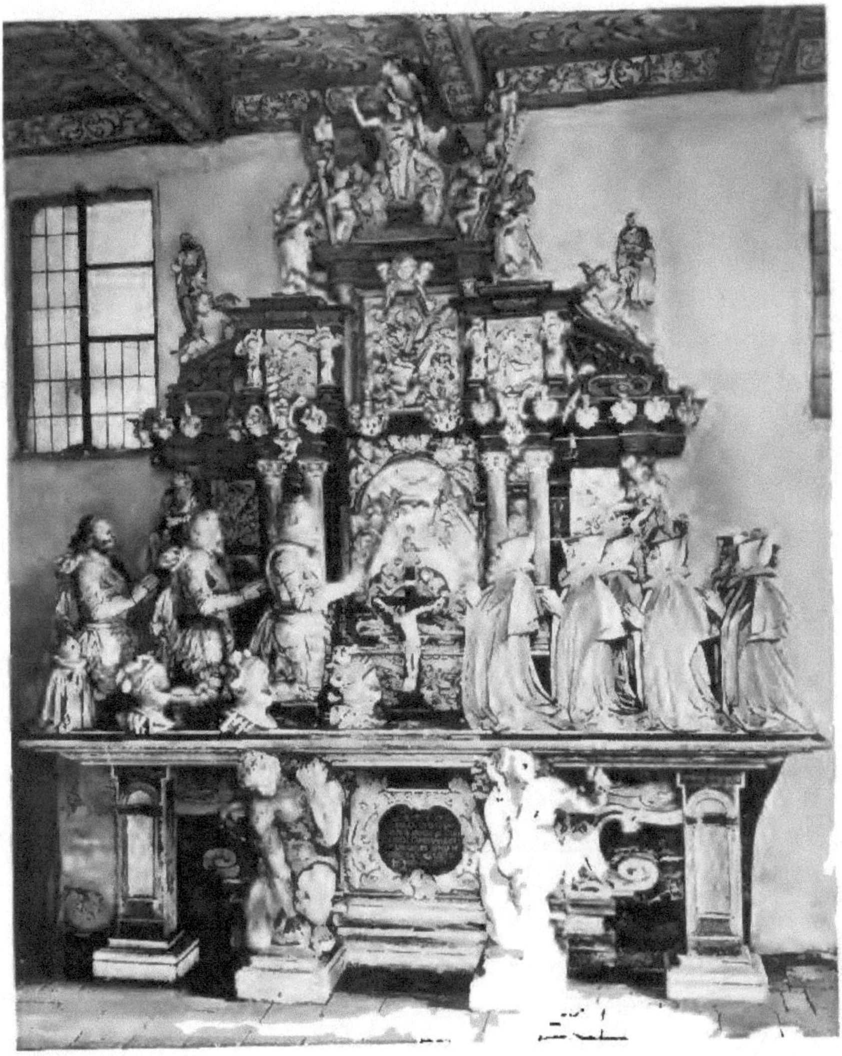

Ketzür. Denkmal v. Bröſicke in der Kirche.

Gruppe schweben in den Lüften allegorische Figuren des Glaubens und der Stärke. Darunter im Predellenteil sieht man die Auferstehung der Toten, darüber im zweiten Stockwerk die Auferstehung Christi. Die vier seitlichen kleineren Reliefs geben Szenen aus dem Leben Christi wieder, nämlich: die Geburt, das Gebet in Gethsemane, die Geißelung und die Grablegung. Dazu kommen als weiterer Schmuck des Denkmals eine ganze Schar von allegorischen Figuren (ein Beispiel in Abb. 59) und Engeln sowie kleine Wappen und ornamentales Beiwerk in reichster Fülle. Das Denkmal war nicht polychromiert, der Gegensatz des Alabasters zu dem grauen und schwarzen Marmor wird durch feinen goldenen Aufputz einigermaßen zusammengehalten. Als schmückendes Kunstwerk betrachtet ist das Denkmal von hoher Vollendung und zeugt sowohl in seinem überreichen Aufbau wie durch die außerordentliche Formgewandtheit im einzelnen von vollendeter Meisterschaft, die sich namentlich im Figürlichen in hervorragender Weise kundgibt. Der Name des Künstlers und die Zeit der Entstehung des Denkmals sowie die Herkunft des Alabastermaterials aus Nordhausen sind durch die Kirchenrechnungen überliefert: Christian Dehne aus Magdeburg-Sudenburg fertigte das schöne Werk in den Jahren 1611 bis 1613.

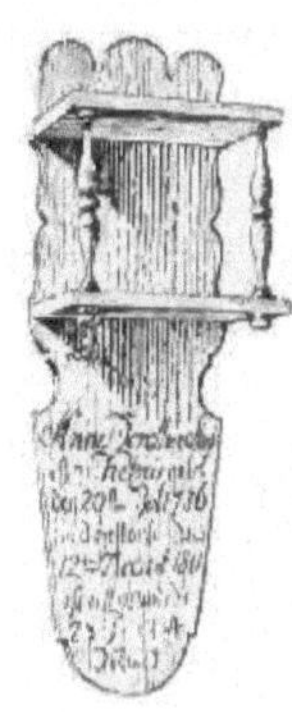

Abb. 62. Ketzür. Totenkronengestell in der Kirche.

Im Fußboden der Kirche liegen, sorgfältig durch Klapptüren geschützt, drei große und drei kleine Grabsteine. Die großen sind die des 1609 verstorbenen Heinrich v. Bröside und seiner zwei Ehegattinnen Elisabeth v. Hacken († 1598) und Elisabeth v. Krosick († 1605) (Abb. 60). Die ziemlich gut erhaltenen Steine zeigen die Figuren der Verstorbenen in Hochrelief, begleitet von den Wappen ihrer Verwandtschaft. Der älteste von ihnen von 1598 verrät eine weniger freie und sichere Hand als die beiden anderen. Die drei kleineren Grabsteine von etwas einfacherer Komposition, aber nicht minder reizvoller Behandlung, stellen drei Kinder der v. Brösickeschen Familie dar, die in den Jahren 1610, 1617 und 1620 (Abb. 61) starben.

Ein noch erhaltenes Totenkronengestell von 1811 gibt Abb. 62.

Zwei Glocken. Die große von 0,90 m Durchmesser ist 1531 gegossen. Eine Inschrift in gotischen Minuskeln am Halse enthält die Buchstaben „g. d v. b" (v. Brösicke). Die kleine von 0,68 m Durchmesser entstand 1511. Eine fast unleserliche Inschrift in gotischen Minuskeln ist vielleicht „sancta ursula" zu deuten.

Der ehemalige **Gutshof** der v. Brösicke (Abb. 63) gegenüber der Kirche an der westlichen Seite der Dorfstraße enthält zwar nur noch wenige ältere Gebäude, bewahrt indessen wohl noch eine ähnliche Anordnung wie in früheren Jahrhunderten. Die Wirtschaftsgebäude längs der Straße und an den seitlichen Grenzen des Hofes schließen einen großen Wirtschaftshof ein. Seine Einfahrt führt gerade auf das etwas seitlich verschobene Wohnhaus. Im Hintergrunde des hinter dem Hause belegenen Gartens stehen das Back- und Waschhaus. Letzteres, noch ein Bau des 18. Jahrhunderts, diente ursprünglich wohl zur Brauerei.

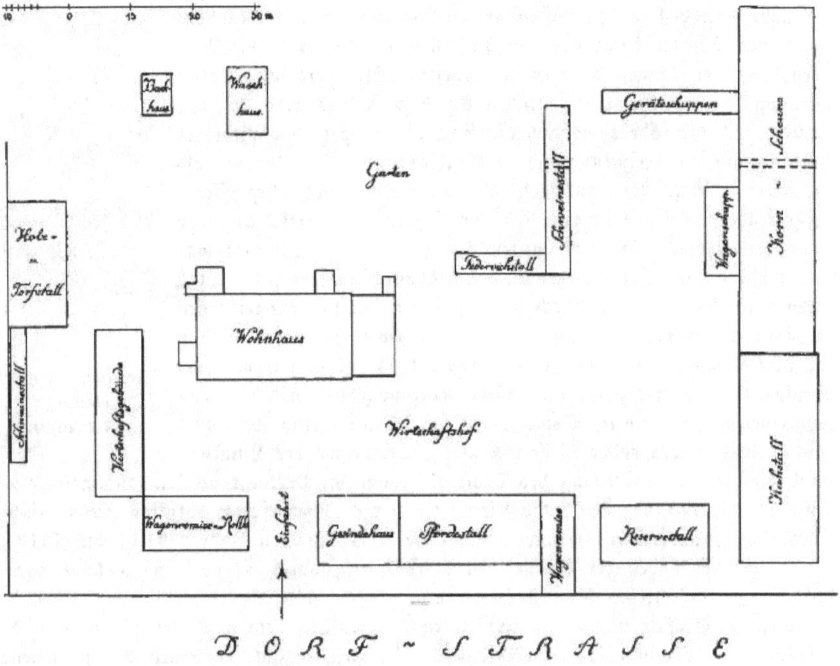

DORF-STRASSE

Abb. 63. Ketzür. Lageplan des Gutshauses.

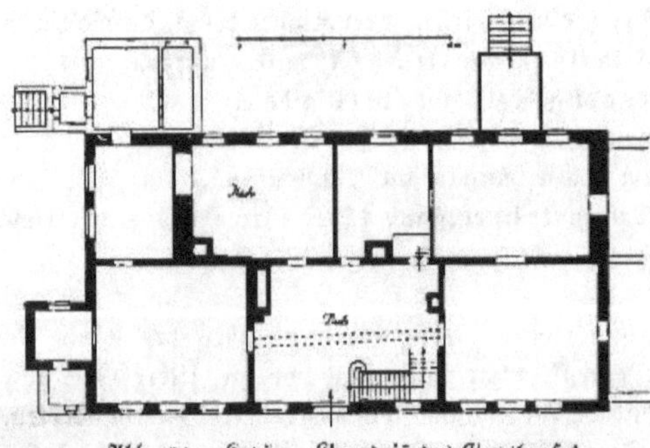

Abb. 64. Ketzür. Grundriß des Gutshauses.

Das **Wohnhaus** hat außer zwei kleineren neueren Anbauten an der Rückseite einen größeren im Norden, der von etwa 1810 stammt und auf dem Grundriß (Abb. 64 rechts) fortgelassen ist. Im übrigen verdankt das Gutshaus seine jetzige Erscheinung im wesentlichen wohl einer Wiederherstellung im Jahre 1783, deren Jahreszahl auf der Gartenseite angeschrieben steht. Im Dachraume befindet sich an einem Schornsteine die Jahreszahl 1752. Die Grundrißanlage ist ohne Frage noch aus älterer Zeit, wie denn ein kleiner Erkervorbau der Südseite noch bis heute einen mit geschweiften Renaissanceformen eingefaßten Giebel bewahrt hat (Abb. 65). Auch erscheinen zwei Mauern auffallend dick, so daß man noch an mittelalterliche Reste glauben möchte, zumal das zwischen diesen Mauern belegene lange Rechteck im Keller von einer altertümlichen Längstonne überwölbt ist, die in der Mitte durch einen Gang mit einem äußeren Kellereingang und einem zweiten Eingang von der Diele her unterbrochen ist. Die Räume gruppieren sich in ganz ähnlicher Weise wie im Gutshause zu Lünow um eine mitten an der Frontseite belegene Diele. In ihr liegt jetzt die Treppe, die früher vielleicht in einem mitten vor die Front gestellten Treppenturm enthalten war. Alt ist in der Diele außer dem Deckenunterzug die breite Kaminanlage in der linken und der Kellereingang in der rechten hinteren Ecke. Neben dem Kamin führt die Tür zur Küche mit alter Herdanlage. An die Diele schließt sich südlich ein großes Zimmer, das wie in Lünow durch seinen achsial daranstoßenden quadratischen Alkovenausbau als Schlafzimmer gekennzeichnet ist. Auch zeigen die Stuckdecken des Ausbaus in beiden Stockwerken die gleichen Motive wie das Schlafzimmer in Lünow, so daß man für beide Gutshäuser dieser benachbarten Orte wohl die gleiche Entstehungszeit, etwa die Mitte des 16. Jahrhunderts, annehmen darf. Am anderen Ende des Gebäudes lagen die Wohnzimmer. Die Einteilung des Obergeschosses entspricht im allgemeinen der des Erdgeschosses. In einem seiner Zimmer ist ein Ofen des 18. Jahrhunderts von 2,16 m Höhe erhalten (Abb. 66). Er ist in zwei Stockwerken aufgebaut, deren Ecken mit freistehenden Säulchen geschmückt sind.

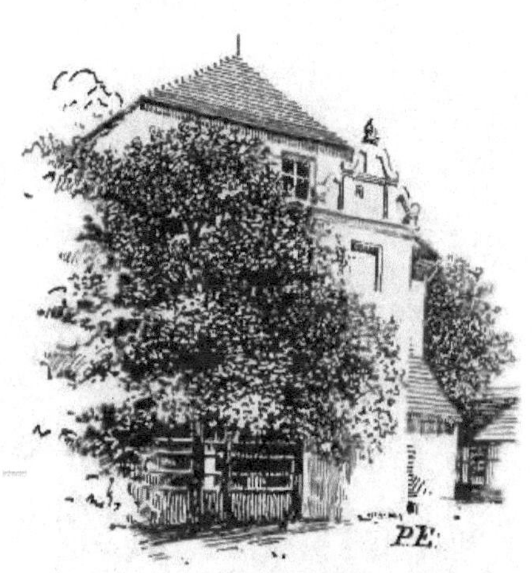

Abb. 65. Ketzür. Erker am Südende des Gutshauses.

Von den Möbeln und der Ausstattung des Hauses sind zu erwähnen eine einfache Empirestanduhr und vier Bilder aus der niederländischen Schule: zwei Stilleben, ein Tierstück und eine Winterlandschaft.

In Ketzür befinden sich noch zwei zweistöckige **Fachwerkhäuser**: 1) ein ehemaliges Arbeiterwohnhaus gegenüber der Kirche, das mit der Giebelseite an der Dorfstraße steht; 2) ein Haus in einer Seitenstraße südlich von der Kirche. Es war das alte Schulzenhaus und enthält, wie früher auch das Arbeiterwohnhaus, inmitten des schmalen Mittelteils einen großen quadratischen Rauchfang, eine Anlage, welche auch die einstöckigen Kossätenhäuser des Dorfes noch bewahrt haben.

# Klessen.

**Klessen**, Dorf 5 km westlich von Friesack. 316 Einw., Landgem. 753, Gutsbez. 1168 ha.

Ulrich v. Griben zu „Cletzen" hatte sich während der Wirren zurzeit des falschen Waldemar des Hochverrats gegen die Wittelsbacher Markgrafen schuldig gemacht, und deshalb erteilte Ludwig der Römer einer Eintragung vom 2. November 1352 in ein Kopialbuch zufolge dem Peter v. Bredow die Anwartschaft auf die Gribenschen Gerechtsame (Geheimes Staatsarchiv, Rep. 78. a. 3, Bl. 86; vgl. Riedel, Codex VII, 49). Laut Visitationsprotokoll von 1511 betreffend die Pfarren im Lande Friesack war Klessen ein „Filial der Pfar zu Gorne" (Riedel VII, 70). Wie aus vielen Lehnsbestätigungen für die v. Bredow hervorgeht, herrschten bis zu Beginn des 18. Jahrhunderts sehr verwickelte Besitzverhältnisse, da alle Mitbesitzer des Friesacker Landes an den adligen Gerechtsamen beteiligt waren. Gebhard Ludwig Friedrich v. Bredow (1693—1772) ersetzte ein älteres, von Joachim V. um 1580 an der Stelle des jetzigen Hofeingangs erbautes Haus durch das heutige Gutshaus und schmückte es mit seinem Wappen und dem seiner Gemahlin Luise v. Perkentin (Graf v. Bredow, Geschichte des Geschlechts v. Bredow I, 306, 369; vgl. III, 310, 317 f.). Sein Enkel Friedrich Wilhelm Ludwig (1763—1820) besaß außer dem gesamten Rittergut Klessen auch Anteile an Friesack, Görne, Liepe und wurde 1798 in den preußischen Grafenstand erhoben (Geschichte des Geschlechts v. Bredow I, 405 f.). Der Stifter der heute im Besitz des Gutes befindlichen Linie war Graf Ferdinand

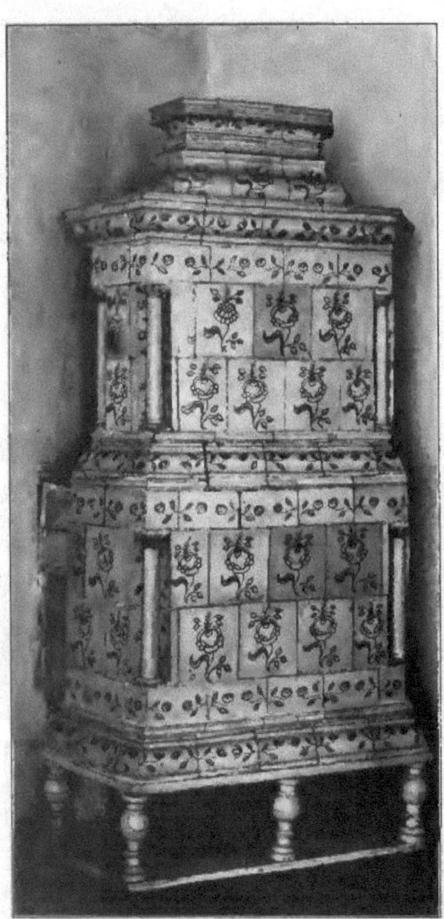

Abb. 66. Ketzür. Ofen im Gutshause.

Friedrich Karl v. Bredow (1830 bis 1888). In dem Dorfe wohnten laut Schoßkataster von 1621 nur 6 Hüfner, die 11 Hufen bestellten, außerdem 8 Kossäten, 2 Hirten und 1 Schäfer.

**Fachwerkkirche** in Saalform von 1698. Der Turm 1886 erbaut; der frühere war 1757 errichtet worden, weil der alte einzustürzen drohte. Die Kirche ist durch zwei Reihen von je fünf Holzsäulen in drei Schiffe geteilt. Der Raum ragt in den Dachstuhl hinein, der durch die zehn Holzpfosten getragen wird. Im östlichen Teile sind die Seitenschiffe oben zu Emporen ausgebildet, unten zu geschlossenen Stühlen (Priechen). Die Emporenbrüstungen sind mit Hermenpilastern, Triglyphen und anderem Beiwerk verziert und mit den Ahnenwappen der Bredows bemalt. Die Fenster sind im flachen Stichbogen geschlossen.

Altar mit Kanzel, einfach derbes Rokoko.

Hübscher Orgelprospekt von 1717.

Hölzerne Taufe von 1607, achteckig, reichgeschmückt mit geschweiften Konsolen, Muscheln, Löwenköpfen, Säulchen, Wappen und anderem Beiwerk (Abb. 67). Im Deckel die Taufe Christi gemalt. Teile des Gestühls gibt Abb. 68. In der Sakristei einfacher Tisch mit Schrank darunter (Abb. 69); Rokokobauernstuhl (Abb. 69).

Kleiner gotischer Kelch, 14 cm hoch, Silber vergoldet. Am Nodus sechs runde Zapfen mit Niello-

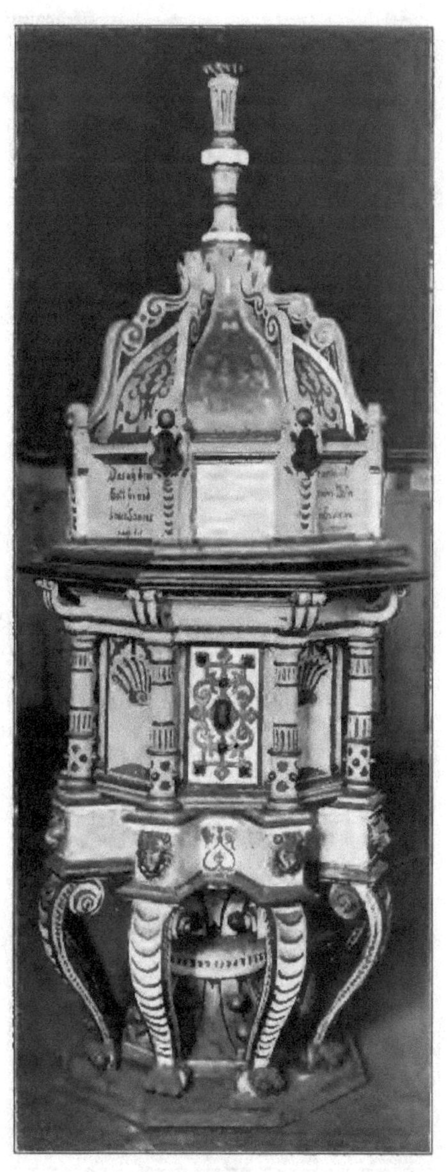

Abb. 67. Klessen. Taufe in der Kirche.

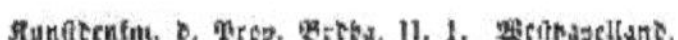

einlagen, welche die vier Evangelistensymbole und einen heraldischen Adler darstellen. Zwei Bronzeleuchter von verschiedener Form, einen von ihnen gibt Abb. 70.

Die zweite Glocke ist 1591 von Heinrich Borstelmann gegossen. Am Hals gotischer Blätterfries und zwei schmale Schriftbänder, darin in römischen Majuskeln: „SIT NOMEN DOMINI BENEDICTUM".

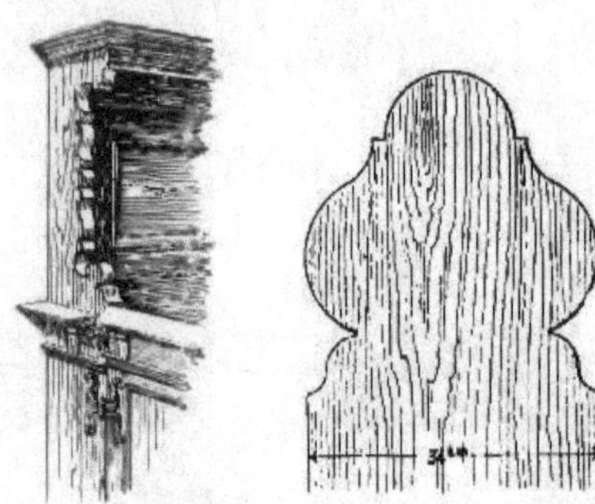

Abb. 68. Kleſſen. Gestühlwangen in der Kirche.

## Kotzen.

**Kotzen**, Dorf 12 km ostnordöstlich von Rathenow. 344 Einw., Landgem. 488, Gutsbez. 1425 ha.

Der slawische, 1216 „Coszin" lautende Name hängt vielleicht mit kos (mit scharfem s) — Amsel zusammen. Am 20. März 1352 übertrug Markgraf Ludwig der Römer einem Altar in der Rathenower Pfarrkirche Abgaben, die der Bauer in „Gossym", Arnold von Görne, Arnoldus villanus de Gorne, bis dahin an Henning v. Stechow und Conrad v. Friesack zu leisten gehabt hatte (Geh. Staatsarchiv, Urk., Rathenow Nr. 6; Riedel, Codex XII, 191). Laut Landbuch Kaiser Karls IV. hatten bereits um 1375 die Vasallen v. Stechow, de Stechgow, einen Hof mit 6 Hufen in „Kotsum", woselbst sie auch noch viele Gerechtsame, Abgaben der Bauern u. a. m. besaßen. In der Folgezeit (um 1450) standen ihnen von den 42 Hufen der Feldmark zu „Kosseyn" 10 Hufen zu, 30 Jahre darauf 14 Hufen; daneben hatte ein anderer Vasall, Reczow, 4 Freihufen. Dem Pfarrer standen von jeher nur 2 Hufen zu. Laut Schoßkataster von 1621 betrug die Zahl der Ritterhufen der Herrschaft sogar 17. Dieser Entwicklung entsprach eine Vermehrung der Ritterhöfe. Neben den Retzow und Stechow waren auch die Lochow

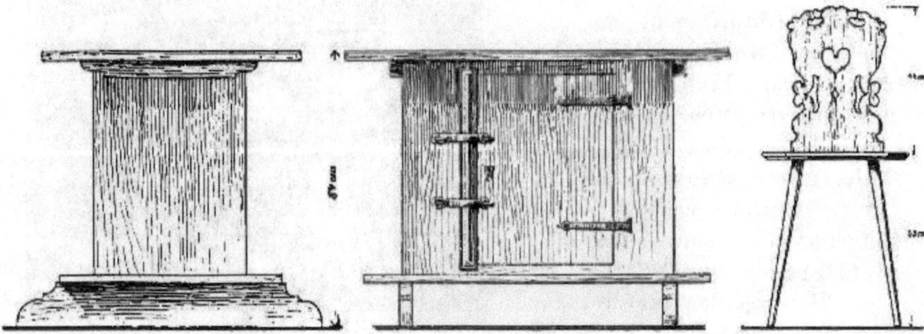

Abb. 69. Kleſſen. Schranktisch und Stuhl in der Kirche.

begütert, die laut Urkunde vom 27. November 1487 in „Kotzem" „einen Hufeners Hoff" hatten (Geh. Staatsarchiv, Ferchesar Nr. 1). Dem Protokoll von 1511 zufolge hatten die Stechow das Patronat über die 1216 in einer Urkunde im Brandenburger Domarchiv erwähnte Kirche. Nach vielfachem Besitzwechsel besonders nach 1650, über den Akten des Staatsarchivs unterrichten (Rep. 78. II. S 159), kam der Gesamtbesitz 1798 an Friedrich Ludwig v. Stechow, dessen Nachkommen noch heute in Kotzen ansässig sind. Um 1621 waren hier 17 Hüfner und 10 Kossäten, zu Beginn des 19. Jahrhunderts nur noch 1 Ganz- und 10 Halbbauern sowie 2 Kossäten.

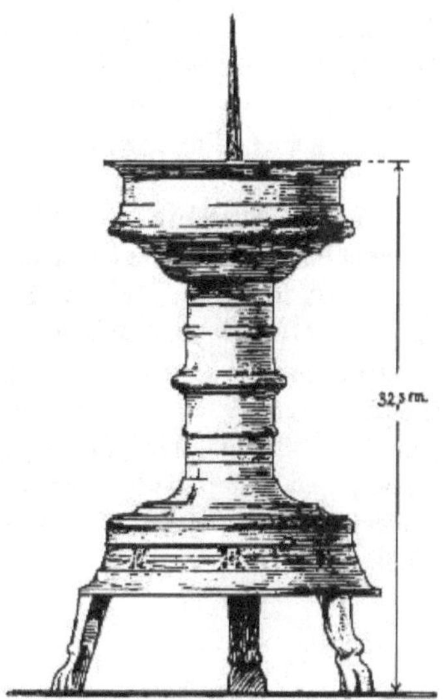

Abb. 70. Klessen. Leuchter in der Kirche.

Die saalförmige **Kirche** ist ein massiver Putzbau aus Feldstein von 1711, mit schwachen Strebepfeilern aus dem 19. Jahrhundert. Die Fenster sind im Stichbogen geschlossen, die Decke, eine Stichbogentonne von Holz, ästhetisch und akustisch von guter Wirkung. Der Fußboden ist mit roten Sechseckfliesen aus gebranntem Ton belegt. An die Südseite sind eine Gruft und eine herrschaftliche Empore angebaut; auch der Turm enthält eine Gruft.

Altar und Kanzel barock von 1712 (Kirchenbuch), mit gewundenen Säulen, breiter angeordnet als gewöhnlich und merkwürdig durch die fast romanische Zeichnung des seitlichen durchbrochenen Akanthusornaments. Auf der Kanzelbrüstung eine vierteilige Sanduhr. Schöne kleine zierliche Rokokoorgel, 1762 von dem Orgelbauer Schulz aus Ruppin gefertigt.

Gotischer Kelch, Silber vergoldet, 16,5 cm hoch. Der Knauf mit Maßwerk und sechs Zapfen. Über und unter ihm steht am Schaft „Ave Maria". 1641 gestiftet.

An der Nordwand der Kirche zwei sehr schöne Grabdenkmäler aus dem Jahre 1826: 1) Grabmal des Ferd. Thilo v. Stechow (Taf. 10). An dem breiten, konsolförmigen Unterteil ein prächtiger Kronoskopf (Abb. 71); darauf steht ein Pfeiler mit der schwarzen Inschrifttafel. Links neben dem Pfeiler Trophäen, rechts eine edle, schöne Kriegerfigur. Das obere Ende des Pfeilers, der eine Vase trägt, ist mit Draperie und reizenden Putten (Abb. 72) umgeben (Sandstein, weiß getüncht). 2) Das Grabmal seiner Gemahlin Augustine Ernestine v. Stechow geb. Gräfin v. Eickstädt-Peterswald, als Gegenstück zu dem vorigen gedacht, mit dem Bildnismedaillon der Verstorbenen über der schön umrahmten Inschrifttafel, beide von lieblichen Putten begleitet, das Ganze von einem Todesengel bekrönt, dem die Fackel entfallen ist und der mit dem Griffel das traurige Ereignis in das Buch der Geschichte einträgt (Tafel 11).

6*

Ein unerfreuliches Zeichen der Geschmacklosigkeit gesellt sich zu den beiden vorigen als drittes Denkmal, ein romanisches Kreuz auf plumper, unschöner Konsole. Die schwache Leistung ist 1865 datiert.

Drei Glocken. Die große 1623 von Caspar Bewre gefertigt. Gießermarke: eine Glocke mit Lorbeerzweigen (Abb. 73). Die zweite von 0,76 m Durchmesser aus dem Jahre 1567 ist ein roher Guß von Casper Havelant. Am Halse zwischen Linien fast unleserliche Minuskelinschrift. Die Öhre sind rund im Querschnitt! Die dritte Glocke mit 0,60 m Durchmesser ist sehr sauber gegossen, Öhre auf der Innenseite, glatt rund, vorn mit Flechtband. Am Hals Minuskelinschrift mit der Jahreszahl 1557. Darunter Kranz von kleinen Lilienspitzen und der Spruch: „d[eus] m[anet] i[n] e[ternum].“

Das **Gutshaus** enthält eine bedeutende Anzahl von Kunstgegenständen. Zunächst mehrere Plattenrüstungen, ferner Möbel aus der Biedermeierzeit, Ahorn mit schwarzem Aufputz, darunter ein Schrank (Abb. 74), mehrere Truhen aus dem 17. und 18. Jahrhundert (Abb. 75), sowie eine Empirekrone und eine bronzene Standuhr (Abb. 76). Sodann schöne Vasen aus Fürstenberger Porzellan. Endlich wertvolle Bildnisse, unter anderen Drost v. Stechow (1602—1675) von Graff (?) und Graf und Gräfin v. Eickstädt, ferner Bildnisse Friedrichs des Großen und seiner Gattin von Pesne, ein Selbstbildnis der Angelika Kaufmann (?) sowie schließlich Friedrich Wilhelm III., Kniestück von Friedr. Krüger aus Greitz (1839).

## Klein-Kreutz.

**Klein-Kreutz**, Dorf 4 km nordöstlich von Brandenburg. 581 Einw., Landgem. 351, Gutsbez. 201 ha.

„Crucewitz“, auf dessen Pfarrer, plebanus, in einem Kopiar des Brandenburger Domarchivs 1320 hingewiesen wird, wurde 1321 durch Markgraf Ludwig aus dem

Abb. 71. Kotzen. Kronoskopf vom Grabmal des Ferd. Thilo v. Stechow.

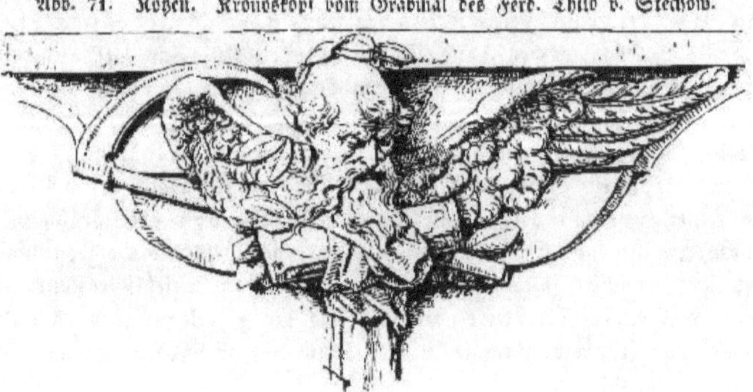

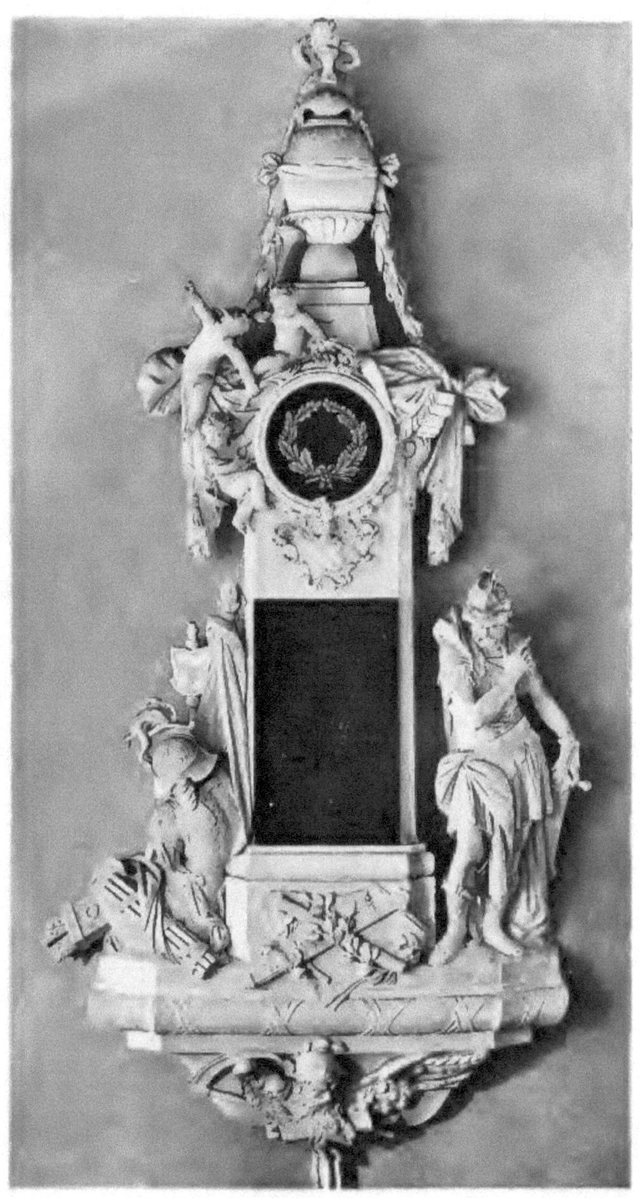

Kotzen. Grabmal des Ferd. Thilo v. Stechow in der Kirche.

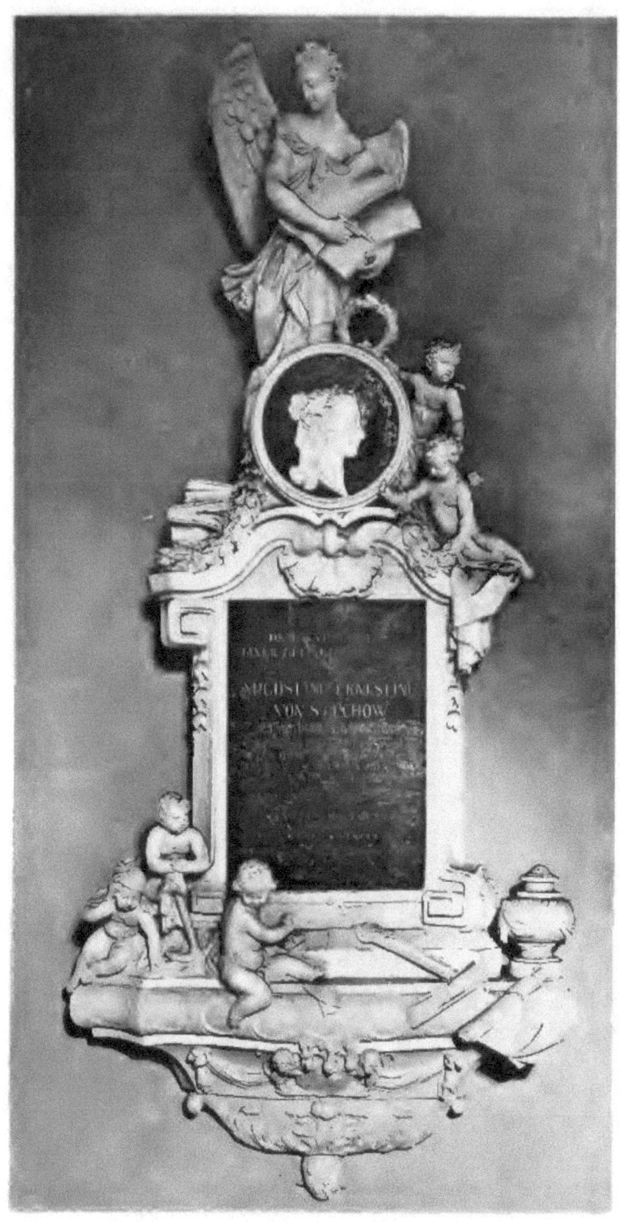

Kotzen. Grabmal der Augustine Ernestine v. Stechow in der Kirche.

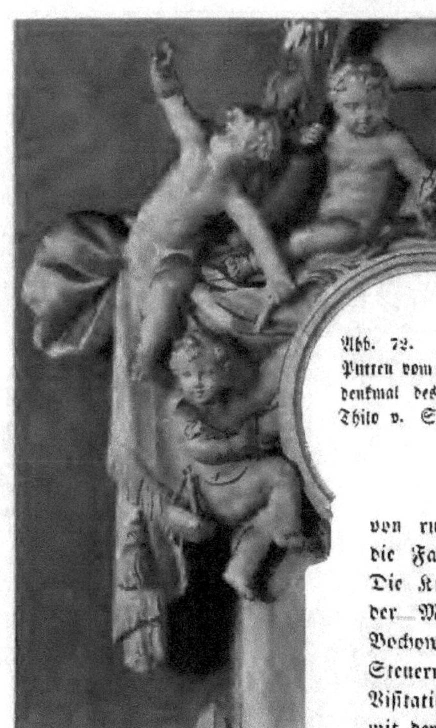

Abb. 72. Kotzen. Putten vom Wanddenkmal des Ferd. Thilo v. Stechow.

Hause Wittelsbach samt allen Äckern, Wiesen und dem Waldberg „Hogenwarde" der Neustadt Brandenburg geschenkt (Stadtarchiv zu Brandenburg; Riedel, Codex IX, 16 und 25). Noch zu Beginn des 19. Jahrhunderts besaß die Brandenburgische Kämmerei zu „Kreutzwitz" oder „Klein Kreutz" ein Vorwerk von $11^1/_2$ Hufen, das laut Schoßkataster von 1621 nur 1 Hufen umfaßt hatte (vgl. Dullo, Kommunalgeschichte der Stadt Brandenburg, 1886, S. 148 f.); das Kämmereigut von rund 270 ha kam 1837/39 käuflich an die Familie Wiese, die es noch heute besitzt. Die Kirche, die laut Urkunde von 1300 von der Mutterkirche Groß-Kreutz getrennt und Bochow beigelegt wurde, war bischöflichen Steuerregistern von 1527—1529 und dem Visitationsprotokoll von 1511 zufolge Mater mit der Filia „Sarnig" (Saaringen); Patrone, Collatores, waren — und sind noch heute — „die Thumherren zu Brandenburg" (Curschmann, Diözese Brandenburg, 1906, S. 436; Riedel X, 221; VII, 491).

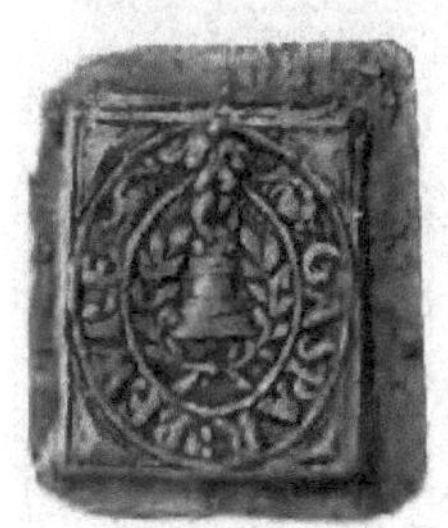

Abb. 73. Kotzen. Gießermarke von der großen Glocke.

**Kirche**, modern-romanischer Bau von 1867, nur der Turm bis zu $^3/_4$ alt (um 1500), mit Rundbogenfenstern und einem westlichen Portal mit Stichbogen und Spitzbogenblenden aus Backstein.

Spätgotischer Flügelaltar (Tafel 12), außer Gebrauch. Im Schrein die drei Figuren Maria, Katharina und eine weibliche Heilige mit Buch. In den Flügeln noch je zwei Heilige. Die Figuren sowohl wie das durchbrochene Maßwerk der Sockel und Baldachine vorherrschend vergoldet; ebenso der Grund. Im Oberteil (17. Jahrhundert) Christus am Kreuz.

Sechzehn gemalte Apostelfiguren (?) von der ehemaligen Emporenbrüstung und ein hl. Abendmahl auf Leinwand gemalt, 1689.

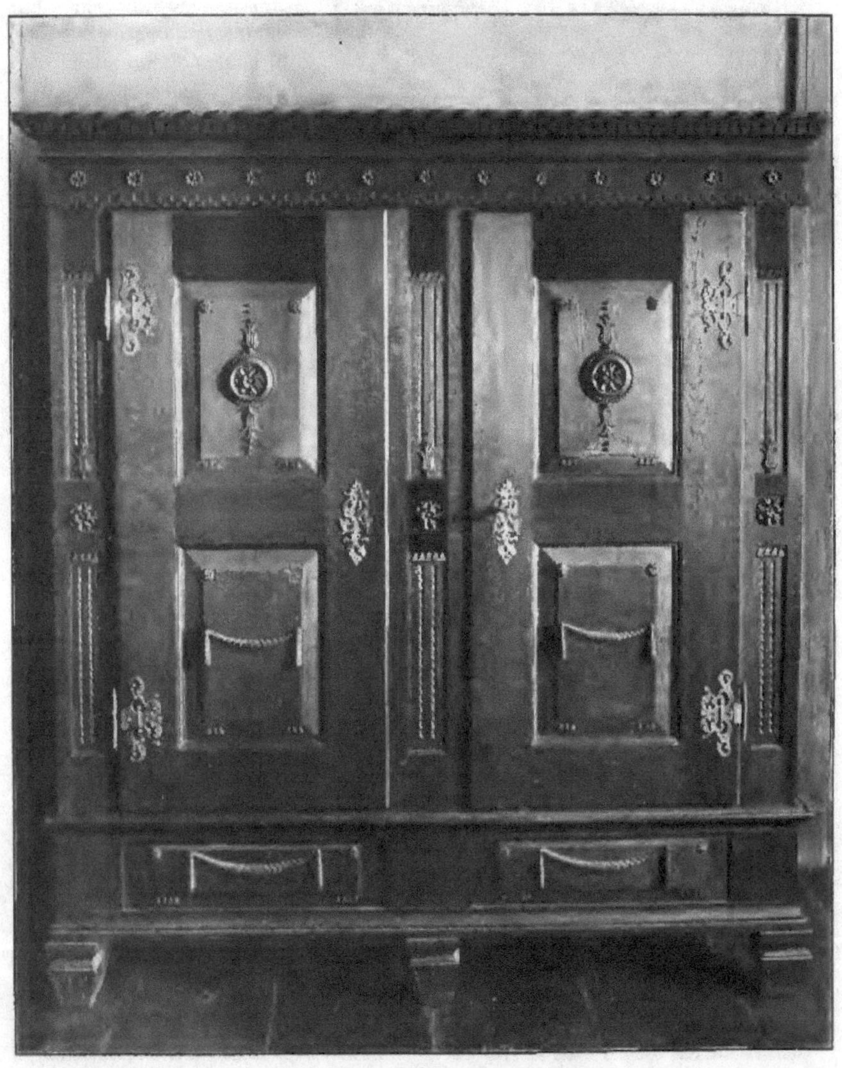

Abb. 71. Kotzen. Schrank im Gutshause.

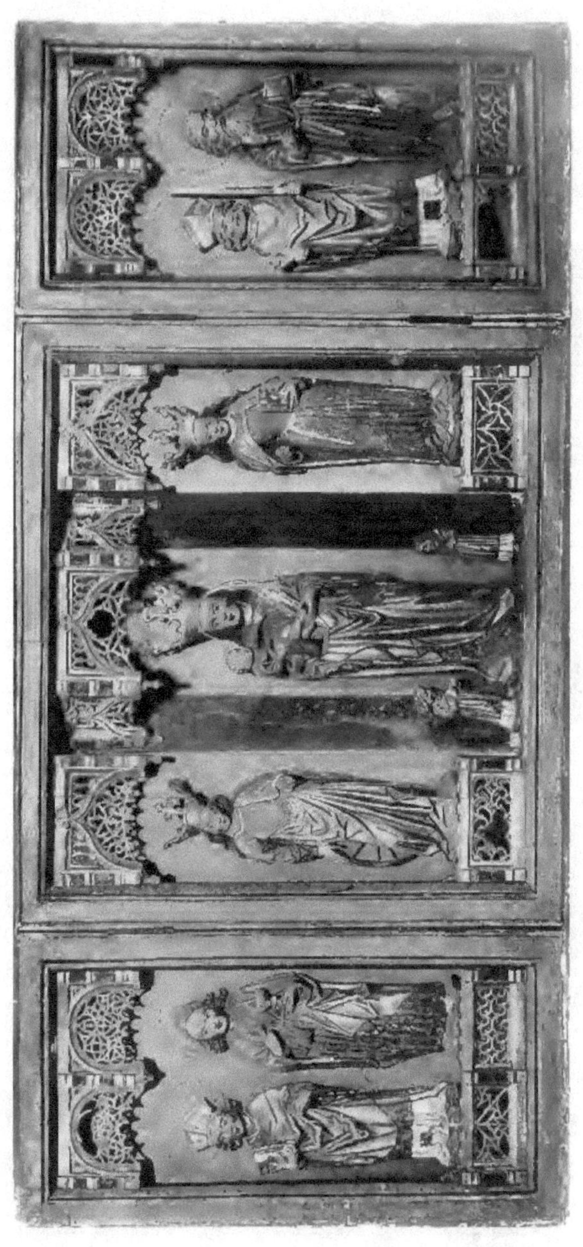

Klein-Kreutz. Flügelaltar in der Kirche.

Ein kleiner Messingkronleuchter mit Doppeladler als Bekrönung, 1750. Glocken. Die große 1700 von Schulze in Berlin gegossen, die zweite von 1533 mit Inschrift am Halse in gotischen Minuskeln.

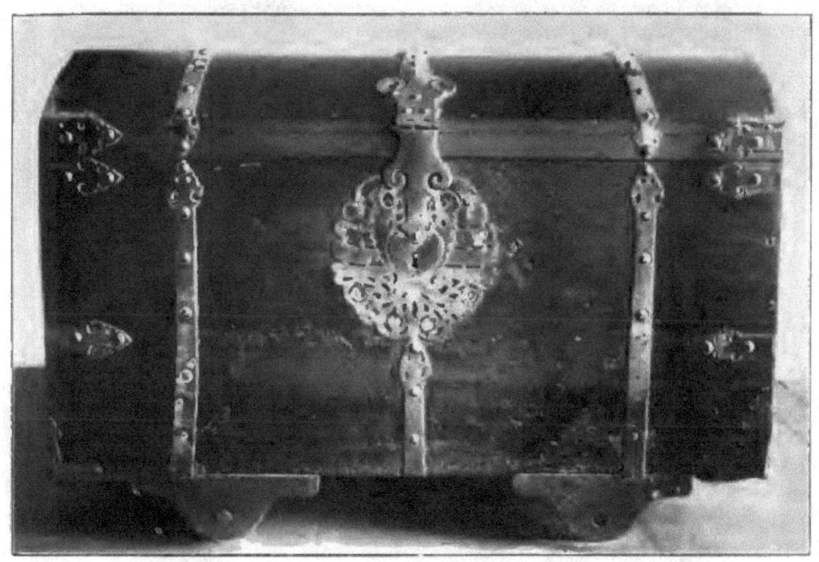

Abb. 75. Kotzen. Truhe im Gutshause.

## Kriele.

**Kriele**, Dorf 9 km südlich von Friesack. 261 Einw., Landgem. 567, Gutsbez. 621 ha.

Zwei Urkunden im Geheimen Staatsarchiv unterrichten über „Crile" zur Zeit der Askanier: 1248 schenkten die Markgrafen Johann und Otto dem Kloster Lehnin das Dorf, dessen Zehnten der Brandenburger Bischof Rutger 1249 gleichfalls den Mönchen übertrug (Urkunden märkischer Ortschaften, Lehnin Nr. 16. 17; Riedel, Codex X, 205). Ursprünglich gehörte der Ort nicht zum Ländchen Friesack, wie auch daraus hervorgeht, daß er im Landbuch Kaiser Karls IV. beschrieben wird, während die Dörfer des eigentlichen Ländchens dort ausfallen. Erst dadurch, daß 1427 Hasse v. Bredow laut Urkunde im Geh. Staatsarchiv (Friesack Nr. 2) „Kruel zu rechtem Manlehen" vom Markgrafen erhielt, trat eine feste Verbindung mit diesem Ländchen und seinen Herren, den v. Bredow, ein, deren einer, Willeke, schon 1353 seiner Ehefrau Bedeabgabe „in dem Dorpe tu Krele" zum Leibgedinge verschafft hatte

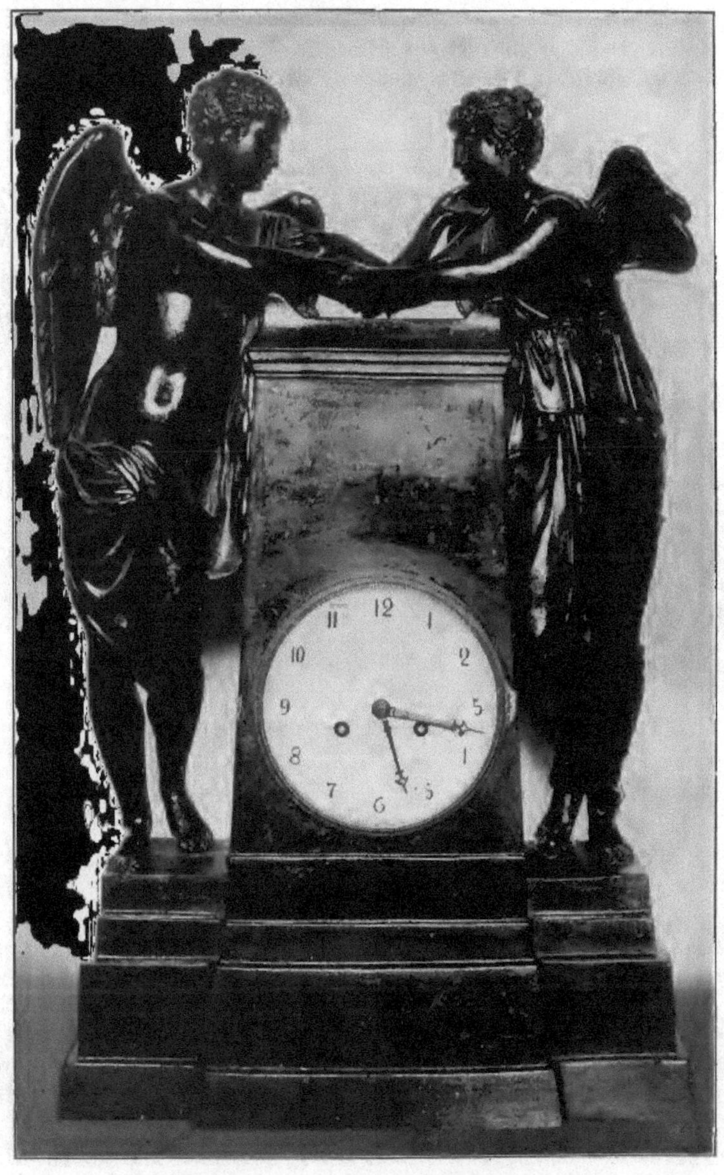

Abb. 76. Kotzen. Standuhr im Gutshause.

(Geh. Staatsarchiv, Rep. a. 3, Blatt 87 v.; Rep. 78. 5, fol. 19; vgl. Riedel VII, 51 f.). Die Bredows erlangten laut Schoßkataster von 1621 die Umwandlung von 7 bäuerlichen in steuerfreie Ritterhufen und behaupteten sich hier bis heute. Über die kirchlichen Verhältnisse, die „Collatores" v. Bredow, den ersten protestantischen Pfarrer Johann Buntze, seine Einkünfte, die etwa 100 Kommunikanten u. dgl. m. bietet das Visitationsprotokoll von 1541 Auskunft (Riedel VII, 69).

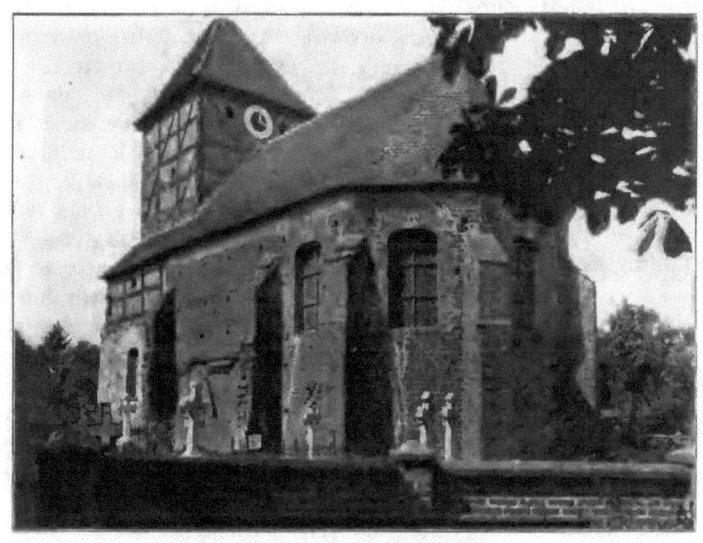

Abb. 77. Kriele. Kirche von Südosten.

**Kirche.** Chor und Schiff aus Backstein aus dem 14. Jahrhundert (Abb. 77 u. 78). Der Chor schließt in 3/8 und ist mit äußeren Strebepfeilern besetzt. Diese sind außer im Sockel einmal abgestuft und in Schrägen abgedeckt. Die Wölbung des Chors scheint ausgeführt gewesen zu sein (rauhe Bruchstellen im Innern und abgerundete Ecken von 20 cm über der Fenstersohlbank). Jetzt haben Chor und Schiff in gleicher Höhe eine glatt geputzte Decke aus der Zeit der Errichtung des Dachstuhls um 1700. Die Chorfenster sind in der Barockzeit vergrößert und im Korbbogen geschlossen worden. Das Schiff hat im Innern dreiteilige Blenden im oberen Teil der Wand, die in Stichbogen schließen. Auf der Nordseite ein reich profiliertes Spitzbogenportal (Abb. 78), dessen innere Leibung den Rundbogen zeigt. Anscheinend im 18. Jahrhundert wurde ihm eine Fachwerkvorhalle vorgelegt, deren Decke in die Gewändeprofile des Portals einschneidet. Auf der Südseite eine einfache Stichbogentür. Hierneben sieht man die spitzbogigen Schildbogenunten von zwei angelegten Gruftgewölben, auch auf der Nordseite die Anlage zu einem Gewölbe (für eine Vorhalle?). Die Fugen sind eingeritzt, aber sehr unregelmäßig. Backsteinformat 29×14×10 cm. Die obersten Schichten an Chor und Schiff sowie das gemeinsame Hauptgesims (Abb. 77) stammen aus späterer Zeit; vermutlich sind sie mit den Chorfenstern gleichzeitig. An Chor und Schiff sind viele Rundmarken, aber keine Längsrillen. Um 1713 wurde die Kirche „renoviert" (Beckmanns Nachlaß im Geheimen Staatsarchiv).

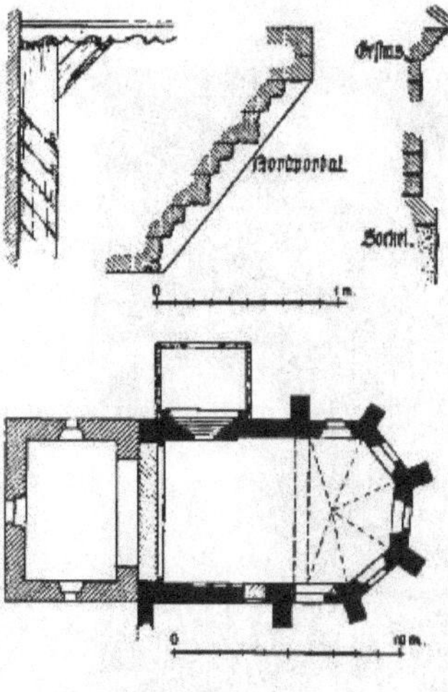

Der Turm ist im Erdgeschoß aus sehr lässig ausgeführtem, neuerem Feldsteinmauerwerk mit Backsteinkanten hergestellt. An der Westseite ein kleines Rundbogenportal (jetzt zu einem Fenster umgeändert). Über dem Feldsteinmauerwerk noch etwa 1,5 m Fachwerk, wie das im Norden und Süden bündig mit den Schiffsmauern. In Hauptgesimshöhe zieht sich der Turm nach der Dachschräge ein und ist quadratisch in Fachwerk weitergeführt, um in einem Pyramidendach zu schließen. Das Fachwerk der Westseite ist mit Brettern bekleidet. In der Wetterfahne steht die Jahreszahl 1779. Damals wurde vermutlich der im Jahre 1771 abgebrannte Turm erneuert.

Abb. 78. Kriele.
Grundriß und Einzelheiten der Kirche.

Altar mit Kanzel in rohem Rokoko mit mageren Säulen und unschönen Kapitellen.

Ein Kelch von 25 cm Höhe, Silber, teilweise vergoldet, ähnlich dem in Landin, Anfang des 18. Jahrhunderts.

Die Westempore bewahrt noch zwei Stützen in Form von gewundenen Vierkantstäben (Abb. 78).

In der nördlichen Schrägmauer des Chores die Kredenz mit einfach gotischen Bändern und Schloß.

Der Patronatsstuhl an der Nordwand hat ausgeschweifte Wangen und schräges Dach.

Schlichte Taufschüssel von 1689.

Taufengel in Trümmern auf dem Kirchenboden.

## Landin.

**Landin**, Dorf 9 km südlich von Friesack. 216 Einw., Landgem. 315, Gutsbez. 798 ha.

Bedeabgaben der Bauern in Höhe von „1 Stück Geld" „in dem Dorpe tu Lantyn" wurden am 31. März 1353 vom Markgrafen Ludwig dem Römer der Gattin des

Wolleke v. Bredow als Leibgedinge, „Lyefgedinghe", verschrieben (Geh. Staatsarchiv, Rep. 78. a. 3, Blatt 87 v.; vgl. Riedel, Codex VII, 51). Zur Zeit der Abfassung des Landbuchs Kaiser Karls IV. um 1375 besaßen zwei Vasallen namens Gerke Syle je zwei Ritterhöfe mit 4 Hufen in „Lantyn". Da die Gemarkung überhaupt nur 16 Hufen zählte, blieben 8 für die Bauern übrig. Während noch 1472 die markgräflichen Vasallen Lochow „Lantin" besaßen, wird im Schoßregister von 1480 als Besitzer von 5 Hufen und Herr des Dorfes Gefart v. Bredow angeführt, dessen Geschlecht sich hier behauptet hat, besonders dank dem Hans Christoph v. Bredow (1657 bis 1709), der das nach 1614 wegen Schulden aus der Familie gekommene Gut wieder einlöste (Graf v. Bredow, Gesch. des Geschlechts v. Bredow I, 329 f., 440 f; III, 201). Sein Bruder Ludwig (1655 bis 1740), der ihm nachfolgte, war der Gemahl der aus Anhalt-Zerbst stammenden Freiin v. Metzsch († 1742).

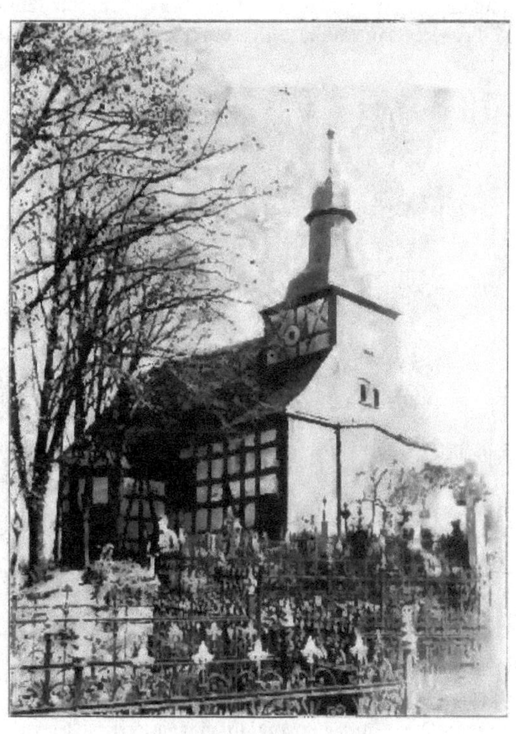

Abb. 79. Landin. Kirche von Nordwesten.

Laut Visitationsprotokoll von 1541 war „Lantin" ein Filial der Pfarre zu „Krile" (Riedel VII, 69). Wie aus dem Schoßkataster von 1621 hervorgeht, hatte sich die Zahl der bäuerlichen Höfe durch Auskaufen seitens der Herrschaft vermindert.

**Kirche** in Saalform aus schlichtem Fachwerk, Anfang des 18. Jahrhunderts, auf einer baumbewachsenen Anhöhe (Abb. 79). Der Weg führt zu einer Vorhalle mit Aufgang zur Empore an der Südseite. Holzwerk schwarz, Fache weiß, Fenster oblong, die Höhe der Kirche in fünf Fache geteilt. Das Innere ist dreischiffig wie in Kleſſen. Die ganze Südwand ist massiv mit modern-romanischen Fenstern (!) und ebensolcher Glasmalerei (!). Der Turm auf dem Westgiebel aus Fachwerk, unten quadratisch; über dem Gesims beginnt eine geschweifte Haube im übereckgestellten

Achteck, geschiefert, ebenso die Laterne und ihre Haube. Die Westwand bis zum Turmgesims ist im 19. Jahrhundert in Backsteinrohbau nüchtern verkleidet.

Altar und Kanzel, spätbarock, mit zwei Säulen, am Schalldeckel Lambrequins und eine bekrönende Strahlensonne, daneben auf abgebrochener geschweifter Verdachung zwei geschnitzte Engelchen. An die Kanzel schließen rechts und links Schranken mit Türen und durchbrochenen Bekrönungen in blau und Gold. Die

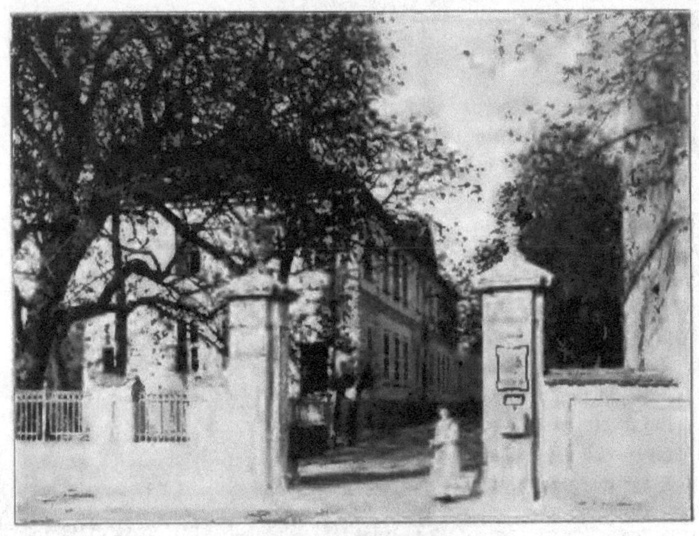

Abb. 80. Landin. Gutshaus.

farbige Bemalung der Kanzel scheint alt: weiß mit Gold und etwas grünlich-graublau. Die Säulen graublau marmoriert. Vermutlich von 1713.

Ein Kelch von 20 cm Höhe, Silber, teilweise vergoldet, der Fuß sechspaßförmig, Kuppa geschweift, der Mittelteil balusterförmig rund; erste Hälfte des 18. Jahrhunderts.

Schwere getriebene messingne Taufschüssel mit Adam und Eva im Mittelfeld und dekorativer Schrift am Rande.

Zwei einfache Bronzeleuchter.

Im Dachraum die Trümmer eines Taufengels.

Zwei Glocken, von denen die große 1723 von Chr. Heintze in Berlin, die kleine 1675 von Martin Heintze aus Spandau gegossen ist.

**Gutshaus.** Von der Straße aus führen zwei Tore, deren Pfeiler mit Vasen bekrönt sind, auf den Gutshof. Hier steht zwischen Garten und Ökonomiehof das

Wohnhaus, ihm gegenüber im Garten ein Orangeriegebäude, dem früher auf der Seite des Hofes ein Kavalierhaus entsprach. Das letztere enthielt auch Räumlichkeiten für Diener und die Hauptküchenanlage. Das Hauptgebäude, ein Putzbau aus dem Anfang des 18. Jahrhunderts, hat rechteckige Grundform mit einem mittleren Ausbau an der Gartenseite und besteht aus Keller-, Erd- und einem Obergeschoß unter einem schlichten Walmdache (Abb. 80). Sowohl der Treppenausbau wie das Hofrisalit schließen in flachen Dreieckgiebeln, die das aus Holz geschnitzte Allianzwappen des Ludwig v. Bredow und seiner Gemahlin geb. v. Metzsch, von derbem Barockornament begleitet, enthalten. Die letzten Fensterachsen sind von denen der Rücklagen etwas weiter entfernt und durch Quaderstreifen als Eckrisalite gekennzeichnet. In dem Vorbau an der Gartenseite lag früher die breite Haupttreppe in monumentaler Anordnung, mit zwei Parallelläufen beginnend, die sich nach oben in einem mittleren Laufe vereinigten. Die Kellerräume sind teils mit Tonnen-, teils mit rippenlosen Kreuzgewölben, teils mit flachen Stichbogenkappen zwischen breit gespannten Gurtbögen überwölbt. Die Erdgeschoßräume sind in neueren Zeiten mehrfach umgeändert, namentlich durch Verlegung der Haupttreppe.

Im Saale des Obergeschosses sind die einfache Stuckdecke und die Dekoration eines Stuckkamins bemerkenswert, die erst in den achtziger Jahren des 19. Jahrhunderts mehrmals an den Wänden wiederholt und durch ein reiches Deckengesims, zwei Türverdachungen sowie weitere Wanddekorationen vermehrt wurde. Außerdem sind im Hause noch zwei Öfen älterer Art erhalten; der eine im Erdgeschoß zeigt an seinem auf Messingfüßen ruhenden Eisenkasten das heraldische Braunschweiger Pferd. Die Kacheln beider Öfen sind ornamental dekoriert. Eines der Zimmer ist an den Wänden mit auf Leinwand gemalten tropischen Landschaften aus dem Ende des 18. Jahrhunderts geschmückt, die durch Vögel und anderes Getier belebt sind. Bemerkenswert sind außerdem ein Empire-Meublement, eine Truhe mit hübschem Beschlag aus dem Anfang des 18. Jahrhunderts und das Bildnis einer Dame mit Spitzenschleier aus der friderizianischen Zeit.

## Liepe.

**Liepe**, Dorf 3 km nordwestlich von Buschow. 318 Einw., Landgem. 624, Gutsbez. 481 ha.

In einem Kopiarbuch des Geheimen Staatsarchivs ist verzeichnet, daß Markgraf Ludwig der Römer am 31. März 1353 an Mechtilde, „Wyllekens Wyve v. Bredow, to Lyefgedinghe in dem Dorpe tu Lyp" Geldabgaben übertrug (Rep. 78. a. 3, Blatt 87 v.; vgl. Riedel, Codex VII, 51). Die ersten genaueren Nachrichten über „Lyp" verdanken wir dem Landbuch Kaiser Karls IV. im Geheimen Staatsarchiv. Neben den v. Griben bezogen schon die Gebrüder Hasse und Gerke Bredow Abgaben aus der Bede, mit denen sie von alters her vom Markgrafen belehnt waren. Laut Urkunde vom 16. Oktober 1427 im Geh. Staatsarchiv wurde das gesamte Dorf „Lypp" dem

Hasse Bredow zu rechtem Mannlehn gegeben (Urkunde, Friesack Nr. 2). Seitdem besteht eine feste Verbindung zwischen dem Dorf und dieser Familie, die das Rittergut um 1890 zu einer Familienstiftung ausgestaltet hat, deren Einkünfte alljährlich unter die männlichen Mitglieder der gräflichen Linien verteilt werden. Der Pfarrer besaß dem Landbuch zufolge auf der 25½ Hufen umfassenden Gemarkung 2 Freihufen. Der erste Geistliche nach Einführung der Reformation war laut Protokoll von 1541 Markus Wolter (Riedel VII, 70). Im Schoßkataster von 1624 werden 18½ bäuerliche und 5 herrschaftliche Hufen angegeben.

Die **Kirche** ist im Kern zwar ein alter Feldsteinbau, aber 1881 ganz moderngotisch aufgebaut, namentlich das Chorpolygon. Der Turm aus Feldstein und Backstein wurde im Jahre 1771 durch Blitz teilweise zerstört und darnach erneuert.

Hübsche barocke Kanzel, steht jetzt für sich an der Nordwand, ohne Schalldeckel, darunter ein nüchterner, modern-gotischer (!) Fuß.

Ein schlichter Kelch, Silber vergoldet, 23 cm hoch, von 1724, klein und glatt rund.

Taufengel seit 1881 ausgebessert und als Kronleuchter verwendet.

Gedenkstein eines Franz v. Bredow in Form eines Grabsteins, auf dem die Familie zu beiden Seiten eines Kruzifixes dargestellt ist; die Umschrift spricht nur von der Frau, einer geborenen v. Schleinitz († 1572). Das obere Relief in Querformat stellt die Auferstehung Christi dar. In den Ecken die Familienwappen. Der Stein ist bei der Übersiedlung eines v. Bredow von Merseburg hierher geschafft worden.

Ein Totenschild ist an der Nordwand der Kirche aufgehängt. Das in der Mitte befindliche Bredowsche Wappen wird von einem Turnierhelm mit dem Steinbock als Helmzier überragt. Statt der Helmdecken füllt spätgotisches Distelblattwerk die Kreisfläche. Die Umschrift in spätgotischen Minuskeln besagt, daß Hans v. Bredow im Jahre 1570 als brandenburgischer Marschall verstorben ist.

Drei Glocken. Die große von 0,74 m Durchmesser ist ohne Inschrift und hat am Halse zwischen zwei glatten doppelten Begleitlinien acht Reliefdarstellungen in Perlenkreisen: 1) Verspottung Christi, 2) Kreuzigung, 3) Geburt, 4) Auferstehung, 5) Kreuztragung, 6) Christus segnend mit der Siegesfahne, 7) Auferstehung, 8) Kreuztragung. Die zweite Glocke mit einem Durchmesser von 0,66 m ist 1559 von Andreas Moldenhauer gegossen. Inschrift in gotischen Minuskeln am Hals, dazu zwei Siegelabdrücke. Die dritte Glocke von 0,46 m Durchmesser stammt ebenfalls von 1559.

## Lietzow.

**Lietzow**, Dorf 3 km nordwestlich von Nauen. 146 Einw., Landgem. 816 ha, Gutsbez. 162 ha.

Einem Leipziger Kopiar der Vogtei Havelberg zufolge waren 1336 Heinrich und Jordan v. Kröcher Herren über „Litzow" (Riedel, Codex VII, 313). Laut Karolinischem Landbuch hatte der Pfarrer um 1375 von den „XXXI mansi" der Gemarkung 2 Freihufen, 8 Hufen gehörten zum Hofe des markgräflichen Vasallen v. Dobritz (Ausg. von Fidicin, S. 100). Um die Wende des 17. Jahrhunderts wurde der laut Schoßkataster von 1624 von 12 Hüfnern und 13 Kossäten bewohnte Ort königliche Domäne und dem Domänenamt Nauen unterstellt. Von jeher war die Kirche Filial von Berge (Urkunde von 1451 im Brandenburger Domarchiv; Riedel VII, 370).

Gotische **Kirche** aus Backstein 1862 bis 1864 infolge eines Brandes (1859) neu erbaut.

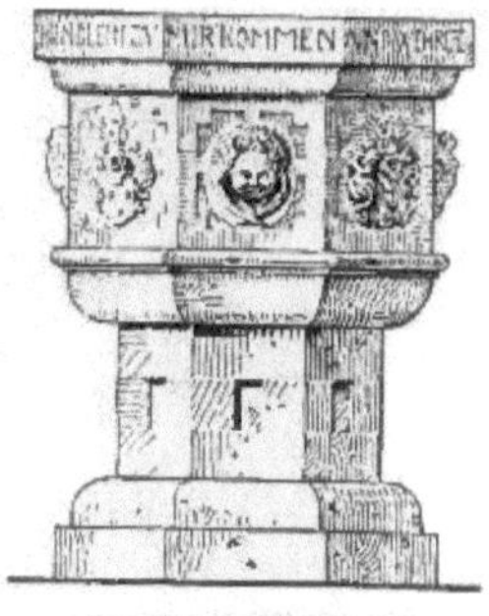

Abb. 81. Lünow. Taufe in der Kirche.

Im Dorfe befinden sich noch etwa drei ältere **Bauernhäuser** aus der Zeit um 1800. Sie stehen mit dem Giebel, der meist mit Brettern verschalt ist, an der Straße, wo auch der Eingang ist. Der mittlere Teil des nach der Tiefe gehenden Ganges ist mit einem großen Rauchfang überbaut und dient als Küche. Die früheren Rohrdächer sind jetzt durch solche mit Ziegeln ersetzt.

An dem alten Wege nach Nauen liegt östlich seitwärts neben einem Graben ein beschädigtes Sühnekreuz aus rotem Granit. Von den drei oberen kurzen Kreuzarmen ist der eine seitliche abgebrochen. Auf dem Scheitel des mittleren sind vier kleine runde Vertiefungen eingegraben, die vielleicht zur Aufstellung von Kerzen oder einer ewigen Lampe dienten.

## Lünow.

**Lünow**, Dorf 10 km nordöstlich von Brandenburg. 155 Einw., 293 ha.

Dem um 1375 zusammengestellten Landbuch Kaiser Karls IV. im Geheimen Staatsarchiv zufolge hatte „Lunow" 21 Hufen, von denen dem Pfarrer 2 Freihufen zustanden. Inhaber der Gerichtsbarkeit und des Patronats war „Huneken", ein markgräflicher Lehnsträger, dessen Familie, später Hünicke genannt, besonders im Erzstift Magdeburg begütert war (Ausg. von Fidicin, S. 101). Später (1450) besaßen die adligen Freihufen die v. Kloth: 1583 waren Arndt und Joachim Klott zu Lünow begütert; 1609 erhielt Arnd Kloth die Belehnung mit „Luno" (vgl. Akten im Geheimen Staatsarchiv Rep. 78. II. K 82). Zurzeit des Dreißigjährigen Krieges folgten die v. d. Gröben und endlich der Etatsminister Friedrich v. Görne auf Plaue, der das Dorf 1726 dem Domkapitel verkaufte. Das Patronat über die Kirche, die laut bischöflichen Steuerregistern von 1527—1529 Filia von Weseram war, hat das Kapitel heute noch; der Gutsbezirk wurde neuerdings mit Grabow vereinigt. Die v. Kloth sind längst ausgestorben (vgl. Siebmacher, Wappenbuch, 1880, VI, 5).

Die **Kirche**, ursprünglich gotisch, ist in gemischtem Material errichtet (jetzt überputzt). Der Ostschluß nach $^{3}/_{8}$; an der Südseite eine kleine vermauerte Tür mit Spitzbogenblenden darüber, als einzige Spuren des Mittelalters. Anscheinend ist die Kirche im 18. Jahrhundert umgebaut, wobei die Fenster mit Korbbögen versehen wurden. Der Turm und ein kurzes Stück am Westende der Kirche ist modern-romanischer Backsteinbau von 1888.

Taufe aus Sandstein, achteckig, mit dem Spruch: „Lasset die Kindlein zu mir kommen . . ." in vertieften römischen Majuskeln. An den acht Seiten des Gefäßes

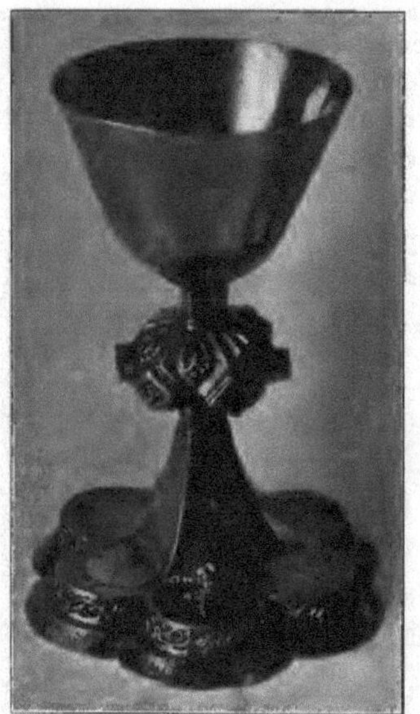

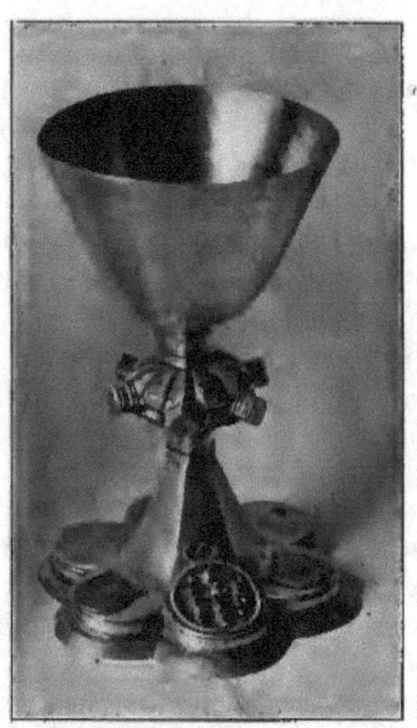

Abb. 82. Lünow. Spätgotische Kelche in der Kirche.

abwechselnd Wappen und Engelköpfe in Renaissanceformen. Der Fuß gemauert aus Backstein. Das Ganze grau angestrichen und marmoriert (Abb. 81).

Ein gotischer Kelch, Silber vergoldet, 18 cm hoch (Abb. 82). Der Fuß in Form eines Sechspasses hat eine durchbrochen gearbeitete Platte mit spätgotischem Rankenwerk. Der Knauf ist mit durchbrochenem Maßwerk und sechs rautenförmigen Zapfen verziert, auf denen auf dunklem Emaillegrund in frühgotischen Majuskeln JHESUS steht. Die Kuppa ist unten durch eine sternförmige, sechsspitzige Kernform gehalten und von sehr straffem Profil. Am Fuß ist ein Kruzifixus in Reliefform aufgelegt. Die eingravierte Inschrift aus spätgotischen Majuskeln lautet: „Elisabeth Clodn Tusent fünf Hundert D N VI gegeben Geberth Clod". Auf der untersten Schräge des Fußprofils steht in gotischen Minuskeln eingraviert: „Geberth Clodt Elisabeth".

Ein kleiner silberner gotischer Kelch von 16 cm Höhe (Abb. 82). Der Fuß in Sechspaßform, mit straff gezeichneter Kuppa. Am Knauf Verzierungen, verschiedene Blumen und sechs Zapfen, die die Buchstaben INRI in spätgotischen Majuskeln zeigen. Auf einem Teile des sechspaßförmigen Fußes ist eine kleine vergoldete Kreuzigungsgruppe mit Maria und Johannes aufgelegt. Links und rechts daneben die Wappen der Stifter.

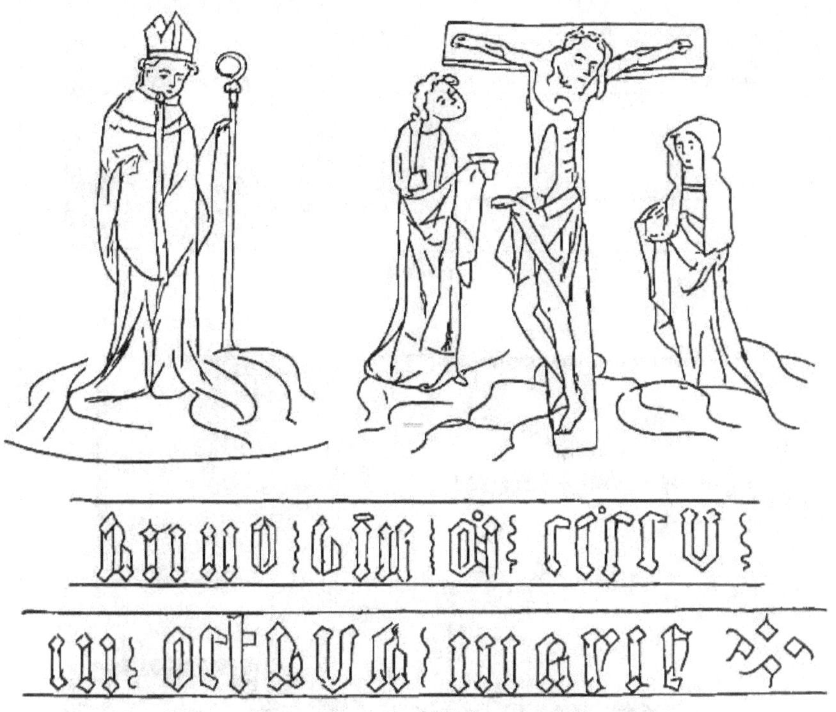

Abb. 83. Lünow. Bilder und Inschrift von der kleinen Glocke.

Zwei Glocken. Die große 1605 von Urban Schober gegossen. Die kleine von 1405 hat 55,5 cm Durchmesser. Die Öhre rund, die Inschrift am Halse in den Mantel geritzt in gotischen Minuskeln zwischen zwei Naturschnüren: „Anno d[o]m[ini] mcccv in octava marie" (Abb. 83). Am langen Felde zwei figürliche Darstellungen, die in den Mantel geritzt sind: 1) Christus am Kreuz mit Maria und Johannes, 2) gegenüber ein Bischof im Ornat. Diese Konturzeichnungen sind 28 cm hoch und nehmen die ganze Höhe des langen Feldes ein (Abb. 83).

Außen an der Nordseite der Kirche Grabstein eines Herrn v. Klot († 1611). Die beiden ersten Ziffern abgeschlagen, stark verwittert.

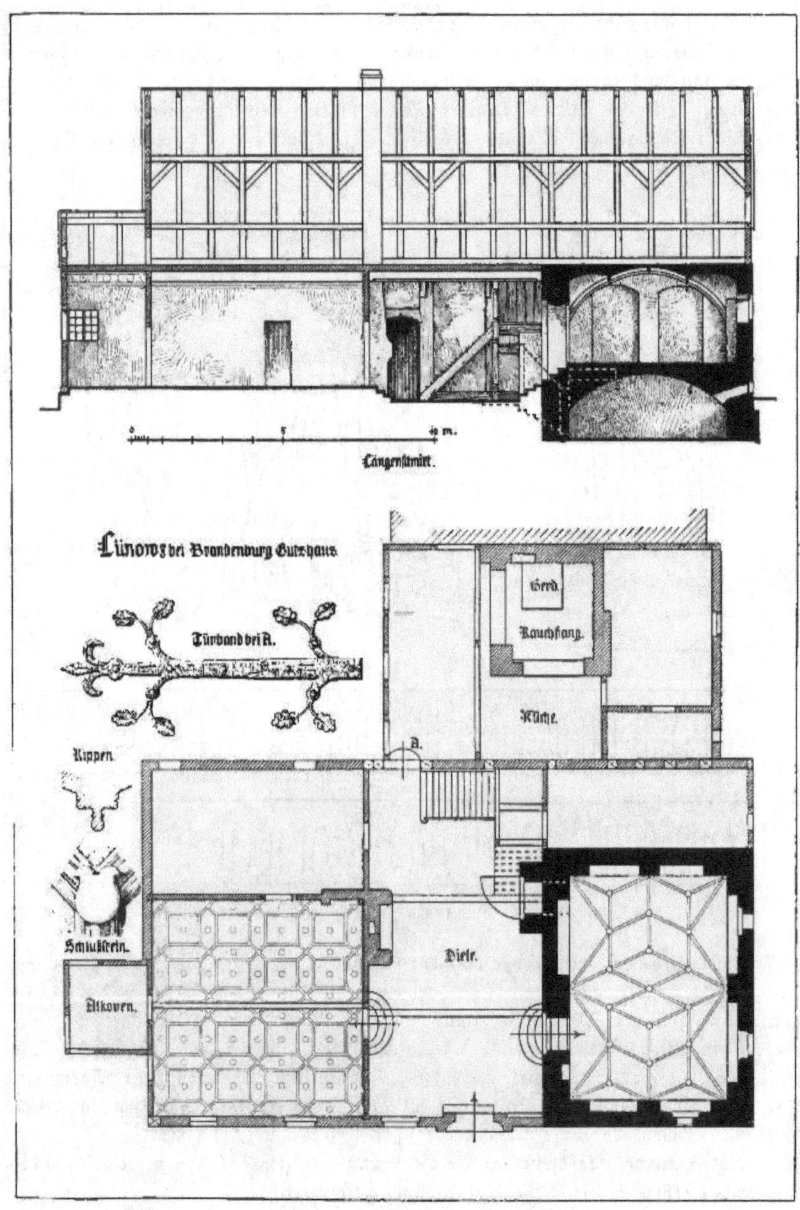


Abb. 84. Lünow. Gutshaus. Grundriß, Längenschnitt und Einzelheiten.

An der Südseite der Kirche Grabstein der Elisabeth v. Brunn († 1720). Am 3/8 Ostschluß noch drei andere Grabsteine mit verwitterten Inschriften.

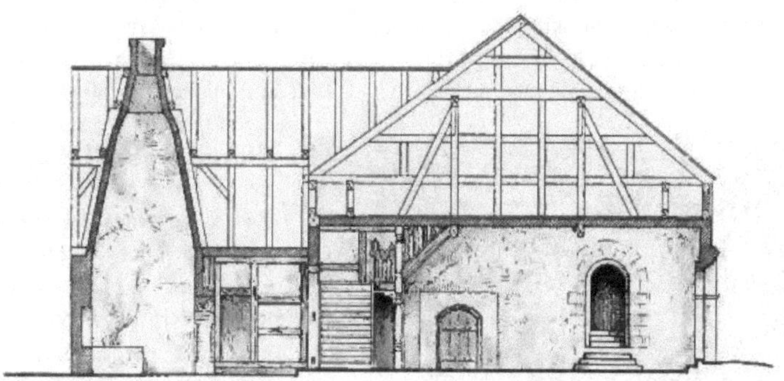

Abb. 85. Lünow. Querschnitt durch das Gutshaus.

Das einstöckige **Wohngebäude** des Rittergutes ist z. T. Backsteinbau (Format 27 × 11 × 8 cm), z. T. Fachwerkbau und liegt westlich neben der Kirche und dem Friedhof, auf der Südseite der Dorfstraße, von ihr durch den mauerumschlossenen Hof getrennt (Abb. 81). Ursprünglich, etwa um die Mitte des 16. Jahrhunderts, bildete der nordwestliche massive Teil vielleicht kurze Zeit allein das Wohngebäude (senkrechte Baunaht etwa 1 m rechts neben der Haustür). Sein Keller ist mit einem einzigen breiten Tonnengewölbe in Stichbogenform überspannt, der Erdgeschoßraum darüber, 1,10 m über dem Erdboden gelegen, vermutlich das Hauptwohngemach des Hauses, mit einem gotischen Netzgewölbe überdeckt (Abb. 86). Seine Rippen sind aus drei feinen, durch Kehlen getrennten Rundstäben gebildet und ihre Kreuzungen durch kleine leere Wappenschilde geziert. Die Wände sind rings durch Stichbogennischen ausgehöhlt, in denen sich auf der Westseite zwei, auf der Nordseite gegenüber dem Hoftor nur ein Fenster befinden. Jene liegen höher über dem Fußboden als dieses (Brüstungshöhe 1,28 bzw. 0,90 m) und sind zweiflügelig, während dieses im oberen Drittel fest ist und im unteren sich in einem Flügel öffnet. Außerdem ist es mit Haken und Falz für äußere Läden versehen. Die Fensterrahmen scheinen noch die alten, sie haben Kittfalz und sind mit Vorreibern zu verschließen. Der Fußboden besteht aus Tonplatten von 17 cm im Quadrat. Den Eingang zu diesem gewölbten Teile des Hauses, den man versucht ist, im Gegensatz zum übrigen, als „Steinwerk" im westfälischen Sinne zu bezeichnen, bildet eine Rundbogentür auf der Ostseite, die jetzt aufgemalte Quadern umrahmen. Auf derselben Seite innerhalb der Diele ist auch der Kellereingang (Abb. 85).

Dieses Steinhaus von bescheidenem Umfange wurde durch einen Fachwerkbau mit massiver Haustür vervollständigt, so daß das Gebäude nun eine seiner Langseiten

7*

als Front dem Hof und der Dorfstraße zukehrte (Abb. 87). Das Ganze bestand jetzt der Länge nach aus drei Teilen.

Den westlichen Teil bildet mit einem geringen Zuwachs in der Tiefe der alte massive Bau. Im mittleren Teile befindet sich an der Front die neue rundbogige Eingangstür von breiter Kehle umrahmt. Dieser Teil des Hauses bildet wiederum einen einzigen Raum, die Diele. Es ist eine dämmerige Halle von etwa 6 × 11 m, die nur durch ein (jetzt vermauertes) Fenster östlich neben der Haustür Licht erhält. Der Eintretende erblickt zunächst zur Rechten die halbkreisförmige Steintreppe zur gewölbten Stube und weiterhin den Kellereingang mit weit vorgeschobenem Hals und noch weiter in Viertelkreisform eingegründeter Oberstufe. Die hintere rechte Ecke der Diele nimmt die stattliche 1,56 m breite Treppe ein mit profilierter Podestsäule und ausgeschweiften Balusterbrettern im oberen Teile. Dicht neben dem Fuß der Treppe führt eine Tür, die in Fachwerk aus mächtigen Hölzern gebildet und im gedrückten Eselsrücken ausgeschweift ist, nach hinten zur Diele hinaus. Ihre schmiedeeisernen Bänder sind mit Blättern besetzt. Die Mitte der Ostwand nimmt der Kamin ein, dessen Rauchfang zwischen den ihn zu beiden Seiten begleitenden tiefen Schornsteinvorlagen flach erscheint. Die Balkendecke der Diele ist von zwei Unterzügen unterfangen und der Fußboden wie im Steinhause aus schlichten Tonplatten gebildet.

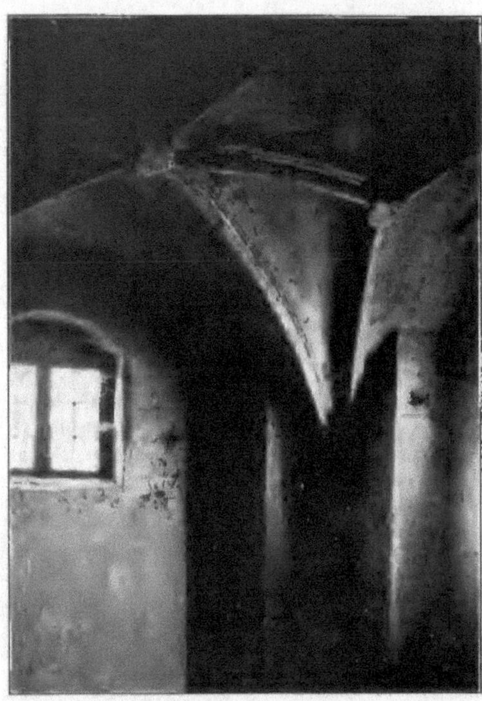

Abb. 86. Lünow. Gewölbter Erdgeschoßraum im Gutshaus.

Der dritte, östliche Teil des Hauses liegt etwa 0,5 m über dem Fußboden der Diele und ist in zwei Räume geteilt: eine kleinere hintere und eine große vordere Stube, beide untereinander und mit der Diele durch Türen verbunden. Auf der Ostseite ist ihr ein Kämmerchen von 2,5 m im Quadrat angefügt, das durch seine hochliegenden Fenster als Alkoven gekennzeichnet ist. Stube und Kämmerchen haben flach stuckierte Decken mit geometrischem Muster (Grundriß Abb. 81). Auch der Unterzug ist mit Gurtbändern in gleichmäßigen Abständen und Kreisformen dazwischen verziert. In beiden Räumen zieht sich an der Wand unter der Decke ein Fries hin, der durch senkrechte profilierte Streifen in Felder geteilt ist mit ähnlichen Kreisformen, wie sie alle einzelnen Felder der Decke schmücken. In dieser Stube ist auch das Deckgesims eines Kamins erhalten, dessen Schornstein den Kamin der Diele flankiert.

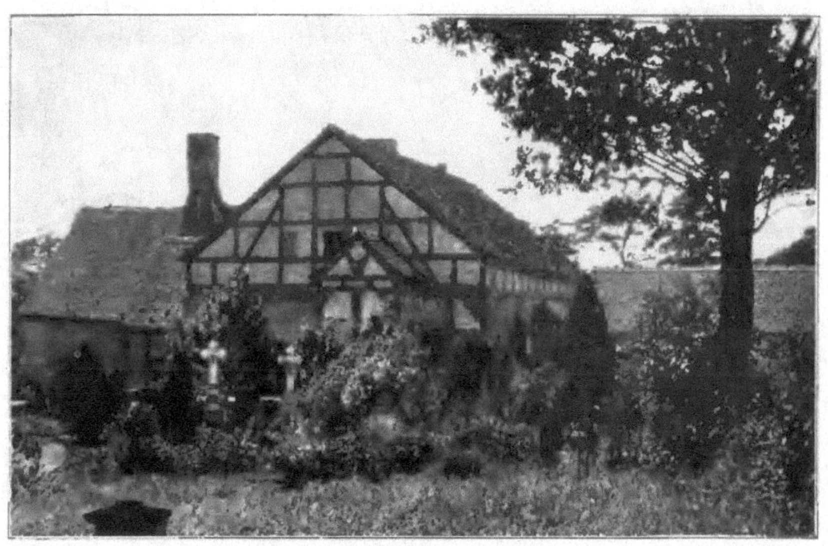

Abb. 87. Lünow. Gutshaus von Nordosten.

Im Südwesten legt sich der Küchenbau an das Haus, in sich durch Holzstützen und Unterzüge ebenfalls dreigeteilt. Den östlichen Teil betritt man durch die Hintertür der Diele (bei A im Grundriß Abb. 81). Der mittlere wird mehr als zur Hälfte von der mächtigen Anlage des Rauchfangs eingenommen, der in dem Fachwerkbau einen kleinen Massivbau für sich bildet. Zwei seiner Wände sind durch starke Überlagsbalken ganz geöffnet. Der Herd, in der Mitte der Südwand, schickt nun seinen Rauch in einen rings massiv ummauerten Rauchfang, der sich innerhalb des Daches von drei Metern auf die Breite eines Schornsteins verjüngt und in dieser Form aus dem Dache heraustritt.

Der ganze Bau ist ein Beispiel der selten gewordenen einfachen unbefestigten gutsherrschaftlichen Wohnbauten der Renaissancezeit, deren Anlage und Gewölbeformen noch mittelalterlichen Überlieferungen entsprechen. Eigentlich verraten nur Portal, Treppe und Stuckdecke die Renaissance, deren Geist sich auch in der breiten Lagerung des Hauses auszusprechen scheint. Über das ganze Erdgeschoß erstreckt sich ein Drempelgeschoß mit Fachwerkgiebeln an den Enden (Abb. 87).

Im Jahre 1910 wurde das Gebäude mit Ausnahme des gewölbten Teiles abgebrochen, nachdem es lange vernachlässigt worden war.

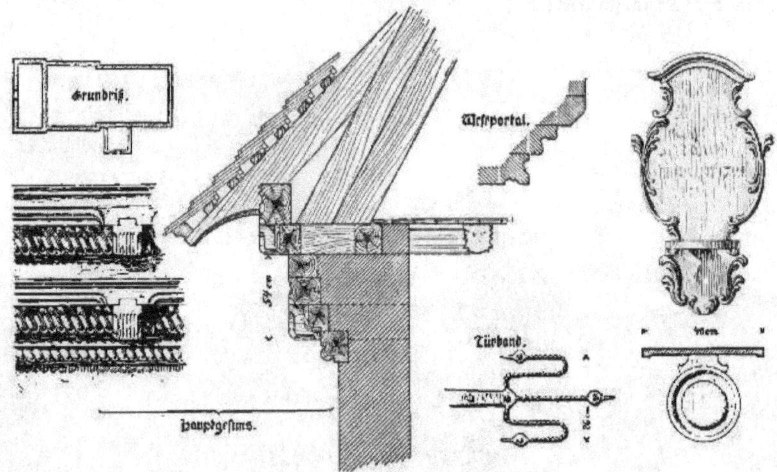


Abb. 88. Marzahne. Grundriß und Einzelheiten der Kirche.

# Marzahne.

**Marzahne**, Dorf 17 km südöstlich von Rathenow. 137 Einw., 1599 ha.

Der Name des Dorfes erinnert Fidicin zufolge an die wendische Gottheit des Todes „Morczane“. Als 1186 laut Urkunde im Domarchiv der Brandenburger Bischof Balderam die Besitzungen des Domkapitels bestätigte, befand sich unter diesen auch die Kirche zu Hohenferchesar mit der dazu gehörigen capella Marzane (Riedel, Codex VIII, 115 f.). 1191 schenkte Bischof Norbert ganz „Merscane“ dem Domkapitel, so daß nach dem Karolinischen Landbuch das gesamte Dorf „Mertzane“, wo sich laut Urkunde von 1216 (Riedel VIII, 131) eine Kirche befand, Propst und Kapitel zu eigen war. Beckmanns Nachlaß im Geheimen Staatsarchiv zufolge ging es nebst Kirche, Turm und Glocken 1607 im Feuer auf. Die Kirche steht heute noch unter dem Patronat des Kapitels, das im übrigen seine Gerechtsame veräußert hat.

In der jetzigen **Kirche** mögen von einem älteren Bau noch einige Mauerreste stecken, doch sind sie äußerlich nicht erkennbar. Sie besteht aus einem breiten westlichen Teile und einem schmalen östlichen (Grundriß Abb. 88), beide massiv und geputzt, mit Balkendecke in gleicher Höhe. Den Unterschied zwischen beiden Breiten gleicht das etwas schwerfällige Gesims (Abb. 88) aus, so daß der Dachstuhl in beiden Teilen gleiche Breite hat. Dieses Gesims ist ähnlich den Stockwerküberkragungen an Fachwerkhäusern gebildet. Es rührt vermutlich aus der Zeit gleich nach dem Brande von 1607 her. Die damals gleichfalls vergrößerten Fenster sind jetzt rechteckig. Auf der Südseite ist eine kleine Vorhalle angebaut. Der Fußboden besteht aus viereckigen Tonplatten.

Der Turm ist ein spätgotischer Backsteinbau von großer Breite (breiter als der Westteil der Kirche) und geringer Tiefe. Er wurde in den Jahren 1770 und 1831 neu ausgebaut und mit einem Dachreiter versehen. 1888 wurden Turm und Dachreiter wiederhergestellt und geputzt. Die Westfront ist unten (0,15 m über Erdboden beginnend) auf allen drei Seiten mit Stichbogenblenden, sowie im Westen unter den Schallöffnungen mit drei im Dreieck stehenden flachen Kreisblenden ausgestattet. In der Mitte der Westseite ein Stichbogenportal in Stichbogenblende mit zwei spätgotischen Bändern an der Tür (Abb. 88).

Kanzel in derbem Rokoko mit zwei glatten Säulen, 1772 vom Brandenburger Domtischler Binterim und Domzimmermeister Herzer angefertigt.

Auf dem Kirchenboden liegen einige Totenkronengestelle, darunter ein zierliches in Rokoko (Abb. 88).

Glocken. Die große von 0,93 m Durchmesser wurde im Jahre 1697 von Joh. Greten aus Magdeburg gegossen, die zweite von 0,80 m Durchmesser im Jahre 1608 von Urban Schober.

Ein gotischer Altarschrein vom Ende des 15. Jahrhunderts, 1,18 m hoch und 1 m breit, der aus Marzahne stammt, befindet sich jetzt im Kunstgewerbe-Museum zu Berlin unter Nr. 81,127. Nur die beiden Flügel sind noch vollständig. Sie enthalten die zwölf Apostel aus Holz geschnitzt in zwei Reihen übereinander in Gruppen zu je drei. Den oberen Abschluß der beiden Stockwerke bildet ein vergoldeter spätgotischer Ornamentfries. Die farbige Bemalung und Vergoldung sind noch ursprünglich. Auf der Rückseite sind die hl. Barbara und St. Georg in Leimfarbe gemalt. Von dem Schreine selbst ist nur noch die einst in seiner Mitte befindlich gewesene Figur der Maria auf der Mondsichel in einer Strahlenmandorla erhalten.

## Mögelin.

**Mögelin**, Dorf 5 km südlich von Rathenow. 589 Einw., 712 ha.

„Megelyn" wurde am 15. Juli 1315 durch Markgraf Ludwig laut Eintragung in ein Kopialbuch im Geheimen Staatsarchiv mit allen Gerechtsamen einem neu zu begründenden Elisabethaltar in der Rathenower Pfarrkirche übereignet; das Patronat stand einer Kalandsgenossenschaft zu, die das Dorf zur Ausgestaltung des Gottesdienstes — ob augmentum cultus divini — von dem Ritter Peter v. Bredow und seinen Brüdern erkauft hatte (Riedel, Codex VII, 415). Die Feldmark von „Mogelin" umfaßte dem Landbuch Kaiser Karls IV. zufolge nur 11 Hufen. Zurzeit der Reformation ward das Dorf als Domäne dem Amte Ziesar zugeteilt. Laut Schoßkataster von 1624 wohnten hier 10 Hüfner und 5 Kossäten, die sich bis ins 19. Jahrhundert hinein behaupteten (Bratring, Beschreibung der Mark II, 118). Die Kirche untersteht noch dem Königlichen Patronat.

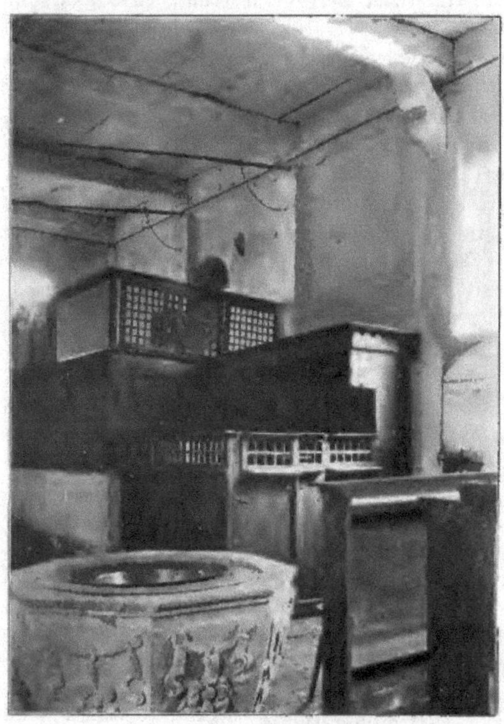

Abb. 89. Möthlow.
Inneres der Kirche vor der Wiederherstellung.
(Nach einer Aufnahme vom Verfasser.)

Die **Kirche** ist ein massiver Putzbau von 1844 mit fensterloser halbrunder Apsis. Im Schiff jederseits drei große rundbogige Saalfenster; geputzte gerade Decke mit aufgemaltem Sterngewölbe (!).

Turm um 1900 fast ganz neu erbaut, in der Wetterfahne die Jahreszahl 1753.

Zwei Zinnleuchter von 1667.

Die kleine Glocke ist 1674 von Jochim Wrage gegossen.

## Möthlow.

**Möthlow**, Dorf 20 km östlich von Rathenow. 301 Einw., Landgem. 432, Gutsbez. 746 ha.

Dem Landbuch Kaiser Karls IV. zufolge gehörten von den 30 Hufen der Gemarkung von „Motelowe" zwei dem Pfarrer (Geh. Staatsarchiv; Ausg. von Fidicin, S. 101). Die Abgaben der Bauern zu erheben waren u. a. Heyne Retzow und Henning Motelow berechtigt. Das Schoßregister von 1450 nennt als Besitzer von „Motelow" den markgräflichen Lehnsträger Peter Holtz. Späterhin wechselte der Besitz sehr häufig; Lehnsakten im Geheimen Staatsarchiv zufolge waren hier in der Zeit von 1618—1778 die Quast, Bredow, Döberitz begütert (Rep. 78. III. M Nr. 37). Die Zahl der Freihufen hatte sich allmählich vermehrt: schon um 1600 gehörten, wie ein Verzeichnis der Ritterhufen und Lehnspferde besagt, dem Döberitz deren 6, dem Haus Sigismund v. Hake 4½ (Geh. Staatsarchiv, Rep. 21. 66). Um 1800 standen sogar 12 ritterliche 19½ bäuerlichen Hufen gegenüber. Besitzer von „Mätelow" waren um 1681 Wulff Friedrich v. Retzow und Gottfried v. Quast (vgl. v. Eickstedt, Beiträge zu einem neueren Landbuch, 1840, S. 125). Nachdem mit Wolff Friedrich v. Retzow die hier nahezu eineinhalb Jahrhunderte lang ansässige Familie 1836 im Mannesstamm erloschen war, erhielt Hans Georg v. Kleist als Nachfolger im Retzowschen Majorat 1839 vom König die Erlaubnis, sich v. Kleist-Retzow nennen zu dürfen.

Schlichte **Fachwerkkirche** von 1681 (Inschrift über der kleinen südlichen Tür) in Saalform. Der quadratische Fachwerkturm auf dem Westgiebel endigt mit geschweifter Haube und beschieferter Laterne. Die Wetterfahne mit Wappen und einem Schwanenkopf zeigt die Jahreszahl 1681. Die Decke der Kirche ist gerade, mit sichtbaren Balken und einzelnen geschweiften Knaggen. In der Mitte ein Unterzug mit drei Holzsäulen. Die Westempore unterbaut. Im Osten neben dem Altar altertümliche Anordnung des Gestühls in Abstufungen mit Gitterwerk. Fenster rechteckig. Die Instandsetzung der inneren Ausstattung im Jahre 1906 hat die frühere malerische Wirkung des Raumes (Abb. 89) leider vollständig zerstört.

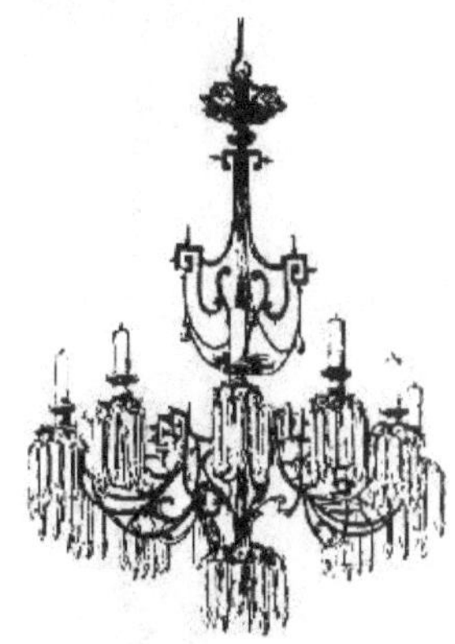

Abb. 90. Möthlow.
Empirekrone in der Kirche.

Altar, naive Spätrenaissance von 1600. Zweistöckig, mit zwei Säulenpaaren. Zwischen ihnen Gottvater mit dem Sohne auf dem Schoße. In den seitlichen Nischen St. Georg und der Evangelist Johannes. Im oberen Aufsatz eine Kruzifixusgruppe. Außer diesen Reliefdarstellungen sind an der Predella ein Abendmahl und hinter den Säulenpaaren die vier Evangelisten in Ölmalerei wiedergegeben. Am Fries des Gebälks eine Anzahl Wappen der Familie v. Bredow. Vor dem Altar Schranken mit Brettbalustern und Kniebank.

Die hölzerne Kanzel, für sich an der Nordwand, mit Konsolen und Hermenstützen an den Ecken, der Fuß kantig gewunden. An den Füllungen gemalte Wappen der v. Bardeleben und v. Döberitz. Spätrenaissance um 1600.

Große Taufe, achteckig, von Sandstein, mit Girlanden und Wappen verziert, derb; von 1693.

Große Taufschüssel, Messing getrieben, von 0,53 m Durchmesser; im Mittelfelde die Verkündigung.

Ein Bronzekronleuchter für 10 Kerzen, Empire (Abb. 90).

Zwei Zinnleuchter, 57,5 cm hoch, von 1801, mit geradem Säulenschaft, der von einer mageren Lorbeergirlande umwunden ist. Am Teller oben hübsches durchbrochenes Ornamentgehänge. Der Sockel ruht auf drei Löwenklauen (Abb. 91).

An der Nordwand Grabstein des Andreas Holstein († 1595). Über einer Schrifttafel kniet die Reliefſigur des Verstorbenen vor dem Kruzifixus. Die Grabinschrift läuft am erhöhten Rande des Steines herum.

Zwei Glocken. Die große 1751 von C. D. Heintze gegossen; die kleine von 0,62 m Durchmesser, mit Inschrift am Halse in gotischen Minuskeln: „ave maria gratia plena dominus tecum."

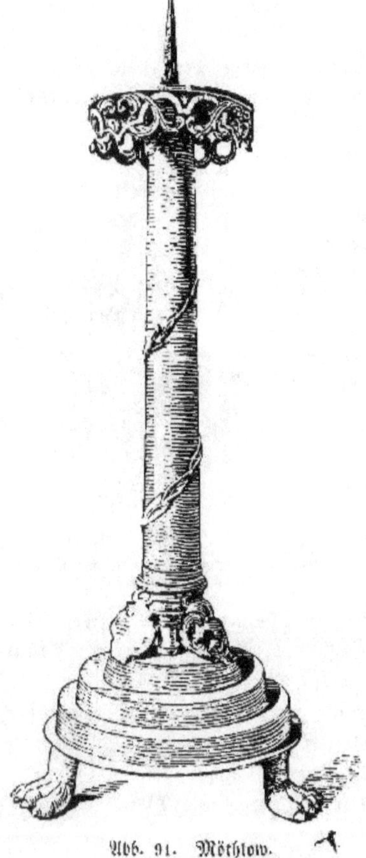

Abb. 91. Möthlow. Altarleuchter in der Kirche.

## Mützlitz.

**Mützlitz**, Dorf 12 km ostsüdöstlich von Rathenow. 358 Einw., 1080 ha.

„Muceliz" gehörte zu den Ortschaften, mit denen das Brandenburger Domkapitel bei seiner Begründung ausgestattet wurde, wie auch aus der Bestätigungsurkunde Bischof Wilmars von 1161 im Domarchiv hervorgeht (Riedel, Codex VIII, 101, 111 ff.). Laut Landbuch Kaiser Karls IV. hatte „Muselitz" 25 Hufen; der Bürger der Altstadt Brandenburg Nikolas Bochow besaß die Abgabe von 4 Hufen als Lehnsträger der Kirche. Laut Visitationsprotokoll von 1541 war „Mutzlitz" ein Filial der Pfarre zu Garlitz (Riedel VII, 501).

Die alte **Kirche** brannte 1826 ab. Die jetzige ist ein Massivbau von 1836, um die Mitte des 19. Jahrhunderts verlängert und mit halbrunder Apsis versehen. Die Fenster hoch, rechteckig. Der Ostgiebel mit Stichbogenblenden verziert und an den Ecken mit zwei dicken, schrägstehenden Strebepfeilern besetzt.

Hübscher, einfacher, kleiner Orgelprospekt von 1828 mit antiker Architektur.

Taufschüssel, Messing getrieben (1703 oder 1763 gestiftet), mit Adam und Eva im Paradiese.

Im Turm ein Bretterschrank mit zwei gotischen Türbändern.

Zwei Glocken, 1852 von Hackenschmidt in Berlin gegossen. Außer Gebrauch eine große, gußeiserne Glocke.

# Nennhausen.

**Nennhausen,** Dorf 11 km östlich von Rathenow. 715 Einw., Landgem. 737, Gutsbez. 1282 ha.

Einer Urkunde vom 16. September 1301 im Domarchiv zu Brandenburg zufolge erhoben Bischof Friedrich und sein Kapitel gegenüber den Askaniern Anspruch auf „dat Eghendum de twiger Dorp to Neuhusen unde Lice", vielleicht, weil sie dieselben zum bischöflichen Burgward Pritzerbe rechneten (Riedel, Codex VIII, 198). Zurzeit der Abfassung des Karolinischen Landbuchs waren in „Neuhuse", dessen Gemarkung 37 Hufen, darunter 2 Pfarrhufen, zählte, die bischöflichen Vasallen Stechow und Schulte begütert. Laut Schoßregister von 1480 hatten die v. Lochow, die schon um 1375 in Gräningen und später auch zu Ferchesar sowie Rheinsberg in der Grafschaft Ruppin begütert waren, „Nenhusen" zu Lehn. Zu ihrem Rittersitz gehörten 21 steuerfreie Hufen (Geh. Staatsarchiv, Rep. 78. II. L 68, B 162, 165). Infolge der Einziehung geistlicher Güter bei der Reformation trat der Kurfürst an die Stelle des Bischofs. 1677 kaufte Jacob Friedrich v. Briest den v. Lochowschen Besitz einschließlich der Gerechtsame zu Bamme für 11000 Taler; zu dem Bau des Herrenhauses schenkte später König Friedrich Wilhelm I. einen Teil der Baustoffe. August v. Briest († 1822), der Schöpfer des 500 Morgen großen Parkes, hinterließ nur eine Tochter, Karoline Philippine, die in erster Ehe mit Friedrich Ehrenreich Adolf Ludwig v. Rochow († 1799), in zweiter mit Friedrich de la Motte Fouqué († 1843), der im Schloßpark seine „Undine" dichtete, vermählt war (vgl. v. Rochow, Geschichte des Geschlechts v. Rochow, 1861, S. 170 u. 196). Nennhausen und Bamme vererbten sich nach dem Tode des v. Briest auf seinen Enkel Theodor Heinrich Rochus v. Rochow († 1854 in Petersburg). Nach 1854 trat sehr häufiger Besitzwechsel ein: auf v. Jaeckel folgte v. Bredow, und seit 1911 ist hier der aus Westfalen stammende Reichsgraf Westerholt begütert.

Das Schoßkataster von 1624 führte 8 Hüfner, 12 Kossäten, — 2 Kossätenhöfe waren von den Lochows eingezogen — ferner Hausleute, Kostknechte u. a. m. auf. Das Dorf, das im Dreißigjährigen Kriege so verwüstet wurde, daß kein Bauer mehr übrig geblieben war, zählte zu Beginn des 19. Jahrhunderts wieder 17 Bauern, 1 Kossäten, 8 Kätner und 21 Einlieger, insgesamt 325 Menschen. Laut Visitationsprotokoll von 1541 unterstand die Kirche dem Patronat der Lochows (Riedel VII, 190).

Die **Kirche** ist ein Putzbau in Saalform, z. T. im Kern noch mittelalterlich; an der Nordseite ist noch die alte Tür sichtbar. Der Ostgiebel erhielt seine jetzige Form im Jahre 1613 (laut Inschrift daselbst). Er ist durch eine Art Leistenwerk in große Rechteckfelder geteilt, von denen drei im oberen Teil von kleinen Rundöffnungen durchbrochen sind. Im Jahre 1783 wurde die Kirche einer Erneuerung unterzogen, der die jetzigen Korbbogenfenster und die glattgeputzte Decke ihre Entstehung verdanken. An der Nordseite wurde im 19. Jahrhundert eine Vorhalle in modern-gotischem Backsteinrohbau mit Gruft darunter und Herrschaftsloge darüber angebaut. Der

Turm war 1614 abgebrannt. 1863 wurde der Turmhelm neu errichtet, 1904 die Spitze abgenommen und instandgesetzt.

Die schlichte Kanzel nebst Kanzelwand sind nach Beckmanns Nachlaß (Geh. Staatsarchiv) von 1582. In den Füllungen der Kanzel stehen die vier Evangelisten (alle mit langem, schlichtem Haar) und Petrus.

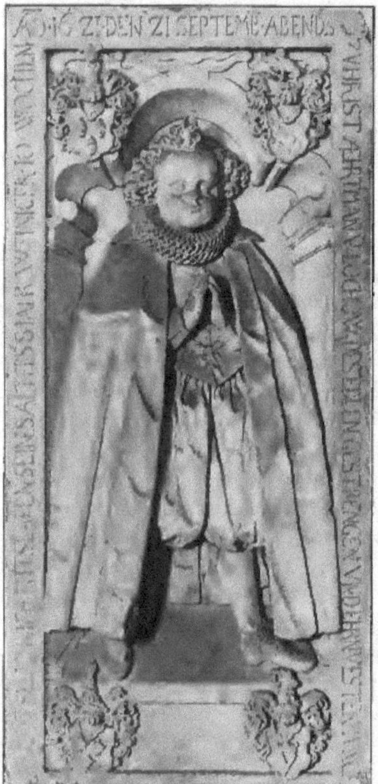

Abb. 92. Nennhausen. Grabstein des Ärthmann v. Lochow.

Ein einfacher Renaissancekelch, Silber vergoldet, 22,5 cm hoch, mit sehr schlanker Kuppa, hat einen sechsteiligen verzierten Knauf mit quadratischen Zapfen besetzt, auf denen nach mittelalterlicher Art die Buchstaben J H E S U S eingraviert sind. Der kantige Fuß ist nur mit dem Lochowschen Wappen und den Buchstaben G. v. L.[ochow] und E. v. S. verziert.

Eine 1616 gestiftete zinnerne Taufschüssel von 50 cm Durchmesser, ist außen achteckig und in der Mitte mit einer kleinen Rose verziert.

An der Südwand der Kirche das Epitaph des im Jahre 1612 gestorbenen Georg v. Lochow und seiner Gattin, von 1614 (Taf. 13—17). Reiche Komposition in üppigster Spätrenaissance zeichnet das Werk vor vielen seiner Gattung aus; nicht minder reich ist die Ausführung in Alabaster unter teilweiser Vergoldung und Verwendung von grauem Marmor für die Schäfte der Säulchen und schwarzem für die Gebälke.

Der Aufbau beginnt über einer Inschrifttafel aus Messing, die von Kartuschenwerk umrahmt ist. Seine beiden Hauptkonsolen bestehen aus Schnörkelwerk mit Engelfigürchen unterwärts und vergoldeten Groteskenköpfen vorn. Sie schließen eine Reliefdarstellung der Auferstehung der Toten ein und tragen außer den Emblemen der beiden Verstorbenen, die seitwärts davon knien (Taf. 14 u. 15), je ein Säulenpaar auf geschweiften Postamenten, welche schon dem zweiten Stockwerk angehören. Das mittlere Relief stellt hier das jüngste Gericht (Taf. 16) dar, rings von den Familienwappen der beiden Verstorbenen umkränzt. Davor steht Christus in vollrunder Plastik, leider mit zerstörter Rechten. In den Nischen hinter den Säulchen sowie auf den Gebälken dieses und des obersten Stockwerks sind die zwölf Apostel aufgestellt. Die oberste

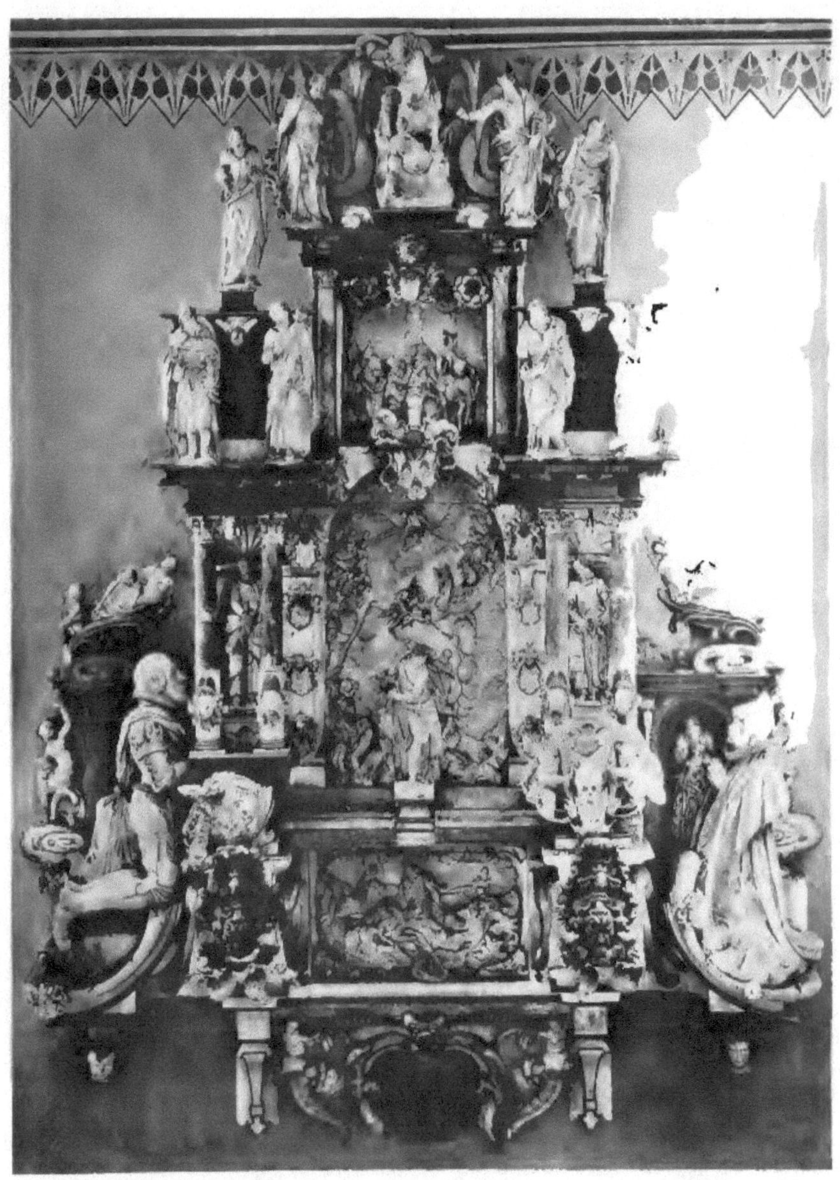

Nennhausen. Grabmal der Familie v. Lochow in der Kirche.

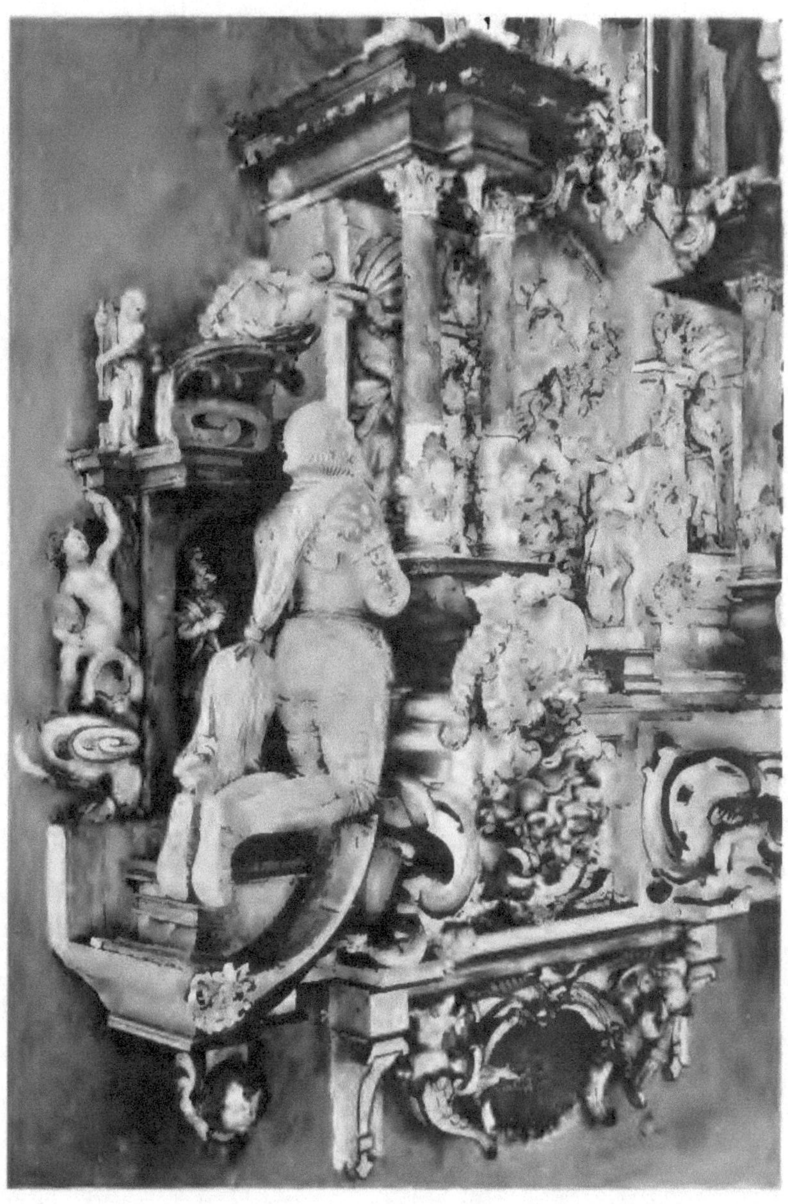

Nennhausen. Linker Seitenteil des Grabmals v. Lochow.

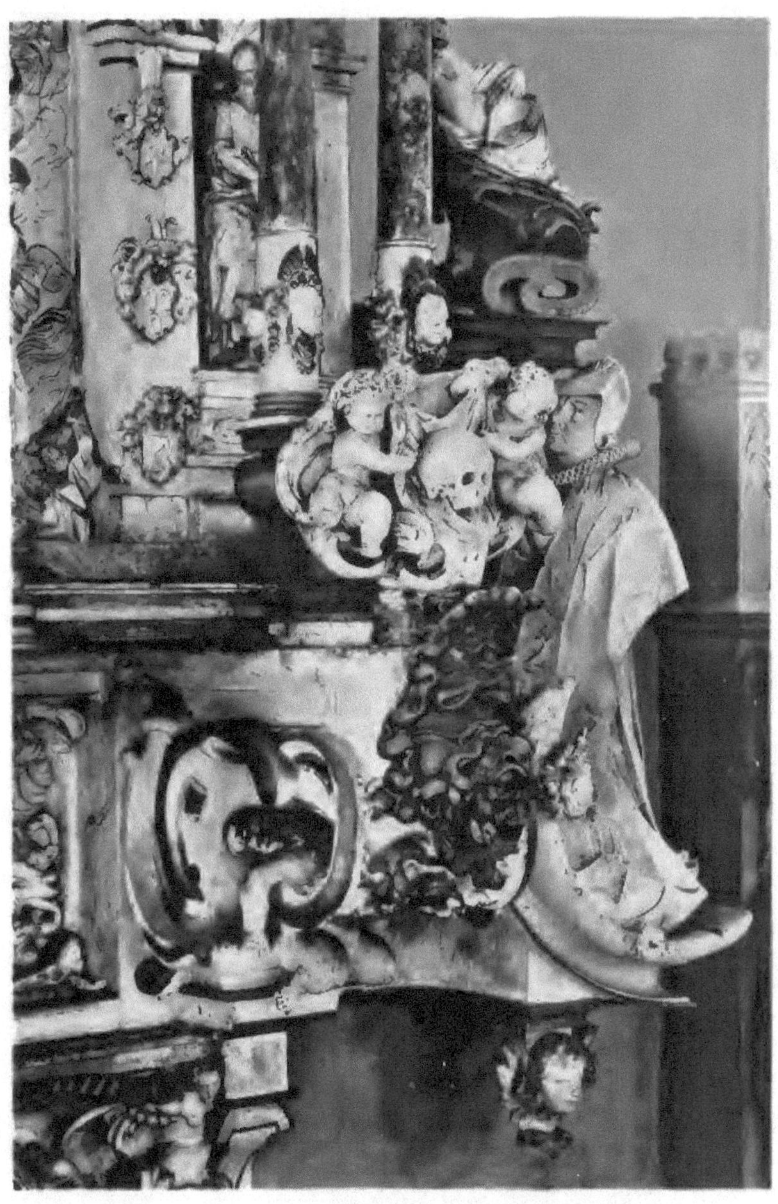

Nennhausen. Rechter Seitenteil des Grabmals v. Lochow.

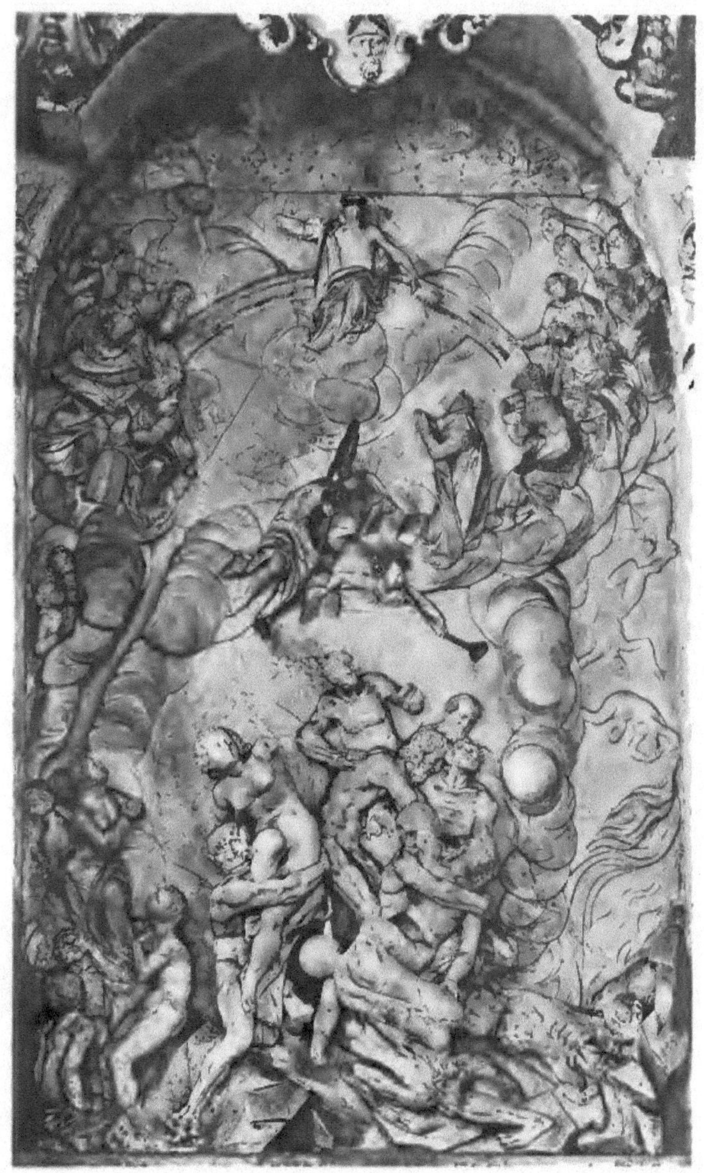

Nennhausen. Relief im Mittelfeld des Grabmals v. Lochow.

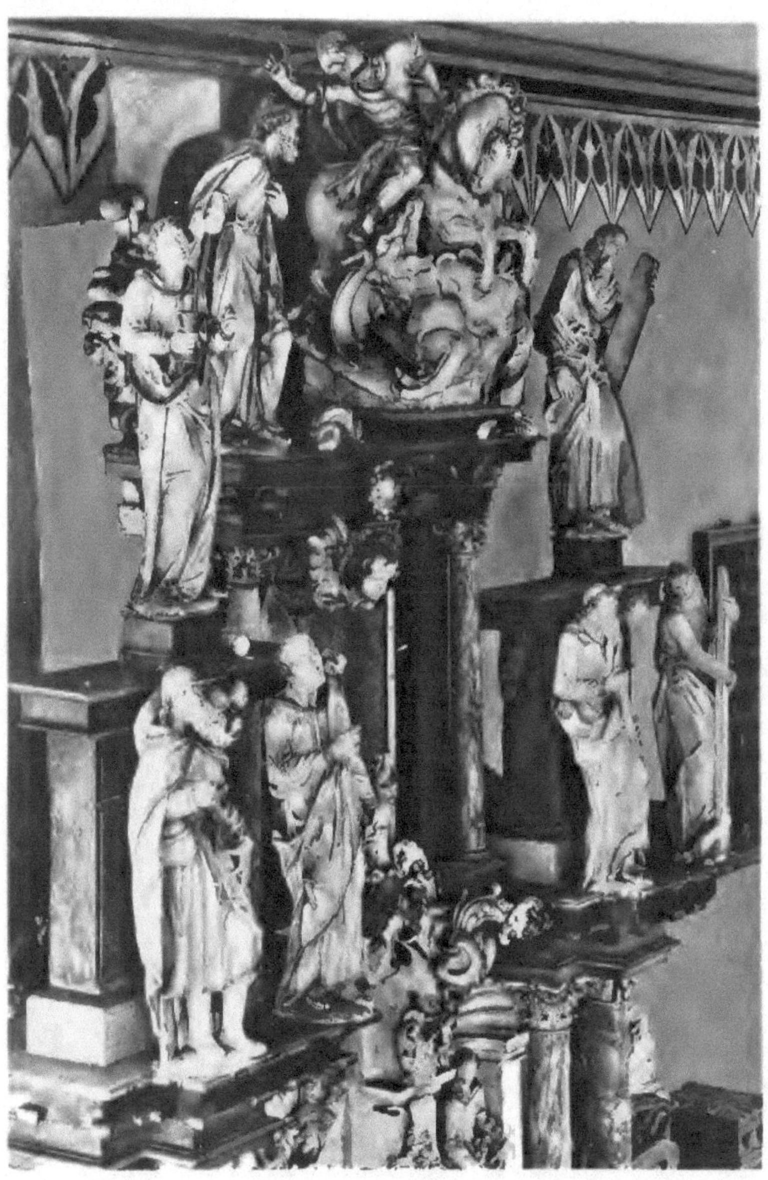

Nennhausen. Oberteil des Grabmals v. Lochow.

Bekrönung bildet der Namensheilige des Verstorbenen, Ritter St. Georg (Taf. 17). Die Einzelstücke sind vielfach zerbrochen und stellenweise falsch zusammengesetzt.

Rechts neben diesem hervorragenden Werke steht ein nüchternes gotisierendes Denkmal des Theod. Heinr. Roch v. Rochow († 1851) aus grauem Sandstein.

An der Nordwand Bildnis des Pastors Köpke († 1678) von Maler Colasius.

Vier Grabsteine: für Georg v. Lochow († 1612), Agnes v. Werder, seine Gemahlin († 1595), und deren Enkel Ludwig und Ärthmann v. Lochow (Abb. 92).

In der Kirche wird das Schwert des Dichters de la Motte Fouqué pietätvoll aufbewahrt.

Die große Glocke hat 0,85 m Durchmesser (Abb. 93). Sie stellt einen älteren Glockentypus dar. Die Oberfläche ist sehr rauh. Die Öhre sind schlaff herabgebogen, im Querschnitt rund. Die Halsreifen in Schnurform. Inschrift fehlt, am langen Felde fünf Münzen (?) zu einem Kreuz zusammengestellt und Kreuz auf einem Berge (Abb. 94). Die Eisenbänder der Aufhängung sind mit Widerhaken verziert.

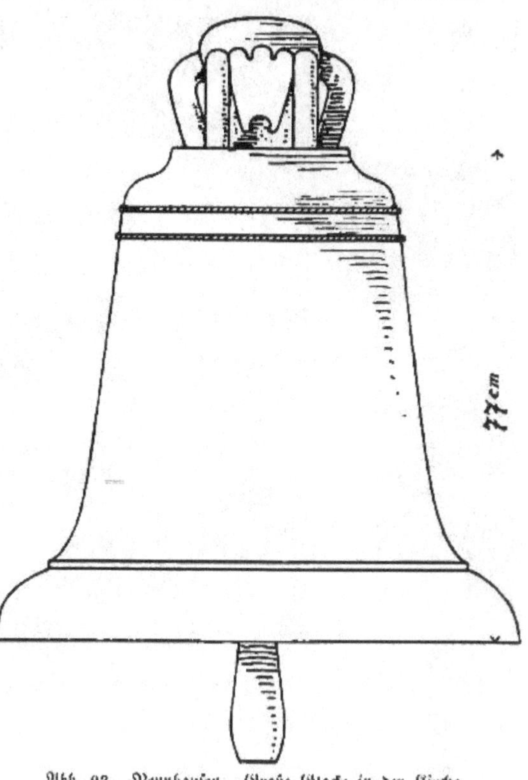


Abb. 93. Neuhausen. Große Glocke in der Kirche.

**Gutshaus.** Im Osten des jetzigen Gutshauses steht ein zweistöckiger Fachwerkbau von neun Achsen Länge, der laut Inschrift über der Tür 1735 durch L. v. B. (Ludw. [? v. Briest) erbaut wurde. Der Bau ist durchweg unterkellert mittels zweier lang durchlaufenden Halbkreistonnen mit ovalen Stichkappen über Tür und Fenstern. Er diente vermutlich vorübergehend als Wohnhaus.

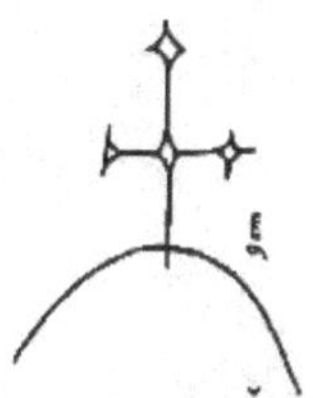

Abb. 94. Neuhausen. Kirche. Zeichen an der großen Glocke.

Schon nach wenigen Jahren (1737) wurde das im Kern noch jetzt bestehende massive zweistöckige Gebäude nebst zwei Seiten-

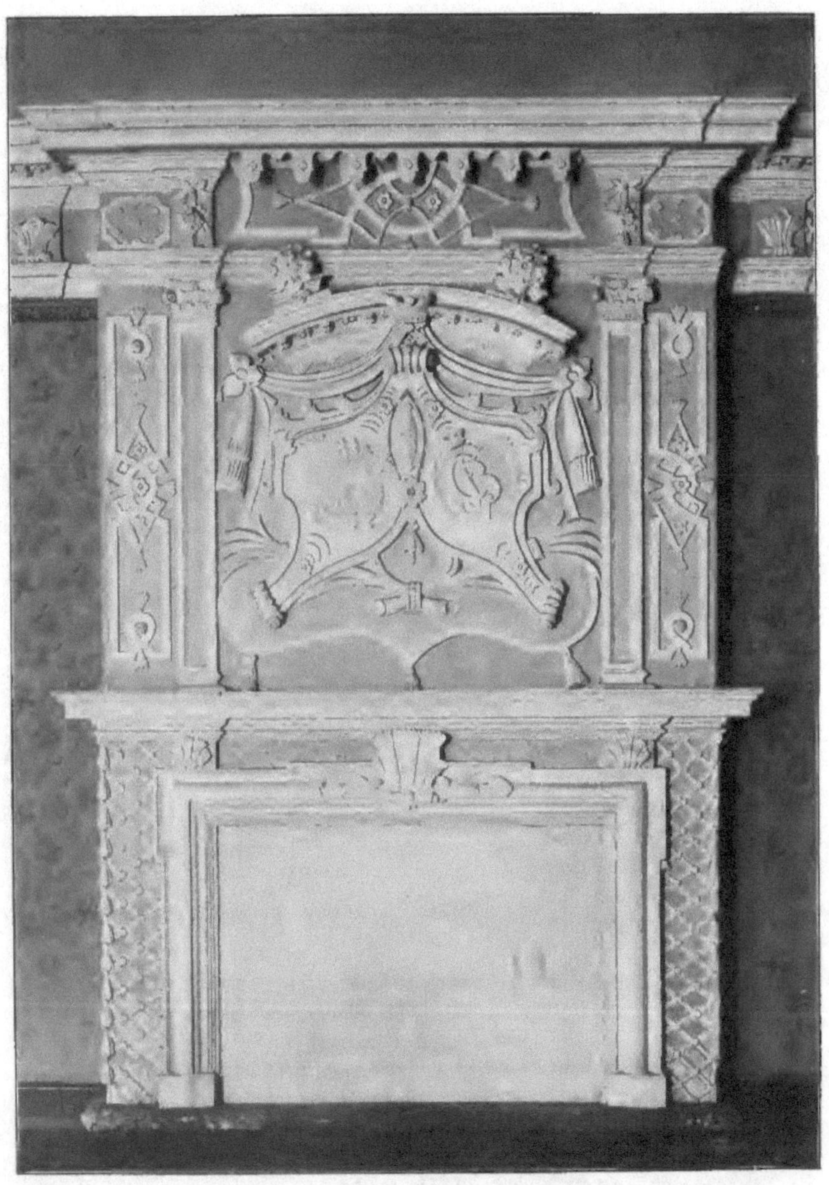

Abb. 95. Nennhausen. Stuckkamin im Gutshause.

flügeln errichtet, von denen indessen nur noch einer erhalten ist, da der andere bei einer Umänderung der Hofanlage gegen die Mitte des 19. Jahrhunderts beseitigt wurde. Nachdem das Gut an die Familie v. Jaeckel übergegangen war, wurde das Wohnhaus um 1860 unter der Leitung des Hofbaumeisters v. Arnim äußerlich mit gotisierenden Formen umkleidet, am Westende ein kleiner polygonaler Anbau hinzugefügt und über dem Eingang an der Gartenseite das Wappen des Bauherrn angebracht. Vom ursprünglichen Bau erhielt sich dabei die Einteilung der Räume in zwei Reihen ohne Flurgang mit einer geradläufigen Treppe seitlich neben der Erdgeschoßhalle, darüber der obere Vorsaal, das Mansarddach, vor allem aber eine Anzahl in derben wilden Barockformen mit Stuck dekorierter Kamine, die mehrfach mit dem Briestschen Wappen geschmückt sind. Einen davon gibt Abb. 95 wieder.

Auffallend sind die niedrigen Verhältnisse der inneren Türen, namentlich der Flügeltüren, die bei 1,35 m Breite nur 2,02 m lichte Höhe haben.

Beachtung verdienen eine reich mit Krystallprismen behängte Bronze-

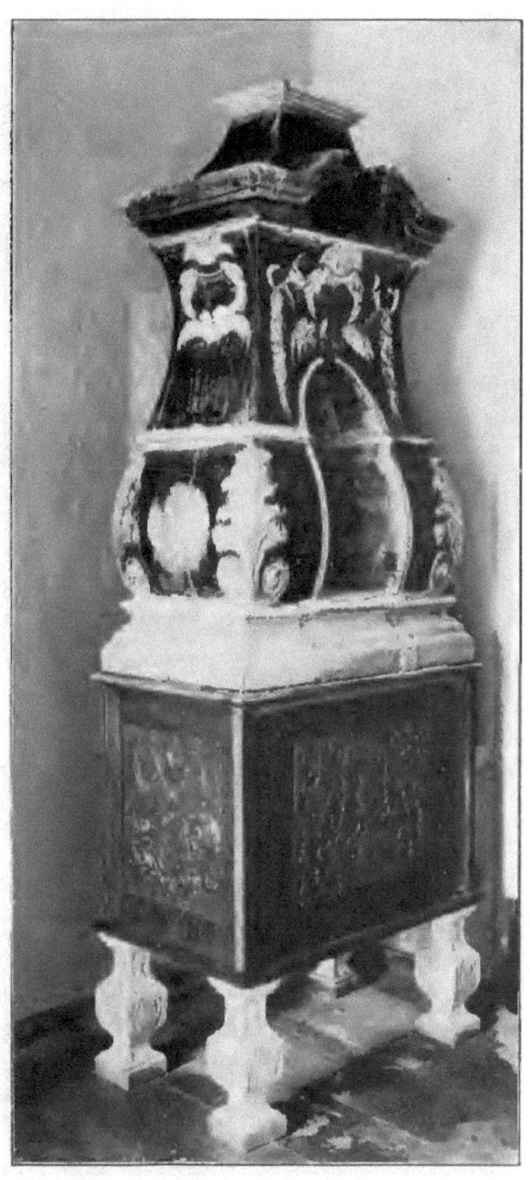

Abb. 96. Neuhausen. Ofen im Gutshause.

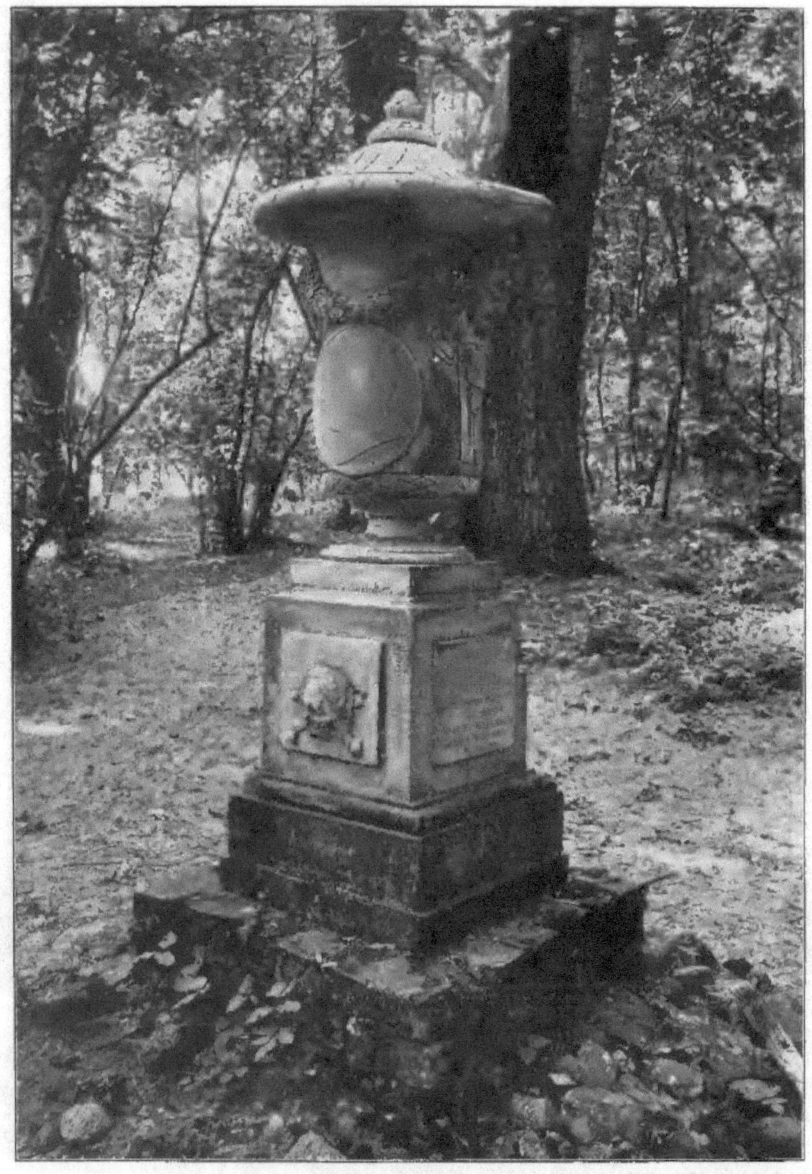

Abb. 97. Nennhausen. Denkmal des Aug. v. Briest im Park des Gutshauses.

krone aus der Mitte des 18. Jahrhunderts im oberen Saale und im Erdgeschoß ein eigenartiger Ofen von 1738 mit verziertem Eisenkasten auf vier Füßen und kräftig geschweiftem Oberteil aus großen Kachelstücken in gelblich weiß und weinrot (Abb. 96).

In der Halle gegenüber dem Eingange wurde gegen 1900 der früher in der Kirche befindliche Grabstein des Kanonikus Andreas v. Lochow († 1550), eines Hildesheimer Domherrn, aufgestellt. Der Verstorbene ist in ganzer Figur in flachem Relief in einer Halbrundnische mit Barett und Schaube dargestellt, in der Linken ein Buch, mit der Rechten sein Wappen haltend.

Nordwestlich vom Schlosse steht tief im Parke ein aus Fachwerk errichtetes Teehäuschen in ruinenhaftem Zustande. Es ist durch eine Vorhalle mit ziemlich steilem, antikem Giebel und Triglyphengebälk auf vier hölzernen toskanischen Säulen als Tempelchen in Prostylosform ausgebildet. Der annähernd quadratische innere Raum war von einfachster Ausstattung und mit gerader Decke versehen. Die Türfüllungen mit feiner Riffelung sowie die Formen der Architektur deuten auf die Zeit gegen 1820. Das Dach ist mit Stroh gedeckt.

An einer anderen Stelle des Parkes erhebt sich das Denkmal seines Stifters Aug. v. Briest in Gestalt einer fein gezeichneten Sandsteinvase auf Postament. Ein ovales Medaillon an der Vorderseite der Vase gibt seine Silhouette (Abb. 97).

Die Gräber einiger Familienangehöriger im Parke sind u. a. geschmückt mit einem neugotischen Kreuz aus Gußeisen, dessen Inschrift sich auf den 1822 verstorbenen Aug. v. Briest und seine Tochter Karoline, Baronin de la Motte Fouqué († 1831), bezieht.

## Neuendorf.

**Neuendorf**, Dorf 4 km südwestlich von Brandenburg. 237 Einw., 453 ha.

Um 1375 war „Noendorf", wie aus dem Landbuch Kaiser Karls IV. im Geheimen Staatsarchiv hervorgeht, schon von alters her, ab antiquo, im Besitz der Altstadt Brandenburg (Ausg. von Fidicin, S. 107). Kurz vor Beginn des Siebenjährigen Krieges ließ hier Friedrich der Große 25 Kolonistenwohnungen für Arbeiter der neueingerichteten Barchentfabrik zu Brandenburg erbauen. Die altansässigen 7 Ganzbauern (vgl. auch Schoßkataster von 1624) bestellten 20 Hufen. Laut Bratrings Beschreibung der Mark von 1805 (II, 119) zählte das Kämmereidorf 60 Einwohner auf 11 Feuerstellen.

**Kirche**, barocker Putzbau in Saalform, 1727 verlängert (Beckmanns Nachlaß im Geheimen Staatsarchiv). Die Fenster hoch, im Stichbogen geschlossen, die Decke glatt geputzt. Der im selben Jahre neu aufgebaute Turm aus Fachwerk mit ungeputzter Ausmauerung sitzt auf der Westwand, seine östlichen Ecken sind durch zwei kreuzförmige Säulen im Innern gestützt, sein Dach ist zierlich geschweift. Er wurde 1902 instandgesetzt. In der Wetterfahne steht die Jahreszahl 1751.

Altar mit Kanzel in dürftigem Knorpelbarock. Daran hängt eine vierteilige Sanduhr.

Am südlichen Teil der Ostwand die Gemälde eines Altarschreins von 1667 (laut Inschrift); im Mittelfelde das hl. Abendmahl, in den Flügeln die vier Evangelisten.

Zwei Zinnleuchter, versilbert.

Auf dem Kirchenboden eine Anzahl gehäuseartiger Gedenktafeln von Holz.

Altardecke mit farbiger Leinenstickerei, stark ergänzt, aber großenteils mittelalterlich, liegt auf dem Kirchenboden.

Zwei kleine Glocken, 1797 und 1799 von Meyer in Berlin gegossen.

## Niebede.

**Niebede**, Dorf 9 km südwestlich von Nauen. 195 Einw., 512 ha.

Die Kirche in „Nibede" gehörte 1179 dem Brandenburger Kapitel (Urk. im Domarchiv; vgl. Riedel, Codex VIII, 113). Dem Landbuch Kaiser Karls IV. zufolge umfaßte die Gemarkung von „Nybede" 30 Hufen, von denen dem Pfarrer 4 zustanden. Jan de Clitz hatte einen Ritterhof. Einem Berliner Altar flossen die Einkünfte aus der Pacht und der oberen Gerichtsbarkeit zu. Ferner besaßen Heinrich Schenk, Hans Nybede und Henning v. Gröben Gerechtsame (Ausg. von Fidicin, S. 103 f.). Laut Urkunde im Geheimen Staatsarchiv vom 9. September 1439 erhielten hier die Lehniner Mönche von den Städten Berlin-Köln zum Austausch gegen ein Feld zu Wachow die sog. „Brayde". Im 16. und 17. Jahrhundert hatten die Bardeleben (bis etwa 1650) sowie die Bredow verschiedene Gerechtsame (Geh. Staatsarchiv, Rep. 78. II. G 10 f.; Graf v. Bredow, Geschichte des Geschlechts v. Bredow III, 25 und 49). Um 1805 wohnten hier 161 Einwohner; ein Rittergut gab es nicht mehr.

Einfache kleine **Kirche** in Saalform, massiver Putzbau, barock (Jahreszahl 1754 in der Wetterfahne). Fenster mit Korbbogen, Decke glatt geputzt. Zwei toskanische hölzerne Säulen tragen den Turm, der auf der Westseite massiv, im übrigen aus bretterverkleidetem Fachwerk ist und in geschweifter Haube schließt.

Altar mit Kanzel, einfach barock, mit zwei glatten Säulen und Säulchen an den Ecken der Kanzel, im Oberstock kleine Pilaster. 1712 von Meister Frentsche in Ketzin gefertigt (Domarchiv zu Brandenburg, Akten, Vol. I).

Taufe von Holz, sechseckig, mit Pilastern auf Postamenten an den Ecken und Nischen, mit Bogenquadern auf den sechs Seiten.

Ein kleiner gotischer Kelch, Silber vergoldet, 17 cm hoch. Der Fuß in Sechspaßform mit eingraviertem Weihkreuz; der Knauf flach mit eingraviertem Maßwerk und sechs Zapfen verziert, auf denen die spätgotischen Majuskeln MARIA eingraviert sind. Die Kuppa ist von sehr straffer Umrißzeichnung und weit geöffnet.

Taufschüssel, Messing getrieben, mit einer Darstellung der Verkündigung, 1701 gestiftet.

Zwei Glocken, die große 1797 von J. F. Thiele in Berlin, die kleine 1585 von Joachim Jenderich (Inschrift in römischen Majuskeln) gegossen.

# Päwesin.

**Päwesin,** Dorf 11 km nordöstlich von Brandenburg. 622 Einw., 872 ha.

Einem Verzeichnis Lehniner Urkunden zufolge verordnete Bischof Heinrich von Brandenburg 1270, daß das Kloster dem Pfarrer in „Posyn" anstatt des Zehnten aus „Moseriz" alljährlich 1 Talente zahlen sollte (Riedel, Codex X, 214). Laut Landbuch Kaiser Karls IV. zählte die Gemarkung von „Posyn" nur 16 Hufen, laut Schoßkataster von 1624 dagegen hatte „Peusien" 36 Hufen infolge der Einziehung der wüsten Feldmark „Zuchdam" oder „Zudam". Entscheidend für „Posyn" wurde 1409 der Verkauf durch Markgraf Jobst an die Neustadt Brandenburg für 200 Schock Groschen (Riedel IX, 86). Erst nach 1850 erfolgte die Ablösung der an die Kämmerei zu leistenden Abgaben (Dullo, Kommunalgeschichte von Brandenburg, S. 127 f.). Laut Bratrings Beschreibung der Mark von 1805 zählte „Päwesin" nur 210 Einwohner, darunter 12 Bauern.

Stattliche barocke **Kirche** mit Ostschluß in 3/8, laut gemalter Inschrift an einer Holztafel in der Sakristei 1727 erbaut (Abb. 98). Die Fenster groß, im Stichbogen geschlossen, die Decke mit Voute und einfachem Stuck. Der Polygonteil im Osten ist durch die Altarwand als Sakristei abgetrennt. Der Fußboden besteht aus quadratischen Tonplatten. Der Turm mit sehr schöner, geschweifter Haube zeigt die Jahreszahl 1728 in der Wetterfahne (Abb. 99).

Altarwand mit Kanzel, natureichen, einfaches, aber gediegen schweres Barock. Ebenso die auf gekröpften Pilastern ruhenden Emporen, die unterwärts einfach stuckiert sind.

Orgel von 1813.

Taufe, unter dem Einfluß des Empire, ein Sandsteingefäß auf kanneliertem hölzernem Fuß.

Ein Kelch von 31 cm Höhe, Silber, innen vergoldet. Ganz schlicht, rund, zweite Hälfte des 18. Jahrhunderts.

Eine achteckige zinnerne Weinkanne.

Bretterstuhl mit Rücken- und Armlehnen für den Pastor (Abb. 100).

Taufschüssel, Messing getrieben, Nürnberger Ware, mit scheinbar rotierender Buckelrosette in der Mitte.

Schönes Schloß innen an der Kirchentür.

Drei Grabsteine der Familie Ganzer an der Südwand der Kirche, 1761 und 1781.

Die kleine Glocke von 0,78 m Durchmesser aus dem 14. Jahrhundert ist mit verschiedenen Reliefdarstellungen am Halse, meist in Form von Rundmedaillons, geschmückt: 1) Geburt Christi, 2) heraldischer Adler, 3) Verkündigung Mariä, 4) Maria, 5) Kreuzigung Christi, 6) Christus mit zwei anderen Figuren, 7) Adler in Rautenform, 8) Kreuztragung, 9) zwei Chimären, 10) Christuskopf in einer Draperie, 11) agnus dei, 12) weibliche Figur.

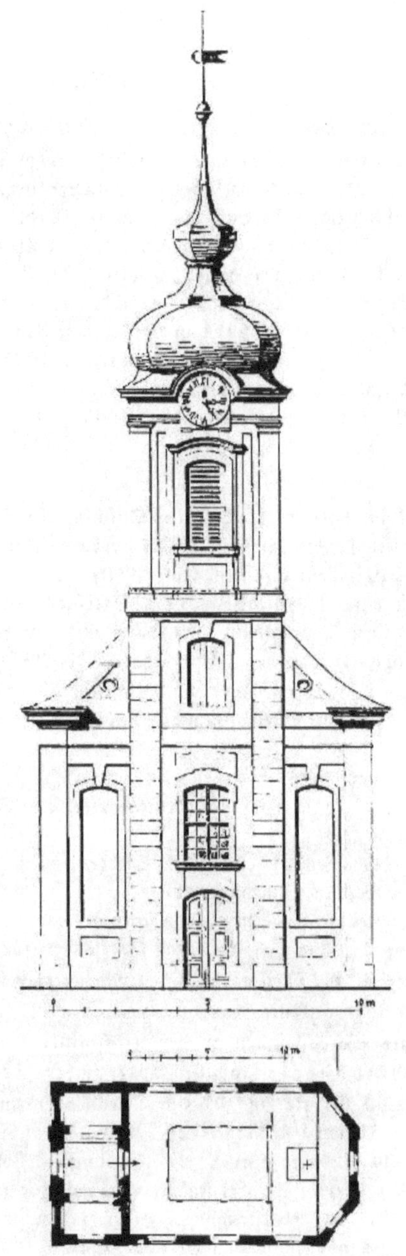

Abb. 98. Päwesin. Grundriß und Westseite der Kirche.

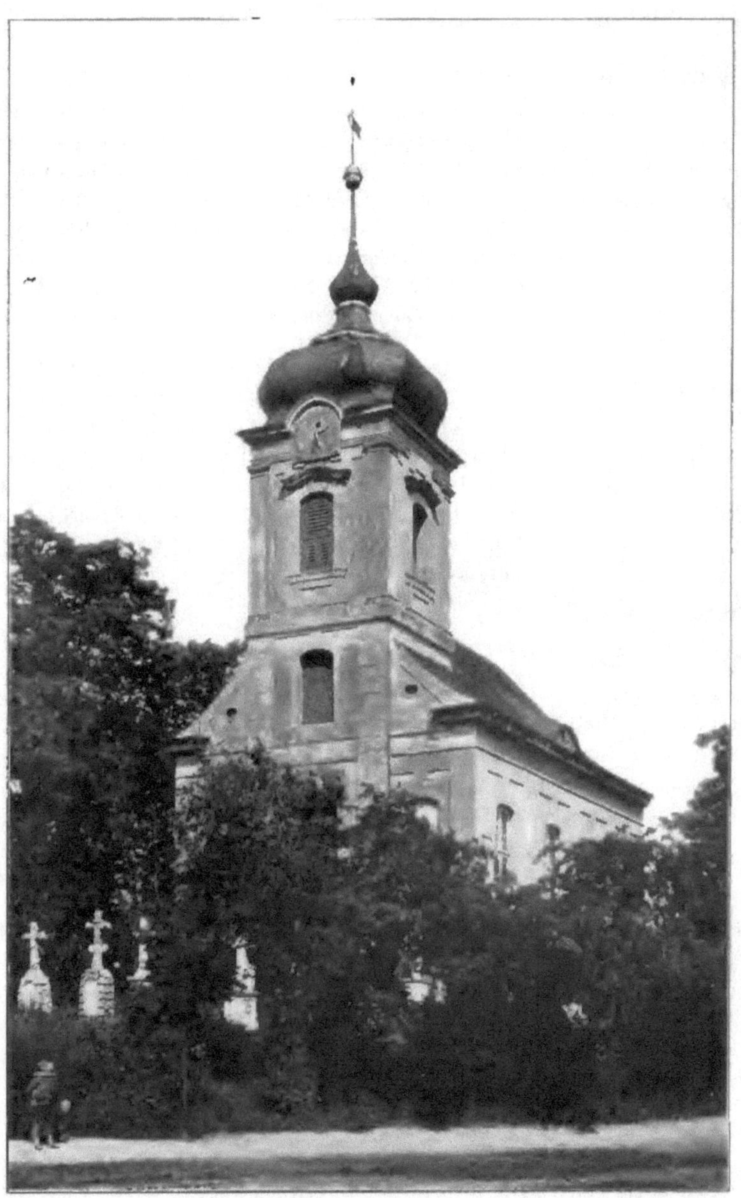

Abb. 99. Päwesin. Kirche von Südwesten.

## Parey.

**Parey**, Dorf 11 km südwestlich von Rhinow. 172 Einw., 848 ha.

In dem vom Wasser und Bruch umgebenen, erst jüngst durch den Bau einer Chaussee an den großen Verkehr angeschlossenen Fischerdorf, dessen Kirche laut Visitationsprotokoll von 1541 Filial von „Schalen" war (Riedel, Codex VII, 36), setzten die v. Treskow die „Freiwilligung" von zwei Höfen durch, so daß dem Mittelmärkischen Schoßcatastrum von 1621 zufolge hier statt 15 nur noch 13 Fischer saßen (Geh. Staatsarchiv). Im 18. Jahrhundert waren Gutsherren die v. Printz und v. Wartensleben, denen im 19. Jahrhundert die v. d. Hagen und v. Alvensleben (zu Schollehne im Kreise Jerichow II) folgten.

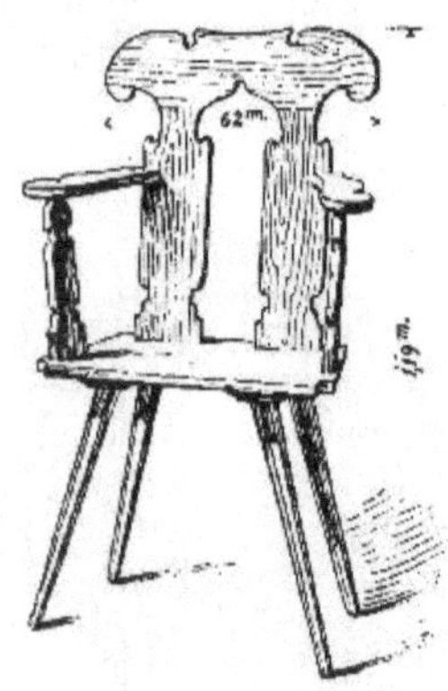


Abb. 100. Päwesin. Stuhl in der Kirche.

**Kirche**, modern-gotischer Backsteinbau, 1830 nach einem Brande errichtet, der Turm erst 1849.

Die zweite Glocke von 0,74 m Durchmesser mit Inschrift am Hals in gotischen Minuskeln: „Verbum. domini. manet. ine. ternum. Anno domini 1578." Als Trennungszeichen abwechselnd eine große Traube und ein Engel. Am langen Felde ein roh geschnittener Kruzifixus und drei Brakteaten.

## Pessin.

**Pessin**, Dorf mit zwei Rittergütern, 22 km ostnordöstlich von Rathenow. 1003 Einw. (einschl. Paulinenaue), Landgem. 617, Gutsbez. 2212 ha.

Am 5. Dezember 1335 verlieh Markgraf Ludwig von Brandenburg einem Kopialbuch der Brandenburger Vogtei im Geheimen Staatsarchiv zufolge den v. Rochow die Bede in „Possin" oder „Pessin", einem Dorfe, dessen Name wohl mit slawisch pes (Hund) zusammenhängt (Riedel, Codex X, 121). Im Landbuch Kaiser Karls IV. von etwa 1375 erscheinen die schon 1359 urkundlich in Verbindung mit „Pozzin" genannten Bredows im Besitz bedeutender Gerechtsame, und auch Fritze de Knobelik, dessen Geschlecht zuerst in einer Urkunde von 1316 erwähnt wird, besaß hier einen Hof mit 4 Freihufen. Sigmund v. Knoblok wurde in „Pössin" laut einer noch heute im Besitz der Familie befindlichen Urkunde am Sonnabend vor Invocavit (7. März) 1416 durch Kurfürst Friedrich I. belehnt; vier Jahre darauf erfolgte die Belehnung mit dem Haydberg bei „Bredikow". Pessiner Urkunden sowie Kopiare und Lehnsakten im Geh. Staatsarchiv unterrichten über die Belehnung der v. Knoblauch und anderer Vasallen mit Lehnstücken (Rep. 78. 12: 1536 sequ. Knobelech zu „Possin"; Rep. 78. II. K 43: 1687 die Kettwig zu „Pessin"; Rep. 78. II. K 90: die Knobeloch). Wie verzettelt der Besitz war, geht aus einem Verzeichnis der Ritterhufen und Lehnpferde aus der zweiten Hälfte des 17. Jahrhunderts hervor. Die drei zu stellenden

Lehupferde verteilten sich folgendermaßen: je ½ Pferd Albrecht und Hanß v. Knobelochs Erben, Carl v. Knobelochs Witwe, Matthis v. Hünike. Insgesamt mit einem Pferde hatten zu dienen Ernst Heinrich v. Bredow, Joachim Adeloff v. Knobeloch, Casper v. Knobelochs Witwe und Christoff v. Barstorff (Geh. Staatsarchiv, Rep. 21. 66). Heute sind 5 Anteile im Knoblauchschen, ein Anteil im Bredowschen Besitz.

Pessin, dessen Kirche, 1511 Filial von Retzow, heute eine mater ist, war von jeher sehr stark bevölkert und zählte um 1621 laut Schoßkataster im Geheimen Staatsarchiv 17 Hüfner und 26 Kossäten, um 1805 freilich nur noch 8 bzw. 10.

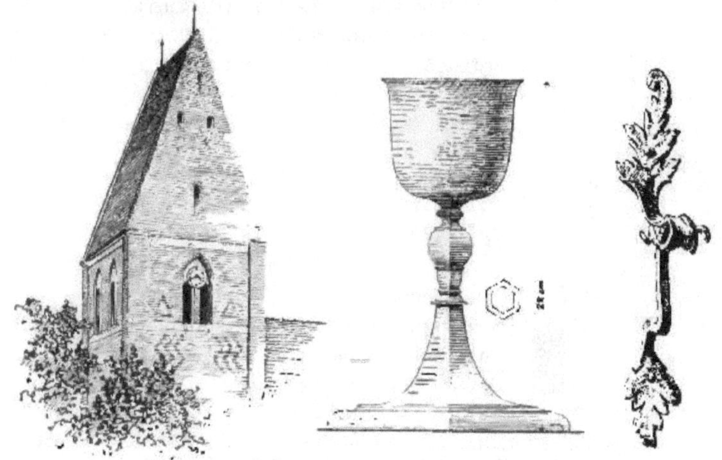

Abb. 101. Pessin. Kirchturm, Kelch und Handhabe.

Der einschiffige Westteil der **Kirche** ist anscheinend noch ein Rest einer älteren Feldsteinkirche von der Breite des Turmes. Seine Dachform ist an diesem in deutlicher Spur erkennbar. Er wird im Norden und Süden von hohen offenen Vorhallen auf Holzstützen, die von schönem, starkstämmigem Efeu malerisch überwachsen sind, eingeschlossen. Die Seitenschiffe des 1739 errichteten dreischiffigen Hauptteils der Kirche bilden die Verlängerung jener Vorhallen bei gleicher Tiefe. Sie sind ganz durch Emporen eingenommen, deren Brüstungen in langen Reihen mit den Wappen der Gutsherrschaft v. Knoblauch geschmückt sind (laut Inschrift 1735; um 1900 erneuert) und deren durchgehende Stiele die Decke tragen. Die hohen Fenster sind im Stichbogen geschlossen, die äußeren Formen ein einfaches Barock. Die glatt geputzte Decke zeigt in der Mitte das Wappen der v. Bredow. Die vier das Wappen umschwebenden Engelchen in Hochrelief zeugen von naivem Unvermögen. Vier Engel in gleicher Ausführung sind in den Ecken der Decke angebracht (vgl. Bamme, S. 7).

Der Turm ist ein spätgotischer Backsteinbau (Abb. 101) mit teilweiser Verwendung von Feldstein, namentlich im Innern. In den zwei unteren Geschossen sind

Kreuzgewölbe angelegt, aber wohl nie ausgeführt (vgl. Buckow, Gohlitz, Retzow und viele andere Orte, besonders in der Prignitz). In der südöstlichen Ecke führt eine kleine Wendeltreppe bis etwa zur halben Höhe des Turmes. Sein Äußeres zeigt schönes sauberes Backsteinmauerwerk (Format 29 × 14 × 8 cm). Der Untersockel hat Karniesprofil. Die Flächen des Sockelgeschosses sind an der Westseite durch eine rechteckige Blende in Querformat, an der Nord- und Südseite neben der Turmtür durch geputzte Kreisblenden belebt. Aus dem Sockelgeschoß entwickeln sich, bündig damit, Ecklisenen, die bis zum Anfang der Giebel emporsteigen und dort ohne Endlösung aufhören. Das sehr steile Satteldach des Turmes trug einst einen Dachreiter, dessen untere Konstruktion noch im Dachstuhl steckt (Abb. 102). Die Schallöffnungen sind gekuppelt und haben Stichbogen. Die obere Hälfte des Turmes ist mit einzelnen Rauten- und Zickzackmustern aus gesinterten Steinen geschmückt (15. Jahrhundert). Ein Stück des Türbeschlages gibt Abb. 101.

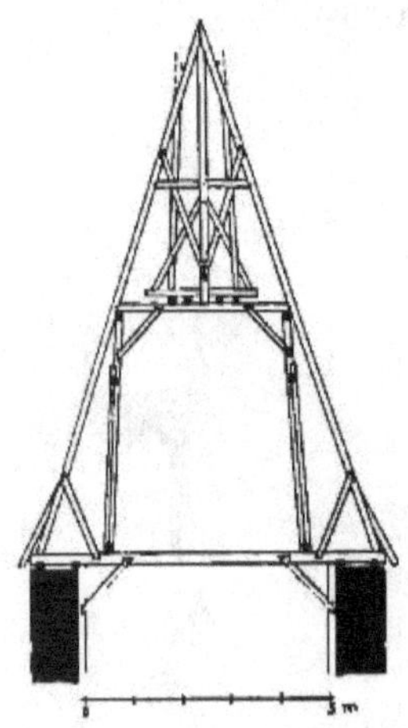


Abb. 102. Pessin. Dachstuhl des Kirchturms.

Altar mit Kanzel, ein stattliches schönes Werk, steht in Verbindung mit der etwas niedrigeren östlichen Empore. In dem seitlichen durchbrochenen Ornament des Kanzelaufbaus stehen Petrus und Paulus. Die gewundenen Säulen sind mit Weinlaub umrankt (Taf. 18). Laut Inschrift im Jahre 1700 von Tischlermeister Witte in Brandenburg angefertigt.

Patronatsstuhl von gleichem Formencharakter. Ein einfacher silberner Kelch (Abb. 101). Zwei einfache Bronzeleuchter, 25 cm hoch.

Von den drei Glocken sind zwei im Jahre 1867 von Collier in Berlin gegossen. Nur die mittlere mit 0,91 m Durchmesser ist aus älterer Zeit (um 1300?). Sie ist eine der stattlichsten Glocken in der Mark (Abb. 103). Außer dem Schmuck am Halse und am langen Felde trägt sie zwei Inschriften.

Die Hauptinschrift läuft in neun Teilen zwischen den zwei Schnüren des Halses herum (Abb. 104). Als Trennungszeichen wurden Reliefs verwendet, die in Wachs gepreßt und dem Hemd (dem Modell der Glocke) aufgeklebt wurden. Es sind zumeist Rundteile mit figürlichen Darstellungen. Die Gegenstände sind: 1) am Anfang des Textes die Kreuzigung Christi; zu ihr sich gesellend darüber auf der Haube die Geburt Christi und der Pelikan, der sein Blut den Jungen spendet, und nach unten zu am langen Felde das agnus dei; 2) die vier Evangelistensymbole; 3) zweimal in einem Sechspaß im Kreise: ein St. Georg (?), der mit Rundschild und Schwert bewaffnet, auf dem Drachen sitzend, diesen bekämpft (nicht ganz deutlich); 4) in einem Sechspaß im Kreise ein Reiter. Schließlich noch ein größerer Adler ohne Umrahmung, der sitzende Haltung hat, aber statt aufrecht, horizontal angebracht ist. Die Schrift zwischen diesen Trennungszeichen ist in anderer Technik hergestellt. Nach Anfertigung des Mantels (der Gußform) über dem Hemde wurde

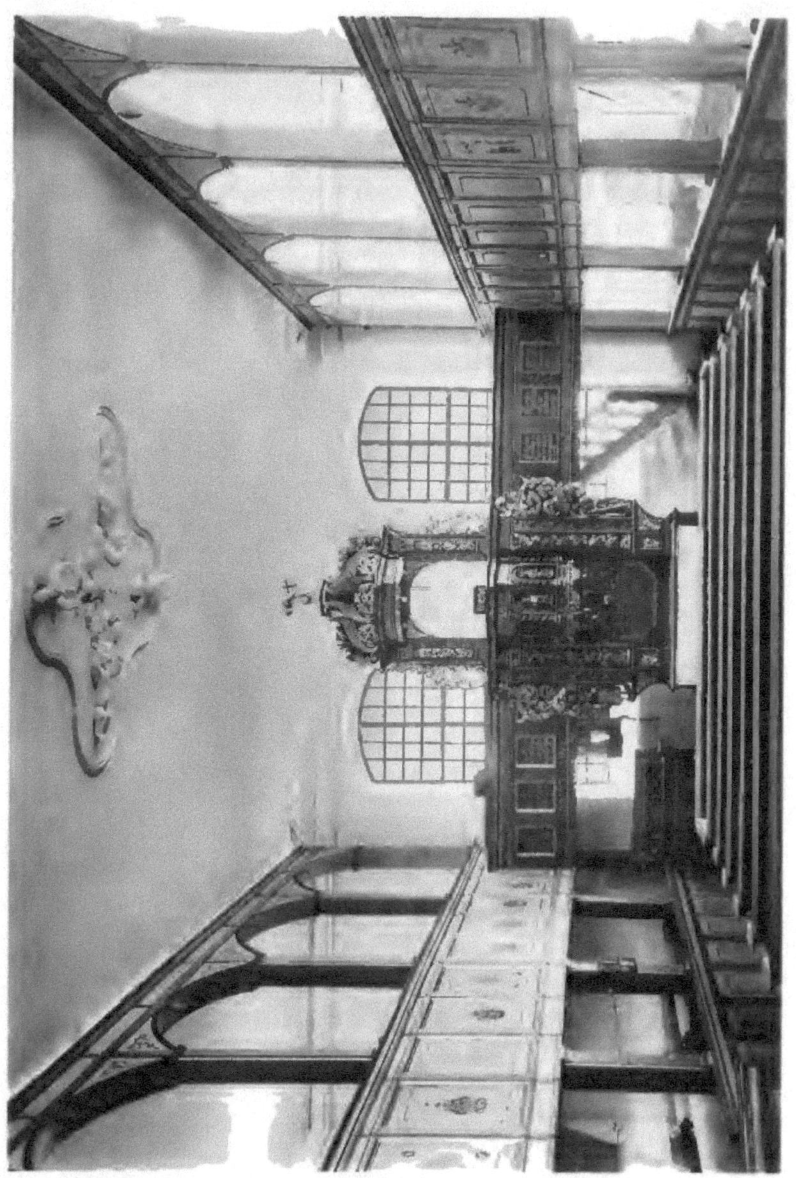

Pessin. Inneres der Kirche gegen Osten gesehen.

dieser senkrecht emporgehoben, und nun wurden die mit Bedacht freigelassenen Strecken zwischen den Rundschilden durch Einritzen der Buchstaben in üblicher Weise von links nach rechts beschrieben. Die Worte sind infolgedessen als Spiegelbild erschienen und lauten rückläufig gelesen nach Auflösung der Abkürzungen: „O rex glorie veni cum pace sancta maria ora pro nobis.“ Der Anfang ist wie üblich durch ein Kreuz bezeichnet. Die Buchstaben haben vorherrschend Unzialcharakter, in den Druckstellen doppelte Konturen und zwischen und neben diesen allerlei Muster und Verzierungen. Zu ihnen fügte der Künstler unmittelbar unter dem Halse am oberen Rande des langen Feldes die aus kleinen in den Mantel geritzten Kursivbuchstaben bestehende Inschrift: „D[omi]n[u]s ih[esu]s postqu[am] cenavit. p[anem?]. c[epit?].“, d. h. den Anfang der Einsetzung des hl. Abendmahls (Abb. 101). Auch sie ist rückläufig zu lesen. Hinter ihr in gleicher Höhe und kurzen Abständen folgen kleine, aber sauber gezeichnete Darstellungen eines Fisches und einer Hand, die den Becher hält. Trotz der Abweichung von den sonst üblichen Symbolen des hl. Abendmahls sind Fisch und Becher wohl auf dieses zu beziehen. Andrerseits ist ein Bezug der beiden Darstellungen auf die zwischen ihnen im Halbfriese dargestellte Kreuzigung ebenso zulässig.

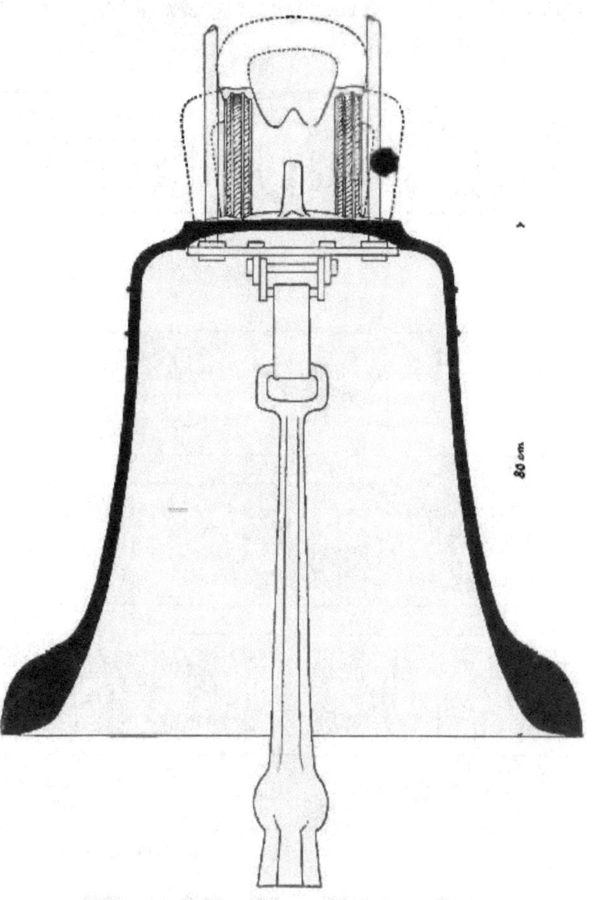


Abb. 103. Pessin. Mittlere Glocke in der Kirche.

Am langen Felde ist etwas tiefer noch ein weiterer plastischer Schmuck angebracht, nämlich in zweimaliger Wiederholung querliegende Rechteckformen. In jeder derselben sind in Hochrelief ein bärtiger Mann und ein geflügeltes Weib, beide mit Tierleibern, gegeneinander gestellt und am rechten Ende der Rechteckform noch ein halbes, übereck gestelltes Quadrat mit flachem Vierblatt angebracht. Aus dieser halben geometrischen Figur ergibt sich, daß zu diesem Relief noch ein Gegenstück zu denken ist, das jedoch hier fehlt.

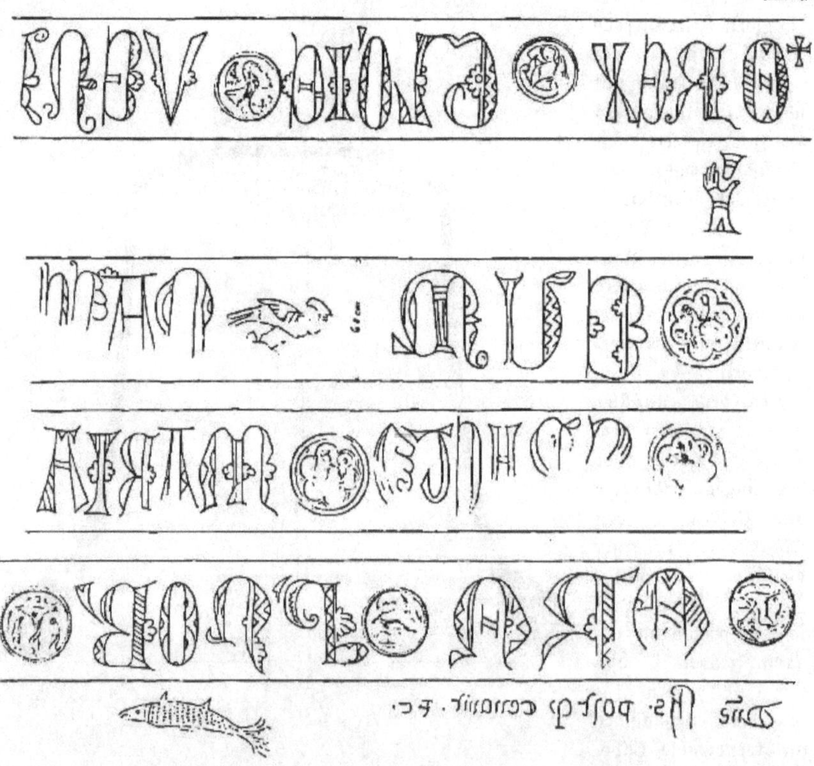

Abb. 101. Pessin. Kirche. Inschrift der mittleren Glocke.

Die Wandung ist am langen Felde ziemlich dünn und die Rippe schon mit einer gewissen Eleganz gezeichnet. Die Art der Aufhängung nebst dem Welf rührt von einer Ausbesserung her. Zwei von den Öhren waren abgebrochen und sind durch Eisen ersetzt, ebenso der Klöppetring.

Das herrschaftliche **Wohnhaus** auf dem Rittergute der v. Knobl auch besteht aus einem vorderen Hauptflügel, der an beiden Enden am Ausgang des 19. Jahrhunderts verlängert wurde, und einem Seitenflügel an der Hinterfront des ersteren. Der Hauptflügel besteht ganz aus eichenem Fachwerk in Formen, die in ihrer derben Urwüchsigkeit fast mittelalterlich erscheinen. Das Obergeschoß ist etwa 10 cm vorgekragt, und auch unter dem Dach setzt die Konstruktion über. Die Balkenköpfe sind an der Unterkante abgerundet, ebenso die Füllhölzer und Schwellen, die außerdem mit schräg eingeschnittenen Linien in Gruppen von je vier verziert sind. An den Schwellen laufen diese in der Mittellinie zu einer Art heraldischem Zickzackmuster zusammen (Abb. 105). Dieser Flügel ist nicht unterkellert. Er enthielt im Erdgeschoß und im Obergeschoß in der Mitte je eine Diele zwischen zwei großen Kaminen, daneben auf jeder Seite dieser

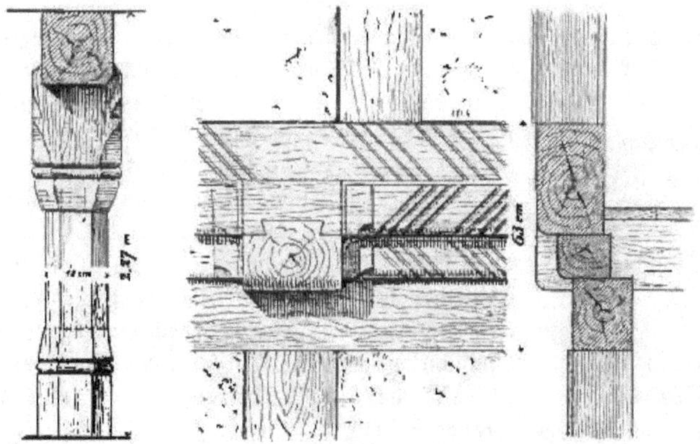


Abb. 105. Pessin. Holzkonstruktionen vom Gutshause.

Dielen zwei Stuben, also im ganzen acht Stuben. Die obere Diele hatte 1906 noch ihren ursprünglichen Unterzug nebst drei jetzt beseitigten Holzsäulen (Abb. 105). An der Obergeschoßschwelle der Südseite befindet sich ein eingesetztes Stück mit dem Teil einer Inschrift aus Renaissancemajuskeln, die bei dem Um- und Erweiterungsbau wohl zum größten Teile verloren gegangen und in ihrer jetzigen Unvollständigkeit schwerlich zuverlässig zu entziffern ist.

Der Seitenflügel scheint nicht gleichzeitig angebaut, er könnte indessen ebenfalls noch dem 16. Jahrhundert angehören. Sein Keller ist der Länge nach in zwei ungleiche Teile geteilt. Der östliche zeigt zunächst am Hauptflügel ein großes Tonnengewölbe in westöstlicher Richtung, daneben aber ein System von drei schmalen Stichbogentonnen auf starken Korbbogengurten.

Von Kunstgegenständen im Innern sind zu nennen eine Anzahl Truhen mit gewölbtem Deckel, darunter eine mit reichem Messingbeschlag von 1731, zwei mit Eisenbeschlag von 1711 und 1767, schließlich eine besonders lange mit senkrechten Seitenwänden und einst bemaltem Lederüberzug. Ferner Barockschränke mit eingelegter Arbeit und gewundenen Füßen, ein Sofa und zwei Spiegeltische von etwa 1800, eine Anzahl Waffen, Bildnisse Friedrichs des Großen und seiner Verwandten, sowie einige kleinere Werke von Franz Krüger.

Das Gutshaus des v. Bredowschen Gutes, ein einfacher zweistöckiger Massivbau mit ungebrochenem Walmdach, einem schwach angedeuteten Mittelrisalit und einer Tempelform mit Flachgiebel im Erdgeschoß, wurde 1831/35 erbaut.

## Plaue.

**Plaue**, Stadt. 1859 Einw., 559 ha; Gutsbezirk 169 Einw., 1860 ha.

### Quellen.

Urkunden. Die Urkunden (Plaue 1 f.) und Kopialbucheintragungen des Geh. Staatsarchivs zu Berlin sowie die z. B. in dem Stadtarchiv zu Brandenburg ruhenden, ferner die magdeburgischen, auf Plaue bezüglichen Urkunden sind z. T. abgedruckt in Riedels Codex diplomaticus Brand. (VIII, 135 f.; X, 1—35, 186; B I, 97, 463; B II, 106, 357; B III, 251; vgl. v. Raumer, Codex continuatus I, 225).

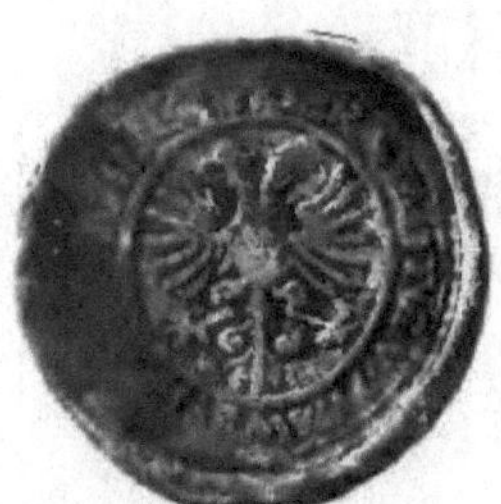

Abb. 106. Stadtsiegel aus dem 17. Jahrhundert.

Chroniken. Über die Plaue um 1400 betreffenden Nachrichten vgl. Heidemann, „Märkische Chronik von Engelbert Wusterwitz" (Berlin 1878), S. 36, 49 f., 93 f.; ferner die Magdeburger Schöppenchronik (hgg. von Janicke) I, 336, und besonders Tschirch, „Des Wusterwitz Märkische Chronik" im 43./44. Jahresbericht des Hist. Vereins zu Brandenburg a. H.

Verschiedene, vornehmlich die v. Königsmarck betreffende Archivalien liegen auf Schloß Plaue; ebenso auch das Urbar von 1560—1750, verfaßt von Pastor Lösecke. Folgende, bis ins 16. Jahrhundert zurückgehende Akten des Geh. Staatsarchivs kommen in Betracht: Rep. 21. 66, Verzeichnis der Lehnpferde. Rep. 21. 125, z. B. Amtsregister und Inventare. Rep. 47. P 4, Schreiben des v. Arnimb an den Kurfürsten vom 1. IX. 1578 betr. das Pfarramt. Rep. 78. III. P 36, Matrikel; Braugerechtigkeit 1531—1536. Rep. 78. II. G 30, Taxe von 1709 (Siegel der Göhne). Rep. 78. II. G 34, v. Lauer-Münchhofen. Rep. 78. II. L 9, betr. die v. Lauer (mit Siegeln). — Ferner Rep. 78. 42, fol. 239, Belehnung des Schultzen auf dem „Kytz" von 1536. Rep. 92. V. C 29, Beckmanns Nachlaß.

Literatur. Grundmann, Uckermärkische Adelshistorie (1744), S. 115 f. Beckmann, Beschreibung der Chur und Mark (1751) I, 3. Teil, 3. Kapitel, 890 f. Wöhner, Steuerverfassung der Kurmark (1801) II, 69, Beil. 85a. Bratring, Beschreibung der Mark (1805) II, 101. J. K. Sybel, Nachrichten von dem Städtchen (Berlin 1811). Fidicin, Die Territorien der Mark, 3. Bd. (Berlin 1860). Hesekiel, Geschichte des Geschlechts v. Königsmarck (1854). Fontane, Fünf Schlösser (Berlin 1888). Stieda in den Forschungen zur Brandenburg-Preußischen Geschichte, XVII, 69 ff. — Über die Siegel der Stadt bietet die Huppsche Sammlung im Geheimen Staatsarchiv Aufschlüsse.

## Geschichte.

In einer vom Brandenburger Bischof Norbert für Lehnin ausgestellten Urkunde von 1198 im Geheimen Staatsarchiv wird Heinrich von Plaue, Heinricus de Plawe, als Zeuge erwähnt. In dem Privileg des Bischofs Siegfried II. für das Brandenburger Domkapitel von 1216 wird „Plaw" neben Pritzerbe und Rathenow als westlicher Grenzpunkt des Archidiakonatbezirks des Kapitels genannt; unter den Zeugen erscheint Amalrich, Pfarrer von Plaue, Amelricus plebanus de Plawe. Unter einer Urkunde, die der junge Markgraf Otto 1268 ausstellen ließ, findet sich der Vermerk: „actum et datum Plawe". So war hier also sicherlich zu askanischer Zeit eine deutsche Burg entstanden, um die herum sich Mannen ansiedelten, die von einer besonderen Kirche aus geistlich versorgt wurden; einige Ortschaften der Umgegend standen zu dem Schloß in einem gewissen Abhängigkeitsverhältnis.

Nach dem Aussterben der Askanier kam „dat Hus zu Plawe" zusammen mit Jerichow und anderen Städten und Burgen unter den Erzbischof von Magdeburg, der aber, wie aus manchen Urkunden des Erzstifts im Magdeburger Staatsarchiv hervorgeht, mehrfach Verpfändungen vornahm. Am 25. April 1370 wurde Plaue für 700 Mark Silber vom Erzbischof Albrecht an Henning v. Steinford und andere verpfändet.

Das Schloß, dessen Mauern so gewaltig waren, daß man der Magdeburger Schöppenchronik zufolge „mit einen Wagen rumeliken dar up konde varen", spielte in der Zeit der Quitzows eine bedeutsame Rolle. Obwohl Kaiser Karl IV. und sein Sohn, König Sigismund, die Rechte des Erzbischofs auf Plaue 1373 und 1387 ausdrücklich anerkannt hatten, wußte sich Lippold v. Bredow unter dem Regiment des schwachen Markgrafen Jobst hier festzusetzen, und ihm folgte um 1400 sein Schwiegersohn Johann v. Quitzow, der zusammen mit seinem Bruder Dietrich 1407 den Herzog Johann von Mecklenburg gefangen nahm, ihn auf Schloß „Plawen" führte und dort lange in schwerem Gefängnis hielt. Noch im November 1413 brachte Hans v. Quitzow die erzbischöflichen Mannen Gebhard v. Plote und Peter Kotzen hier gefänglich ein und preßte ihnen „nach vielen Peinen" 1600 Schock böhmische Groschen Lösegeld ab. Doch schon zu Beginn des folgenden Jahres gelang es dem Burggrafen Friedrich, „die bösen Wurzeln, durch die Quitzows gepflanzt, auszurotten". Sein Bundesgenosse, der Erzbischof von Magdeburg, Günther v. Schwarzburg, umlagerte bereits am 7. Februar das Schloß. Bald stieß der Zoller zu ihm und legte mit der „großen Büchse" Herzogs Friedrichs, des Landgrafen in Düringen, die Mauern nieder. Hans suchte zu entfliehen, wurde aber in einem Busche aufgespürt und „in der Kirche bey Plawen, darin der Erzbischoff seine Küche hatte, in einen Stock gesetzt". Reiche Beute machte der Burggraf an Fleisch, Wein, Bier und Meth. Die beiden Sieger, der Zoller und der Erzbischof von Magdeburg, bestellten zuerst 1414 den Ritter Günzel v. Bertensleben zum Schloßhauptmann, beschlossen dann aber die Befestigungswerke zu zerstören, „das Stetlin" selbst der Mark zuzuweisen und seine „Zubehörungen" zwischen der Mark und dem Erzstift zu teilen. Im Pfandbesitz von „Sloß" und „Stettlein" war Ritter Achim v. Kerckow, laut Urkunde mit seinem Siegel vom 29. Juni 1428 im Geheimen Staatsarchiv. Bald folgte der Kammermeister

Jürgen v. Waldenfels, dem Kurfürst Friedrich II. 1459 befahl, eine neue Brücke bei dem „Sloß und Stetlein" zu erbauen, und erlaubte, einen Zoll zu erheben; als er 1469 nach Zahlung von 2000 rheinischen Gulden die Belehnung erhielt, wurde ihm auferlegt, das „sehr zerbrochene, verfallene und ungefestigte" Schloß wieder in guten Stand zu bringen.

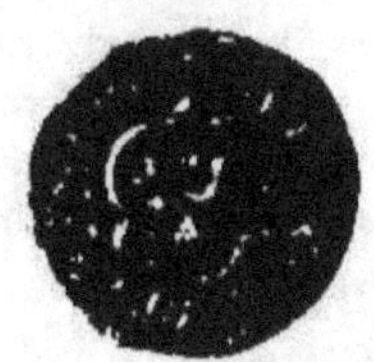

Abb. 107. Siegel des Achim Kerkow (Wappenbild: Greifenklaue) an der Urk. v. 29. VI. 1428. Umschr.: S. Achym van Cerchow.

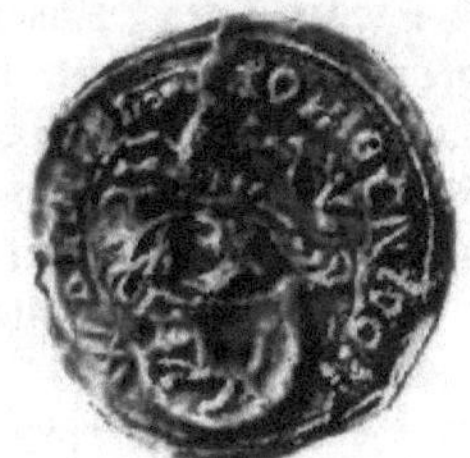

Abb. 108. Siegel des Georg v. Waldenfels (Wappenbild: Einhorn) an der Urk. v. 16. IV. 1531. Umschr.: [Ge]orgen von Waldenfels.

Geheimes Staatsarchiv.

Am 16. April 1531 verkauften die vier Gebrüder und Vettern v. Waldenfels laut einer mit ihren Siegeln behängten Urkunde Schloß und Städtchen mit den dazu gehörigen Dörfern für 28000 Gulden an Kurfürst Joachim I. Aus dieser Zeit liegt ein Siegel vor mit der Umschrift: „Richter, Borgermeyster und Schepen zu Plawen". Alle „Einwoner des Stetleins, ufm Kietz und ufm Berge," erhielten 1537 vom Kurfürsten nunmehr die Erlaubnis „zu brauen gleich anderen Stetten"; 1559 wurden ihnen zwei Märkte und eine Ratswage bewilligt. Kurfürst Joachim II. verpfändete 1560 Haus und Stadt sowie auch das „Ampt", zu dem die vom Schloß abhängigen Orte, u. a. Briest, Nitzahn, Tieckow, gehörten, seinem Rat Matthias v. Saldern, dessen schönes Ölbild im Plattenburger Schloß hängt; von dessen Witwe löste es sein Sohn Johann Georg am 21. Juni 1575 für 21000 Gulden wieder ein. Doch schon zwei Jahre darauf ging der auf 40000 Taler eingeschätzte Besitz laut Urkunde vom 12. August 1577 im Geh. Staatsarchiv an die v. Arnim über. Von diesem Jahre an blieb dieser „Schlüssel des Landes" dem Landesherrn, der sich nur die Zölle vorbehalten hatte, dauernd entfremdet.

Der Magdeburger Domherr und „Thesaurarius" Christoff v. Görne — auch „Göhren" geschrieben — erkaufte 1620 Haus und Gut für 80000 Taler von Leonhartt v. Arnimb. Besonders verhängnisvoll für das „Städtlein" Plaue, das laut Kataster von 1621 nur etwa 88½ Florin an Schoß gab, wurde die Zeit des Dreißigjährigen Krieges. Die Kaiserlichen begannen mit der Zerstörung der Brücke, die Schweden vollendeten das Vernichtungswerk. 1635 plünderten die Sachsen. Bald darauf ängstigten und plagten die „räuberischen starken Parteien" die Kietzer in der furchtbarsten Weise, wie aus einer Bittschrift vom 12. Januar 1639 an den Kurfürsten Georg Wilhelm hervorgeht.

Der Wohltäter für Plaue wurde zwei Menschenalter nach dem Kriege der Preußische Minister Friedrich v. Görne (1670–1745). Der Wiederaufbau des Schlosses und der Brücke, die Anlegung einer auf kurze Zeit berühmt gewordenen Porzellan- und Steinzeugfabrik waren sein Werk. Auf seine Anregung hin nahm König Friedrich II. gleich nach seinem Regierungsantritt den Bau eines Kanals in genau westlicher Richtung zur Elbe hin in Angriff. Im Frühjahr 1746 fuhr das erste Schiff, mit Salz aus den Schönebecker Salinen befrachtet, durch die Plauer Schleuse in die Havel.

1765 kam Plaue für 160000 Taler an den Obersten Wilhelm v. Anhalt, einen natürlichen Sohn des Prinzen Gustav, des ältesten Sohnes des alten Dessauers. Der neue Herr führte ein von Fontane anschaulich geschildertes Schreckensregiment. Freiherr v. Lauer-Münchhofen, ein in den Adelsstand erhobener Kriegs- und Domänenrat, kaufte sich hier 1793 an. Nach dem Tode seiner Witwe 1839 erstand Hans Valentin Ferdinand Graf v. Königsmarck das Schloß, ihm folgte 1819 sein Sohn Hans Carl Albert, Gesandter in Konstantinopel († 1876), und sodann der 1911 gestorbene Graf Carl Hans Constantin. Da Schloß Plaue nebst dem Gut zum Fideikommiß gemacht worden ist, besteht nunmehr zwischen ihm und der alten märkischen Familie, als deren erster Heinricus de Cungismarck in der Mark bereits 1225 urkundlich erscheint, ein fester Zusammenhang. Das an einer Urkunde von 1296 hängende und im Teile „Westprignitz" (S. XXXVI) abgebildete Wappen ist, seitdem der Erbhofmeister der Kurmark Hans Valentin Ferdinand am 3. März 1817 unter Verleihung des Wappens der 1651 gegraften und 1691 unter tragischen Umständen erloschenen schwedischen Linie das preußische Grafendiplom erhielt, verändert worden.

Im Gegensatz zu dem Schloß und seinen Bewohnern stand das sog. „adlige Mediatstädtchen", dessen Magistrat noch 1560 den Adler mit der Umschrift „Sigillum civitatis Plawe", 1637 den Doppeladler im Siegel führte, mehr im Schatten. Schon längst waren die Burgmannen mit den Fischern auf dem Kietz zu einer einheitlichen Gemeinde verschmolzen, und diese unterstand bis zur Steinschen Städteordnung völlig der Gerichtsbarkeit des Schloßherrn. Nahrungszweige waren vornehmlich Fischerei und Ackerbau. Um 1800 zählte man 8 Ganz- und 10 Halbkossäten sowie 28 Fischer. Außerdem boten die „Havelpassage" und die Schiffahrt, in neuerer Zeit auch die Ziegeleien Gelegenheit zu einigem Verdienst. Um 1750 zählte der „kleine und unregelmäßig gebaute" Ort 581, um 1800 711 Einwohner; um 1860 wohnten hier in 195 Wohngebäuden 1568 Menschen. Zu Beginn des 20. Jahrhunderts überschritt die Bewohnerzahl das zweite Tausend, ist aber seitdem, zumeist wohl wegen der schlechten Verkehrsverhältnisse, ziemlich die gleiche geblieben.

Über die kirchlichen Verhältnisse unterrichten bischöfliche Steuerregister von 1527–1529 (vgl. Curschmann, „Diözese Brandenburg", S. 430): in der Mutterkirche zu „Plawe" bestanden vier dem Fabian und Sebastian, dem Leichnam Christi, der hl. Jungfrau und der hl. Anna „in castro geweihte Altare"; bald trat aber ein Wandel ein, wie aus dem Visitationsprotokoll von 1541 hervorgeht. Damals war der Kurfürst Patron, heute ist es der Graf v. Königsmarck.

## Topographie.

Plaue bildete schon in sehr früher Zeit einen wichtigen Übergangspunkt über die Havel (Abb. 109). Namentlich so lange, als die Altstadt Brandenburg den Handelsverkehr zwischen Magdeburg und dem Osten vermittelte und die Heerstraße sich hier auf der Nordseite der Havel hielt, war die Plauer Brücke von großer Bedeutung. Sie wird bereits im Jahre 1243 urkundlich erwähnt und hat im Laufe der Jahrhunderte ein wechselvolles Schicksal gehabt. Im Jahre 1459 wurde sie durch Georg v. Waldenfels, den damaligen Inhaber des Schlosses, neu erbaut. Nach mehreren Zerstörungen im Dreißigjährigen Kriege wurde die Plauer Brücke in den Jahren 1652 und 1713 wiederhergestellt, brannte aber im Jahre 1806 wieder ab. Die jetzige besteht erst seit 1906.

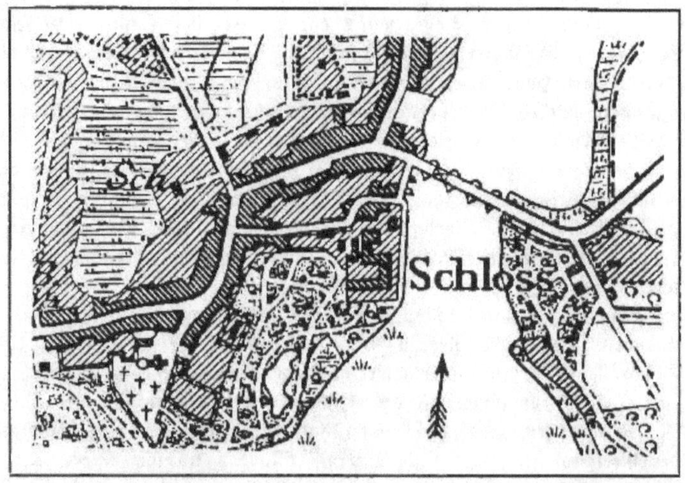


Abb. 109. Plaue. Stadtplan (1 : 10000).

Zum Schutze der Brücke und zur Erhebung eines damit verbundenen Zolles bestand mindestens ebenso lange wie sie selbst das bereits im Jahre 1216 unter den märkischen Burgen aufgezählte Schloß, dessen geschichtliche Bedeutung und teilweise Zerstörung mit der Niederwerfung der Quitzows in engem Zusammenhange steht. Es stand, wie noch das heutige Schloß, südlich von der Heerstraße am westlichen Ufer des Sees, der sich hier wieder zum Flusse verengt. Im einzelnen scheinen freilich weder der heutige Zug der Landstraße noch die Lage der gegenwärtigen Brücke den ursprünglichen Verhältnissen ganz zu entsprechen. Das Schloß wird in unserer Zeit in einem auffallend weit nordwärts ausbiegenden Bogen von der Straße umgangen;

einst hat es seinen Platz jedenfalls unmittelbar neben Straße und Brücke behauptet, wie es für deren Überwachung und etwaige Sperrung notwendig war. Auch scheint der jetzt dem Schlosse und der Brücke zunächst liegende Teil des Ortes nicht zur ursprünglichen Anlage gehört zu haben, da die alte romanische Pfarrkirche, die doch als zum Kern der Siedelung gehörig betrachtet werden muß, samt ihrem Friedhofe und dem Predigerhause ganz im Südwesten und durch den großen Park des Schlosses von diesem getrennt liegt. Zunächst der Havel lag ohne Zweifel einst der im Jahre 1639 urkundlich erwähnte Kietz (Geh. Staatsarchiv, Rep. 21. 125). Auf ihn bzw. den von der Kirche entlegensten Teil des Ortes bezieht sich wohl die Bemerkung Beckmanns, daß im Jahre 1755 nicht nur ältere wüste Stellen bebaut, sondern überdies zehn Häuser neu errichtet worden seien. Der von Bratring als klein und unregelmäßig gebaut beschriebene Ort scheint durch das ganze Mittelalter hindurch nicht befestigt gewesen zu sein. Erst im Jahre 1749 wurde er mit Palisaden umgeben. Auch von Toren hören wir erst in dieser späten Zeit, die eine Bedeutung als Befestigungswerk ausschließt.

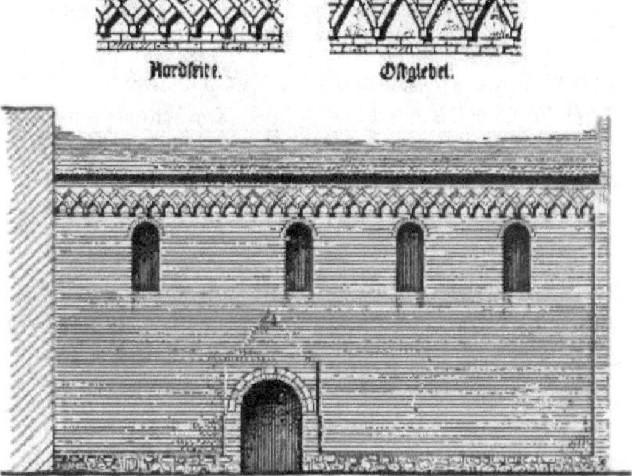


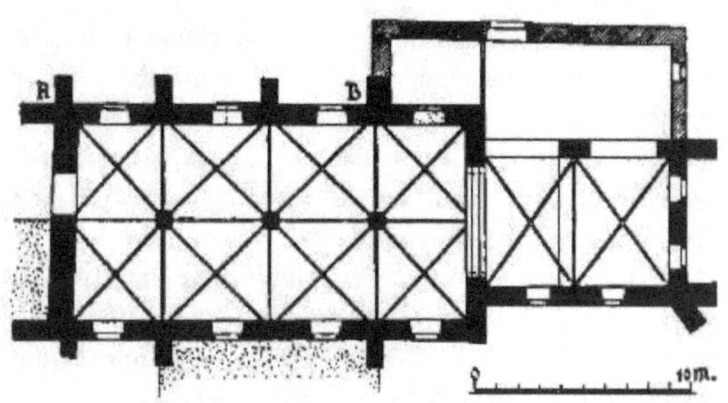


Abb. 110. Plaue. Kirche. Grundriß und Teil der Nordseite.

## Denkmäler.

Die **Kirche** war ursprünglich ein schlichter romanischer Backsteinbau aus dem Anfang des 13. Jahrhunderts, etwa um 1220, bestehend aus einem Langhause, dessen Grundriß im Lichten das Verhältnis von 1 : 2 hatte, und einem eingezogenen Chor im Verhältnis von 2 : 3 (Abb. 110). Beide Teile hatten gerade Balkendecken und keine Strebepfeiler.

Von Einzelformen haben sich aus der ersten Bauzeit erhalten: zunächst ein Feldsteinsockel mit gefastem Backsteinprofil, dann ein jetzt vermauertes Rundbogenportal an der Nordseite, dessen Bogen mit einer hochkantigen Läuferschicht aus gebogenen Formsteinen umrahmt ist. Das Portal liegt in einer viereckigen Mauerverstärkung von 9 cm Vorsprung. Über ihm war einst ein Schutzdach oder ein Vorbau mit Satteldach, dessen Spur noch sichtbar ist (Abb. 110). An der Nordseite des Schiffes wie auch am Chore sind noch Spuren der ursprünglichen Rundbogenfenster erhalten. Dicht über diesen Fenstern folgte der Gesimsfries, der auf unten abgerundeten Konsolen ohne weitere Formsteine gebildet ist, und zwar teils als durchschlungener Dreieckfries, teils als einfacher Dreieckfries mit deutschem Bande darüber (Abb. 110). An den Enden läuft er in breite Ecklisenen aus. Das Backsteinformat der romanischen Teile ist 27×12×8 bis 8,5 cm. Die Fugen waren glatt ausgestrichen ohne Ritzlinien. Im Innern hat sich der halbkreisförmige Triumphbogen, wenn auch in etwas verstümmelter Form, erhalten.

Zweite Bauzeit. Sowohl das etwas größere Backsteinformat als auch die durchgehends angewandte Form des Spitzbogens bezeichnen die wahrscheinlich nur wenig spätere Ausführung des westlichen Giebeldreiecks, das durch die Anordnung seiner Blenden in mehreren einzelnen Stockwerken seinen frühen Charakter erweist und nicht erst dem Umbau der Kirche im 16. Jahrhundert angehören kann. Dafür spricht auch noch der wohlerhaltene Dachstuhl des Schiffes, der noch ganz in der Art des 13. Jahrhunderts aus Kiefernholz gefügt, aber mit eichenen Streben versehen ist. Seine Gespärre sind 1,30 m voneinander entfernt, seine Längsverstrebung besteht nur in einigen Windlatten in Stärke der Dachlatten, die außen in die Sparren eingeblattet sind.

Dritte Bauzeit. Im 16. Jahrhundert wurde die Kirche einem Umbau unterzogen. Nach einer früher am östlichen Schiffspfeiler vorhandenen Jahreszahl (vgl. Bergau, S. 568) wurde er wohl 1570 ausgeführt. Er bestand hauptsächlich darin, daß das Schiff auf drei neuaufgeführten, quadratischen, gefasten Pfeilern, aus denen die Rippen ohne Kämpfer heraustreten, in acht Jochen gewölbt wurde (Abb. 110). Das Rippenprofil ist einfach gekehlt, aber — besonders im Vergleich zu den schlanken Pfeilern — sehr schwer. Auch der Chor erhielt zwei einfache Kreuzgewölbe. Außen wurden dem Bau tiefe Strebepfeiler angefügt und mitten zwischen je zwei von ihnen ein großes Spitzbogenfenster, bezeichnenderweise ohne irgend eine Kantenprofilierung, eingebrochen.

Später wurde die Kirche mehrfach verändert durch den Einbau doppelter Emporen, durch eine Erweiterung nach Nordosten in minderwertiger Ausführung im Jahre 1715, durch eine Bahrenkammer im Westen und eine Erbbegräbnisanlage im Süden aus neuester Zeit. Im Jahre 1719 wurde die Uhr vom Schloßturm auf den Kirchturm gebracht, dieser aber im Jahre 1776 neu gebaut. Er hatte sieben Stockwerke, von denen zwei aus Holz bestanden, und war mit Schindeln gedeckt. 1828 wurde er abgetragen und im Jahre 1848 getrennt von der Kirche im Nordosten freistehend errichtet. 1862 wurde die Kirche ausgebessert und eine Sakristei auf ihrer Südseite abgebrochen.

Der Altaraufbau ist ein Epitaph aus dem Anfang des 17. Jahrhunderts, das bis 1862 am Ostende der Südwand der Kirche hing (Taf. 19). Die Gegenstände der Marmorreliefs sind: im Mittelfelde die Kreuzigung in figurenreicher Dar-

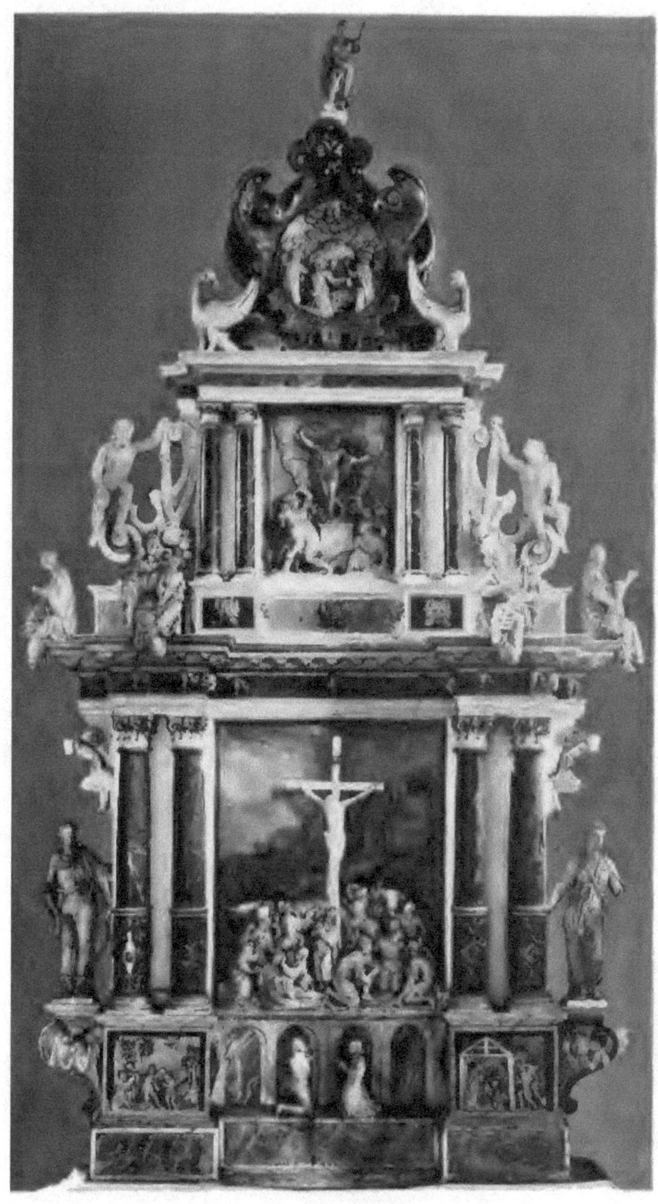

Plaue. Altaraufbau in der Kirche.

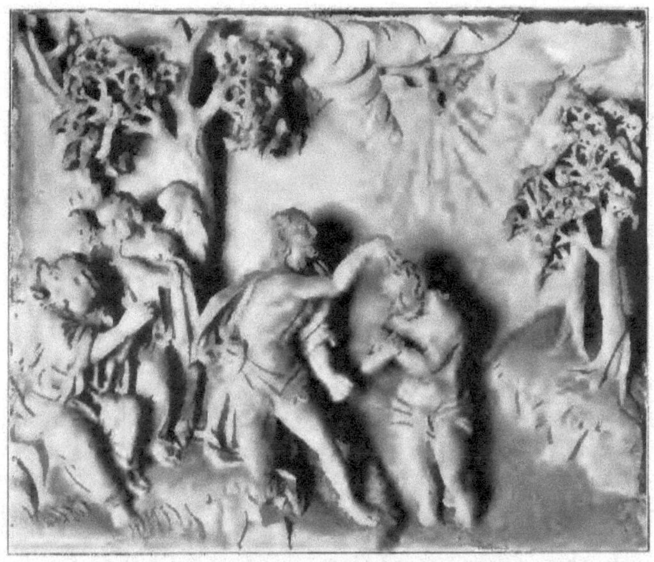

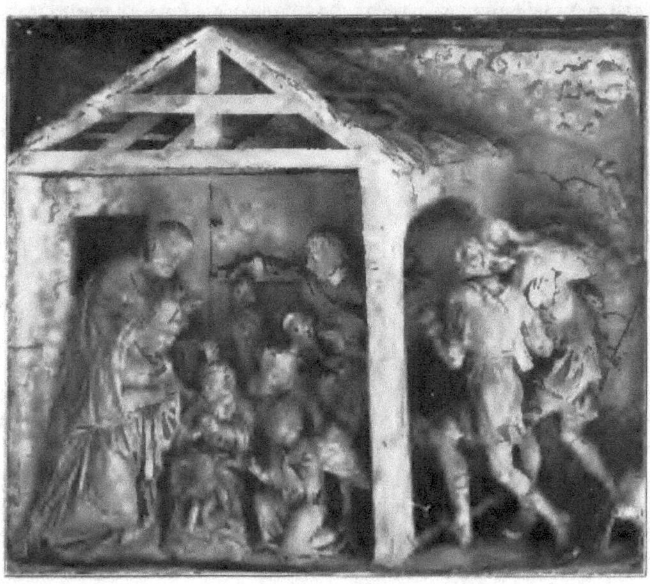

Abb. 111. Plaue. Kirche, Reliefs vom Altaraufbau.

9*

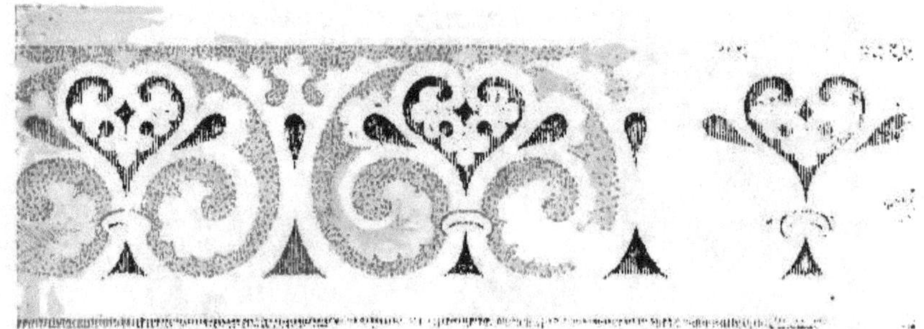

Abb. 112. Plaue. Gemalter Rankenfries unter der Decke im Chor der Kirche. (Maßstab 1 : 20.)

stellung, in den Seitenteilen Christi Geburt und Johannes der Täufer in sehr zierlichem Maßstab, Figurenhöhe 15 cm (Abb. 111); im Rundschild der Bekrönung die Himmelfahrt. Auf den Gesimsen mehrere allegorische Figuren, z. B. Klugheit, Stärke, Liebe. Das obere Kreuz scheint eine moderne Erneuerung zu sein. Von der Kreuzigung sind die beiden Kreuze mit den Schächern entfernt. In der Predella der Donator mit seiner Gemahlin.

Der Hauptteil des früheren Altars hängt hinter dem jetzigen an der Ostwand. Er ist von 1618, aus Holz geschnitzt und gemalt. Das Ornament ist im Knorpelstil gehalten.

Die Kanzel an der Südwand ist im Spätrenaissancestil aus Holz gefertigt und an den Ecken mit Säulchen besetzt. In den Füllungen befinden sich die gemalten Figuren der Evangelisten in origineller Auffassung und tüchtiger Ausführung.

Ein gut erhaltener Taufengel mit vergoldetem Haar ist in einer Kammer an der Nordseite aufbewahrt.

Wohl Anfang des 15. Jahrhunderts wurde die Kirche mit einer dekorativen Malerei ausgeschmückt, von der noch mehrere Reste erhalten sind. Den Chor schmückte unter der Decke ein breiter Fries in fast romanisierenden Formen und den Farben weiß, grau, grün und rot (Abb. 112). Der Triumphbogen war mit in rot gemusterten Quadern eingefaßt, und der Unterteil der Wände zeigte eine Andeutung von Falten eines Wandteppichs von 1,74 m Höhe in schlichten roten Linien. Der Wandton scheint gelblich weiß gewesen zu sein. Von der Malerei des Schiffes befinden sich noch bedeutende Reste über den Gewölben an der Westwand. An den Längsseiten waren dicht unter der Decke je fünf annähernd wagerecht schwebende Engelgestalten von verschiedenartiger Zeichnung gemalt. Ihre Flügel waren kühn ausgebreitet zu mächtiger Klafterung, die Schwungfedern an ihren Enden locker voneinander gespreizt. In den Händen hielten die Engel leichtgeschwungene Spruchbänder, deren spärliche Minuskelreste die Zeit nach 1370 bezeichnen. Verschiedenartige stilisierte Wolkenmotive begleiteten die Figuren und schlossen sie vermutlich zu einem Friese von gut 1 m Höhe zusammen (Abb. 121). Die West- und Ostwand zeigten als oberen Abschluß zwei verschiedene ornamentale Friese (Abb. 113 u. 115).

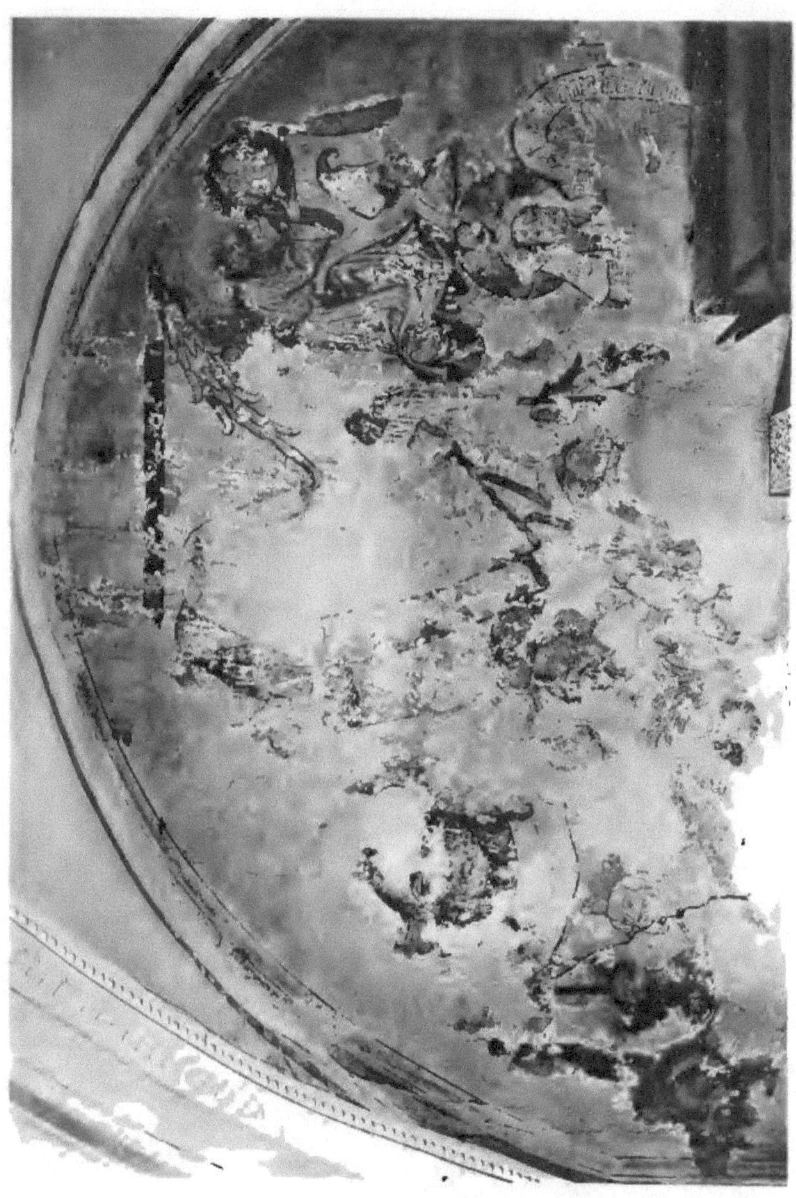

Plaue. Malerei an der Westwand der Kirche.

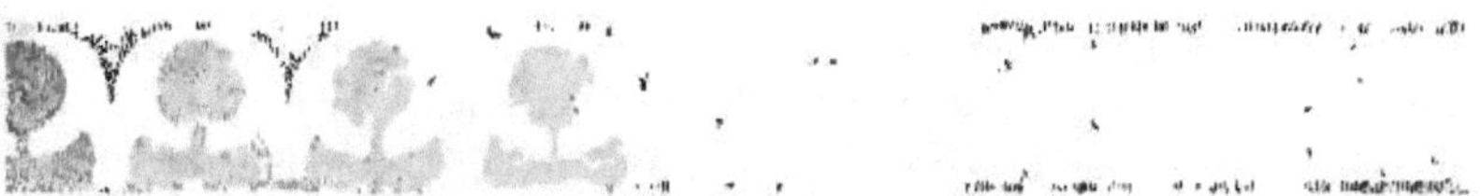

Abb. 113. Plaue. Kirche. Fries an der Ostwand des Schiffes über dem Triumphbogen.

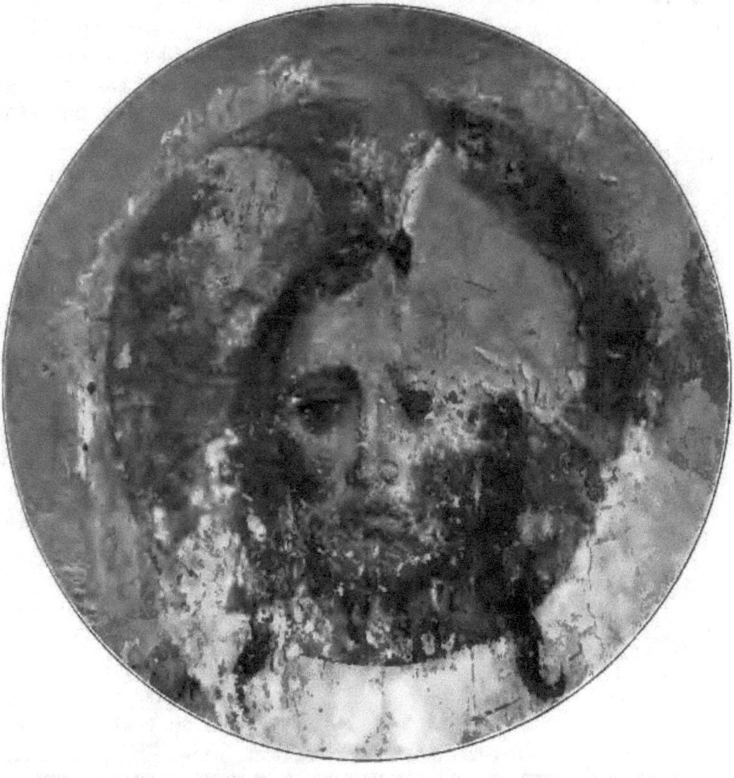

Abb. 114. Plaue. Christuskopf aus der Wandmalerei an der Westwand der Kirche.

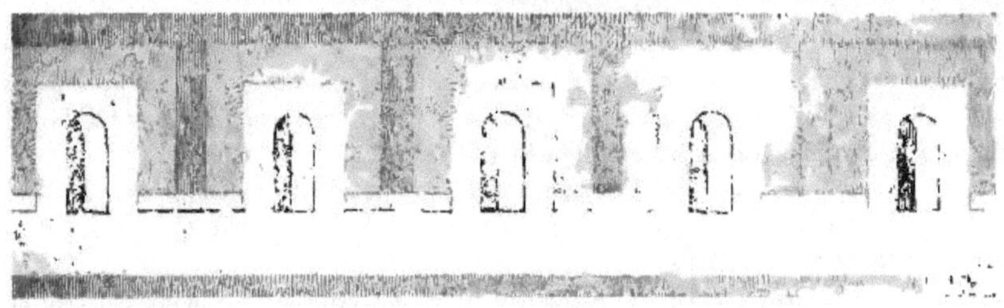

Abb. 115. Plaue. Kirche. Zinnenfries an der Westwand des Schiffes.

Die umfangreiche Wandmalerei an der Westwand des Schiffes, deren Reste erst in den letzten Jahren zum Vorschein gekommen sind, stammt ebenfalls aus dem 15. Jahrhundert. Den Gegenstand der etwas unruhigen Komposition, die seitlich von großen gemalten Fialen (?) und oben von einem Friese mit Zinnenmotiv rechteckig umrahmt wird, bilden die Marterwerkzeuge Christi, und zwar in dem weiteren Sinne, in dem das spätere Mittelalter den Vorwurf ausgestaltet hat (Taf. 20). Man erkennt zunächst am linken Rande des Bildes König Herodes mit der Krone und einen Mann mit großer Bischofsmütze (Kaiphas ?), beide als Brustbilder dargestellt. Darüber folgt Christus mit der Glorie auf dem Schweißtuche der Veronika (Abb. 111); rechts daneben etwas tiefer Judas und Christus sich küssend. Unter dem Judaskuß sieht man einen Engel, der die vierstähnige Geißel hält, darüber oben zwei Röcke, vermutlich die Gewänder Christi. Etwas unterhalb rechts hält ein Engel eine Lanze, an der ein blutendes Herz steckt, weiterhin ein anderer die Dornenkrone. Darunter folgen das Brustbild eines Mannes mit phantastischer Kopfbedeckung und schließlich eine weibliche Figur mit Glorie und Schriftband in den Händen. Auf der rechten Seite gegen Norden erkennt man deutlich eine Schwurhand, darunter einen Engel, der die Leiter hält, unter der ein roter Hahn kräht. In der nächsten Reihe darunter erscheint ein zweiter Engel mit den drei Kreuzigungsnägeln, links davon ein Beil, ein Engelflügel und eine Zange. Die Hauptfarben des auf den ungefärbten Putzgrund gemalten, schwarz konturierten Bildes sind dunkel- und hellrot, ockergelb und kaltes grün.

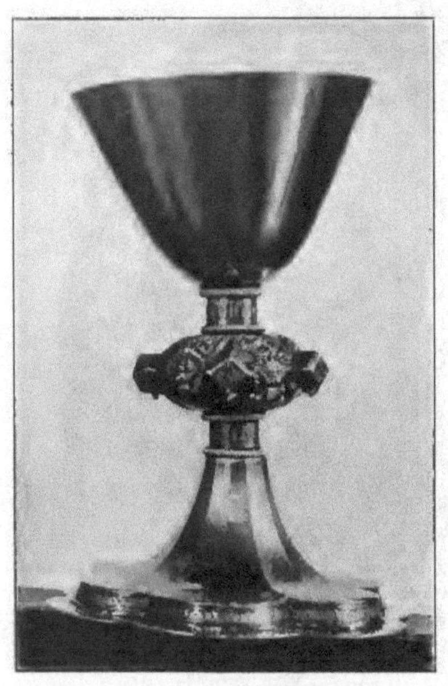

Abb. 116. Plaue. Kelch in der Kirche.

Kelch (Abb. 116), Silber vergoldet; der noch durchaus gotische Fuß zeigt zwischen den Zapfen des Knaufes kleine Löwenköpfe als Vorboten der Renaissance.

Grabstein des Matthias v. Saldern († 1575) mit dem lebensgroßen Reliefbilde des Verstorbenen in voller Rüstung (Abb. 117).

An den Leibungen des Triumphbogens die Kinder-Grabsteine der Elisabeth v. Arnimb, † 1614 (Abb. 118), und der Bertha Sophia v. Arnimb († 1618), mit der Darstellung beider in Relief.

Grabstein des Leonhard v. Arnimb († 1620) mit der Darstellung des Verstorbenen in voller Rüstung, mit seltsam verdrehten Füßen, feine Sandsteinarbeit (Abb. 119).

Grabstein des Christoph v. Görne († 1638), mit dem Bilde des Verstorbenen in ganzer Figur ohne Ornat. Zu seinen Füßen das Wappen und eine Kartusche mit Spruch (Abb. 120).

Denkmal des Grafen Fr. Wilh. Hans v. Königsmarck († 1861). Der in seiner Umgebung fremde, den nahen Altar beeinträchtigende gotische Architekturaufbau mit Wimperg enthält in der mittleren Nische die lebensgroße Figur des Verstorbenen, von Kiß modelliert, in Lauchhammer in Bronze gegossen.

Die Glocken sind 1662 von Simon Kolle zu Brandenburg und 1686 von Martin Heintze gegossen.

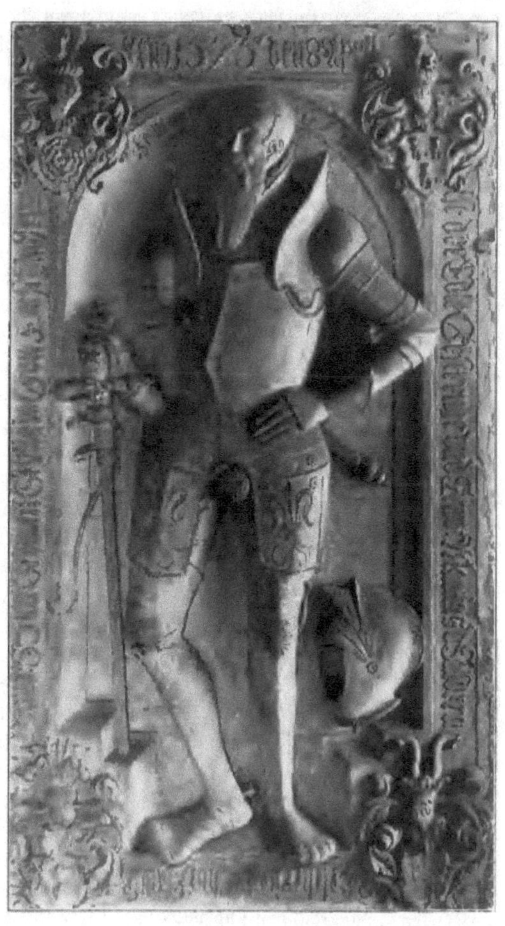

Abb. 117. Plaue. Grabstein des Matthias v. Saldern in der Kirche.

Das **Schloß**. Nach den äußerst spärlichen Anhaltspunkten, die sich für die Lagebestimmung des mittelalterlichen Schlosses bieten, muß man annehmen, daß es im allgemeinen auf der Stelle des jetzigen gestanden hat.

Selbstverständlich war das Schloß mit einem Graben umgeben, wie auch Beckmann berichtet, mit der Hinzufügung, daß man nur durch einen einzigen Weg zum Schloß gelangen konnte. Auch wissen wir, daß der Graben erst nach 1765 unter Wilhelm von Anhalt zugunsten von Gartenanlagen zugeschüttet worden ist. Da diese beim Neubau des Schlosses in den Jahren 1711—1716 sicher nicht in veränderter Lage neu angelegt, sondern in den alten Zügen beibehalten wurden, so folgt schon hieraus, daß das Quitzowschloß ziemlich genau auf der Stelle des jetzigen stand, jedoch nicht bis zu völliger Deckung der Grundrisse, da der Stumpf eines mittelalterlichen Turmes noch bis ins 19. Jahrhundert außerhalb des jetzigen Baus erhalten war. Das Hauptgebäude wird von jeher mit der Front gegen die Havel gerichtet gewesen sein. Nach der Magdeburger Schöppenchronik wären die Mauern der Burg so dick gewesen, daß man mit einem Wagen darauf habe fahren können.

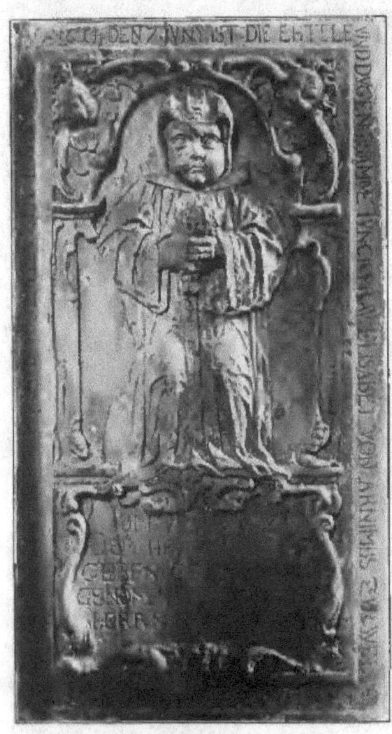

Abb. 118. Plaue. Grabstein der Elisabeth v. Arnimb in der Kirche.

Die beiden Zerstörungen, von denen sie im Jahre 1414 und im Verlaufe des Dreißigjährigen Krieges bedroht wurde, waren nicht vollständig; es wird vielmehr ausdrücklich berichtet, daß die anfänglich (1414) angeordnete Zerstörung infolge von Uneinigkeit des Schiedsgerichts unterblieb, und daß Georg v. Waldenfels bei der Wiederherstellung im Jahre 1459 die noch brauchbaren Teile der ehemaligen Quitzowburg soviel wie möglich benutzte. Eine völlig bestimmte Vorstellung von der damaligen Anlage ist nicht mehr zu gewinnen, weil dafür nichts weiter vorliegt als 1) die Notiz im Beckmannschen Nachlasse: das Schloß sei ein sehr festes Mauerwerk gewesen, das zwischen zwei runden Türmen gestanden, deren Mauern 14 Fuß dick gewesen seien (vgl. auch Riedel VII, 45), und 2) mehrere Inventare des Schlosses aus den Jahren 1544, 1551, 1557, 1577 und eine undatierte Ergänzung zu einem Inventar (Geh. Staatsarchiv, Rep. 21. 125).

Auf Grund dieser Quellen läßt sich über die Baulichkeiten des Schlosses, wie sie in der ersten Hälfte des 16. Jahrhunderts bestanden, etwa Folgendes sagen: Man unterschied ein „Altes Haus", ein „Mittelhaus" und ein „Neues Haus". Außerdem werden eine Anzahl Nebengebäude genannt, die mit diesen Wohngebäuden und mit dem „Torhaus" wahrscheinlich einen Hof einschlossen.

Von den Wohngebäuden lag das Alte Haus „an der Havel". Es enthielt zunächst die Kapelle, ferner den „obersten Saal", der auch „großer" oder „langer Saal" genannt wird, und „Gemächer darüber", unter anderem die „lange Kammer". Die von Beckmann erwähnten starken Rundtürme dürften wohl am ehesten an den beiden Enden des Alten Hauses angenommen werden; in einem von ihnen befand sich vielleicht das Gewölbe, in dem nach einem Protokoll von 1577 (Geh. Staatsarchiv, Rep. 21. 125) eine Art Archiv untergebracht war.

Das Mittelhaus schloß sich ohne Zweifel unmittelbar an das alte, vermutlich im Winkel dazu gegen die Straße gewendet, da das Torhaus bei ihm angeführt wird. Die im Mittelhaus gelegene Hofstube sowie die Knechtstube und Kammer müssen nach Maßgabe anderer märkischer Herrensitze im Erdgeschoß gesucht werden. In den Obergeschossen des Mittelhauses lagen das „Gemach des gnädigen Herrn" und das „kurfürstliche Gemach", jedes aus Stube und Kammer bestehend. An der Treppe des Mittelhauses, die man sich nach den Baugewohnheiten der Zeit als Wendeltreppe denken muß, lag ein Schreibstübchen. Im Torhause befanden sich über der Torstube und der Pförtnerkammer noch eine Stube und eine Kammer. Vermutlich war das Mittelhaus der Teil der Burg, den Georg v. Waldenfels den erhaltenen Resten des Alten Hauses um 1460 hinzugefügt hatte.

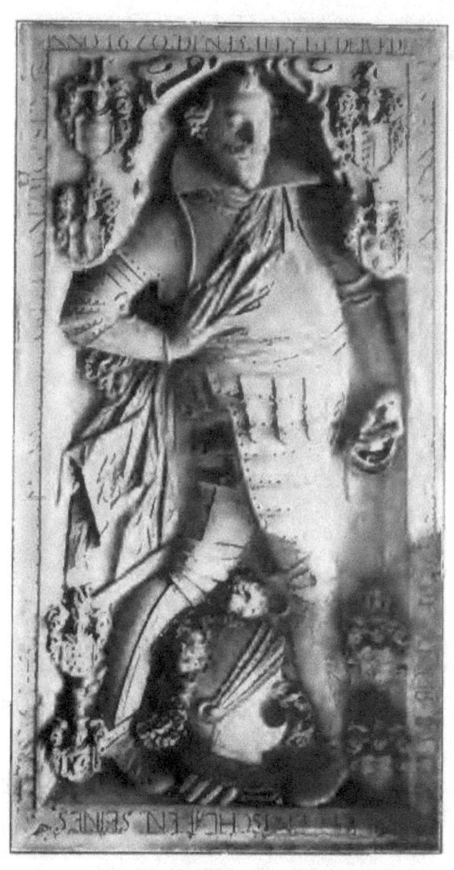

Abb. 119. Plaue. Grabstein des Leonhard v. Arnimb in der Kirche.

Das Neue Haus war zur Zeit der Aufstellung der ersten Inventare von 1541—1557 noch in unfertigem Zustande, da mehrfach verschiedenartige Baustoffe sowie Fenster genannt werden, die dafür bestimmt waren. Vollendet wurde es anscheinend erst nach dem Jahre 1560 von Matthias von Saldern. Es schloß sich offenbar unmittelbar an das Mittelhaus an, wie schon aus dieser Benennung hervorgeht, und wird auch als „Wohnhaus" bezeichnet. Es besaß einen Erker und enthielt unter anderem neben einem Saal eine „Ritterstube", eine „Frauenstube", ein „Sommergemach", „des Junker (v. Saldern) Gemach" und seine Schreibstube.

Die um den Hof gelegenen Nebengebäude enthielten den Bierkeller, die Böttcherei, das Back-, Brau- und Malzhaus nebst Brot- und Brauerkammer sowie einen Wagenstall; auch Küche und Badstube werden erwähnt. Da das Schloß nach

Beckmann nur einen Zugang hatte, andrerseits aber in einem zu den Inventaren gehörigen Dienerverzeichnis zwei Pforthäuser genannt werden, so darf man wohl das „obere Pforthaus" im oben erwähnten Torhause annehmen, das „unterste Pforthaus" aber in der äußeren Ringmauer.

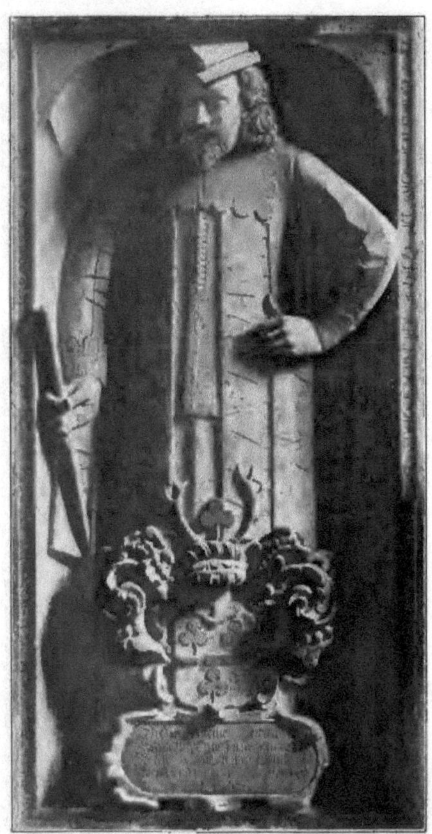

Abb. 120. Plaue. Grabstein des Christoph v. Görne in der Kirche.

Die zum Schlosse gehörige Schäferei und Meierei lagen „über der langen Brücke" jenseits der Havel in der Gegend, von wo aus die Burg im Jahre 1414 beschossen wurde (vgl. Fontane, Fünf Schlösser, S. 114).

Das jetzige Schloßgebäude entspricht ohne Zweifel dem in den Jahren 1711—1716 von Friedrich v. Görne errichteten Neubau. Es besteht aus einem Hauptgebäude am Seeufer (Abb. 121), dem zwei niedrige im rechten Winkel anschließende Seitenflügel angefügt sind (Abb. 122). Einer der Flügel trug früher einen Turm mit Schlaguhr. Der zweigeschossige Hauptbau ist von einem höheren Mittelrisalit, dem sich beiderseits sehr schmale Rücklagen anschließen, durchbrochen. Die an jedem Ende übrigbleibenden vier Achsen sind zwar als Risalite vorgezogen, im übrigen aber nur durch je eine Dachluke über der durchlaufenden Traufe ausgezeichnet, während das Mittelrisalit kräftig über diese hinausschießt und mit seinem höheren Mansardendache das Ganze bedeutsam beherrscht. Es ist gegenüber der einfachen Architektur der Seitenteile durch vier hochragende Pilaster, durch flache Giebelverdachungen über den Fenstern sowie durch ein Wappen über dem mittleren Fenster ausgezeichnet. Ähnlich ist die Rückseite nach dem als Garten angelegten Hofe ausgebildet. Die einstöckigen Seitenflügel haben einfache, in Giebeln schließende Satteldächer, die von einer Reihe von größeren Dacherkern überragt werden. Der Bau wurde 1861 unter Leitung des verstorbenen Architekten Ende einer Umgestaltung unterzogen, von der auch die äußere Architektur betroffen worden ist. Die Einzelformen tragen seitdem vielfach modernen

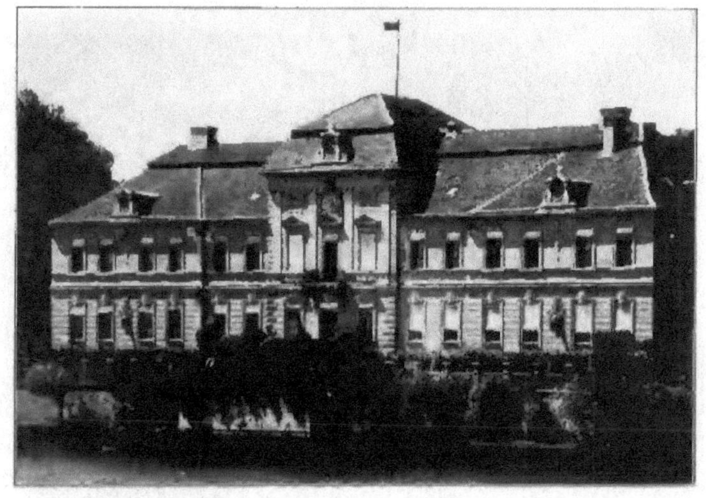

Abb. 121. Plaue. Vorderfront des Schlosses.

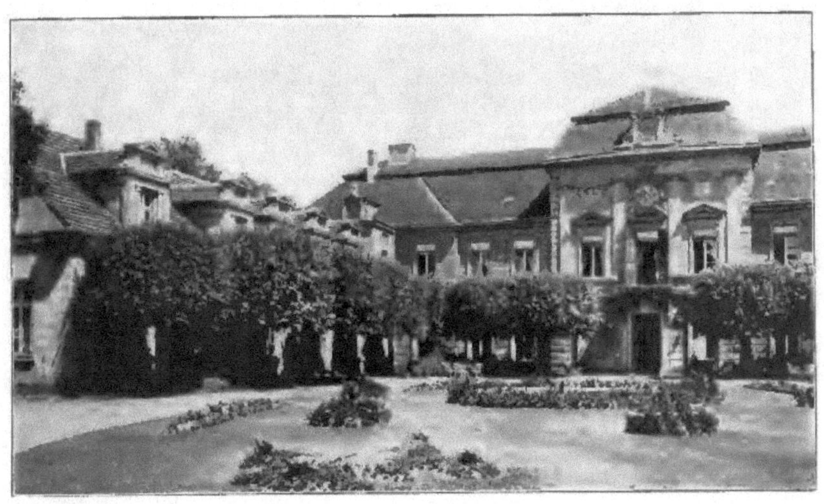

Abb. 122. Plaue. Hofseite des Schlosses.

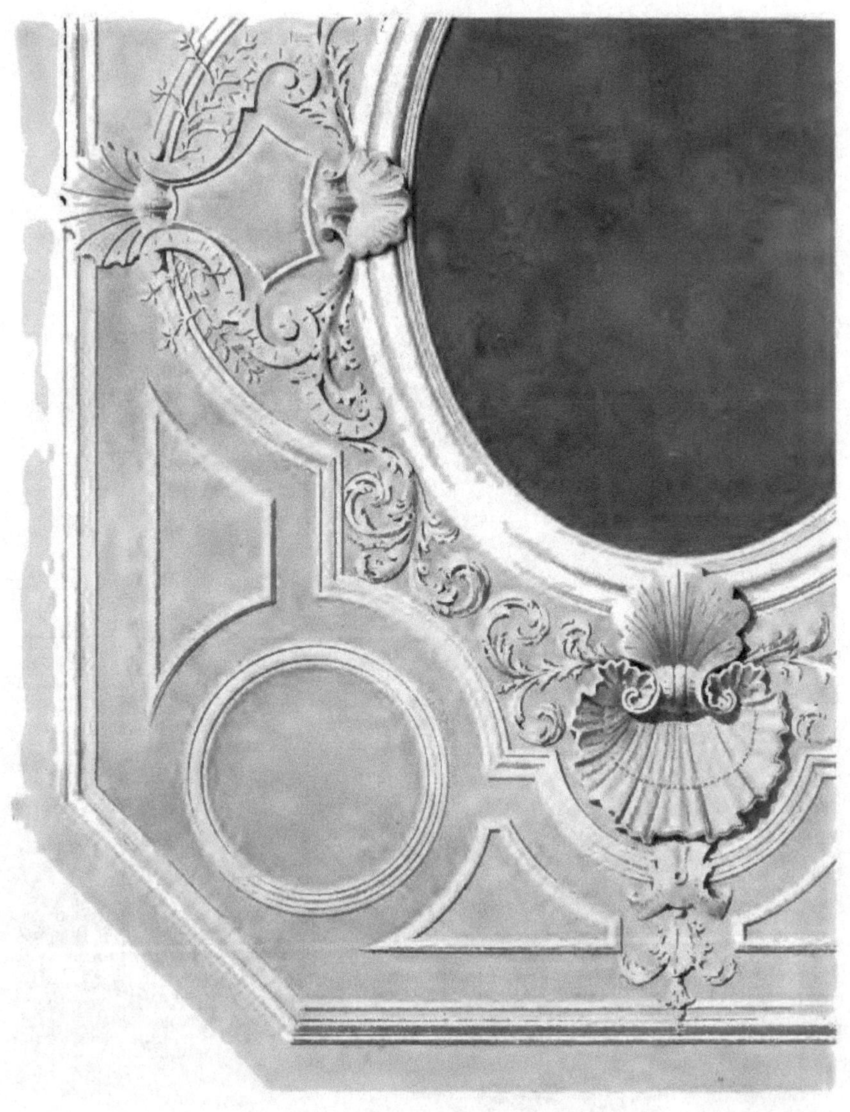

Abb. 123. Plaue. Stuckdecke im Schloß.

Charakter. Der in einer älteren Beschreibung in den Guts- und Pfarrakten erwähnte „geräumige Altan oben auf dem Dache“ ist gegenwärtig nicht mehr vorhanden. Der Balkon vor dem Mittelfenster des Risalits ist erst im Jahre 1876 hinzugefügt worden.

In der angeführten älteren Beschreibung werden als Haupträume des Schlosses ein Saal in jedem Geschosse und eine Kapelle am Ende des südlichen Seitenflügels hervorgehoben. Die Gruppierung der Räume und die Einteilung der Zimmer ist im wesentlichen heute noch die gleiche; die innere Ausstattung hingegen stammt zum größten Teil aus neuester Zeit.

Von älteren Kunstgegenständen sind folgende hervorzuheben: Eine Stuckdecke mit dekorativem Ölgemälde in der Mitte (Abb. 123); der in Abb. 125 wiedergegebene Empireofen; die namentlich durch ihre geschichtliche Bedeutung wertvollen Erinnerungen an Friedrich den Großen in einem Zimmer des Erdgeschosses; einige gute Familienbildnisse von Sohn (Düsseldorf) und Plockhorst; mehrere gut erhaltene Plattenausrüstungen und Waffen; mehrere Holzschnitzereien und eine Anzahl Porzellane. Einige Erzeugnisse der Plauer „Manufaktur“ haben sich, wie aus den Untersuchungen von E. Zimmermann und v. Dallwitz hervorgeht, im Kunstgewerbe-Museum in Berlin sowie in der Porzellansammlung zu Dresden erhalten (vgl. Monatshefte für Kunstwissenschaft, Heft 7/8, 1908).

Abb. 124.
Engel aus dem Friese unter der Decke an den Längswänden des Kirchenschiffs.

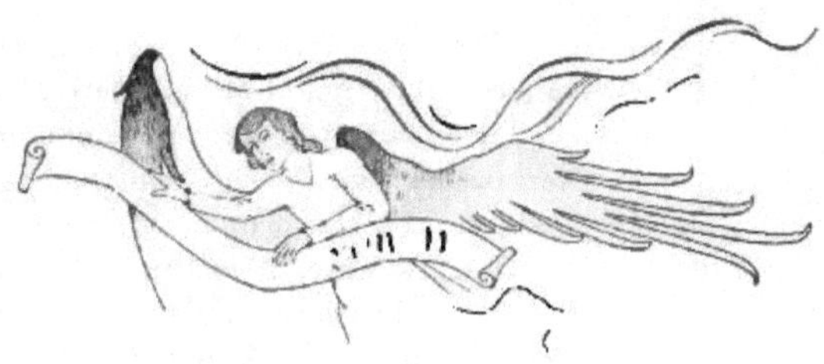

# Premnitz.

**Premnitz**, Dorf 8 km südlich von Rathenow. 610 Einw., 1115 ha.

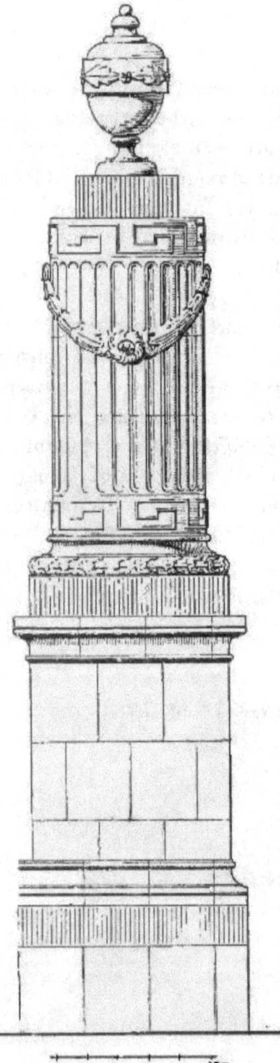

Abb. 125. Plaue. Empireofen im Obergeschoß des Schlosses.

Um das Jahr 1375 hatte „Prebenitz" 26 Hufen, davon 2 Pfarrhufen, wie das Landbuch Kaiser Karls IV. im Geheimen Staatsarchiv besagt (Ausg. von Fidicin, S. 101). In der Folgezeit waren hier die dem magdeburgischen Adel angehörigen v. Treskow begütert, bis dann 1754 der bereits in Milow (Kreis Jerichow II) ansässige Fürst Moritz v. Dessau, der Sohn des berühmten Feldherrn, den Besitz erkaufte. Das Schoßcatastrum von 1624 führt in „Premnitz" 14 Hüfner und 10 Kossäten auf, die sich bis in das 19. Jahrhundert hinein hielten. Steuerregister des Bischofs von Brandenburg von 1527—1529 erwähnen die Mutterkirche in „Predenitz" mit den Filiä „Mogelyn" und Döberitz (Curschmann, „Diözese Brandenburg", S. 138).

Die **Kirche** ist ein modern-romanischer Backsteinbau mit gerader Decke und halbrunder Apsis von 1858. Der Turm ist 1828 erbaut.

Die beiden Glocken sind 1763 von C. D. Heintze gegossen.

# Prietzen.

**Prietzen**, Dorf 5 km südwestlich von Rhinow. 164 Einw., 825 ha.

Der See „Pretzimar", später „Prytzen" und heute Gülpsee genannt, wurde im Jahre 1333 einem Lehnskopialbuch des Geheimen Staatsarchivs zufolge vom Markgrafen Ludwig von Brandenburg der ehrenhaften Matrone, honeste matrone, Jüte, der Gemahlin des Ritters Berthold v. Wildberg, verliehen (Riedel, Codex VII, 21). „Pryetzem" mit allen Rechten, Gerichtsbarkeit und „Kerchlehen" (Patronat) gab 1445 Kurfürst Friedrich II. den v. d. Hagen „czu der Molenborg" zu Lehn (Riedel VII, 30). Laut Schoßregister von 1450 hatte das zum „Lant czu Rinow" gerechnete „Priczen" 34 Hufen, von denen der Pfarrer zwei besaß. Noch im Schoßkataster von 1624 lautet die Namensform „Protzmar".

Die **Kirche** ist ein ganz überputzter Fachwerkbau in Saalform von 1735 mit glatter Decke und rechteckigen Fenstern. Der Turm ist ein modern-gotischer Backsteinbau von 1886.

Zinnernes Taufbecken von 1810.

Drei Glocken. Die große hat 0,90 m Durchmesser. Der Hals ist von glatten Linien eingefaßt und mit Rundmedaillons besetzt: 1) die Geburt Christi, 2) Maria mit dem Kinde, auf dem Throne sitzend, der Hintergrund besternt, 3) die drei Weisen aus dem Morgenlande, 4) die Kreuzigung. Dazwischen einige Brakteaten mit undeutlichen Zeichen. Am langen Felde: 1) zweimal ein heraldischer steigender Löwe (aufgelegt auf den Kern), 2) ein Rundmedaillon mit Drachen und Laubwerk (Abb. 126), 3) St. Laurentius mit Rost (?) und Maria mit Kind, beide dicht nebeneinander stehend auf einer rechteckigen Unterlage. Alle Reliefunterlagen haben roh ausgeschnittene Umrisse, aber keine Ösen.

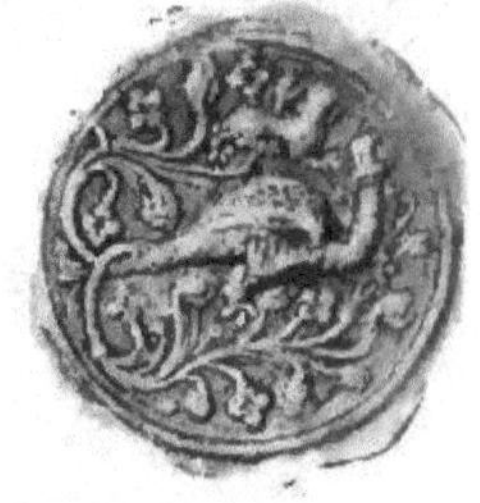

Abb. 126. Prietzen. Relief an der großen Glocke in der Kirche.

Die zweite Glocke von 0,71 m Durchmesser ist ohne Inschrift und Verzierungen, nur mit vier Schnüren am Hals versehen.

Die dritte Glocke hat 0,57 m Durchmesser und ist mit folgenden Reliefs geschmückt: 1) Figur vor einem Lesepult (Evangelist (?), 2) Geburt Christi (?), 3) Kreuztragung, 4) Geißelung, 5) Auferstehung, 6) (undeutliche Darstellung).

# Pritzerbe.

**Pritzerbe**, Stadt. 1607 Einw., 2217 ha.

### Quellen.

Urkunden. Geheimes Staatsarchiv: Pritzerbe Nr. 1—8, aus dem 15. und 16. Jahrhundert; Domarchiv zu Brandenburg: Urkunden vom 10. Jahrhundert an; z. T. abgedruckt in Riedels Codex diplomaticus Brand., VII, 466—502 und im VIII. und IX. Band. Akten. Geheimes Staatsarchiv, Prov. Brandenburg, Rep. 2. 1, Städteregistratur, Fach 1. — Über Wappen und Siegel vgl. Voßbergsche und Huppsche Sammlung im Geheimen Staatsarchiv. Siegel Ottos I. im Teil „Stadt und Dom Brandenburg" des Verzeichnisses der Kunstdenkmäler, S. XI; lithograph. Abb. der Urk. von 948 bei E. Berner, Geschichte des Preuß. Staates, Seite 5.

## Geschichte.

Laut Urkunde König Ottos I. von 948 gehörten zu der Ausstattung des neubegründeten Bistums Brandenburg auch zwei „civitates", nämlich „Pricerui" und „Ezori".

Pritzerbe bildete, laut Urkunde des Erzbischofs Wichmann von 1161, den Mittelpunkt eines Burgbezirks, Burgwardum; zu ihm gehörten Dörfer wie Ferchesar und das Wendendorf Tieckow, ferner wohl auch Garlitz, Görne, Mützlitz u. a. m.

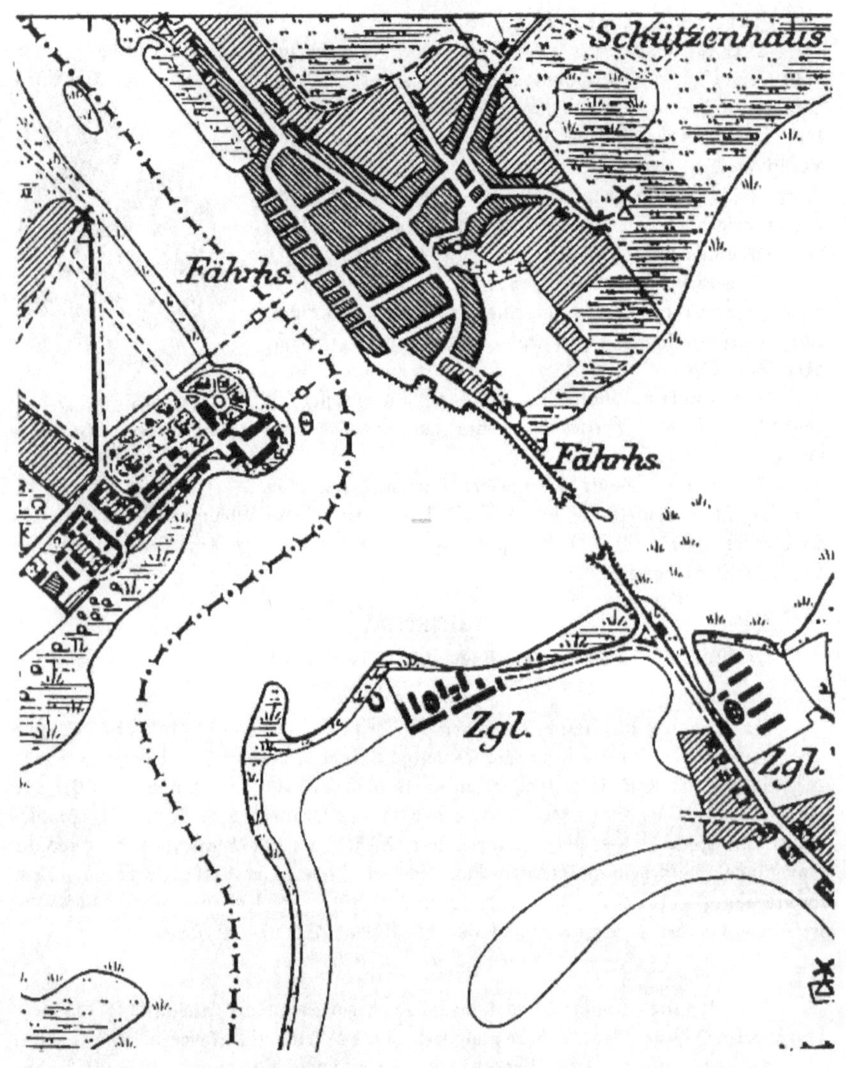


Abb. 127. Pritzerbe. Lageplan (1 : 10000).

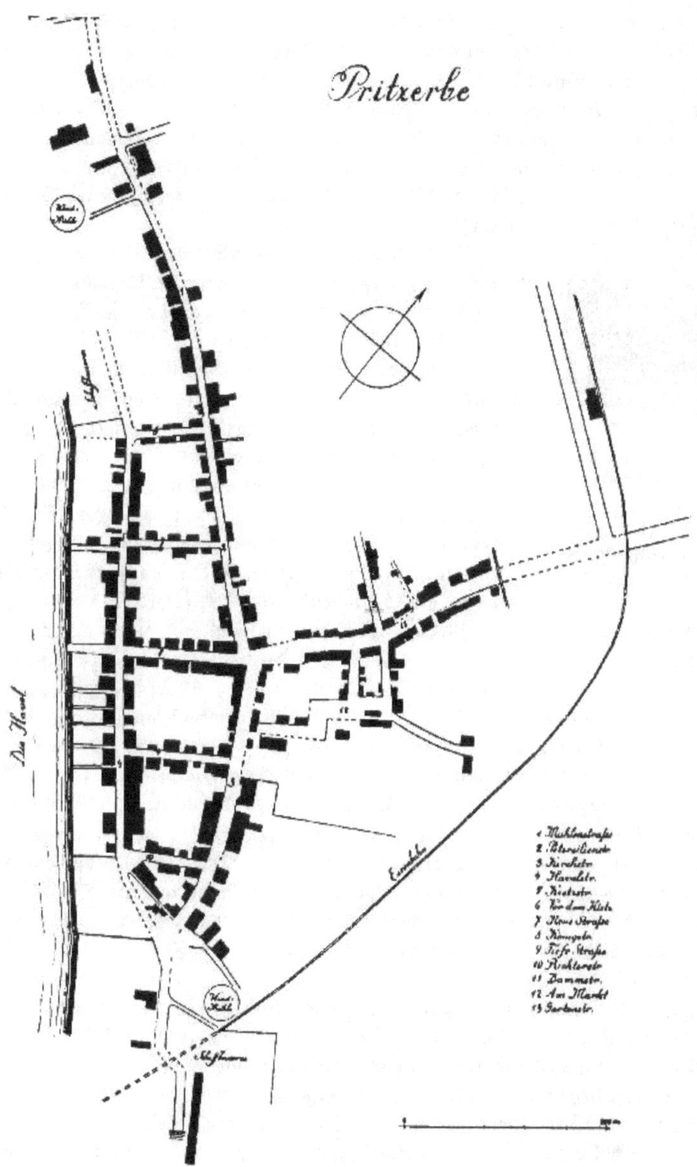


Abb. 128. Pritzerbe. Stadtplan.

Ein bischöflicher Vogt namens Engelo, der die Aufsicht über diese Burgwardei führte, wird 1275 als „advocatus in Pritzerwi" erwähnt; auch treten in Urkunden des Brandenburger Bischofs Gernand von 1225 und 1226 „magister Wilhelmus de Pritzerwe" und „Albertus miles (= Ritter) de Pretserewe" auf. Da ferner die Bischöfe hier öfters Urkunden ausstellten, z. B. Balduin 1215, Gernand 1227 und 1230, so ist anzunehmen, daß sie hier ein stattliches Schloß besaßen; den Ritter Daniel

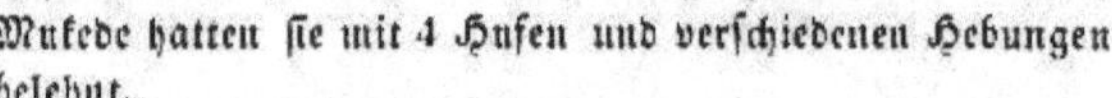

Mukede hatten sie mit 4 Hufen und verschiedenen Hebungen belehnt.

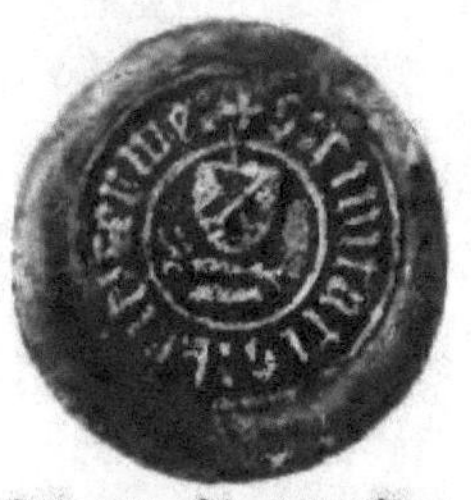

Abb. 129. Siegel der Stadt Pritzerbe an der Urkunde vom 2. Juli 1536 im Brandenburger Domarchiv, mit der Umschrift: S[igillum] civitatis pritcerwe (vgl. Riedel VII, 480).

Um 1375 wird „Pritzerwe" zugleich mit „Cotzin" (Ketzin) als Besitz des Brandenburger Bischofs unter den festen Plätzen des Havellands im Landbuch Kaiser Karls IV. aufgeführt (Ausgabe von Fidicin, S. 36).

1382 verkaufte Dietrich Vogelsack dem Propst und Kapitel der Kirche zu Brandenburg eine jährliche Rente aus der Fischerei „tu Pritzerwe". Drei Jahre darauf wird der Pfarrer zu „Pritzerwe" Nicolaus Koldenborn erwähnt. 1391 bezeugten zehn namentlich aufgeführte „Borger tu Pritzerwe", daß das Kapitel ihnen die Gewässer flußaufwärts bis „Bryst" und flußabwärts bis „Gopel" verpachtet habe. „Burgermeister, Rathmannen und die gancze Gemein des Stettichens Pritzerbe" erhielten 1492 von den v. Waldenfels zu Plane die Fischerei auf der Bähnitzschen Havel gegen einen jährlichen Zins. Neben den Waldenfels waren die v. Rosenberg als bischöfliche Vasallen hier begütert, denn während am 2. November 1499 Kurfürst Joachim II. und sein Bruder Albrecht der Margarete v. Waldenfels die Erlaubnis erteilten, an Nickel Tarant Hebungen aus Pritzerbe zu verkaufen, belehnte am 10. Juni 1520 Bischof Joachim von Brandenburg den Peter Rosenberg mit den von seinem Vater Kone ererbten Besitzungen, und am 25. August 1550 bekundete Bischof Joachim, Herzog von Münsterberg, den Gebrüdern Rosenberg: „wir haben gelien, gereicht und bestettigt alle Lehn und Gutter, nemlich in unserm Stedlein Priczerbe die wuste Sloßstette an der Havel gleich kegen Kuczkow uber, sampt einer wusten Stalstette darbey". So geht also hieraus hervor, daß unter dem letzten Bischof von Brandenburg von dem Schlosse nichts mehr vorhanden war: schon längst hatte Ziesar als bischöfliche Residenz Pritzerbe den Rang abgelaufen.

Infolge der Reformation gingen die früher bischöflichen Gerechtsame an das kurfürstliche Domänenamt Ziesar über, von dem aus die Gerichtsbarkeit in dem „Mediatstädtchen" verwaltet wurde. Eine Erinnerung an die bischöfliche Zeit hat sich im Stadtwappen erhalten, denn ein Stempel aus dem 15. Jahrhundert zeigt einen Schild mit gekreuzten Schlüsseln sowie zwei nach links übereinander schwimmende Fische, vor denen zwei Angelhaken schweben; die Umschrift lautet: „Sigillum civitatis Prizerbiensis."

Der im Laufe der Zeiten manchmal auch als Dorf bezeichnete Ort zählte 1740 in 118 Wohnhäusern 531 Menschen; für 1800 lauten die entsprechenden Zahlen

148 und 893. Damals wurden unter den Bewohnern 45 Fischer, dagegen nur 15 Ackerbürger gezählt. Die 4415 Morgen umfassende, heute zum Teil abgeholzte Bürgerheide war beträchtlich und gut bestanden. Um 1860 wohnten in der Stadtgemeinde, die infolge der Stein-Hardenbergschen Gesetzgebung nicht mehr wie früher von dem Domänenamt Ziesar abhängig war, 1471 Menschen in nur 188 Wohngebäuden.

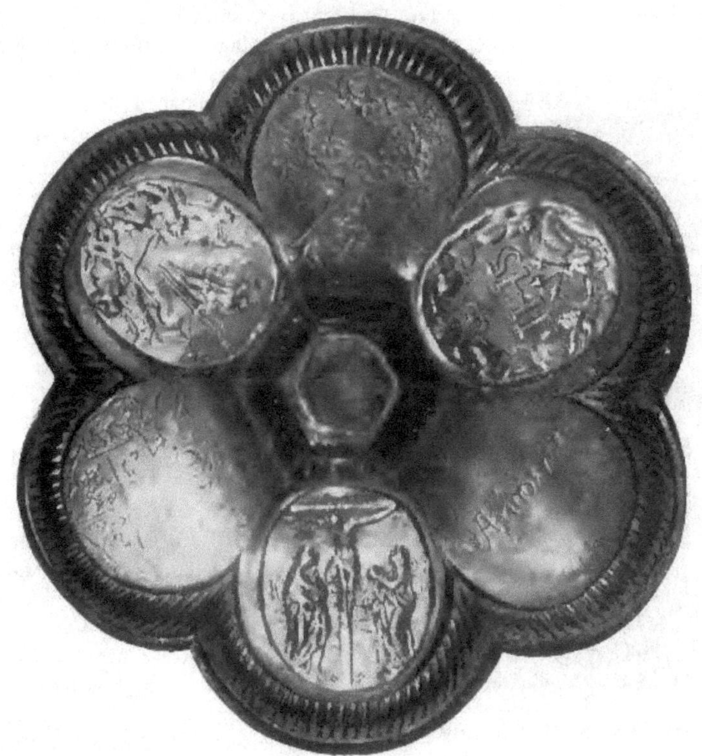

Abb. 130. Pritzerbe. Kelchfuß in der Kirche.

Bis 1873 hat sich das Domkapitel im Besitz von Fischereigerechtsamen behauptet. Das abgelegene und sich nur wenig entwickelnde Städtchen, dessen Stadttore und Palisadenumzäunung im Laufe des 19. Jahrhunderts eingegangen waren, ist in neuerer Zeit mehr und mehr von der Fischerei zum Ackerbau übergegangen.

10*

## Topographie.

Die beiden von Magdeburg über Havelberg und Brandenburg ins östliche Kolonisationsgebiet führenden Heerstraßen berührten Pritzerbe nicht. Es verdankt seine Entstehung vielmehr seiner Bedeutung als wichtiger Durchgangspunkt der jene beiden märkischen Städte verbindenden, längs der Havel hinziehenden Landstraße (Abb. 127). Diese überschritt hier mittels einer Fähre und teilweise eines Dammes den die Straße sperrenden See. Die zur Überwachung des Übergangs frühzeitig errichtete und schon 1161 urkundlich erwähnte Burg der Brandenburger Bischöfe bildete ohne Zweifel den Ausgangspunkt für die Entstehung der Stadt. Obwohl über ihre genaue Lage aus den Urkunden nichts zu entnehmen ist, ergibt sich aus ihrem Zweck und der allgemeinen Lage der Örtlichkeiten doch mit großer Wahrscheinlichkeit, daß sie die Stelle des noch bestehenden Mühlbergs innegehabt hat, der offenbar eine künstliche Aufschüttung ist und für sie als Fundament bestimmt war. Im Jahre 1585 erwähnt eine Urkunde in Pritzerbe: „Die wüste Schloßstätte an der Havel, gleich gegen Kützow über, samt einer wüsten Stallstätte dabei und neben gelegen.“

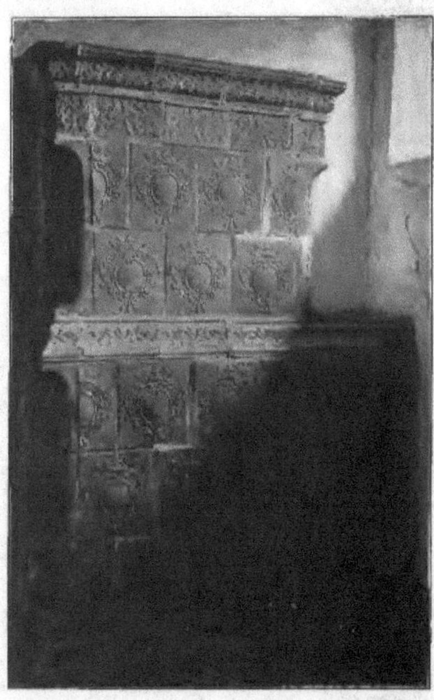

Abb. 131. Pritzerbe. Ofen in der Kirche.

Der mehrmals, hauptsächlich in den Jahren 1689 und 1773, abgebrannte Ort wurde danach wieder „besser“ aufgebaut (Bratring II, 101). Sein jetziger Plan (Abb. 128) gibt daher wohl kaum noch die ursprüngliche Anlage. Die beiden Längsstraßen sind die mit dem Ufer gleichlaufende Havelstraße und die im Bogen bei der Kirche vorbeigeführte Kirch- und Petersilienstraße. Zwischen diesen beiden dienen als Querverbindungen die Richter-, Tiefe, König- und Neue Straße. Von ihnen setzt sich die Königstraße in nordöstlicher Richtung als Dammstraße fort. Nach Beckmanns Nachlaß im Geh. Staatsarchiv wurde sie früher wohl auch Breite Straße genannt. Der in ihrer Nähe liegende Markt führt diese Bezeichnung erst in neuerer Zeit. Früher soll die Gegend den Namen Pfaffenberg gehabt haben. Der im Mittelalter nicht befestigte Ort erhielt erst im Jahre 1724 für Zollzwecke an einigen Orten außer dem Graben einen Palisadenabschluß mit drei Ausgängen: dem Dammtor im Nordosten, dem Haveltor im Südwesten und dem Seetor im Südosten.

## Denkmäler.

Die **Kirche**, ein schlichter massiver Putzbau in Rechteckform, enthält vermutlich Reste eines mittelalterlichen Gotteshauses, das der Jungfrau Maria gewidmet war; aus der ungleichen Stärke seiner Außenmauern an gewissen Stellen dürfte vielleicht auf eine ehemalige Kreuzform zu schließen sein. Die Decke ist glatt geputzt, die Fenster sind im Korbbogen geschlossen. Ringsum laufende Emporen ruhen auf hölzernen toskanischen Säulen. Die Um- und Ausbauten, denen die Kirche diese Erscheinung verdankt, fanden im Jahre 1690 statt, wo sie nach einem Brande ein neues Dach erhielt, und im Jahre 1740, wo der Turmraum zur Kirche gezogen und die Fenster vergrößert wurden, sowie die gesamte Ausstattung durchgreifend wieder hergestellt wurde.

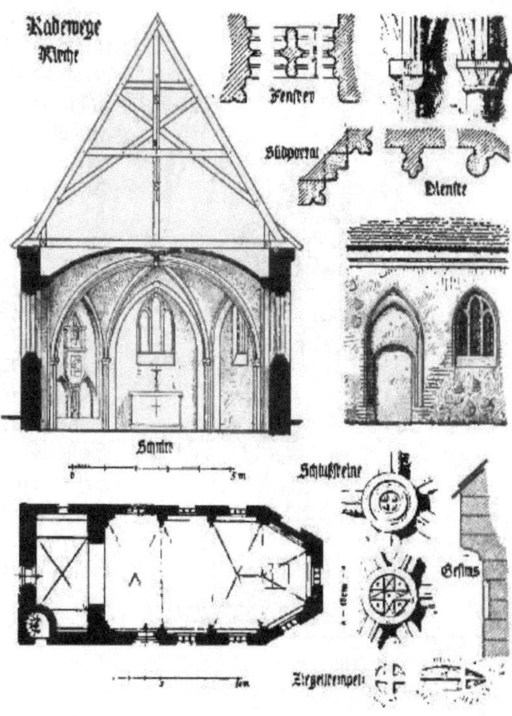

Abb. 132. Radewege. Kirche. Grundriß, Schnitt und Einzelheiten.

**Altar** und **Kanzel** sind von einfachster Fassung und stammen aus dem 18. Jahrhundert.

Eine **Orgel** fehlte früher „wegen Enge des Raumes"; doch erhielt die Kirche im Jahre 1792 eine solche aus der Berliner Garnisonkirche.

**Kelch** von 1711, laut Inschrift am Fuße (Abb. 130).

Zwei hübsche, in den Jahren 1858 und 1859 angeschaffte **Rokokokronleuchter** aus Bronze für je 30 Kerzen.

Zwei **Zinnleuchter** von 1784.

Ein **Ofen** aus grünlichweiß glasierten Kacheln, von denen jede mit der gleichen Kartusche in Relief verziert ist (Abb. 131); um 1750.

Ein **Ölgemälde** des 17. Jahrhunderts, das Maria vor dem Gekreuzigten kniend darstellt.

Zwei **Glocken**, 1793 von Joh. Friedr. Thiele in Berlin gegossen.

# Radewege.

**Radewege,** Dorf 7 km nördlich von Brandenburg. 552 Einw., 1210 ha.

In einer Urkunde Bischof Siegfrieds von 1173 im Brandenburger Domarchiv wird „Rodenslove" genannt, woselbst das Domkapitel zwei vom Markgrafen Otto I. geschenkte Hufen besaß (Riedel, Codex VIII, 109). Schon um 1375 stand das Dorf unter dem Einfluß der Altstadt Brandenburg, deren Bürger Gyse laut Landbuch Kaiser Karls IV. Abgaben von 8 Hufen der insgesamt 12½ Hufen, darunter 3 Pfarrhufen, umfassenden Feldmark bezog. Zu Beginn des 15. Jahrhunderts setzte sich der Rat der Altstadt im Besitz von ganz „Radewede", das infolge der Kriegszüge des Hans v. Quitzow arg zu Schaden kam (vgl. Urkunde von 1409, Riedel IX, 81). Die Hufner, dem Schoßkataster von 1624 zufolge 16 an Zahl, waren der städtischen Kämmerei abgabepflichtig, bis dann nach 1850 die Ablösung erfolgte (Dullo, Kommunalgeschichte von Brandenburg, S. 127).

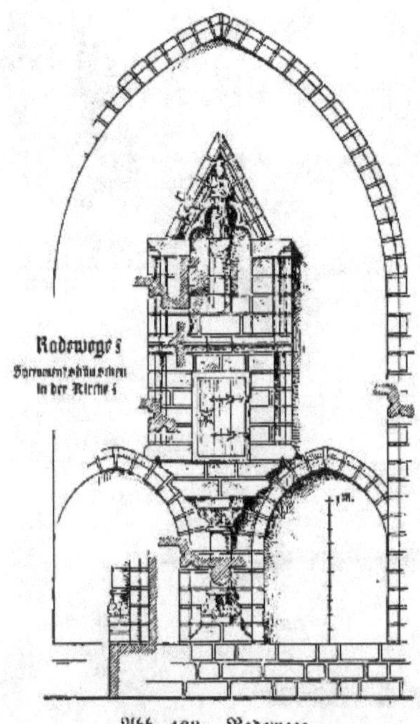

Abb. 133. Radewege. Sakramentshäuschen in der Kirche.

Gewölbte gotische **Kirche** aus gemischtem Baustoff, nämlich Backstein für die Kanten und ziemlich ungleichen, z. T. recht großen Feldsteinen in den Flächen, und aufgemalten Quadern mit weißen Fugen. Sie besteht nur aus drei länglich rechteckigen Jochen mit Chorschluß in drei Seiten des Sechsecks (Abb. 132). Die inneren Strebepfeiler sind zu Spitzbogennischen verbunden, deren Kanten teils scharf, teils gefast oder abgerundet sind. Vor den Pfeilern stehen fein profilierte Dienste (Abb. 132), deren Kapitelle auf Konsolplatten die Rippen tragen. Die Schlußsteine sind klein, rund und rosettenartig mit Stempelformen verziert. Die spitzbogigen Fenster sind dreiteilig, innen mit geraden Gewänden, außen gefast, gerundet oder mit Birnstabprofil. Sie sind auf der Nordseite fast ganz, auf der Südseite zum großen Teil erneuert. Der Putzstreifen unter dem Hauptgesims von zwei Schichten Höhe läuft auch an der Westseite herum. Auf der Südseite war ein jetzt vermauertes Stichbogenportal in doppelter Spitzbogenblende. Im Innern ist der nördlichen Polygonwand ein Sakramentshäuschen aus Backstein (Abb. 133) angelehnt. Es ruht auf einer kleinen Säule zwischen zwei Wandnischen. Die Marienfigur in seinem Giebeldreieck ist von Holz. Das Backsteinwerk sowie das Schränkchen sind 1900 ergänzt.

Der Turm besteht unten aus großen unregelmäßig gelagerten Feldsteinblöcken, die mit Quaderfugen übermalt waren. Die Kanten und Oberteile bestehen aus Backsteinen von 30 × 11 × 9,5 cm (10 Schichten 1,18 m). In der südwestlichen Ecke hat er eine kleine Wendeltreppe mit Tür von außen. Seine Ostwand öffnet sich nach der Kirche in hohem Spitzbogen. Sein oberstes Geschoß ist vermutlich von 1756 (Jahreszahl in der Wetterfahne, die den Stilformen entspricht). Der achteckige Helm ist in seinem unteren Teile kugelförmig ausgebaucht. Gegen 1900 ist die Kirche durch den Geheimen Baurat Tiedemann gründlich erneuert worden.

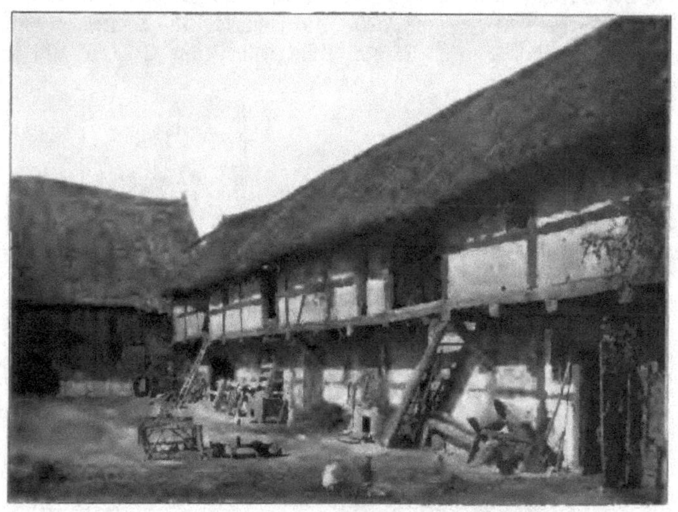

Abb. 134. Radewege. Stallgebäude mit Scheune.

Spätgotischer Kelch, 20,5 cm hoch, am Nodus römische Majuskeln.

Glocken. Die große mit 0,90 m Durchmesser ist 1587 von Jochim Jenderich gegossen. Die Inschrift am Hals in zwei Reihen römischer Majuskeln lautet: „En ego campana nunquam denuncio vana, laudo deum verum, plebem voco, congrego clerum 1587. Convoco vivos ad templum, mortuos ad sepulchrum. O rex gloriae Christe redemtor mundi veni ad nos inpace“ (sic!). Darunter befindet sich ein Ornamentfries mit Fratzen und Schwänen.

Die zweite Glocke hat 0,75 m Durchmesser. Der sehr rohe Guß trägt am Halse die Inschrift aus gotischen Minuskeln: „Ave Maria gratia plena dominus tecum benedicta tu.“ Als Trennung von Anfang und Ende dient ein kleiner Baldachin mit einem Figürchen in der Spitzbogennische.

Eine kleine Glocke von 0,19 m Durchmesser und 0,12 m Höhe in Zuckerhutform ohne Klöppel befindet sich auf dem Kirchenboden.

Im Lehrerhause werden u. a. noch folgende Gegenstände aufbewahrt: Ein kleiner Messingkronleuchter. Zwei gotisch profilierte Messingstandleuchter, 0,26 m hoch. Eine Anzahl Gedenktafeln, z. T. mit Gehäuse für Gedächtniskronen.

Im ehemaligen, bis 1900 in Gebrauch gewesenen Leichenhause auf dem Friedhof befinden sich die Trümmer eines Barockaltars mit gewundenen Säulen nebst Figuren, sowie eine Renaissancekanzel mit kannelierten Eckfäulchen auf Konsolen.

Das auf der Nordseite der Kirche gelegene, der Witwe Schmidt gehörige kleine zweistöckige **Bauernhaus** gehört zu einer fränkischen Hofanlage. Die Tür liegt im Giebel an der Straße. Die Fache sind sehr lang, das Obergeschoß ist an der Hofseite ein wenig vorgesetzt. An der Westseite ein moderner abseitenartiger Anbau, über den das Hauptdach hinweggeschleift ist. Stallgebäude und Scheune gibt Abb. 134.

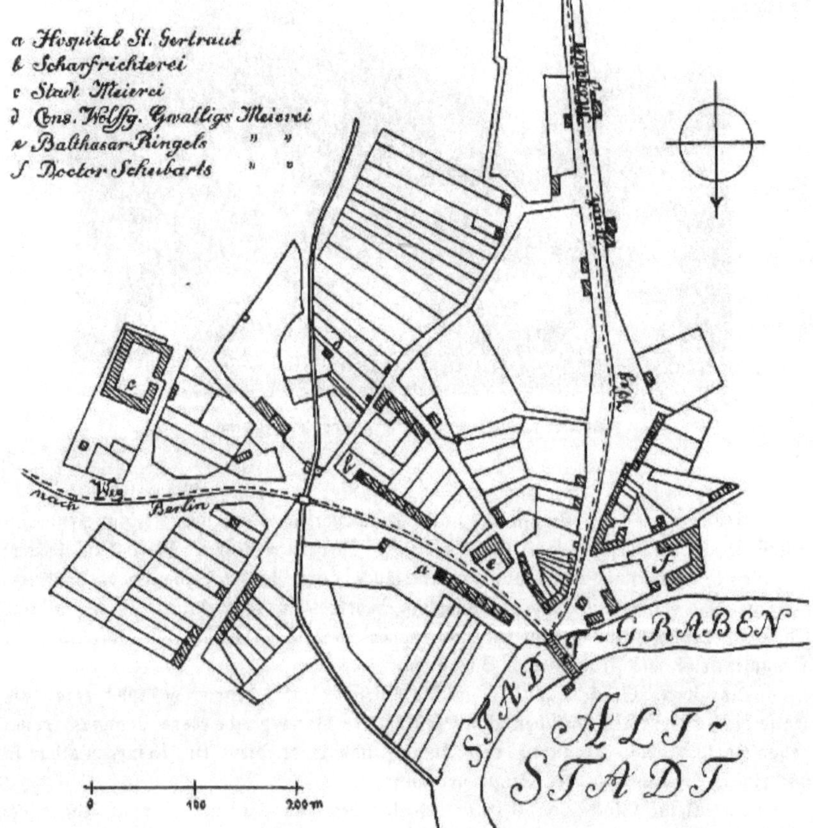


Abb. 135. Rathenow. Plan der ehemaligen Vorstadt vor dem Steintor (umgezeichnet nach de Nève).

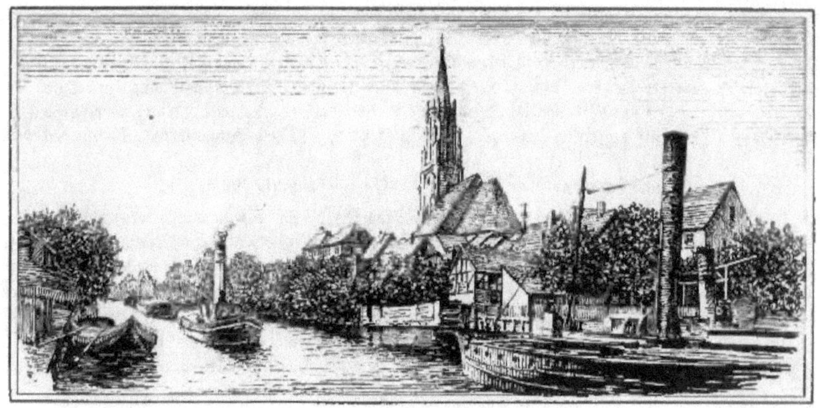

Abb. 136. Rathenow. Schleusenkanal.

# Rathenow.

Stadt an der Havel, 21896 Einwohner, 4170 ha.

## Geschichtliche Quellen.

### Urkunden und Akten.

Stadtarchiv: Da die mittelalterlichen städtischen Urkunden im Geheimen Staatsarchiv zu Berlin deponiert sind, kommen nur Archivalien hauptsächlich aus den letzten drei Jahrhunderten, z. B. die Statuta von 1612 (abgedruckt durch W. Specht in „Hie gut Brandenburg allewege", 1907), das Grund- und Lagerbuch von 1744, ferner Akten betreffend den Bau der Neustadt in Betracht. Hohennauen, v. d. Hagensches Gutshaus: Chronik des Thomas Neumann von 1598. Domarchiv und Stadtarchiv zu Brandenburg: Urkunden vom 13. bis 16. Jahrhundert. Potsdamer Regierung: Abteilung I, Bausachen, 1821—1830.

Geh. Staatsarchiv in Berlin:

Urkunden märkischer Ortschaften, Rathenow Nr. 1—14, aus der Zeit von 1284 bis 1512.

Landbuch Kaiser Karls IV.

Lehnskopiarien aus dem 14. bis 16. Jahrhundert (Rep. 78), z. B. Rep. 78. 15: Verpfändung vom 28. Januar 1409.

Rep. 92. V. C Nr. 32: Beckmanns Nachlaß.

Akten des Generaldirektoriums Kurmark, Titel CLXI, Stadt Rathenow — [die Akten betreffend „publique Bauten" 1723—1713 sind kassiert] — Nr. 1: Errichtung einer Statue des Großen Kurfürsten, 1733—1741; Titel CLXI, Sect. b, Nr. 1: Schoßkataster von 1653, 1801, 1818; Titel CCXX Sect. g, Nr. 2: Reparatur der Kirche 1750.

Provinz Brandenburg, Rep. 2, Städteregistratur, Fach 1, Nr. 3: Kämmereibauten 1773.

Rep. 21. 66 und besonders 129: vornehmlich aus dem 16. bis 18. Jahrh. (z. B. Dreißigjähriger Krieg).

Rep. 93, D XII, G c, Nr. 5: betr. u. a. Kirchturmbau 1825.

### Chroniken und Urkundensammlungen.

In Chroniken vom Ausgang des 14. und Beginn des 15. Jahrhunderts wird Rathenow vielfach erwähnt, besonders in Engelbert Wusterwitz' Märkischer Chronik, hgg. von Otto Tschirch im 43./44. Jahresbericht des Hist. Vereins zu Brdbg. a. H., 1912; vgl. auch ebendort W. Specht über Chronik des Thomas Neumann († 1606).

Über den Schwedeneinfall von 1675 berichtet Lockelius in seiner handschriftlich im Geheimen Staatsarchiv erhaltenen Marchia Illustrata (vgl. auch Akten in Rep. 21. 129 ebendort).

Das wichtigste Urkundenwerk ist Riedels Codex diplomaticus: Band VII (Berlin 1847) mit den Urkunden usw. aus der Zeit von 1284 bis 1612, sowie einer Übersicht über die geschichtliche Entwicklung auf S. 393—407; vgl. ferner VIII. und IX. Band sowie 2. Abteilung, I, 124 und passim; in bezug auf die Urkunde von 1216 mit der ersten Erwähnung vgl. Curschmann, „Diözese Brandenburg", S. 186 und 382.

## Geschichte der Stadt in Einzeldarstellungen.

Des Kantors Triepke um 1712 verfaßtes Manuskript über die Geschichte der Stadt ist im städtischen Archiv erhalten und liegt zum größten Teil gedruckt in G. G. Küsters Collectio vor (Berlin, 1734—1753, II. Bd., 18. 19. Stück). Zeitgenössische Angriffe in Schriftstücken des Beckmannschen Nachlasses sind übertrieben, denn Triepke besaß, wenn auch keinen kritischen Blick, so doch Fleiß, Liebe zur Sache und Sinn für mündliche Überlieferung.

1803 veröffentlichte der an Dunckers optischem Unternehmen beteiligte Feldprediger Samuel Christian Wagner seine zum großen Teil auf Triepke fußende „Denkwürdigkeiten der Stadt" mit Hinzufügung von Daten aus dem 18. Jahrhundert (Berlin).

Neuerdings schrieb der städtische Archivar Specht kleinere, zum Teil auf Aktenstudien begründete Arbeiten vornehmlich über die letzten drei Jahrhunderte (vgl. Kalender für Westhavelland).

Zur Statistik vergleiche man Büschings Erdbeschreibung (VIII, 371); Bratring, Beschreibung der Mark (Berlin 1805), II. Bd. S. 90 ff.; Berghaus, Landbuch der Mark (Brandenburg 1855), II. Bd. S. 26 f.; Boeckh, Ortschaftsstatistik des Regierungsbezirks Potsdam (1861), S. 200.

## Geschichte.

Die Lage der Stadt ist eigenartig. Hier bot sich im 12. Jahrhundert für die von Westen nach Osten, von Stendal über Schönhausen in der Richtung auf Nauen zu ziehenden Deutschen eine leidlich bequeme Gelegenheit, die Havel zu überschreiten. Denn während weiter nach Norden und nach Süden hin der Fluß von ausgedehnten, bruchigen Niederungen umsäumt ist, treten hier bei der Stadt Höhenzüge, von denen aus sich weite Blicke auf die Havelniederung öffnen, von Osten her fast unmittelbar an den Strom heran. Von jeher war er eine wichtige Scheidelinie. Niemals vermochten die Bürger sich jenseits des Flusses festzusetzen. Die vornehmsten Erwerbungen, die sie schon in askanischer Zeit machten, lagen im Osten. So hatte Rathenow in früherer Zeit den Charakter eines Grenzortes gegen das Erzstift Magdeburg links der Havel. Da aber schon von etwa 1110 an die Erzbischöfe kriegerischen Aktionen der Mark gegenüber entsagten, verlor die Stadt immer mehr ihre Bedeutung als Grenzwarte, vollends nachdem 1680 eine dauernde politische Verbindung zwischen dem unterdessen säkularisierten Erzbistum und der Kurmark eingetreten war.

Vom 13. bis zum 19. Jahrhundert hatte Rathenow nie eigentlich einen dauernd großen Aufschwung zu verzeichnen. Wohl nahm die Stadt fast an allen entscheidenden Wendungen der Geschichte der Mark teil, doch niemals in erster Reihe stehend. Fast in allen märkischen Chroniken und Geschichtserzählungen wird ihr Name genannt, aber nicht dabei hervorgehoben, daß die Rathenower durch ihr Eingreifen den Gang der Dinge entscheidend beeinflußt hätten.

## Die ersten urkundlichen Erwähnungen.

Als die Deutschen im 12. Jahrhundert in das Havelland unwiderstehlich eindrangen, waren auf dem Gelände, wo sich heute Rathenow erhebt, schon Siedlungen slawischer Fischer hart am Wasser vorhanden, die noch in Akten späterer Zeit als Sondergemeinwesen neben der Stadt erscheinen – so der Großkietz, „major Kiez", in einer Urkunde von 1339, der „Oberkietz" und „Unterkietz" in Akten des 17. Jahrhunderts. Während die Städte Havelberg und Brandenburg in den Tagen Albrechts des Bären auftreten, erscheint „Ratenowe" erst 1216 in einer Urkunde des Brandenburger Bischofs Siegfried für sein Domkapitel zusammen mit „Plaw" und „Priterwe" als einer der Hauptgrenzorte des vom Kapitel beanspruchten Archidiakonatgebiets. Als ferner 1276 die Markgrafen von Brandenburg mit dem Magdeburger Erzbischof einen Grenzvergleich abschließen, werden unter den Kommissarien der Askanier „dominus" (Herr) Nicolaus von „Ratenowe" und „advocatus" Otto, der markgräfliche Vogt daselbst, erwähnt. So gestatten diese beiden Dokumente den Schluß, daß hier an einer wichtigen Übergangsstelle über die vielarmige Havel bereits eine deutsche, christliche Siedelung bestand sowie eine markgräfliche, von Mannen besetzte Burg, die einem Vogte zum Sitze diente. Über die Begründung der Stadt, die im Vergleich zu Havelberg oder den Städten Brandenburg erst verhältnismäßig spät sich entwickelt zu haben scheint, liegt keine Urkunde etwa wie bei Frankfurt a. O. oder Landsberg a. W. vor, sondern ebenso unvermittelt wie Berlin-Köln im vierten und fünften Jahrzehnt, erscheint Rathenow im achten Jahrzehnt des 13. Jahrhunderts als emporstrebendes Gemeinwesen.

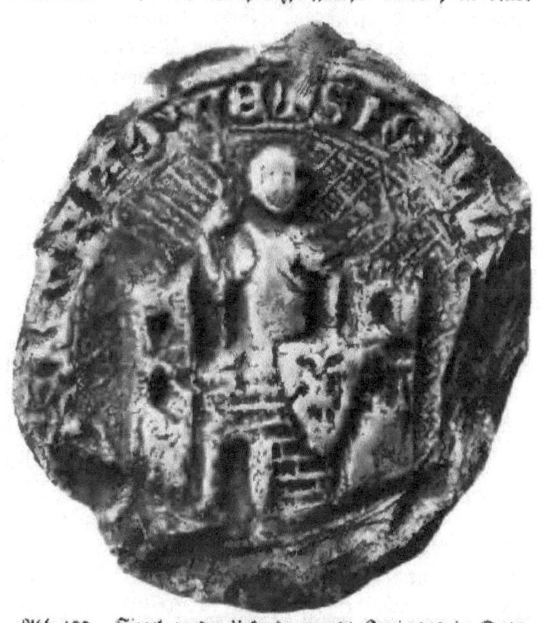
Abb. 137. Siegel an der Urkunde vom 21. Juni 1317 im Stadtarchiv zu Brandenburg. Umschrift: Sigill [um] . . . . Ratenowe.

Die Herleitung des Namens ist strittig; zu Beckmanns Zeiten, am Anfang des 18. Jahrhunderts, suchte man ihn mit den slawischen Redariern und ihrer Gottheit Radegast in Verbindung zu bringen; ob hier an einer topographisch sehr geeigneten Stelle alte Kultstätten sich einst befanden, bleibe dahingestellt.

## Städtische Entwicklung, Erwerbung von Gerechtsamen, Karolinisches Landbuch.

Die wichtigste auf das Vorhandensein einer Stadt unzweifelhaft hinweisende Urkunde stammt von 1284. Damals erlaubten die Markgrafen Otto und Konrad ihren getreuen Bürgern, burgensibus in Ratenhaw, den wohl damals erst im Bau begriffenen Häusern sogenannte Lauben, vorlouen, hinzuzufügen, sowie auch zu ihrer größeren Bequemlichkeit Vorsöller, vorsulre, zu errichten; 1288 gewährten sodann die askanischen Markgrafen das Vorrecht, daß der städtische Schulze, prefectus civitatis, rechtsprechen solle, und versprachen, den freien Lauf der durch einen städtischen Graben, fossatum, hindurchfließenden Havel nicht irgendwie zu hindern. 1294 übereigneten sie den Bürgern das Dorf Gezeriz (heute Jederitz), das — ähnlich wie Luckenberg in die Altstadt Brandenburg — eingemeindet wurde, und versprachen 1295, die nahe der „civitas" errichtete Burg, castrum, zu brechen und den Bürgern, die das Recht der Städte Brandenburg erhalten sollten, die Steine zur Verbesserung und zum Weiterbau ihres Gemeinwesens, ad emendandam civitatem et edificandam, zu überlassen; denn, so meinten sie, Stadt und Burg könnten auf die Dauer nicht in nächster Nachbarschaft nebeneinander bestehen und zusammen Befestigungen anlegen; Spuren dieser Burg sollen noch um 1780 zwischen Havel und Stremme zu erblicken gewesen sein. Die älteste dieser vier Urkunden wurde 1284 zu Tangermünde, die übrigen von 1288, 1294 und 1295 in „Ratenow" selbst ausgefertigt.

Bezeichnend für die Weiterentwicklung des freilich den Überschwemmungen sehr ausgesetzten Gemeinwesens ist, daß ihm Markgraf Waldemar, der letzte Askanier, kurz vor seinem Tode im Jahre 1319 das Eigentum am Hof Rodenwalde, proprietatem curie Rodewalde, überließ, da er die Nöte und Mängel, unter denen seine Bürger litten, erkannt hatte; noch heute befindet sich 2 km östlich der Stadt das „Rodewaldsche" Luch, der Hof selbst ist freilich längst verschwunden. Für den engeren Zusammenhang mit den Städten Brandenburg und Nauen spricht die Tatsache, daß Waldemars Witwe Agnes den Rathenowern gestattete, nach ihrem Tode zu demselben Herrn sich zu halten, wie Brandenburg und Nauen; doch bestanden auch rege Beziehungen zu Städten der Nachbarlande, besonders auch zu Zerbst, wo sich heute noch im Archiv an einer Urkunde vom 6. April 1349 das Siegel der Bürgerschaft, Sigillum Burgensium Rathenow, befindet. Markgraf Ludwig aus dem Hause Wittelsbach überließ der Stadt 1335 die markgräfliche Mühle sowie die Flutrinne auf drei Jahre gegen eine jährliche Pacht von je 20 Wispel Roggen und Malz und 10 Pfund in brandenburgischen Pfennigen, gab 1339 dem Rathenower Pfarrer einen Platz zum Bau eines Hofes in dem größeren Kietze bei der Stadt und vereignete das Dorf Mögelin einem neu zu begründenden Altar der hl. Elisabeth „in ecclesia parochiali". Trotzdem schloß sich die Stadt 1349 dem falschen Waldemar an und öffnete dem Markgrafen Ludwig erst 1351 widerstrebend die Tore, nachdem sie für alle Zeiten das Eigentum an der Wassermühle mit der Flutrinne erhalten hatte, ferner die Berechtigung, daß zum Bau von Brücken und Dämmen sowie zu ihren Festungswerken, „to eren Planken", benötigte Holz aus der schon 1283 erwähnten Heide, mirica Rathenowe, zu holen.

Obwohl die Vögte im 14. Jahrhundert noch erwähnt werden — 1355 verpfändete z. B. Ludwig der Römer die „Voydige tu Rathenow" dem Johann v. Buch — und in der Urkunde vom 25. Februar 1351 von den „Mannen" die Rede ist, die „binnen der Stad Ratenow" gesessen, wurde die städtische Entwicklung weder durch Vögte noch durch Mannen beeinflußt, sondern vollzog sich im 14. Jahrhundert frei und ungehindert. Daß um 1375 der Landesherr immerhin noch Gerechtsame besaß, geht aus dem Landbuch Kaiser Karls IV. hervor, wo in dem Abschnitt „de civitatibus" der Markgraf als Inhaber des Patronats und der obersten Gerichtsgewalt genannt wird, dem außerdem an „Orbeta" zu Martini und Walburgis 16 Mark Silber und die Zolleinkünfte zuflossen. Rathenow, als einzige der Städte des heutigen Westhavellandes, gehörte damals zu den fünf im Territorium Obule (Havelland) gelegenen „civitates, municiones, castra et opida" und stand dem Herrn Markgrafen zu. Zahlreiche Bürger, z. B. Wogenitz, Dorn, Smedestorff, waren demselben Landbuche zufolge in havelländischen Dörfern Besitzer von Gerechtsamen, die sie von den v. Bredow oder v. Stechow zu Lehn trugen.

## Der Erzbischof von Magdeburg, die Quitzows und die ersten Zollern.

Gegen Ausgang des 14. Jahrhunderts war Markgraf Jobst nicht imstande, die Marken zu schützen, so daß sie wehrlos den ländergierigen Nachbarfürsten preisgegeben waren. 1394 überfielen, wie der Brandenburger Stadtschreiber Wusterwitz berichtet, Erzbischof Albrecht von Magdeburg und Fürst Sigismund zu Anhalt unversehens die Stadt, weil sie merkten, daß die Mauern von den Wächtern übel verwahrt wurden, und begingen viel lästerliche Bosheiten. Der Erzbischof ließ sich huldigen. Als daraufhin „die armen Leute" sich sicher wähnten und ihre Habe aus den Verstecken hervorholten, vertrieb des Erzbischofs Hauptmann Friedrich v. Alvensleben bei strenger Winterkälte alle gut brandenburgisch Gesinnten und gab ihre Habe der Plünderung preis. Erst im Frühjahr 1396 führten die Verhandlungen des Markgrafen Jobst mit dem Prälaten zu dem Ergebnis, daß dieser Rathenow an Lippold v. Bredow auslieferte, obwohl in Magdeburg hierüber ein Sturm des Unwillens ausbrach. Einige Jahre darauf setzte sich als Pfandinhaber des „großen Lügners" Jobst, Dietrich v. Quitzow in Rathenow fest, dem es bei seinen vielen Fehden gegen den Erzbischof von Magdeburg sehr darauf ankam, außer Plaue auch noch den wichtigen Havelübergang bei Rathenow, für dessen noch stärkere Befestigung er Sorge trug, in Besitz zu nehmen. Von nun an beteiligten sich die Bürger an den Beutezügen gegen das Erzstift. Klug erkannten sie jedoch nach Jobsts Tode die Zeichen der Zeit und schlossen sich im Februar 1411 so frühzeitig dem neuen Herrn, Burggrafen Friedrich, an, daß ihnen das Schicksal der übrigen Quitzowplätze, Belagerung und Niederlegung der Mauern, erspart blieb.

In welchem Maße die Stadt ihre innere Selbständigkeit auch weiterhin behauptete, erhellt aus der Urkunde von 1447, laut der die Zollern zugunsten der „Borgermeister, Ratmannen und gemeynen Borger“ auf Mühlen, Zoll, Orbede, Holzung, Wiesen, — „benomeliken dy Borgerwerdere und ander Wische“ — ferner auf die Seen Woltcze (heute Woltzensee), Lanke und Ryczer (beide heute nicht mehr bekannt) verzichteten, und zwar gegen eine Summe von 3000 Gulden in Rheinischem Gold, — ein Zeichen für den Wohlstand der Stadt. Über den „fryhen Hoff“ in der Stadt beanspruchte freilich der Kurfürst noch die Lehnsoberhoheit und verlieh ihn 1451 dem Heinrich Dequede samt einem vor der Stadt gelegenen „Wingarten“.

## Stillstand vom 15. bis 17. Jahrhundert.

Vom 15. Jahrhundert an hielt die Stadt in ihrer Entwicklung nicht gleichen Schritt mit anderen Städten der Mittelmark, sondern spielte Jahrhunderte hindurch nur eine geringe Rolle.

Zur Zeit der Reformation fanden die vom Kurfürsten Joachim II. entsandten Visitatoren reichliche Arbeit. Man zählte nicht weniger als 12 Altäre, dazu kamen noch die Kapelle, die den Heiligen Georg und Gertrud geweiht war, sowie eine Peter-Paul-Kapelle. Alle diese geistlichen Stiftungen wurden eingezogen, und zwar vielfach zum Nachteil der Stadt, wie aus ihrer 1598 an den Kurfürsten Joachim Friedrich gerichteten Beschwerde wegen Entziehung geistlicher „beneficia“ erhellt. Über die zahlreichen kirchlichen Geräte, Monstranzen, Kelche, Pacificale unterrichtet der Bericht der Visitatoren von 1541.

Schwer litt die Stadt unter dem Dreißigjährigen Kriege. 1626 schon beklagten sich die Viergewerke in einer mit ihren Siegeln versehenen Eingabe über die „beschwerliche Mansfeldische Einquartierung“. 1627 hatte die Stadt, als das Aldringersche Regiment in den Havelländischen Städten einquartiert war, für die Verpflegung einer Kompagnie monatlich 2002 Taler aufzubringen; 100 Häuser standen „ledig“. Als 1631 der Kurfürst Kriegssteuern einforderte, hatten Rathenow 733, Spandau 902, die beiden Städte Brandenburg weit über 2000, Potsdam dagegen nur 210 Taler zu zahlen. 1636 wurden Torwarten und Türme durch die Kaiserlichen und Sachsen beschossen. Im Rathaus gab es, nachdem die Truppen eingezogen, „ein solch Spectakel, alß wenn der höllische Bösewicht darauf rumoret“. Von 1638 bis 1640 waren 39170 Taler Kriegssteuern zu erlegen. 1640/41 „fegten die Schweden Rathenow so sauber aus, daß weder Vieh noch Menschen darinnen geblieben waren“. Kein Wunder daher, daß es laut Schoßkataster von 1653 nur 153 bewohnte, dagegen 16 wüste Häuser und 129 ledige Stellen gab!

Ein Nachspiel des Großen Krieges trug sich 1675 zu. Im Frühjahr hatten nämlich die Schweden die Havelpässe zu Brandenburg und Havelberg besetzt, in Rathenow befand sich der Oberst Wangelin mit 6 Kompagnien Dragoner. Am 14. Juni rückte der Große Kurfürst bis in die Gegend von Steckelsdorf vor und griff am folgenden Tage in aller Frühe von Westen her die Stadt an. Die erste, kleine Havelbrücke wurde durch Derfflinger, der sich für einen schwedischen Offizier ausgab, mit List sofort genommen, doch bei der zweiten, die man aufgezogen hatte, verteidigten sich die Schweden tatkräftig. Hier fiel der kurfürstliche Oberstleutnant v. Uckermann. Inzwischen waren Graf Dönhoff, General v. Götze und Adjutant v. Kanowsky auch von Süden und Osten her, über Wiesen und Gewässer vordringend, gegen die Mühl- und Wasserpforte angestürmt. So von zwei Seiten gepackt, mußten die Schweden ihren weiteren Widerstand aufgeben; sie wurden zum größten Teil niedergehauen oder gefangen gemacht. Fürderhin hatten die Bürger kein Interesse mehr an der Erhaltung ihrer Mauern, und 1688 mußte sie Kurfürst Friedrich III. verwarnen, die Steine der eingefallenen Mauern nicht wegzutragen und zu verbrauchen, sondern lieber dort, wo die Wasser zu sehr die Mauern wegspülen könnten, Pfeiler anmauern zu lassen.

## Allmähliches Emporstreben.

Verhältnismäßig schnell erholte sich die Stadt von den Kriegsleiden. Um die Wende des 17. Jahrhunderts blühten besonders der Holzhandel und die Holzflößerei nach Hamburg hin. 1662 verpflichteten sich 4 Bürger dem Rat gegenüber, die alte, lange Zeit wüste Ratsziegelei wiederherzustellen, alljährlich 4500 Steine unentgeltlich zu liefern und nach 10 Jahren die Ziegelei „in baulichen Würden" dem Rate zu übergeben. Auch wurde 1673 ein Eisenhammer vor dem Steintor angelegt. Dazu war die Brauerei im Schwange, und 21 Dörfer der Umgegend mußten sich hier mit „Ehrenpreis" versorgen. Ganz Unrecht hatte also wohl der wackere Kantor Triepke nicht, wenn er um 1720 begeistert den Wohlstand rühmte; sicherlich hat auch die feste Vereinigung der Mark mit dem alten Erzstift Magdeburg, die 1680 erfolgte, auf den Handelsverkehr nur vorteilhaft eingewirkt.

Besonders viel verdankt Rathenow dem Soldatenkönig, denn die Erbauung der Neustadt wurde 1732 eingeleitet und 1733 begonnen, da Graf Truchseß v. Waldburg den bis dahin in Burg in Garnison liegenden Leibkarabiniers hier Quartier verschaffen wollte. Die Gärten und Scheunen vor dem Steintor wurden den Bürgern vergütet. Außer freiem Baumaterial erhielten die Neuanbauenden auch noch Baugelder, überdies Ermäßigung der Akzise. Laut Kabinettsschreiben vom 23. März 1735 wurden für das Jahr 1734 13943 Taler 10 Gr. 4 Pf. übersandt. Generalmajor Graf Truchseß besaß selbst einen Garten und einen Strich Landes in der Neustadt. Auf seine Anregung hin errichteten die märkischen und magdeburgischen Stände aus freiwilligen Beiträgen dem Großen Kurfürsten ein Denkmal. Die Erbauung der Neustadt ist eine der bedeutenden Taten der Städtebaupolitik unter dem Soldatenkönig; zum Vergleich sei außer an Gumbinnen auch an die nach dem Brande von 1735 neuerbaute Stadt Templin erinnert.

Zu Beginn des 19. Jahrhunderts zählte man unter nahezu 600 Häusern nur vier massive; in der Altstadt waren sie von Holz mit Fachwerk, in der Neustadt fast durchgehend halbmassiv. 1740 gab es 2856 Einwohner, gegen Ausgang der Regierung Friedrichs des Großen etwa 1000 mehr; dazu kamen etwa 700 Mann Militär. Die Gesamtzahl erreichte 1801 nahezu 5000 Seelen, also um die Hälfte mehr als Nauen; dagegen zählte Brandenburg über 12000 Seelen. Besonderen Ruf hatten die hier hergestellten Ziegel, rühmt doch auch der Architekt Friedrichs des Großen, Manger, in seinem „Beytrag zur praktischen Baukunst" (1786, S. 257) die „Rathenower Steine", weil sie allein „im starken sowohl freyen als eingeschlossenen Feuer" aushielten.

## Im Zeichen der optischen Industrie.

Die Entwicklung im 19. Jahrhundert ist wesentlich bedingt durch den Aufschwung der optischen Industrie. Erstaunlich ist, wie auf diesem Gebiete lediglich die Tatkraft und Einsicht eines einzelnen Mannes gewirkt hat. Dem Prediger August Duncker, der schon als Hallenser Student der Theologie sich viel mit theoretischer Physik beschäftigt und auch praktisch die Linsenschleiferei erlernt hatte, verdankten die Bürger die 1801 erfolgte Gründung eines kleinen optischen Betriebes, der selbst die Stürme der Franzosenzeit überdauerte und sich dank der unermüdlichen Arbeitskraft seines technisch hochgebildeten Leiters auch nach 1815 weiter entwickelte. Der Sohn, Eduard Duncker, und der Enkel in weiblicher Linie Emil Busch führten nach dem Tode des Begründers das begonnene Werk fort, indem jener die kaufmännische, dieser die technische Seite vornehmlich berücksichtigte. Nachdem im Jahre 1888 die Familie ausgestorben war, blühten die Betriebe auf der von diesen drei hervorragenden Männern geschaffenen Grundlage weiter, umsomehr als 1872 die schon 1870 zur Truppenbeförderung benutzte Bahnlinie dem öffentlichen Verkehr übergeben wurde und eine große Zahl kleiner und mittlerer Betriebe sowie die Fabrik von Nietsche & Günther sich der Dunckerschen Anstalt zugesellten. Dagegen hat der Schiffahrtsverkehr an Bedeutung verloren, da infolge von Begradigung der Schiffahrtsstraße der Schiffahrtsweg jetzt etwa 1 km westlich der Stadt vorbeiführt. Auch die ehemals blühenden Ziegeleien haben schwer unter dem allgemeinen Rückgang dieses Gewerbes zu leiden, zumal die Tonerde in der Umgegend fast ganz erschöpft ist. Doch auch all dies läßt sich verschmerzen, da schon seit 1817 das Landratsamt hier seinen Sitz hat, ferner die Husaren seit 1861 in der Neustadt liegen; 1868 wurde zudem eine höhere Schule errichtet. — Besonders in dem letzten halben Jahrhundert hat die Stadt, die 1860 immer erst 7000 Einwohner zählte, im Vergleich zu den meisten anderen märkischen Kleinstädten eine fast sprunghafte Entwicklung, der freilich auch viel Altertümliches zum Opfer gefallen ist, erfahren. 1900 belief sich die Bevölkerung schon auf 21616 und ist seitdem ständig um mehrere Hunderte gestiegen. Da über 2000 Fabrikarbeiter hier wohnen, kommen heute auf ein Haus durchschnittlich 16 Einwohner, um 1860 dagegen waren es nur 11. „Alt"-Rathenow hat sich noch am echtesten in der Umgebung der Pfarrkirche gehalten, und steigt man hier von der Wasserseite die schmalen Stiegen der „Petersburg" zur Kirche hinan, dann eröffnen sich Durchblicke und Ausblicke, die an das Mittelalter gemahnen.

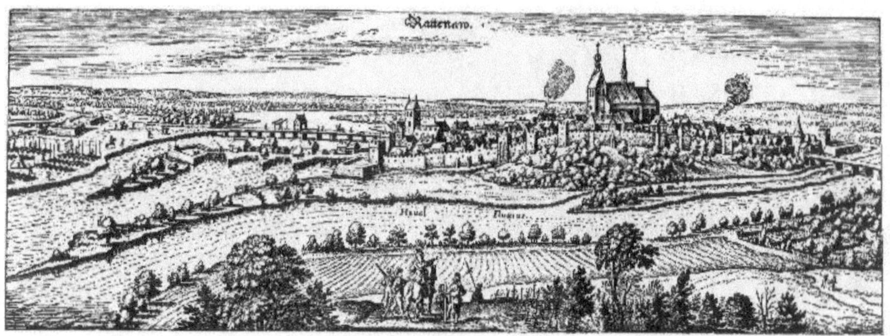


Ansicht der Stadt Rathenow nach Merian.

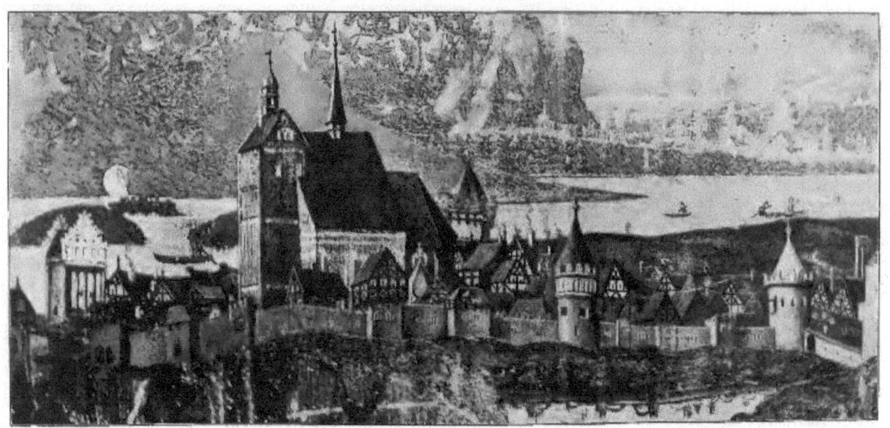

Rathenow. Darstellung der Stadt auf dem Epitaph des Stadtschreibers Nesen in der Pfarrkirche.

## Topographie.

### Pläne und Ansichten.

Ansicht der Stadt von Südwesten auf einem Epitaph der Anna Haus, Gattin des Stadtschreibers Andreas Nesen. Ölgemälde auf Holz vom Ende des 16. Jahrhunderts, nach Beckmann aus dem Jahre 1571, in der Kirche (Taf. 21).

„Rattenaw" von Südwesten, Kupferstich von Merian, 1652 (Taf. 21).

Ansicht der Stadt Rathenow von Südwesten. Zeichnung für einen Kupferstich zu Beckmanns Chronik der Stadt von D. Petzold, von 1711 (nach Triepke) oder von 1713 (nach Beckmann). Ähnlich der Merianschen, aber Spiegelbild. Königliche Bibliothek Berlin.

Plan der Altstadt vom Jahre 1720, aufgenommen von F. W. de Nève, Maßstab 50 Dezimalr. Aquarellierte Federzeichnung im Stadtbauamt Rathenow. Dazu gehört die „Generaltabelle der Immediatstadt Rathenow" mit den 488 Possessores, 1727, von de Nève. Stadtbauamt Rathenow (Taf. 32).

„Generalcharte von der Immediatstadt und gantzen Feldmark Rathenow in der Churmark und havelländischem Kreise belegen. Auf allerhöchste Kgl. Ordre mit der Rldr. Dezimal-Ruhte Anno 1724 und 1725 aufgemessen." Am unteren Rande Prospekt der „Churm. Stadt Rathenow" von Südwesten. Aquarellierte Federzeichnung im Stadtbauamt Rathenow. Daselbst auch die Flurkarten zur „Generalcharte" in vergrößertem Maßstabe.

Plan von de Nève in 1:5000, kopiert von L. Friedr. Weise. Sehr saubere Federzeichnung, in welcher die Stadtmauer rot gezeichnet und die Wasserflächen grün angelegt sind. Bezeichnet: „Plan von der Alt- und Neustadt Rathenow." In der Kartenkammer des Großen Generalstabs (VIII, 800). Dem Plan sind auf demselben Blatt beigegeben:

a) die Designatio (Legende) nebst dem Verzeichnis der Possessores der in jedem Carré befindlichen Häuser;
b) ein in gleichem Maßstabe und gleicher Manier gezeichneter Plan von der „gewesenen Rathenowschen Vorstadt, worauf nachdem die dasige Neustadt erbaut worden", nebst Designatio und Aufzählung der Possessores der Häuser, Meiereien und Scheunen (Abb. 135).

Plan von Rathenow von G. A. Neißke, vermutlich um 1780, Maßstab von 110 Rheinl. Ruten. Stadtarchiv Rathenow.

Plan von Rathenow von G. A. Neißke, 1:5000. Derbe Handzeichnung, koloriert. Am oberen Rande ein farbiger „Prospekt von Rathenow", von Süden mit der Neustadt, nebst Directorium (Legende). Die Anordnung des Planes und die Lage der Himmelsgegenden ist eine andere als sonst (Norden ist oben, die Neustadt liegt rechts unten, also wie bei Wagener). Links unten der Titel in Rokokokartusche. Kartenkammer des Großen Generalstabs (VIII, 803).

Plan von Rathenow in 1:5000. Derbe Handzeichnung, koloriert in rot, grün, gelb, die Wasserläufe weiß. Der Umfang wie bei de Nève. 18. Jahrhundert. Kartenkammer des Großen Generalstabs (VIII, 802).

Plan der Stadt Rathenow nebst einem Teil der dabei liegenden Gegend, 1:5000. Saubere Federzeichnung, koloriert in rot und grün. Im „Renvoi" (Legende) fällt auf, daß die Pfarrkirche als Maria-Magdalenen-Kirche bezeichnet ist. Der Umfang der Karte entspricht dem der vorigen. 18. Jahrhundert. Kartenkammer des Großen Generalstabs (VIII, 801).

Grundriß der Alt- und Neustadt Rathenow, Maßstab von 500 R. Rheinl. Kupferstich in Wageners „Denkwürdigkeiten der Churmärkischen Stadt Rathenow", 1802 (Taf. 33).

Grundeigentum der Stadt Rathenow, Maßstab von 500 R. Rheinl. Kupferstich, 1802, ebenda.

Ansicht der Stadt Rathenow von Westen, Kupferstich von F. W. Schleuen, 1803, ebenda beim Titelblatt.

Denkmal des Großen Kurfürsten zu Rathenow, Kupferstich von F. W. Schleuen, 1803, ebenda bei S. 50.

Ansicht von Rathenow, von der Walkmühle beim Magazin gesehen. Paradescheibe von 1837 im Schützenhaus, von W. Pein.

Ansicht der Stadt Rathenow von Nordwesten, Gouache; 42 × 60 cm. Von W. Barth. Erste Hälfte des 19. Jahrhunderts. Kgl. Kupferstichkabinett zu Berlin (Taf. 22).

Ansicht von Rathenow von Nordwesten. Stahlstich von J. Gottheil (del.), Poppel und Kurz (sc.). Im „Brandenburgischen Album", herausgegeben von B. S. Berendsohn, Hamburg. Nach 1848.

Ansicht von Rathenow vom Weinberge aus. Gemalt von A. W. Pein, lithographiert von M. Heinemann. Um 1870.

## Ursprung und bauliche Entwicklung der Stadt.

Rathenow scheint seinen ersten Ursprung nicht an der gegenwärtigen Stelle genommen zu haben. Seine ersten Anfänge sind vielmehr Wagener zufolge etwa eine Viertelmeile oberhalb auf dem linken Ufer der Havel zu suchen, an einer Stelle, die durch ihre Bezeichnung „Alt-Rathenow" oder der „Alte Hof" und ihre Lage nächst der „Herren-" oder „Churfürstlichen Lanke" anzudeuten scheint, daß der Name Rathenow von einer hier im 12. Jahrhundert bestehenden Siedelung auf die spätere Stadt zwischen den Weinbergen und dem Einfluß der Stremme in die Havel überging. Dieser Stelle gegenüber am linken Havelufer lag der dazu gehörige wendische Kietz, der im Laufe der folgenden Jahrhunderte noch oft geschichtlich hervortritt, und zwar als „Oberkietz" oder „Großer (major) Kietz", wie er z. B. in der Urkunde von 1339 genannt wird. Die Kietzer „Wörden" sind noch in der Generalkarte von de Nève südlich von den Weinbergen als Flurbezeichnung angeführt. Die Kirche des großen Kietzes stand nach alten Prozeßakten von 1669 (Geh. Staatsarchiv, Rep. 21. 129 b) mitten im Dorfe und brannte erst gegen 1640 ab. Das Dorf selbst war damals bereits eingegangen.

Auch bei der gegenwärtigen Stadt bestand schon frühzeitig, vielleicht bereits vor ihrer Erbauung, eine Fischeransiedelung wendischen Ursprungs, die in späterer Zeit stets den Namen „Kleiner Kietz" oder im Hinblick auf den beim Dorfe Jederitz belegenen Kietz die Bezeichnung „Mittlerer Kietz" führte. Nach Angaben des Magistrats vom Jahre 1756 im Beckmannschen Nachlaß hätte derselbe gegen die Gewohnheit anderer märkischer Städte innerhalb der Stadtmauer gelegen. Auf ihn bezieht sich der Ausdruck „Hunredorp" (Hühnerdorf), der gelegentlich im Jahre 1417 in einer Urkunde vorkommt (Riedel VII, 132). Nach beiden Quellen zog sich der mittlere Kietz wenig nördlich vom Mühlentor beginnend längs der Havel hin.

Der Kern des heutigen Rathenow ist ohne Zweifel der Nordteil auf der Höhe des südlich belegenen Berges in der Nachbarschaft der alten romanischen Kirche und des mittleren Kietzes. Er dehnte sich nordwärts vielleicht nur bis zur Havelstraße aus. Innerhalb dieses Bezirkes und nicht allzuweit von der Kirche wäre der ursprüngliche Marktplatz der Stadt zu suchen, und zwar naturgemäß auf der Seite des Kietzes, dessen Bewohner nur hier mit dem deutschen Orte in Handelsbeziehungen treten konnten. Merkwürdigerweise findet sich gerade an dieser Stelle noch heute ein verhältnismäßig großer Platz, dessen Breite durchaus nicht aus dem Verkehr zu erklären ist, da er seit Jahrhunderten in Gemeinschaft mit zwei engen Gassen nur als untergeordnete, wenig begangene Verbindung von der Hauptstraße nach den Mühlen dient. Zu beachten ist die doppelte Brechung dieses Weges, der heute den Namen Mühlstraße führt. Dazu kommt, daß nicht nur auf diesem Platze bis in das 18. Jahrhundert hinein ein Gebäude für öffentliche Zwecke, nämlich das Spritzenhaus, stand, sondern vor allem der Magistrat noch bis heute an seiner Ostseite ein größeres Grundstück besitzt, das in älteren Urkunden und Nachrichten den Namen „Ratshof" oder „Ratsbauhof" führt. Es ist nicht unwahrscheinlich, daß an dieser Stelle das älteste Rathaus der Stadt gestanden hat. In seiner nächsten Nähe finden wir auch die von Anfang an notwendigen, seit ältester Zeit im Besitz des Markgrafen gewesenen und erst 1512 der Stadt geschenkten Mühlen. Eine zweite, offenbar ebenfalls sehr alte Besitzung der Markgrafen, der „Freie Hof" („frye hoffstatt"), lag auf dem Berge unweit der Kirche an der Stelle der jetzigen Straße Freier Hof. Eine Hälfte dieser seiner Hofstätte schenkte der Markgraf 1450 dem Heidereiter Merten Molemeister. Im Jahre darauf wurde der „Freie Hof" dem Heidereiter Heinrich Deqnede verschrieben (vgl. Riedel VII, 138 f.).

Die Haupterweiterung der Stadt bis zu dem Umfange, der durch die Mauern noch heute bezeichnet wird, ist jedenfalls in der zweiten Hälfte des 13. Jahrhunderts vor sich gegangen. Das muß man schließen aus einer Reihe von geschichtlichen Momenten, die sich in die Zeit zwischen 1276 und 1295 zusammendrängen. Die i. J. 1281 seitens des Markgrafen den Bürgern erteilte Erlaubnis, „Lauben und Vorsöller" anlegen zu dürfen, deutet auf eine bereits lebhafte Bautätigkeit. Daß die Stadt schon damals annähernd den Umfang der heutigen Altstadt erreichte, scheint aus der Erteilung gewisser Rechte im Jahre 1288 hervorzugehen, bei welcher Gelegenheit auch schon der Stadtgraben (fossatum) erwähnt wird. Ja noch mehr!

11*

Im Jahre 1295 schenkte der Markgraf der Stadt, der er wohl geneigt war und deren Entwicklung er zu fördern suchte, das Gebiet seiner an der Stremmemündung belegenen Burg, anscheinend nicht nur in der Absicht, sie von jeder Bedrückung zu befreien, sondern in dem Gedanken an die Möglichkeit, daß die Stadt sich längs der schiffbaren Havel schon in nächster Zukunft etwa bis zu dieser Stelle hin ausdehnen könne. Offenbar aus diesem Grunde ist die Schenkung des Platzes als solchen in der Urkunde besonders hervorgehoben mit dem gleichzeitigen Hinweis, daß sich Burg und Stadt in ihrer Befestigung beziehungsweise Entwicklung gegenseitig stören würden („Insuper et locum dicti castri . . . eisdem burgensibus nostris . . . dedimus ad emendandam nostram civitatem et edificandam Rathenow memoratam").

Das somit ziemlich schnell angewachsene, flach gelegene neue Gebiet der Stadt wird, abgesehen von der Gegend des neu angelegten Marktes und den in seiner Nachbarschaft errichteten öffentlichen Gebäuden wie Rathaus und Wage, naturgemäß nur locker bebaut gewesen sein und noch viel Gartenland enthalten haben. Doch machen die geradlinigen, sich rechtwinklig kreuzenden Straßenzüge dieser Erweiterung jedenfalls den Eindruck einer wohlüberlegten, auf einmal entstandenen Anlage. Zur Hauptstraße wurde ohne Zweifel seitdem der Zug, welcher das Steintor mit dem Haveltor verbindet. An zweiter Stelle erscheint die Verlängerung des Marktes nach dem Jederitzer Tor, die nordwärts über Hohennauen nach Havelberg zu führte.

Über diesen Umfang kam Rathenow für lange Zeit im wesentlichen nicht hinaus. Immerhin hatte sich im Laufe der Jahrhunderte an der Westseite vor dem Steintor allmählich eine Vorstadt gebildet, deren Ausdehnung und Straßenzüge der in Abb. 135 wiedergegebene Plan von de Nève bewahrt hat. Infolge der Anordnung des Königs Friedrich Wilhelm I. wurde dann diese Vorstadt unter Leitung des Generalmajors Grafen v. Truchseß durch Verlegung ihrer bis dahin strahlenförmig vom Tore ausgehenden Straßen zu einer regelmäßigen Netzanlage umgewandelt. Man begann damit im Jahre 1733. In der kurzen Zeit von zwei Jahren entstanden 66 Häuser in der Berliner, Brandenburger und Bergstraße. Von 1735 an wurde dann die Schleusenstraße bebaut. Im Jahre 1741 wurde die Neustadt, die damals etwa den Umfang der Altstadt erreicht hatte, für die Zwecke der Zollerhebung mit einer Mauer, an einigen sumpfigen Stellen mit Palisaden umschlossen. In dieser Umfassung lagen das Berliner Tor, am Ende der Berliner Straße bei ihrer jetzigen Kreuzung mit der Jägerstraße, und das Brandenburger Tor, am Ende der Brandenburger Straße bei ihrem Übergang in die Große Milower Straße. Wo der Kehrgraben (Quergraben?), „Wolzenhals" genannt, mit seinen sumpfigen Ufern die Berliner Straße kreuzte, wurde ein größerer Platz, der jetzige Ziethenplatz, angelegt.

Am Ende des 18. Jahrhunderts hatte die Neustadt bereits einen Zuwachs erhalten durch die Fabriken- und die Kanalstraße, sowie ein drittes Tor, das Kirchhofs- oder Leichentor, als Zugang zu dem inzwischen hinaus verlegten Friedhofe. Im Laufe des 19. Jahrhunderts ist die Stadt nach Nordosten und Südosten hin bedeutend angewachsen, indem sie sich von der Havel ab nach der Staatsbahn hin ausdehnte.

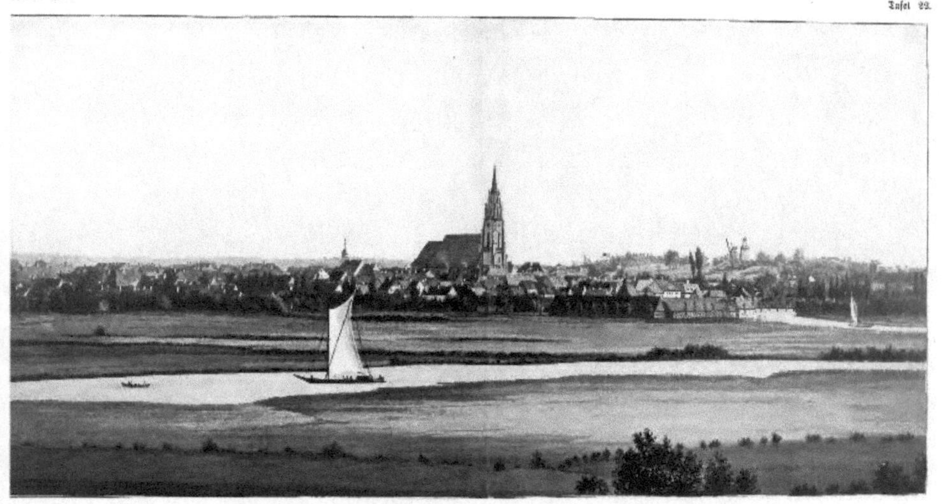

Rathenow. Ansicht der Stadt von Nordwesten (auf einem Gouachebild im Königlichen Kupferstichkabinett zu Berlin).

## Einzelne Örtlichkeiten.

Die Altstadt wurde schon von alters her in drei Viertel geteilt, deren Grenzen im allgemeinen durch die Havelstraße, Steinstraße und den Markt mit der Jederitzer Straße bezeichnet werden. Aus der Numerierung der Grundstücke in dem de Nèveschen Plane geht hervor, daß es üblich war, das Rathaus und die ihm nordostwärts benachbarten Häuser mit zum ersten Viertel zu ziehen, das den Teil südlich der genannten Hauptstraße einnahm, während das zweite im Norden, das dritte im Osten lag.

Im ersten Viertel befinden sich sämtliche öffentlichen Gebäude der Stadt. Auf dem höchsten Punkte des Hügels erhebt sich in hervorragender Stellung die Kirche mit dem Friedhof an ihrer Nordseite. An dessen westlichem Rande reihen sich die 1760 und 1782 erneuerten Gebäude der Geistlichkeit aneinander. Dabei lag auch der „Gotteskasten". Südwärts, mit dem Rücken an die Stadtmauer gelehnt, finden wir die Schule mit der benachbarten Kunstpfeiferwohnung, das ehemalige Krankenhaus (nosocomium), das auch Begninenhaus genannt und später zum Armenhaus wurde, sowie das Dienerhaus, das auf einem gewölbten Gefängnis in dem runden Mauerturm an der Wasserpforte, dem sog. „Böhmischen Turm", stand. Im Osten der Kirche befand sich ohne Zweifel der einst dem Markgrafen gehörige „Freihof", nach dem zurzeit Wageners noch zwei Gassen hießen. Man hat in ihm wohl die Absteigewohnung des Markgrafen zu sehen, später war dort die Wohnung seines Heidereiters. Ob hier auch sein Vogt saß, muß dahingestellt bleiben. An der Kreuzung der Hauptstraßen, mit der Vorderfront dem Markte, mit der Rückseite dem Berge zugewendet, steht auf ziemlich beengtem Raume das alte Rathaus. Seine eigentümliche Stellung in der Straße sowie das Fehlen eines Hofes und die entfernte Lage der Scharren und Ratswage erklären sich vielleicht aus dem Mangel an Raum bei dem Neubau im 16. Jahrhundert, nachdem etwa ein älterer Bau von bedeutend bescheidenerem Umfange zugrunde gegangen war. Ein Ratskeller wird i. J. 1660 erwähnt. Ostwärts an der anderen Seite der Straße befanden sich Brot- und Fleischscharren nebst der Marktmeisterei und südlich davon am Eingang der Großen Kirchstraße der Packhof mit der Tuchschau und der Ratswage, bei dem wir seit dem 18. Jahrhundert die Hauptwache finden. In der Nähe des Rathauses an der Südseite der Steinstraße lagen die Grundstücke der zwei Juden, die der Markgraf im Jahre 1371 der Stadt erlaubt hatte, halten zu dürfen. Bezeichnenderweise sind in der Generalkarte zum de Nèveschen Plane nicht sie selbst, sondern an ihrer Stelle zwei Bürger der Stadt als Besitzer angeführt, offenbar weil Juden Grundstücke nicht besitzen durften. Im westlichen Teile des Viertels treffen wir dann am breiten Teile der Mühlenstraße den Ratshof oder Ratsbauhof, auf dem sich ein großer Stall für die städtischen Pferde sowie Remisen und Magazine zur Aufbewahrung von Baustoffen befanden, und freistehend auf dem Platz das Spritzenhaus. Hier zweigt nach Norden die ehemalige Fischer-, jetzt Jüdenstraße, von der Mühlenstraße ab. An ihr lag ein Haus, als dessen Besitzer in der Generalkarte der „Gotteskasten" angegeben ist, aus dessen Einkünften das Armenhaus unterhalten wurde. Wo die Mühlenstraße auf die Havel mündet, stand seit dem Ende des 17. Jahrhunderts links das Salzhaus und noch jetzt steht dort mit der Rückseite auf der Mauer das Zollhäuschen. Das in der südwestlichen Ecke der Stadt befindliche Hebammengäßchen verdankte seinen Namen dem einst dort vorhandenen Wehmutterhause. Vom Mühlentor nordwärts zog sich innerhalb der Mauern der Kleine Kietz oder das „Hühnerdorf“ hin. In seiner unmittelbaren Nähe lagen „Hus und Hof“, die das Domstift Brandenburg im Jahre 1417 vom Rat erhalten hatte. Die Unregelmäßigkeit der Gassen des ersten Viertels ist wohl hauptsächlich auf die Bodenverhältnisse zurückzuführen, zum Teil vielleicht auch auf die Form der ersten Anlage des Ortes. Merkwürdig ist das Übergreifen des ersten Viertels über die Hauptstraße hinweg gegen den Markt bis auf die halbe Tiefe des „Seitenbeutels“, der wohl ursprünglich eine Sackgasse war und daher seinen Namen erhielt.

Im zweiten Stadtviertel ist hauptsächlich die eigentümliche Verengung der Großen Burgstraße bei ihrem Austritt zum Markte merkwürdig, nicht minder ihr sackartiges westliches Ende, bei dem man für die ältere Zeit eine Mauerpforte als Ausgang nach der Burg an der Stremme annehmen muß. Beckmann spricht geradezu von einem Tor an dieser Stelle, von dem allerdings heute keine Spur mehr nachweisbar ist. Nach Triepke führte vom achten und neunten Grundstück an der Nordseite der Havelstraße eine Verbindungsgasse nach der Großen Burgstraße, die auch Wagener unter dem Namen „Burgtorstraße“ anführt und in seinem Plane ihrem Verlauf nach andeutet. Von städtischen Gebäuden enthielt das zweite Viertel außer einer 1698 erwähnten Badstube und dem 1720 erbauten Dienerhause am Jederitzer Tor nichts. Vom Markte zweigt zwischen den Häusern Nr. 17 und 18 in nordöstlicher Richtung eine kleine Sackgasse, der sog. Tempelhof ab, an dessen Ende die aus den ersten Jahrzehnten des 19. Jahrhunderts stammende Synagoge steht.

Das dritte am weitläufigsten gebaute Viertel war naturgemäß das von der Havel entfernteste zwischen Jederitzer und Steinstraße. Ihm gaben die hier an der Großen Baustraße belegenen, z. T. sehr tiefen Grundstücke der Ackerbürger das Gepräge. Die ausgedehnten Scheunen der Ratsziegelei nebst dem Brennofen und dem Wohnhause des Ziegelmeisters lagen im Nordosten des Viertels zwischen Gärten, und ihnen benachbart am Nordrande der Stadt im sog. „Hirtenviertel“ das Hirtenhaus und das St. Gertraudhospital von 1725 mit seiner Kapelle. Das Hospital wurde später Armenhaus (vgl. E II des de Mèveschen Planes, wo der Bau im Osten segmentförmig geschlossen erscheint). Im Süden unmittelbar vor dem Steintor, das 1733 bei Anlage der Neustadt entfernt wurde, erbaute man im Jahre 1743 für diese ein neues Scharrengebäude und 1746 ein Torschreiberhaus. Dicht vor dem Steintor stand der bald nach 1660 angelegte, 1720 aber bereits eingegangene Eisenhammer, an dessen Stelle im Jahre 1732 die neue massive Schleuse des Stadtgrabens trat. In ihrer Nachbarschaft legte man bei Gründung der Neustadt den jetzigen Paradeplatz an, auf dem sich seit 1738 das Denkmal des Großen Kurfürsten erhebt.

Der bedeutendste Bau der Neustadt war die neue Hauptwache, auch „Traiteurhaus“ genannt. 1735 erteilte der König die Genehmigung zu einem „Wirtshause“ an dieser Stelle. Es wurde später zum Stadthause und ist noch jetzt das Rathaus der Stadt. Auf dem Grundstück nebenan befand sich die Ringelsche Meierei, an der Stelle, wo vordem bis 1731 der „Alte Jägerhof" gewesen, der auch als „Heidereuterei" bezeichnet wurde und schon 1619 Herbergsrecht besaß. Außer dieser Meierei befanden sich noch weitere in der Vorstadt, von denen eine, der Stadt gehörig, beim späteren Berliner Tore lag. Schräg gegenüber dem Jägerhause lag das Katharinenhospital, mit dem Anfang des 18. Jahrh. das Gertraudenhospital vereinigt wurde und das seitdem auch dessen Namen führte. Bei Erbauung der Neustadt wurde es weiter hinaus an das Berliner Tor verlegt. Der Markt der Neustadt wurde beim jetzigen Zietenplatz vorgesehen. Der ursprünglich bei der Kirche belegene Friedhof, der Anfang des 18. Jahrhunderts vor das Steintor verlegt wurde und dann ebenfalls der Anlage der Neustadt weichen mußte, kam schließlich an seine jetzige Stelle vor dem Kirchhofstor. Vor dem Steintor, an der Nordseite der von hier ausgehenden Straße nach Berlin, stand die Scharfrichterei. Am Rande der Neustadt lagen schon bei ihrer Entstehung einige Vorwerke mit Landhäusern, wie z. B. das „Lusthaus" des Leiters der Neuanlage, Grafen v. Truchseß, auf dem „Viertellande" erbaut, ferner das Haus Nr. 12 in der jetzigen Fabrikstraße, das einst dem Grafen v. Sparr gehörte, und ein ähnliches Haus an der Ecke der Berliner und Mittelstraße. Vor dem Berlinischen Tore nahe an der Bürgerheide befand sich die mit einer Mauer umgebene Richtstätte.

Im Süden der Altstadt, durch den Schleusenkanal (Abb. 136) von ihr getrennt, erheben sich die Höhen der Weinberge, die in südlichem Zuge sich fast bis gegen die Herrenlanke hin erstrecken. Namentlich ihre gegen die Stadt gewendeten nördlichen Ausläufer dienten frühzeitig dem Anbau von Obst und Wein und waren seit dem 18. Jahrhundert mit einigen Gartenhäuschen besetzt; jetzt erinnert nur noch der Name an die ehemalige Benutzung. An ihrem westlichen Fuße längs der Havel erstreckt sich heute das ausgedehnte Gebiet der Heidepriemschen Ziegelei. Gleichlaufend mit dem Ufer teilt der Mühlendamm den Fluß an dieser Stelle in zwei Läufe. Der eine zweigt bei der 1741 erbauten Lohmühle am Südende des Mühlendammes mittels der „Mansefallarche" von der Havel ab und hat nach Norden freien Durchfluß. Der andere wird beim Mühltor gestaut und treibt die Mühlen, die seit den ältesten Zeiten der Stadt hier lagen und sich, wie üblich, im markgräflichen Besitz befanden. Das Lagerbuch von 1744 unterscheidet eine vordere und eine hintere Mahlmühle, außerdem eine Schneide- und eine Walkmühle. Wenig oberhalb der Mühlen zweigt von diesem Arme der die Altstadt umziehende Stadtgraben oder Schleusenkanal ab. Der breite Eingang zu ihm wurde, vielleicht schon bei seiner Anlage, durch eine schmale von der Altstadt ausgehende Landzunge nebst anschließender „Freiarche" durchquert. Die hinter der Landzunge entstehende und oberhalb der Andreasstraße belegene Ausbuchtung führt seit der Eroberung der Stadt i. J. 1675 den Namen „Brandenburger Loch".

Die Stauung des Wassers für die Mühlen machte schon seit dem 16. Jahrhundert oberhalb an den verschiedenen Verzweigungen der Havel Stauvorrichtungen und Schleusen nötig. Die früheste war eine Kesselschleuse, ein Bauwerk älterer Art, das im Jahre 1561 unter Kurfürst Joachim II. angelegt wurde. Es war schon in wenigen Jahrzehnten in Verfall geraten und unbrauchbar geworden. Man legte infolgedessen um 1610 etwas weiter oberhalb eine neue, und zwar diesmal eine Kammerschleuse an. Es ist die sogenannte „Alte Schleuse" („Erster Überfall"), die bis 1711 in Benutzung blieb. Noch weiter aufwärts bestand als dritte die sogenannte „Hohe Arche". Bei ihr lagen der „Zweite" und der „Dritte" oder „Steckelsdorfsche Überfall". Auf dem Werder zwischen diesem und der alten Schleuse stand das gegen 1790 errichtete, in den Grundmauern noch erhaltene, Königliche Korn- und Mehlmagazin. Als Ersatz für die älteren Schleusen wurde dann bei Anlage der Neustadt im Jahre 1732 an der Stelle des alten Eisenhammers die noch jetzt bestehende Schleuse erbaut.

Unweit davon, unterhalb der Mühlen, lag das Fischwehr der „Kleinen Kietzer". In deren Nähe wird die Havel von der „Langen Brücke" überkreuzt, die vom Haveltor mittels eines Dammes über den Werder nach der „Hohen Brücke" und dem Dorf Steckelsdorf führt. Der Damm teilt den großen Werder zwischen den beiden Havelarmen in eine nördliche und eine südliche Hälfte, welche die Namen „Bürgerfreiheit" oder „Mäschcave" bzw. „Mäsche" oder „Mühlenwerder", jetzt „Dammwiesen", führen.

Wo der Stadtgraben wieder in die Havel eintritt, läßt diese außerhalb der Mauer ein schmales Vorland liegen, das sich bis über das Haveltor hinzieht. An seiner nordwestlichen Ecke bestand noch während des ganzen 18. Jahrhunderts, wohl vom Dreißigjährigen Kriege her, eine alte Verschanzung, über deren Ursprung nichts Näheres überliefert ist. Hier sperrte eine Flutkette unter dem Namen „Unterbaum" den Eingang zum Graben.

Eine kurze Strecke weiter unterhalb mündet die von Jederitz her kommende Stremme in die Havel. Zwischen Stremme und Stadtgraben stand an der Havel die 1773 erbaute Barchentfabrik, deren Bleiche fast den ganzen Strich zwischen beiden Wasserläufen an der Havel hin einnahm. Auf der Westseite der Stremme lag in der von beiden gebildeten Ecke der in der Geschichte der Stadt Rathenow häufig genannte Burgwall (castrum), der im Jahre 1295 vom Markgrafen der Stadt überlassen und dessen Gebiet nach Niederlegung der Baulichkeiten als Hütung benutzt wurde, was häufig zu Streitigkeiten zwischen der Stadt und dem markgräflichen Heidereiter führte.

Im Norden der Stadt lag vor dem nach ihm benannten Tor das eingegangene Dorf Jederitz, etwa auf halbem Wege nach Hohennauen. Seine Äcker wurden infolge der im Jahre 1294 erfolgten Schenkung des Markgrafen dem Besitz der Stadt zugeschlagen. Die Straße nach Jederitz überschritt zunächst den Stadtgraben, dann weiterhin das sumpfige Gebiet nordwärts mittels eines Dammes und der sogenannten „Fischerbrücke". Zwischen ihr und dem Jederitzer Tore bei dem sogenannten „Wilden Hirtenhause" hatte sich am Ende des Mittelalters eine Art Vorstadt gebildet, die jedenfalls aus dem Jederitzer Kietz hervorgegangen war und deren Bewohner unter dem Namen einer „Bauernschaft" hauptsächlich der Fischerei oblagen. Westwärts davon befand sich das Gebiet des „Stadthofes", einer Hütung für Schafe und Gänse, während wir ostwärts davon auf das Rittergut „Churland" treffen, das noch heute in der Anordnung der Gebäude bei der jetzt dort befindlichen Brauerei kenntlich ist und dessen Name nach Wagener (S. 29) sich aus einem ehemaligen Besitztum der Kurfürsten an dieser Stelle erklärt. Nordwärts vom Gute „Churland" am oberen Lauf der Stremme zog sich der „Rosentreter" hin, eine freie Viehweide der Stadt.

Im Nordosten der Stadt dehnten sich morastige Wiesen aus mit der Bezeichnung der „Faule See". Über das ganze östliche Gebiet vor der Neustadt und dem sich anschließenden „Viertellande" erstreckte sich die **Heide**, deren nördlicher Teil, als „Bürgerheide", durch den Woltzensee von dem südlichen, dem Königlichen Forst, getrennt wurde. In ihr lag die Ratsschäferei, ein Vorwerk der Stadt, bei dem später die Kolonie Neu-Friedrichsdorf entstand, und weiter hinaus ostwärts das im Jahre 1319 dem städtischen Besitz einverleibte Gut Rodenwalde mit seinem „Roten Häuschen". Nahe bei dem nach ihm genannten Luch erhebt sich der Markgrafenberg unweit des Dorfes Bamme. Vielleicht hat man in dieser Gegend im Gebiete der südlich anschließenden Königlichen Forst den „Dibrgarten" zu suchen, der bereits im 13. Jahrhundert unter der Bezeichnung „hortus ferarum in aboreto juxta stagnum" (Riedel IX, 3) erwähnt wird. Westwärts schließen sich an die Königliche Forst die „Grüne Au" und das „Heidefeld", das sich bis an die Herrenlanke und den sogenannten „Bürgerwerder" heranzieht.

Abb. 138. Rathenow. Pfarrkirche, Verzierung an der Kanzel.

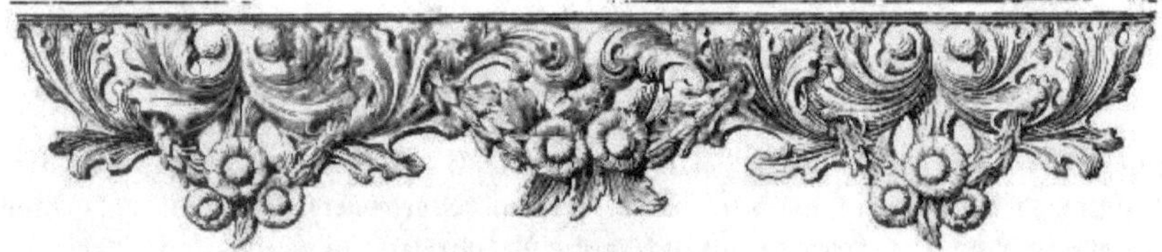

Abb. 139. Rathenow. Pfarrkirche. Verzierung an der Kanzel.

# Denkmäler.

## Pfarrkirche St. Marien und Andreas.

### Baugeschichte.

Erste Bauzeit, etwa gegen 1190 (vgl. Adler, Berichtigungen und Ergänzungen zu Bd. II, S. 126). Die erste Bauanlage der Pfarrkirche war eine kreuzförmige, spätromanische Basilika mit zwei halbrunden Apsiden am Querschiff und einem vermutlich quadratischen Chor mit Apsis (siehe den rekonstruierten Grundriß Abb. 140), alles aus putzfreiem Backsteinwerk.

Im Westen stand vor dem Mittelschiff ein rechteckiger Backsteinturm (siehe die Baunähte an der Innenseite der Westmauer). Seine Form bis zum Hauptgesims ist aus der Ansicht der Stadt in Merians Topographie, besser aber noch aus dem Samariterbilde in der Kirche zu ersehen. Hier zeigen sich deutlich die breiten rundbogigen Schallöffnungen ähnlich denen in Hohennauen. Die Höhenverhältnisse des Turmes können wir aus der Urkunde entnehmen, die 1828 dem Knopf des neuen Turmes eingefügt wurde (siehe „Hie guet Brandenburg allewege", Blätter für Heimatkunde, von W. Specht II, S. 59). Danach stand der Turm ohne weiteres Fundament auf ebener Erde und hatte bis zum Hauptgesims eine Höhe von 80 Fuß, die des Satteldaches war 24 Fuß. Bei der Änderung des obersten Turmmauerwerks im Jahre 1727 soll sich beim Abbruch des Giebels nach der Stadt zu in der alten Mauer ein Stein gefunden haben mit der tief eingegrabenen Jahreszahl 1108, die indessen einigermaßen rätselhaft ist (s. Specht a. a. O.).

Die Ostteile dieses romanischen Kirchenbaus sind teilweise noch erhalten (Abb. 140 u. 141), nämlich die nördliche und südliche Abschlußmauer des Querschiffs sowie die östliche mit zwei kleinen Apsiden an den Kreuzarmen und der Triumphbogen in der Mitte (Backsteinformat 27 bis 28×13×8,5 bis 9 cm). Die Ecken sind durch Lisenen verstärkt und diese oben meist durch verschlungene Bogenfriese, teilweise aber durch Konsolgesimse (Ostseite des Nordflügels) und mit deutschen Bändern verbunden. Rundbogenportale im Norden und im Süden lassen keinen Zweifel darüber, daß wir es mit dem Querschiff einer Kreuzanlage zu tun haben. Das südliche Portal ist einfach abgestuft ohne Kantenprofile, das nördliche, später im Sinne der Gotik geändert, hat etwas reichere kräftige Gliederung (Abb. 113). Auch die Spuren der Fenster an den Stirnseiten der Querschiffarme sind noch erkennbar. Es waren Gruppen von vermutlich drei schlanken Rundbogenfenstern. Die kleinen Apsiden hatten je ein mittleres Rundfenster. Ihre Kuppeln sind — wiewohl mehrfach durch neuere Verbindungsöffnungen unterbrochen — noch vorhanden und ebenso die Spur ihres Dachauschnittes. Der halbkreisförmige Triumphbogen ist einmal abgestuft, seine Kämpfer, seit langem wegen des Durchgangs auf der Empore zerstört, haben mehrmals neue Formen erhalten (zuletzt 1905), die vertikalen Kanten sind von der früheren Erweiterung her auseinandergerückt geblieben. Zu beiden Seiten des Triumphbogens im Norden und im Süden sieht man an seiner Ostseite die Ansatzspur der abgebrochenen romanischen Langchorwände aufsteigen. Das Backsteinformat ist 27 bis 28×13×9 cm (10 Schichten = 1,18 m).

Die zweite Bauzeit begann um die Mitte des 14. Jahrhunderts. Die ersten Nachrichten, von denen wir in der Folge hören, sowie die nächsten baulichen Veränderungen an der Kirche fallen in diese Zeit. 1315 macht sich die inzwischen in Rathenow gebildete Kalandsbrüderschaft durch Ankauf von Gütern für die Kirche um diese verdient; sieben Jahre darauf wird von Schenkungen an verschiedene Altäre, besonders auch an den heiligen Kreuzaltar, seitens Ludwigs des Römers, berichtet. Diese Geschehnisse dürften mit dem bedeutenden Umbau des Chores, der seinen Formen nach ungefähr in diese Zeit zu setzen ist, zusammenhängen, wie nicht minder die gleich darauf (1351) erfolgte Bestätigung seitens des Markgrafen, daß Rathenows geistliche Behörde das Domkapitel von Brandenburg sein solle. Wie in vielen anderen Pfarrkirchen, haben sicher auch in der Rathenower die wachsende Menge der Altäre und der sich stetig umfangreicher gestaltende kirchliche Ritus die Erweiterung des engräumigen romanischen Chores wünschenswert gemacht. Im besonderen scheint hier der Wunsch der Kalandsbrüder nach einer eigenen Kapelle zu der vorhandenen reich gegliederten Anlage geführt zu haben. Wir sehen wenigstens, daß gleichzeitig mit der Umgestaltung der alten einschiffigen Anlage zu einer dreischiffigen mit Chorumgang und polygonalem Schluß südlich und nördlich davon zwei Kapellen angeordnet wurden, die den Schutzheiligen der Kirche St. Maria und St. Andreas geweiht wurden. Die Breite des romanischen Querschiffs konnte für den Umgang des neuen Chores nicht durchgeführt werden, da sie zu unerwünscht mächtigen Abmessungen geführt haben würde. Die Außenwände trafen infolgedessen mitten auf die Seitenapsiden (Abb. 112). Trotzdem behielt man diese bei, schon um während des Chorbaus das Lang- und Querhaus im alten Zustande zum Gottesdienste benutzen zu können und die Seitenaltäre zu schonen. Den Apsidenwänden und den Halbkuppeln durfte man die Westenden der Chormauern unbedenklich aufbürden. Das Unorganische dieser Verbindung trat am meisten im Äußeren zutage und bestimmte vielleicht mit die Anordnung der Kapellen gerade hier, wo sie sich in die Ecken schmiegten und die unschönen Zusammenschnitte im Norden und im Süden deckten. Die Jocheinteilung des Langchors mußte sich naturgemäß wieder nach der so gegebenen Stellung der Kapellen richten, und so ergab sich die merkwürdige Anordnung eines halben Kreuz-

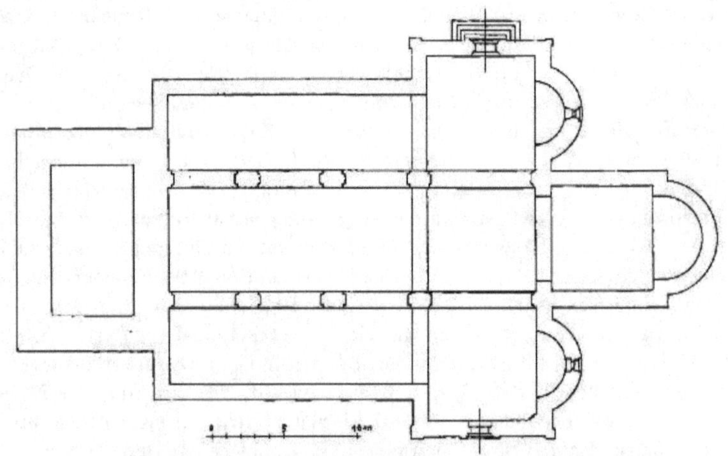

Abb. 140. Rathenow. Ursprünglicher Grundriß der Pfarrkirche.

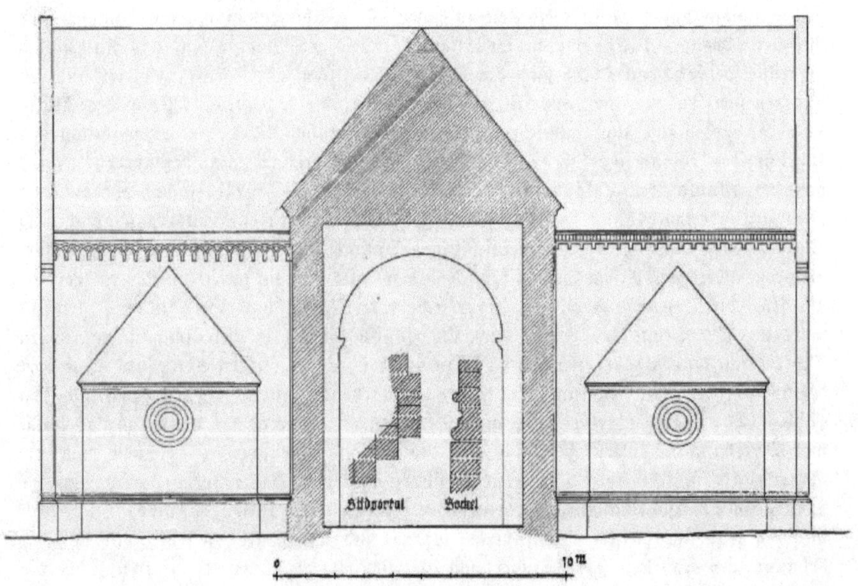


Abb. 141. Rathenow. Pfarrkirche.
Ursprüngliche Form der Ostteile. Schnitt durch den Chor und die Ostseite des Querschiffs.

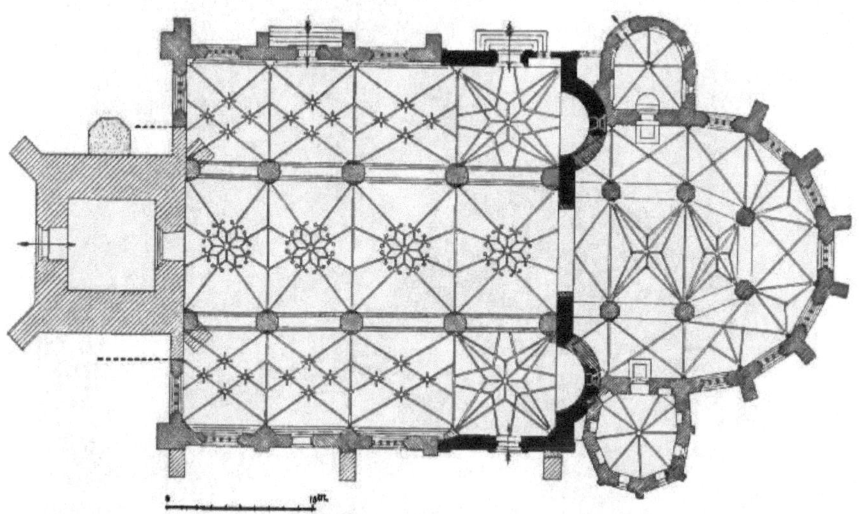

Abb. 142. Rathenow. Grundriß der Pfarrkirche.

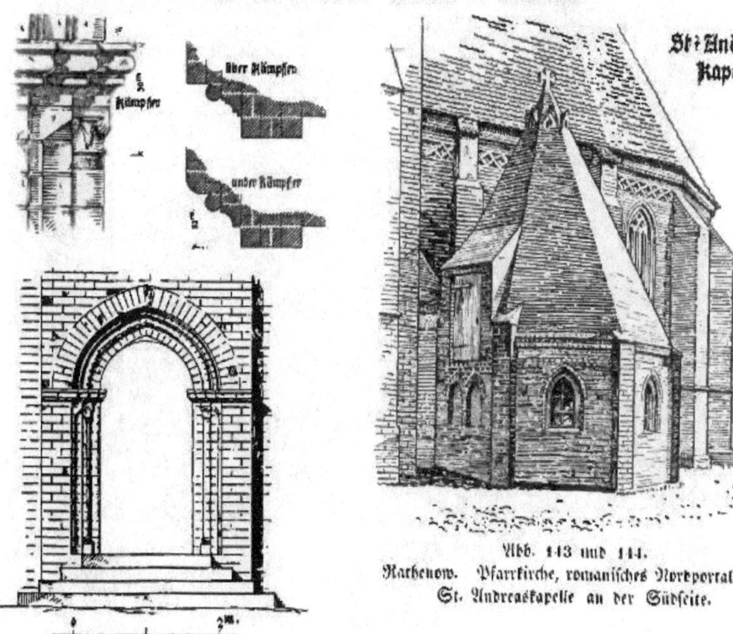


Abb. 143 und 144.
Rathenow. Pfarrkirche, romanisches Nordportal und
St. Andreaskapelle an der Südseite.

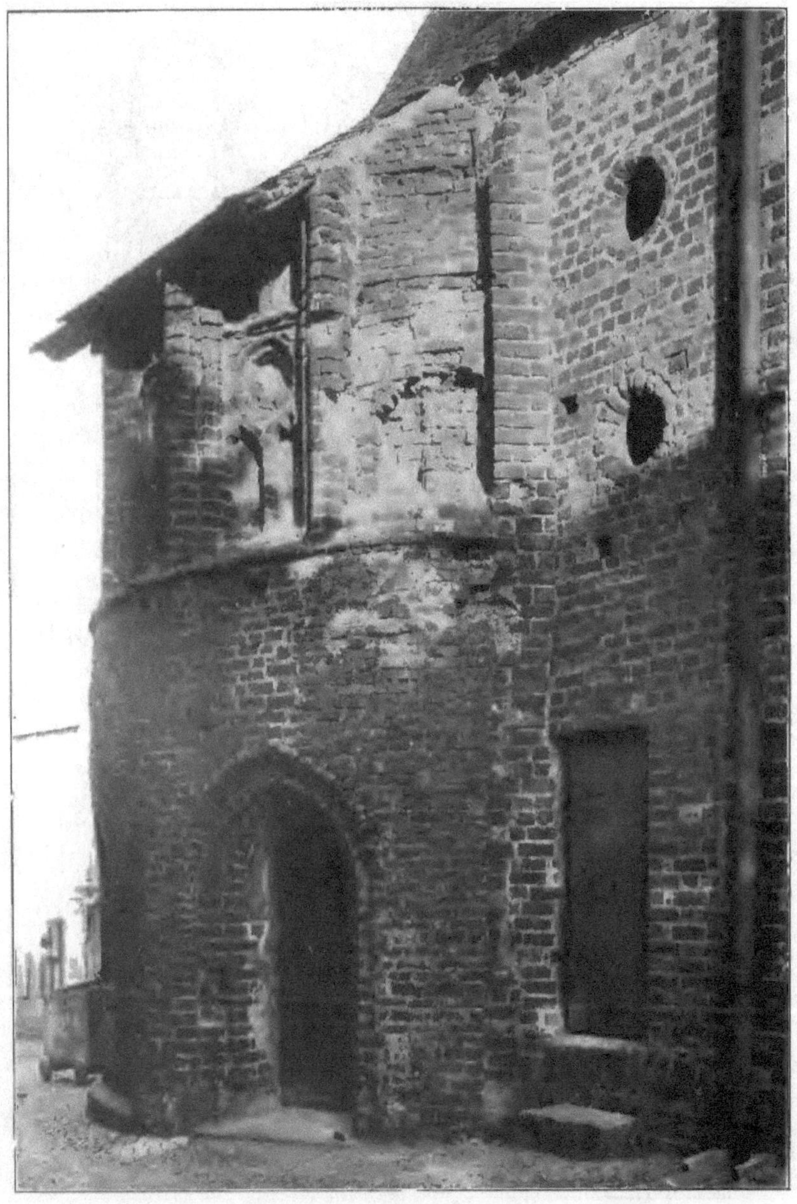

Abb. 115. Rathenow. Pfarrkirche. Marienkapelle von Nordwesten.

gewölbes am Anfang des Langchors. Seine maßvolle Breite ermöglichte hier auch in den Höhen ein enges Anpassen an das Bestehende, besonders an den Triumphbogen.

Die Einzelformen des Chores hielt man sehr einfach. Die Strebepfeiler, von Sockel und Kaffsims umzogen, endigen ohne Abstufungen im Maßwerkfries des Hauptgesimses. Im Innern haben die achteckigen Pfeiler ganz schlichte und flache Kapitellbildung, die nur in ein paar vorgerückten Schichten besteht. Wanddienste und Rippen sind in verwandter Profilierung gehalten (Abb. 146), während die Arkadenbögen sich aus den gleichen Formsteinen zusammensetzen wie die Fenstergewände. Die Wanddienste ermangeln gänzlich einer Kapitellbildung. Selbst die Sterngewölbe des Mittelschiffs bedeuten wohl weniger einen besonderen Aufwand als ein Nachgeben an den Zeitgeschmack. Die Fenster waren dreiteilig und sind erst in neuerer Zeit zweiteilig gemacht, bis auf das südliche im Langchor. In Kämpferhöhe verband ein Ring von Holzankern die Chorpfeiler untereinander und mit der alten Querschiffmauer. Die Anker sind jetzt herausgeschnitten, doch stecken ihre Reste noch in den Pfeilern. Bezeichnend für die sparsame Bauweise des Mittelalters ist es, daß man bei diesem Umbau — ganz abgesehen von den Apsiden — die Gesimse der östlichen Querschiffwand mit dieser unbekümmert bestehen ließ.

Die Kapellen, wiewohl beide annähernd gleichzeitig mit dem Chor entstanden, liegen einige Stufen tiefer als dieser. Untereinander weichen sie in wesentlichen Punkten ab. So schon in der Grundform, die bei der (südlichen) St. Andreaskapelle unregelmäßig vieleckig ist. Diese zeigt in ihrer einfachen aber charaktervollen Ausbildung (Abb. 141) noch einen Nachklang frühgotischen Geistes. Auf tiefsitzenden, mannigfaltig aus dem Ton geschnittenen Konsolen (Abb. 146) ruht das breitgespannte Kappengewölbe mit Rippen, die im Profil denen des Chores gleichen. Zwischen den bescheidenen, in flacher Schräge endigenden Strebepfeilern läuft ein glatter vertiefter Friesstreifen herum. Wie im Innern das Gewölbe, so hält sich im Äußeren das Gesims bzw. die Traufe in maßvoller Höhenlage, um gerade dadurch das hohe massive Pyramidendach zur Wirkung zu bringen, das an seiner Spitze mit einem Krönchen von lukenförmigen Zackenaufsätzen geziert ist und in einem Kreuze endigt. Dieses Massivdach ruhte einst auf einem vielseitigen kleinen Kuppelgewölbe, von dem ringsum nur noch ein Ansatz vorhanden ist. Zu dem Obergeschoßraum unter ihm, dessen Wände innen Stichbogennischen haben, führt eine nur mittels Leiter von außen zugängliche Lukentür an der Westseite, die nach dem Samariterbilde in der Kirche einst ein Wimperg zierte. Die neuere Herstellung des Obergeschosses hat zwar das Pyramidendach im wesentlichen beibehalten, aber der verstümmelten Lukentür fehlt gegenwärtig der Wimperg. Der Erdgeschoßraum ist nur von der Kirche aus zugänglich und wurde wohl von jeher als Sakristei gebraucht.

Anders bei der (nördlichen) Marienkapelle, die im Grundriß aus einem Rechteck mit Halbkreisschluß gebildet und durch eine dem Profil nach ursprüngliche Tür von außen her zugänglich ist, wodurch sie mehr das Ansehen einer Vorhalle erhält, zumal sie der Stadt zugewendet liegt. Die inneren Nischen sind hier regel-

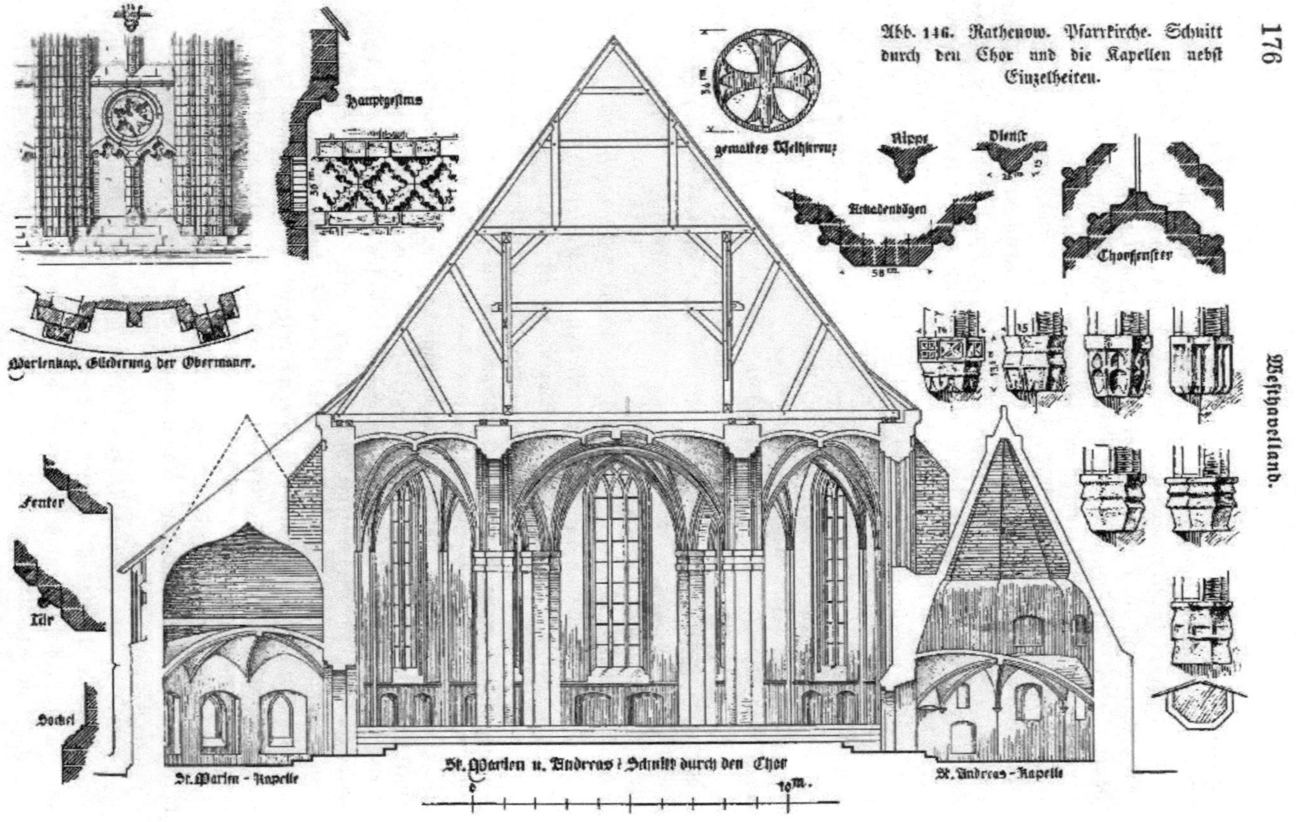


Abb. 146. Rathenow. Pfarrkirche. Schnitt durch den Chor und die Kapellen nebst Einzelheiten.

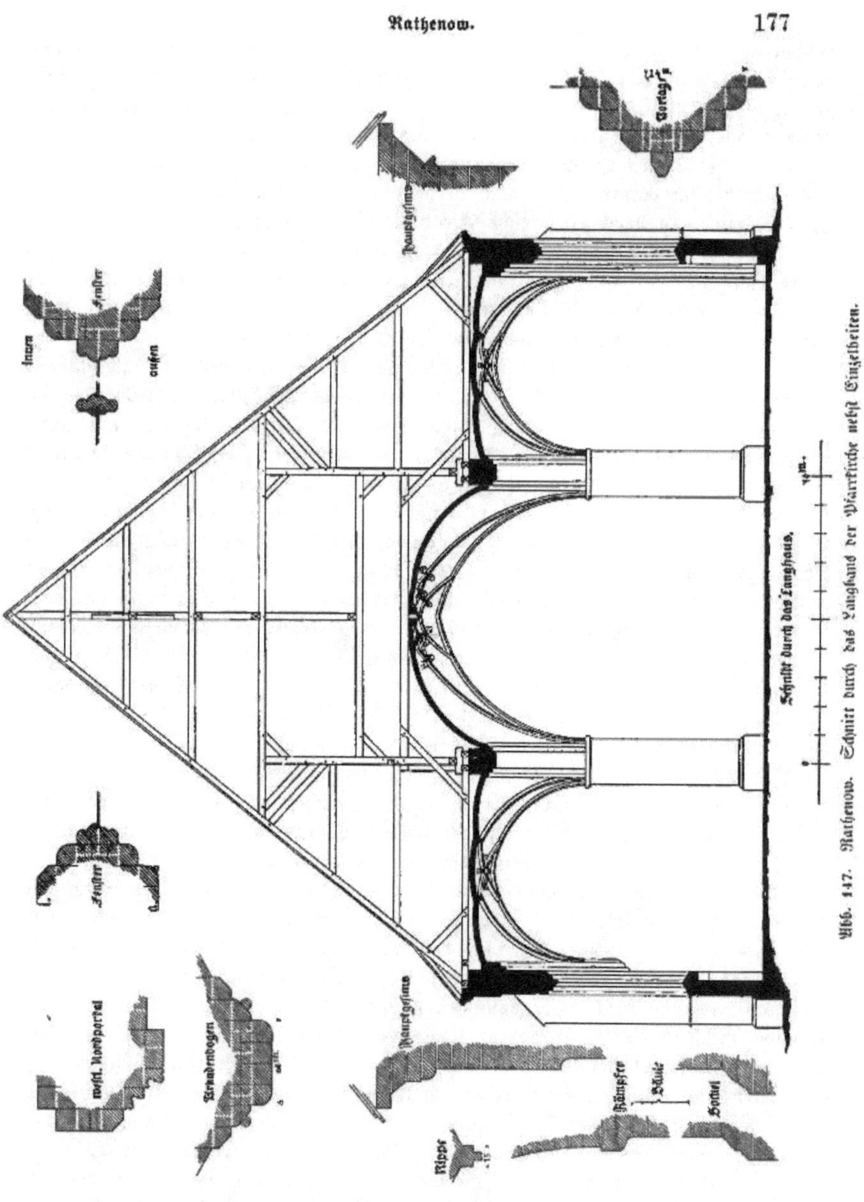


Abb. 147. Rathenow. Schnitt durch das Langhaus der Pfarrkirche nebst Einzelheiten.

mäßiger verteilt und größer. Auch hier finden wir über dem etwas höheren Kappengewölbe ein durch eine Einsteigluke zugängliches Obergeschoß mit einem Spitzkuppelgewölbe, dessen unsaubere Ausführung sogleich verrät, daß es nur konstruktive Bedeutung hat und der Obergeschoßraum nicht dem Kultzwecke diente (Abb. 146). Spuren an der Traufe der Westseite und an dem benachbarten Chorstrebepfeiler zeigen, daß auch hierein massives Kegeldach vorhanden war. Erst später erhöhte man die Umfassungsmauern durch eine reiche Blendenarchitektur über polygonalem Grundriß, die z. T. noch erhalten ist. Sie verblieb in ihrem ruinenhaften Zustande bis zum Jahre 1907 (Abb. 145). Das Backsteinformat dieser Bauzeit ist 29×13×9 cm. Nur die Chorpfeiler sollen kleineres Format haben, wahrscheinlich weil für sie Material vom Abbruch des romanischen Chores benutzt worden ist.

Die dritte Bauzeit zog sich durch einen großen Teil des 16. Jahrhunderts und bedeutete im wesentlichen eine dem neuen Zeitgeschmack entsprechende architektonische Ausgestaltung des alten basilikalen Langhauses. Man gewann durch sie nur unbedeutend an Flächenausdehnung, mehr aber an Höhenentfaltung des Raumes, besonders in den Seitenschiffen, da man die flachgedeckte Basilika nunmehr zu einer gewölbten Hallenkirche umschuf (Abb. 147). Zur Ausführung des Planes fehlte es indessen lange an Mitteln. Schon seit 1503 hören wir zwar von Einnahmen durch Kollekten und Schenkungen, doch waren sie, als der Bau 1517 in Angriff genommen wurde, noch immer unzulänglich. Man kam wohl nicht allzu weit über den Sockel hinaus, denn 10 Schichten über ihm finden sich diese Jahreszahl sowie der Name des Meisters Andreas Lindemann inschriftlich in den Backstein geschnitten (Abb. 148). Die Schenkung des Rates von 39 600 Steinen ermöglichte 1531 einen größeren Schritt vorwärts. Erst 1562 verzeichnet die Kirchenrechnung die Vollendung der Gewölbe. Durch den unter so schwierigen Verhältnissen unternommenen Umbau des Langhauses wurden die Seitenschiffmauern bis in die Flucht der romanischen Kreuzarme hinausgerückt, an die Stelle der Mittelschiffarkaden mit ihren Obermauern traten im Norden und Süden je drei Rundpfeiler nebst zwei halbrunden Wandpfeilern im Osten und Westen. Die Seitenschiffe, die wohl nacheinander entstanden, erhielten ungleiche Ausführung: im südlichen verstärkte man die Außenmauern durch innere Vorlagen in Form von Diensten, aber nur sehr flache Strebepfeiler; im nördlichen dagegen wendete man zwar 1 m tiefe Strebepfeiler an, schwächte die Mauern aber dafür durch zahlreiche Nischen und sparte bis kurz unter Kämpferhöhe die Wanddienste. Dem Zeitgeschmack trug man Rechnung durch Anwendung von glasierten Köpfen, welche die Rundpfeiler in schraubenförmigen Linien umziehen, sowie von Netz- und Sterngewölben, deren Wirkung man im Mittelschiff noch durch besondere kleine dekorative Ansätze an den Sternspitzen zu bereichern suchte. Während des langwierigen Umbaus konnte zum Gottesdienst allein der Chor benutzt werden, der indessen nur durch die kleine Pforte der Marienkapelle zugänglich war. Man überwölbte deshalb vor allem die einstigen Kreuzarme, in denen sich die Portale befanden, was sich noch jetzt in der abweichenden Form ihrer Gewölbe ausspricht. Vielleicht wurden damals erst — notgedrungen — die Durchbrüche durch die Apsidenwände geschaffen, um einen Zugang

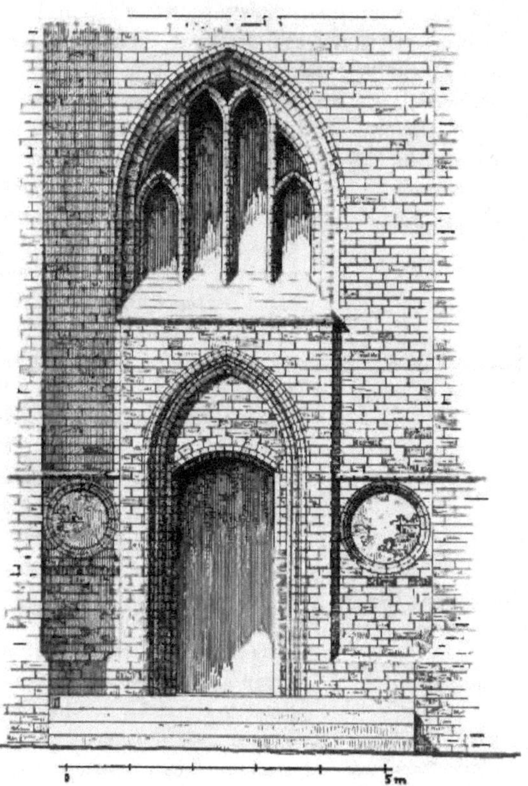


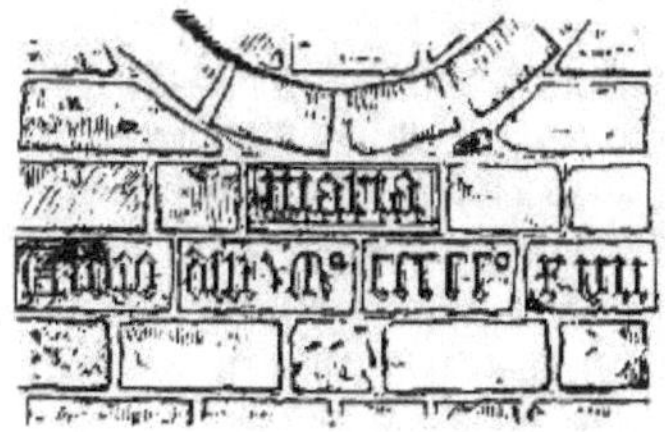

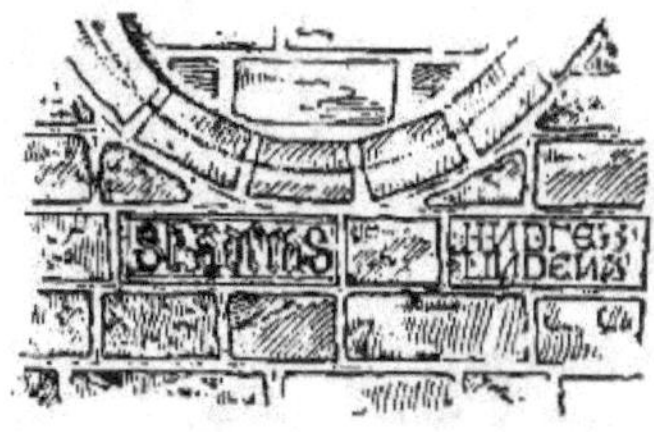

Abb. 148. Rathenow. Westliches Nordportal der Pfarrkirche nebst Inschriftsteinen.

von den Portalen zum Chor zu gewinnen. Auch bei diesem Erweiterungsbau wurden die Höhen der bestehenden Teile nur unbedeutend überschritten, sei es nun aus Sparsamkeit, sei es der einheitlichen Wirkung wegen. Schon so stieg das alle drei Schiffe überspannende Dach sehr hoch am alten Turm hinauf und beeinträchtigte stark dessen Wirkung. Die Gestaltung des Äußeren ist im einzelnen noch von größerer Einfachheit und Sparsamkeit als am Chor: keine reicheren Profile, kein Maßwerkfries am Hauptgesims! Als einziger Schmuck ist an der Nordseite stellenweise die damals beliebte Rautenmusterung mit glasierten Köpfen und an der Südseite je eine kleine Stichbogenblende über den Strebepfeilern bemerkbar. Letztere sind jetzt vermauert. Von den bescheidenen Portalen des Langhauses ist das nördliche (Abb. 148) von zwei Kreisblenden begleitet, unter denen die Namen der Schutzheiligen Maria und Andreas, deren gemalte Bildnisse die Blenden vermutlich einst schmückten, in Minuskelschrift eingeschnitten sind (Abb. 148). Doppelte Putzstreifen, die übereinander die ganze Südseite umziehen, bilden mit dem früher ebenfalls überputzten Hauptgesims eine karge Belebung der Flächen. Deutlicher als in der Wirklichkeit erkennt man diese noch auf dem Samariterbilde in der Kirche. Trotz des spärlichen Schmuckes ist die Gesamtwirkung — wesentlich unterstützt durch die bedeutende Höhenlage des Bauwerks und die zu ihm führenden Treppen — eindrucksvoll genug. Von den letzteren führte die westliche der Nordseite den Namen „Hohe Treppe". Der First des Langhauses trug einst einen Dachreiter mit einem niedrigen Stockwerk und schlankem Spitzhelm (Taf. 21). Das Backsteinformat dieser Bauzeit betrug 30×13,5×9 cm.

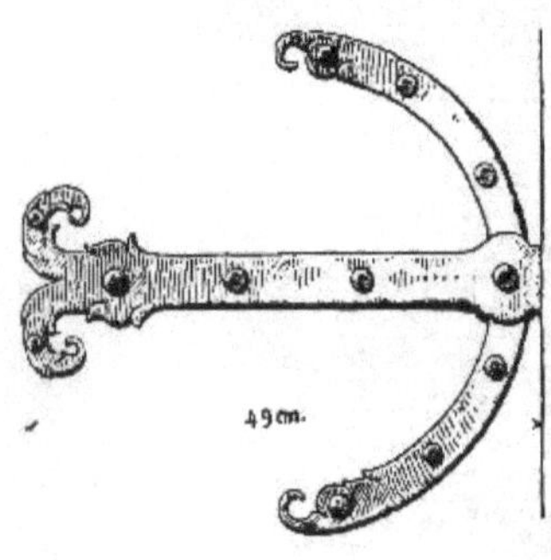


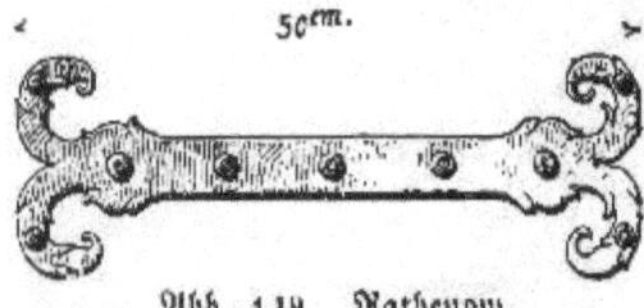


Abb. 149. Rathenow.
Türbeschläge der Pfarrkirche.

Dieser Ausbau des Langhauses brachte auch einige Änderungen am romanischen Querhause mit sich. Sockel und Hauptgesims wurden mit jenem tunlichst einheitlich gestaltet, im einstigen Querschiff drei- bzw. vierteilige Spitzbogenfenster angelegt, die zerstörend in den Rundbogenfries eindringen, und das romanische Nordportal im gotischen Sinne mit Spitzbogen versehen. Seine veränderten Türbänder gibt Abb. 149.

Am Ende des 16. Jahrhunderts muß der achteckige, zweigeschossige Dachreiter des Westturms seine geschweifte Haube erhalten haben in der Form, wie sie das Samariterbild darstellt. Da die alte Wetterfahne die Jahreszahl 1601 trug, dürfte dies das Jahr einer Erneuerung der Haube sein (vgl. Merians Ansicht, Taf. 21). Die Höhe der Laterne nebst Helmstange, Wetterfahne und Kreuz betrug damals 20 Fuß über dem First des Turmdaches und die Gesamthöhe vom Erdboden 124 Fuß (Urkunde im Knopf; siehe Specht a. a. O.). 1709 wurden der Dachstuhl der Kirche

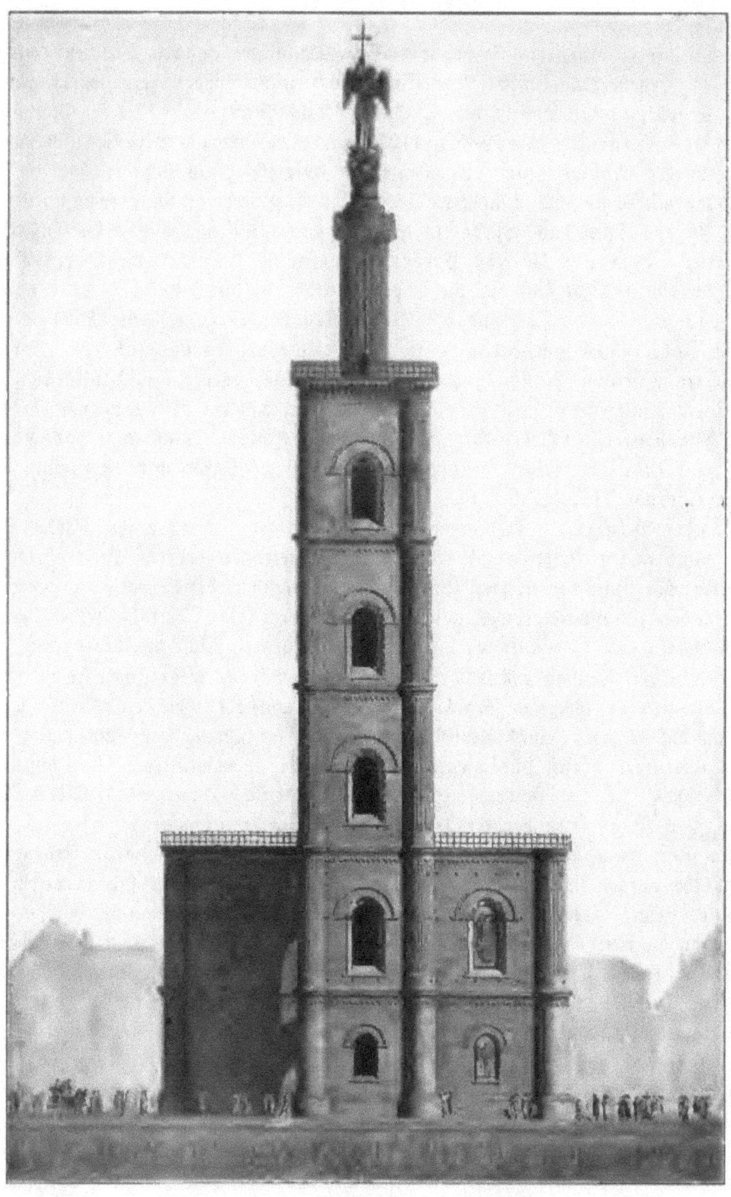

Abb. 150. Rathenow. Entwurf Schinkels für die Westseite der Pfarrkirche.

und die Turmspitze erneuert. Dabei wurde der Dachreiter auf dem östlichen Teile des Langhauses wegen Baufälligkeit abgetragen und nicht wieder hergestellt (vgl. die ziemlich unvollkommene Ansicht der Stadt auf dem Plan von 1720 im Rathause).

Vierte Bauzeit. Im Jahre 1727 wurde der Turm teilweise niedergelegt und darauf der Massivteil um vier Fuß höher aufgeführt als vordem, so daß seine Gesamthöhe mit Dach und Dachreiter sich um 56 Fuß vermehrte und fortan 180 Fuß betrug. In das Satteldach wurde ein quadratisches Glockenhaus von 20 Fuß Höhe eingeschaltet. Von den 56 Fuß Erhöhung kamen 30 Fuß auf die untere Haube und die Laterne und 26 Fuß auf die Laternenhaube und die Helmstange (Urkunde im Knopf; vgl. Specht a. a. O. und die Stadtansicht bei Wagener von 1803).

Im Jahre 1776 wurde das Innere der Kirche neu geputzt und vom „Bildertand" gereinigt, einige Fenster wurden vergrößert, alle neu verglast, das Gestühl und zwei „Chöre" angefertigt. Auch die Orgel wurde damals fast ganz umgearbeitet und 1778 vollendet. 1779 bekam der von den Tischlern Dantzmann und Kersten angefertigte Altar „die seiner Bestimmung angemessene Würde und Verzierung" mit dem Gemälde von Rode (Taf. 24).

Fünfte Bauzeit. Im Jahre 1816 mußte der Turm wegen starker Risse verankert und abgesteift, 1818 und 1819 dennoch abgetragen werden. Im Jahre 1821 wurden zur Schaffung der nötigen Unterlagen zum Neubau die Situation aufgemessen und Aufnahmezeichnungen von Stadtbaurat Perl hergestellt. Darauf stellte Schinkel einen Entwurf (Abb. 150) auf, der indessen als zu großartig nicht zur Ausführung kam. 1824 begann der Neubau des jetzigen quadratischen Turmes in gotischen Formen nach einem Entwurf des Regierungsrats Redtel, 1828 wurde er beendet. Leider wurde dabei, um das Schema eines Kathedralturmes durchzuführen, der Innenraum der Kirche durch zwei große schräggestellte Strebepfeiler verunstaltet. Am Fuße des Turmes außen an der Nordseite steht die Inschrift: „Fischer MDCCCXXIII." Dieselbe Zahl ist auch an der Spitze des Westportals eingemeißelt.

Nachdem dann bereits Ende des 19. Jahrhunderts eine teilweise Erneuerung der Gewölbe vorgenommen worden war, gab 1901 ein Riß, der sich in denen des Langhauses zeigte, Veranlassung zu ihrer Neuherstellung in der alten Weise. Im Anschluß daran wurden die Rundpfeiler darin wie die Rippen vom Putz befreit, die Tür zwischen Turm und Schiff durchgebrochen, an der Nordseite des Turmes außen eine Treppe angebaut und im Innern der Kirche die Emporen der Längsseiten schmaler gemacht, an der Westseite die obere Orgelempore beseitigt, die Malereien an den Chorpfeilern wieder aufgedeckt. Im Jahre 1907 wurde schließlich das Obergeschoß der Marienkapelle im Sinne des späten Mittelalters ausgebaut und mit einem Zeltdach abgeschlossen.

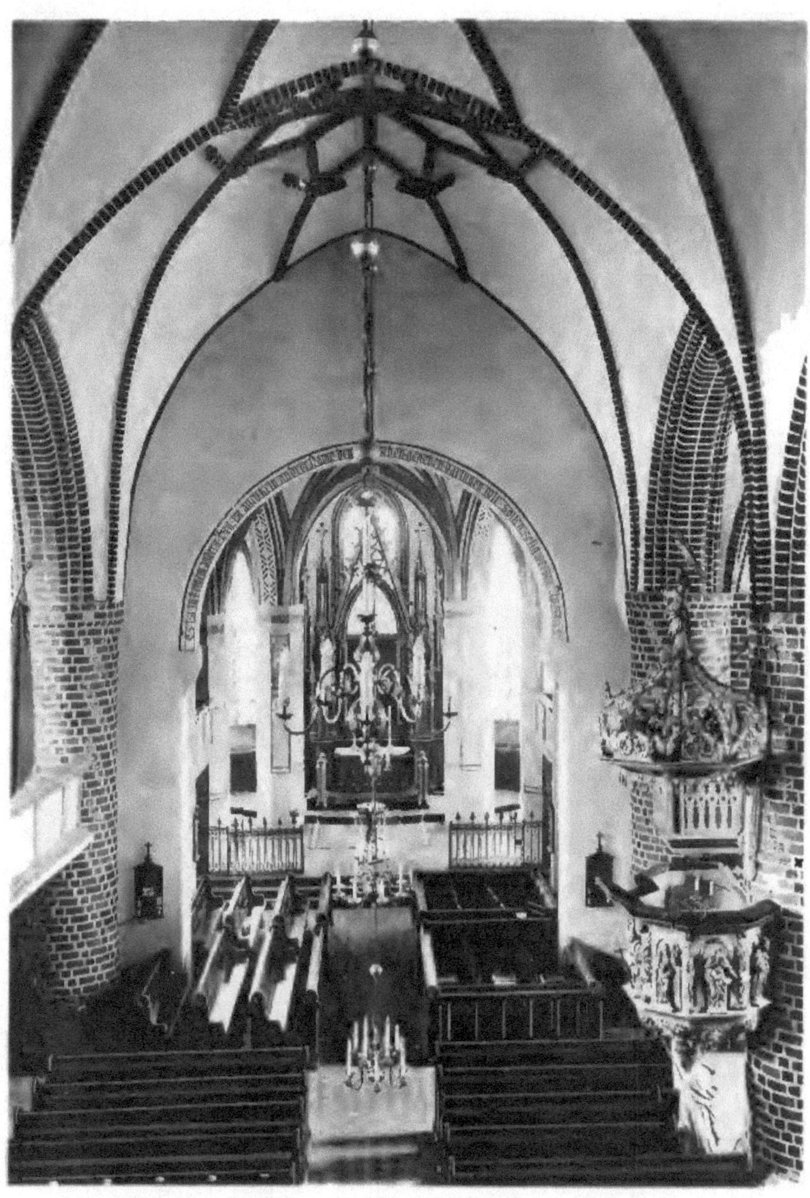

Rathenow. Inneres der Pfarrkirche gegen Osten gesehen.

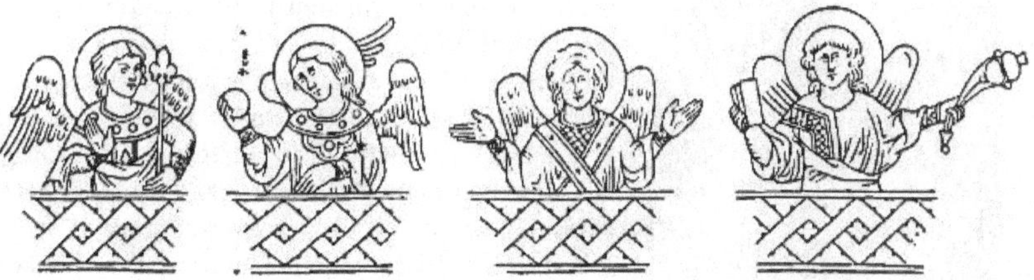

Abb. 151. Rathenow. Pfarrkirche. Gravierung vom romanischen Kelch.

## Innere Ausstattung.

Gotische Wandmalerei im Chor. Die vier westlichen Achteckpfeiler im Chor sind an je vier Seiten nach dem Mittelschiff zu mit figürlichen Malereien geschmückt, die teilweise schon einmal (um 1900) aufgedeckt, aber wieder übertüncht worden waren. Im Jahre 1905, bei der zweiten Aufdeckung durch Maler Kutschmann, wurden die Architekturformen an den Kanten der Pfeiler erneuert. Die figürlichen Darstellungen sind noch nicht wiederhergestellt worden. Es sind Standfiguren (Abb. 152) in zwei Reihen übereinander, auf bläulich grünem Grunde. Ohne eingehende Untersuchung sind nur wenige festzustellen; doch kann man männliche und weibliche Heilige unterscheiden. Von den darunter stehenden Namen (in gotischen Minuskeln) ist nur noch Apollonia zu lesen. An den inneren Leibungsflächen der östlichen Pfeiler sind in den oberen Reihen die Schutzheiligen der Kirche, Maria und Andreas, zu erkennen. Die jetzt erneuerte Färbung der Rippen, rot in den Seitenschiffen, grün im Mittelschiff, war wie auch die schwärzlichen Begleitstreifen derselben, in Spuren vorhanden. Die Ornamente der Gurtbogen und um die Rippenkreuzungen sind neu hinzugefügt, ebenso die Verzierung der Pfeilerköpfe und des Triumphbogens. An den Chorwänden wurden 1905 in Augenhöhe die sieben alten Weihkreuze (Abb. 146) aufgedeckt. Es wechseln regelmäßig ab: ein rotes Kreuz in grünem Kreise und ein grünes Kreuz in rotem Kreise. Der Grund ist in beiden Fällen weiß, die Umrisse sind schwarz.

Die Malerei der Emporenbrüstungen im Langhaus stammt aus dem Jahre 1905. Neu ist auch die Glasmalerei-Musterung in sechs Chorfenstern.

Der frühere mittelalterliche Flügelaltar der Pfarrkirche (Taf. 25 u. 26) kam im Jahre 1875 nach Berlin in das Kunstgewerbemuseum, seine Hauptteile, der Schrein und zwei Flügel von 1,50 m Höhe und 2,16 bzw. 1,08 m Breite werden zurzeit im Lager des Kaiser-Friedrich-Museums aufbewahrt. Im Schreine stehen auf einer Predella von 22 cm Höhe fünf 80 bis 90 cm hohe Figuren von gekrönten weiblichen Heiligen. In der Mitte Maria mit dem Kinde, links St. Dorothea und St. Margaretha, rechts eine Heilige ohne Attribut und eine andere, in deren Hand anscheinend der Rest eines Rades zurückgeblieben und die daher wohl als St. Katharina zu deuten ist. Die Figuren sind fast vollrund aus Pappelholz geschnitzt und ganz

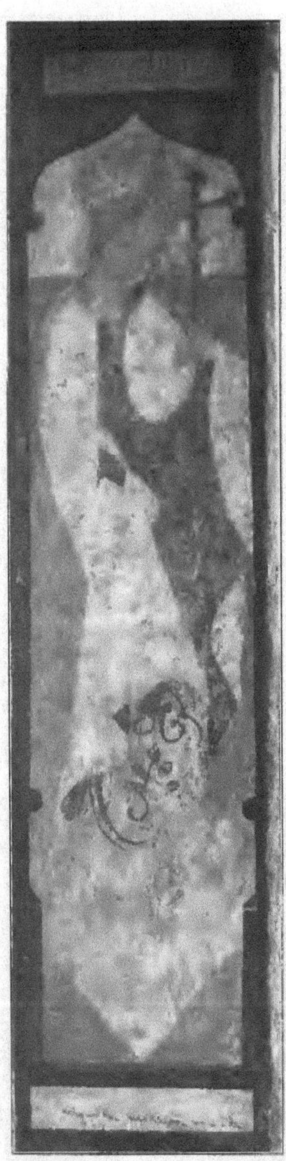

Abb. 152. Rathenow. Pfarrkirche. Teil der Bemalung eines Chorpfeilers.

vergoldet, nur die Fleischteile sind naturalistisch bemalt. Die Köpfe haben alle den gleichen Typ, die Gesichter sind rund vollwangig mit stark vortretendem Kinn. Über den Figuren befindet sich eine aus fünf Bögen bestehende Baldachinarchitektur, deren Wimperge mit blumenförmigen Krabben besetzt sind. Die Zwickel darüber sind mit kleinen gemalten Engeln gefüllt. Die Predella zeigt dreizehn Spuren von geschnitzten Brustbildern, höchstwahrscheinlich Christi und der zwölf Apostel. Die Flügel sind nur einseitig in Tempera bemalt, und zwar mit Standfiguren von männlichen Heiligen auf Goldgrund unter Baldachinen. Es stehen links Jakobus d. Ä., Andreas und Paulus, rechts Petrus, Johannes und Bartholomäus. Alle haben schöne edle Köpfe. Für die Gewänder wie auch für die Baldachine ist nur rot und grün verwendet. Der Schrein sowohl wie die Flügel sind bis jetzt noch unberührt von jeder Erneuerung. Der ruhige Fluß der Falten an den Gewandungen, die einfache Architektur der Wimperge, die Form der als Marken dienenden Majuskeln in der Predella sowie manche andere Züge lassen auf die zweite Hälfte des 14. Jahrhunderts als Entstehungszeit des Werkes schließen.

Der jetzige Altar ist ein modern-gotisches Werk des 19. Jahrhunderts, er enthält aber das Gemälde seines im Jahre 1886 beseitigten Vorgängers von 1779. Es stellt dar, wie Simeon voll dankbarer Freude über das Jesuskind zum Himmel aufblickt, und ist von Rode (Berlin) gemalt. 2,21 m hoch, 1,41 m breit.

Altarbild auf Leinwand aus der Sakristei oben am Kämpfer in geknicktem Spitzbogen geschlossen, Ölgemälde der niederländischen Schule (?), die Geburt Christi darstellend. 1,28 m breit, 1,54 m hoch, bis zur Unkenntlichkeit nachgedunkelt.

Hölzerne Kanzel von 1709 (Abb. 153), barock, reich geschnitzt (Abb. 138 und 139), polychromiert in weiß, hellblau und Gold. Als Träger der Kanzel dient Moses mit den Gesetzestafeln. Die untere Korbfläche ist mit girlandentragenden Putten geschmückt. An der Kanzelbrüstung Christus und die Apostel in vollrunden Figuren, deren Reihe sich an

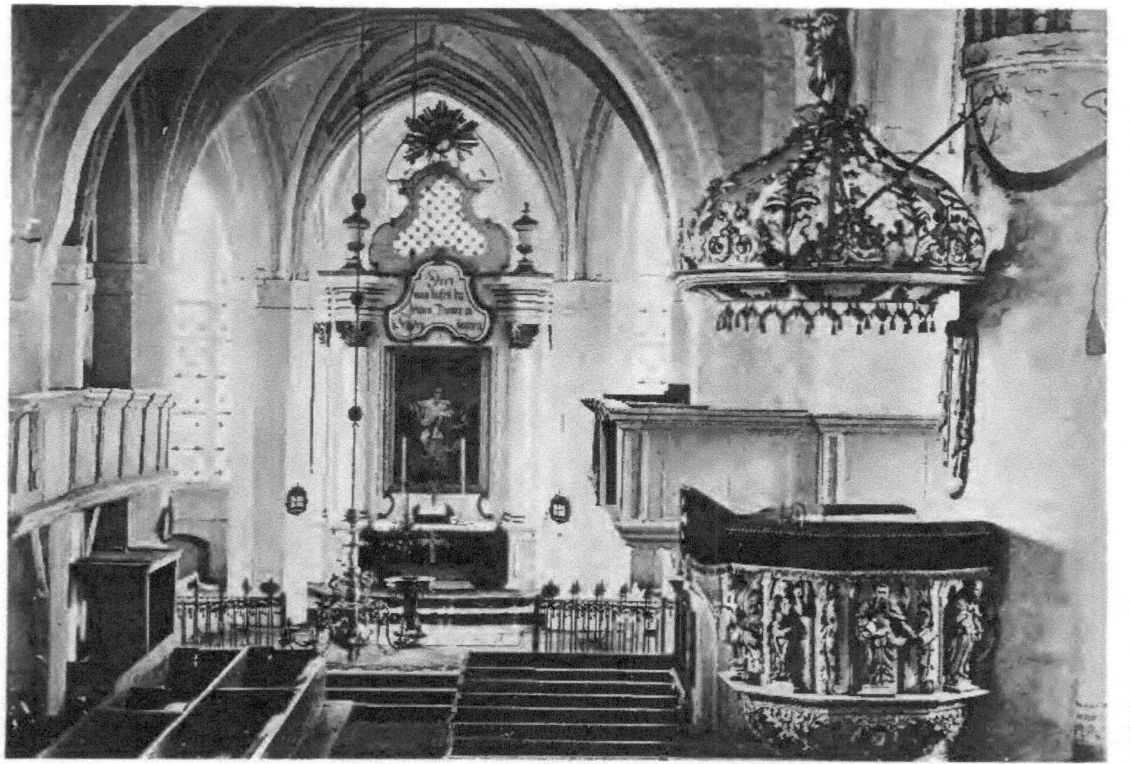

Rathenow. Inneres der Pfarrkirche mit dem früheren Altar.
(Nach einer älteren Aufnahme.)

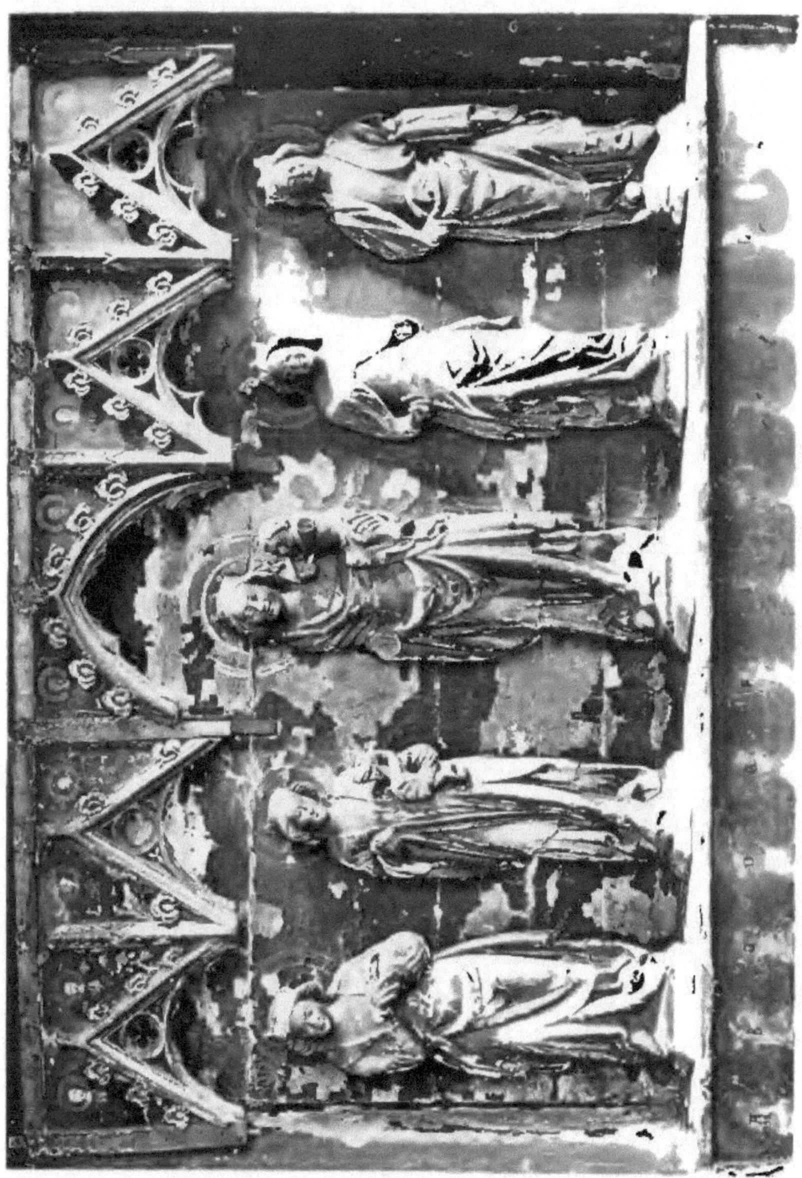

Rathenow. Schrein des frühgotischen Altars der Pfarrkirche.

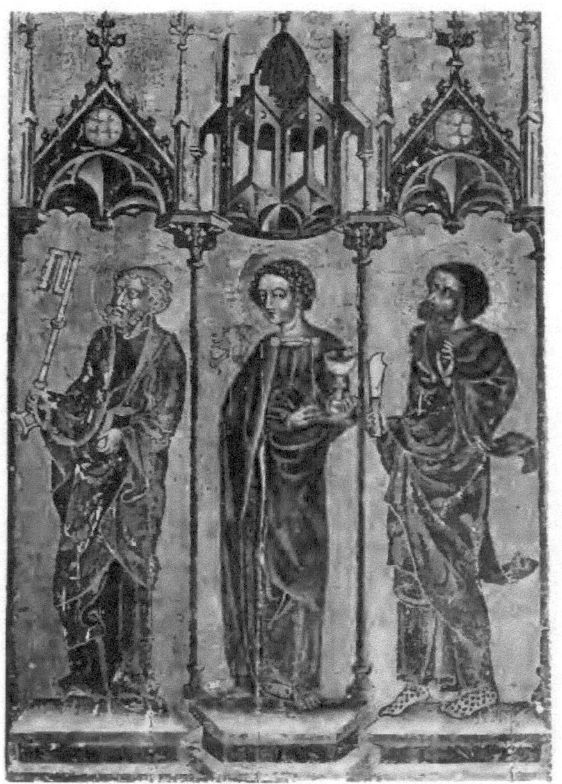

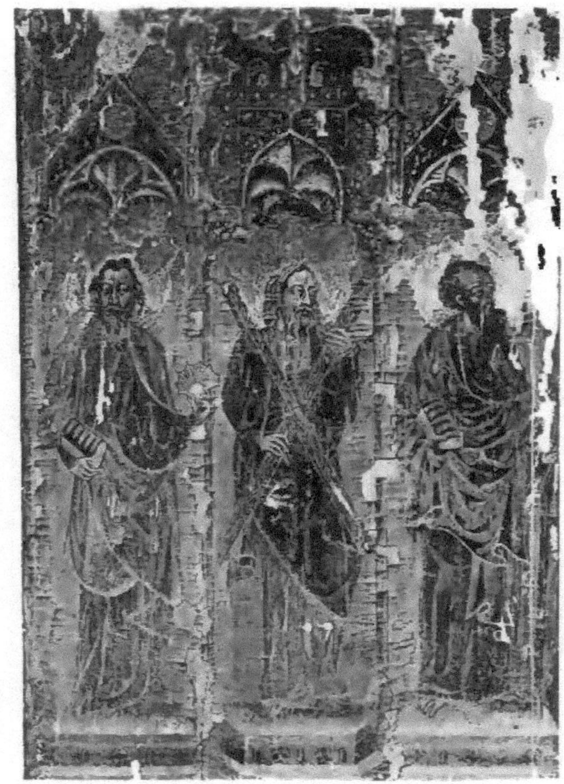

Rathenow. Malerei der Flügel des frühgotischen Altars der Pfarrkirche.

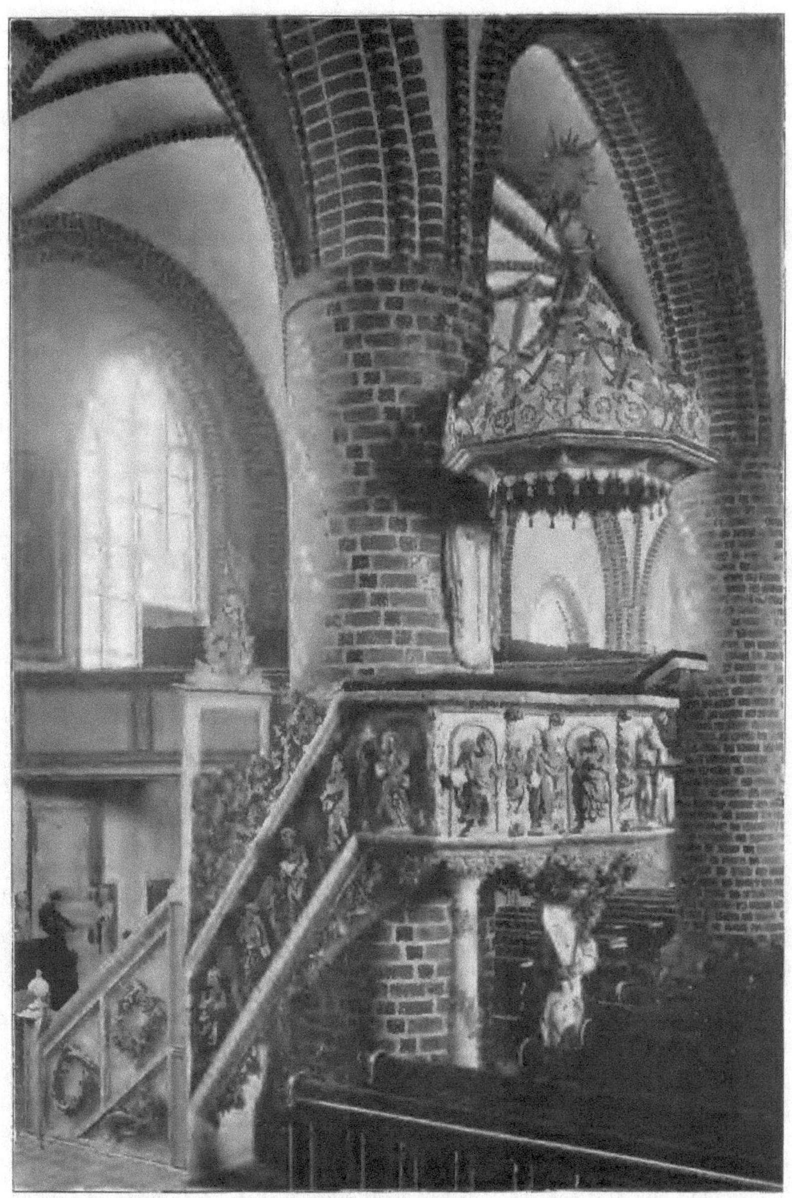

Abb. 153. Rathenow. Kanzel in der Pfarrkirche.

der Treppe und ihrem oberen Podeste fortsetzt. Letzteres ist für sich noch einmal durch eine einfache hölzerne Säule gestützt. Die Bekrönung des ebenso reich verzierten Schalldeckels bildet eine Christusfigur mit Strahlenglorie.

Der Orgelprospekt in Rokokoformen rührt augenscheinlich von der Umarbeitung der Orgel in den Jahren 1777/78 her.

Die Emporenbrüstungen im Chor sind in einfachen Renaissanceformen gehalten. An einem Balken unterwärts derselben an der Nordseite befindet sich die Inschrift in römischen Majuskeln: „VIRTUS SEMPER HABET COMITEM IN-

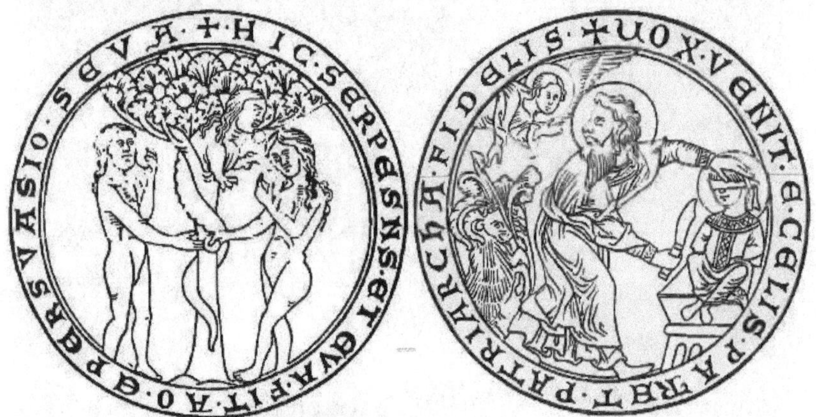


Abb. 154. Rathenow. Pfarrkirche. Gravierte Rundschilde vom romanischen Kelch.

VIDIAM — MISERRIMUS ILLE QUI NON HABET OSORES. ANNO DOMINI 1594."

Ein zur Kirche gehöriger kostbarer romanischer Kelch (Taf. 27) nebst Patene wird im Kreishause aufbewahrt. Silber vergoldet, 19,5 cm hoch, 14,5 cm oberer Durchmesser, 16,5 cm Durchmesser des Fußes. Der Fuß (Taf. 28) ist rund, sein unterer, steil schräg stehender Rand mit kleinen Fensteröffnungen durchbrochen. Die Aufsicht des Fußes zeigt am Rande einen Fries von Filigran, der vier ebensolche Dreiblattaufsätze hat und von vier Reliefmedaillons durchbrochen wird. Zwei derselben sind mandorlaförmig und enthalten die 5 cm hohen Figuren: 1) Christus, sitzend mit segnender Rechten, in der Linken das Buch, und 2) Maria mit dem Christusknaben auf dem Schoß und das Lilienzepter in der Rechten. Die zwei anderen Reliefs sind kreisrund und stellen dar: 3) die Geburt Christi (Joseph und Maria mit jüdischer Kopfbedeckung) und 4) Christus am Kreuz mit Maria und Johannes. Zwischen diesen Medaillons sind über den Filigrandreiblättern die vier Evangelistensymbole angebracht. Der Knauf ist rund, im Profil linsenförmig und ganz aus durchbrochenem Filigran gebildet. Die Kuppa ist halbkugelförmig und mit eingravierten figürlichen Darstellungen (Abb. 151, 154 u. 155) geschmückt.

Zunächst vier Kreismedaillons, enthaltend 1) Adam und Eva mit der Schlange im Paradiese, Umschrift: „HIC. SERPESNS. ET. EVA. FIT. AO. E PERSUASIO. SEVA"; 2) das Opfer Abrahams, Umschrift: „VOX. VENIT. E. CELIS. PARET. PATRIARCHA. FIDELIS"; 3) die Aufrichtung der Schlange durch Moses, Umschrift: „HIC. SERPENS. MITIS. MEDICINA. FIT. ISRAHELITIS"; 4) die Begegnung Abrahams mit Melchisedeck; jener, mit dem Schwert umgürtet, bringt den Zehnten in einem Tuche, Melchisedeck vor dem Altare stehend, bietet ihm Brot und Wein. Umschrift: „MELCHISEDECH. RITE. DAT. ABRAM. DUO. MUNERA. VITE †". Die

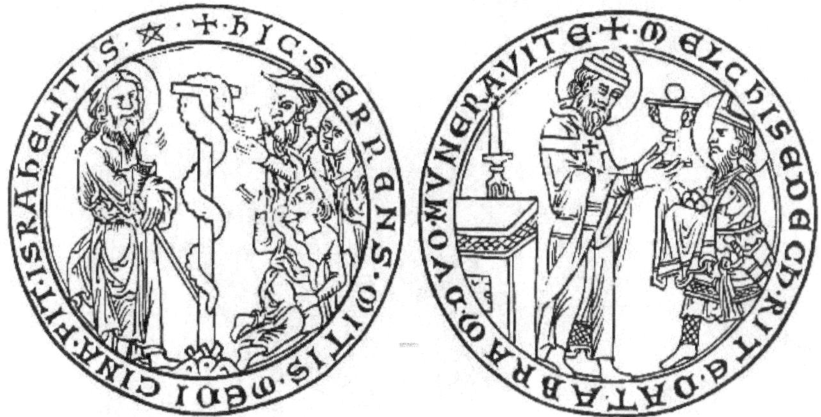


Abb. 155. Rathenow. Pfarrkirche. Gravierte Rundschilde vom romanischen Kelch.

gereimten Umschriften bestehen aus Majuskeln, unter denen A, E, H, M und V stellenweise in Unzialform auftreten. Die Kreisformen sind durch einen Flechtbandfries verbunden, in den Zwickeln zwischen ihnen sind vier Engel dargestellt mit Zepter, Brot (?), Weihrauchfaß und Buch, einer mit segnenden Händen (Abb. 151). Auf der Unterseite des Fußes ist eingraviert: „Anno 95 Wigt 85 Loth." (Die Jahreszahl, wie wohl zu beachten, in arabischen Ziffern! und daher apokryph.) Das seltene Werk gehört jedenfalls dem 13. Jahrhundert an. Die Patene dazu ist gleichzeitig, Silber vergoldet, 14 cm Durchmesser. Sie zeigt in einer vertieften Sechspaßform die Darstellung der Dreieinigkeit eingraviert, mit der Beischrift in Majuskeln: „SEDE. PATER. IN CRUCE. FILIUS. ALIDE. SPIRIT.' SANT'." Gottvater sitzt auf einem Thron und hält den gekreuzigten Christus vor sich, dem zu Häupten die Taube schwebt (Abb. 156).

Ein kleiner gotischer Kelch, Silber vergoldet, 17,5 cm hoch, der Fuß in Sechspaßform mit drei eingravierten figürlichen Darstellungen: 1) Christus am Kreuz mit Maria und Johannes, 2) Maria mit dem Christuskinde, 3) Jakobus und Johannes. An den Zapfen des Nodus die Buchstaben Jhesus. Seine Oberseite aus durchbrochenem Maßwerk. Die Kuppa parabolisch. Die Patene dazu einfach.

Ein kleiner gotischer Kelch, Silber vergoldet, 15,5 cm hoch, der Fuß sechsteilig, mit Weihkreuz. Der Nodus mit Fischblasen durchbrochen. Die Zapfen sind an ihren rautenförmigen Vorderflächen mit den Buchstaben J H E S U S in frühgotischen Majuskeln besetzt (daher wohl noch 14. Jahrhundert).

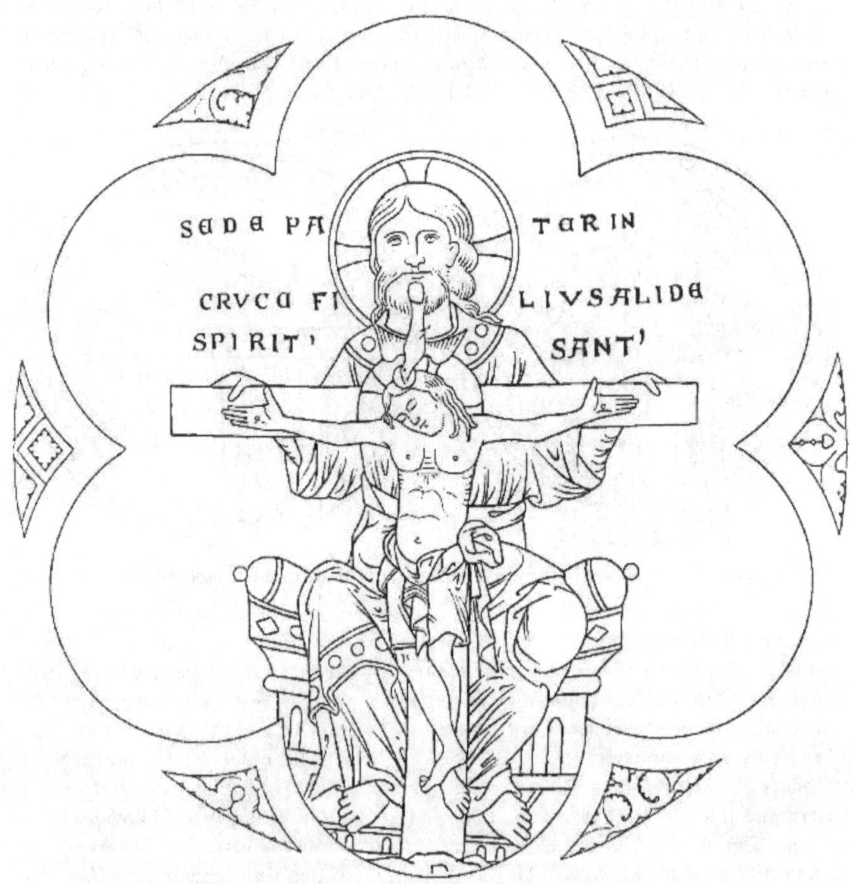


Abb. 156. Rathenow. Pfarrkirche. Gravierung der Patene.

Ein kleiner gotischer Kelch, 19 cm hoch, Fuß sechseckig, mit kleinem Reliefkruzifix statt Weihzeichen, am Halse: „Ave maria gracia plena" in gotischen Minuskeln. Die Zapfen des Nodus in Rautenform, die Kuppa parabolisch.

Zwei Kannen, Silber, teilweise vergoldet, eine von 1637 in geschweifter Form; die andere in gerader Form zeigt auf dem Deckel das hl. Abendmahl eingraviert.

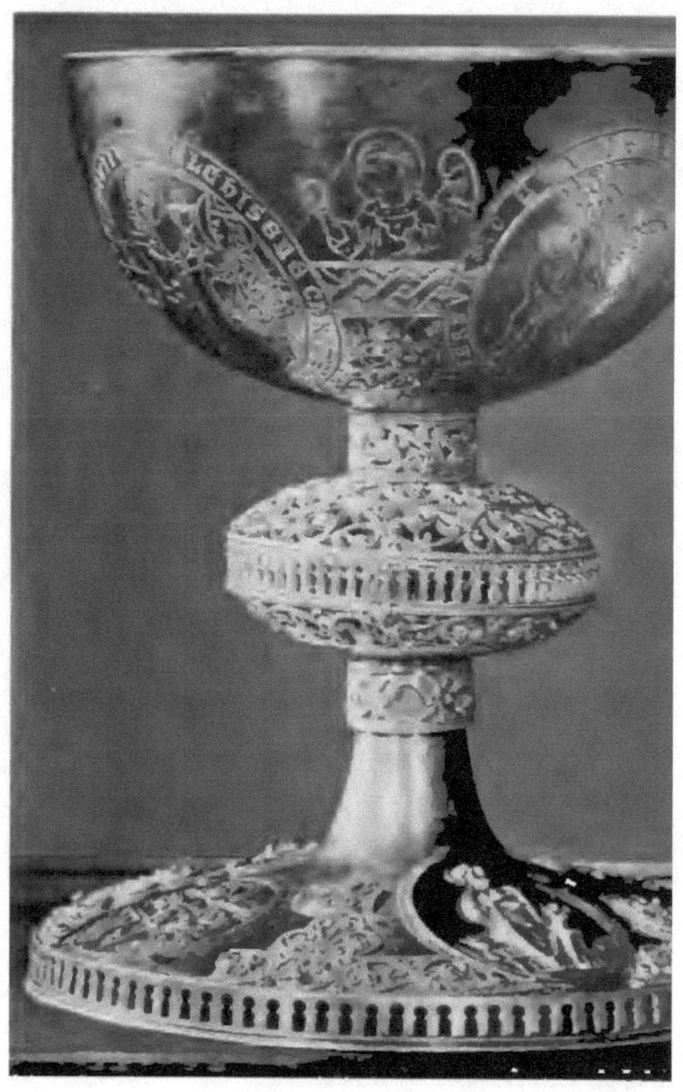

Rathenow. Kelch der Pfarrkirche.

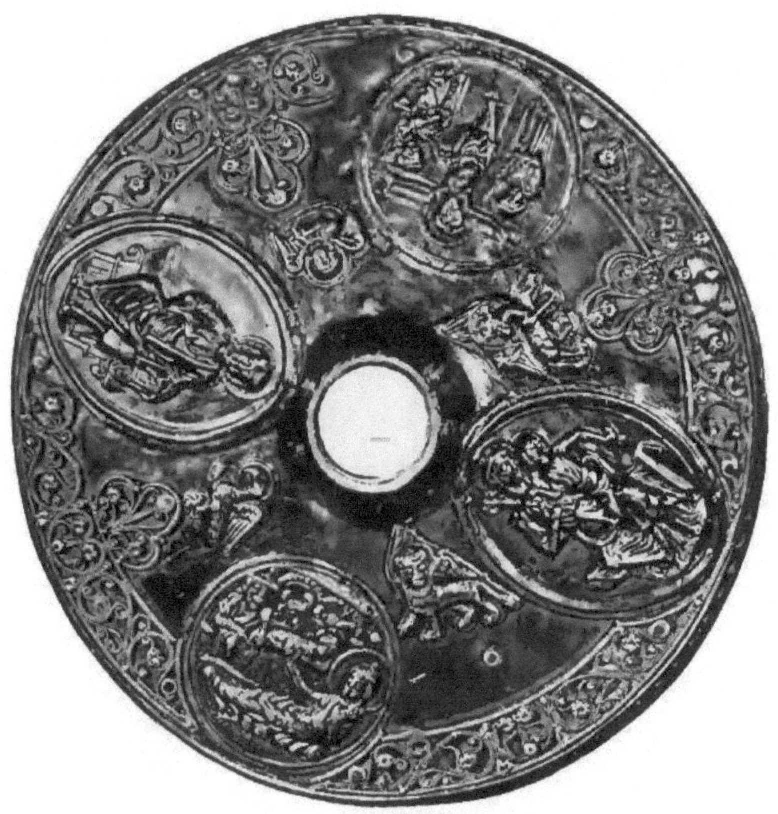

Rathenow. Fuß des Kelches der Pfarrkirche.

Taufschüssel, 0,11 m lichte Weite, Messing getrieben. Im Grunde die Verkündigung Mariä, umgeben von einer dekorativen Rätselschrift in zwei Reihen und einem Weinlaubfries (Abb. 157).

Drei messingne Kronleuchter aus der Barockzeit, der große mit einer kleinen Justitia als Bekrönung.

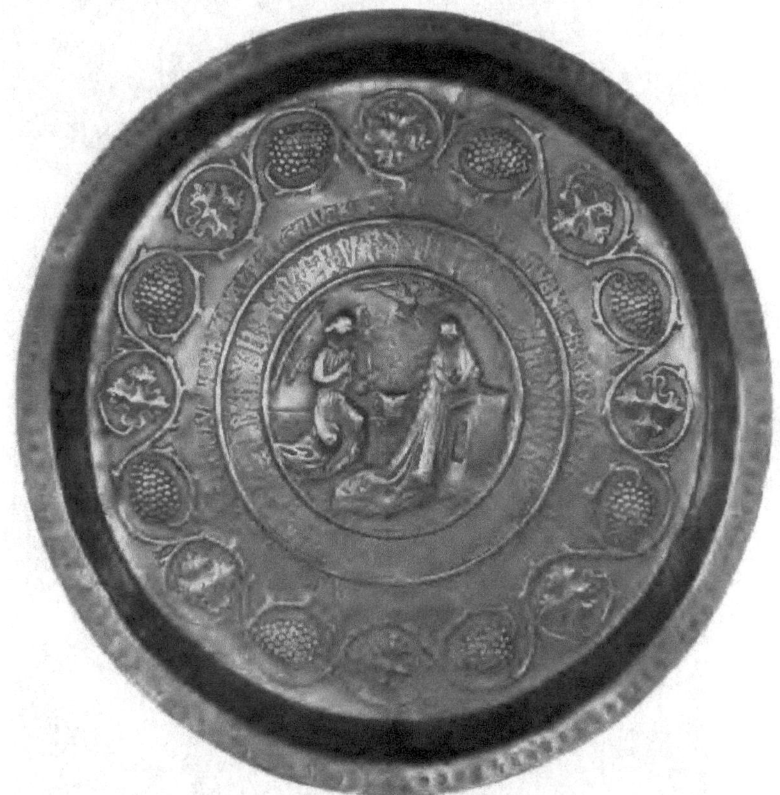

Abb. 157. Rathenow. Taufschüssel in der Pfarrkirche.

Grabstein des Barthol Bredicov Senior († 1570) und seiner Gattin Margareta Wusterhausen († 1575) im Innern auf der Südseite des Langchors, links neben der Sakristeitür; ferner der Elisabeth († 1583), des Joh. Primus († 1588), des Joh. Secundus († 1592) und der Margareta Bredicov († 1598). Inmitten des Steines steht ein Engel, der die in flachem Relief gebildeten Wappen hält. Die Schrift besteht aus römischen Majuskeln.

Grabmal der Friederike Brandhorst verehelichte Litzmann († 1781) im Innern an der Südseite des Langhauses. An der in einer Blendnische aufgerichteten Stein-

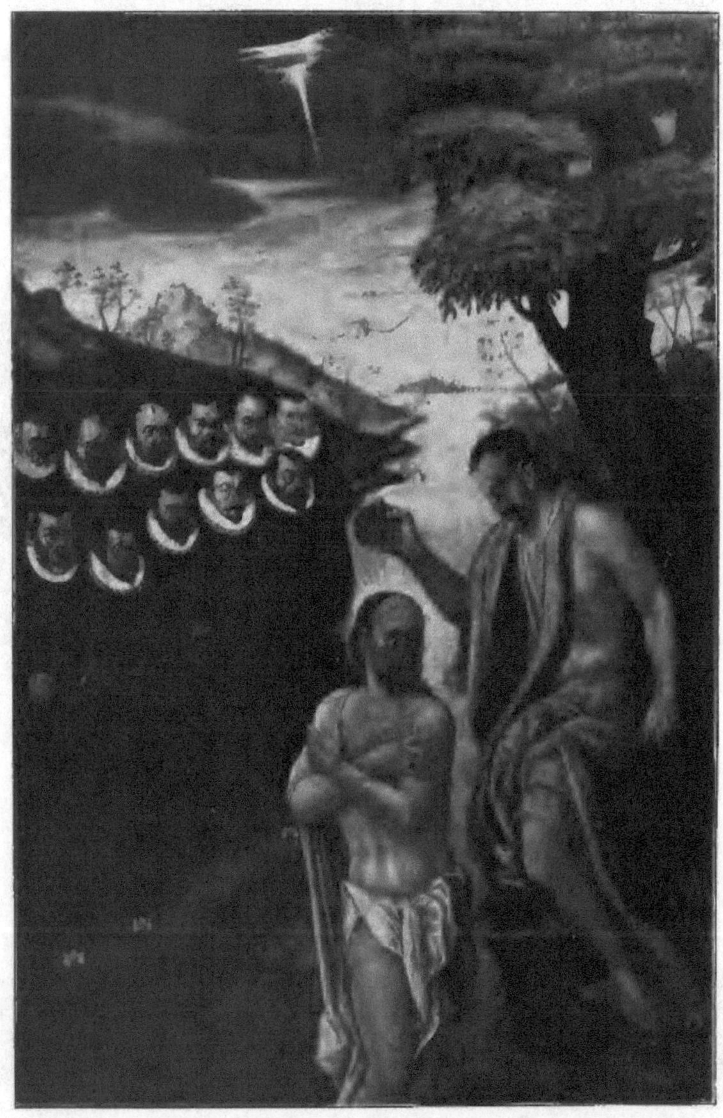

Abb. 158. Rathenow. Taufe Christi, Gemälde von 1610 in der Pfarrkirche.

tafel hängt eine Draperie mit der Inschrift. Davor steht auf einem Postament eine ovale Urne und neben dieser in den seitlichen Erweiterungen der Nische ein nackter Knabe mit Kranz und ein weinender Engel mit der gesenkten Fackel. Material Sandstein.

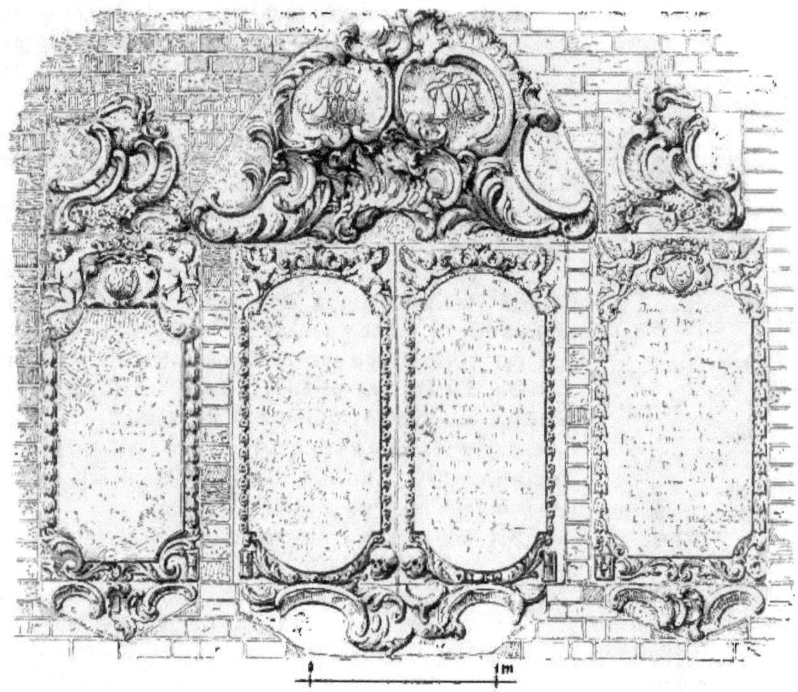


Abb. 159. Rathenow. Grabstein der Familie Bars an der Nordseite der Pfarrkirche.

Großes Epitaph aus der Zeit um 1600 (nach Beckmann vom Jahre 1571) mit mehreren Gemälden auf Holz in architektonischer Umrahmung. Unten in Querformat: die Familie der Stifterin Anna Hans, Gattin des Stadtschreibers Andreas Mesen, zu beiden Seiten Christi, der als Sieger über den Tod segnend die Rechte erhebt. Das große wertvolle Mittelbild von quadratischer Form ist mit plastisch gemaltem Kartuschenrahmen umgeben, der mit Totenkopf, Löwenmaske und Rollwerk geziert ist. Im Vordergrunde links: der barmherzige Samariter, welcher dem von Räubern Überfallenen Öl in die Wunden gießt; rechts: Christi Unterredung mit einem jüdischen Priester. Darüber und perspektivisch weiter zurück folgt die Fortsetzung der Erzählung vom Samariter, wie er den Verwundeten auf sein Pferd gesetzt hat und in die Stadt führt. Diese bildet den Mittelgrund und ist anscheinend zum Teil eine treue Darstellung von

Rathenow von Südwesten gesehen (Taf. 21). Eine ferne Phantasiestadt nebst Bergen und Flußläufen bildet den Hintergrund. Der obere Aufsatz des Epitaphs ist dreiteilig, der mittlere Teil mit einer steilen Giebelverdachung enthält eine Schrifttafel, die beiden seitlichen zwei kleinere weibliche Figuren: Lucretia und Salome, die Tochter der Herodias, mit dem Haupte des Johannes.

Gemälde auf Holz von 1610, eine Gruppe von Ratsherren als Zeugen bei der Taufe Christi darstellend (Abb. 158), in zierlichem Renaissancerahmen, bestehend aus zwei Säulchen auf Postamenten und Gebälkstücken darüber. Am Fries oben steht: „Dies ist mein lieber Sohn . . .“ Der Rahmen ist bemalt.

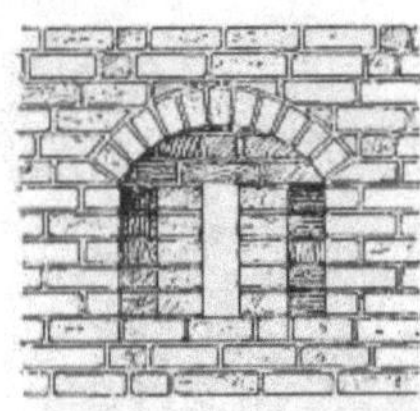

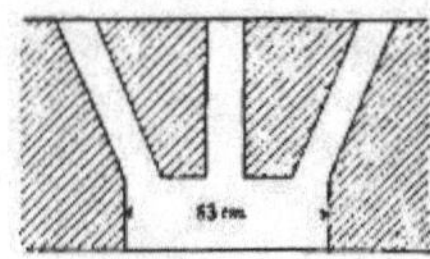

Abb. 160. Rathenow. Schießscharte in der Stadtmauer westlich vom Steintor.

Gemälde. Luther in ganzer Figur, neuere Kopie nach Lukas Cranach.

Sechs Bildnisse von evangelischen Geistlichen in ganzer Figur.

Großes Gedächtnisbild in Ölmalerei am Ostende des südlichen Seitenschiffs, das Otto Joachim Anhalt († 1785) darstellt, wie er von der Geduld in seinen Leiden unterstützt wird und die Hoffnung ihm die Freuden der Ewigkeit zeigt.

Am Ostende des nördlichen Seitenschiffes: Epitaphgemälde der Silvie v. Gauvain († 1807), großer Engel mit Urne. Auf der südlichen Empore: Ölgemälde (18. Jahrhundert), Verurteilung Jesu. Jedem der vielen Richter ist sein Urteilsspruch in plattdeutscher Sprache beigegeben.

Am Triumphbogen die verwitterte Stadtfahne vom Jahre 1689.

An der Nordseite des Langhauses befinden sich vier zu einer Gruppe vereinigte, aufrecht eingemauerte Grabsteine aus der Rokokozeit (Abb. 159). Nach den Inschriften sind es von links nach rechts die der folgenden Personen: 1) Carl Joachim Bars, Kauf- und Handelsmann zu Rathenow († 1745), 2) Joachim Bars, vornehmer Bürger und Holzhändler zu Rathenow († 1740), 3) Frau Dorothea verehelichte Bars († 1741), 4) Frau Christina Elisabeth Ludewig, geb. Bars († 1745).

Glocken. Die große von 1,46 m Durchmesser ist 1858 von Hackenschmidt in Berlin umgegossen. Die zweite von 1,20 m Durchmesser, mit dem Wappen von Rathenow, ist 1763 von C. D. Heintze gegossen. Die dritte Glocke hat 1,05 m Durchmesser. Am Halse steht in gotischen Minuskeln: „O . rex . glorie . veni . cum . pace . ave . maria.“ Zwischen den Wörtern kleine Lilien als Trennungszeichen. Als Anfangszeichen ein kleines Kruzifix mit Maria und Johannes zur Seite; gegen 1400. Die vierte Glocke von 0,62 m Durchmesser und 56 cm Höhe hat Zuckerhutform. Die Öhre glatt rund, über dem Schlag eine Profillinie, am langen Felde mehrere unbeholfene, undeutliche figürliche Darstellungen in Linien, die in den Mantel geritzt waren: ein Kopf, ein Bischof, ein agnus dei, eine sitzende männliche Figur (Christus?) und eine stehende weibliche Figur.

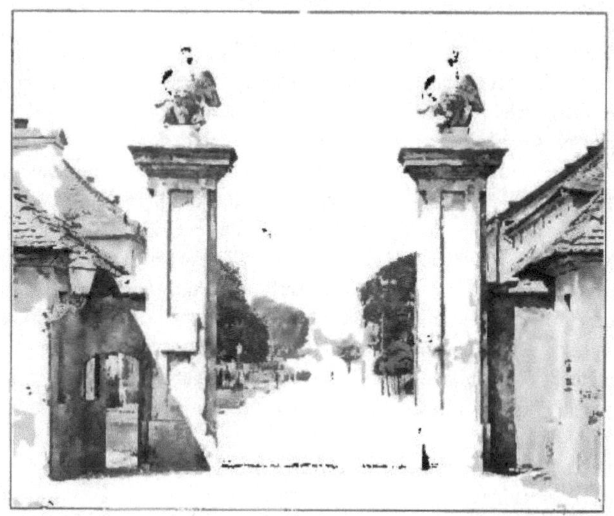

Abb. 161. Rathenow. Berliner Tor nach einer Photographie im Städtischen Archiv.

## Befestigung.

Die Stadt muß noch um die Mitte des 14. Jahrhunderts teilweise mit Palisaden befestigt gewesen sein, da ihr 1351 freies Holz „to eren Planken" gewährt wurde.

Die Mauern Rathenows waren aus Backstein errichtet. Im Jahre 1409 erhielten die Quitzows von Markgraf Jobst die Erlaubnis, die Stadt noch mehr befestigen zu dürfen. Größere Strecken der Mauer sind bis etwa zu halber Höhe noch an der Süd-, West- und Nordseite erhalten. Nur an einigen Stellen, z. B. nahe der Wasserpforte am Kirchgang und südlich neben dem Haveltore, finden sich im unteren Teile jetzt vermauerte, im Stichbogen geschlossene Schießscharten (Abb. 160). Die Mauer mußte 1688 infolge von Unterspülung und Vernachlässigung ausgebessert werden. Das Backsteinmaß ihrer älteren Teile scheint 27×13×9 cm zu sein. Außer der Verstärkung durch geböschte Strebepfeiler, die im Norden noch vorkommen, war die Mauer mit Weichhäusern und Türmen besetzt. Sie waren teils viereckig, teils rund, und standen, wie es scheint, in unregelmäßigen Abständen. Auf dem Plan der Stadt von Meißke (um 1780) sind noch ungefähr zwanzig Weichhäuser zu erkennen, von denen jetzt nur noch etwa vier zu finden sind. Die der Südseite sind noch vollständig zusammenzustellen aus dem Samariterbilde in der Kirche und aus der Stadtansicht Merians (1652). Darin sind einige zu stattlichen Türmen mit Zinnenkranz und Helmdach ausgebaut, andere bereits zu Wohnzwecken verwendet und durch Fachwerkaufbauten mit Walmdächern erhöht. Der Stumpf eines runden Turmes mit glasierten Köpfen in schraubenförmiger Reihung war noch bis 1885 nordöstlich vom Steintor erhalten (Photographie davon im Besitze des Rentiers Bartels). Die Mauer wurde von vier Toren und fünf Wasser- oder Notpforten durchbrochen.

Die Tore waren das Havel-, Stein-, Mühlen- und Jederitzer Tor. Die beiden ersten schlossen die Enden des Hauptstraßenzuges ab. Das Steintor im Osten am Ende der Steinstraße ist in seiner älteren Form auf dem Samariterbilde zu sehen. Danach zeigte es vor dem mit drei Wappen gezierten Torbau einen Zwinger und südwestlich daneben einen runden Turm mit Spitzhelm über Zinnen wie bei Merian. Das Haveltor im Westen am Ende der Havelstraße führte zur „Langen Brücke" über die Havel. Von der Erscheinung seines Turmes im 17. Jahrhundert geben uns das Samariterbild und die Abbildung bei Merian eine ungefähre Vorstellung. Da von einer zweiten Kirche in diesem Teil von Rathenow nichts überliefert ist, so gehörte der stattliche Turm mit Satteldach, den beide Darstellungen beim Haveltor zeigen, ohne Zweifel diesem an. Dafür spricht auch die Belebung der Flächen des aufsteigenden Mauervierecks mit vier schmalen hohen Blenden, die man ganz ähnlich noch heute an einem Turmstumpf an der Nordseite der Stadt sehen kann. Die Giebel des Torturms sind auf dem angeführten Gemälde weißlich gefärbt und im Charakter der Frührenaissance in kugelbesetzten Halb- und Viertelkreisformen ausgebildet. Es muß dahingestellt bleiben, inwieweit hier etwa die Phantasie des Malers im Spiele war. Der Turm wurde im Jahre 1733 abgebrochen, doch stand zu Beckmanns Zeit noch ein Rest davon, der als Wachhaus diente. Jetzt ist das Haveltor nur noch durch zwei hohe schlichte Pfeiler mit Vasenaufsätzen von 1807 bezeichnet. Das Mühlentor, ebenfalls im Westen der Stadt, nach den Wassermühlen in der Havel benannt, trat gegen die Bedeutung des Haveltores stark zurück. Von seiner Erscheinung in älterer Zeit ist nichts bekannt. Das Jederitzer Tor war nach dem Samariterbilde, wie die beiden Haupttore der Stadt, durch einen mächtigen Turm ausgezeichnet. 1722 wurde das Tor als Barockbau in Form eines Triumphbogens mit hohem, attikaartigem Aufsatzkörper neu erbaut, aber 1886 ganz abgebrochen (die Zeichnungen dazu liegen seitdem im Denkmälerarchiv des Kultusministeriums zu Berlin). Außer den vier Toren hatte die Stadt noch verschiedene Wasser- und Notpforten. Die Notpforten waren: 1) die Wasserpforte auf der Südseite unweit der Wasserpfortgasse, 2) die Tuchmacher-Pforte, vielleicht bei der Stadtschule, 3) die Pforte zwischen Mühlen- und Haveltor, 4) die Pforte zwischen Havel- und Jederitzer Tor. Diese ist noch vorhanden, und zwar an der Kleinen Burgstraße zwischen Havelstraße und der Großen Burgstraße. Es ist auffallend, aber an dem hier zufällig noch gut erhaltenen Mauerunterteil mit Sicherheit festzustellen, daß am Ende der Großen Burgstraße kein Tor war. Die fünfte Notpforte war die Ziegelpforte auf der Nordseite der Stadt.

Bei der Ummauerung der Neustadt im Jahre 1741 erhielt das jetzt nicht mehr vorhandene Berliner Tor die in Abb. 161 gegebene Ausbildung.

---

## Rathäuser.

Das Altstädtische Rathaus, ein Backsteinbau von 1564 (frühere Inschrift in der Wetterfahne), steht mit seiner Längsfront dem Markte zugewendet gegen Nordosten. Der gegen Nordwesten gelegene gewölbte Teil (Abb. 162) enthielt wahrscheinlich im Erdgeschoß die Trinkstube (siehe S. 165), im Obergeschoß die Rats- und Schreibstube, während der übrige Teil wohl ursprünglich eine große Halle mit Balkendecke bildete. Die Längenmaße beider Teile entsprechen genau denen des Wittstocker Rathauses. Strebepfeiler fehlen auch hier. Im gewölbten Teile zeigen der Keller drei Stichkappen zwischen Gurtbögen und die zwei Geschosse darüber je zwei Sterngewölbe. Die Profile der Rippen sind im Erdgeschoß auffallend trocken und dürftig gezeichnet, im Obergeschoß sogar nur einfach abgestuft, wie im Langhaus der Kirche. Die Gleichzeitigkeit des Baues mit diesem bestätigt außer der bereits angeführten Jahreszahl in der alten Wetterfahne eine von Wagener mitgeteilte, frühere, in Stein gebauene Inschrift an der Frontmauer innen: „A 1567 ist diese Drinkstube gebaut.“ Ein Turm wurde anscheinend erst nachträglich hinzugefügt, denn er trug die Jahreszahl 1600. Der im Jahre 1660 herunter genommene Turmknopf enthielt die Nachricht: „Anno . . . 1600 . . . haec turris . . . per Michaelem Netern extructa est.“ Dieser Turm wurde bei Gelegenheit einer Erneuerung des Rathauses niedergelegt. An seiner Stelle, vor dem Eingang zum Keller, wurde eine massive Freitreppe errichtet und im Jahre 1731 ein neuer Turm mit einer Schlaguhr auf das Rathaus gesetzt. Der obere Turmteil wurde 1856 beseitigt und sein massiver Teil gleichzeitig mit dem Gebäude um ein Stockwerk erhöht. Der ursprüngliche Charakter des Gebäudes wurde bei dieser Umgestaltung im Sinne damaliger Auffassung der Gotik vollständig verändert. Auch das Innere läßt im jetzigen Zustande die ursprünglichen Einzelheiten der ehemaligen Halle nicht mehr erkennen. Bis um 1900 diente der Bau Gerichtszwecken, danach wurde er einigen städtischen Ämtern eingeräumt. Seit einigen Jahren ist im Obergeschoß das Städtische Archiv untergebracht.

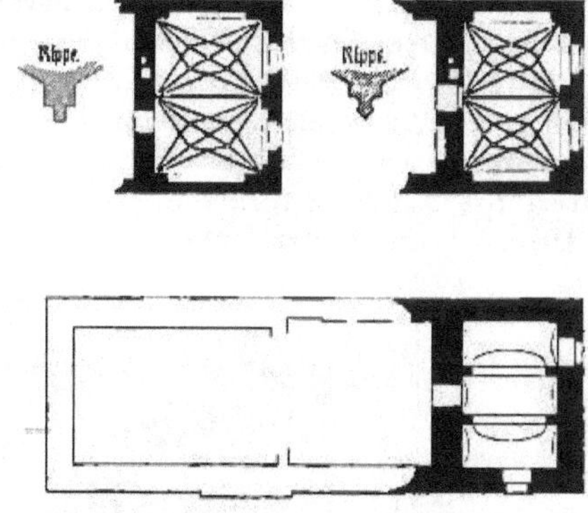

Abb. 162. Rathenow. Altstädtisches Rathaus. Gewölbte Teile im Keller und in den beiden Obergeschossen.

Im Erdgeschoß (Standesamt) befindet sich die in Abb. 163 wiedergegebene Truhe mit Eisenbeschlag und reichem Schloß an der Innenseite des Deckels.

Das Haus an der Ecke vom Paradeplatz, Berliner Straße Nr. 1, das Neustädtische Rathaus, wurde im Jahre 1735 bei Gründung der Neustadt nach dem Riß des

13*

Ingenieurs und Hauptmanns Materne als Wirtshaus erbaut. König Friedrich Wilhelm I. steuerte dazu Baustoffe wie Geldmittel bei und schenkte das Gebäude schließlich der Stadt. Es enthielt nach dem Paradeplatze zu eine in Stichbögen geöffnete Halle, in der die Hauptwache des Leibkarabinerregiments untergebracht war. Außerdem befand sich später im Untergeschoß die Akzise. Oben wohnte der Traiteur, daher das Haus auch „Traiteurhaus" genannt wurde. Nach Einrichtung der Kreisgerichtsdeputation im Altstädtischen Rathause wurde 1819 das „Stadthaus", wie es bis 1885 genannt wurde, Sitz der Stadtverwaltung. An dem einfachen Gebäude ist besonders das barocke Sandsteinportal bemerkenswert. Das Architektursystem an der Berliner Straße gibt Abb. 173.

Im Zimmer des Ersten Bürgermeisters hängen die Bildnisse Friedrichs des Großen und der Königin Elisabeth Christine, angeblich von Ant. Pesne oder einem seiner Schüler, und der aquarellierte Entwurf Schinkels für den Kirchturm zu Rathenow von 1821. Im Stadtverordnetensaal befinden sich zwei lebensgroße Ölbilder Friedrichs I. und Friedrich Wilhelms I. von Preußen, ohne Bezeichnung des Künstlers, sowie eine Radierung „Friedrich Wilhelm der Große setzt über die Hafel und befreit Rathenau" von B. Rode, 1784.

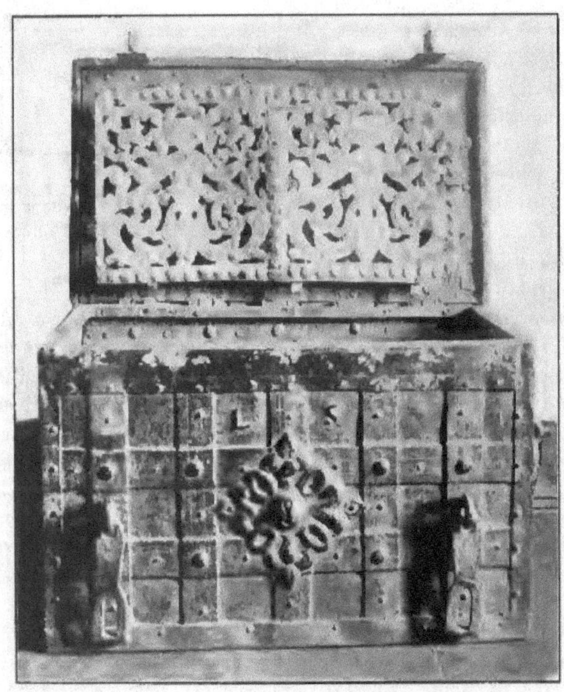

Abb. 163. Rathenow. Truhe im Altstädtischen Rathaus.

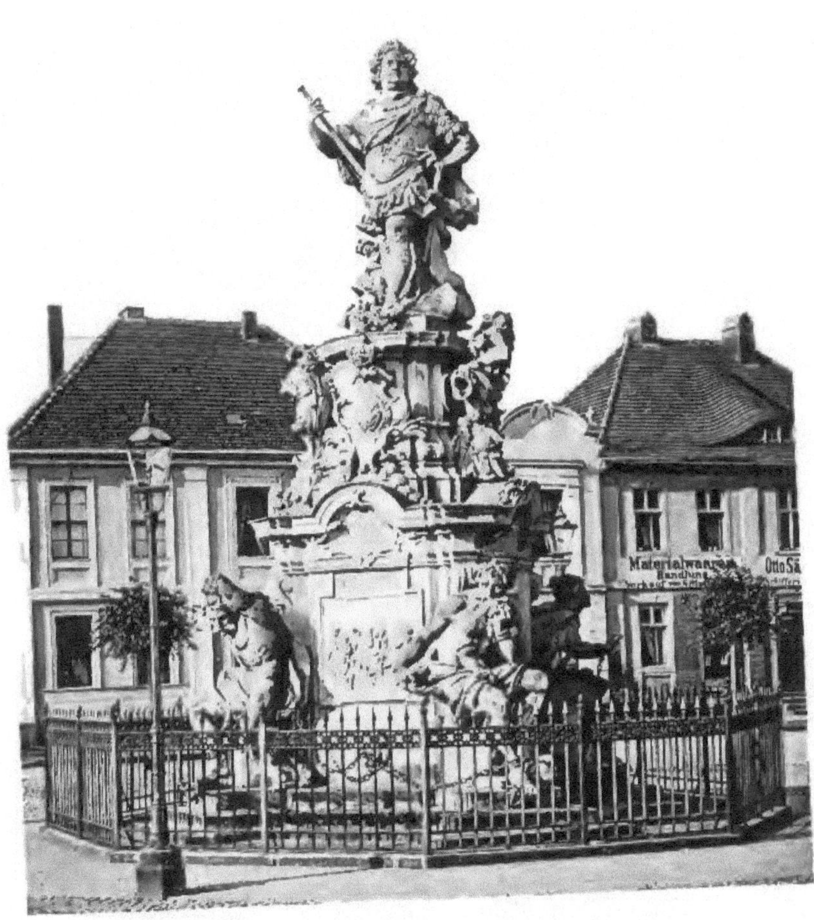

Rathenow. Denkmal des Großen Kurfürsten.

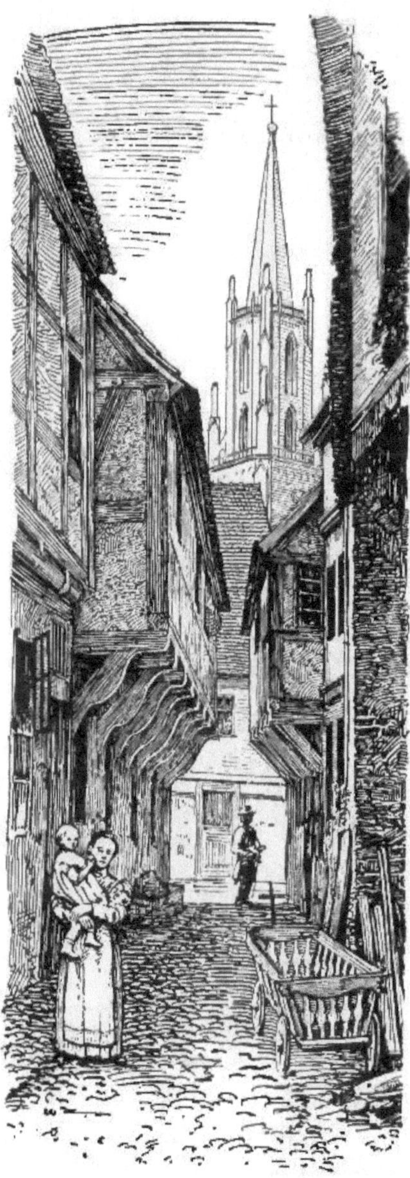

Abb. 164. Rathenow. Seitenbeutel.

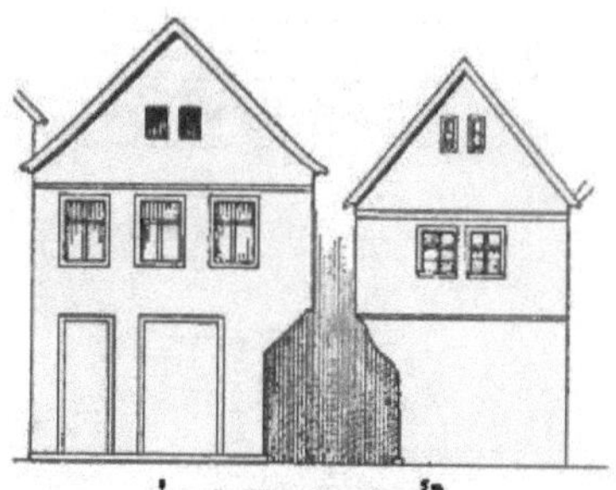

Abb. 165. Rathenow. Eckhäuser am Seitenbeutel.

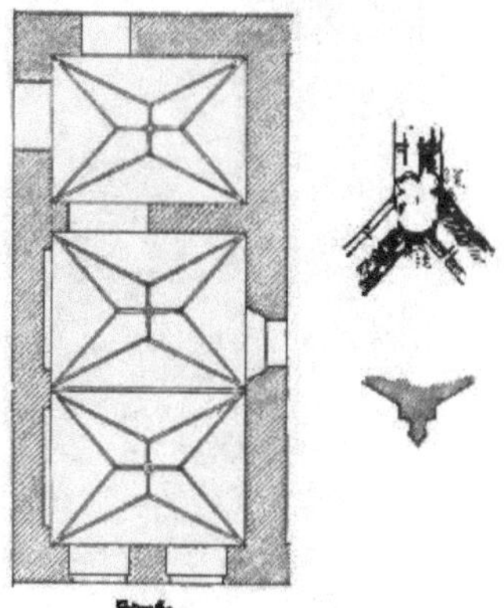


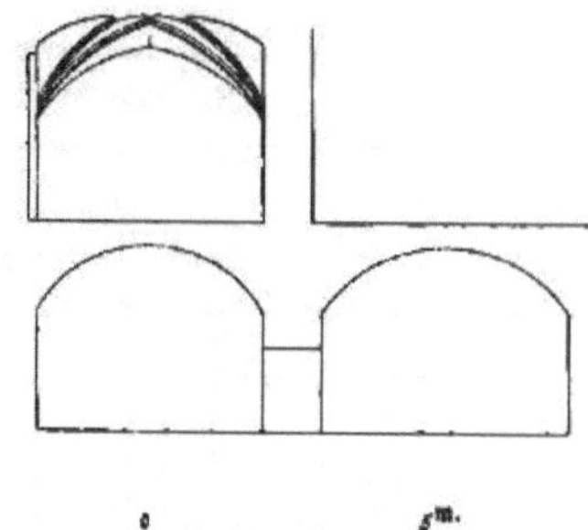

Abb. 166. Rathenow. Gewölbe im Hause Steinstraße Nr. 9.

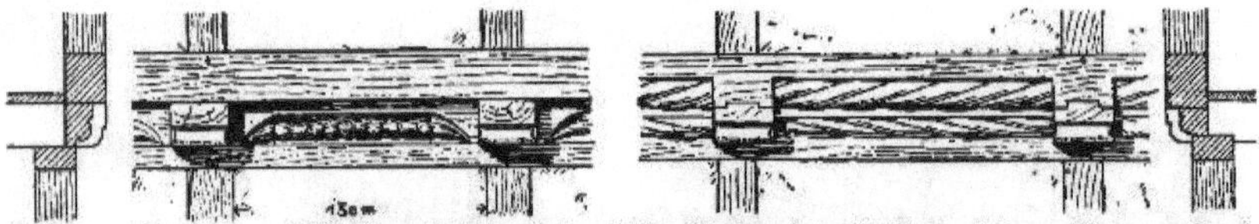

Abb. 167. Rathenow. Gebälke an Häusern in der Jüdenstraße und am Kirchplatz Nr. 18 (Nosocomium).

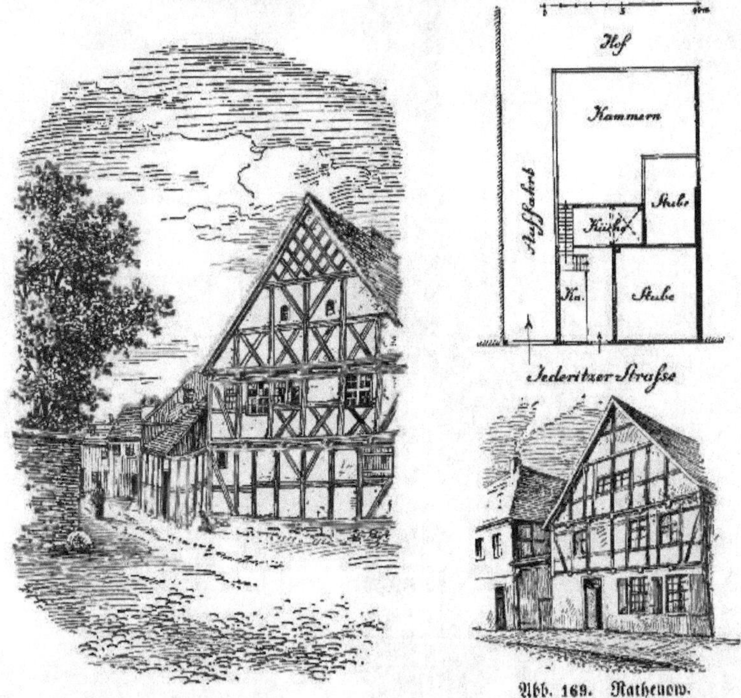


Abb. 168. Rathenow. Fachwerkhaus am Freien Hof (jetzt abgebrochen).

Abb. 169. Rathenow. Ansicht und Grundriß des Hauses Jederitzer Straße Nr. 30.

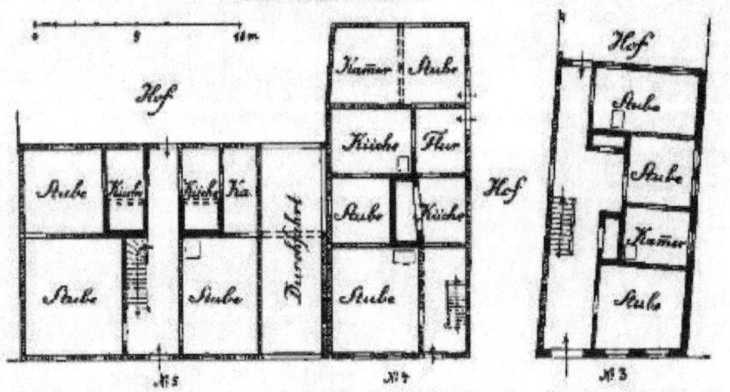


Abb. 170. Rathenow. Drei Wohnhäuser in der Großen Baustraße.

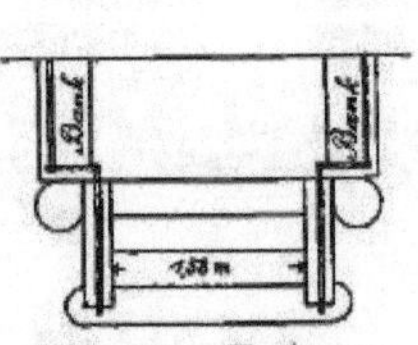


Abb. 171. Rathenow. Treppe am Hause Havelstraße Nr. 15.

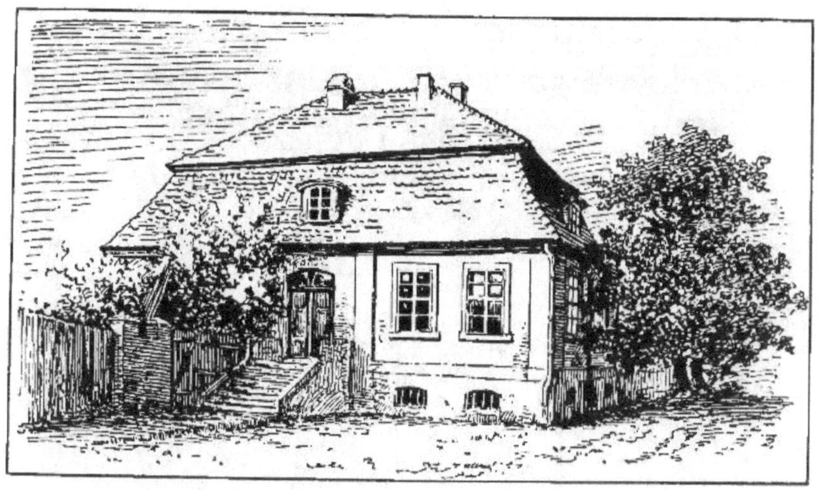

Abb. 172. Rathenow. Kleines Barockhaus bei den Mühlen (Zollhaus).

## Wohnhäuser.

Daß die Wohnhäuser Rathenows im Mittelalter zuweilen, wenn auch selten, massive und sogar gewölbte Erdgeschosse enthielten, bezeugt ein Teil des Hauses Steinstraße Nr. 9 (Abb. 166); es enthält nämlich außer den tonnenüberwölbten, die Breite des Hauses einnehmenden Kellern zwei Erdgeschoßräume links vom Hauseingang an der Straße, die in ihrer Bauweise und ihren Formen dem gewölbten Teile des Rathauses ähneln und wie jener dem 16. Jahrhundert angehören. Der vordere Raum umfaßt zwei Joch Sterngewölbe auf Rippen von dem gleichen mageren Profil wie dort. Ihre Knotenpunkte sind mit kleinen Wappenschilden gedeckt. An der Straße scheint sich ein gekuppeltes Fenster befunden zu haben. Die Seitenwand gegen die Einfahrtsgasse des Grundstücks ist ausgenischt, so daß Eck- und Wandvorlagen entstehen. Vielleicht waren auch hier ursprünglich Fenster. Zugänglich ist der Raum vom Hausflur aus. Die kleinere hintere Stube hat nur ein Joch Sterngewölbe auf Rippen gleicher Profilierung, aber keine Wandnischen.

Von den wenigen Fachwerkhäusern, die noch in Wirklichkeit oder in Abbildungen erhalten sind, seien folgende angeführt:

1) Das ehemalige Krankenhaus (Nosocomium) auf der Südseite der Kirche an der Mauer, dessen Füllhölzer in Form gewundener Taue geschnitten sind (Abb. 167 rechts).

2) Einfache Eckhäuser mit stark vorgebauten Obergeschossen am südlichen Ende des Seitenbeutels (Abb. 164 und 165).

3) Haus Nr. 30 in der Jederitzer Straße (Abb. 169).

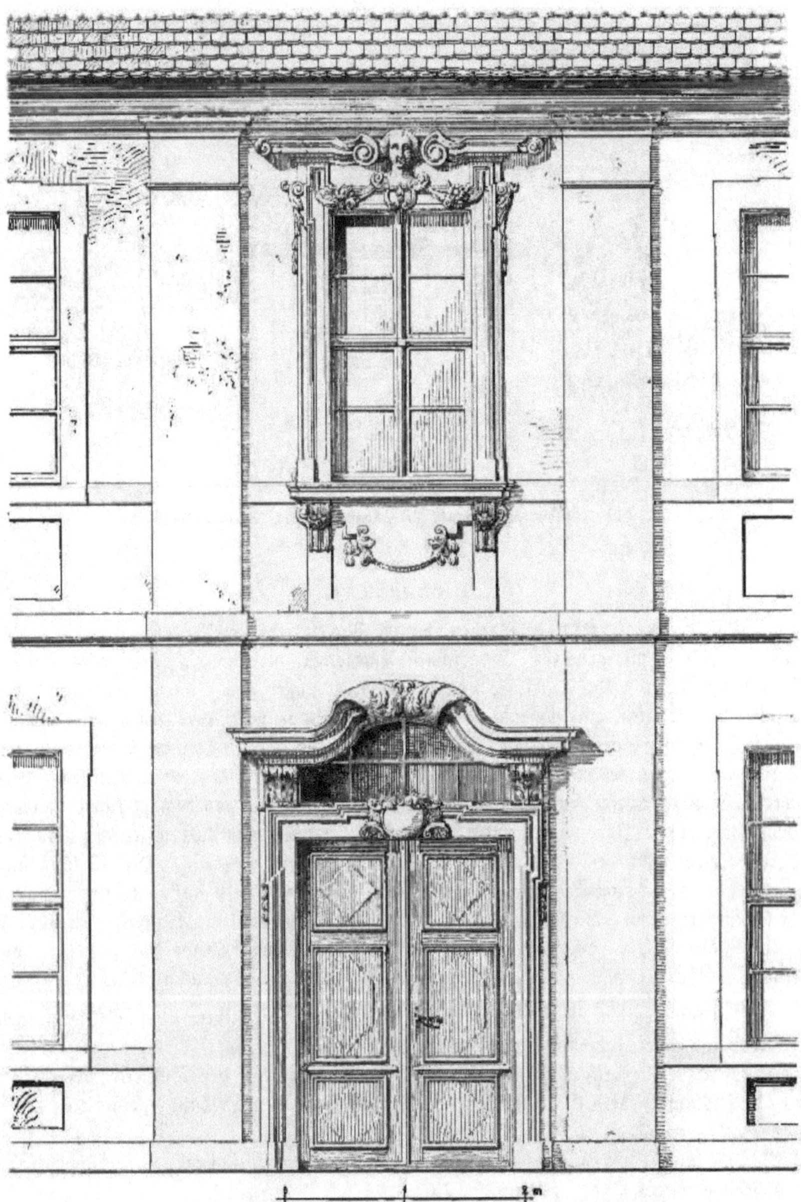

Abb. 173. Rathenow. Fassadenteil des Neustädtischen Rathauses.

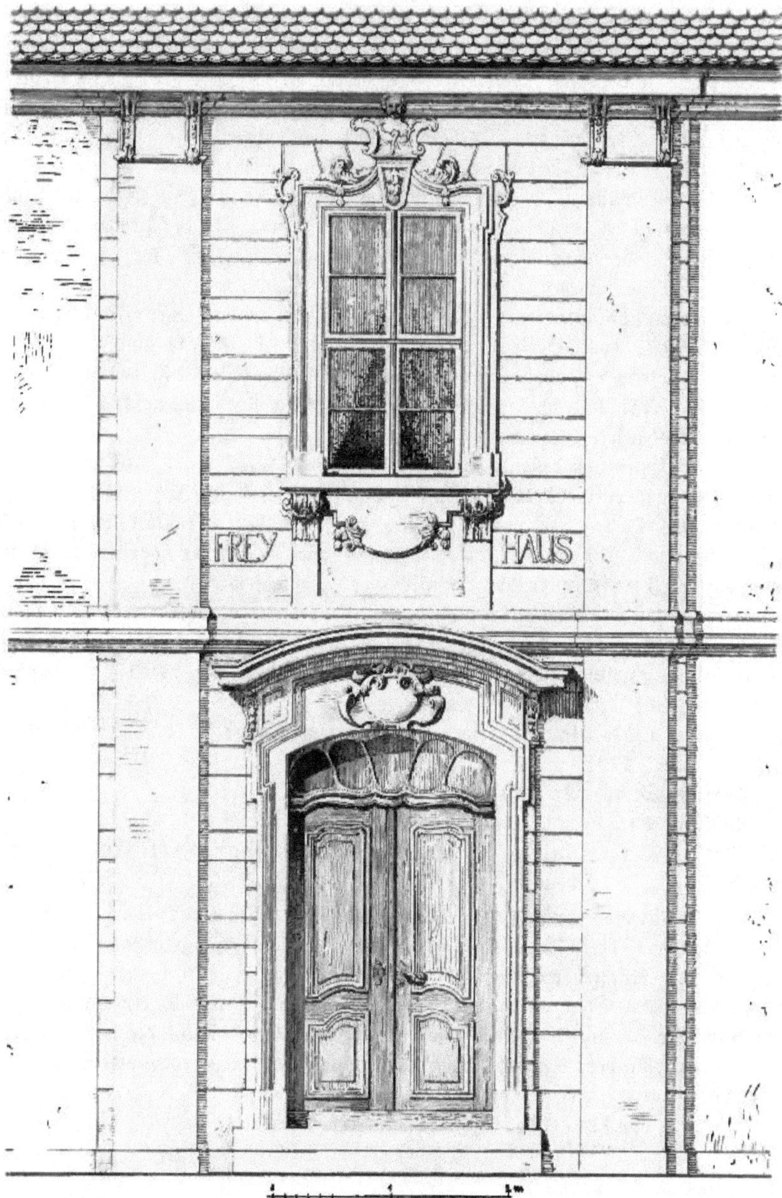


Abb. 174. Rathenow. Freihaus Schleusenstraße Nr. 8.

4) Das noch bis gegen 1900 erhaltene Fachwerkhaus an der Ecke zwischen „Freier Hof" und „Wasserpforte". Es hatte die nach einer Photographie in Abb. 168 wiedergegebene Erscheinung. Die Füllhölzer waren teils profiliert, teils auch wie der Eckpfosten des Obergeschosses gewunden. Im oberen Teil des Giebels waren dünnere Hölzer zu einem Rautenmuster überkreuzt.

5) Fachwerkhaus an der Jüdenstraße mit verzierten Hölzern (Abb. 167 links).

Fachwerkbauten waren auch die Häuser Nr. 3, 4 und 5 in der Großen Baustraße, die dem Neubau der Schule weichen mußten, deren Grundrisse aber in den Akten der Baupolizei noch erhalten sind (Abb. 170).

Außerdem sind etwa noch bemerkenswert: die in einfachem Fachwerk ausgeführte Hofseite des Blumschen Hauses in der Steinstraße und die hölzerne Galerie im Hofe des Papenbrockschen Hauses Havelstraße Nr. 15, das sich überdies durch die in Abb. 171 im Grundriß wiedergegebene Freitreppenanlage nebst Beischlag mit Sitzbänken auszeichnet.

Aus der Barockzeit bestehen in Rathenow eine größere Anzahl massiver Wohnhäuser und andrer Gebäude, die fast ausschließlich der im Jahre 1733 bis 1736 angelegten Neustadt angehören, an deren rege betriebener Bautätigkeit namentlich der Ingenieur und Hauptmann Materne beteiligt war. Die zuerst bebauten Straßen waren die Berliner, Brandenburger, Berg- und Schleusenstraße.

Architektonisch Bemerkenswertes bieten die folgenden Häuser: Schleusenstraße Nr. 8 mit hübscher Haustür (Abb. 174) und reicher Stuckdecke eines Saales, die jetzt leider von Zwischenwänden durchschnitten wird; es wurde vor 1762 erbaut, da sein Privileg aus diesem Jahre datiert.

Schleusenstraße Nr. 11, dessen Haustür etwas einfacher und strenger als die vorige ist (Abb. 175).

Berliner Straße Nr. 24 (Abb. 177).

Berliner Straße Nr. 5, optisches Institut von Busch.

Berliner Straße Nr. 10, Haustür (Abb. 176), jetzt abgebrochen. Alle diese sind eingebaute Straßenhäuser.

Als freistehende einfachere Gebäude sind zu nennen: das kleine Haus nahe dem Mühlentor (Abb. 172), ferner die jetzige Loge, einst Wohnhaus des Grafen v. Sparr, mit beachtenswertem Geländer an der Freitreppe; der ehemalige Brotscharren vor dem Steintor von 1743, an der Stelle des jetzt Dörfflerschen Hauses Steinstraße Nr. 1 und 2. (Eine Zeichnung des Gebäudes besitzt die Witwe Bibow, eine Photographie der Rentier Bartels.) Es war ein massives, laubenartiges Gebäude mit offenen Bögen an der Front.

Beispiele von Türflügeln geben die Abb. 178 bis 180.

---

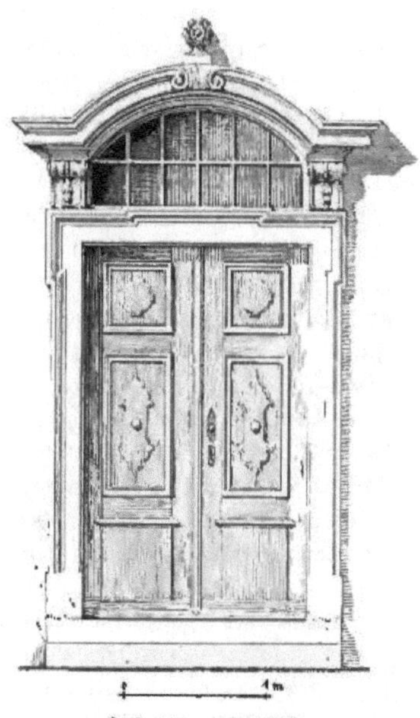


Abb. 175. Rathenow.
Tür am Hause Schleusenstraße Nr. 11.

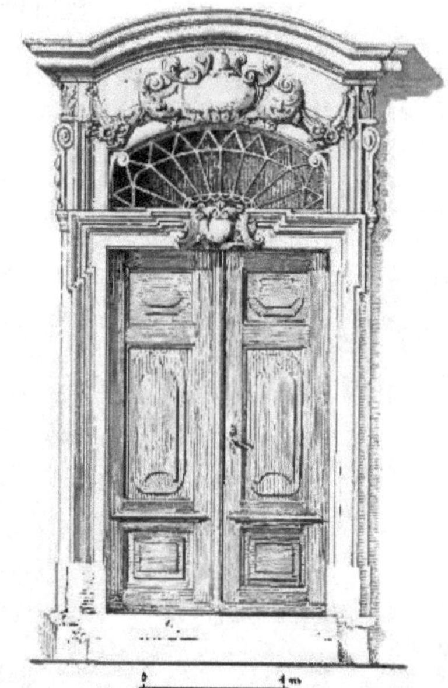


Abb. 176. Rathenow.
Tür am Hause Berliner Straße Nr. 19.

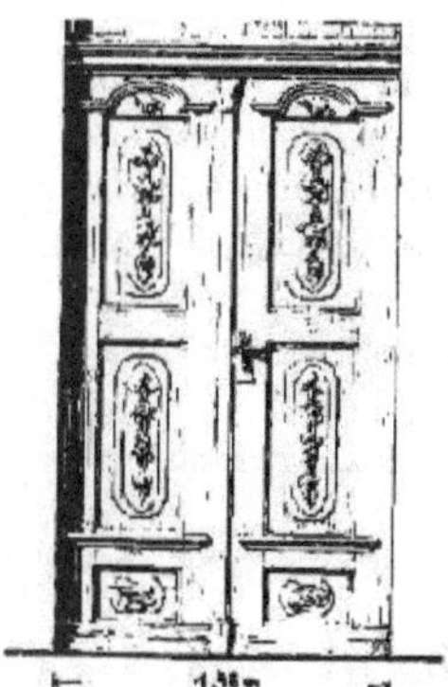

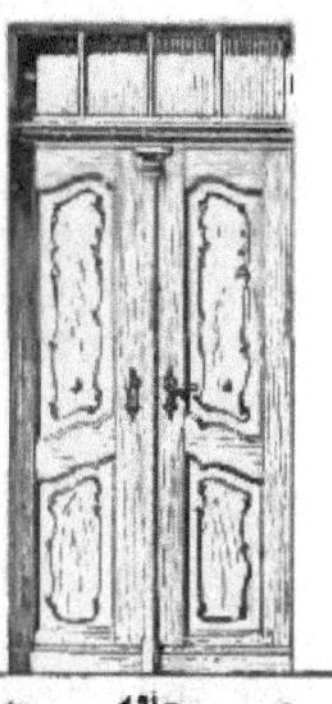

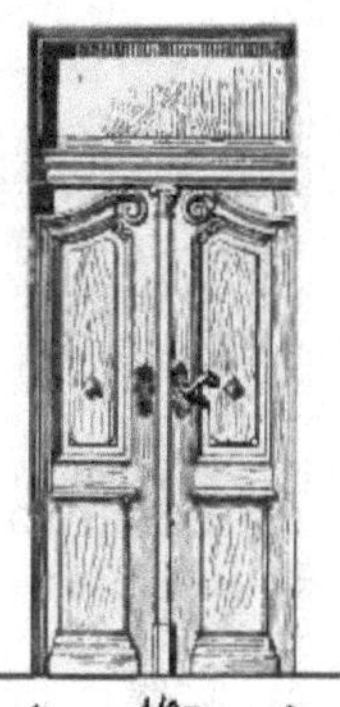

Abb. 177 bis 179. Rathenow. Türflügel an den Häusern
Berliner Straße Nr. 21. Markt Nr. 6. Jederitzer Straße Nr. 6.

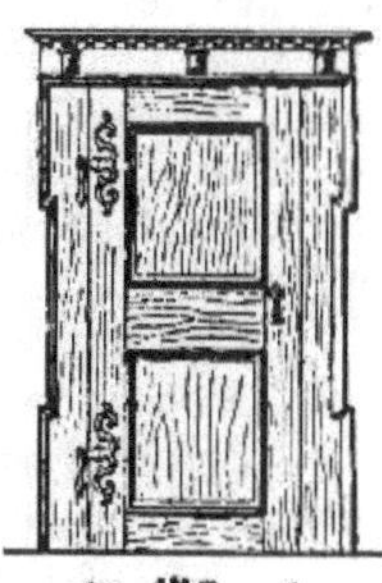

Abb. 180. Rathenow.
Zimmertür im Hause
Markt Nr. 16.

## Standbilder.

Denkmal des Großen Kurfürsten auf dem Paradeplatze. Es wurde 1738 nach Modell vom Hofbildhauer B. Damas (Akten im Geh. Staatsarchiv, Gen.-Direktorium Kurmark, Tit. CLXI, Stadt R., Nr. 1) von J. G. Glume (Inschrift auf der Rückseite der Fußplatte) aus Pirnaischem Sandstein errichtet (Taf. 29 u. 30). Auf einem in zwei Stockwerken reich gegliederten barocken Unterbau steht die gedrungene Figur des Kurfürsten, barhäuptig, in reich verzierter römischer Rüstung, um die Schultern den wallenden Mantel geschlungen, mit der Rechten den Feldherrnstab auf die Hüfte stemmend. Zu seinen Füßen liegen der Helm und ein Löwenfell. Der vielfach gekröpfte obere Teil des Postaments ist an beiden Flanken mit Rüstungen und Trophäen, an der Vorder- und Rückseite mit Wappenkartuschen besetzt, deren vordere ein Monogramm aus den Buchstaben F. W. C. mit der Devise des Hosenbandordens (Hony soi qui mal y pense) trägt. An den Ecken des unteren Teiles des Postaments sitzen vier Kolossalfiguren gefesselter Sklaven, dazwischen an den Flächen vier Reliefs (Abb. 181), die folgende Ereignisse darstellen: 1) Schlacht bei Fehrbellin (18. Juni 1675), 2) die Eroberung der Festung Stralsund (11. Oktober 1678), 3) Schlacht bei Warschau (28.—30. Juli 1656), 4) das Blutbad in Rathenow (15. Juni 1675). Der gesamte Aufbau des Denkmals sowohl wie das Figürliche und Ornamentale sind im üppigsten, schwungvollen Barock gehalten und erinnern in der Auffassung mehrfach an Schlüter, das nicht erreichte Vorbild seines Schöpfers. Das Denkmal wurde 1896 wiederhergestellt.

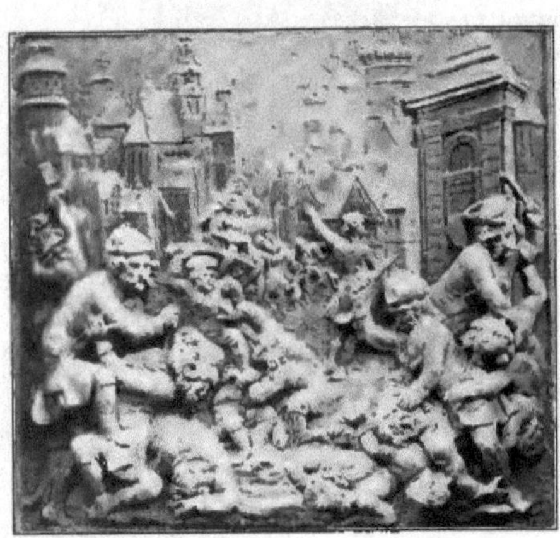

Abb. 181. Rathenow.
Relief vom Denkmal des Großen Kurfürsten.

Bronzebüste von August Duncker, dem Begründer der optischen Industrie in Rathenow, von A. Calandrelli, auf dem Kirchplatz (1885).

Bronzestandbild des Husarengenerals v. Rosenberg vor dem Postgebäude auf dem Zietenplatz von E. Albrecht (1906).

Bronzestandbild Kaiser Wilhelms I. auf dem Kaiser-Wilhelm-Platz, von Franz Rosse (1900).

Standbilder Friedrich Wilhelms I. von Franz Rosse und Friedrichs des Großen von Haverkamp, beide neben dem Kreishausportal (1895).

Auf dem Hofe der Husarenkaserne: die lebensgroße Bronzebüste des Husarengenerals Hans Joachim v. Zieten, nach Modell von Werner Begas 1899 errichtet.

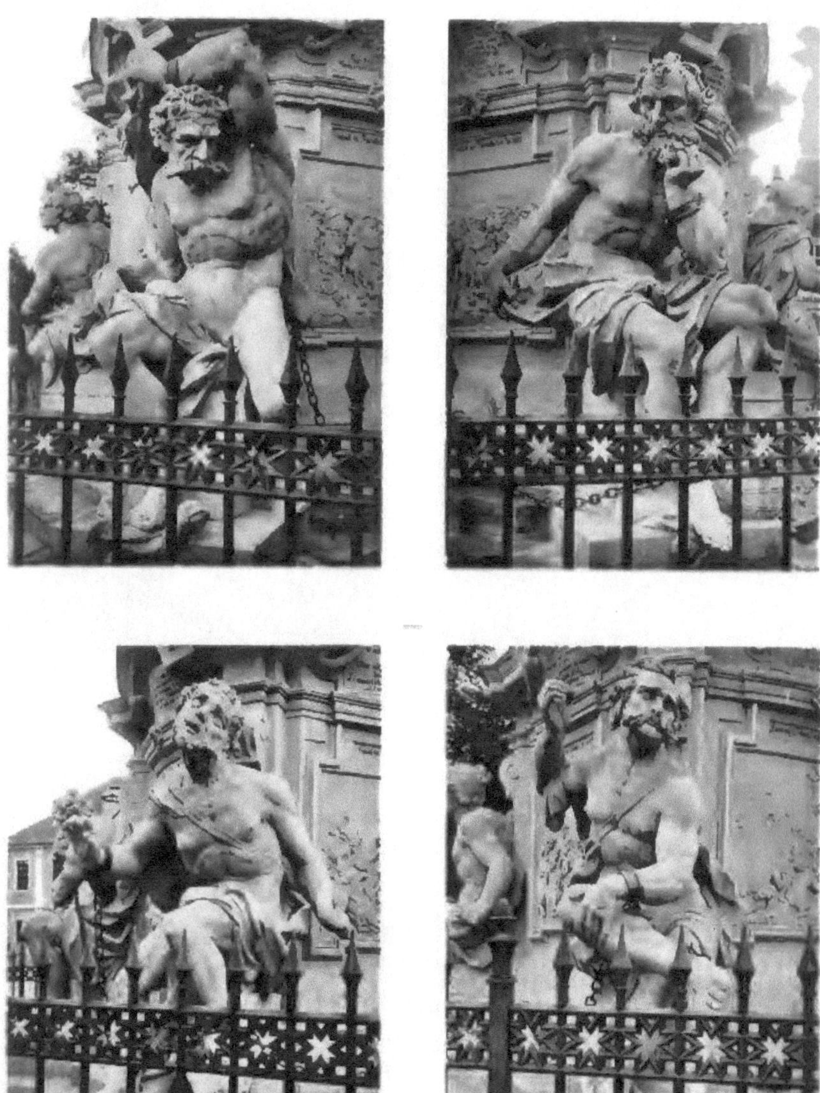

Rathenow. Sockelfiguren am Denkmal des Großen Kurfürsten.

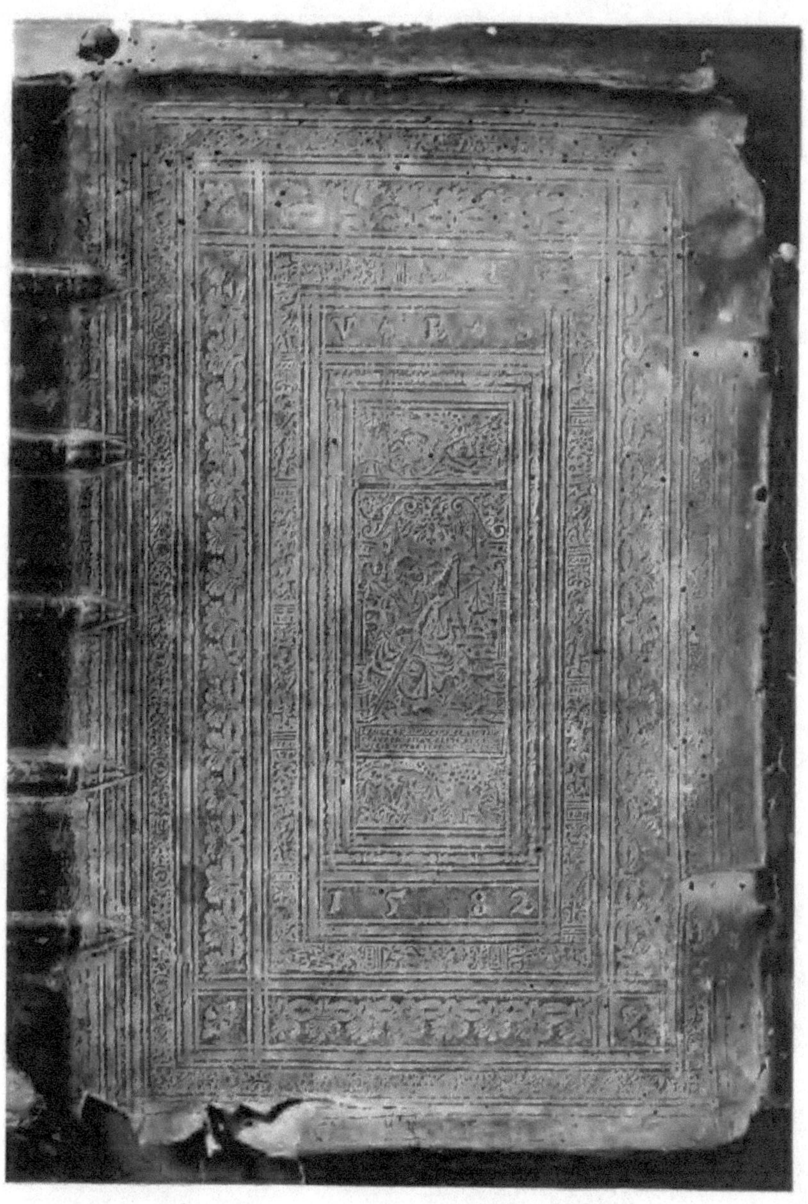


Rathenow. Bucheinband im Städtischen Archiv.

Auf dem städtischen **Friedhofe** am Weinberge befinden sich einige einfache Grabmäler aus dem Anfang des 19. Jahrhunderts, u. a. das des Generalleutnants Sylvius v. Prittwitz († 1800). Es ist vom Todesengel mit gesenkter Fackel bekrönt, ebenso wie das kleine Denkmal der Frau Müller († 1801).

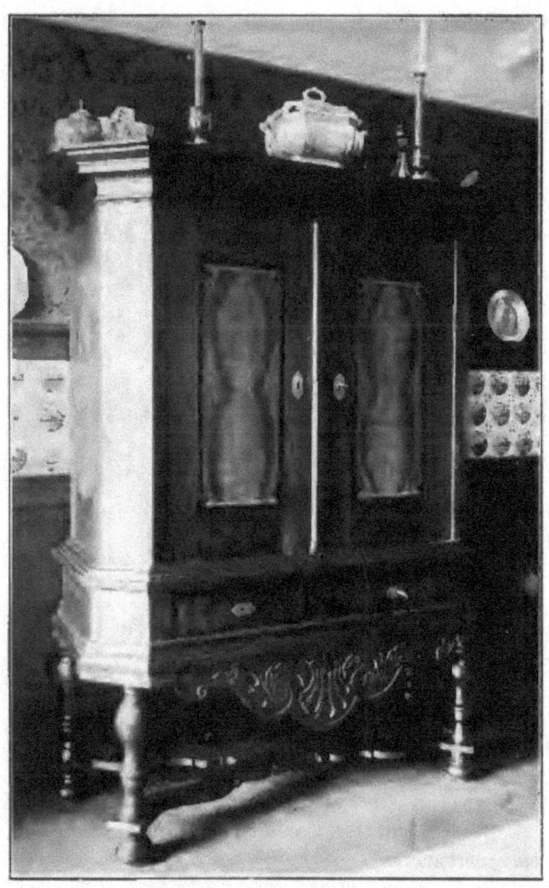

Abb. 182. Rathenow. Schrank im Besitze des Kreisbaumeisters Burchard.

## Sammlungen.

Das Städtische Archiv enthält unter anderem folgende Gegenstände: Modell zum jetzigen Kirchturmhelm. Ein Exemplar des Sachsenspiegels in gepreßtem Pergamenteinbande, von 1582 (Taf. 31). Ein Spinett, dessen Oberteil in Lyraform ausgebildet ist, mit eingelegten Messinglinien (um 1800 ?). Eine kleine Ofenplatte aus Gußeisen mit dem Braunschweiger Pferde. Eine Wetterfahne von 1703, einen Drachenkopf darstellend, von einem Hause in der Bergstraße. Eine Trommel mit ovalem Reliefschild am zylindrischen Messingteil, in dem ein Engel dargestellt ist, der den Wappenschild mit dem Adler hält; darüber auf einem Bande die Inschrift: „Stadt Rathenow 1759." Eine Anzahl z. T. stark beschädigter Schwerter, Säbel, Gewehre und eine Eisenhaube.

Im Sitzungssaale des Amtsgerichts befinden sich fünf Ölgemälde, nämlich die Bildnisse von König Friedrich II. in verschiedenen Altersstufen, sowie von Friedrich Wilhelm III. und IV. Außerdem ein kleines Bildnis von General Derfflinger auf

Eichenholz gemalt. Ein auf die Rückseite geklebter Zettel trägt die Bemerkung: „Dieses Portrait kommt mit dem Original völlig gleich. pinx . Boecli . Beroli . aulae pictor 1701 d. 6. Febr.“

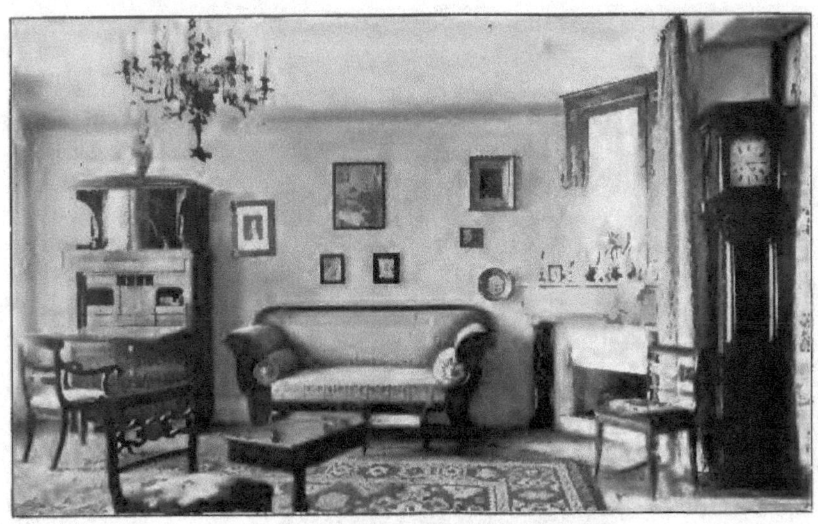

Abb. 183. Rathenow. Biedermeiermöbel im Besitze des Kreisbaumeisters Burchard.

Im Kasino sind erwähnenswert: eine Bronzebüste des Generals v. Zieten, von Oskar Wegener (1902), Bildnisse der preußischen Könige, mehrere von General Zieten, ein kleines Bild des Prinzen Albrecht von Preußen, von Krüger, ein Bildnis des Generals v. Rosenberg zu Pferde, von G. Koch (1905), und das des Obersten Friedrich v. Sohr (1815); ferner ein Sekretär mit Rokokobeschlag und ein chinesischer Schrank.

Im Besitze des Herrn Landrats v. Bredow befinden sich eine Anzahl älterer Möbel, namentlich Schränke und Truhen aus der Barockzeit, auch eine zierlich ausgeschweifte Wiege aus dem 18. Jahrhundert.

Kreisbaumeister Burchard (Hobrechtstraße Nr. 2) besitzt neben einer schönen Sammlung hessischer Bauernmöbel auch eine Anzahl Stücke aus der hiesigen Gegend, die hauptsächlich der Biedermeierzeit angehören, nämlich Schränke, Tische, Standuhren, Sekretäre, Glas- und Zinngerät (Abb. 182 und 183).

**Kunstgeschichtliche Literatur.**

Adler. Mittelalterliche Backsteinbauwerke des Preußischen Staates, 1892 ff. (II, Bl. 73).
Bergau. Kunstdenkmäler, 1885.

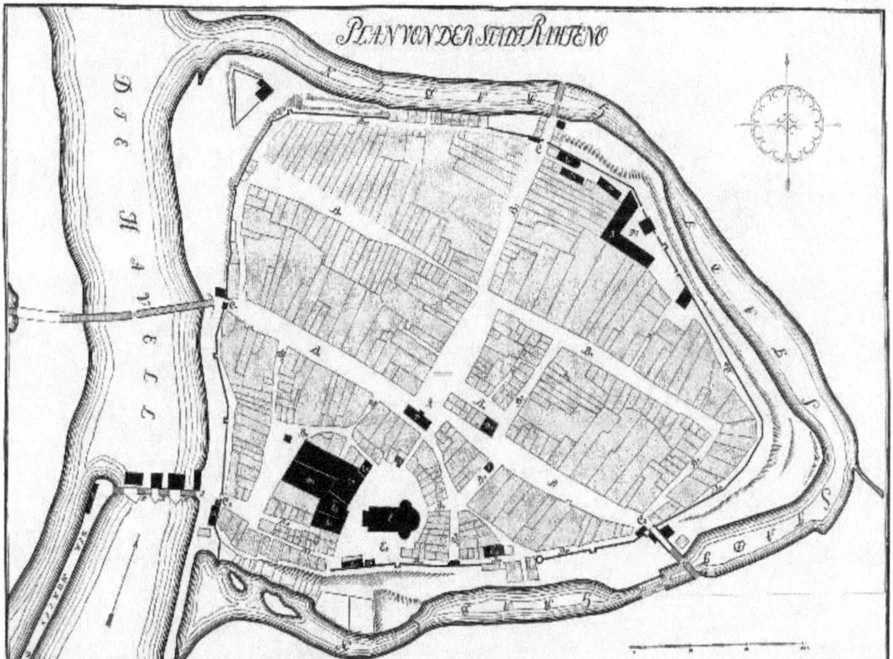

PLAN VON DER STADT RAHTENO

Altstadt Rathenow nach dem Plane von 1720 von de Nève.

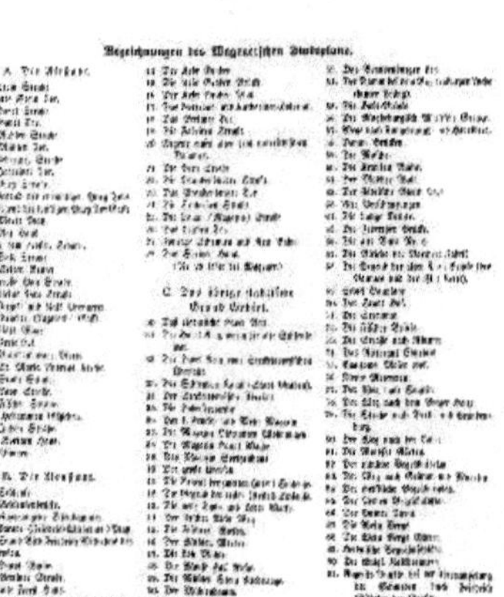

Bezeichnungen des Wagnerschen Stadtplans.

A. Die Altstadt.

B. Die Neustadt.

C. Das übrige städtische Grund-Gebiet.

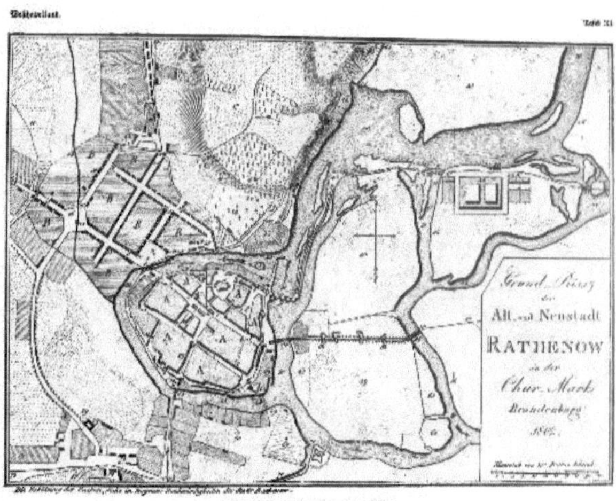


Plan der Stadt Rathenow nach Wagner.

# Retzow.

**Retzow**, Dorf 14 km westlich von Nauen. 137 Einw., Landgem. 1024 ha, Gutsbezirke 485 + 740 ha.

Nach einer Urkunde im Brandenburger Domarchiv wurde dem Kapitel 1269 die Pfarre zu „Rizzowe" von den Markgrafen Johann, Otto und Conrad geschenkt (Riedel, Codex VIII, 168). In dem 1336 „Retzowe" und im Karolinischen Landbuch „Reczow" genannten Dorf besaßen um 1375 zwei Ritter namens Retzow 6 Hufen auf der insgesamt 60 Hufen — davon 3 Pfarrhufen — umfassenden Gemarkung. Die v. Retzow behaupteten sich hier bis 1798 (Geh. Staatsarchiv, Rep. 62. 188; Rep. 78. II. R Nr. 20 und 53). Neben ihrem Gute gab es noch drei andere Rittersitze, deren einer lange Zeit den v. Bardeleben gehörte (Rep. 78 II. G 14); die v. Erxleben und v. Bredow machten sich hier erst nach 1830 ansässig.

Spätgotische, einst gewölbte **Kirche** (Abb. 184), vorherrschend aus putzfreiem Backsteinwerk. Sie bildet ein in 3/8 geschlossenes Schiff, das um 1500 in zwei Abschnitten gebaut ist. Der etwas ältere Ostteil ist inmitten der Mauerflächen teilweise aus Feldsteinen, über welche in der üblichen Weise Quaderfugen gemalt sind, in den Eckteilen aus Backstein. Die Kämpfer der Gewölbe lagen in Höhe von 2,70 m. Äußere Strebe-

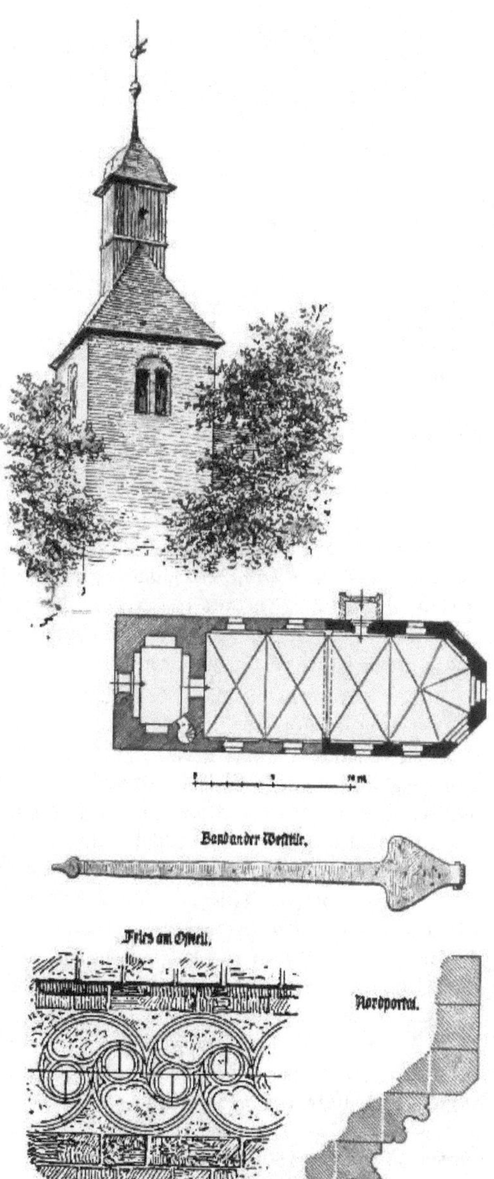


Abb. 184. Retzow. Kirche. Turm, Grundriß und Einzelheiten.

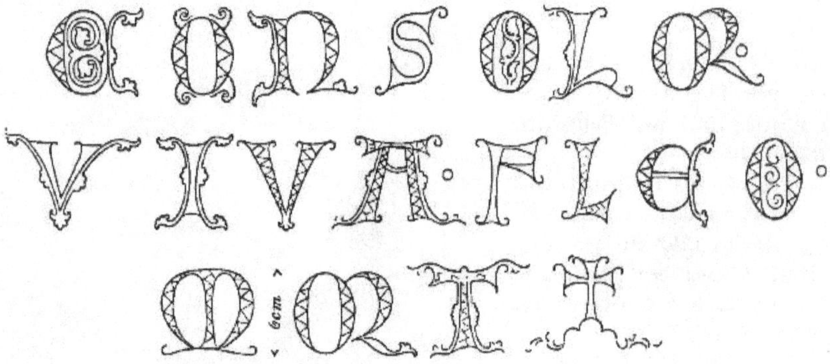


Abb. 185. Retzow. Kirche. Inschrift von der zweiten Glocke.

pfeiler fehlen und sind durch innere Vorlagen ersetzt, die zu Spitzbogennischen verbunden sind. Der Putzfries unter dem Hauptgesims ist mit einer eingeritzten Maßwerkzeichnung ohne Farbe geschmückt (Abb. 181). Die Fenster waren spitzbogig, sind aber alle in Korbbogenöffnungen umgeändert. Am Westteil der Kirche fehlt die Maßwerkzeichnung auf dem Putzfries; die Gewölbe setzen an der Westwand schon bei 1,22 m an (etwa für eine Empore?). Das Profil des spitzbogigen Nordportals zeigt Abb. 184. Das Mauerwerk ist in beiden Teilen aus sehr gutem Material (Backsteinformat 30 × 14 × 9 cm) vorzüglich ausgeführt. Der Fußboden besteht aus schlichten Tonplatten von 27 × 27 cm. Die Decke ist gegenwärtig glatt geputzt.

Der Turm hat die Breite des Schiffes. Die Westtür ist einfach abgestuft, mit Stichbogen geschlossen und sitzt in einer schlichten hohen Spitzbogenblende; die Türbänder sind von einfacher gotischer Form. In seinen Untergeschossen sind Gewölbe angelegt, aber nicht ausgeführt, nämlich im Erdgeschoß ein hohes spitzbogiges Kreuzgewölbe und darüber in dem niedrigen Obergeschoß ein Tonnengewölbe mit zwei Stichkappen an den Längsseiten. In der Wand sind sechs Stichbogennischen, teilweise mit schmalen Fensterchen darin. In der Südostecke des Turmes führt eine kleine Wendeltreppe bis über die geplanten Gewölbe. Die Schallöffnungen bestehen aus zwei Stichbogenöffnungen, die unter Korbbögen gekuppelt sind. Neben ihnen dienen geputzte Kreisblenden zur Belebung der Flächen (vgl. Pessin). Das Walmdach des Turmes trägt jetzt eine bretterne Laterne mit geschweifter Haube. Die Wetterfahne enthält die Jahreszahl 1728.

Altar mit Kanzel, klassizistisch (gegen 1800), mit akademischen korinthischen Säulen und Pilastern zu beiden Seiten. Im seitlichen durchbrochenen Ornament sind rechts Wein, links Ähren dargestellt.

Taufschüssel, 40 cm Durchmesser, Messing getrieben, in der Mitte die Verkündigung Mariä, 1609 gestiftet.

Ein Kelch, Silber vergoldet, 21,5 cm hoch. Der Fuß in Sechspaßform, Schaft sechseckig mit Stempel: Wellenlinie, I A S T; 17. Jahrhundert. Ein zinnerner Kelch.

An der Südwand der Grabstein der 1729 verstorbenen Sophia Elisabeth v. Retzow mit seltsam weitschweifiger Inschrift.

Eine Anzahl Brautkronen mit gewirkten Bändern.

Drei Glocken. Die große 1622 von Christian Heinze zu Spandau gegossen. Die zweite von 0,95 m Durchmesser mit einer Inschrift am Halse zwischen glatten Bandstreifen in gotischen Majuskeln: „Consolor viva fleo mort[ua]" (Abb. 185). Die dritte Glocke ist 1599 von Joed Bodeker in Hamburg gegossen. Inschrift aus römischen Majuskeln am Halse und zwei Reliefs am langen Felde, die einen Mann und eine Frau in betender Haltung darstellen.

Auf dem **Friedhof** stehen zwei kleine Denkmäler in Form von kurzen kannelierten Säulenstümpfen mit aufgelegter gebogener Schrifttafel und Lorbeergehängen. Auf diese sind zwei Vasenkörper umgekehrt aufgestülpt.

## Rhinow.

**Rhinow**, Stadt. 1277 Einw., 1801 ha (Abb. 186).

### Quellen.

Geh. Staatsarchiv zu Berlin. Urkunden, Eintragungen in die Kopialbücher, z. B. Rep. 78. 9, fol. 27 (vgl. auch Kopiarien des Domarchivs zu Brandenburg), sowie das Visitationsprotokoll von 1541 geben Aufschlüsse über das 13. bis 16. Jahrhundert; vgl. Riedel, Codex VII, 1—40 (vgl. auch Bd. VIII). — Rep. 78. II. H 26: Belehnung der v. d. Hagen 1710. — Beckmanns Nachlaß, Rep. 92. V. C, Nr. 31 (vgl. auch Nr. 32, Rathenow).

### Geschichte.

In einer Urkunde vom 28. Dezember 1216 im Brandenburger Domarchiv wird „Rinowe" unter den Grenzorten des dem Domkapitel zustehenden Archidiakonatbezirks genannt (Riedel, Codex VIII, 135), das also damals, zurzeit des Askaniers Albrechts II., samt dem dazu gehörigen Ländchen in deutschem Besitz war. Der westlich des heutigen Städtchens am alten Rhin gelegene Kietz mit der Kietzer Mühle deutet darauf hin, daß slawische Siedlungen hier beim Eindringen der Deutschen bereits vorhanden waren.

Kunekin, dem Sohne Johanns II. († 1282), wurde der Chronik der brandenburgischen Markgrafen zufolge das Ländchen, terra Rynowensis, als Leibgedinge, ad vite tempora, gegeben[1]). Nach seinem Tode, zwischen 1308 und 1319, fiel das Land an den regierenden Markgrafen zurück. Ausdrücklich weist auf das Städtchen, opidum dictum Rynowe, eine Eintragung in ein Kopialbuch hin, der zufolge am 11. August 1333 Markgraf Ludwig der Gattin Bertholds von Wildberg Einkünfte in der Höhe von sechs Stück Geld in brandenburgischen Pfennigen aus dem Städtchen und den See Prezimar (Prietzen) übertrug. Nach dem Landbuche Kaiser

[1]) Vgl. Sello, Forschungen zur Brandenburgisch-Preußischen Geschichte, I, 129, 162; daß er Domherr, canonicus, war, hat Krabbo mit Recht bestritten (vgl. seinen demnächst erscheinenden Aufsatz, dessen Benutzung mir der Verfasser gütigst gestattete).

Karls IV. im Geheimen Staatsarchiv war um 1375 „Rynow“ im Besitz der Grafen von Lindow-Ruppin; doch bereits 1376 gab Graf Albrecht das Ländchen an Brandenburg zurück. Einige Zeit darauf kam es in den Pfandbesitz des Bischofs von Brandenburg. Um die Wende des 14. Jahrhunderts waren sodann die Stechow, Friesack, Wuthenow, Hagen und andere Ritter hier begütert. Erst unter Kurfürst Friedrich II. traten Zustände von Dauer ein, denn 1441 erhielten die v. d. Hagen aus der Mühlenburger Linie „im Stedchin te Ryno einen frien Hoff mit 6 Huven und 14 Punt Penningen und 6 Schillingen und 5 Winspeln 9 Schepeln Rocken, Haver und Gerste“; hierbei sei bemerkt, daß man „Mollenborg“ den Hof bei Alt-Rhinow wegen der dicht daneben liegenden Wassermühle nannte.

Urkunden des 15. und 16. Jahrhunderts zufolge war ähnlich wie bei Freienstein in der Prignitz vermutlich eine Verlegung der Stadt vorgenommen worden, denn 1445 werden „die alde Stad und der alde Hoff“ genannt, und laut Visitationsprotokoll von 1541 stand der Rhinower Kirche ein Stück Acker zu, das die „Olde Stadt“ hieß. Rhinow, noch um 1375 ein fester Platz, hatte fortan, vielleicht infolge der Verlegung, jede militärische Bedeutung verloren, war vielmehr, im Viereck gebaut, völlig offen und besaß weder Mauern noch Wälle; als Einwohner werden 1624 genau so wie bei den Dörfern Hufner und Kossäten aufgeführt. Trotzdem galt das Städtchen, wie Lehnpferdeverzeichnisse (Rep. 21. 66) im Geheimen Staatsarchiv andeuten, auch weiterhin als Vorort des etwa 12 Dörfer umfassenden Ländleins und führte im Wappen eine Figur, die vielleicht den Apostel Jacobus major, Schutzpatron der Kirche (?), darstellte. Das Dorf Gleve, unweit Rhinow gelegen, war schon frühzeitig mit der Stadt vereinigt worden, wie auch aus dem Visitationsprotokoll von 1541 hervorgeht; 1562 gaben die v. d. Hagen zu Hohennauen und Möllenborg ihre Zustimmung zur Nutzung der Glever Feldmark. Als ein Jahr darauf zwischen den adligen Herren und ihren Untertanen Irrungen wegen des Kirchbaus ausbrachen, wurden diese durch kurfürstliche Kommissare dahin beglichen, daß „die von Rinow“ und „die Kitzer“ eine Summe Geldes aufbringen sollten, um die ganz dachlose und baufällige Kirche wieder in bauliche Würden zu bringen.

Als Friedrich der Große um 1770 die Kolonien im Amte Neustadt anlegte, wurde die Mühle auf seinen Wunsch hin im Interesse der Entwässerung aufgehoben und denen v. d. Hagen eine Entschädigung zugebilligt. Die Burg selbst, die noch bis in das 16. Jahrhundert hinein einem Zweige des Geschlechts v. d. Hagen zum Wohnsitz diente und nahe dem Kietz inmitten eines von Elsen umstandenen Sumpfes auf einem noch heute deutlich sich abhebenden Gelände lag, ist schon seit etwa vier Jahrhunderten verschwunden, der Sumpf entwässert, besonders auch nachdem Friedrich Wilhelm I. einen Kanal zum Gülpischen See — ehedem Prietzen genannt — hatte ziehen lassen. Zu Beginn des 19. Jahrhunderts zählte die in Viertel eingeteilte Stadt 30 Häuser mit Ziegel- und 22 Häuser mit Strohdächern; die Bauart war durchweg Holz mit Fachwerk. Die Zahl der Einwohner, die sich ausschließlich von dem 676 Morgen umfassenden Acker ernährten, betrug 1740 nur 361 und um 1800 etwa 100 Einwohner mehr (vgl. Bratring, Beschreibung der Mark II, 99 f.).

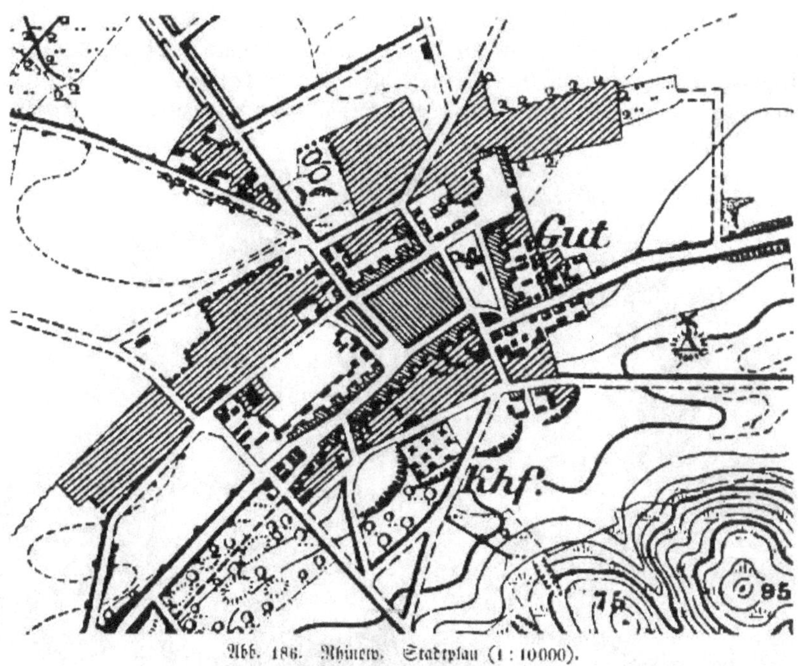


Abb. 186. Rhinow. Stadtplan (1 : 10000).

Infolge der Stein-Hardenbergschen Gesetzgebung gewann das Städtchen, das bis dahin der Gutsherrschaft nicht allein Abgaben leistete, sondern auch den Rat zur Bestätigung zu präsentieren hatte, ferner keine neuen Feuerstellen ohne Zulassung der Junker anlegen durfte und im Gerichtswesen von dem durch die Obrigkeit bestellten Lehnsrichter völlig abhängig war, innere Selbständigkeit. Die Gerechtsame derer v. d. Hagen blieben fortan auf das — heute vereinigte — Rittergut sowie das Patronat beschränkt. Die Einwohnerzahl stieg im Laufe des 19. Jahrhunderts nur mäßig an, und um 1860 zählte die Stadt einschließlich des Floringshofes auf der Hohen Liepe noch nicht 1000 Einwohner; dazu kamen die 150 Seelen des Gutsbezirks.

In jüngster Zeit hat das seit 1900 an die Städtebahn angeschlossene Städtchen dank den sich bessernden Verkehrsbedingungen einen frischen Aufschwung genommen und ist auf dem Wege, sich zu einem wirtschaftlichen Mittelpunkt für die Umgegend auszubilden, indem sich selbst Ansätze zur Industrie, ähnlich wie in Rathenow, zeigen.

## Topographie.

Das Städtchen, im Nordwesten des Ländchens Rhinow zwischen dessen Hochfläche und dem Rhin belegen, lag ursprünglich näher an diesem als jetzt. Dafür zeugt noch heute die Flurbezeichnung „olde Stadt“ bzw. „Altstadt“ auf der linken

Seite des Rhin dicht an diesem. Gegenüber dieser Stelle am rechten Rhinufer liegt noch heute der Kietz, einst wohl eine Art Vorstadt von Rhinow. Ob der Ort seinen Ursprung der in unmittelbarer Nähe der „olden Stadt" belegenen Mühlenburg verdankt, muß dahingestellt bleiben. Reste von ihr sind nicht mehr vorhanden. Erwähnt

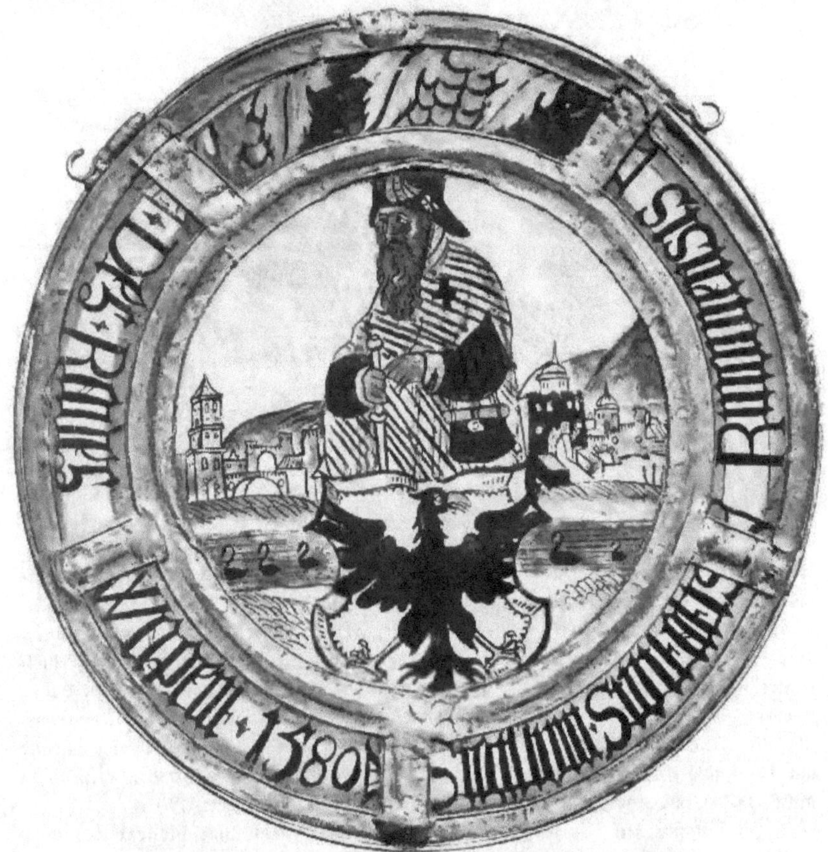

Abb. 187. Rhinow. Glasmalerei mit dem Stadtwappen im Rathause von 1580.

sei an dieser Stelle noch eine kurfürstliche Freiarche, die sich jedenfalls hier zwischen Mühlenburg und Kietz befand und 1539 gelegentlich eines Streites zwischen Rathenowern und den Herren v. d. Hagen genannt wird.

Das neuere Rhinow, vermutlich wegen der Überschwemmungsgefahren, vielleicht nach einer Zerstörung der Altstadt in Kriegszeiten, näher an die Höhen herangerückt, war in annähernd rechteckiger Form und vier ziemlich regelmäßigen Vierteln mit vier

Ausgängen gebaut. Der im Nordosten belegene Markt von gestreckter Form enthielt in seinem nordwestlichen Teile den einst auch hier mit einer Mauer umgebenen Kirchhof mit der noch jetzt bestehenden Kirche. In seiner nördlichen Ecke finden wir das Predigerhaus und eines der beiden früher vorhandenen adligen Güter. Vom Markte in südwestlicher Richtung laufen parallel zum Fuß der Rhinower Berge die Hohe oder Große Straße und die Niedere oder Lange Straße, jetzt Friedrich- und Lindenstraße genannt. Als dritte erwähnt Beckmann eine Mühlenstraße, die vermutlich in der Richtung auf die Mühlenburg zog. Die längs des Rhins sich ausbreitenden Wiesen führten den noch bei Bratring 1805 vor..mmenden Namen „Mersche" (vgl. den heutigen „Merschweg" im Norden der Stadt). Der Ort hatte früher weder Mauern und Tore noch ein Rathaus. Der Friedhof liegt jetzt außerhalb der Stadt im Süden. Die neueren Erweiterungen des Ortes erstrecken sich hauptsächlich nach Südwesten um den dort entstandenen Stadtpark.

## Denkmäler.

Die **Kirche**, bestehend aus Turm und einem in $^{3}/_{8}$ geschlossenen Schiff, enthält noch Reste eines mittelalterlichen Feldsteinbaus, so das Erdgeschoß des Turmes, der als breites Glockenhaus ausgebildet war. Das spitzbogige Westportal hat dreifach abgestuftes Gewände aus behauenen Feldsteinen. Außerdem sind Teile der Schiffsmauern und vermutlich auch des Ostschlusses aus gotischer Zeit. 1731 wurde die Kirche großenteils erneuert. Die Lisenen wurden aus Dachsteinen vorgelegt. Der Turm wurde über dem Erdgeschoß eingezogen, quadratisch weitergeführt und mit stumpfem Pyramidendach geschlossen. Der Innenraum wirkt lang, aber ziemlich niedrig. Die Decke ist glatt geputzt.

Der Altaraufbau mit Kanzel von 1731 ist ziemlich reich und in guten Verhältnissen gestaltet. Neben den beiden begleitenden Säulen stehen die annähernd lebensgroßen Figuren von Petrus und Paulus. Zwischen Mensa und Kanzel ist eine hölzerne Büste ohne Attribut, vielleicht Moses.

Eine schadhafte Pietas aus Holz im Stile der Spätgotik war bisher im Turm aufbewahrt.

Zwei Glocken sind 1777 und 1798 von Thiele in Berlin gegossen.

Im **Rathause** wird eine kleine Glasmalerei mit dem Wappen der Stadt aufbewahrt (Abb. 187).

# Ribbeck.

**Ribbeck**, Dorf 9 km westlich von Nauen. 521 Einw., Landgem. 709, Gutsbez. 1896 ha.

Einem Kopiarbuch im Geheimen Staatsarchiv zufolge (Rep. 78 a. 3, S. 89 i. v.) verpfändete am 8. März 1351 Markgraf Ludwig der Römer den v. Bredow das Angefälle auf Gerechtsame in mehreren Dörfern, darunter auch in „Rydbeke" (Riedel, Codex VII, 128; vgl. Graf v. Bredow, Geschichte des Geschlechts v. Bredow I, 14), doch die hauptsächlichsten Gerechtsame, wie obere Gerichtsbarkeit und Wagendienst, besaßen um 1375 in „Rybbecke", wie aus dem Landbuch Kaiser Karls IV. hervorgeht, Henning, Thyle und Claus Rybbecke (Ausg. von Fidicin, S. 100). Bis heute behauptete sich dieses von Fontane besungene Geschlecht in dem um 1800 von 308 Menschen bewohnten Dorfe, auf dessen Gemarkung die Zahl der ritterlichen Freihufen laut Schoßkataster von 1621 auf $17^1/_2$ angewachsen war, so daß für die Bauern statt 15 nur noch $11^1/_2$ Hufen verblieben. Neben dem Ribbeckschen gab es hier laut Schoßregistern von 1450 und 1480 ein Königsmarcksches, von 1706 bis nach 1828 auch ein Bardelebensches Gut (Geh. Staatsarchiv, Rep. 78. II. G 11).

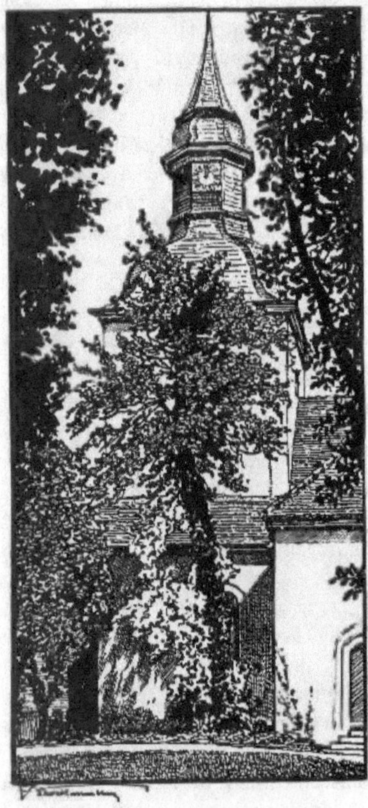

Abb. 188. Ribbeck. Kirchturm von Süden (nach Zeichnung von Brockmüller).

Die **Kirche** in Saalform ist ein massiver Putzbau aus dem Anfang des 18. Jahrhunderts. An seinem Westende sind im Norden und Süden zwei Anbauten von der Traufhöhe der Kirche symmetrisch angeordnet. Der südliche enthält über einer Gruft eine Emporentreppe. Die Decke ist glatt geputzt, die Fenster sind im Korbbogen geschlossen. Ende des 19. Jahrhunderts wurde die Kirche nach Osten verlängert und mit halbrunder Apsis versehen. Der Turm ist in der Breite des Schiffes angelegt, wird aber bald quadratisch und schließt mit geschweiftem Dach und hübscher achteckiger Laterne (Abb. 188). In der Wetterfahne steht die Jahreszahl 1722.

Glocken. Die große ist 1690 von Martin Heintze in Berlin, die kleinere 1610 von Heinrich Borstelmann in Magdeburg gegossen.

Das **Gutshaus** von 1821 wurde in neuester Zeit (1893) stark umgebaut und verändert.

Im Besitze des Pfarrers Bölke befindet sich ein Bauernbett mit Himmel aus der Zeit um 1850.

# Riewend.

**Riewend**, Dorf 16 km nordöstlich von Brandenburg. 122 Einw., 165 ha.

Der laut Eintragung von 1355 in das Kopialbuch des Markgrafen Ludwig im Geheimen Staatsarchiv (Rep. 78 a. 3, S. 98 i. v.) „Rewanth" geschriebene Name und die Rundlingsform des hart am Wasser gelegenen Dörfchens weisen auf die slawische Zeit zurück (Riedel, Codex VII, 318). Von den 15 Hufen zu „Rywin" gehörte dem Karolinischen Landbuch zufolge von jeder eine Hufe dem Pfarrer. Zu dem um 1400 wüst gewordenen „Ryewen" legten die v. Bröske zu Ketzür einige Kossätenhöfe an, wie aus den Schoßregistern von 1450 und 1480 in der Königlichen Bibliothek zu Berlin erhellt (Ausg. von Fidicin, S. 323). Zu Beginn des 19. Jahrhunderts wohnten in „Riewend", woselbst kein Rittersitz war, wieder 6 Bauern und 2 Kossäten.

Die **Kirche** ist ein anspruchsloser kleiner Putzbau in Saalform, dessen Fenster im Stichbogen geschlossen sind. Die Decke ist glatt geputzt, der Fußboden aus schlichten Tonplatten hergestellt. Über der Westtür befindet sich die Jahreszahl 1811.

Altar mit Kanzel, schlicht barock; ein ehemaliger einfacher Altaraufsatz von 1718 hängt gegenwärtig an der Südwand.

Kelch von 21 cm Höhe, dessen gotischer Fuß aus vergoldetem Kupfer ist. An den sechs Zapfen des Knaufes stehen die Buchstaben J e s u s.

Zwei Messingleuchter von 1707.

Zwei Glocken. Die größere mit 0,53 m Durchmesser trägt am Halse in gotischen Minuskeln die Inschrift: „Ave Maria. 1516." Die kleinere Glocke von 0,50 m Durchmesser hat nur einige Brakteaten am Hals, aber keine Inschrift. Sie hängt in Eisen, weil die Krone abgebrochen ist.

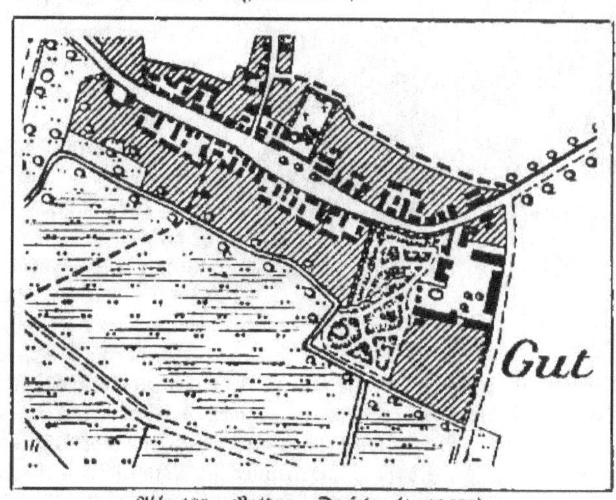


Abb. 189. Roskow. Dorfplan (1 : 10000).

# Roskow.

**Roskow**, Dorf 12 km nordöstlich von Brandenburg. 541 Einw., Landgem. 1321, Gutsbez. 306 ha (Abb. 189).

Einer nicht zweifellos echten Urkunde von 1270 im Geheimen Staatsarchiv zufolge (Spandau, Nr. 6) überließen die Markgrafen Otto und Albrecht dem Spandauer Nonnenkloster die Kirche zu „Roscowe" (Riedel, Codex XI, 7). 1324 übertrug Markgraf Ludwig der Neustadt Brandenburg die Bede von 13 Hufen, 1325 dem Pfarrer eine Hufe Landes (Urk. Roskow, Nr. 1; Riedel IX, 25 und XI, 30). Von 1354 an waren die v. Bredow in dem laut Landbuch Kaiser Karls IV. 38 Hufen zählenden „Roschow" begütert. Doch durch den Dreißigjährigen Krieg in Bedrängnis geraten, mußten sie um 1650 dem Fürstlich-Magdeburgischen Landrat Hans Christoph v. Katte († 1681) den Platz räumen (Geh. Staatsarchiv, Rep. 78. II. K 29—31; vgl. Graf v. Bredow, Geschichte des Geschlechts v. Bredow III, 144, 155). Die Katte, aus dem sog. Kattenwinkel (am Einfluß der Havel in die Elbe) stammend, erscheinen zuerst 1221 mit Boldewin Cat unter dem Jerichower Adel. Stifter des Fideikommisses war Albert v. Katte (1798 — 1869), Herr auf Roskow, Vieritz, Marquede und Buckow (Gothaer Uradliges Taschenbuch, 1912, S. 413 f.).

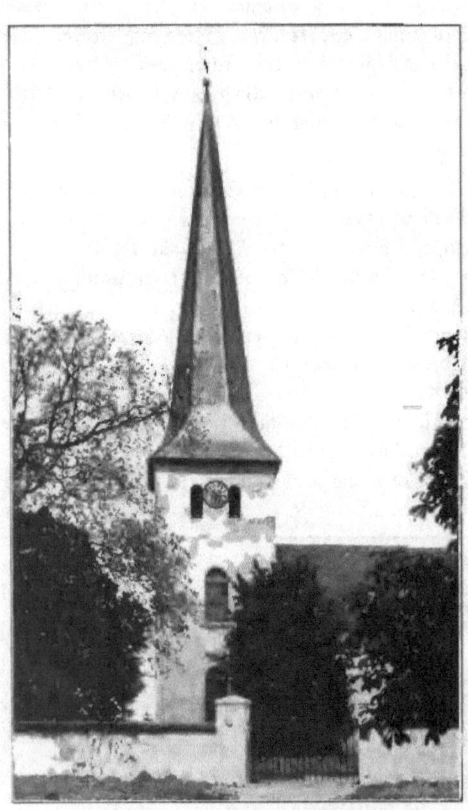

Abb. 190. Roskow. Kirchturm von Süden.

Die **Kirche**, ein massiver Putzbau von 1724, bildet eine reizvolle Zentralanlage aus der Verbindung eines Kuppelbaus mit einem lateinischen Kreuz (Abb. 191, Grundriß und Schnitt). Die Kuppel ist innen aus Holz hergestellt und wie die Decken der Kreuzarme glatt geputzt. Die Fenster schließen in Rundbögen und sind außen mit plastischen, innen mit gemalten Faschen eingefaßt. Der Fußboden besteht

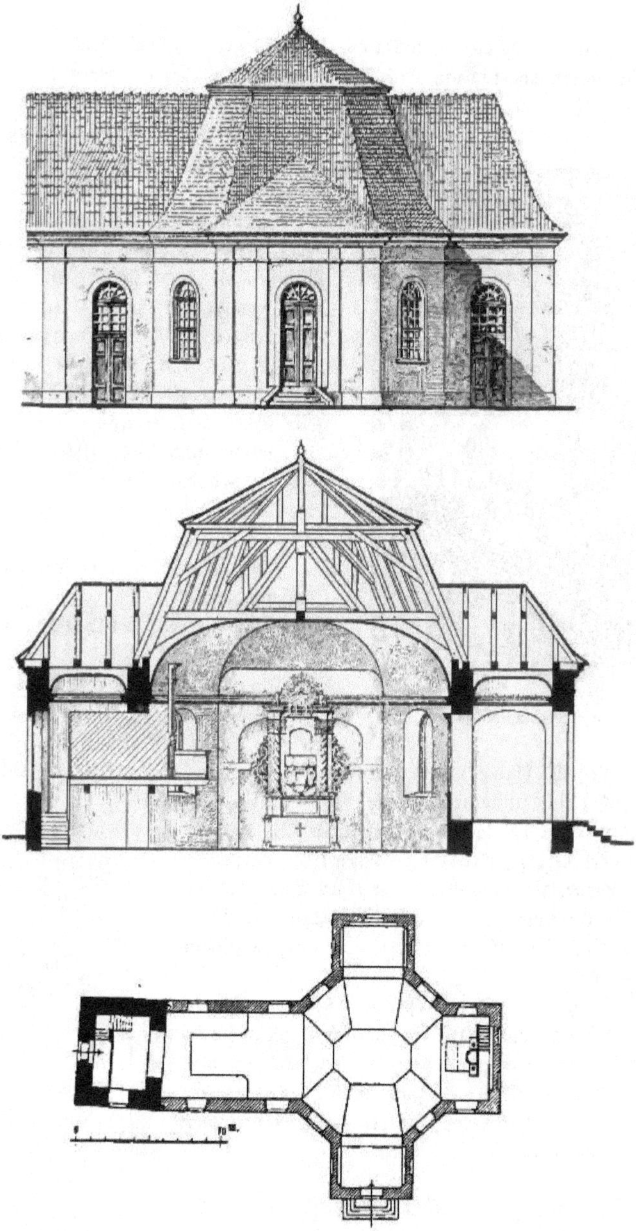

Abb. 191. Roskow. Kirche. Grundriß, Querschnitt und Südansicht.

aus kleinen, sechseckigen roten Tonplatten. Die Orgel steht im nördlichen Kreuzarm (Abb. 191, Schnitt), der südliche enthält die Herrschaftsloge, der westliche Schiffsteil eine Empore. Abb. 191 zeigt das Fassadensystem. Der Turm (Abb. 190) ist etwa bis zur Hälfte mittelalterlich und aus Backstein. Ungefähr 2/3 seines Erdgeschoßraumes sind durch eine Bretterwand abgetrennt und zur Kirche gezogen (Abb. 191, Grundriß). Über dem Erdgeschoß sind an den Wänden in Form steiler Dreiecke Nuten für Gewölbe vorgesehen. An der Nordseite der Kirche ist eine Gruft angebaut.

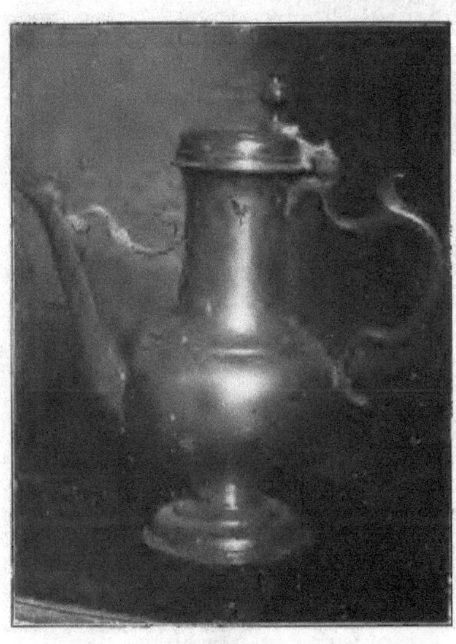
Abb. 192. Roskow. Weinkanne in der Kirche.

Altar mit Kanzel barock, mit zwei gewundenen Säulen. Auf der Rückseite steht in lateinischen Majuskeln die Inschrift: „Anno 1724 J. Blencke Dischler" und „J. Waegner Zimrm."

Der Orgelprospekt zeigt Rokokoformen von etwa 1750.

Ein Kelch, Silber vergoldet, 18. Jahrhundert.

Eine silberne Oblatenbüchse, 18. Jahrhundert.

Ein Taufbecken von Messing, 1690.

Zwei bronzene Altarleuchter mit kleinen Katzen auf den Füßen.

Ein großer Messingkronleuchter. Eine zinnerne Weinkanne (Abb. 192). Eine sechseckige zinnerne Weihwasserbüchse.

An den vier Kuppelpfeilern befinden sich Ölgemälde von G. v. Kessel (1871), welche die Evangelisten darstellen. Auf dem Dachboden liegt ein Bruchstück eines Taufengels (18. Jahrhundert) und eine zerbrochene spätgotische Dreieinigkeit aus Holz, bei welcher Gott-Vater den Sohn auf dem Schoße trägt.

Zwei Glocken. Die große von 0,90 m Durchmesser mit Inschrift am Halse in gotischen Minuskeln: „O rex glorie xpe veni cum pace." Am Schlag verschiedene Brakteaten. Die kleine mit 0,68 m Durchmesser ohne Inschrift, am Halse fünf querliegende Rauten mit streng gezeichneten heraldischen Adlern.

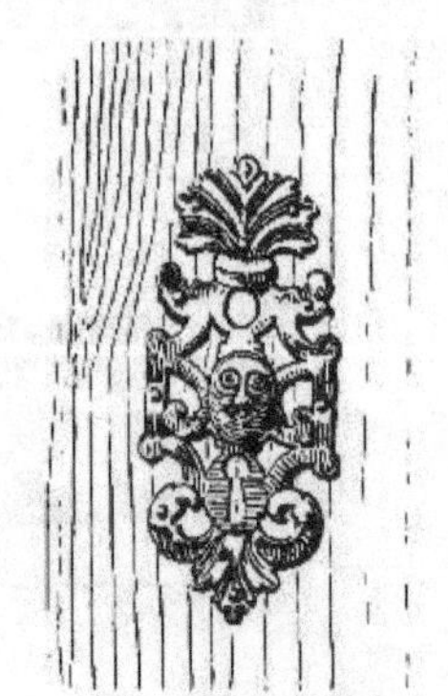
Abb. 193. Roskow. Beschlagteil an der Schloßtür.

Das **Schloß**. Ein stattlicher Barockbau von 1723 bis 1727 (Jahreszahlen am Äußeren), mit zwei kurzen

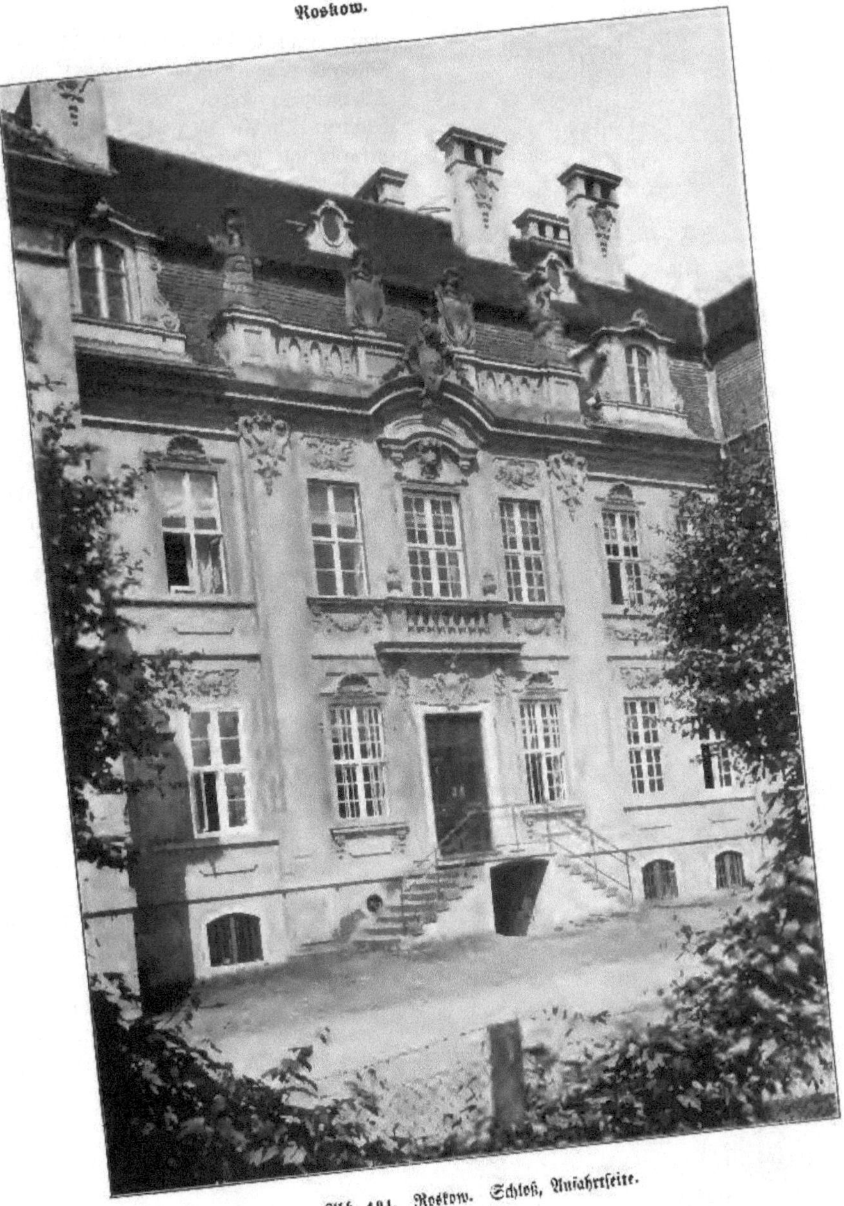

Abb. 194. Roskow. Schloß, Anfahrtseite.

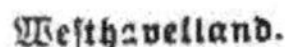

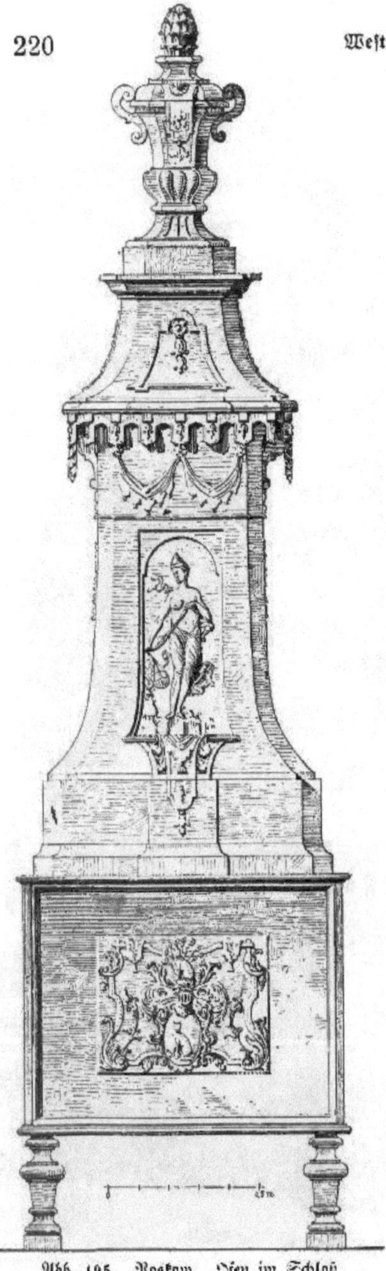

Abb. 195. Roekow. Ofen im Schloß.

Querflügeln an den Enden der Hofseite, bestehend aus Keller, Erdgeschoß und Obergeschoß, bedeckt von Mansardendächern. Die Fassaden (Abb. 194) waren ursprünglich sehr schlicht gehalten (in Putz); nur das Mittelrisalit an der Gartenfront hatte bereits anfänglich den flachen Dreiecksgiebel mit seinem reichen Trophäenschmuck aus Sandstein, dem hohen Konsolenfries und den geschmückten Füllungen. Auch das Balkongitter und die zwei Figuren der Gartenterrasse (Mars und Minerva) sind ursprünglich. Alles übrige an Schmuck, besonders die Kartuschen an den Risalitecken, die Muscheln über allen Obergeschoß-, die verzierten Füllungen über den Erdgeschoßfenstern, alle Dachfenster und Schornsteinköpfe, sowie das Gitter der Gartenterrasse und das Mittelrisalit der Hofseite (gänzlich) entstammen einem Ausbau von etwa 1880—1890 durch Hofbaurat Hauer. Der Grundriß ist noch fast ganz der ursprüngliche. — Einen Beschlagteil der Schloßtür gibt Abb. 193.

Die Kamine sind einfach, aber in guten Barockformen gehalten, unten in der Diele aus Stuck, oben von rot und grau gemischtem Marmor, früher mit Gemälden darüber. Ein schöner denkmalförmiger Ofen befindet sich im Obergeschoß. Der untere Eisenkasten ist mit Katzen verziert (Wappentier des Besitzers v. Katte). Der obere Aufbau aus hellen glasierten Kacheln in Gestalt einer Barockpyramide zeigt edle Formen (Abb. 195). Wandstuck ist nur im Obergeschoßsaal an der Gartenseite erhalten.

# Saaringen.

**Saaringen**, Dorf 7 km nordöstlich von Brandenburg. 81 Einw., 385 ha.

Einer Urkunde vom 27. April 1320 im Brandenburger Domarchiv zufolge verkaufte der Bischof Johann das Wendendorf „Sarringe" seinem Kapitel; dieses legte 1391 dem Schulzen und den Bauern auf, dem Klein-Kreutzer Pfarrer, der in ihrer Kirche Gottesdienst hielt, alljährlich ein Pfund Brandenburgischer Pfennige zu geben (Riedel, Codex VIII, 221 und 366). Laut Visitationsprotokoll von 1511 bezog der Pfarrer zu „Kreutzwitz" ein Schock Groschen aus „Saring", woselbst „eittel Vischer" wohnten, die keine Hufen hatten (Riedel VII, 491). Im Verlauf des 19. Jahrhunderts wurde der hart am Wasser gelegene und Rundlingsform aufweisende Ort zum Ackerdorf.

Die **Kirche** ist ein kleiner massiver Barockbau von 1796, mit polygonal geendigtem Schiff. Seine Fenster sind im Korbbogen geschlossen, die Decke ist glatt geputzt. Der Fachwerkturm wächst aus dem Dache heraus und endigt in einer stumpfen Pyramide.

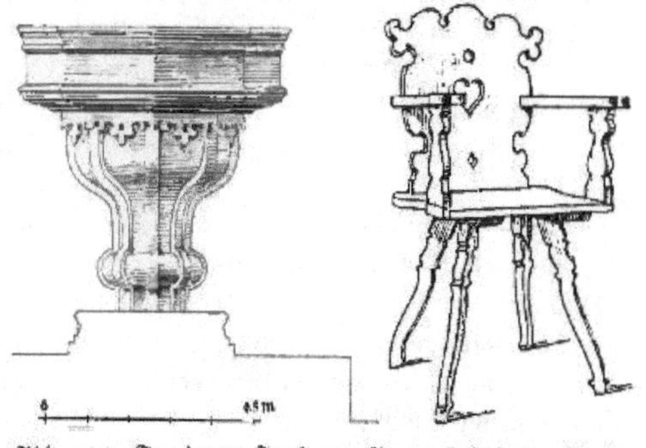

Abb. 196. Saaringen. Taufe und Bretterstuhl in der Kirche.

Altar mit Kanzel, schlicht barock, mit breiten Pilastern und seitlichem Ornament.

Die hölzerne Taufe ist achteckig. Der auf profilierter quadratischer Unterlagsplatte stehende geschweifte Fuß ist an den acht Ecken mit Rippen besetzt (Abb. 196).

Ein Kruzifix von Holz aus dem 15. Jahrhundert mit einer etwa 50 cm hohen bemalten Christusfigur. An den Kreuzenden befanden sich früher die Evangelistenzeichen.

Eine heilige Anna selbdritt von Holz, etwa 80 cm hoch, weiß übertüncht, in der Mitte längs durchgeborsten. 15. Jahrhundert.

Eine holzgeschnitzte Wappenform mit farbiger Reliefdarstellung von Petrus, etwa 30 cm groß.

Ein Bretterstuhl mit geschweifter Rücklehne und Armlehnen (Abb. 196).

# Selbelang.

**Selbelang**, Dorf 15 km südöstlich von Friesack. 325 Einw., Landgem. 180, Gutsbez. 1415 ha.

Laut Landbuch Kaiser Karls IV. im Geheimen Staatsarchiv (fol. CXVIII) hatte „Selvelank" um 1375 eine — wohl schon auf die deutsche Kolonisation zurückgehende — Ausstattung mit 32 Hufen, darunter 2 Pfarrhufen; die markgräflichen Vasallen Irxleben, aus einer Familie, deren Name mit dem altmärkischen, im Kreise Osterburg belegenen Dorfe übereinstimmt, sowie Nickel und Eggard Bardeleve besaßen Höfe mit 5 bzw. 3 Hufen (Ausgabe von Fidicin, S. 99). In der Folgezeit wußten die Gutsherren ihren Besitz, wie auch aus den Schoßregistern von 1450 und 1480 erhellt, so zu mehren, daß es laut Schoßkataster von 1624 zu „Selbelang" nur noch Ritterhufen gab (vgl. auch v. Eickstedt, Beiträge zu einem neueren Landbuch, S. 372, 425). Die Irx- oder Erxleben behielten ihren Rittersitz bis heute, die Bardeleben nur bis nach 1828 (Geh. Staatsarchiv, Rep. 78. II. G 11; Rep. 21. 66). Einem Verzeichnis der Ritterhufen und Lehnpferde zufolge waren in der zweiten Hälfte des 17. Jahrhunderts sogar fünf markgräfliche Vasallen in „Selbelanck" begütert, auf denen folgende Lehnverpflichtungen ruhten: 3/4 Pferd hatten zu stellen Melchior v. Barlebens Erben, 1/4 Joachim Erixleben, 1 Pferd Ehrentreich und Joachim v. Erixleben, 7/8 bzw. 1/8 Pferd Jochim v. Bardeleben zu Selchow (Kreis Teltow) und Hardtstock zu „Sotzker" (heute Satzkorn). Um 1800 waren alle 32 Hufen im adligen Besitz; daneben wohnten hier außer dem Lehnschulzen nur Kossäten, Kätner und Einlieger.

Die **Kirche** ist ein gotischer Backsteinbau aus dem 15. Jahrhundert (nach der Ledeburschen Umfrage vermutlich von 1440). Er besteht aus Schiff, eingezogenem Chor und Turm. Das Schiff hatte ursprünglich Balkendecke und wurde erst in neuester Zeit (vermutlich 1862) in flacher Korbbogenform gewölbt; gleichzeitig damit wurden auch sämtliche Fenster der Kirche spitzbogig vergrößert. An der Nordseite sieht man die Spur einer alten Spitzbogenblende, die wohl eine Stichbogentür enthielt. Über einem noch ursprünglichen Putzstreifen folgt an Schiff und Chor ein barockes Backsteingesims. Der spitze Triumphbogen ist an den Seiten etwas abgehauen. Der Chor hat eingezogene Strebepfeiler und ist in 3/8 geschlossen. Die Rippen der Spitzbogengewölbe bestehen aus Birnstab und Kehle und ruhen auf viertelstabförmigen Konsolsteinen. Die Schlußsteine sind glatt rund. Im unteren Teile der Kappen befinden sich kleine, aus zwei firstziegelförmigen Steinen gebildete Drachenköpfe, die der Abwässerung der Kappen dienen. Der gedrungene niedrige Turm aus putzfreiem Backsteinwerk rührt vermutlich aus der Mitte des 18. Jahrhunderts her. Die Wetterfahne zeigt außer einem Pelikan mit seinen Jungen die Jahreszahl 1749.

Der Altar mit Kanzel (Abb. 197) hat einen reich geschmückten barocken Aufbau. An der Kanzelbrüstung und seitlich neben den Säulen stehen sieben kleine Figuren, von denen Christus, Jakobus und Johannes durch Symbole bezeichnet sind.

Drei geschnitzte und bemalte gotische Figuren von etwa 50 cm Höhe, unter denen sich Maria mit dem Kinde und ein Bischof befinden, rühren vermutlich von dem früheren Altar der Kirche her, der Anfang des 18. Jahrhunderts noch erhalten war (vergl. Beckmanns Nachlaß im Geh. Staatsarchiv).

Der Orgelprospekt gehört der Zeit um 1810 an.

Ein silberner, vergoldeter Kelch von 23 cm Höhe. Der sechsteilige Fuß und Schaft gotisch, aus dem 15. Jahrhundert. Das Signakulum bildet eine Kreuzigungsgruppe in Hochrelief. Der Schaft ist über und unter dem Knauf mit gotischer Fensterarchitektur und ganz freistehenden Ecksäulchen verziert. Der flache Knauf ist

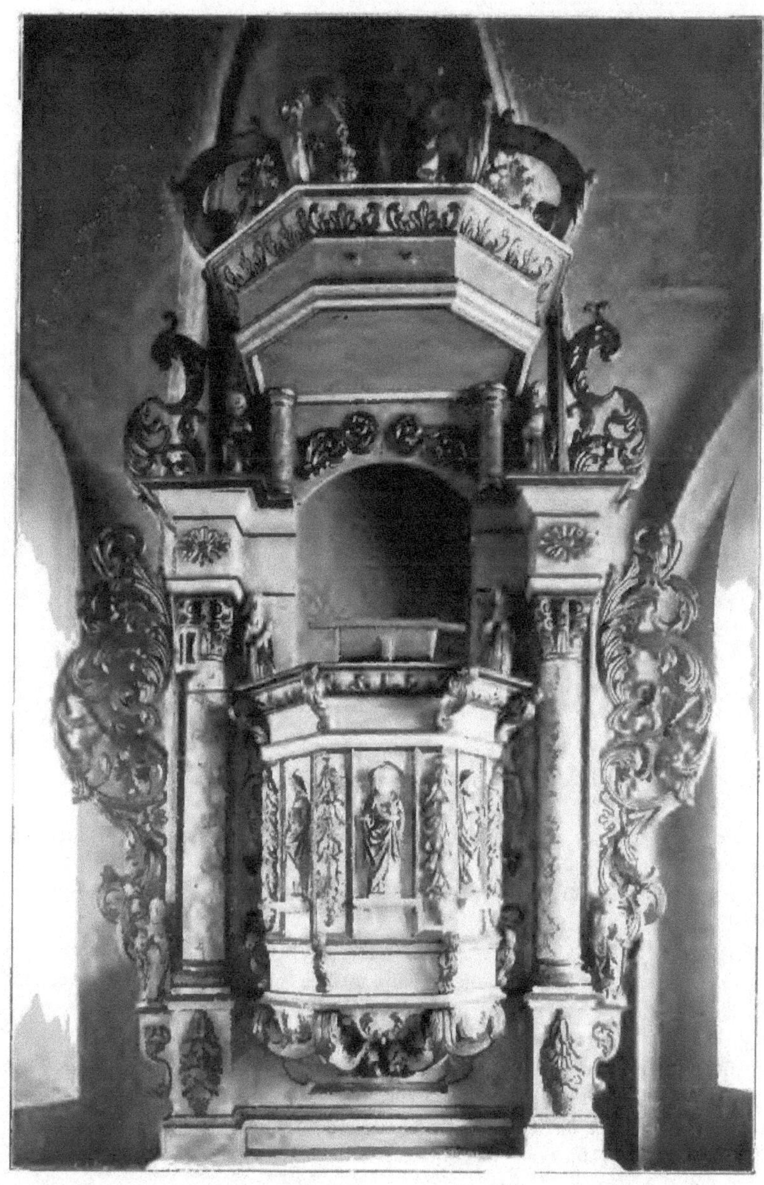

Abb. 197. Selbelang. Kanzelaltar in der Kirche.

mit sechs sehr weit herausragenden Zapfen besetzt, die an der Stirnseite auf schwarzem Emaillegrund die spätgotischen bzw. römischen Majuskeln J H E S U S tragen. Die Kuppa zeigt eine sehr hohe steile Spätrenaissanceform. Der auf der Unterseite des Fußes befindlichen Inschrift zufolge scheint ein Meister Armin der Verfertiger des Kelches gewesen zu sein.

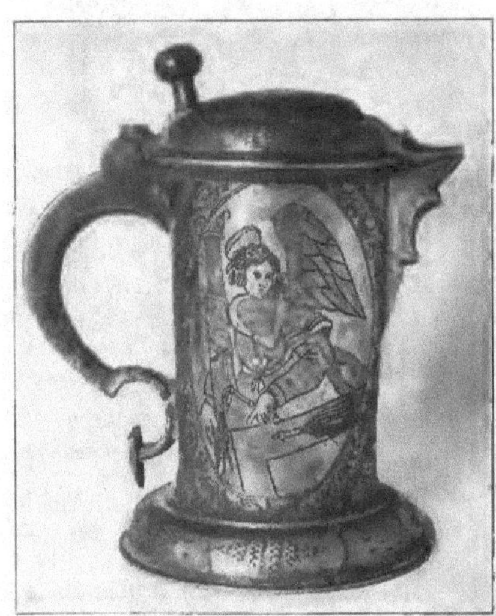

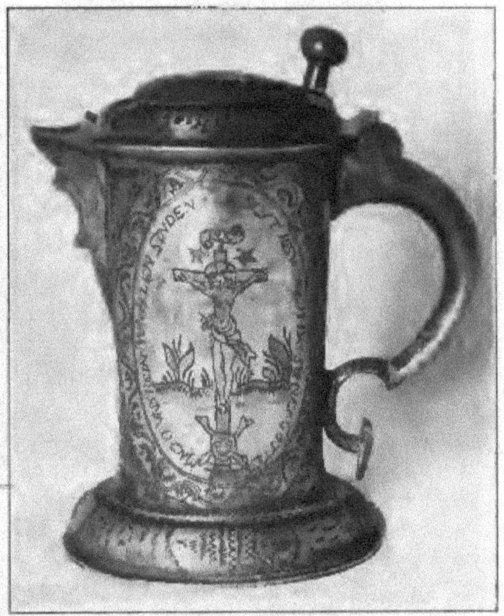

Abb. 198. Selbelang. Zinnkanne in der Kirche.

Die dazu gehörige silbervergoldete Patene hat eine eigentümliche eingravierte Kreuzform.

Taufschüssel, Messing getrieben, 37 cm Durchmesser, mit der Darstellung der Verkündigung und einem Schriftfries.

Zinnkanne (Abb. 198) in Form eines geraden Deckelkruges mit teils eingraviertem, teils einpunktiertem, reichem Ornament und Christus am Kreuz sowie einem Engel mit Geißel; daran die Inschrift: „Jochim Königsmark . . . . 1674."

Zwei gotisch profilierte Bronzeleuchter, 28 cm hoch.

Ein Zinnleuchter mit Balusterschaft (36 cm hoch) und zwei Schalen von 1732.

Grabsteine in der Kirche bzw. dem Turm, darunter 1) Wichmann v. Bardeleben († 1589) mit der Reliefﬁgur des Verstorbenen in voller Rüstung, 2) vermutlich ein Bardeleben († 1579; der Name ist unleserlich). Außerdem zwei andere Grabsteine, darunter der eines Kindes.

Im Turm mehrere Brautkronen auf kleinen Konsolbrettern.

Die kleinste Glocke hat 0,61 m Durchmesser und am Halse die Inschrift: „Ave Maria gracia plena . . . M°CCCC°LXII" (Abb. 199).

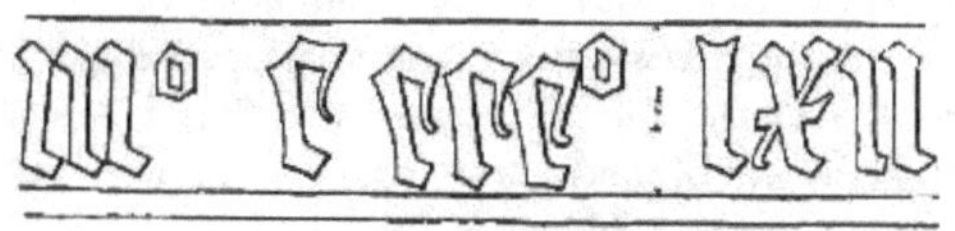

Abb. 199. Selbelang. Kirche, Inschrift von der kleinen Glocke.

## Semlin.

**Semlin**, Dorf 6 km nordnordöstlich von Rathenow. 175 Einw., 1023 ha.

Der Besitz von „Czemelin" mit allen Rechten, „utgenome wat Hans von Bredow darinne hatt", wurde 1441 laut Kurmärkischem Kopialbuch im Geheimen Staatsarchiv (Rep. 78. 9, fol. 27) denen v. d. Hagen zu Hohennauen durch den Kurfürsten Friedrich II. bestätigt (Riedel, Codex VII, 29). Die Kirche des dem Schoßregister von 1450 zufolge nur 21 Hufen, darunter eine Pfarrhufe, zählenden Dorfes war, wie aus dem Visitationsprotokoll von 1511 erhellt, von altersher Filia von Rathenow.

Kleine, ganz schlichte **Fachwerkkirche** in Saalform, vermutlich von 1732 (Jahreszahl in der Wetterfahne). Der polygonale Altarraum aus Fachwerk ist erst Ende des 19. Jahrhunderts angebaut.

Die größere Glocke von 0,76 m Durchmesser hat weder Inschrift noch Ornament, sondern nur am Hals vier glatte Linien.

## Senzke.

**Senzke**, Dorf 9 km südsüdöstlich von Friesack. 283 Einw., Landgem. 357, Gutsbezirk 831 ha.

Am 31. März 1353 gab laut Kopialbuch im Geheimen Staatsarchiv Markgraf Ludwig der Römer seine Einwilligung dazu, daß Wilke v. Bredow seiner Gemahlin mehrere Gerechtsame in „Sentzke", wie z. B. Pächte und Zinse, zum Leibgedinge verschrieb (Riedel, Codex VII, 51; vgl. Graf v. Bredow, Geschichte des Geschlechts v. Bredow, I, 22, 262 f.). Dorf und Gut, die Parus Matthias v. Bredow, der Stammvater der heutigen Linie, 1602 von seinem Stammesvetter Lippold erwarb, wurden 1662 durch einen großen Brand verwüstet (Geheimes Staatsarchiv, Beckmanns Nachlaß, Rep. 92. V. C, Nr. 32). Die durch das Schoßkataster von 1621 bezeugte Zahl von 14 Hufnern ging bis zu Beginn des 19. Jahrhunderts auf 9 mit nur 9 Hufen zurück; entsprechend stieg die Zahl der Ritterhufen auf 14. Der Pfarrer besaß dem Visitationsprotokoll von 1541 zufolge 2 Hufen; als erster Anhänger der neuen Lehre wirkte damals Paul Buten-Cower, sein Filial war Wagenitz.

Die **Kirche** ist ein moderner romanisierender Putzbau von 1857 mit halbrunder Apsis im Osten.

Der Altaraufsatz (Abb. 200) in Spätrenaissance ist von eigenartiger volkstümlicher Form und mit den Bredowschen Wappen und zwei etwas kindlichen Gemälden geschmückt, die das Abendmahl und die Grablegung Christi darstellen.

Die Kanzel ist in den Formen dem Altar verwandt, aber der Säulen und anderer Zierate beraubt. In den Füllungen sind Christus und die Evangelisten gemalt.

Auch die hölzerne Taufe von 1676 zeigt Spätrenaissanceformen. Sie ist achteckig, in behäbiger Tischform mit Säulchen an den Ecken ausgebildet und 80 cm hoch.

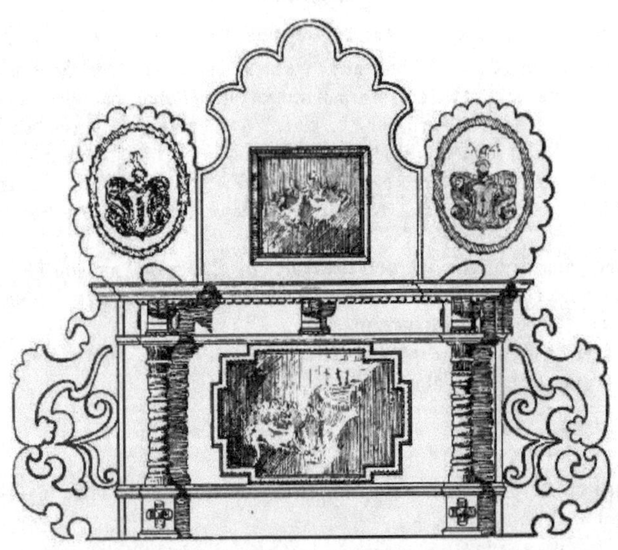

Abb. 200. Senzke. Kirche, Altaraufsatz.

Gestühlsvorderwände in Spätrenaissance, in deren Rundbogenfüllungen sich verschiedene Malereien befinden: die Apostel mit ihren Symbolen sowie andere Figuren und Bilder aus dem alten Testament mit Bevorzugung des Landschaftlichen.

Kelch, Silber, innen vergoldet, 23 cm hoch, in einfachen Formen. Fuß und Knauf schlicht rund, von 1733.

Zwei einfache Zinnleuchter mit gewundenem Schaft, 32 cm hoch, von 1671 und 1712.

Ein Klingelbeutel aus rotem Sammet mit Goldstickerei.

Das jetzige **Gutshaus** wurde nach einem Brande des früheren im Jahre 1872 von Grund auf neu gebaut (vgl. Sandsteintafel mit Inschrift in der Halle). Zu erwähnen sind zwei Schränke, einer davon mit Rokokoornament in den Zwickeln der Füllungen (Abb. 201), eine Truhe von 1768 mit hübschem Beschlag und ein wertvolles Porzellanservice.

Im **Pfarrhause** befinden sich ein Familienbildnis von Carl Begas und einige hübsche Stutzuhren.

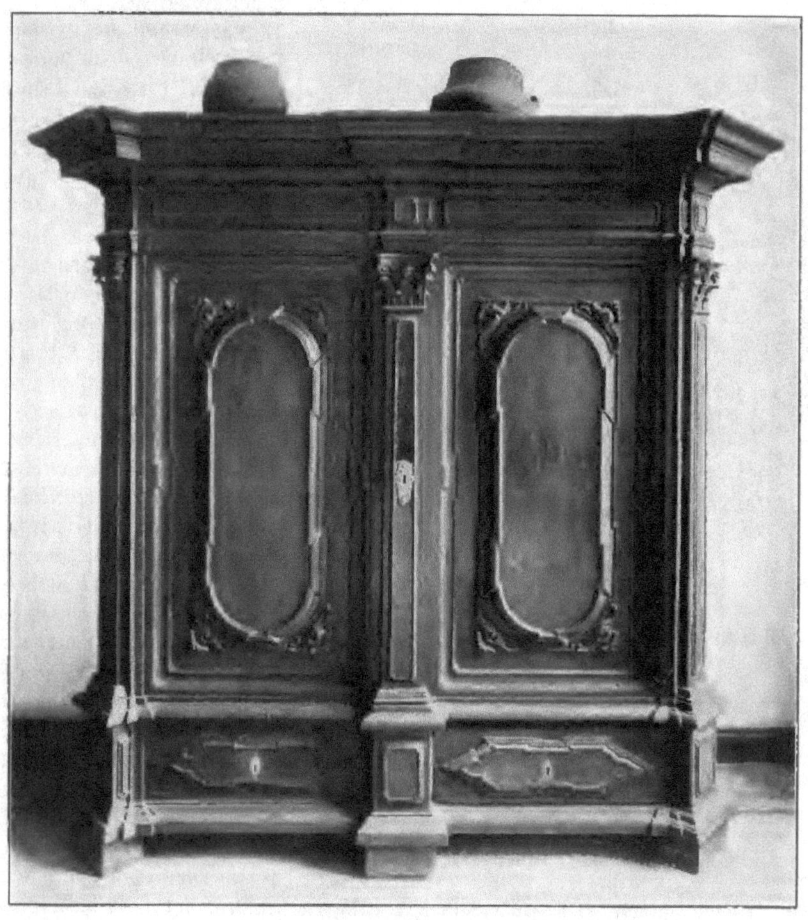

Abb. 201. Senzke. Rokokoschrank im Gutshause.

## Spaatz.

**Spaatz**, Dorf 6 km südlich von Rhinow. 441 Einw., 1176 ha.

„Spaczow" gehörte zu den Dörfern im Nordwesten des Kreises, in denen die v. d. Hagen schon 1441 laut Lehnsbestätigung durch Kurfürst Friedrich II. „3 Hove" und Gerechtsame besaßen (vgl. Eintragung in das Kurmärkische Lehnskopiar im Geh. Staatsarchiv, Rep. 78. 9, fol. 27; abgedruckt in Riedel, Codex VII, 29). Das Rittergut ging 1710 mit Einwilligung des Landesherrn von Albrecht Ludwig v. d. Hagen durch Verkauf dauernd in bäuerliche Hände über. Von den 31 Hufen des von jeher stark bevölkerten und um 1800 — ähnlich wie schon 1624 — 15 Bauern- und 8 Kossätengüter zählenden Dorfes, dessen Name sich in „Spaecz" und im 18. Jahrhundert in „Spaatz" umwandelte, gehörten zwei, wie aus dem Visitationsprotokoll von 1511 hervorgeht, der Kirche.

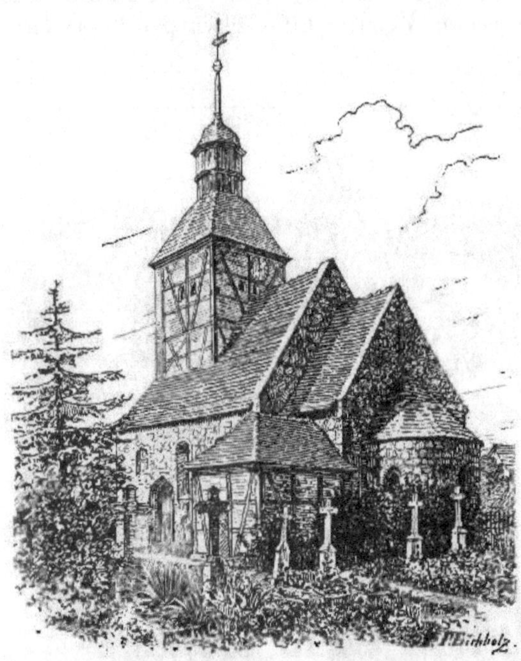

Abb. 202. Spaatz. Kirche von Südosten.

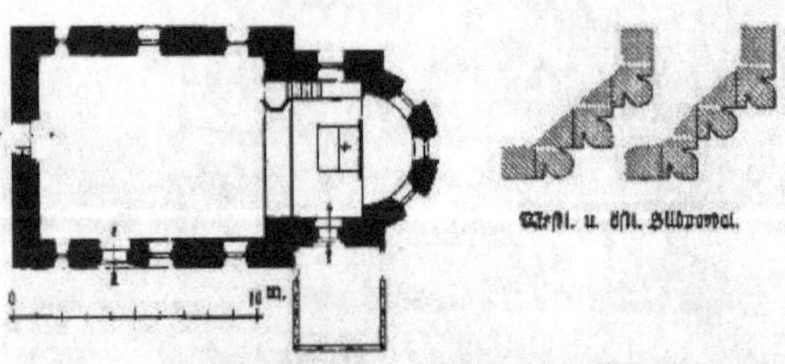


Abb. 203. Spaatz. Kirche, Grundriß nebst Einzelheiten.

Die frühgotische **Kirche** ist aus gespaltenen Feldsteinen, ihre Ecken sind aus scharfkantig behauenen Feldsteinen hergestellt (Abb. 202). Sie besteht aus Schiff, kurzem, eingezogenem Chor und halbrunder Apsis mit Kuppelgewölbe (Abb. 203). Das Schiff hat im Norden und Süden je drei Fenster, von denen je ein westliches noch als schmales kleines Spitzbogenfenster aus Feldstein mit runder Backsteinkante im Bogen erhalten ist. Die vier anderen sind 1730 vergrößert. Das jetzt verengerte Portal an der Südseite des Schiffes hat das in Abb. 203 gegebene Profil. Der Chor hat im Norden ein Stichbogenfenster, im Süden eine kleine

Spitzbogentür mit einem kleinen Fenster darüber. Vor diesem befindet sich ein Fachwerkvorbau aus späterer Zeit (1730), der gegenwärtig als Bahrenhaus benutzt wird. Die Apsis hat drei kleine Spitzbogenfenster, die mit Backsteinkanten tiefer herabreichend angelegt, aber anscheinend noch während des ursprünglichen Baues bis auf das jetzige Maß vermauert sind. Die Apsis mit ihrer Kuppel öffnet sich spitzbogig und ohne Gurtbogen gegen den Chor. Die Decke ist gerade, Schiff und Chor sind durch einen Spitzbogen getrennt. Die Dachstühle sind großenteils im 18. Jahrhundert erneuert, der des Chores enthält noch alte Teile.

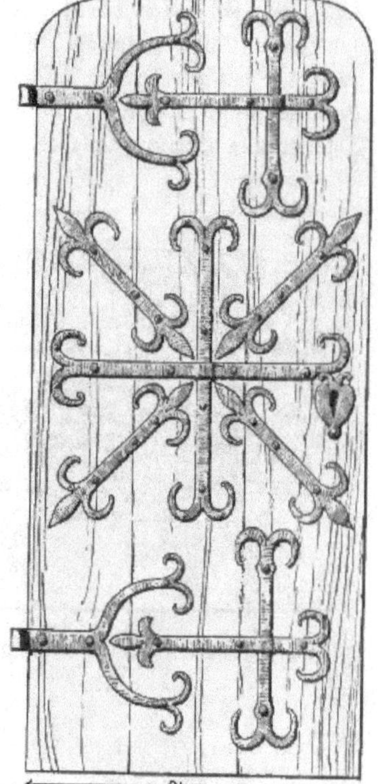

Abb. 201. Spaatz.
Ehemalige Kirchentür.

Der Turm war früher schmaler als jetzt, aber ebenfalls quadratisch. Seine Westwand aus Feldstein mit Granitkanten ist auf der Westmauer der Kirche noch erhalten. Der gegenwärtige Fachwerkturm von 1706 ist erheblich breiter und nimmt fast die halbe Länge des Schiffes ein. Sein Pyramidendach mit schwach geknickten Flächen ist mittels dieser zu einer achteckigen Laterne übergeführt, die in geschweifter Haube schließt. Am Fuße der Westfront befand sich früher die sog. Wolsiersche Tür, die gegenwärtig aber in ein Fenster umgewandelt ist.

Der Altar von 1647 ist mit einem Ölgemälde ausgestattet, welches das hl. Abendmahl darstellt und einige Bildnisköpfe zu enthalten scheint.

Hübscher gotischer Kelch, 17,5 cm hoch, Silber vergoldet, trägt am Halse die Inschrift „ave Maria" und am Fuße einen kleinen Kruzifixus in Relief.

Eine Patene mit Zinnenrand, Silber vergoldet, 15 cm Durchmesser. Daran findet sich eine anscheinend vom damaligen Geistlichen eingekratzte Inschrift aus gemischten Schriftcharakteren: „Ev. N. Joan. Ballerstedt notavitq. De meo [maximo?] J. S. Anno 1576".

Taufbecken von 1690, Messing getrieben, mit Buckeln, Früchten und Weintrauben am Rande.

Die Tür zwischen Chor und Bahrenkammer war bis 1895 vermauert. Sie wurde damals geöffnet, und es fand sich in der Vermauerung der alte Türflügel (Abb. 201) mit Eisenbeschlag, der jetzt in der Bahrenkammer liegt. Er besteht aus zwei 5 cm starken, eichenen Brettern, die durch einen reichen Beschlag zusammengehalten werden. Dieser wird gebildet aus zwei Türbändern und drei verschiedenen Kreuzformen, von denen die größere mittlere durch überkreuzliegende Bänder mit Lilienendigungen bereichert ist.

Glocken. Die große von 0,90 m Durchmesser wurde 1705 von Otto Ehlers in Hamburg umgegossen. Der Klöppel zeigt die Buchstaben J M und ist laut Kirchenrechnung im Jahre 1705 von Schmiedemeister Jochim Möller angefertigt worden. Am Halse steht in römischen Majuskeln der Spruch: „VERBUM DEI MANET IN AETERNUM". Die zweite Glocke hat einen Durchmesser von 0,73 m und ist 1777 von J. F. Thiele gegossen. Die dritte von 0,48 m Durchmesser und 0,42 m Höhe hat Zuckerhutform, ohne Inschrift, mit sechs Rundmedaillons am Halse, welche die Verkündigung, die Geburt, die Kreuztragung, die Geißelung, die Kreuzigung und die Auferstehung Christi darstellen.

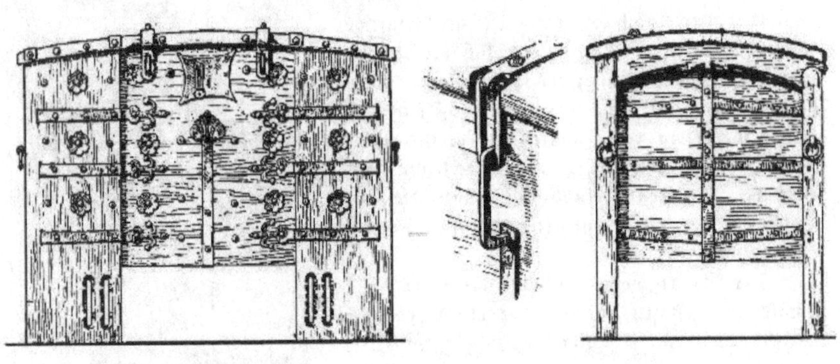

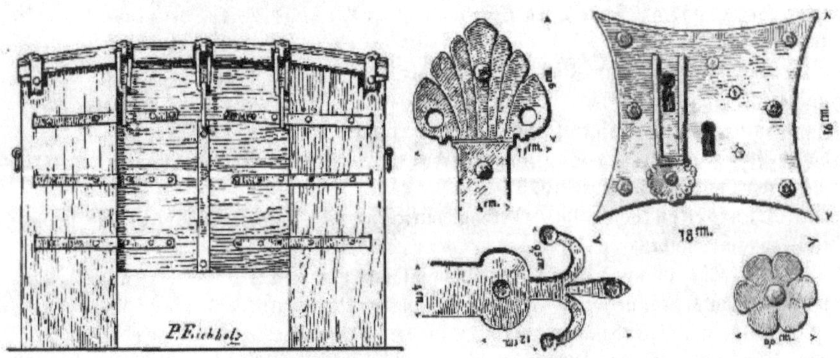


Abb. 205. Stechow. Truhe in der Kirche (1 : 20).

# Stechow.

**Stechow**, Dorf 8 km ostnordöstlich von Rathenow. 179 Einw., Landgem. 742, Gutsbezirke 538 + 1091 ha.

Bei Stechow liegt der in der Mark seltene Fall vor, daß ein Geschlecht, das denselben Namen trägt wie das Dorf, in dem es begütert ist, sich in seinem alten Besitz vom 14. Jahrhundert an bis auf den heutigen Tag behauptet hat. Laut Landbuch Kaiser Karls IV. im Geheimen Staatsarchiv (fol. CXXXIX) lagen auf der Gemarkung

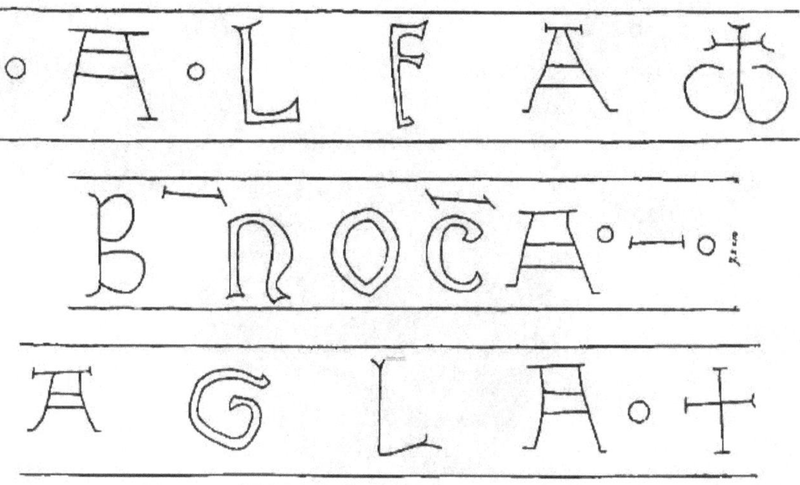

Abb. 206. Stechow. Kirche. Inschrift von der zweiten Glocke.

von „Stechgow" 31 Hufen, von denen zur Pfarre vier und zum Hofe des Henning Stechgow acht gehörten (Ausgabe von Fidicin, S. 107). Eine Urkunde mit 7 Siegeln der Brüder Stechow (Rathenow, Nr. 11), ferner Lehnskopiare, das Schoßkataster von 1621 und Akten im Geheimen Staatsarchiv (Rep. 78. II. S 160) unterrichten über diese 1181 zuerst in Thüringen urkundlich erscheinende Familie, die hier verschiedene Bauernhufen auskaufte und mehrere Rittersitze begründete (vgl. Beckmanns Nachlaß, Rep. 92. V. C, Nr. 32, Geheimes Staatsarchiv). 1725 ging ein Anteil durch Kauf von dem Major v. Stechow an Ludwig v. Bredow über (Graf v. Bredow, Geschichte des Geschlechts v. Bredow I, 441). Um 1800 gehörten in dem 317 Einwohner, darunter 11 Bauern und 10 Kossäten, zählenden Dorf 23 Hufen den Gutsherrschaften und nur noch 15 den Bauern. Die v. Bredow haben heute hier ein Gutshaus, während der Stechowsche Anteil von Kotzen aus bewirtschaftet wird.

Die **Kirche** ist ein massiver Putzbau aus der Barockzeit, bestehend in einem nach drei Seiten eines Vielecks geschlossenen Schiff. Die Fenster sind rechteckig, die Decke ist gerade. Der Fachwerkturm auf dem Westende hat eine geschweifte viereckige Haube und darauf einen langen spitzen Zapfen. Im Jahre 1731 fand eine umfassende Ausbesserung der Kirche statt. Die Wetterfahne enthält die Jahreszahl 1865.

Altar mit Kanzel barock mit gewundenen Säulen. Darin ein heiliges Abendmahl mit vergoldetem, geschnitztem Rahmen. Auf den Segmentverdachungen neben Christus zwei Engel als Friede und Glaube.

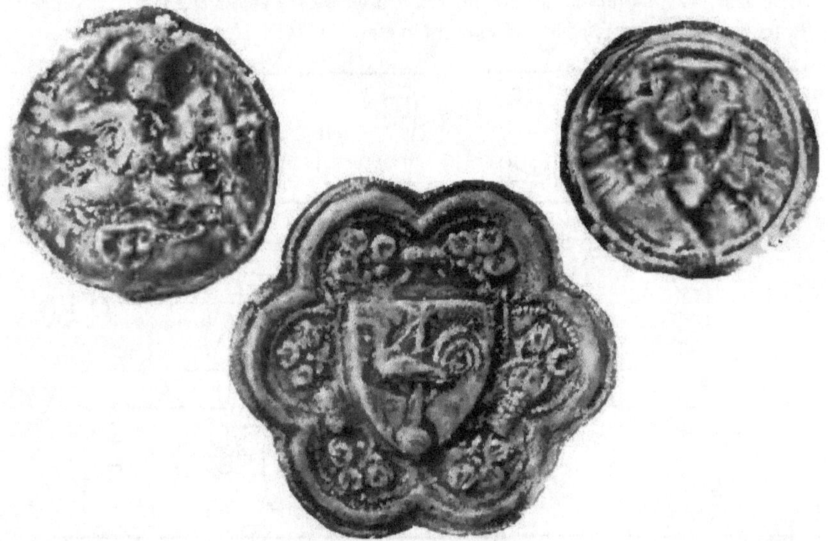

Abb. 207. Stechow. Kirche, Glockenreliefs.

Ein Kelch, Silber vergoldet, 22 cm hoch, mit stark eingeschnürtem, sechsteiligem, flachem Knauf und kantigem, unten in einem Sechsblatt endigendem Fuße, datiert 1619.

Eichene gotische Truhe von urwüchsigem Gefüge mit geschmiedetem Eisenbeschlag (Abb. 205), vielleicht noch aus dem 14. Jahrhundert. Der Deckel ist nach beiden Richtungen gewölbt. Seine Bretter sind an den Enden durch Zargenbügel zusammengehalten, auf die sie mittels je fünf langer, durch die Zarge unten noch hindurchtretender Holznägel befestigt sind. Besonders eigenartig ist die Scharnierbildung am hinteren Ende der Bügel und der Eisenbänder des Deckels, die sich mittels loser Kettenglieder in länglichen Ösen bewegen. Der Kasten selbst besteht aus vier breiten aufrecht stehenden Brettern an den Enden der Vorder- und Rückwand, die gleichzeitig die Füße bilden, und einigen zwischen diesen eingeschobenen horizontalen Brettern. Alle Eisenbänder beginnen an der Rückwand. Die drei horizontalen durchdringen die vortretenden Kanten der Eckbretter, an deren Seiten sich Tragringe befinden.

Opferstock, aus einem Stamm herausgearbeitet, mit einem Türchen und einfachem Beschlag.

Eine bretterne Fußbank mit geschweiften Kanten.

Bänke auf der Westempore mit einfach ausgeschweiften Wangen (Abb. 209).

Ein beachtenswertes Empire-Schloßblech an der Kirchentür.

An der Südseite des Innern hängt ein Ölgemälde in Rahmen, das Christus am Kreuz mit Maria und Johannes darstellt.

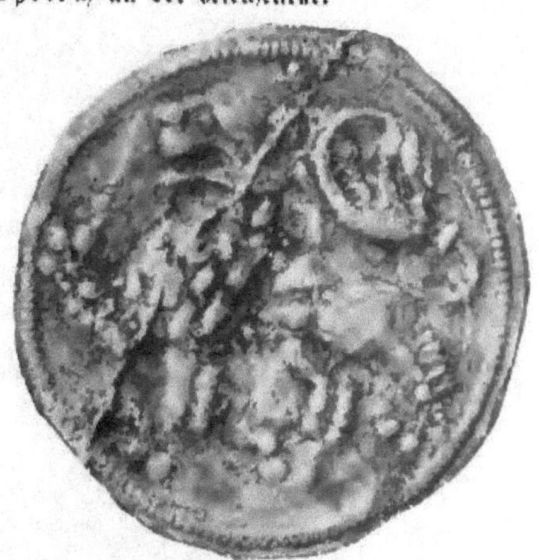

Abb. 208. Stechow Kirche, Glockenrelief.

Glocken. Die große hat 0,95 m Durchmesser. Die zwei Halsfriese sind von je drei zu einem Bündel vereinigten Linien eingeschlossen. Ein solches trennt auch den Schlagring ab. Die Öhre haben gedrückt rundlichen Querschnitt, ihre vordere Ansicht ist in Form von gewundenen Tauen ausgebildet. Der obere Halsfries zeigt die Worte „ave maria" in gotischen Minuskeln und eine Anzahl Medaillons (Abb. 207 und 208) mit figürlichen Darstellungen. Obere Reihe: 1) Geißelung Christi, 2) Kreuztragung, 3) Kreuzigung, 4) Auferstehung, 5) agnus dei, 6) Geburt Christi. Außerdem zwischen „ave" und „maria" noch ein Medaillon mit drei unkenntlichen Gestalten. Untere Reihe: 1) und 2) Schreiber am Pult (Evangelist ?), 3) Christus am Kreuz mit Maria und Johannes, 4) kleine Münze, 5) Evangelist, wie 1 und 2, 6) Christus am Kreuz, wie 3, 7) Geißelung Christi, 8) segnender Engel, Brustbild (?), 9) unkenntlich, 10) Christus am Kreuz, wie 3 und 6, 11) unkenntlich. Am langen Felde: 1) Löwe in Perlenkreis, 6 cm groß, 2) ein Wappen mit Hahn und Stern in einem Sechspaß, der mit frühgotischen Lettern gefüllt ist, 3) Pelikan mit den Jungen, 4) unkenntliche Darstellung in einem kleinen Sechspaß, 5) kleine sechsblättrige Rose, 6) unkenntliche Figur mit kleinem Wappenschild zu Füßen, 7) kleiner Vierpaß aus Perlen mit Rose und Blättern, 8) Gruppe von drei Figuren, eine stehend, eine knieend und über letzterer eine sitzend, 9) kleiner Vierpaß mit Rosette und Blättern, 10) geflügeltes heraldisches Tier (Greif ?), 11) Vogel mit langem Hals. Die zweite Glocke hat 0,73 m Durchmesser. Am Halse zwischen zwei glatten Linien in gotischen

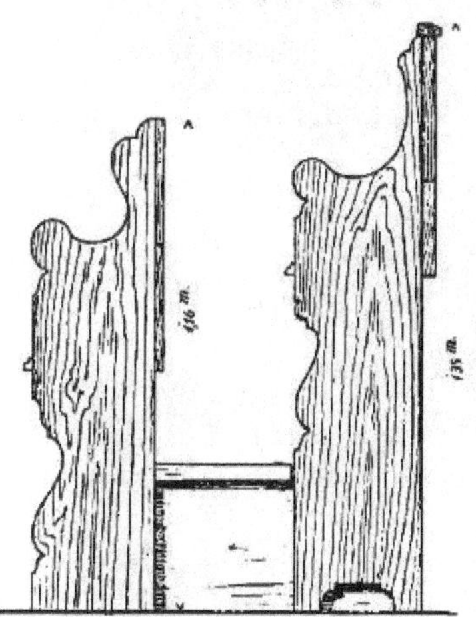

Abb. 209. Stechow.
Bankwange in der Kirche.

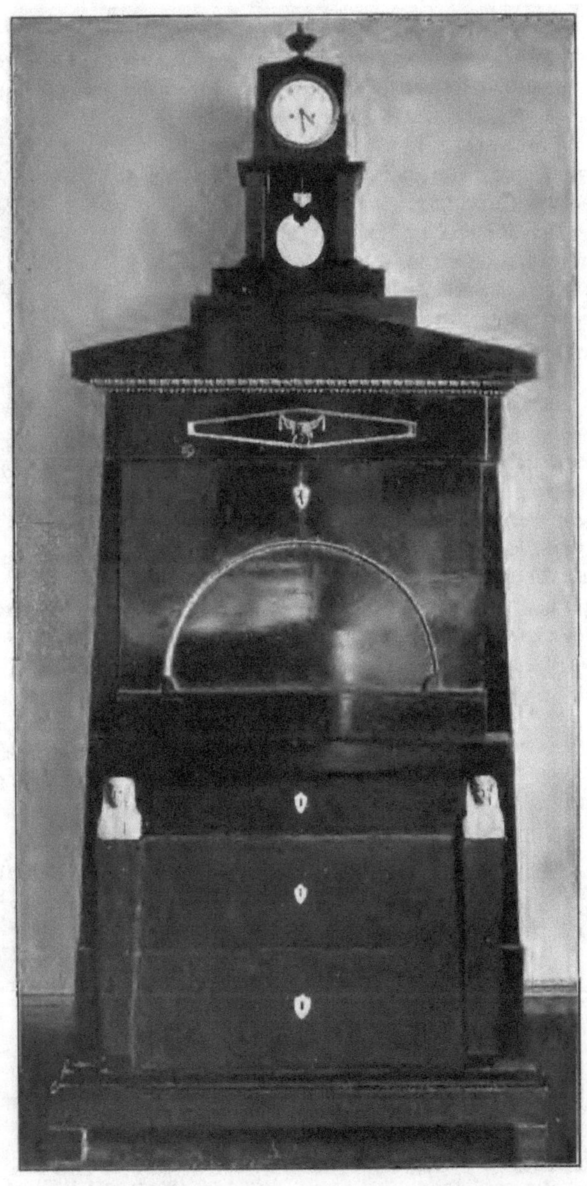

Abb. 210. Stechow. Empiresekretär im v. Bredowschen Gutshause.

Majuskeln die Zauberformel „ALFA ω. B (?) NOCA [Nociva ?] · — · AGLA. ✠" (Abb. 206). Die Buchstaben sind in den Mantel geritzt und bestehen teils aus einer, teils aus zwei Linien. Die Glocke scheint mit Sandstein abgerieben. Die dritte Glocke ist 1702 von Otto Elers gegossen.

Das **Gutshaus** der v. Bredow ist 1850 erbaut, 1903 umgebaut. Eine größere Anzahl Truhen aus dem 18. Jahrhundert. Einige Möbel aus der ersten Hälfte des 19. Jahrhunderts (Abb. 210), mehrere Uhren, Kronleuchter und Meißner Porzellan.

Drei bis vier ältere **Bauernhäuser** mit Giebel an der Straße bei fränkischer Hofanlage.

## Stölln.

**Stölln**, Dorf 2 km östlich von Rhinow. 134 Einw. (einschl. Ohnewitz), Landgem. 707, Gutsbez. 1518 ha.

Erst verhältnismäßig spät, nämlich 1441, wird „Stollin" genannt, das zu den Dörfern des Landes Rhinow gehörte und in dem die v. d. Hagen zur Mühlenburg laut Kurmärkischem Lehnskopiar im Geheimen Staatsarchiv Gerechtsame besaßen (Riedel, Codex VII, 29). Eine Urkunde im Geheimen Staatsarchiv vom 21. Dezember 1494 (Hohennauen, Nr. 1) nennt Albrecht van der Haghe als „wanafftich to Stollen": er verkaufte seinen Vettern Achim, Otto und Kone „to Hogen Nowen" seinen „Andeil an der Molne beleghen tor Mollenborch". Dem Schoßkataster von 1624 zufolge besaßen die Gutsherrschaft in „Stöllen" zu ihren zwei — heute vereinigten — Rittersitzen 19, die 12 Hufner 21 Hufen. Über das Filialverhältnis der Stöllner Kirche zur Mater in Rhinow unterrichtet das Visitationsprotokoll von 1541. Im Gutshause liegen v. d. Hagensche Lehnsurkunden aus dem 16.—18. Jahrhundert.

Die **Kirche** besteht aus Turm (1851), Schiff (1824) mit Apsis (1889) und einem Vorbau an der Nordseite (laut Inschrift von 1821). Die Decke ist 1861 etwas erhöht und glatt geputzt, mit glatter Voute. Die zahlreichen Fenster des Schiffes sind in einem, dem Korbbogen nahe kommenden, vollen Stichbogen geschlossen. Die Wetterfahne enthält die Jahreszahl 1738.

Der Altaraufbau (Taf. 31 und Abb. 211) aus Sandstein mit Verwendung von weißem und grauem Marmor für die Säulen ist ein hervorragendes Werk der Spätrenaissance von etwa 1615.[1]) Er wurde von Christoph v. d. Hagen gestiftet und gleich ursprünglich als Epitaph entworfen. Der Aufbau besteht aus drei Stockwerken: das erste, eine Art Predella, zeigt im Mittelteil eine kleine, aber ausgezeichnete Darstellung des hl. Abendmahls in weißem Marmor, bei

[1]) Von den am Denkmal verzeichneten Sterbedaten reicht nur eins über 1615 hinaus, nämlich 1617, wobei indessen die Zahl 17 anscheinend nachträglich eingefügt ist.

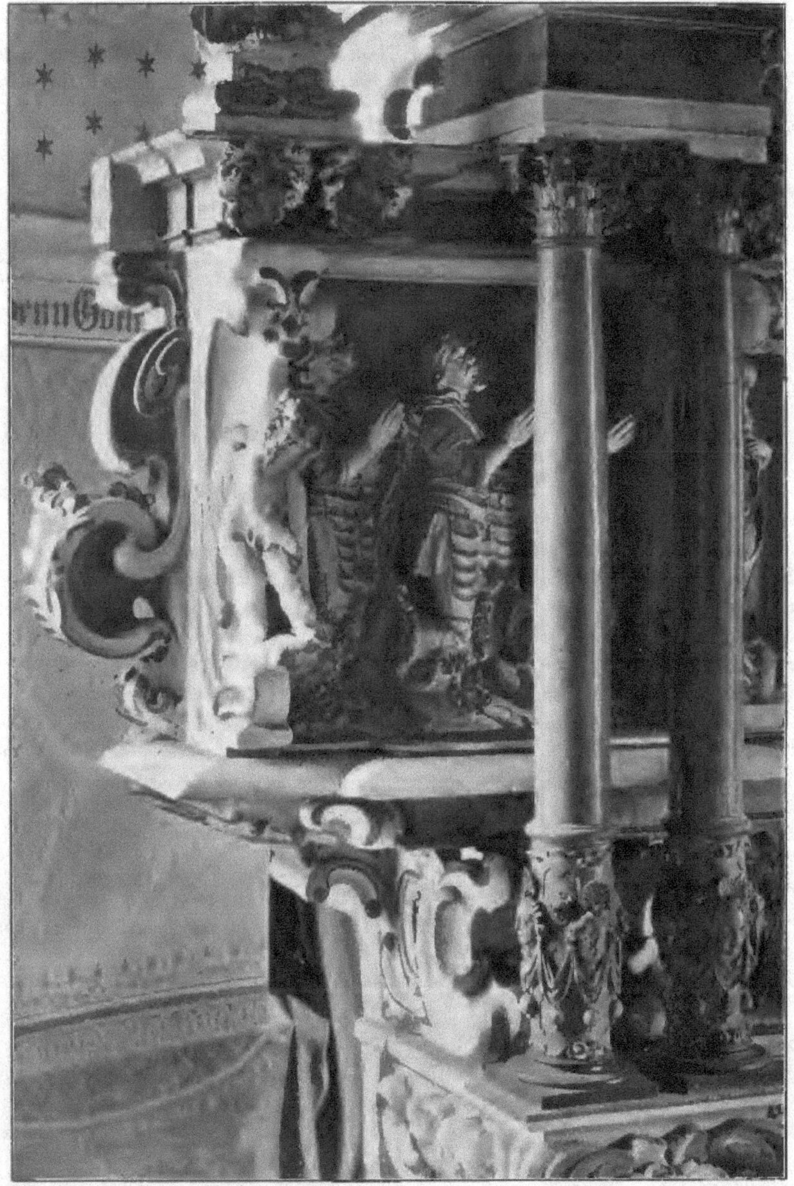

Abb. 211. Stölln. Kirche, Teil des steinernen Altaraufbaus.

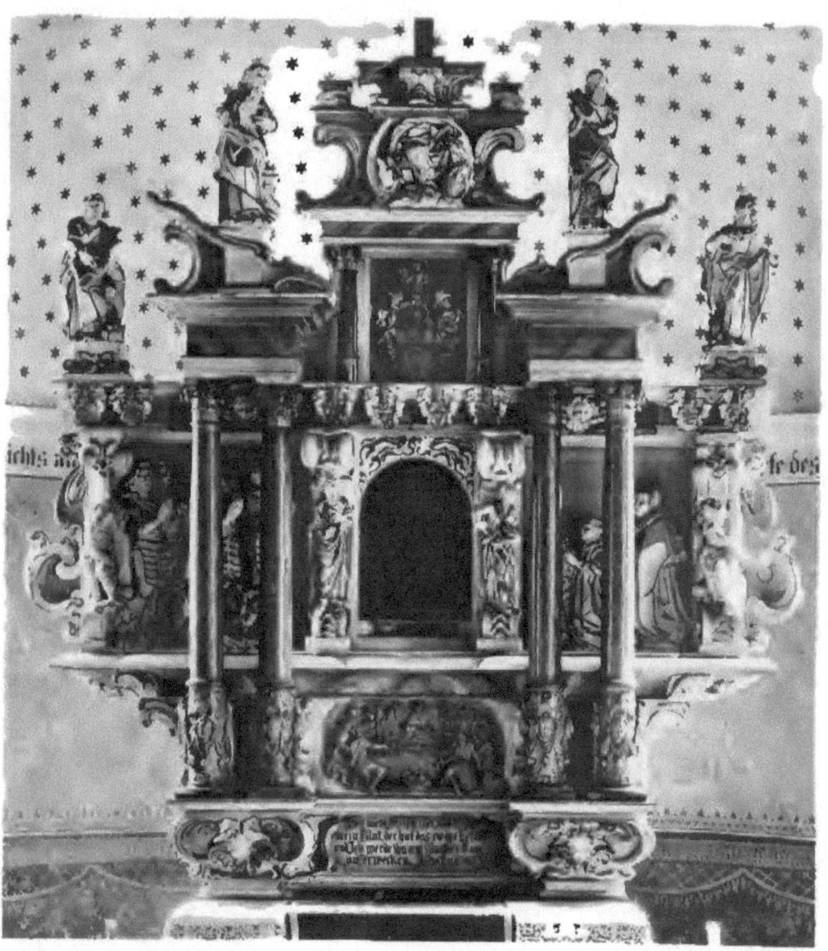

Stölln. Altaraufbau in der Kirche.

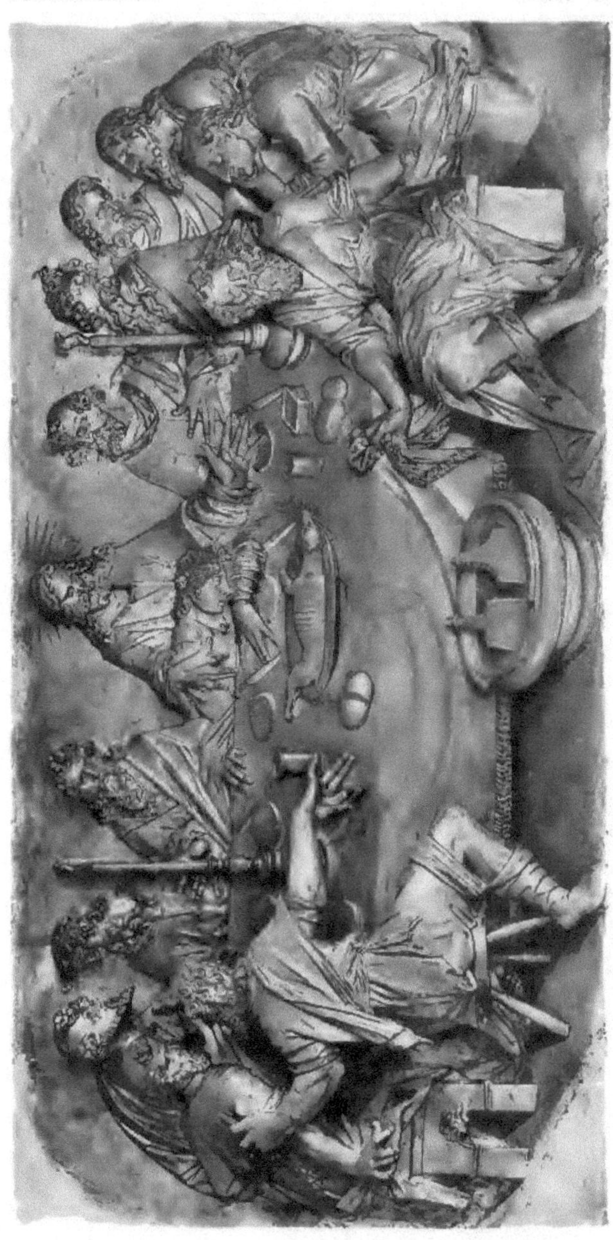

Stölln. Relief vom Altaraufbau in der Kirche.

der namentlich der treffliche Typus der Köpfe Beachtung verdient (Taf. 35); das zweite Stockwerk enthält in einer mittleren Nische die in Gold auf schwarz gemalte Inschrift mit den Sterbedaten der Familie des Stifters, die zu beiden Seiten selbst dargestellt ist, getrennt durch zwei biblische Gestalten, vermutlich Elias (?) und Johannes den Täufer. Zwei Putten schmücken die beiden äußeren Konsolen und stellen vielleicht das Judentum und Christentum vor. In der Mitte des obersten Stockwerks befinden sich das Wappen des Stifters und an den Seiten die vier Evangelisten. Die beiden inneren stehen auf zwei Säulenpaaren mit Gebälk, die malerisch dem Aufbau vorgestellt sind. Das Ganze bekrönt ein Gott-Vater mit einem Kreuz darüber, das indessen nicht ursprünglich und wohl durch ein Kruzifix zu ersetzen ist. Das Ornamentale ist in niederdeutscher Spätrenaissance gehalten — die Schnecken nach Bremer Art ausgezogen — das andere im Knorpelstil, doch ohne dessen äußerste Ausschreitungen. Viel edler und künstlerisch höher stehend ist das Figürliche, das einen hervorragenden Meister aus dem Magdeburger Bildhauerkreise verrät.

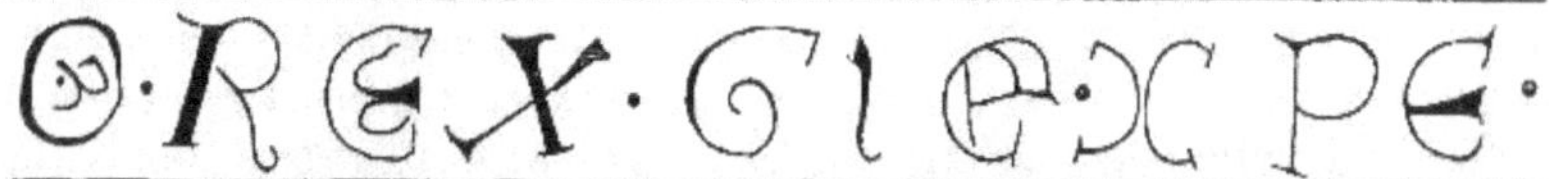

Abb. 212. Stölln. Kirche, Inschrift der großen Glocke.

Kanzel von 1621 in reicher Spätrenaissance mit freistehenden Säulchen an den Ecken und den Gemälden von Christus, Matthäus und Markus. Der Fuß ist 1889 erhöht und die Brüstung um zwei Teile des Achtecks vermehrt. Die Kanzeltreppe ist neu an Stelle des früheren Predigerstuhls getreten.

Emporenbrüstung an der Nordseite der Kirche, in reicher Spätrenaissance, mit Hermenpilastern und kleinen Arkaden in zwei Reihen geschmückt, auf deren Grunde (vermutlich 1703) die Wappen der v. d. Hagen und ihrer Ahnen gemalt sind. Sie waren 1864 in der ursprünglichen Farbengebung erneuert worden und erst 1889 wurde die Architektur mit brauner Ölfarbe überstrichen und teilweise vergoldet (Taf. 36).

An der westlichen Empore ein figurenreiches Ölgemälde, Verurteilung Christi, ähnlich wie in Rathenow, von 1707.

An einem der Fensterpfeiler ein Grabmal der neunjährigen Hypolita v. d. Hagen von 1603 aus Sandstein.

Zwei Holzepitaphien der Famile v. d. Hagen von 1711 und 1723 mit Bildnissen in den mittleren Ovalen.

Abb. 213. Stölln. Kirche. Relief von der zweiten Glocke.

Zwei vergoldete eiserne Empireleuchter.

Auf dem Kirchenboden ein zerbrochener, weiß getünchter Taufengel.

Glocken. Die große von 0,86 m Durchmesser hat am Halse in frühgotischen Majuskeln die Inschrift: „O REX GL[ORI]E XPE VENI CUM PACE“ (Abb. 212). Die zweite Glocke hat 0,70 m Durchmesser, am Halse einen aufgelegten Ornamentfries und die aus gotischen Minuskeln bestehende Inschrift: „ibi † me † tewes † vuert † Anno domini 1515.“ Am langen Felde folgende Reliefs: 1) In einer architektonischen Umrahmung in zwei Stockwerken unten die drei Weisen aus dem Morgenlande zu Pferde, ihre Geschenke hoch in Händen tragend; darüber die Krippe mit Maria und dem Christuskinde, dem die hl. drei Könige knieend ihre Gaben reichen. Am Rande Ösen zum Befestigen. 2) Eine hl. Anna selbdritt in Umrahmung. 3) Eine Monstranz (Abb. 213). Die kleine Glocke von 0,56 m Durchmesser hat am Halse eine Reihe von Rundteilen mit folgenden Darstellungen: 1) Verkündigung, 2) Geburt, 3) Kreuztragung, 4) Geißelung, 5) Kreuzigung, 6) Auferstehung.

Auf dem **Kirchhofe** stehen einige Grabsteine und Denkmäler der Familie v. d. Hagen aus Sandstein. Zwei ältere haben die Form von Grabsteinen in Barock- bzw. Rokokoformen. Drei neuere, in Gestalt aufrechtstehender Denkmäler, beziehen sich auf Leopold († 1796) und auf die als Kinder verstorbenen Friederike Wilhelmine, Adam Heinrich Ludwig († 1796) und Albertine Wilhelmine v. d. Hagen.

In dem v. d. Hagenschen **Gutshause** von 1778 sind nennenswert ein barocker Kaminaufsatz und einige Pastellbildnisse aus dem 18. Jahrhundert.

## Strodehne.

**Strodehne**, Dorf 10 km westlich von Rhinow. 806 Einw., 1931 ha.

„Stortdene“ im Ländchen Rhinow gehörte 1441 „mit allem Recht“, einem Kurmärkischen Lehnskopiar im Geheimen Staatsarchiv zufolge, den v. d. Hagen aus der Mühlenburger Linie (Riedel, Codex VII, 29). Laut Schoßregister von 1450 in der Königlichen Bibliothek zu Berlin standen von den 27 Hufen der Gemarkung zwei dem Pfarrer zu. Die aus zwei Dörfern — „eines das große, das andere das Lütcken-Dorff genannt“ — zusammengewachsene Ortschaft war während des Dreißigjährigen Krieges durch schwedische Völker angezündet worden (Geh. Staatsarchiv, Rep. 92. V. C, Nr. 32); sie zählte um 1800 21 Bauern, 14 Kossäten, 3 Büdner und 43 Einlieger. Die damals noch bestehenden, den v. d. Hagen und v. Bornstedt zu Hohennauen gehörigen Freihöfe bestehen heute nicht mehr.

Die **Kirche** ist ein modern-romanischer Backsteinbau von 1902/3.

Zwei einfache Zinnleuchter von 1797.

Zwei Glocken, 1791 von J. F. Thiele in Berlin gegossen.

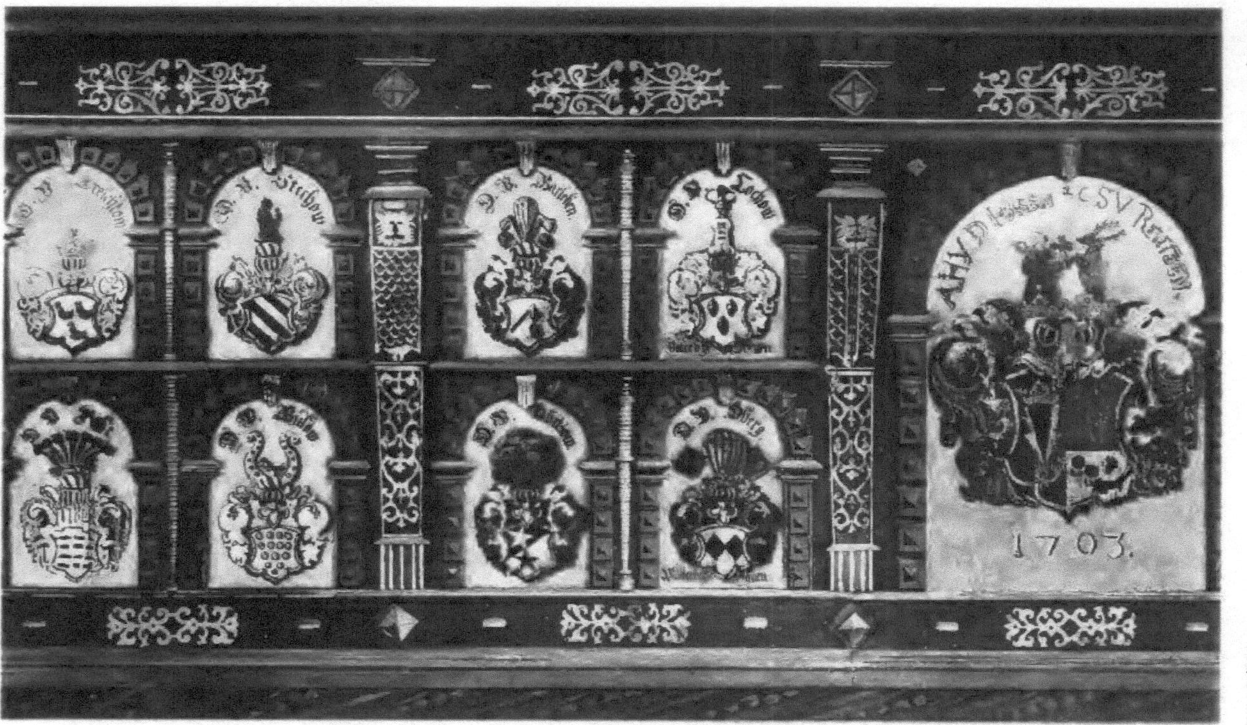


Stölln. Emporenbrüstung in der Kirche.

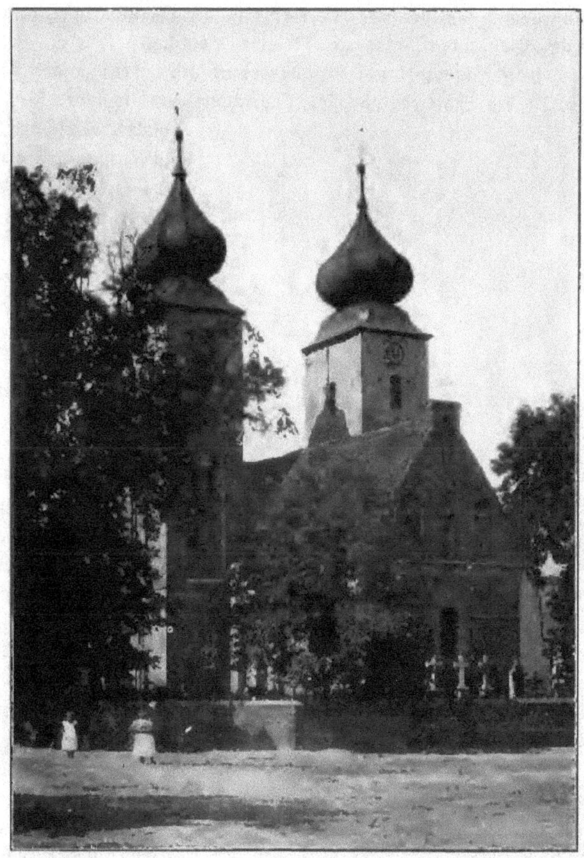

Abb. 214. Tremmen. Kirche von Osten.

## Tremmen.

**Tremmen,** Dorf 9 km südsüdwestlich von Nauen. 1032 Einw., 1986 ha. „Tremene" wird in einer Urkunde von 1161 im Brandenburger Domarchiv unter den Orten genannt, deren Kirchen mit ihren Einkünften dem Kapitel zur Ausstattung überwiesen waren (Riedel, Codex VIII, 101). Da 1173 und 1296 die übrigen Gerechtsame wie Bede, Dienste, Gerichtsbarkeit, gleichfalls an das Kapitel übergegangen waren, heißt es im Landbuch Kaiser Karls IV.: „das Dorf und alle Gerechtsamen sind dem Propst und dem Kapitel zu eigen" (. . . villa cum omnibus juribus sunt preposito et capitulo appropriata). Auf der Gemarkung lagen ursprünglich nur 66 Hufen, von denen der Pfarrer vier und der Schulze zwei besaß. Da das wüst gewordene „Bauerndorf“ noch zu Tremmen geschlagen wurde, wird im Schoßkataster von 1624 die Hufenzahl auf 80 angegeben; nicht weniger als 22 Hufner, 11 Kossäten, ein Hirte, ein Schmied und „4½ Paar Hausleute“ wohnten hier. Die wohlhabende, bis 1810 dem Domstift unterstehende und schon damals rund 450 Seelen zählende Ortschaft, deren Ackerwirte heute etwa 8000 Morgen guten Bodens bestellen, ist im 19. Jahrhundert, vom Patronat abgesehen, durch Ablösung u. s. f. vom Kapitel unabhängig geworden.

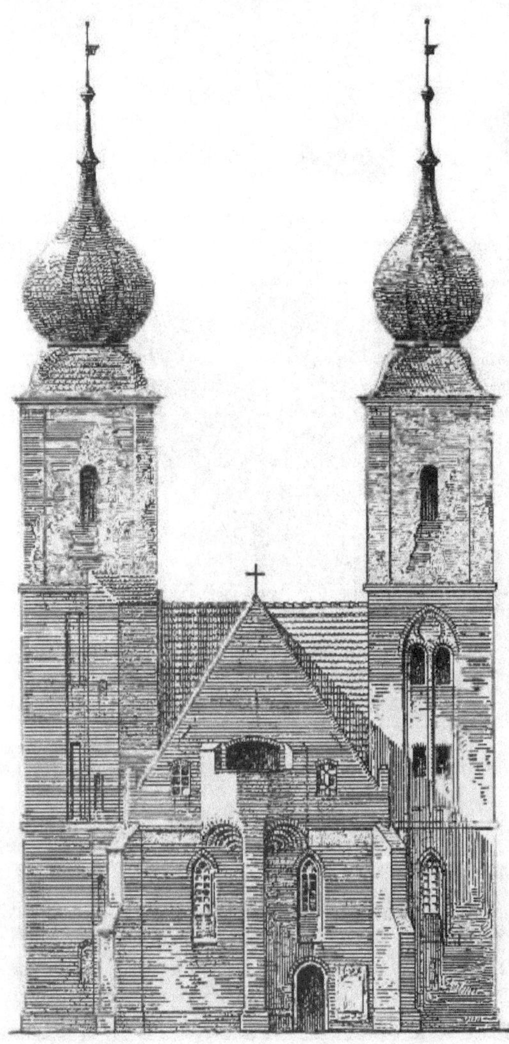

Abb. 215. Tremmen. Westfront der Kirche.

Einschiffige, kreuzförmige, gewölbte **Kirche** aus putzfreiem Backsteinwerk aus der zweiten Hälfte des 15. Jahrhunderts, mit zwei oblongen Türmen über den Kreuzarmen und einer Vorhalle östlich vom Nordturm (Abb. 214 und 216).

Die erste Bauzeit umfaßt die Herstellung der beiden westlichen Schiffsjoche und der beiden Kreuzarme bzw. Türme. Am Westgiebel befinden sich drei Strebepfeiler. Zwei von ihnen stehen diagonal an den Ecken und sind einseitig abgestuft, einer in der Mitte der Westmauer dient in beträchtlicher Höhe (über den Gewölben der Kirche) einer Freikanzel als Stütze. Überdies benutzte man ihn auch für das Gewölbe, das infolgedessen hier fünfkappig wurde. Die Kreuzarme legen sich gegen die sonstige Gepflogenheit an das zweite westliche Joch. Auch ist nur der südliche zum Kirchenraum gezogen, während der nördliche, niedrig eingewölbt, im Erdgeschoß zur Taufkapelle eingerichtet wurde. An seiner Westseite liegt im Vierungspfeiler die Wendeltreppe, die zum Dachboden und zur Freikanzel führt. Die Wände sind überall durch Nischen erleichtert, die Kreuzgewölbe ruhen auf Eckdiensten, die im Westen und Norden des Langschiffs rund, an der Südseite aber gefast und im Südturm wiederum anders profiliert sind. Die Rippen sind in den Türmen besonders kräftig (Abb. 218), im Schiff aber erheblich leichter gehalten (Abb. 219). Sie ruhen hier auf einer gerundeten Flachschicht, während in den Türmen eine Kapitellbildung gänzlich fehlt. Der Sockel besteht aus Kehle und Rundstab (Abb. 218). Die kleine Rundbogentür an der Westfront, die wegen des Freikanzelpfeilers südwärts rückte, hat nur einmal schlicht abgestuftes Gewände. Die im Norden und Süden in den Kreuzarmen angelegten, jetzt vermauerten Portale haben dreifache abgefaste Ecken. Eine kleine einfache Rundbogentür war außerdem an der Südseite des Südturmes, wurde aber später an dessen Ostseite verlegt. Die Fenster waren ursprünglich zweiteilig. Das Hauptgesims ist nicht durch Profile, sondern durch einen mit verschiedenen Maßwerkmustern bemalten Putzstreifen geziert (Abb. 218). Den Zugang zur Freikanzel (Abb. 215) bildet eine breite Stichbogenöffnung im Westgiebel. Ihr Boden ruht zu

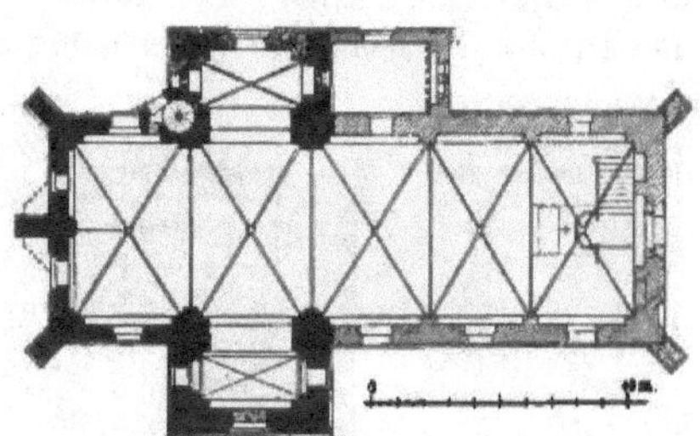

Abb. 216. Tremmen. Grundriß der Kirche.

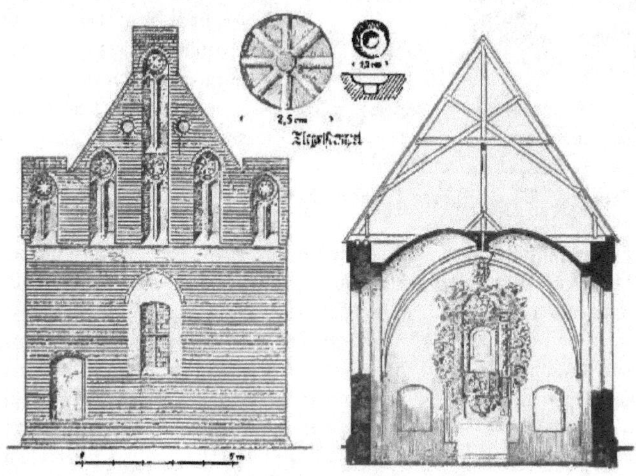

Abb. 217. Tremmen. Kirche, Ostgiebel und Schnitt gegen Osten gesehen.

beiden Seiten des Strebepfeilers auf mehreren, schräg nach der Westmauer gespannten, abnehmenden Rundbogenreihen, und erhält dadurch Dreieckform. Der Dachstuhl (Abb. 217) ist noch der alte, leicht und fest aus Eichenholz errichtete. Die Mittelpfosten sind mit den Balken durch Fußbänder auf Schwalbenschwanz verbunden, also schon als Hängesäulen aufgefaßt. Die Türme sind durch ein nordsüdlich stehendes Satteldach von der Firsthöhe des Hauptdaches verbunden, in der auch die mittelalterlichen Türme Jahrhunderte hindurch (bis 1721) liegen geblieben zu sein scheinen. — Backsteinformat der ersten Bauzeit 31×14×10 cm (10 Schichten 1,16 m).

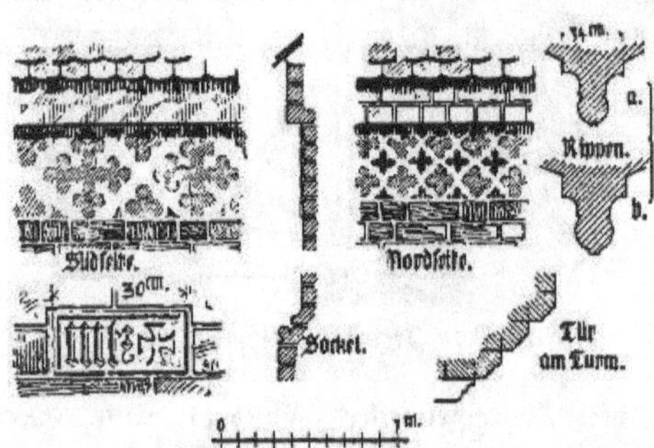


Abb. 218. Tremmen. Einzelheiten vom Westteil der Kirche.

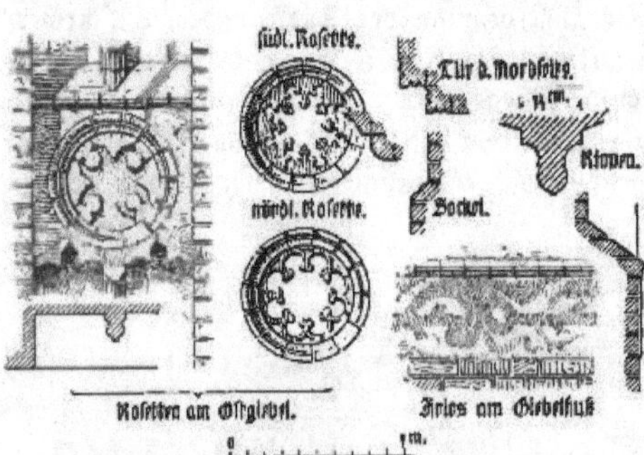


Abb. 219. Tremmen. Einzelheiten vom Ostteil der Kirche.

Zweite Bauzeit. Wohl nur wenige Jahrzehnte später ging man an die weitere Ausführung des im allgemeinen einheitlich gefaßten Planes der Kirche. Es handelte sich zunächst nur um die Errichtung des östlichen Schiffes mit seinen drei Joch Kreuzgewölben. Ein Schwanken in der Plananlage zeigt sich allerdings auf der Nordseite desselben. In einer, im vierten westlichen Joch rechtwinklig nach Norden abzweigenden Mauer mit zwei kleinen Fenstern bekundet sich die Absicht, hierneben eine Kapelle oder Sakristei anzulegen. Statt ihrer kam nördlich neben dem dritten westlichen Joch eine Vorhalle zur Ausführung, welche die Lücke zwischen jener und dem Turm ausfüllte, dessen Mauer somit benutzte und die Vorhalle in seinem Erdgeschoß überflüssig machte. Man konnte jetzt das nördliche Turmportal schließen und hier die Taufkapelle einrichten. Auch in dem neuen Schiffsteil erleichterte man wie beim früheren die Mauern durch Nischen, ja man verzichtete außerdem gänzlich auf Strebepfeiler und auch auf besondere Dienste für die Gewölbe, die man einfach mit Konsolen begann. Für die Rippen des ersten westlichen Joches des neuen Baues benutzte man einen noch vom Westbau erübrigten Vorrat von Rippensteinen. Das neue Profil für die zwei östlichen Joche fiel etwas anders aus (Abb. 219) und entbehrte namentlich der Einkerbung des unteren Plättchens. Während man sich im Vierungsgewölbe statt des Schlußsteins in sparsamer Weise mit zwei Backsteinen begnügt hatte, kehrte man jetzt zu kreisförmigen, mit Maßwerkformen geschmückten

Schlußsteinen zurück. Auch am Ostgiebel sparte man nicht. Über dem geputzten und wie am Westteil mit verschiedenen Zierformen (Abb. 219) bemalten Friese erhebt er sich in ruhiger edler Anordnung; seine unteren Ecken und die Spitze sind durch Zinnenaufsätze ausgezeichnet, während dazwischen die Giebelkanten in schlichter glatter Linie aufsteigen. Unter den Zinnenaufsätzen und noch einmal jederseits dazwischen ist die Fläche durch Blenden belebt, die mit Maßwerk und Rosetten geschmückt sind (Abb. 219). Unter dem Giebelfuß ist die schlichte Mauerfläche nur durch das einst dreiteilige Ostfenster und eine Nische an der Südecke für eine gemalte Kreuzigungsgruppe unterbrochen, deren Spuren noch erkennbar sind. Für die Profile bevorzugte man in der zweiten Bauzeit Rund- und Birnstabformen. Sogar der Sockel zeigt zwei runde Wülste mit Ausnahme der Ostseite, wo diese Formsteine ausgegangen waren und er einfach durch eine glatte bündige Hochkantschicht ersetzt wurde. Beachtenswert sind die Ziegelstempel, die hier in zwei verschiedenen Formen an den Profilsteinen auftreten, während sie im Westteil gänzlich fehlen. Der Dachstuhl ist auch hier noch der alte und der Beginn der Baufortsetzung mit dem dritten westlichen Joch in ihm deutlich bezeichnet, sowohl durch die zwei dicht nebeneinander stehenden, aber ganz gesonderten Binder als auch durch die von hier ab etwa 30 cm höhere Lage der Balken. — Das ganze Innere der Kirche scheint mit figürlichen Malereien geschmückt gewesen zu sein; Spuren davon treten namentlich im südlichen Kreuzarm unter der Tünche hervor. — Das Backsteinformat der zweiten Bauzeit ist 29 bis 30 × 14 bis 14,5 × 8 bis 9 cm.

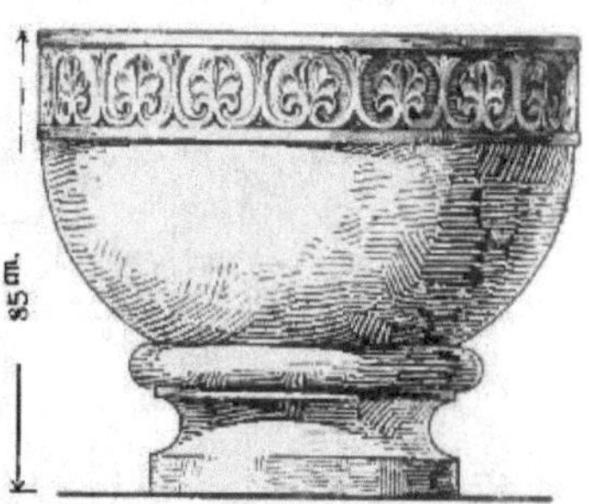

Abb. 220. Tremmen. Taufstein in der Kirche.

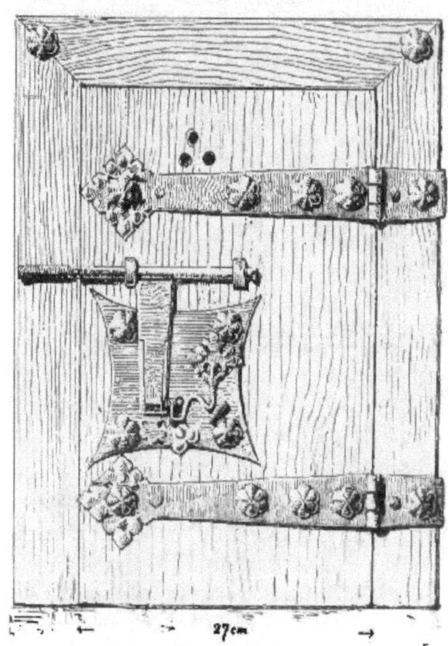

Abb. 221. Tremmen.
Beschlag des Wandschrankes in der Kirche.

Erst um 1660, beim Einbau der den Kirchenraum außerordentlich beeinträchtigenden Emporen, wurde im Erdgeschoß des Südturms eine Treppe angelegt und deshalb die dort an der Südseite befindliche Tür in die Ostmauer des Turmes verlegt.

Dritte Bauzeit. In dem geschilderten Zustande wurde die Kirche anscheinend bis zum Anfang des 18. Jahrhunderts belassen. Im Jahre 1724 erst wurde ein monumentaler Ausbau der bis dahin nur aus Holz bestehenden Turmendigungen vorgenommen, mit Zwiebelkappeln als Helme. Es wird zwar in der Ledeburschen Umfrage berichtet, daß die Türme im Jahre 1794 abgebrannt und 1800 bis 1802 wieder hergestellt seien, doch dürften die Formen der Kuppeln im wesentlichen die von 1724 und nur eine von ihnen ganz erneuert worden sein, da sie im Profil verschieden sind. Bei diesem Ausbau wurden ohne Zweifel die Fenster der Kirche erweitert bzw. ihres Maßwerks beraubt. Man stellte für die Änderung Backsteine im alten Formate her und übermalte sie, wohl um ihnen ein altertümliches Aussehen zu geben, dunkelrot, sowie die Fugen schwarz. Einer noch späteren Zeit gehören die diagonal stehenden Strebepfeiler der Ostseite an.

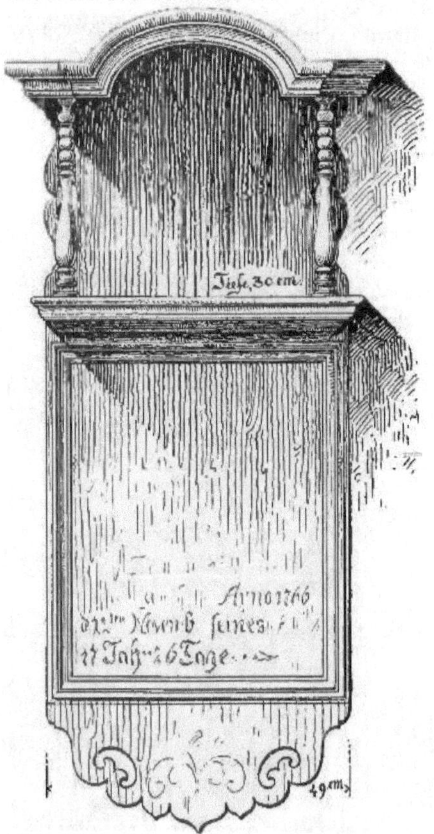

Abb. 222. Tremmen. Totenkronengestell in der Kirche.

Altar mit Kanzel, barock, aus dem Anfang des 18. Jahrhunderts, mit zwei gewundenen Säulen, von denen die eine mit Wein, die andere mit Ähren umschlungen ist. Über dem Schalldeckel ist eine gebrochene Segmentverdachung mit Christus in der Mitte und vier Engeln zur Seite angebracht. Das Ganze ist derb, das Figürliche unbedeutend.

Taufe (Abb. 220) in der Taufkapelle im nördlichen Turm, außer Gebrauch, romanisch, von Sandstein.

Ein kleiner Bronzekronleuchter mit Doppeladler und Kugel, für 12 Kerzen, 1662 gestiftet. Die Arme sind im mittleren Teile als sehr gestreckte Delphinköpfe gebildet. Eine Anzahl von ihnen fehlen. Eine seltene Erscheinung sind die beiden bürgerlichen Wappen an dem Leuchter. Ein kleiner Rokokokronleuchter für zwölf Kerzen, aus Bronze.

Abb. 223. Tremmen. Grabstein des Predigers Wetzel an der Westseite der Kirche.

Ein sehr einfacher gotischer Bronzeleuchter, etwas schadhaft.

Eine einfache Zinnkanne in Form eines Deckelglases, von 1819.

Ein Wandschrank-Türchen mit spätgotischem Beschlag (Abb. 221).

Eine geschnitzte und bemalte Golgathadarstellung in der Taufkapelle.

Eine Anzahl Gedenktafeln, Kränze, Brautkronen und Kissen mit Bändern in schwarzen Glaskästen.

Zwei hübsche Gedenktafeln mit Gehänse, die zurzeit oben im nördlichen Turm liegen (Abb. 222).

Drei Glocken, 1803 von J. F. Thiele in Berlin gegossen.

Grabstein des Predigers Friedrich Wetzel († 1789) neben dem Westeingang außen; schöne Arbeit mit Emblemen der überwundenen Sünde über der Schrifttafel und den blumengeschmückten Abzeichen des Todes (Abb. 223). An der Südseite des Südturms ist ein Backstein mit einem Mordkreuz eingemauert (Abb. 218).

## Vietznitz.

**Vietznitz**, Dorf 3 km südöstlich von Friesack. 336 Einw., Landgem. 638, Gutsbez. 303 ha.

Der Ort gehörte wohl mit zu den „Dorpen" des Ländchens Friesack, mit denen die v. Bredow durch Markgraf Ludwig 1335 laut Kopialbuch im Geheimen Staatsarchiv belehnt wurden; ausdrücklich erwähnt wird „Vicenitz" freilich erst im Visitationsprotokoll von 1541 als „Filial der Pfarren zu Frisagk" (Riedel, Codex VII, 48, 59, 67). Außer zwei den v. Bredow zu Klessen und zu Landin gehörigen Gütern gab es um 1800 zu „Vietznitz" 11 Ganz- und 7 Halbbauerngüter; der jetzt einheitliche Gutsbezirk gehört heute den Freiherren v. Bredow.

Die **Kirche**, in Saalform, besteht aus einem älteren kapellenartigen östlichen Teil in Backstein und einem jüngeren westlichen Teil aus Fachwerk. Der Ostteil hat Feldsteinsockel in drei Schichten. Darüber folgt eine Backsteinschicht zur Ausgleichung, bestehend aus ungleichen Formaten. Dann folgen ringsum acht Schichten aus wahrscheinlich quadratischen Backsteinen von 17 cm Seitenlänge und 7 cm Dicke. Darüber ist dann alles übrige Mauerwerk aus Backstein (30×14×9 bis 10 cm) hochgeführt. Die Fenster schließen jetzt im Stichbogen, sitzen aber in spitzbogigen Gewändenischen und sind vermutlich nachträglich ausgebrochen. Das jetzt rundbogige Ostfenster ist ersichtlich aus zwei ursprünglichen kleinen Spitzbogenfenstern zusammengezogen. An der Südseite die alte Spitzbogentür mit dreifach abgestuftem Gewände. Auf dem Kirchenboden ist an der Ostseite ein hohes, in Fußbodenhöhe beginnendes und im Stichbogen geschlossenes Fenster, das offenbar früher noch zum Kirchenraum gehörte, da auch die Backsteinflächen bis zu einem Absatz über dem Fenster getüncht sind. Bis hierher reichte vermutlich ursprünglich der Kirchenraum. Das Fenster hat einfach schräge Gewände und eine Anschlagleiste von 7 cm Stärke. Die Decke ist jetzt glatt geputzt. Der Ostgiebel ist außen mit Blenden verziert, die teils in einem Spitz-

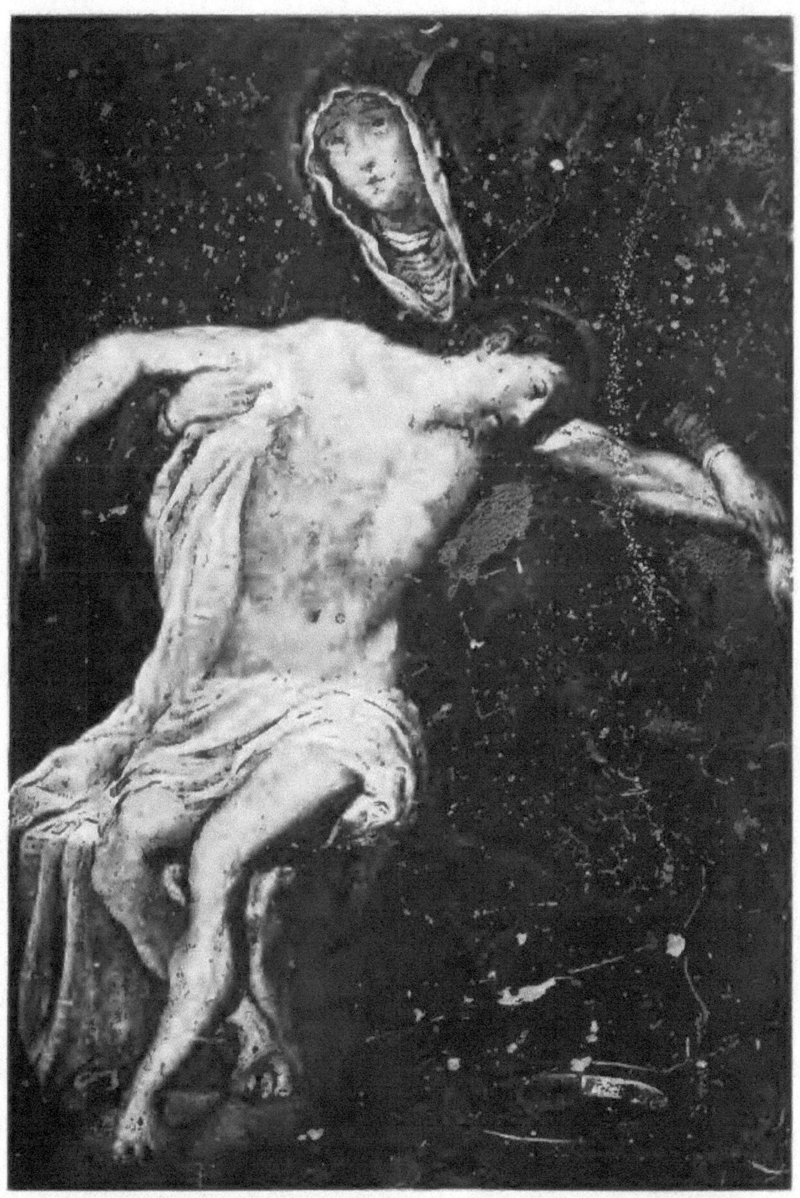

Vietznitz. Kleines Ölgemälde im v. Bredowschen Gutshause.

bogen schließen, teils in abgetreppter Vorkragung, und hat ein breites Stichbogenfenster. Der kurze quadratische Bretterturm endigt in einem nordsüdlich gerichteten Satteldach.

Der Altar von 1695 (Jahreszahl am Gebälk), zweistöckig, handwerklich, mit zwei gewundenen Säulen und unschönen Kapitellen. Auch im Obergeschoß zwei kleine glatte Säulchen. Zwei Gemälde, unten: die Erscheinung des Engels vor den Hirten auf dem Felde; oben: die Himmelfahrt Christi.

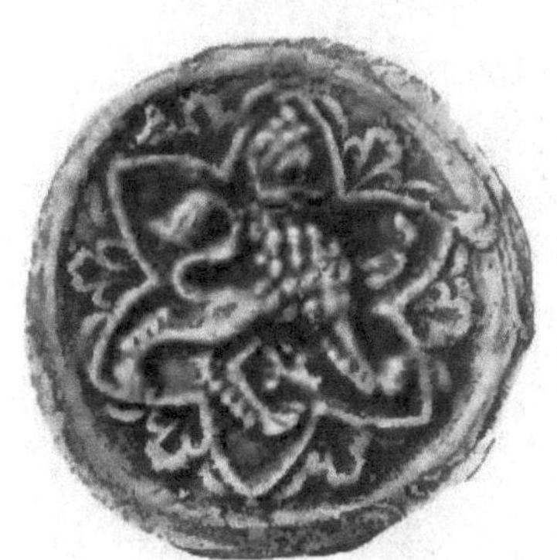
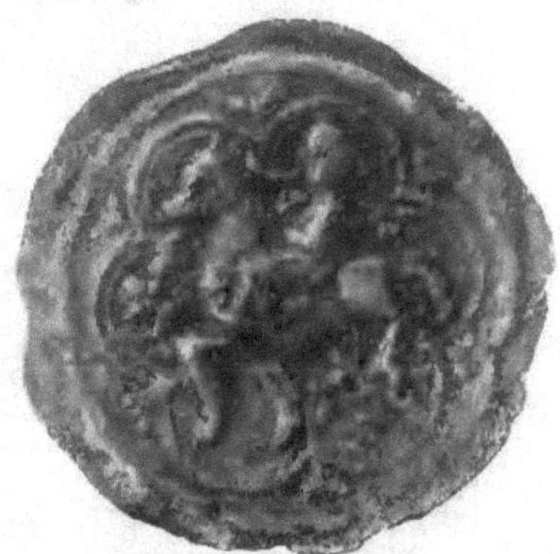

Abb. 224. Vietznitz. Kirche, Glockenreliefs.

Die Kanzel von Holz, achteckig, aus schlichtem Rahmenwerk auf gemauertem und geputztem, rundem Pfeilerstumpf. An den Seiten in zwei Reihen gemalt: Christus und Apostel.

Achteckige hölzerne Taufe mit gemaltem Kindlein, etwas schadhaft; in Gebrauch ein Empiredreifuß aus Gußeisen mit Sphinxen.

Ein Kelch von 23 cm Höhe, Silber vergoldet, mit rundem Fuß, dickem, rundem, glattem Schaft, kugeligem Knauf mit rosettenförmiger Einkerbung und kleiner, unten bauchiger, oben geradliniger Kuppa.

Zwei kleine Bronzeleuchter, 22 cm hoch.

Zwei Glocken. Die große 1710 von Schultz in Berlin gegossen. Die zweite von 0,48 m Durchmesser hat Zuckerhutform. Am Halse sechs Rundreliefs in Perlenschnur: die Evangelistenzeichen und die Kreuzigung. Am langen Felde zwei Rosetten in Kreisform: 1) in einem Sechsblatt ein Löwe, in den Zwickeln romanische Blättchen, 2) in einem Sechspaß ein ins Horn stoßender Jäger zu Pferde (Abb. 224).

Das **Gutshaus** ist ein modern-gotisierender Putzbau, welcher dem einstöckigen Lehnschulzenhause angebaut ist. Im Innern sind bemerkenswert einige chinesische Schnitzereien und ein 13×20 cm großes Ölbild auf Kupfer, das eine Pietas in der Art des van Dyck darstellt (Taf. 37).

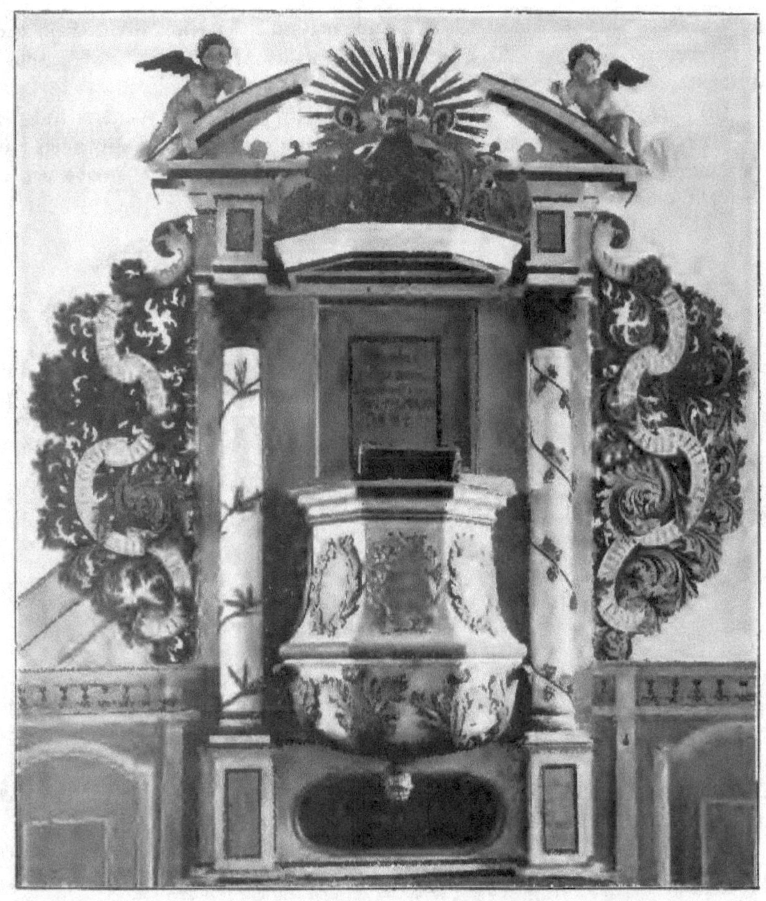

Abb. 225. Wachow. Kirche, Kanzelaltar.

# Wachow.

**Wachow**, Dorf 12 km südwestlich von Nauen. 981 Einw., 1381 ha.

In „Wechowe" war der dritte Teil des Zehnten dem Domkapitel zu Brandenburg, wie aus der Bestätigungsurkunde Kaiser Friedrichs I. von 1179 im Domarchiv erhellt, beigelegt worden (Riedel, Codex VIII, 111). 1201 gab Markgraf Otto II. seine Einwilligung zu dem Übergang des Dorfes von Hermann v. Plothe u. a. m. an das Kloster Lehnin (Urkunde im Geh. Staatsarchiv, Lehnin Nr. 4; vgl. Riedel X, 187 f.). Nach Aufhebung des Klosters 1541 wurde Wachow zuerst zum

Domänenamt Lehnin, später, um 1720, zum Amte Nauen geschlagen (Geh. Staatsarchiv, Prov. Brandenburg, Rep. 7. XVIII, 2). Ursprünglich zählte das Dorf nur 30, doch einschließlich der Wüstung Zuchedam 53½ Hufen. Um 1800 gab es hier ein Lehnschulzengut sowie 13 Bauern- und 8 Kossätenhöfe, 1621 dagegen 16 bzw. 9. Die Kirche zu „Wagow" war laut bischöflichem Steuerregister von 1527—1529 eine Mater.

Die **Kirche** ist 1819—1822 nach einem Entwurf von Schinkel erbaut (v. Ledebursche Umfrage); sie hat ein Schiff mit rundem Ostschluß aus Feldstein sowie hohe rundbogige Fenster mit Holzmaßwerk. Das Hauptgesims und die Fensterumrahmungen sind glatt geputzt, die Mauerflächen roh, rot überstrichen. Die Rundung im Osten ist mit zwei dicken Strebepfeilern besetzt. Die Decke ist glatt geputzt. Der Turm ist ein modern-gotischer Backsteinbau: auf niedrigem, quadratischem Unterbau erhebt sich ein hoher Achteckteil mit achteckigem, geradem Helm. Die Kirche wurde 1843 wiederhergestellt.

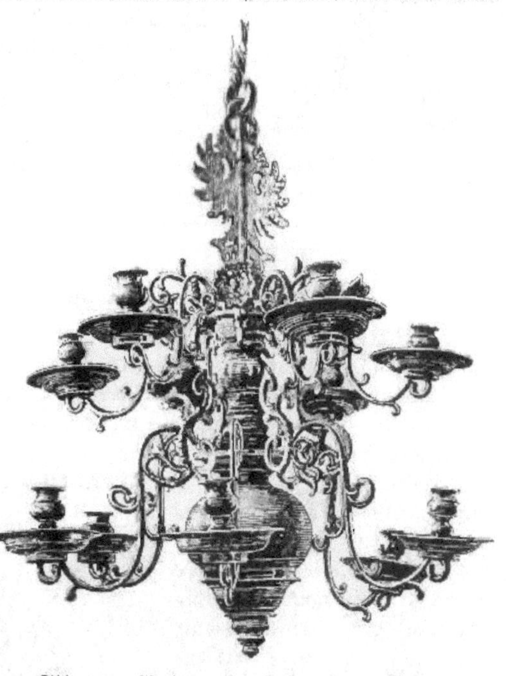

Abb. 226. Wachow. Kronleuchter in der Kirche.

Altar mit Kanzel barock (Abb. 225); die beiden flankierenden Säulen sind mit magerem Weinlaub und Trauben umwunden. Der Kanzelboden ist kuppelartig nach unten gewölbt, seine Ecken sind unten mit großen Akanthusblättern besetzt. Die seitlichen Ornamente des Altars aus schönem Akanthus sind mit einem krausen Bande durchzogen. Zwischen Mensa und Kanzel befindet sich ein hl. Abendmahl in Querformat.

Ein kleiner Kelch, Silber vergoldet, aus der Mitte des 16. Jahrhunderts, 16 cm hoch, mit glattem, rundem Fuß, der mit Weihkreuz versehen ist. Der flache Knauf hat durchbrochenes Maßwerk und sechs rautenförmige Zapfen, von denen jeder ein Reliefköpfchen trägt. Am runden Schaft in gotischen Minuskeln die Worte Jesus und Maria. Die Kuppa sehr straff, nach oben weit geöffnet, am Grund außen durch ein Muschelmotiv in Kelchform verstärkt. Die dazu gehörige Patene, Silber vergoldet, zeigt im Grund eine Vierpaßform und in den Zwickeln eingraviertes Ornament.

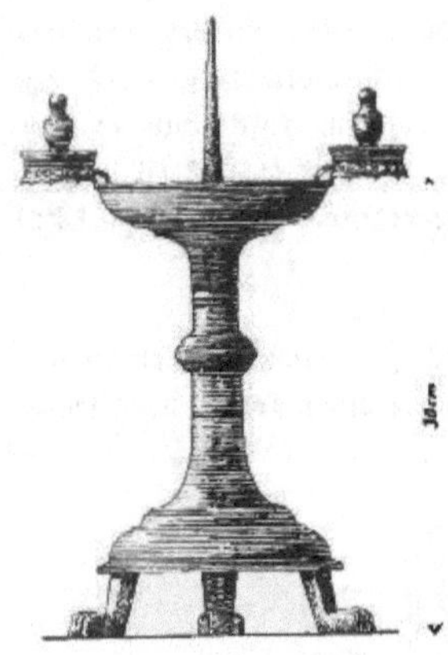
Abb. 227. Wachow. Bronzeleuchter in der Kirche.

Ein kleiner barocker Messingkronleuchter für zweimal sechs Kerzen, mit Doppeladler als oberer und einer Kugel als unterer Endigung (Abb. 226).

Zwei Bronzeleuchter mit je zwei kleinen seitlichen Lichtmanschetten, auf denen aber statt der Spitzen kleine vasenförmige Kugeln sitzen (Abb. 227).

Eine Zinnkanne in Form eines Deckelglases.

Glocken. Die große von 1,30 m Durchmesser ist 1556 von Nickel Dittrich aus Lothringen gegossen. Sie trägt eine Schrift aus römischen Majuskeln am Halse und am Schlag, über dem ein kleines Kruzifix in Relief sitzt. Die zweite Glocke von 0,71 m Durchmesser ist ohne Inschrift und Verzierung. Die dritte mit 0,62 m Durchmesser hat am Halse eine Inschrift aus gotischen Minuskeln, deren Worte durch heraldische Lilien getrennt sind: „O rex glorie veni cum pace . ave maria."

# Wagenitz.

**Wagenitz,** Dorf mit Rittergut, 8 km südöstlich von Friesack. 370 Einw., Landgem. 659, Gutsbez. 1883 ha (Abb. 228).

„Dat Dorp zu Wogenitze", das wohl zugleich mit dem Ländchen Friesack schon 1335 an die v. Bredow gekommen war, lieh Markgraf Ludwig der Römer laut Kopialbuch im Geheimen Staatsarchiv am 31. März 1353 der Gattin des Peter v. Bredow (Rep. 78 a. 3. S. 87; vgl. Riedel, Codex VII, 51; vgl. Graf v. Bredow, Geschichte des Geschlechts v. Bredow I, 21 f., 63, 281). Der Kern des allmählich zu 11 Hufen anwachsenden Ritterguts war wahrscheinlich das Lehnschulzengut; dem Schoßkataster von 1624 zufolge gab es zudem 18 Hüfner mit 21 Hufen. Während des Dreißigjährigen Krieges wurde der Kriegskommissar Georg v. Bredow hier ermordet. Nach dem Kriege erwarb sich der Kommissarius Hans Christoph v. Bredow (1623 bis 1691) als Wiederhersteller des alten Familienbesitzes besondere Verdienste um sein Geschlecht.

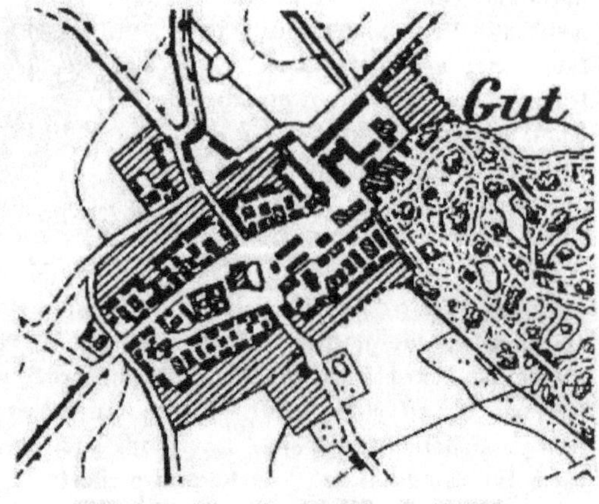

Abb. 228. Wagenitz. Dorfplan (1 : 10 000).

Karl Ludwig Friedrich Wilhelm v. Bredow wurde durch König Friedrich Wilhelm III. 1810 in den Freiherrenstand erhoben (Geschichte der v. Bredow I, 285—301, 517). Über die kirchlichen Verhältnisse des von jeher stark bevölkerten und um 1800 291 Einwohner — darunter 13 Ganz- und 8 Halbbauern — zählenden Dorfes unterrichten Steuerregister des Bischofs von Brandenburg von 1527—1529 und das Visitationsprotokoll von 1541: ihnen zufolge war die Kirche eine Filia von Senzke, ebenso wie auch noch heute.

Größere, sehr breite **Kirche** in Saalform von 1661. Ein Putzbau in einfachsten Barockformen, der im Laufe des 18. Jahrhunderts mehrfach Ausbesserungen erfahren hat. Die Fenster groß, im Halbkreis geschlossen, die Decke glatt geputzt, der Fußboden aus quadratischen Tonplatten. Die Emporen ruhen auf hölzernen toskanischen Säulen. Der Turm mit blecherner kuppelförmiger Haube, Jahreszahl 1713 in der Wetterfahne.

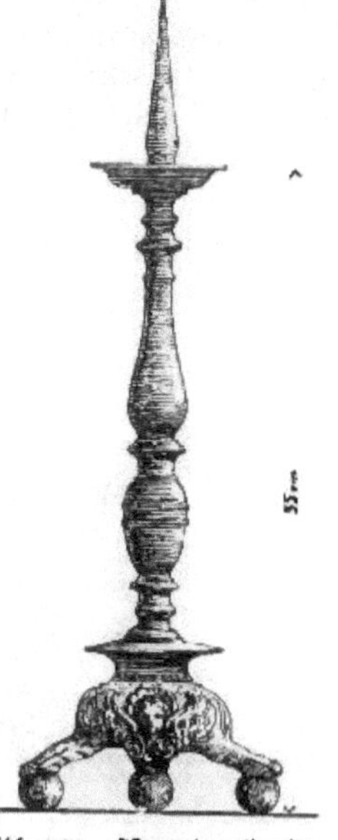

Abb. 229. Wagenitz. Leuchter in der Kirche.

Die hölzerne Kanzelwand bis zur Nüchternheit einfach, mit vier dünnen Lisenenstreifen.

Großes Votivgemälde von 1667, das Hans Christoph v. Bredow (geb. 1623) mit seiner Gattin, vier Söhnen und sechs Töchtern darstellt.

Abendmahlkelch von 1712, Silber vergoldet (im Schloß aufbewahrt).

Ein kleiner zierlich profilierter Zinnkelch, von 1571.

Drei untereinander ziemlich gleiche, zierlich profilierte Bronzeleuchter auf Dreifuß, der mit Engelköpfen in Relief geschmückt ist (Abb. 229), Ende des 16. Jahrhunderts.

Eine etwa 70 cm hohe Figur des Gekreuzigten aus Holz geschnitzt, der Körper kräftig gebaut, das Haupt vornüber gebeugt, das Haar über die rechte Schläfe herabhängend (17. Jahrhundert).

Drei Glocken. Die große hat 0,90 m Durchmesser. Am Halse zwischen gedrehten Schnüren Rundmedaillons aus Perlschnüren mit den Evangelistensymbolen und der Kreuzigung Christi. Die beiden anderen Glocken wurden 1651 von Christian Heintze in Spandau gegossen.

**Schloß.** Von einem mittelalterlichen Bau an seiner Stelle ist nichts bekannt. Vielmehr ist ein Wohnhof, der auch als Meierei bezeichnet wird, laut Inschrift des Grundsteins hier erst im Jahre 1571 von Hartwich v. Bredow angelegt worden. Statt seiner baute sich dann im Jahre 1587 Georg v. Bredow, nachdem er seinen Anteil an Friesack aufgegeben hatte, ein massives Herrenhaus. Es wurde im Jahre 1731 umfassend ausgebaut. Seine damalige einfache äußere Erscheinung ist uns noch in einem kleinen Ölgemälde zu Wagenitz überliefert (Abb. 230). Eine bedeutsame Veränderung ging um die Mitte des 19. Jahrhunderts mit dem Hause vor. Georg Heinrich Eduard v. Bredow, der bis dahin ein von seinem Vater für ihn erbautes Seitengebäude bewohnt hatte, ließ in den Jahren 1849—1853 ein niedriges zweites Obergeschoß auf das Hauptgebäude aufsetzen sowie in dessen mittleren Teil eine Eintrittshalle, einen kreisrunden Gartensaal (Rotunde) und darüber im Obergeschoß ein Theater einrichten. Damit stand die Umgestaltung der Gartenfront im engsten Zusammenhang. Aus den Jahren 1907/08 stammt die Terrasse an der Gartenseite mit ihrer Freitreppe und ihren Figurengruppen.

Das Hauptgebäude, eines der stattlichsten und schönsten Herrenhäuser des Kreises (Abb. 231), enthält zwar von seinem älteren Bestande an Architekturformen fast nichts mehr. Doch hat sich von der inneren Ausstattung aus dem Jahre 1731 noch

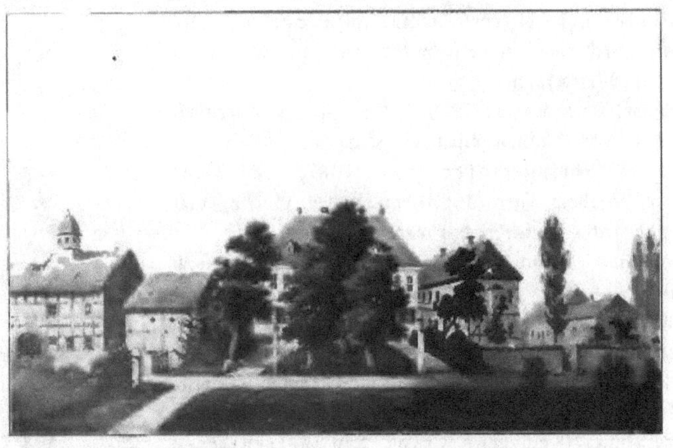

Abb. 230. Wagenitz. Schloß vor dem Umbau.

manches Wertvolle erhalten. Ein in ungünstigen Bodenverhältnissen begründeter Mangel, die unzulängliche Unterkellerung, welche nur wenige Räume östlich vom Mittelteil umfaßt und eine höhere Lage des Fußbodens bedingt, konnte bis heute noch nicht beseitigt werden. Auch sind beide Hauptgeschosse nach der älteren Bauweise noch ohne Mittelflurgang angelegt (Abb. 232). Das Anziehendste aus dieser Zeit sind die schönen Stuckdecken fast aller Erdgeschoßräume, von denen Abb. 233 und 234 die des Speisesaals mit ihrem reizvollen Ornament wiedergeben. Der einzige Raum des Schlosses, der seine alte Ausstattung noch fast vollständig bewahrt hat, ist der jetzt als Billardzimmer dienende Rittersaal im Obergeschoß. Seine Stuckdecke (Taf. 38) zeigt die bezeichnenden Motive von Lorbeerzweigen, Waffen und kriegerischen Feldzeichen. Die Wände sind mit auf Leinwand in Wasserfarbe gemalten Ereignissen des Spanischen Erbfolgekrieges, u. a. der Schlacht von Ramillies (1706), bedeckt. An der östlichen Schmalseite ist die Stuckverzierung eines Kamins (Abb. 235)

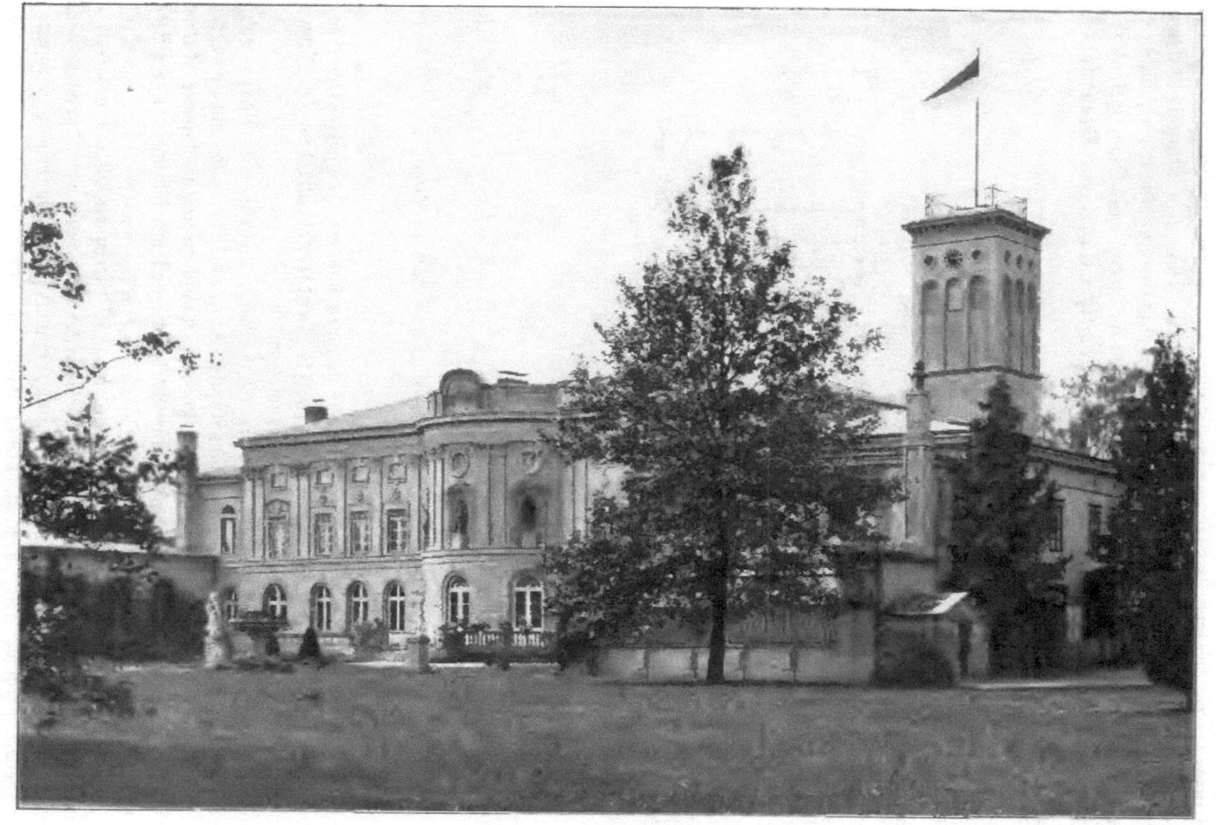

Abb. 231. Wagenitz. Schloß von der Gartenseite.

erhalten, die ein friesartiges Ölgemälde, anscheinend italienischer Herkunft, mit der Darstellung der schaumgeborenen Venus umschließt. Neben ihm steht ein weißer Kachelofen (Abb. 235) auf Messingfüßen, dessen Kacheln mit dem friderizianischen Adler, dem Monogramm Friedrichs II. und Kronen in grün, dunkelblau, gelb und braun verziert sind. Vor dem Kamin dient als Vorsetzer eine eiserne Ofenplatte

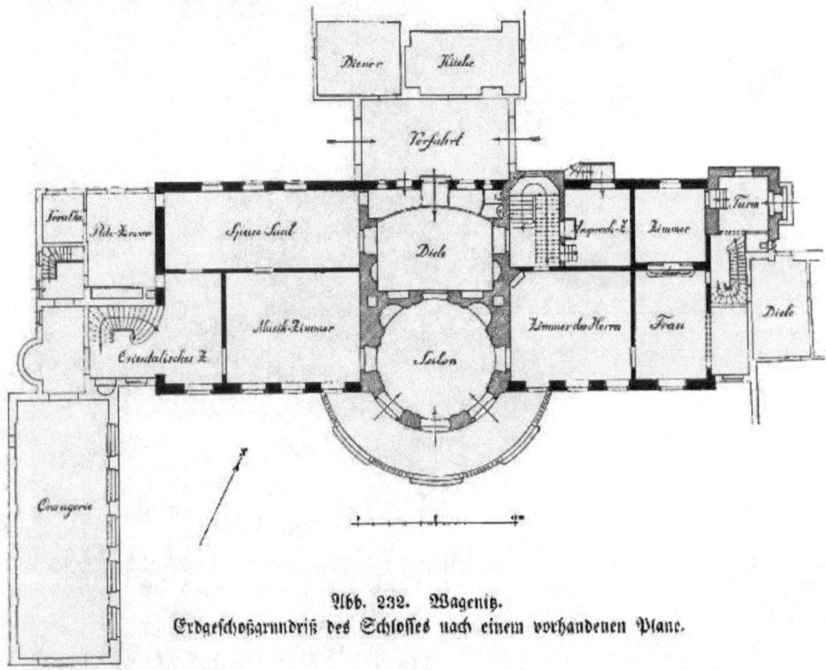


Abb. 232. Wagenitz.
Erdgeschoßgrundriß des Schlosses nach einem vorhandenen Plane.

mit der Jahreszahl 1577, dem Bredowschen Wappen und der Inschrift „Hartwich v. Bredow der Jüngere“. Gobelinartig gemalte Jagdszenen aus dem 18. Jahrhundert schmücken die Wände des Nebenraumes mit der Treppe.

Außer einigen historischen Möbeln (Abb. 236), chinesischen Vasen und kostbaren Seidenstickereien sind eine Anzahl Ahnenbilder und andere Ölgemälde beachtenswert, z. B. in der Halle: der Kampf zweier gepanzerter Ritter mit einem Drachen, im Treppenhause: eine Gesellschaft von vier Männern und einer Dame (Bohnenfest?) in holländischer Art.

Von der Einrichtung des Mittelbaus um 1850 rühren die Pilaster des kreisrunden Gartensaales und sein dekoratives Deckenbild sowie das Theater mit seiner Loge im Obergeschoß her. Der Zuschauerraum liegt über dem Gartensaal. In seinem vorderen Teile steht zu beiden Seiten je eine über hohlem Kern auf grobem Stoff angetragene Figur. Die Brüstungen der Galerie sind mit Kindergruppen grau in grau bemalt, die Rundstützen der Galerie mit Blattringen aus gepreßtem Messingblech geschmückt, und der Zuschauerraum wird durch eine Krone aus Bronze mit klassizistischem Dekor erleuchtet. Die Bodenräume enthalten die durch Karl Ludwig Friedrich Wilhelm v. Bredow angelegten Sammlungen aus dem Stein- und Tierreiche sowie einige Modelle, u. a. eines für den Umbau des Schlosses um 1850.

Die Hauptfront des Schlosses am Garten (Abb. 231) ist in ihrem Hauptmotiv, dem segmentförmig aus der Fassade vorspringenden Mittelrisalit, von innen heraus gestaltet und nur so ganz verständlich. Der die übrige Erdgeschoßhöhe überragende Garten-

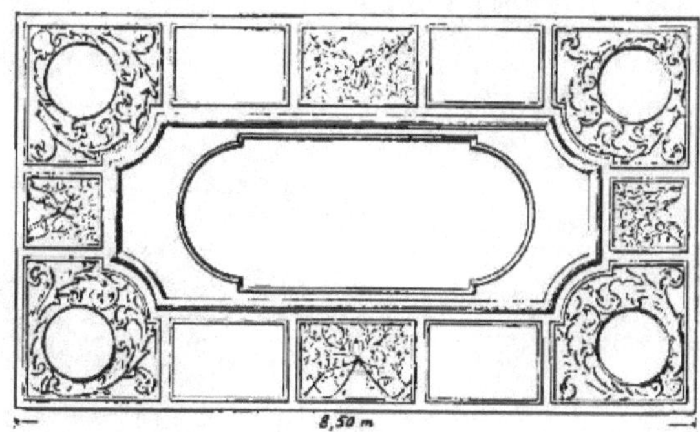


Abb. 233. Wagenitz. Stuckdecke im Speisesaal des Schlosses (Übersichtsskizze).

saal dringt ins Obergeschoß hinauf. An Stelle der dadurch unmöglich gemachten Geschoßfenster treten Nischen mit dekorativen Figuren in ziemlich derbem Spätrenaissance-Charakter. Erst über diesen, in gleicher Höhe mit den Fenstern des zweiten Obergeschosses, folgen drei Ovalfenster, die von oben her den Zuschauerraum erhellen. Die Quaderung des Erdgeschosses mit seinen Rundbogenfenstern, die Pilasterordnung mit ihren fein ausgearbeiteten korinthischen Kapitellen und dem hohen Gebälk sowie die Anordnung der Fensterformen und die Attika sind von italienischem Geiste eingegeben, wie er damals sonst im Norden noch nicht heimisch war. Der Aufsatz des Segmentausbaus enthält ein offenbar älteres Wappen mit barockem Akanthus von derber Ausführung. Die dabei befindliche Inschrift gibt Hartwich v. Bredow als Erbauer des Schlosses an. Etwas fremd zur Gartenfront steht der Turm im Osten. Am entgegengesetzten Ende schließt sich jenseits des Parkeingangs eine offene, verandenartige Gartenhalle an, deren Rückwand mit dekorativen Landschaften geschmückt ist.

Der älteste erhaltene Teil ist der sogenannte Schwedenturm (Abb. 237), ein in geputztem Backsteinbau über quadratischem Grundriß errichteter, einst freistehender Küchenbau mit hohem Steindach. Die Inschrifttafel, welche daneben über dem modern-

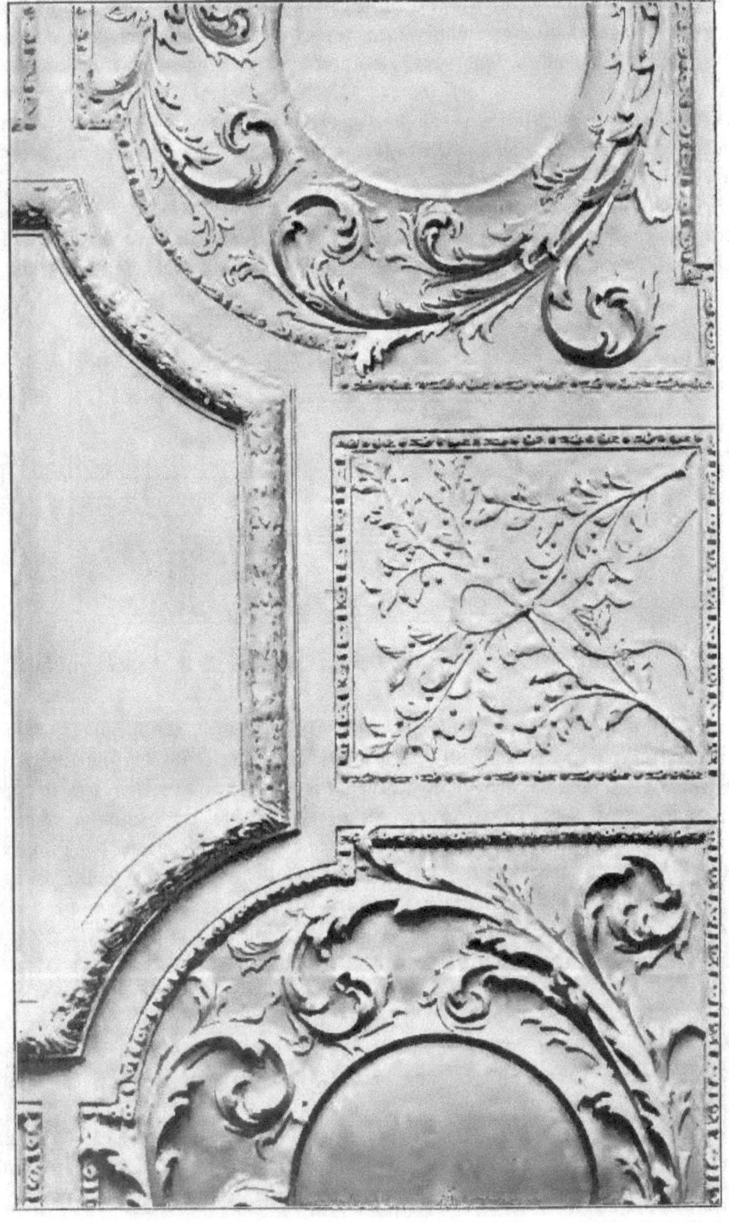

Abb. 234. Wagenitz. Teil der Stuckdecke im Speisesaal des Schlosses.

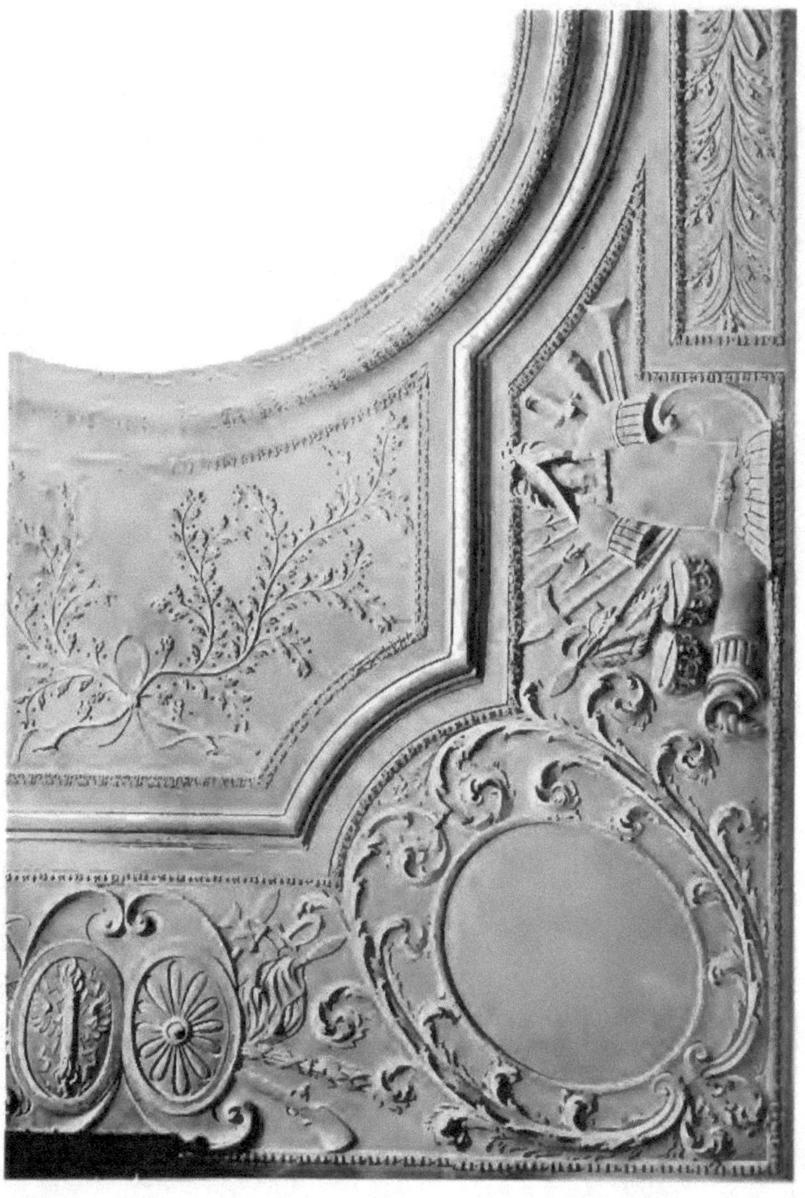

Wagenitz. Teil der Stuckdecke im Rittersaale des v. Bredowschen Schlosses.

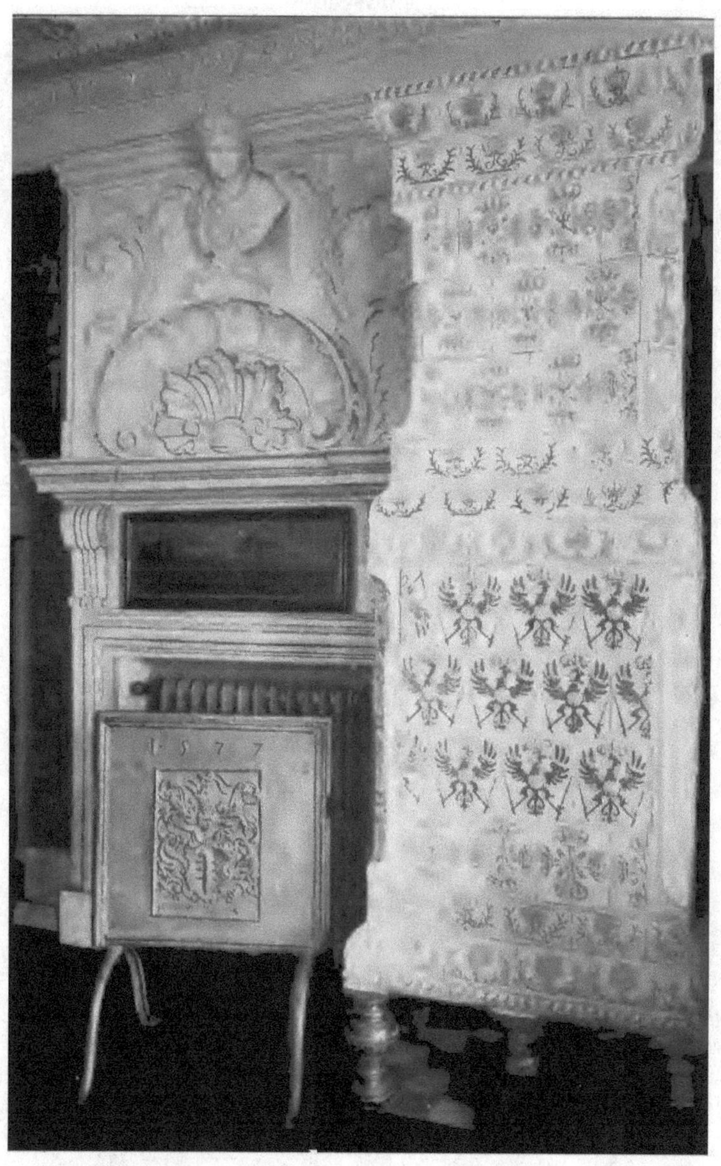

Abb. 235. Wagenitz. Ofen und Stuckkamin im Rittersaal des Schlosses.

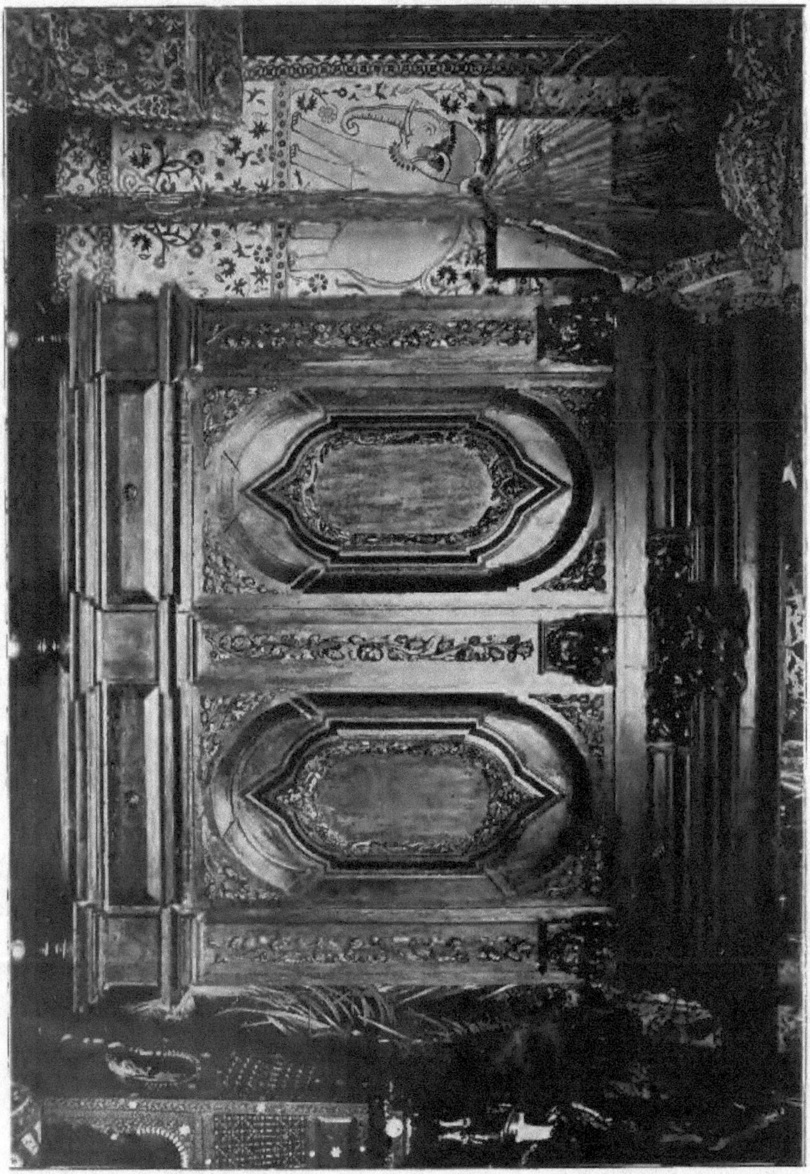

Abb. 236. Bagenitz. Barocker Schrank im Schlosse.

romanischen Hoftor eingemauert ist, wird in der Familiengeschichte auf das Schloß zu Friesack gedeutet, ist indessen allem Anschein nach dennoch auf Wagenitz zu beziehen, wo sie sich befindet. Ein senkrechter Streifen darin nicht weit vom Beginn der Reihen erscheint ausgebessert. Der Inhalt ergibt, daß ein Schloßflügel vom Portal

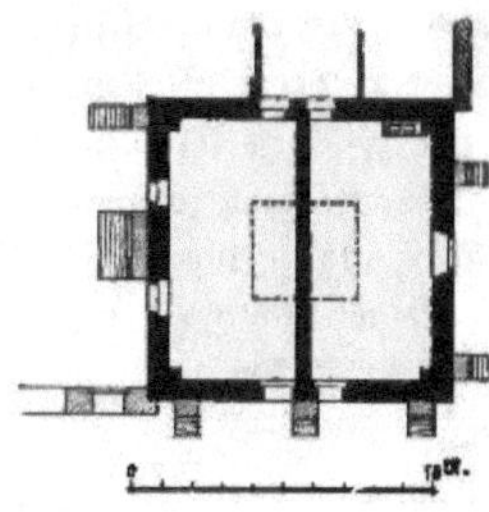

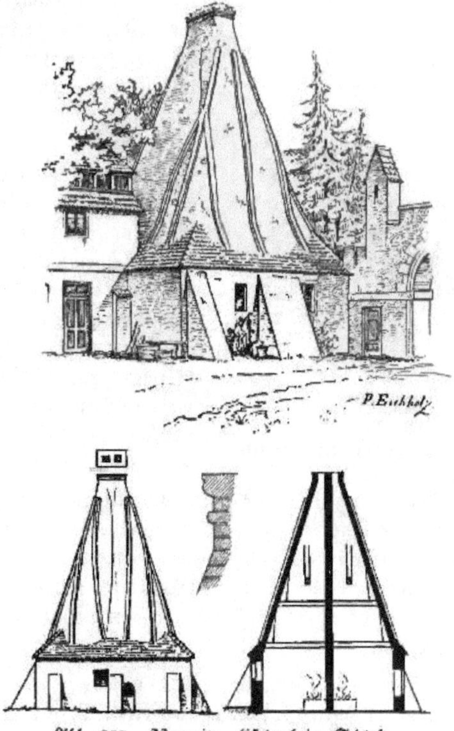


Abb. 237. Wagenitz. Küche beim Schloß.

oder „Porthause" bis an die Küche im Jahre 15 . . gebaut und daß diese „kuchen" vordem neu erbaut worden von Hartwich v. Bredow dem Jüngeren. Da dieser den Wohnhof erst 1571 angelegt hatte, so darf man den interessanten Küchenbau in das letzte Viertel des 16. Jahrhunderts setzen. Er ist durch eine mittlere Scheidewand in zwei Räume geteilt. In jedem von ihnen stand an der Scheidemauer ein Herd. Die jetzigen Gewölbe (Stichbogentonnen mit Stichkappen an den Fenstern) sind später eingespannt, bei welcher Gelegenheit wohl der Bau auch außen die geböschten Strebepfeiler erhalten hat, deren Backsteine kleiner als die der Mauern sind. Ursprünglich bildete das Massivdach über den beiden Herden zwei offene Rauchfänge, die oben schornsteinförmig ausmündeten. Jeder dieser Rauchfänge hat im Grundriß die Form eines an den Langseiten gedrückten Ovals oder eines Rechtecks mit angesetzten Halbkreisen, eine Form, die sich nach oben stetig verjüngt und schließlich in den oblongen Schornsteinkasten übergeht. Zur Sicherung dieser eigenartigen Konstruktion sind verschiedene Verstärkungen angebracht: zunächst in den vier inneren Ecken des Baues quadratische Pfeiler von 1½ Stein Stärke, ferner am Rauchfang an jeder der geraden Seiten drei Rippen, die in einer Breite von 1 Stein und in Stärke von

$^1/_2$ Stein vollkantig vortreten, ebensolche an den gerundeten Teilen des Rauchfangs und schließlich in seinem Innern eine Anzahl kurzer, nach oben auslaufender Rippenansätze, die auf verschiedenen zur Verankerung dienenden Balken aufsitzen. Trotzdem hat die Standfestigkeit des Rauchfangs neuerdings gelitten, indem die beiden am meisten gefährdeten Stellen, nämlich die zwei geneigten ebenen Flächen im unteren Teile, wo sie am breitesten sind, nach innen zu sinken drohen. Die Steine sind alle horizontal gelagert, es ist also in vertikaler Richtung keine Wölbung da, sondern Überkragung. Der Bau zeigt außen — wenigstens teilweise noch — Rauhputz. Auch der Rauchfang war einmal innen und außen geputzt. Die Eingänge der zwei Räume waren einst von entgegengesetzten Seiten. Jetzt wird der eine von ihnen als Milchkammer benutzt, der andere, durch mehrere Wände geteilt, als Wohnung. Backsteinmaß 28×14×8 cm, an den Strebepfeilern 27×13×7 cm.

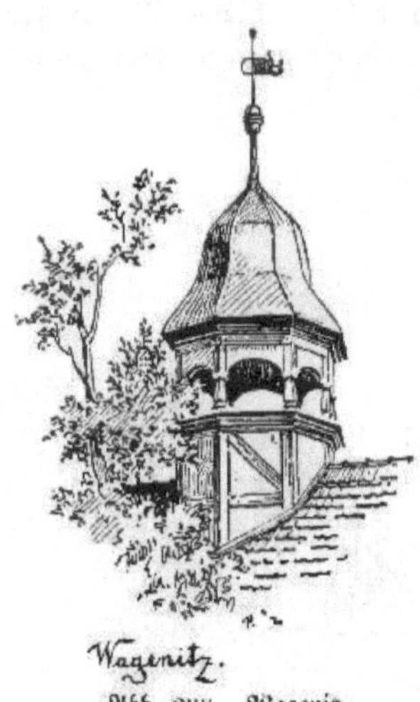


Abb. 238. Wagenitz. Dachreiter auf der Brauerei.

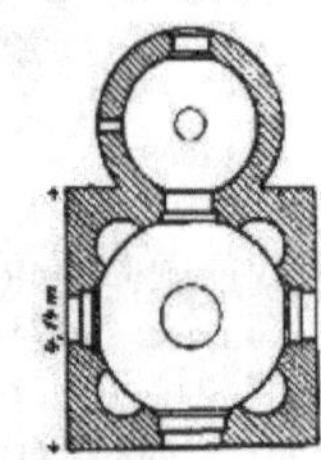

Abb. 239. Wagenitz. Grotte im Schloßpark.

Der an die Küche im Osten anschließende lange Flügel ist dieser nachträglich angebaut und — abgesehen von mancherlei Änderungen — im Kerne das in der erwähnten Inschrift bezeichnete neue Gebäude vom Ende des 16. Jahrhunderts. Bei einem kleinen, vermutlich 1726 (Inschrift in der Wetterfahne) aufgesetzten Glockentürmchen (Abb. 238) in Dachreiterform befand sich das in der Inschrift erwähnte Tor (vgl. das Gemälde Abb. 230).

Mitten im Park unter hohen Bäumen, am Ufer eines Weihers, hat sich die Ruine eines kleinen Grottenbaus erhalten, der einen größeren und einen kleineren kreisrunden Kuppelraum mit je einer runden Zenitöffnung enthält (Abb. 239 und 240). Der größere war innen ganz mit Muscheln, imitierten farbigen Steinen und Tropfsteinwerk geschmückt und von zwei Stichbogenfenstern erleuchtet. Ein ebensolches Fenster hatte der kleinere Raum an der Südwestseite. Außen war der Bau unten mit größeren Feldsteinen, oben mit kleinen, in Putz gedrückten, geschlagenen Steinen bekleidet. Diese Bekleidung ist indessen zum größten Teil abgefallen. Zweite Hälfte des 18. Jahrhunderts.

Auf der Höhe des Kuppelbaus zwischen den beiden Zenitlichtern wurde nach 1813 ein Grabdenkmal in Form eines Säulenstumpfes errichtet, auf dem ein Schild, Schwert und Helm von antiken Formen ruhen. Die daran angebrachten gußeisernen Tafeln enthalten die Grabinschrift des Majors Wilh. v. Bredow, der am 14. Oktober 1813 auf dem Schlachtfelde von Liebertwolkwitz, unweit Leipzig, gefallen ist.

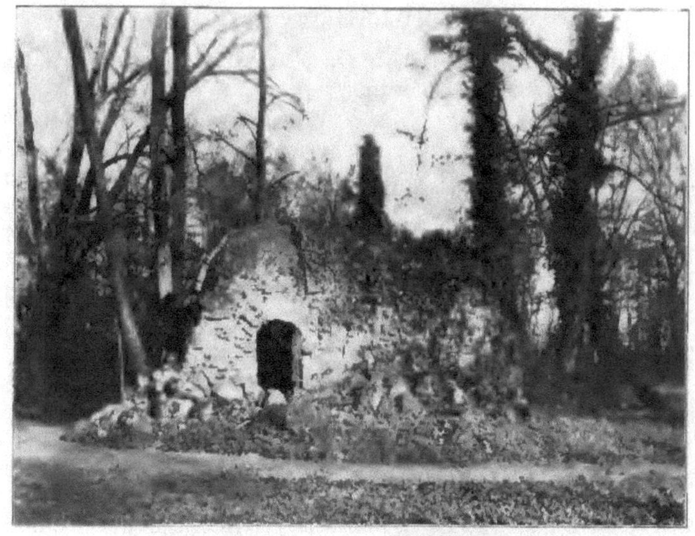

Abb. 240. Wagenitz. Grotte im Schloßpark.

## Warsow.

**Warsow**, Dorf 5 km südöstlich von Friesack. 177 Einw., 811 ha.

Genauere Nachrichten über „Warse" verdanken wir dem Visitationsprotokoll von 1541. „Daß ganze Dorfflein" gehörte damals dem Friesacker Pfarrer, dem die von 20 Hufen zu leistenden Abgaben zustanden. Er versah dafür die hiesige Filiale, in der ein Kelch, ein Kreuzlein, eine „kuppern Munstranz" und zwei Kaseln sich befanden (Riedel, Codex VII, 67). In „Warsee" oder „Warsow" wohnten um 1624 neun Hufner und ein Hirte, um 1800 ein Lehnschulze, acht Ganzbauern und drei Kossäten (Bratring, Beschreibung der Mark II, 126). Adligen Besitz gab es hier nicht.

Die **Kirche** ist ein nüchterner, ganz überputzter Fachwerkbau in Saalform mit quadratischem Bretterturm auf dem Westende. Die gerade Decke hat sichtbare Balken nebst Kopfbügen.

Altar mit Kanzel mit zwei gewundenen Säulen, in ländlichem Barock, um 1700.

Ein kleiner gotischer Kelch, Silber vergoldet, 15 cm hoch. Der Fuß sechsteilig mit kleinem Kruzifix. Der Nodus ist durchbrochen und hat sechs Zapfen. Am Halse steht: „Help got."

Im Märkischen Provinzialmuseum zu Berlin befinden sich jetzt folgende Gegenstände aus der Kirche: 1) ein in Kupfer getriebenes, vergoldetes, mit gravierten Heiligenbildern versehenes Ziborium; 2) ein älterer eiserner Altarleuchter; 3) ein Taufengel; 4) eine etwa 1 cbm große Turmuhr, die früher in der Kirche zu Friesack war und 1698 zu Neustadt a. D. gefertigt ist (Barden, Geschichte von Friesack, S. 112)

# Wassersuppe.

**Wassersuppe**, Dorf 9 km südlich von Rhinow. 195 Einw. (einschl. Gutsbez. Witzke), Landgem. 161, Gutsbez. 859 ha.

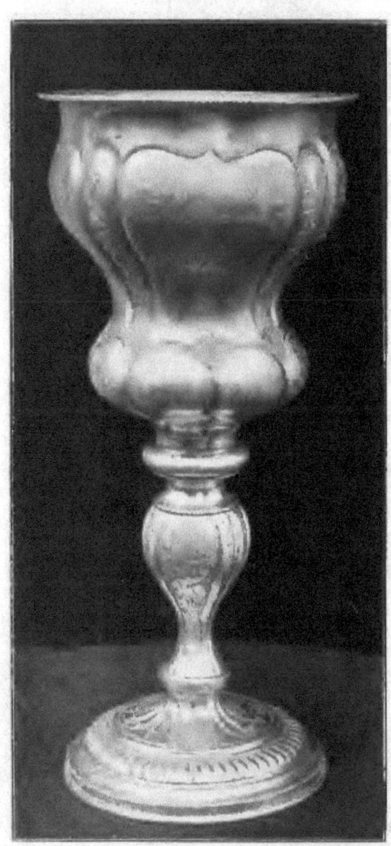

Abb. 241. Wassersuppe. Kelch in der Kirche.

Wie aus Kopialbüchern im Geheimen Staatsarchiv (Rep. 78. 9, fol. 27 und 81) erhellt, hatten um 1411 und im Jahre 1445 die v. d. Hagen zu Mühlenburg die Belehnung mit „Watersopp" oder „Watersibbe" durch den Kurfürsten erhalten (Riedel, Codex VII, 29 f.) 1598 wurde Joachim Wutenow zu „Watersuppe" mit diesem Dorf sowie mit Witzke belehnt (Geh. Staatsarchiv, Rep. 78. 85, fol. 488). Der im Visitationsprotokoll von 1541 erwähnten Kirche des Dorfes verehrte Herr v. Wutenow laut Bericht des Pastors von 1713 einen neuen Altar (Geh. Staatsarchiv, Rep. 92. V. C, Nr. 32). Es bestanden zwei Ritterhöfe, vor denen bis etwa 1800 unmittelbar am See eine Burg mit Wall und Gräben gelegen war (Riedel VII, 18); der eine gehörte nach 1763 dem Tischgenossen Friedrichs des Großen, dem Obersten Guichard, genannt Quintus Icilius. Beide Gutsteile kaufte 1779 der Oberkonsistorialpräsident Thomas Philipp v. d. Hagen (vgl. Gg. Schmidt, Familie v. Wuthenau, 1893, S. 119). In dem Dorfe, das 1631 „an der Pest ausgestorben war", saßen um 1800 wieder acht Kossäten, sieben Büdner und zwei Einlieger; Hufner werden schon um 1624 in „Watersieb" nicht mehr erwähnt. Noch heute gehört das Gut den v. d. Hagen auf Hohennauen.

Die **Kirche** von 1756 ist ein Fachwerkbau in Saalform mit barocken Rundbogenfenstern in dem massiven Teil der Nordseite und gerader Decke. Der Westgiebel und der Turm darauf sind aus Fachwerk. Letzterer, im Grundriß quadratisch, ist einmal abgestuft und schließt in einem leicht gekrümmten vierseitigen Helm. Die Wetterfahne trägt die Jahreszahl 1756.

Altar mit Kanzel in ländlichem Barock, mit zwei gewundenen Säulen, 1703 von Meister Joh. Christ. Richder, Bildhauer in Kammer, angefertigt. Die seitlichen ornamentalen Ansätze endigen in hornblasenden Engeln von kindlicher Darstellung. Die Kanzel sitzt unorganisch auf einem steinernen Untersatz. In ihren Rundbogenfüllungen befinden sich die Reliefsiguren der Evangelisten ohne Attribute.

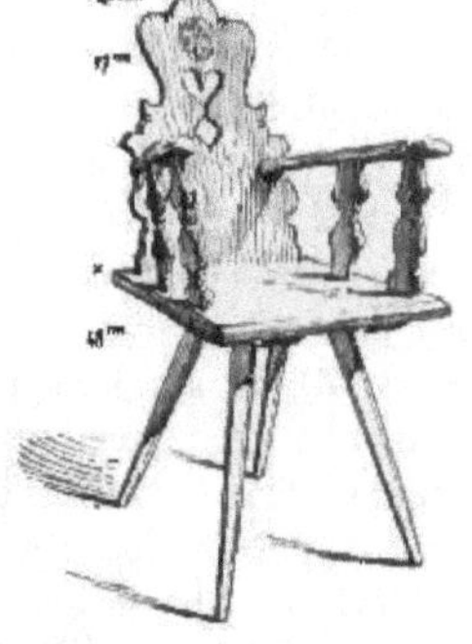
Abb. 212. Wassersuppe. Stuhl in der Kirche.

Kelch von 1563, Silber vergoldet, dessen Kuppa oben leicht ausgeschwungen ist. Der Nodus ist verziert, hat aber keine Zapfen. Am Fuße das v. Wuthenowsche Wappen. Ein silberner Kelch von 1816 von eigenartiger Form (Abb. 211).

Zwei Zinnleuchter, 23 cm hoch, 17. Jahrhundert.

Hölzernes Epitaph eines Kindes aus der Familie Wuthenow, in Form eines ovalen ornamentalen Rahmens mit dem Wappen der Familie, 1705.

Ein schadhafter Taufengel.

Ein schöner Bretterstuhl mit Armlehnen (Abb. 212), auf dessen Rückseite ein Spruch und die Jahreszahl 1679 eingeschnitten sind.

Von den Glocken ist die kleinere von 0,62 m Durchmesser am Halse mit einer Inschrift aus frühgotischen Majuskeln versehen, die in den Mantel geritzt sind: „AVE MARIA GRACIA" (Abb. 213).

**Gutshaus** der v. d. Hagen, vermutlich nach 1780 erbaut. Über dem Portal das Alliancewappen des Thomas Philipp v. d. Hagen und der Gräfin v. Wartensleben.

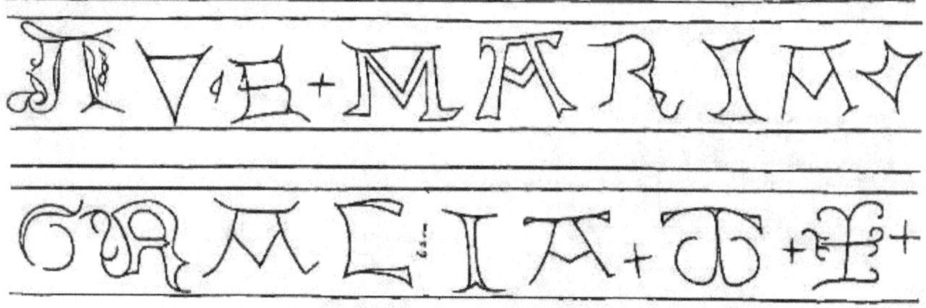
Abb. 213. Wassersuppe. Kirche. Inschrift von der zweiten Glocke.

## Weseram.

**Weseram**, Dorf 9 km nordöstlich von Brandenburg. 551 Einw., 1205 ha.

„Wêseram" verkaufte 1317 Bischof Johann von Brandenburg laut Urkunde im Domarchiv an das Domkapitel (Riedel, Codex VIII, 216); neben diesem großen Dorfe lag ein „Lüttigen Weserin", das 1331 der Bürger Zabel Bekerer vom Markgrafen

Ludwig als Lehn erhielt (Riedel IX, 31, 35). Infolge der Reformation kam der Ort, der im Schoßkataster von 1624 als ein einziges Ganzes mit 35 Hufen, darunter zwei Pfarrhufen erscheint, an den Landesherrn und wurde dem Domänenamt Ziesar zugeschlagen, bei dem er bis zu Anfang des 19. Jahrhunderts verblieb.

Massive **Kirche** in Saalform mit quadratischem Turm auf der Westseite, in einfachstem Barock, von 1752. Die Fenster sind im Stichbogen geschlossen, die Decke ist glatt geputzt, im östlichen Teile durch schlanke, vollrunde, hölzerne, toskanische Wandsäulen unterstützt. 1815/16 erfolgte ein Ausbau der Kirche und eine Wiederherstellung von Altar und Kanzel. Der Turm schließt in kurzem Pyramidendach; er wurde 1799 ausgebessert.

Altar mit Kanzel barock, mit gewundenen Säulen und Säulchen. Der Aufbau stützt scheinbar die Decke. In den Kanzelfüllungen sind die Evangelisten in ganzer Figur gemalt. Das Ornament ist noch frei von Rokoko. An der Rückseite des Altars ist eine gemalte Inschrifttafel: „Anno 1753 ist dieses Gotteshaus von Grund aus neu massiv erbaut . . . .".

Ein sehr kleiner Messingkronleuchter von sechsmal drei Kerzen mit Doppeladler und Kugel aus der Barockzeit.

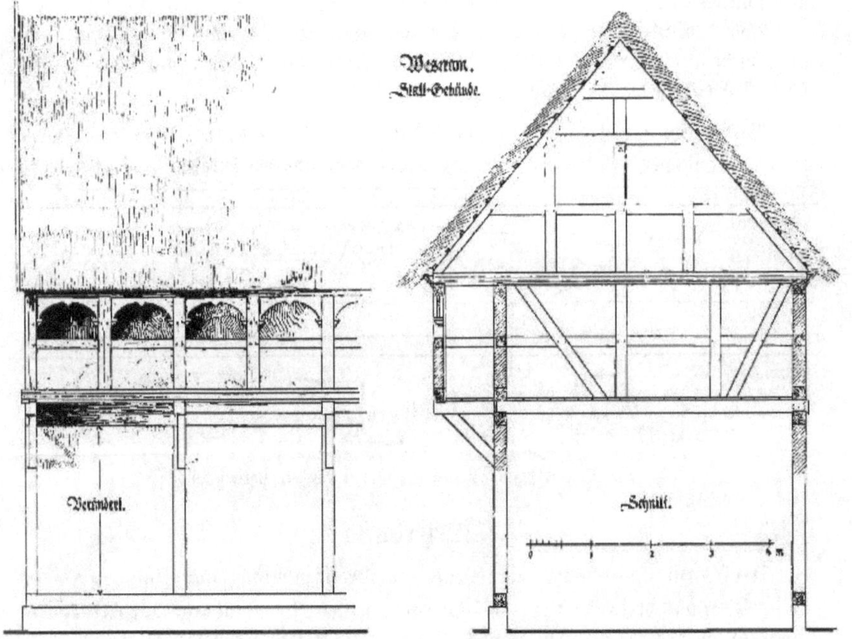


Abb. 244. Weseram. Stallgebäude.

Ein ovales flaches **Becken**, kupfergetrieben, mit verziertem Rande und Rosette in der Mitte.

An der Südwand steht ein reich verzierter **Grabstein** der Frau Anna Sophia v. d. Hagen (1729).

**Glocken**. Die große von 0,81 m Durchmesser trägt eine Inschrift aus gotischen Minuskeln am Halse: „Anno domini 1516 ave Maria", mit Kreuzen als Trennungszeichen. Die kleinste Glocke liegt gesprungen und ohne Krone im mittleren Turmgeschoß. Ihre Inschrift am Hals besteht aus gotischen Minuskeln und enthält die Jahreszahl 1484.

Zwei bezeichnende Beispiele von **Ställen** mit vorgekragtem Obergeschoßgange geben die Abb. 214 und 215.

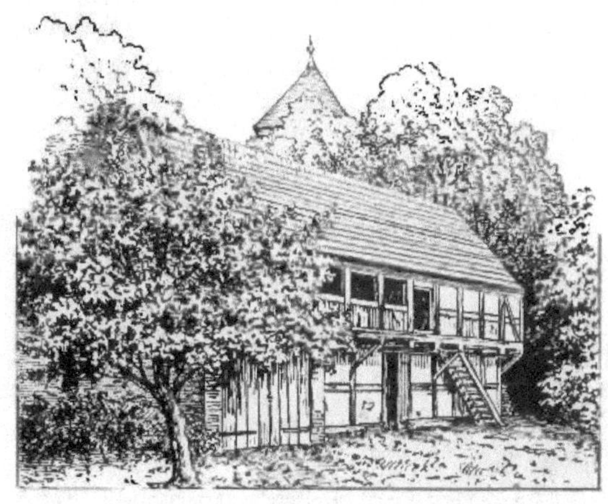

Abb. 215. Weseram. Stall des Pfarrhauses.

## Witzke.

**Witzke**, Dorf 8 km südöstlich von Rhinow. 138 Einw., 419 ha.

Das nur 17 Hufen zählende Luchdorf „Wistock", dessen in der Mark häufig vorkommender Name slawischen Ursprungs ist, gehörte zum Lande Rhinow und unterstand den v. d. Hagen, wie aus Eintragungen von etwa 1441 und von 1445 in ein Lehnskopiar (Rep. 78. 9, fol. 27 und 81, Geh. Staatsarchiv) hervorgeht; nachher erkauften die Wuthenow den Besitz für 5009 Taler (vgl. Riedel, Codex VII, 29; Gg. Schmidt, Familie Wuthenau, S. 123). Laut Bericht des Pastors von 1713 wurden während des Dreißigjährigen Krieges in dem wie eine „Insul" gelegenen Dorf die Rekruten der Kaiserlichen, Schwedischen und Brandenburgischen Völker zusammengebracht (Geh. Staatsarchiv, Rep. 92. V. C, Nr. 32). Patron der als „eine der ärmsten und schlechtesten der Mark" geltenden Kirche in „Witzke" war dem Visitationsprotokoll von 1541 zufolge Achim v. Wuthenow, um 1800 der Geheime Rat v. d. Hagen auf Hohennauen. Der ritterliche, damals nur 4 Hufen umfassende Besitz ist heute mit dem v. d. Hagenschen Rittergut Wassersuppe vereinigt.

**Kirche** in Saalform aus Fachwerk von 1820. Der Sockel bis etwa 1 m Höhe ist massiv Backstein. Die Fenster sind mittels ausgeschweifter Kopfbänder spitzbogig gemacht und haben Holzmaßwerk. Der quadratische Westturm aus Fachwerk wächst aus dem Kirchendach heraus und schließt in einem Pyramidendach. Die

Decke der Kirche besteht zunächst in zwei schmalen horizontalen Teilen an den Langseiten hin. Diese werden getragen von großen geschweiften, aus Brettern und Gips hergestellten und bemalten Konsolen. Den mittleren Hauptteil der Decke bildet ein breit gespanntes hölzernes Tonnengewölbe mit aufgemalten Kassetten, das an der Ostwand totläuft und dort ein großes Halbrundfenster umschließt.

Altarwand mit Kanzel aus der gleichen Zeit mit Spitzbogen und seitlichen Pilastern.

Gedächtnistafel des Geistlichen Val. Kohl mit der Stifterfamilie.

Kelch, Silber, von 1839, mit Reformations-Gedächtnismünze.

Einige kleine Glasmalereien, darunter eine ovale, die den Pastor Kerstens predigend auf der Kanzel darstellt (Abbildung in Specht, „Hie guet Brandenburg allwege", I. 1905, S. 67).

Glocken. Die große 1786 von Thiele in Berlin, die kleinere 1623 gegossen.

Die Wetterfahne der Pfarrscheune bildet ein Drachenkopf, sie enthält die Jahreszahl 1599.

# Wolsier.

**Wolsier**, Dorf 7 km südwestlich von Rhinow. 241 Einw., Landgem. 467, Gutsbez. 556 ha.

„Das gancze Dorff Wolsere" übertrug 1437 Markgraf Friedrich laut Kopialbuch des Geheimen Staatsarchivs (Rep. 78. 6, fol. 1 i. d.) dem Havelberger Domkapitel, von dem es Achim und Cöne v. d. Hagen 1510 für nur 424 Gulden erkauften (Riedel, Codex VII, 26, 31; vgl. Urkunden des 16. Jahrhunderts im v. d. Hagenschen Gutshaus zu Stölln). „Wolsier ist Filial zu Spatz; ist neulich erbaut und hatt ein Kelch", so lautet ein von späterer Hand zugefügter Zusatz zum Visitationsprotokoll von 1541. Von den nur 12 Hufen des 172 Einwohner zählenden Dorfes besaßen um 1800 die 3 Bauern 9, Herr v. d. Hagen zu Teschendorf 3 Hufen.

Kleine saalförmige **Kirche** in Putzbau von 1752; die Fenster in flachem Stichbogen geschlossen. Das Westportal ist modern-romanisch, spitzbogig, in Putz hergestellt um 1850. Der geputzte Turm wächst aus dem Kirchendach heraus und ist dann abgestuft, die quadratische, geschlossene Holzlaterne ist mit geschweifter Haube gedeckt. 1850 wurde der Turm ausgebaut, 1888 die Kirche ausgebessert.

Altar mit Kanzel (Abb. 246), einfaches aber hübsches Rokoko mit zwei Kompositsäulen, durchbrochenem Ornament an den Seiten und reich geschnitzten Konsolen mit Palmblättern unter der Kanzel. 1772 laut Kirchenrechnung von Meister Plan in Friesack gefertigt.

Hölzerne Taufe in einfacher Spätrenaissance, vermutlich von 1707.

Zinnernes Taufbecken, 1707.

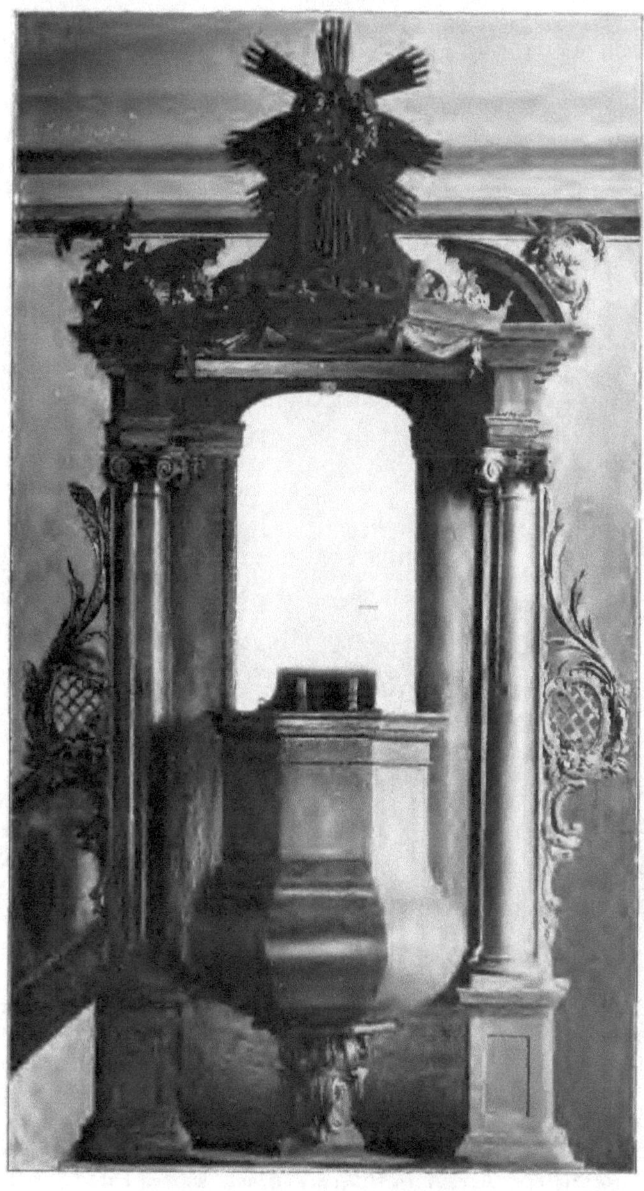

Abb. 216. Wolsier. Altaraufbau in der Kirche.

Zinnerner Kelch, 1719.

Zwei Zinnleuchter mit schlankem, geriffeltem Schaft und glockenförmigem Fuß, 1669.

Glocken. Die große hat 0,82 m Durchmesser und am Halse einen spätgotischen Ornamentfries mit Inschrift aus römischen Majuskeln: „DI MI HEBBEN DOEN MAKEN. GOD LÄTSE IN HEMELRIK GHERAKEN. ANNO DOM̄. 1526“. Als Trennungszeichen: Simson mit dem Löwen. Am langen Felde drei Rundteile mit Reliefdarstellungen: 1) hl. Abendmahl, 9 cm Durchmesser; 2) der hl. Georg kämpft mit dem Drachen, 8,5 cm Durchmesser; 3) Maria mit dem Kinde in der Mondsichel, 10 cm Durchmesser. Dicht am Halse ein kleines Wappenschild. Die kleine Glocke ist 1796 von J. F. Thiele in Berlin gegossen.

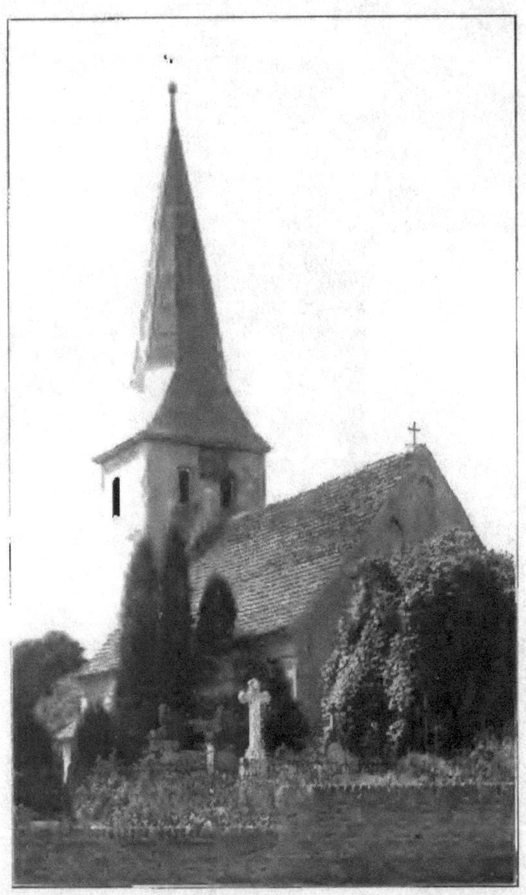

Abb. 247. Zachow. Kirche von Südosten.

## Zachow.

Zachow, Dorf 16 km nordöstlich von Brandenburg. 559 Einw., 1265 ha.

Schon 1170 standen in dem Kirchdorf „Cechowe“ Gerechtsame dem Brandenburger Domkapitel zu, das dann 1272 ganz „Szachowe“ erkaufte und noch heute Patron ist (Urkunden im Domarchiv, abgedruckt in Riedels Codex VIII, 108, 170). Der Domherr Wilhelm von Berghe wurde 1387 zum Pfarrer eingesetzt. Streitigkeiten über die dem Kapitel zu leistenden Dienste wurden durch Vermittlung des Kurfürsten Johann Georg laut Urkunde vom 15. Juni 1579 im Geheimen Staatsarchiv beendet. Das Dorf, das um 1800 dreizehn Bauern- und vier Kossätengüter zählte, unterstand bis 1810 dem Domstift. Einen Rittersitz gab es hier abgesehen von dem schon um 1375 wüsten, im Karolinischen Landbuch „Albrechter Werder" genannten Hof nicht.

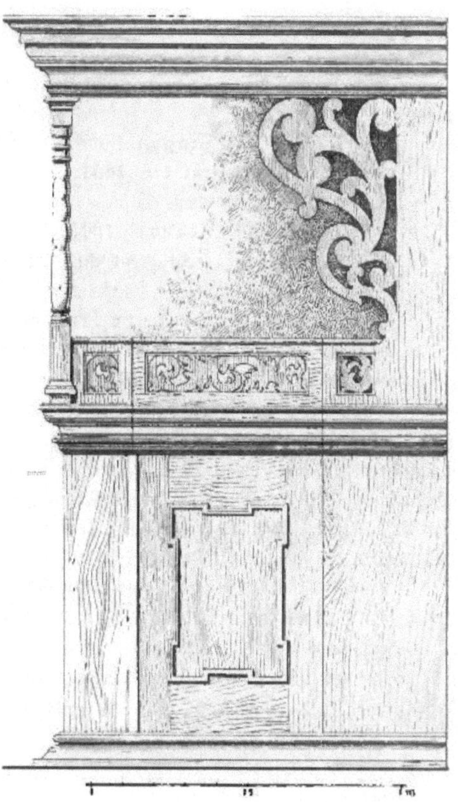

Abb. 218. Jachow. Pastorenstuhl in der Kirche.

Die ursprünglich mittelalterliche saalförmige **Kirche** (Abb. 217) ist zu einem barocken Putzbau umgestaltet. Das spätere Mauerwerk beginnt bei einem Absatz, der sich im Innern in halber Höhe der Kirche zeigt. Die Fenster sind im Stichbogen geschlossen, eine spätgotische Tür ist gefast, aber rundbogig. Auf der Südseite eine kleine massive Vorhalle vor der jetzigen Tür. Den Ostgiebel zieren fünf geputzte Spitzbogenblenden. Die Decke ist glatt geputzt mit Gesims und Voute. Der quadratische Turm vor der Westfront hat im Erdgeschoß Schildbögen für ein Spitzbogengewölbe, das nach der Kirche zu offen war. Das Turmmauerwerk samt den Schallöffnungen ist noch mittelalterliches Backsteinwerk. Der Helm setzt quadratisch an, geht aber gleich ins Achteck über und endigt in gerader achtseitiger Spitze. Die Wetterfahne mit Hahnenkopf enthält die Jahreszahl 1721.

Altar mit Kanzel barock, mit zwei gewundenen, weinlaubumschlungenen Säulen; vor dem seitlichen durchbrochenen Ornament stehen Moses und ein Prophet. An den Kanzelfüllungen sind Christus und die Evangelisten handwerklich gemalt. Vorn am Schalldeckel eine gekrönte Kartusche mit Petrus; über dem Schalldeckel als Bekrönung der Pelikan. 1716 von Joh. Mich. Hirn, Bildhauer in Berlin, gefertigt (Akten im Domarchiv zu Brandenburg).

Der Pastorenstuhl zeigt gedrehte Ecksäulen und durchbrochenes Ornament (Abb. 218).

Die Gestühlbrüstungen sind mit Arkadenblenden in Renaissance verziert.

Kelch, Silber vergoldet, 1651.

Ein zinnernes Becken, 1654.

Eine zinnerne Weinkanne, 1677.

Ein Taufengel liegt zerbrochen im Turm.

Taufschüssel, Messing getrieben, mit St. Georg im Mittelfeld, 1640.

Zwei kräftige Messingleuchter von 1677.

Ein kleiner Messingkronleuchter für neun Kerzen, von 1686.

Glocken. Die große ist 1701 von Joh. Schultz in Berlin gegossen. Die zweite von 0,88 m Durchmesser ist ohne Inschrift. Am Halse und am langen Felde befinden sich eine Anzahl Rundteile mit figürlichen Reliefs, z. B.: Kreuztragung, Kreuzigung, eine männliche Figur am Lesepult (Evangelist ?), Löwe, Chimäre. Die meisten sind wegen schlechten Gusses (und Taubenschmutzes) nicht zu erkennen. Die dritte Glocke von 0,69 m Durchmesser trägt eine Inschrift am Halse in gotischen Minuskeln: „O rex glorie christe veni cum pace."

Am Fuße des Ostgiebels befindet sich das in Rokokoformen gehaltene Grabmal des Pastors Heinrich Metze († 1746), bestehend in einer Kartusche mit Putten und Engelköpfen über einem Sockel mit Lambrequin.

In der Nähe unter einer Trauuerresche: zwei Grabsteine mit Putten, gegen 1800, die Inschriften sind völlig verwittert.

# Ortschaftsverzeichnis.

Vossische Buchhandlung, Berlin W 62.

# Verzeichnis der Textabbildungen.

## a) In den Einleitungen:



## b) Im Verzeichnis der Denkmäler:

# Verzeichnis der Karten und Tafelabbildungen.

## a) Karten.



## b) Tafelabbildungen.

# Verzeichnis der Familien, Stifter usw.

# Meisterverzeichnis.

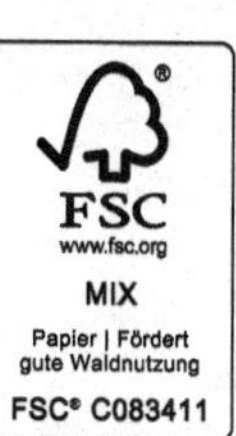


Zeitfracht Medien GmbH
Ferdinand-Jühlke-Straße 7
99095 Erfurt, Deutschland
produktsicherheit@kolibri360.de